ÉTUDES HISTORIQUES

SUR

L'ADMINISTRATION

DES VOIES PUBLIQUES

EN FRANCE

AVANT 1790

TOME DEUXIÈME

Paris. — Imprimé par E. Thunot et Cⁱᵉ, rue Racine, 26.

ÉTUDES HISTORIQUES

SUR

L'ADMINISTRATION

DES VOIES PUBLIQUES

EN FRANCE

AUX DIX-SEPTIÈME ET DIX-HUITIÈME SIÈCLES

PAR

E. J. M. VIGNON

Ingénieur en Chef des Ponts et Chaussées,
Directeur
du Dépôt des Cartes et Plans et des Archives
au Ministère de l'Agriculture, du Commerce et des Travaux publics.

TOME DEUXIÈME

PARIS

DUNOD, ÉDITEUR,

SUCCESSEUR DE V^{or} DALMONT,

Précédemment Carilian-Gœury et Victor Dalmont,

LIBRAIRE DES CORPS IMPÉRIAUX DES PONTS ET CHAUSSÉES ET DES MINES,

49, Quai des Augustins, 49.

—

1862

ÉTUDES HISTORIQUES

SUR

L'ADMINISTRATION DES VOIES PUBLIQUES EN FRANCE

AUX XVIIe ET XVIIIe SIÈCLES.

LIVRE II.

DIX-HUITIÈME SIÈCLE.

CHAPITRE I.

FIN DU RÈGNE DE LOUIS XIV; 1701 A 1715.

1. Mesures administratives concernant les voies publiques sous les contrôleurs généraux Chamillart et Desmaretz.

On a vu, pendant le XVIIe siècle, la France manifester de plus en plus, par les actes de son gouvernement, le besoin qu'elle éprouvait d'un ensemble de voies de communication constamment faciles à parcourir, pour relier entre elles toutes les parties de son territoire. Après les premières tentatives sérieuses faites sous Colbert, elle ne devait plus se reposer que ce besoin ne fût satisfait. Mais en cette matière, comme en presque toutes celles qui sont du ressort de l'activité humaine, chaque progrès n'est qu'un acheminement vers un progrès à faire. De même un voyageur, pressant le pas pour atteindre un sommet qui se présente à lui, voit, à mesure qu'il avance, l'horizon s'agrandir, de nouveaux sommets surgir et s'étager les uns au-dessus des autres. C'était donc une longue période de travail qui était commencée, qui devait se poursuivre à travers et malgré les vicissitudes politiques et sociales, et dans laquelle nous sommes encore. Il semblerait que les premières années du xviiie siècle dussent être, au moins autant que les dernières du siècle précédent dont elles virent continuer et s'accroître les calamités, une époque de délaissement et d'oubli de cette grande entreprise. Il n'en fut pas entièrement ainsi.

La paix de Ryswick était à peine conclue que de nouveaux symptômes de guerre s'annoncent; et bientôt éclate la guerre de la succession d'Espagne. Louis XIV, qui avait donné en 1699 à Chamillart le contrôle général des finances, lui impose encore en 1701 le ministère de la guerre. Comment ce ministre, de capacité médiocre, succombant sous ce double fardeau, pourra-t-il consacrer une minime part de son attention à la gestion du service des ponts et chaussées? Ce qui paraissait devoir être la ruine de ce service fut peut-être la cause de son salut. Chamillart, sentant son insuffisance, ne se réserva du contrôle général que les expédients financiers, et se déchargea de l'administration proprement dite sur deux directeurs (1), ayant des attributions plus étendues que les intendants des finances entre lesquels le travail était habituellement réparti. Le premier de ces directeurs, Fleuriau d'Armenonville, eut dans son département *le détail des ponts et chaussées, les turcies et levées, le barrage et pavé de Paris*. Il fut, de même que le contrôleur général, rapporteur au conseil des finances pour ces matières (2). Cette organisation dura jusqu'en 1708, où Desmaretz, neveu de Colbert, qui, dès 1703, avait acheté la charge du directeur Rouillé, succéda à Chamillart, pour le contrôle général des finances seulement, et supprima les deux directeurs. Cependant, avant 1712, il revint à quelque chose d'analogue pour les ponts et chaussées, en les attribuant spécialement à l'un des intendants des finances, commissaire du conseil, M. de Bercy (3).

Libre de préoccupations étrangères à son département spécial, le directeur d'Armenonville put, non-seulement suivre les errements

---

(1) Les charges de ces deux directeurs ne leur furent pas données gratuitement, mais elles leur furent vendues chacune 800.000 liv.; leur revenu fut de 80.000 liv.

(2) Pièces justificatives, tit. 3, chap. 2, n° 1; extrait de l'*Almanach royal*, voir les années 1702 et 1703. — Voir aussi, au chap. 1er des mêmes Pièces justificatives, divers arrêts portant : *Ouï le rapport du sieur Fleuriau d'Armenonville, directeur des finances*.

(3) Pièces justificatives, tit. 3, chap. 2, n° 1; *Almanach royal*, années 1709 à 1715.

antérieurs pour l'administration des voies publiques, mais encore faire faire à cette administration, autant du moins que le permit l'excessive pénurie des finances, des progrès qui ne doivent pas être méconnus. Ainsi, quelques arrêts du conseil (1), rendus sur sa proposition, constatent que les vacances sont régulièrement remplies, soit dans le personnel des ingénieurs, soit dans celui des commissaires ou inspecteurs pour les ponts et chaussées, choisis parmi les trésoriers de France ; d'autres (2) mentionnent des impositions supplémentaires ou spéciales, frappées sur diverses généralités pour les ouvrages des ponts et chaussées qui s'exécutent dans leur étendue, ou seulement qui les intéressent.

Mais ce qui mérite toute notre attention, c'est l'arrêt du conseil du 26 mai 1705 (3), rendu, comme décision de principe, sur le rapport du contrôleur général lui-même. On n'a peut-être pas assez remarqué toute la portée de cet arrêt, qui, en posant une règle d'art pour le tracé des routes, fut en même temps, en ce qui les concerne, une véritable loi d'expropriation pour cause d'utilité publique. Il faut, suivant nous, y reconnaître la base et le point de départ de l'exécution de ces grandes routes alignées en longues et larges avenues, dont s'enorgueillirent longtemps la France et son corps des ponts et chaussées, malgré les réclamations des intérêts froissés, et que nous admirons encore, tout en faisant la part d'une critique fondée sur les progrès de l'art de l'ingénieur et sur les vrais principes d'économie publique, mais renfermée dans de justes bornes. Il est vrai que cet arrêt n'ordonne textuellement de diriger « du plus droit alignement que faire se pourra », que les chaussées pavées. Mais, en fait, son exécution ne resta pas longtemps sans s'étendre aux grands chemins non pavés ; et, en droit, cette extension fut consacrée, comme on le verra plus loin, par une instruction du conseil d'état aux ingénieurs des ponts et chaussées pour l'exécution d'un arrêt du 3 mai 1720, relatif à la largeur des chemins (4).

Cet arrêt de 1705 contient deux autres dispositions bonnes à noter. L'une, qui prescrit de limiter les accotements des chaussées pavées, entretenues sur les fonds de l'état des ponts et chaussées, par des fossés qu'entretiendront les riverains : on laissera aux acco-

---

(1) Pièces justificatives, tit. 3, chap. 1ᵉʳ ; documents officiels, nᵒˢ 1, 9, 12.
(2) Pièces justificatives, tit. 3, chap. 1ᵉʳ, nᵒˢ 15 et 19.
(3) Pièces justificatives, tit. 3, chap. 1ᵉʳ, nᵒ 13.
(4) Pièces justificatives, tit. 3, chap. 1ᵉʳ, nᵒ 159.

tements des grandes routes de Paris vers les provinces toute leur largeur actuelle, ou bien, si elle n'est pas déterminée, 3 toises au moins (1), et 2 toises aux accotements des chemins moins considérables. L'autre disposition interdit aux riverains de planter des arbres le long des routes, sinon sur leurs héritages, et à 3 pieds des fossés. Comme le texte de cet arrêt ne dit pas par qui seront faits les fossés, ce silence fut interprété, dans la généralité de Paris, contre les riverains qui furent tenus de les exécuter, ainsi qu'il résulte de deux ordonnances du bureau des trésoriers de France de cette généralité, du 16 mars 1713 et du 28 mai 1714 (2). Sous le ministère de Chamillart fut encore rendu l'arrêt du 22 juin 1706, qui rappela, confirma et étendit ceux des 3 octobre 1667 et 3 décembre 1672, dont l'objet était d'autoriser les entrepreneurs des grands chemins à prendre des matériaux dans tous les lieux non fermés, sauf dédommagement aux propriétaires. Nouveau témoignage de la continuation des travaux des ponts et chaussées et de la constante sollicitude de l'administration à leur égard, au milieu même des périls et de la détresse du royaume.

2. Mesures financières sous les mêmes contrôleurs généraux.

Cependant la France, pressée sur toutes ses frontières par des ennemis victorieux, semble prête à succomber. Chamillart, à bout de ressources, est enfin déchargé du double fardeau qui l'écrase. Le 20 février 1708, Desmaretz est nommé contrôleur général des finances. Toute son attention est d'abord concentrée sur la nécessité de faire face aux dépenses croissantes d'une guerre de plus en plus désastreuse.

Parmi les mesures financières de ces deux ministres, que nous n'avons ni à exposer ni à juger ici, citons seulement celles qui touchèrent à l'administration des voies publiques. Nous ne trouvons en ce genre sous Chamillart, qui créa et remania d'innombrables offices vénaux, que deux édits de mars 1703. L'un, qui fut modifié par déclaration du 19 juin 1703 (3), augmenta le nombre et les gages des trésoriers de France composant les bureaux des finances des généralités ; mais il n'eut qu'une influence faible et indirecte sur les tra-

---

(1) Avec une chaussée pavée de 15 pieds, cela fait 51 pieds ou 8 toises et demie, largeur qui avait été prescrite pour la route d'Orléans par lettres patentes d'Henri II, du 15 février 1556.
(2) Pièces justificatives, tit. 3, chap. 1ᵉʳ, nᵒˢ 34 et 43.
(3) Pièces justificatives, tit. 3, chap. 1ᵉʳ, nᵒˢ 5 et 8.

vaux des ponts et chaussées, ces bureaux, à l'exception de celui de la généralité de Paris, n'ayant plus à s'occuper que de la voirie contentieuse. L'autre (1) supprima trois offices de maîtres des œuvres de pavé des bâtiments du roi, ponts et chaussées et deux offices de contrôleurs généraux des ponts et chaussées, puis créa deux offices de contrôleurs généraux du pavé et des ponts et chaussées de la généralité de Paris et un office de trésorier des ponts et chaussées dans chaque généralité. Malgré les motifs d'intérêt du service allégués dans le préambule de cet édit, nous croyons y voir dominer, comme motif principal, celui que n'hésitaient pas à énoncer antérieurement les édits semblables, le besoin d'argent. Il est d'ailleurs certain qu'il y avait superfétation dans les visites des ouvrages, qui faisaient partie des attributions des officiers supprimés comme des officiers créés, puisque ces visites étaient déjà faites, utilement et suffisamment, par des agents commissionnés mais non pourvus d'offices comme les ingénieurs et les commissaires des ponts et chaussées choisis parmi les trésoriers de France. Un édit de décembre 1713 (2), qui révoqua partiellement celui-ci, justifie cette appréciation. Quoique encore entaché de fiscalité, il a le mérite de consacrer une amélioration réelle : la distinction entre les fonctionnaires chargés de la direction et de la surveillance des travaux et les officiers comptables de la recette et de la dépense y relatives. Après avoir rappelé dans son préambule, imité de ceux du temps de Colbert, l'attribution faite de la direction et du détail des ponts et chaussées à l'un des commissaires du conseil, puis l'augmentation du nombre des ingénieurs provinciaux et la nomination d'inspecteurs généraux (3), il conclut en énonçant la nécessité d'apporter aussi « un ordre certain dans la recette et la dépense », en créant spécialement pour cet objet quatre offices de trésoriers généraux et de contrôleurs généraux des ponts et chaussées du royaume, et en maintenant les trésoriers provinciaux. La fiscalité se montre dans ce nombre de quatre offices, doublés de quatre offices de contrôleurs, dont chacun, sous prétexte d'anciens règlements, ne devait être *exercé* (4) qu'une année sur quatre, mais qu'un seul officier ar-

---

(1) Pièces justificatives, tit. 3, chap. 1er, no 4.
(2) Pièces justificatives, tit. 3, chap. 1er, no 41.
(3) Voir plus loin l'historique de ces mesures.
(4) De là la distinction des divers *exercices annuels* et le terme financier *exercice*, pris maintenant en comptabilité comme équivalent de *année : exercice* 1858 pour *année* 1858.

rivait à réunir en payant la finance des quatre. Ici, du moins, il n'est plus question de visites ni de vérifications des travaux par les officiers de finances, qui, du reste, ne les faisaient pas ou les faisaient mal (1).

La pénurie du trésor motiva une autre mesure qui fut bien funeste au commerce, et en même temps nuisible à tous les travaux d'entretien et de réparation des voies publiques et des ouvrages sur lesquels étaient établis des péages. Ce fut une déclaration du 29 décembre 1708, par laquelle le roi ordonna le doublement de tous les droits de péages quelconques, pour subvenir aux frais de la guerre. L'exécution en éprouva d'abord de grandes difficultés, à cause de l'opposition de presque tous les concessionnaires de péages, qui voyaient ce doublement produire une diminution notable de la circulation et, par conséquent, de leurs revenus. Une nouvelle déclaration du 30 avril 1709 (2) eut pour objet de vaincre cette opposition en assujettissant expressément au doublement tout passage péager quelconque, quels que fussent le titre et le motif de la concession, et en n'exemptant du payement que les gens de pied et les cavaliers non chargés de marchandises. Outre la faiblesse du produit, causée par la diminution de la circulation, on avait compté sans la rigueur excessive de l'hiver de 1709, la famine qui s'ensuivit en 1709 et 1710, et les misères, les déprédations et les révoltes qu'elle engendra. Il fallut accorder des exemptions pour les denrées alimentaires. On chercha alors une compensation dans la prorogation du doublement à douze années, au lieu de sept pour lesquelles il avait été d'abord établi (3). Mais cette prorogation ne servit guère qu'à indemniser le fermier auquel on en avait d'avance escompté le produit ; et, pour un si mince résultat, on aggrava considérablement la gêne du commerce.

Toutes les mesures fiscales étant insuffisantes, on détourna pour la guerre une grande partie des fonds affectés aux autres services, et l'on anticipa sur les recettes prévues des années suivantes. Les ponts et chaussées eurent à souffrir leur bonne part du détournement. Non seulement on réduisit les crédits affectés à l'entretien et aux réparations, ou même on ne paya pas les ouvrages exécutés, malgré la

---

(1) Pièces justificatives, tit. 3, chap. 1er, n° 4, préambule.
(2) Pièces justificatives, tit. 3, chap. 1er, n° 19.
(3) Pièces justificatives, tit. 3, chap. 1er, n° 21.

spécialité des impositions qui avaient produit les fonds, mais encore on suspendit le payement des appointements des ingénieurs : il y en eut qui subirent un arriéré de plusieurs années (1). Il est facile de comprendre quelles furent les conséquences de ces mesures, et dans quel état de ruine et d'abandon durent bientôt se trouver un grand nombre de chemins et d'ouvrages. L'arrêt du conseil du 20 février 1714 (2), rendu contre les entrepreneurs des réparations et de l'entretien des chaussées de la généralité de Paris, en donne un exemple. Il ne faut donc pas se faire illusion sur ce qu'était devenue la viabilité des grands chemins et la situation des ouvrages y relatifs à la fin du règne de Louis XIV. Mais on n'en doit pas moins admirer la persévérance avec laquelle l'administration continuait à marcher à travers tant d'obstacles.

5. Essais successifs d'organisation du personnel des ingénieurs des ponts et chaussées.

Jusqu'à la fin de 1712, le conseil d'État, sur les rapports du contrôleur général des finances, maintint au complet le personnel existant des ingénieurs et celui des trésoriers de France commissaires pour les ponts et chaussées, soit en pourvoyant aux vacances, soit même en remplaçant quelques-uns de ces agents reconnus incapables (3). Les appointements des ingénieurs, jusqu'alors imputés sur le trésor royal, n'étant plus payés, « à cause des besoins de l'État », c'est-à-dire, du détournement des fonds pour la guerre, on avisa, dans plusieurs arrêts du 29 décembre 1711 (4), à en imputer le payement, par impositions spéciales, sur les généralités auxquelles ces ingénieurs étaient respectivement attachés. On conserva les anciens chiffres de ces appointements qui variaient, ainsi qu'on l'a vu à la fin du XVIIe siècle, de 300 liv. à 2.400 liv. (402 fr. à 3.216 fr.). D'où l'on doit naturellement penser que ces ingénieurs, la plupart architectes, continuaient à exercer leur profession privée et n'étaient pas tenus de consacrer tout leur temps au service de l'État. Leurs appointements étaient proportionnés à l'étendue et à l'importance des travaux de chaque généralité ou du concours facultatif qui leur était demandé par les intendants.

---

(1) Pièces justificatives, tit. 3, chap. 1er, nos 4, 26, 27, 41, 42, 75.
(2) Pièces justificatives, tit. 3, chap. 1er, no 42.
(3) Pièces justificatives, tit. 3, chap. 1er, nos 21, 22, 29, 30, 32.
(4) Pièces justificatives, tit. 3, chap. 1er, no 26.

Mais, à partir de la fin de 1712, un progrès a lieu. Le 15 novembre de cette année (1), il est reconnu que l'ingénieur Mathieu, chargé du service des ponts et chaussées des généralités de Lyon, Moulins, Bourges et de partie de celle d'Orléans, en même temps que de celui de la moitié des turcies et levées et du balisage de la Loire, ne peut suffire à cette tâche. La généralité de Lyon lui est retirée pour être confiée à un nouvel ingénieur, le sieur Deville, auquel on alloue le maximum d'appointements de 2.400 liv. (3.216 fr.) (2). Le 28 mars 1713 (3), le sieur Descluseaux, qui servait dans la généralité de Limoges, aux appointements de 400 liv. (536 fr.), n'est plus trouvé suffisamment capable et est remplacé par le sieur Lemoine, « architecte ingénieur », avec 2.400 liv. (3.216 fr.) de traitement. La même année, le 28 octobre (4), les appointements de tous les ingénieurs sont portés à 2.400 liv. (3.216 fr.), à l'exception de celui de la généralité de Paris qui jouit de 2.800 liv. (3.752 fr.), de celui du département de Metz qui touche 2.500 liv. (3.350 fr.), et de celui de la frontière de Champagne qui n'a que 1.000 liv. (1.340 fr.). Le 21 novembre (5), on pourvoit d'ingénieurs les généralités de Châlons et de Caen, qui n'en avaient point ou dont le service était joint à celui d'une généralité voisine. Puis, ne laissant plus à chacun des deux ingénieurs Mathieu et Poictevin que les turcies et levées et la navigation de la Loire et de ses affluents, on donne des ingénieurs à chacune des généralités de Bourges, Moulins, Poitiers et Tours, toujours en les mettant à la charge de ces généralités. Évidemment une pensée d'organisation uniforme et centralisée présidait à ces arrêts successifs : car dorénavant les généralités de pays d'élections, au nombre de dix-neuf, celle de Metz, la province de Franche-Comté et la frontière de Champagne sont pourvues chacune d'un ingénieur qui leur doit tout son temps. Enfin un dernier arrêt, du 28 novembre (6), couronne l'édifice en instituant onze inspecteurs généraux qui devront se partager les vingt-deux départements d'ingénieurs, pour les inspecter annuellement suivant les ordres et instructions du

---

(1) Pièces justificatives, tit. 3, chap. 1ᵉʳ, n° 33.
(2) Voir, pour la traduction en monnaie actuelle des sommes exprimées en livres, au 1ᵉʳ vol., Pièces justificatives, tit. 2, chap. 2, note n° 6.
(3) Pièces justificatives, tit. 3, chap. 1ᵉʳ, n° 35.
(4) Pièces justificatives, tit. 3, chap. 1ᵉʳ, n° 36.
(5) Pièces justificatives, tit. 3, chap. 1ᵉʳ, nᵒˢ 37, 38 et 39.
(6) Pièces justificatives, tit. 3, chap. 1ᵉʳ, n° 40, qu'il faut compléter par l'arrêt du 4 août 1716, n° 75.

contrôleur général des finances, et proposer tout ce « qu'ils juge-
« ront nécessaire pour le rétablissement et l'entretien des grands
« chemins, ponts, chaussées et autres ouvrages publics ». Les appointements qui leur sont attribués sont de 3.600 liv. (4.824 fr.), augmentés de 2.400 liv. (3.216 fr.) de gratifications pour frais de voyages. Ces chiffres élevés témoignent de l'importance que le gouvernement attache à ces nouvelles fonctions. Pour y subvenir, des impositions spéciales sont frappées sur les provinces, suivant un état joint à l'arrêt et complété ultérieurement pour le département de Metz et la Franche-Comté. Ces inspecteurs généraux, choisis immédiatement, durent commencer leur service dès le 1ᵉʳ janvier 1714, et des commissions furent préparées pour leur être délivrées (1).

Mais que se passa-t-il au moment d'envoyer ces inspecteurs dans les provinces? Fut-ce effectivement que les *besoins de l'État* firent détourner les fonds levés pour leurs appointements et gratifications? Fut-ce, comme on l'allégua plus tard, que la grande quantité d'ouvrages urgents dans la généralité de Paris, où on les avait distribués en attendant la délivrance de leurs commissions, les y fit retenir? Toujours est-il, comme nous l'apprend un curieux arrêt du 4 août 1716 (2), que leurs commissions ne leur furent délivrées que successivement dans le cours de l'année 1714, malgré leur nomination dès le 28 novembre 1713; qu'ils restèrent occupés dans la généralité de Paris; que leurs appointements ne leur furent pas payés. Sans s'inquiéter de cette dernière circonstance, après la mort de Louis XIV et la retraite de Desmaretz, un arrêt du 1ᵉʳ février 1716 (3) les révoque et les remplace par une organisation nouvelle. Ce n'est qu'en août de la même année qu'on se rappelle, sur leurs réclamations sans doute, qu'ils ont néanmoins travaillé et que des appointements leur sont dus. Ce long déni de justice, qui dut leur être si pénible dans l'état d'épuisement où se trouvaient et la fortune publique et les fortunes privées, fut heureux pour leur histoire : car sans lui, ce qu'ont fait ces onze inspecteurs ne nous eût sans doute pas été révélé avec autant de précision que le fit l'arrêt du 4 août 1716. Le mérite que l'on reconnut à ceux qui furent compris dans le nouveau cadre considérablement restreint, et l'infortune de ceux qui furent exclus leur valent, ce nous semble, d'être nommés ici.

---

(1) Pièces justificatives, tit. 3, chap. 1ᵉʳ, nᵒˢ 44, 45, 46 et 75.
(2) Pièces justificatives, tit. 3, chap. 1ᵉʳ, nᵒ 75.
(3) Pièces justificatives, tit. 3, chap. 1ᵉʳ, nᵒ 62.

Comme donc on les avait distribués d'abord dans la généralité de Paris pour y attendre leurs commissions et des ordres ultérieurs, les procès-verbaux de leurs visites firent reconnaître, suivant l'arrêt précité, qu'il y avait, dans cette seule généralité, « une quantité d'ou-
« vrages considérables qui ne pouvaient pas être différés et qui de-
« mandaient une attention particulière pour en rendre les routes
« praticables sans remise, comme les plus importantes et les plus
« fréquentées du royaume ». Alors on les y retint en fonctions pendant les années 1714 et 1715, savoir : le sieur Guéroult, pour le pavage de la route de Paris en Picardie et de celle de Normandie par Pontoise, pour les ponts de Compiègne et de Sainte-Maxence, etc.; le sieur Fayolle, pour les grandes routes de Bretagne et Normandie, ayant 144 lieues de long, 120.468 toises de pavé, 101 ponceaux et 8 ponts, et pour les ponts de Chatou, Meulan et Poissy, etc.; le sieur Leveneur, pour l'entretien des routes de Paris en Brie et en Champagne et autres ouvrages; le sieur de la Guépière, pour l'entretien de la route d'Orléans, de la nouvelle route de Paris à Sceaux et autres, pour l'exécution de pavages dans Passy et sur le chemin de Paris à Saint-Ouen; et pour l'entretien des chaussées du dedans et du dehors du bois de Boulogne; le sieur Gautier, pour les ouvrages de la route de Brie par Rosoy, et pour travaux à Bourbonne-les-Bains ; le sieur Desenne, pour ouvrages considérables sur les routes de Champagne par Meaux, de Normandie en Bretagne, élargissement de la montagne de Saint-Germain en Laye, etc.; le sieur Duplessis, pour les ponts de Saint-Maur et de Charenton auxquels on fit des ouvrages considérables, pour la chaussée de Rambouillet, etc.; le sieur Naurissart, pour la route de Bourgogne et pour devis de réparations à faire aux ponts de Sens, Tonnerre, Pontigny et autres ; le sieur Armand, pour entretien de diverses routes et réparation du pont de Mantes; le sieur Ponsin, pour ouvrages neufs de pavés et de ponts sur la route de Bretagne par Dreux, suivant devis montant à 345.630 liv. (463.144 fr. 20 c.); le sieur Demarne, pour la route de Paris à Lyon, la route de Fontainebleau par Juvisy, etc. Finalement, l'arrêt du 4 août 1716 confirme la nomination de ces inspecteurs en vertu de l'arrêt du 28 novembre 1713, maintient leur révocation prononcée par celui du 1er février 1716, et ordonne le payement de leurs appointements et gratifications pour les deux années 1714 et 1715.

1. Des dépenses relatives aux ponts et chaussées; du pont de Moulins.

L'insuffisance des renseignements parvenus jusqu'à nous sur les fonds appliqués pendant cette période aux ouvrages des ponts et chaussées, de plus, une sorte de falsification des comptes, résultant de ces détournements, plus ou moins légitimes ou plus ou moins constatés, dont les besoins de la guerre étaient la cause ou le prétexte, ne nous permettent malheureusement d'asseoir aucune conjecture sérieuse sur l'importante question des dépenses. Si nous consultons Forbonnais (1), nous voyons que, pendant les années 1701 à 1707, les dépenses imputées sur le trésor royal auraient été, pour les ponts et chaussées, de 356.133 liv. (555.567 fr. 48 c.) à 457.876 l. (714.286 fr. 56 c.), en moyenne annuelle 418.866 liv. (653.430 fr. 96 c.); pour le pavé de Paris, de 14.257 liv. (22.225 fr. 32 c.) à 29.809 liv. (46.502 fr. 04 c.), en moyenne 24.829 liv. (38.733 fr. 24 c.). Les dépenses de 1708 à 1714 ne sont pas mentionnées. Pour 1715, on trouve, suivant deux énoncés différents, ou bien seulement un chiffre de 120.000 liv. (160.800 fr.), ou ce chiffre de 120.000 liv. formant supplément au fonds ordinaire des années précédentes, que nous pouvons croire être de 350 à 400.000 liv. (469 à 536.000 fr.). En même temps, dans cette année 1715, le chiffre pour le pavé de Paris serait de 154.000 liv. (207,164 fr.). Mais, outre ces lacunes et ces incertitudes, on sait déjà que les chiffres donnés par Forbonnais ne représentent que les crédits imputés sur le trésor royal, qu'il faudrait remplacer par les chiffres de l'*état au vrai* du trésorier général des ponts et chaussées, puis augmenter des fonds prises directement dans les caisses des receveurs des généralités et de ceux provenant d'impositions ordinaires ou spéciales sur lesdites généralités. Les documents manquent à cet égard, si ce n'est les énonciations suivantes, qui se trouvent dans un certain nombre d'arrêts du 5 octobre 1715 et autres postérieurs (2), dont nous aurons à parler plus loin, savoir : qu'il se prenait annuellement sur les recettes des finances de la généralité de Montauban, 9.000 liv. (12.060 fr.); de celle de Grenoble, 4.000 liv. (5.360 fr.); de Bourges, 9.000 liv. (12.060 fr.); de Moulins, 9.000 liv. (12.060 fr.); de Lyon, 10.000 liv.

---

(1) *Recherches et considérations sur les finances de France*; voir aux Pièces justificatives, tit. 3, chap. 2, § 2, 1°.

(2) Pièces justificatives, tit. 3, chap. 1er, nos 55, 57, 58, 59.

(13.400 fr.); de Bordeaux, 8.000 liv. (10.720 fr.); d'Orléans, 15.000 liv. (20.100 fr.); d'Amiens, 8.000 liv. (10.720 fr.); de Tours, 12.000 liv. (16.080 fr.); d'Alençon, 10.000 liv. (13.400 fr.); de Soissons, 8.000 liv. (10.720 fr.); de Châlons, 10.000 liv. (13.400 fr.); et sans doute des sommes à peu près égales dans les autres généralités. En outre, des impositions extraordinaires d'une certaine importance étaient encore frappées pour des ouvrages spéciaux, comme : sur le comté de Bourgogne, pour la réparation de ses chemins, 45.140 liv. 2 s. 7 d. (60.487 fr. 75 c.) en chacune des années 1712, 1713 et 1714, et 59.905 liv. 7 s. 8 d. (80.272 fr. 25 c.) en 1715; sur la généralité de Châlons, 44.356 liv. 4 s. 5 d. (59.437 fr. 35 c.) en 1715; par arrêts du 14 mai 1715 (1). On pourra donc n'être pas loin de la vérité en estimant annuellement ces sommes réunies à 1.200 ou 1.300.000 liv. (1.610 à 1.742.000 fr.), si l'on admet pour bon et total le chiffre de 1.285.000 liv. donné, pour la dépense des ponts et chaussées en 1712, dans l'*Inventaire et analyse de la collection sur les finances*, par Genée de Brochot, page 130 (2).

A cette époque, le pont de Moulins nous offre, en même temps qu'un chapitre intéressant de l'histoire de l'art de l'ingénieur, un spécimen des dépenses qu'exigeait alors un grand ouvrage de ce genre. On se rappelle que le pont reconstruit dans cette ville sur la Loire au temps de Colbert, après un désastre partiel en 1684, avait été complétement ruiné en 1689. Plusieurs projets furent présentés pour sa reconstruction; un entre autres dû à Mathieu, l'ingénieur de la navigation et des turcies et levées de l'Allier et de la Loire au-dessus d'Orléans. Ce projet transportait le pont à environ 260 toises en aval de son premier emplacement, en prolongement de l'avenue du cours de Bercy perpendiculaire à la rivière. Là, profitant de la largeur naturelle du lit, Mathieu donnait au nouveau pont, qui eût été de sept arches, une longueur totale de 103 toises entre les culées et un débouché de 90 toises, tandis que l'ancien, situé dans l'étranglement du lit formé entre la ville et le faubourg de la Madeleine, n'avait que 72 toises 2 pieds entre les culées. L'idée était heureuse. Mais, d'une part, on s'éloignait de la ville qui réclama sans doute; d'autre part, effrayé de tant de ruines successives, le gouvernement voulut confier la construction du nouveau pont à un architecte plus

---

(1) Pièces justificatives, tit. 3, chap. 1ᵉʳ, nᵒˢ 48 et 49.
(2) Pièces justificatives, tit. 3, chap. 2, § 2, 3º.

célèbre et choisit Hardouin-Mansard (1). Celui-ci ne songea pas au débouché, plaça son pont un peu en amont du pont écroulé, uniquement pour n'être pas embarrassé par les débris et les fondations des piles ruinées, et le composa de trois arches en anse de panier, celle du milieu de 23 toises, les deux autres de 17 toises 3 pieds, reposant sur deux piles de 6 toises 4 pieds; de sorte que sa longueur entre culées n'était que de 71 toises 2 pieds, et son débouché seulement de 58 toises. Cet ouvrage fut adjugé le 20 janvier 1705 au sieur Musbien, moyennant 500.000 liv. (780.000 fr.), plus 95.243 liv. (148.579 fr. 06 c.) pour un quai de 48 toises. Des augmentations de dépenses eurent lieu aux piles et aux culées et s'élevèrent à 200.813 liv. (313.268 fr. 28 c.); de sorte que le montant définitif de la dépense, fixé par arrêt du conseil du 28 mai 1709, s'éleva à 796.056 liv. 16 s. 1 d. (1.241.848 fr.). Cette somme fut imposée, suivant une certaine proportionnalité, sur les généralités de Moulins, Orléans, Lyon, Riom et Bourges. Il paraît toutefois, par suite sans doute de l'écroulement du pont avant l'achèvement de tous les ouvrages qui en dépendaient, que cette somme ne fut pas dépensée en totalité et qu'il resta un boni de 91.004 liv. (alors 94.644 fr. 16 c.), qu'un arrêt du 18 octobre 1718 (2) ordonna de porter au trésor royal. Trois ingénieurs avaient été chargés de la direction et de la conduite des ouvrages : Lemaistre, avec le titre d'inspecteur et des appointements annuels de 3.000 liv. (4.680 fr.); Bruand et Antoine, avec le titre de contrôleurs, qui furent payés, le premier 1.500 liv. (2.340 fr.), le second 900 liv. (1.404 fr.) par an. Lemaistre et Bruand étaient membres de l'Académie d'architecture. L'ingénieur Mathieu fut commis pour faire la vérification et la réception des travaux. Malgré tant de soins, ce pont était à peine terminé qu'il fut emporté par une crue le 10 novembre 1710 : il n'en resta que l'arche du côté de la ville (3). De nouveaux projets furent bientôt présentés; mais le gouvernement était découragé et ne se décida qu'en 1752 à une nouvelle entreprise définitive, qui fut célèbre (4).

---

(1) Qu'il ne faut pas confondre avec Mansard, son oncle maternel, l'inventeur des toits en mansarde, dont il fut l'élève et dont il obtint l'autorisation d'ajouter le nom à son nom Hardouin.

(2) Pièces justificatives, tit. 3, chap. 1er, n° 119.

(3) Pièces justificatives, tit. 3, chap. 1er, nos 18, 27 et 90.

(4) Le dépôt des plans du ministère des travaux publics possède plusieurs dessins intéressants relatifs à ce pont avant sa reconstruction définitive en 1752, savoir : 1° un beau plan de la ville et des environs de Moulins, dressé par Mathieu pour le projet dont nous venons

5. Ouvrages concernant la navigation; turcies et levées de la Loire.

Pendant qu'on travaillait aux routes et aux ponts, autant que le permettait la situation critique du royaume, sur les fonds du trésor royal et à l'aide des impositions frappées sur les généralités, quelques entreprises de navigation donnaient lieu à des décisions ou concessions diverses. En 1572, un ingénieur du roi nommé Craponne (1), sur l'invitation du duc d'Anjou, avait étudié les moyens de rendre la Loire navigable entre Roanne et Saint-Rambert et présenté un projet sommaire dont il évaluait la dépense à environ 80.000 liv. (289.600 fr.). Il s'agissait de débarrasser le lit du fleuve des rochers qui l'obstruaient et de construire quelques écluses (2). Ce projet n'eut pas même un commencement d'exécution. Après un siècle d'abandon, une nouvelle impulsion étant donnée par Colbert aux entreprises de ce genre, les frères Paparel firent au roi des propositions qui motivèrent un arrêt du conseil du 25 février 1665, prescrivant une enquête sur le projet de rendre la Loire navigable de Roanne en remontant jusqu'à Saint-Rambert ou Monistrol. Toutefois, cette affaire avait été de nouveau abandonnée. Elle fut reprise en 1701, au nom de Pierre de la Gardette, qui obtint par arrêt l'ouverture d'une nouvelle enquête. A la suite de cette enquête et sur l'estimation d'une dépense de 716.000 liv. (1.116.960 fr.), non compris l'entretien évalué 12.000 liv. (18.720 fr.) par an, concession lui fut faite par arrêt du 23 mai 1702 (3), à la charge d'avoir terminé les travaux dans l'année 1706. On remarquera qu'il n'y a plus ici, comme antérieurement, concession de la propriété du fonds

---

de parler (le pont Hardouin-Mansard y a été tracé après coup en rouge); 2° un plan et élévation de ce dernier pont en 1708; 3° trois plans de Moulins, à échelles différentes, avec les deux ponts écroulés; 4° quatre projets présentés en 1711 et 1712 par Lemaistre, l'inspecteur de la construction du pont Hardouin-Mansard; deux en pierres et deux en charpente sur piles en pierres, tous les quatre sur l'emplacement du premier pont écroulé, dit *Ginguet* du nom de son entrepreneur, et utilisant plus ou moins les fondations des anciennes piles; 5° deux projets présentés en 1712 par Bruand, l'un avec arches en charpente sur piles en pierres utilisant aussi les restes du pont Ginguet, l'autre tout en charpente, en sept travées. Il paraît que Mathieu présenta encore de nouveaux projets. Mais dans tous domine cette idée, de fausse économie, d'utiliser les piles à demi ruinées du pont Ginguet. Enfin citons encore deux projets faits en 1731 par Gabriel, sur un nouvel emplacement sans doute, mais qui n'est pas indiqué.

(1) Ce n'était pas le célèbre Adam de Craponne, mort en 1559.
(2) Lettre du duc d'Anjou du 20 avril 1572 et rapport de l'ingénieur Craponne du 8 mars de la même année. (Documents cités dans l'ouvrage de M. Maurice Champion sur les inondations, t. 2, pièces justificatives 145, p. XCVII.)
(3) Pièces justificatives, tit. 5, chap. 1er, n° 2.

de la rivière, mais seulement des droits de péage à percevoir sur toutes les marchandises usant de la nouvelle navigation. Du reste, toutes facilités sont accordées au concessionnaire pour l'exécution de ses travaux, moyennant dédommagement aux propriétaires d'usines ou autres qui se trouveront expropriés ou lésés. Mais un avantage nouveau fut octroyé au sieur de la Gardette, savoir, le droit de faire ouvrir et exploiter « les minières de charbon de terre qui se trouve- « ront hors et au delà de la distance d'une lieue autour de la ville de « Saint-Étienne en Forest », en expropriant, à dire d'experts, les propriétaires du sol après qu'ils auront déclaré, sur sommation, n'entendre faire valoir eux-mêmes lesdites minières. Pendant l'exécution des travaux et six ans après leur entier achèvement, toutes les contestations relatives à la nouvelle concession doivent être jugées par le commissaire départi en la généralité de Lyon, après quoi des officiers spéciaux seront préposés à cet effet par le roi. Par arrêt du 10 décembre 1709, sur le rapport de Trudaine, intendant de la généralité de Lyon, cette navigation naissante fut exemptée du double droit qui fut établi sur tous les péages (1).

À la fin du XVIIe siècle, il avait été question d'opérer la jonction de l'Eure au Loir par un canal de Bonneval à Chartres, et d'assurer la navigation depuis de Lude jusqu'à Pont-de-l'Arche par ces deux rivières et ce canal. Un devis, rédigé par l'ingénieur Poictevin, se montait à 1.445.000 liv. (2.254.200 fr.). Ce travail fut ajourné: mais, en octobre 1704 (2), un édit concéda à madame de Maintenon, moyennant des droits équivalents à ceux du canal de Briare, la faculté de rendre l'Eure navigable, de Chartres à Pont-de-l'Arche, et ses affluents, y compris les canaux de Gallardon à Maintenon et de Maintenon à Épernon ; « ces ouvrages, dit l'édit, devant se trouver d'une « avance considérable pour l'exécution du dessein de la jonction du « Loir et de l'Eure ».

Le 24 mars 1708 (3), des lettres patentes, rendues sur arrêt du conseil du 17 janvier précédent, accordèrent à madame Marchand de la Mulnière, supérieure de l'Union chrétienne de la ville de Luçon, l'autorisation de rendre le Clain navigable de Châtellerault à Poitiers et de Poitiers à Vivonne, moyennant concession de péage à perpé-

---

(1) Pièces justificatives, tit. 3, chap. 1er, n° 20.
(2) Pièces justificatives, tit. 3, chap. 1er, n° 10.
(3) Pièces justificatives, tit. 3, chap. 1er, n° 16.

tuité. Quoique cette concession eût été précédée d'une enquête administrative suivant les formes ordinaires, le parlement de Paris ordonna, le 30 juillet 1708 (1), préalablement à l'enregistrement desdites lettres, une nouvelle enquête par les soins des magistrats de sa juridiction. N'est-ce pas là un exemple de la confusion alors existante entre les pouvoirs judiciaire et administratif? Nous devons remarquer aussi que les experts et hommes de l'art, consultés par l'administration sur l'utilité et la dépense des ouvrages qui font l'objet de ces concessions, ne sont pas encore les ingénieurs des ponts et chaussées, à l'exception toutefois de Poictevin (2), regardé sans doute comme compétent à cause des fonctions qui lui étaient confiées concernant la navigation de la Loire.

Quelques années plus tard, en 1711, un projet ayant été étudié pour canaliser une dérivation du Rhône appelée le *bras de fer*, afin de faciliter la navigation de ce fleuve à son embouchure, les travaux en furent ordonnés (3), après une enquête devant les intendants de Languedoc et de Provence, non plus par voie de concession de péage, mais par adjudication. Les dépenses devaient en être couvertes pour un tiers par le trésor royal, pour un autre tiers par le Languedoc, et pour le troisième par le Dauphiné et la Provence, ces deux derniers tiers au moyen d'une crue des droits sur le sel. Seulement les ouvrages furent changés, par un arrêt du 3 mai 1712, en travaux d'amélioration et de consolidation d'une ouverture faite depuis le précédent arrêt par le Rhône lui-même, et qui prit le nom de *canal des Losnes*. Les devis furent dressés par un sieur Niquet, « lieutenant de roi d'Antibes et ingénieur général en Languedoc et « en Provence ». Les ouvrages se commencèrent aussitôt ; mais, fréquemment interrompus par le manque de fonds, ils furent emportés par les grandes eaux avant d'être achevés. Une nouvelle adjudication ayant eu lieu le 5 juin 1717, l'exécution en fut encore entravée par les mêmes causes, auxquelles se joignirent en 1720 les altérations des monnaies, puis les pertes d'ouvriers décimés par la peste qui désola alors la Provence. Aussi, en 1723, restait-il beaucoup à faire ; et les conditions de cette adjudication furent prorogées, notamment le délai de trois ou quatre mois primitivement fixé pour

---

(1) Pièces justificatives, tit. 3, chap. 1er, n° 17.
(2) Pièces justificatives, tit. 3, chap. 1er, n° 10.
(3) Pièces justificatives, tit. 3, chap. 1er, n° 23.

l'achèvement (1). Depuis lors des travaux plus étendus et plus complets ont fait oublier ceux-ci.

La Loire était toujours la plus grande voie navigable du royaume, en même temps que le fleuve le plus redoutable pour ses débordements. Aussi appelait-elle souvent l'attention de l'administration. Le 5 septembre 1702 (2), la perception des droits de boëte fut de nouveau prorogée pour neuf ans, dans les conditions précédentes, savoir : mise en adjudication, tant de ces droits que des travaux à exécuter, par-devant l'intendant de la généralité d'Orléans; direction des ouvrages par les ingénieurs du roi, les délégués des marchands n'intervenant que pour contrôle. Bientôt, le 24 avril 1703 (3), une déclaration royale en forme de règlement vint remédier à divers abus et favoriser le développement de cette importante navigation, en la faisant jouir des conditions de sûreté, de liberté et de facilité obtenues sur la Seine par l'ordonnance de décembre 1672. Les principales dispositions de ce règlement s'observent encore, ou du moins leur esprit s'est maintenu sous les modifications qu'ont nécessitées les progrès modernes. Deux arrêts du conseil, du 4 avril 1702 et du 12 juin 1703 (4), ayant pour objet la réforme des péages abusifs, complétèrent utilement les mesures prises alors en faveur de cette navigation.

Quant aux turcies et levées, elles démentirent souvent, au commencement de ce siècle, les prévisions antérieures et l'infaillibilité prétendue des travaux d'exhaussement et de renforcissement qu'on n'avait cessé d'y exécuter depuis Colbert. Le 9 octobre 1707, elles furent surmontées et emportées en plusieurs endroits; la ville de Tours et de vastes territoires furent ravagés par les eaux. En février 1709, les gelées excessives furent suivies d'une débâcle qui y causa de nombreuses avaries et renversa l'un des ponts d'Amboise. Cette année fut des plus calamiteuses; car les intempéries de l'été mirent le comble à celles de l'hiver : en juin, les eaux de la Loire et du Cher se gonflèrent ensemble et détruisirent les récoltes dans la Touraine. En novembre 1710, crue simultanée de la Loire et de l'Allier, chute du pont de Moulins et d'une partie de celui de Beaugency, ruptures des levées en nombre de points depuis Jargeau jusqu'à Saumur; nouvelles

---

(1) Pièces justificatives, tit. 3, chap. 1er, nos 28, 163 et 165.
(2) Pièces justificatives, tit. 3, chap. 1er, no 3.
(3) Pièces justificatives, tit. 3, chap. 1er, no 6.
(4) Pièces justificatives, tit. 3, chap. 1er, no 7.

ruptures et destruction du bourg de la Chapelle-Blanche le 15 février 1711 ; puis, au mois de mars, crue la plus forte connue dans la basse Loire (22 pieds à Nantes) ; nouvelle inondation et désolation de l'Orléanais et de la Touraine en 1712. Ces cataclysmes répétés, joints à la misère générale et à la pénurie des finances, devaient à peine laisser le temps de faire les réparations les plus indispensables. Nous ignorons quelles dépenses ils occasionnèrent : mais ils furent sans doute un des principaux motifs qui firent décharger les deux ingénieurs Mathieu et Poictevin du service des ponts et chaussées des généralités traversées par la Loire, pour consacrer tous leurs soins à ce fleuve et à ses affluents, sous la surveillance de Robert de Courtoux, marquis de la Chastre, alors seul intendant des turcies et levées.

A cette époque remonte la construction de deux ouvrages établis dans le but de ralentir l'irruption des eaux de la partie supérieure du bassin, lors des crues, et par suite de diminuer leur hauteur et de prévenir leurs désastres dans la partie inférieure. Ces deux ouvrages sont les digues de Pinay et de la Roche. Leur effet, peut-être trop méconnu de nos jours, a été heureusement remis en lumière, après la crue de 1846, par M. Boulangé, alors ingénieur en chef du département de la Loire, qui fit insérer en 1848, aux *Annales des ponts et chaussées*, une intéressante note à leur sujet. Grâce à cette note, ils ont servi de point de départ aux recherches de moyens préventifs contre les crues excessives, qui se poursuivent, sous une haute impulsion, depuis la grande inondation de 1856 (1). Quoi qu'il en soit, on crut devoir attribuer une partie des désastres des crues de 1707, 1709, 1710 et 1711 à une accélération du cours des eaux au-dessus de Roanne, causée par des enlèvements de roches qu'avait faits le concessionnaire de l'amélioration de la navigation entre Roanne et Saint-Rambert. En conséquence on réunit les deux ingénieurs des turcies et levées pour leur faire visiter, avec l'intendant, cette partie de la rivière. Sur leur rapport, contenu dans un procès-verbal de l'intendant du 23 janvier 1711, et sur les projets rédigés par Mathieu, on jugea nécessaire, pour compenser l'effet de ces enlèvements de roches et « éviter à l'avenir de pareils débordements », de construire trois digues de resserrement de la section d'écoulement des crues : l'une aux piles

---

(1) Lettre de l'empereur Napoléon III au ministre de l'agriculture, du commerce et des travaux publics, concernant les inondations de la Loire, insérée au *Moniteur* du 21 juillet 1856.

de Pinay, l'autre au château de la Roche, et la troisième près le village de Saint-Maurice. L'adjudication de ces ouvrages fut ordonnée par arrêt du conseil du 23 juin 1711. La digue de Pinay fut commencée dès le 16 juillet ; celle de la Roche ne le fut que plus tard. Les malheurs des temps retardèrent sans doute l'exécution complète : car des adjudications furent renouvelées à plusieurs reprises, les 18 juillet 1712, 23 janvier 1714 et 11 décembre 1717 (1). On doit croire que les travaux furent achevés peu après cette dernière adjudication, au moins pour les deux premières digues qui subsistent encore. Quant à la troisième, elle ne paraît pas avoir été entreprise (2).

On s'occupa du reste, comme par le passé, de l'entretien des turcies et levées de la basse Loire et du balisage du lit navigable. Dans ce double intérêt, on continua d'encourager les plantations de menus bois au pied des digues, et l'on mit le terrain de ces plantations à l'abri des prétentions des fermiers du domaine, qui voulaient s'en emparer comme d'accrues et atterrissements (3). En même temps, et au contraire, on interdisait toutes plantations sur les îles et grèves qui se formaient dans le milieu du fleuve, comme nuisibles à la navigation en amenant la division des eaux, ou dangereuses aux levées en faisant obstacle à l'écoulement des crues (4).

9. Situation des routes à la fin du règne de Louis XIV.

Au point où nous sommes arrivés, on éprouve le désir d'avoir une statistique précise de l'ensemble des voies publiques de la France à une époque aussi caractéristique que la fin du règne de Louis XIV. Malheureusement ce désir ne peut être que très-imparfaitement satisfait, et nous ne nous permettrons pas de suppléer par des conjectures hasardées à l'insuffisance des documents. Mais le peu que nous avons trouvé, le lecteur pourra nous savoir gré de le lui dire. Nous lui signalerons donc : la liste générale des routes de poste, insérée dans l'Almanach royal de 1707, et complétée dans celui de 1708 (5);

---

(1) Pièces justificatives, tit. 5, chap. 1er, n° 108.
(2) Pièces justificatives, tit. 5, chap. 1er, n° 34. — V. Annales des ponts et chaussées, 2e vol. des Mémoires et documents de 1848 ; Notice sur l'inondation de la Loire de 1846, par M. Boulangé. On y trouve l'arrêt du 23 juin 1711 et deux dessins copiés sur ceux de l'ingénieur Mathieu, avec légendes, datés du 25 août 1711.
(3) Pièces justificatives, tit. 5, chap. 1er, n° 51.
(4) Pièces justificatives, tit. 5, chap. 1er, n° 51.
(5) Pièces justificatives, tit. 5, chap. 2, n° 1.

un tableau des *chemins des villes de France*, placé en tête de l'ouvrage intitulé : *Nouvelle description de la France*, etc., par Piganiol de la Force, Paris, 1718, tableau transcrit par extrait aux pièces justificatives (1); enfin, la mention suivante, qui se trouve dans les considérants de l'arrêt du conseil du 20 février 1714 (2) rendu contre les entrepreneurs des entretiens et réparations des ponts et chaussées de la généralité de Paris, savoir : que cette généralité contenait « 492.186 toises de chaussées de pavé de grès, de cailloux et de « ferrage, et 292 ponceaux construits sur les routes qui conduisaient « de Paris en Picardie, Brie par Meaux et Rosoy, Normandie par Pon- « toise, Bretagne, Bourgogne, Orléans, Lyon, Brie par Lagny, Char- « tres; plusieurs chaussées de traverse, celles construites en dehors « du bois de Boulogne, les chemins de Beauvais à Bresle et de Ne- « mours à Dordives », dont l'entretien, par bail de neuf ans à partir de 1711, était adjugé moyennant 114.140 liv. (152.947 fr. 60 c.) par an; et de plus une chaussée de cailloutage récemment construite à travers le bois de Boulogne.

Mais la désignation des chemins ne nous fait point connaître leur état de viabilité. Or nous voyons aussi dans ce même arrêt, et c'est là ce qui le fit rendre, que ces chaussées de la généralité de Paris étaient alors fort mal entretenues. S'il en était ainsi des chaussées pavées aux environs de la capitale, à plus forte raison des autres grands chemins du royaume, et surtout des chemins empierrés, d'autant plus difficiles à entretenir qu'ils manquaient d'une construction primitive régulière. On trouve d'ailleurs un témoignage de leur mauvais état dans un opuscule de l'abbé de Saint-Pierre, intitulé : *Mémoire pour perfectionner la police sur les chemins* (3). Si l'on en croit cet auteur, il était alors à peu près impossible de voyager en hiver; et les efforts tentés jusque-là pour l'amélioration des voies publiques étaient peu connus et n'avaient produit d'effet sensible et durable qu'en quelques points exceptionnels qui avaient été l'objet de soins tout particuliers. C'est ainsi qu'il cite les heureux résultats obtenus par la persévérance de M. Foucault, intendant de la généralité de Caen, sur la route de Caen à Lizieux. En Normandie, pays de l'auteur, et dans beaucoup d'autres provinces sans doute, les

---

(1) Pièces justificatives, tit. 3, chap. 2, § 4, B.
(2) Pièces justificatives, tit. 3, chap. 1ᵉʳ, n° 42.
(3) Pièces justificatives, tit. 3, chap. 2, § 4, A.

grands chemins, lorsqu'ils étaient bordés de terres non closes, étaient toujours exposés aux anticipations des laboureurs riverains, ou bien ils étaient encaissés entre des fossés ou des talus couronnés de haies et de plantations épaisses. Quiconque a vu, dans des chemins de traverse, quelques exemples, encore assez nombreux il y a vingt ou trente ans, de ce type, de plus en plus rare, de chemins enfermés entre deux haies ou bordés d'une ou plusieurs lignes d'arbres à tête basse, dits têtards, exploités en coupes réglées par les fermiers comme on exploite encore les saules, se fait facilement une idée de ce que pouvait être la circulation sur de tels chemins entretenus dans une humidité constante et en partie envahis par les branches. On était encore généralement si éloigné des notions élémentaires des conditions de la viabilité des routes, que notre auteur croit pouvoir l'obtenir complète en mettant leur entretien à la charge des riverains, sous la sanction de l'obligation de livrer passage sur leurs terres quand le chemin est trop impraticable. On n'avait donc fait aucun progrès depuis Colbert qui recommandait ces expédients pour les voyages du roi. Si telles étaient les conséquences de l'épuisement des ressources publiques par cette succession de guerres, ruineuses même dans les succès, à plus forte raison dans les revers, et des calamités publiques qui s'y joignirent, on doit aussi en accuser l'absence d'un service d'ingénieurs régulièrement et définitivement organisé. Après les essais que nous avons vu tenter, le moment de cette organisation était arrivé.

CHAPITRE II.

DIRECTION GÉNÉRALE DES PONTS ET CHAUSSÉES; DU 1ᵉʳ OCTOBRE 1715 AU 28 OCTOBRE 1736.

7. Établissement d'une administration spéciale des ponts et chaussées; Béringhen et Dubois.

Lorsque le duc d'Orléans se fut fait nommer régent malgré le testament de Louis XIV, il voulut satisfaire ses partisans et la nation par l'abandon, ou du moins le partage, du pouvoir absolu. En même temps qu'il relevait l'autorité des parlements, il remplaça les ministères par sept conseils où il appela en majorité la haute noblesse. Deux de ces conseils durent prendre part à l'administration des grandes voies publiques : le conseil du dedans du royaume et le conseil de finances. Voici comment sont déterminées leurs attributions à cet égard dans l'ordonnance du 1ᵉʳ octobre 1715 sur le conseil du dedans du royaume (1) : ce conseil, composé du duc d'Antin, pair de France, président; du marquis de Béringhen, du marquis de Brancas, des sieurs de Fieubet et Roujeault, maîtres des requêtes, des sieurs Ferrand, Menguy et Goislard, conseillers au parlement, et du sieur de Larroque, secrétaire, « sera chargé (entre autres
« choses) des ponts et chaussées, turcies et levées et pavé de Pa-
« ris, suivant les fonds qui en seront faits par le conseil de finances,
« sur lesquels fonds seront pris préalablement les gages et salaires
« des officiers en charge et des employés par commission qui seront
« jugés nécessaires ; à l'effet de quoi on communiquera audit con-
« seil de finances tous les devis et marchés, et les comptes en seront
« rendus à l'ordinaire audit conseil de finances, accompagnés de
« certificats donnés par le président du conseil du dedans du
« royaume et par le conseiller chargé de ce en particulier, pour
« prouver que les ouvrages auront été dûment faits conformément

---

(1) Pièces justificatives, tit. 3, chap. 1ᵉʳ, n° 52.

« aux adjudications qui seront faites en la manière accoutumée. Et
« il sera nommé par ledit conseil du dedans du royaume aux com-
« missions nécessaires pour l'exécution desdits ouvrages, se servant
« toutefois de tous ceux qui sont en charge, si aucuns y a. » Ce conseil aura encore à « examiner toutes les propositions qu'on pourra
« faire pour ouvrir de nouveaux canaux ou autres travaux pour la
« facilité du commerce de province à province; et lors toutefois que
« lesdits projets seront approuvés par le conseil général de la ré-
« gence, l'exécution en regardera uniquement le conseil de finances. »
Le second membre du conseil du dedans du royaume, marquis de
Béringhen, premier écuyer du feu roi, connu comme ami et protec-
teur des arts, fut « chargé des ponts et chaussées, turcies et levées
« et pavé de Paris »; le sieur Roujeault, maître des requêtes, « des
« propositions de nouveaux canaux et autres ouvrages ». Dans le
conseil des finances, présidé par le duc de Noailles et où Rouillé du
Coudray fut directeur du contrôle général, le sieur Taschereau de
Baudry, conseiller, « eut les ponts et chaussées, les turcies et levées,
« le barrage et pavé de Paris, *en ce qui concerne les finances* » (1).
Le marquis de Béringhen prit le titre de directeur général des ponts
et chaussées de France, sans que nous ayons pu préciser à quelle
époque; mais ce titre lui est reconnu dans l'arrêt de nomination de
son successeur. Ses appointements furent fixés à 10.000 liv.
(10.400 fr.) par an (2). Ce chiffre paraît peu élevé; mais à ce moment tous les appointements étaient considérablement réduits, comme
nous le verrons pour les ingénieurs.

Les fonctions du directeur général furent de centraliser la correspondance avec les intendants et les ingénieurs et de leur donner
ou transmettre les ordres et instructions concernant tout le service
des ponts et chaussées et des turcies et levées, de préparer les projets d'états-du-roi et d'états de répartition des fonds alloués, de
notifier aux intendants les états arrêtés et de diriger l'emploi des
fonds, d'examiner les projets et les devis dressés d'après ses ordres
et d'en proposer l'approbation, de viser les certificats de réception
des ouvrages et d'arrêter les états de dépenses, enfin de rédiger les
mémoires qui pouvaient lui être demandés pour l'instruction des
affaires au conseil d'État (3). Bien que l'ordonnance du 1er octobre

---

(1) Pièces justificatives, tit. 5, chap. 2, § 1. — Extraits de l'*Almanach royal*.
(2) Pièces justificatives, tit. 5, chap. 1er, n° 184.
(3) Pièces justificatives, tit. 5, chap. 1er, n°s 52, 62, 164, 186, 187, 192, 196, 201, 215.

1715 attribue au conseil du dedans du royaume, dont le directeur général des ponts et chaussées était le délégué pour ce département, la nomination des ingénieurs et agents de ce service, les arrêts d'organisation du personnel ou de commissions d'ingénieurs ne mentionnent point le directeur général comme rapporteur et ne portent point sa signature, tandis qu'ils portent celle de l'intendant des finances chargé du détail des ponts et chaussées, le sieur de Baudry et plus tard le sieur d'Ormesson (1). Il en est de même des arrêts de principe ou d'administration générale. Ainsi l'on verra l'arrêt du 3 mai 1720, étranger à la question financière, rendu sur le rapport de Law, contrôleur général des finances, sans autre mention. Cela ne veut pas dire que les nominations et les décisions ne fussent pas préparées par le directeur général; mais, comme il n'était point membre du conseil d'État, il n'y pouvait faire de rapports, et ses propositions ne figurent ordinairement dans les arrêts que sous la formule: *Vu le rapport du contrôleur général des finances ou du membre du conseil chargé du détail des ponts et chaussées pour les finances* (2). Évidemment la position et l'influence du directeur général en étaient amoindries, surtout quand le titulaire de cette place ne fut plus, comme le marquis de Béringhen, un grand personnage, membre d'un des conseils du gouvernement. On doit conclure de ces observations que, sous le titre de *direction générale*, le service des ponts et chaussées fut beaucoup moins détaché et rendu indépendant de l'administration financière qu'on ne pourrait le croire. Cette direction était un rouage qu'il fut facile et peut-être utile de supprimer, comme faisant souvent double emploi, en rétablissant dans leur in-

---

(1) Un arrêt du conseil, du 20 juin 1730 (Pièces justificatives, tit. 5, chap. 1er, n° 207), mentionne un inspecteur des travaux du pont de Saumur à la nomination du directeur général Dubois; un autre arrêt, du 17 mars 1733 (*ibid.*, n° 233), concernant la réunion des deux places d'ingénieurs des turcies et levées en une seule, vise l'avis du même directeur général et lui attribue la nomination d'un sous-inspecteur. Ce sont les seuls actes officiels où nous ayons vu l'intervention du directeur général dans les questions de personnel.

(2) A l'appui de ces observations, nous citerons la lettre suivante du marquis de Béringhen à M. de Baudry, que nous avons trouvée à la suite d'un arrêt du 15 mars 1717, concernant une substitution d'entrepreneurs pour le pont de Blois (Archives impériales, E, 896) : « A Paris, le 8 mars 1717. Monsieur, j'ai l'honneur de vous envoyer le projet d'arrêt
« par lequel les sieurs Dupuy et Lambot sont subrogés au défunt sieur Leduc pour l'entre-
« prise du pont de Blois. J'y joins leur soumission et le désistement des représentants du
« sieur Leduc, qui doivent être annexés à la minute de l'arrêt. Vous savez avec quelle dili-
« gence cet arrêt doit être expédié; je vous prie d'en recommander la prompte expédition et
« de me croire bien sincèrement, monsieur, votre très-humble et très-obéissant serviteur.
« BÉRINGHEN. »

tégrité les précédentes attributions de l'intendant des finances chargé du détail des ponts et chaussées. Tel est le sens de l'arrêt de sa suppression, en 1736, qui donne à penser que la transmission et le maintien de cette charge jusqu'à la retraite du directeur Dubois avaient été surtout une question de faveur personnelle.

Quoi qu'il en soit, la part attribuée aux ponts et chaussées dans la désignation des affaires ressortissant au conseil du dedans du royaume et le choix du personnage qui en fut chargé témoignent de l'intérêt que le régent portait, d'accord avec l'opinion publique, aux communications intérieures. Ce témoignage ne resta pas unique et stérile. Une impulsion nouvelle fut en même temps donnée de toutes parts aux travaux. Dès le mois d'octobre 1715 et pendant les années 1716 et 1717, des impositions spéciales, souvent considérables, supplémentaires aux crédits généraux trop faibles ou dévorés d'avance, furent établies sur la plupart des généralités pour leurs grands chemins. En 1716, les ingénieurs des ponts et chaussées reçurent une institution nouvelle et une organisation hiérarchique. Aussitôt après, la reconstruction ou la réparation d'un grand nombre de ponts de premier ordre fut entreprise. Mais nous reviendrons sur ces faits et sur d'autres qui méritent d'être rapportés en détail.

La régence venait à peine de finir par l'avénement de Louis XV à sa majorité, lorsque le marquis de Beringhen mourut (1). Son successeur à la direction générale des ponts et chaussées ne fut pas choisi dans la même classe. Ce fut Joseph Dubois, frère du cardinal, l'un des secrétaires du cabinet du roi (2). Dut-il cette place à la protection de son frère, alors au faîte de sa faveur, ou bien à son mérite et, comme le dit sa commission en date du 21 mai 1723 (3), aux « marques de capacité, probité, zèle et affection pour le service « du roi » qu'il avait déjà données ? L'histoire est muette à cet égard, et les faits concernant les ponts et chaussées qui eurent lieu pendant son administration ne suffisent pas à nous en instruire. Il faut admettre toutefois deux témoignages honorables des services de cet

---

(1) 1er mai 1723.
(2) Le nombre des personnes pourvues d'une charge de secrétaire du roi était considérable, de trois cents au moins. Pour la plupart, ce n'était qu'un titre sans travail et sans émoluments ; mais il donnait la noblesse et fut appelé pour cela une *savonnette à vilain*. Soixante seulement étaient appointés et employés à la chancellerie pour l'expédition des actes du pouvoir royal. Joseph Dubois était de ce nombre.
(3) Pièces justificatives, tit. 5, chap 1er, n° 157.

administrateur. D'abord ses appointements, que laissait à déterminer sa commission et qui ne furent réglés que par un arrêt du 29 janvier 1726 (1), plus de deux ans après la mort du cardinal, furent portés de 10.000 liv., que recevait le marquis de Béringhen, à 16.000 liv. (16.640 fr.), comme marque de la satisfaction du roi, dit l'arrêt. De plus, lorsqu'en 1736 il demanda à résigner ses fonctions à cause de son grand âge et de ses infirmités, l'arrêt du conseil du 23 octobre 1736 (2), qui accepta sa démission, lui conserva pendant le reste de sa vie les honneurs, les priviléges et les appointements attachés à la qualité de directeur général des ponts et chaussées, et l'autorisa à continuer d'en prendre officiellement le titre.

Cet arrêt, du reste, déclare que « les considérations particulières « qui avaient fait distraire de la finance la direction générale des « ponts et chaussées ayant cessé », les fonctions en seront de nouveau, et comme par le passé, réunies à l'administration générale des finances sous la direction immédiate du contrôleur général, et que les détails qui en dépendent rentreront dans les attributions du département des recettes générales, confié à un intendant des finances membre du conseil d'État. Cet intendant était alors d'Ormesson, qui avait succédé en 1720 à Taschereau de Baudry. Il reçut donc, en commission, « le détail des ponts et chaussées, pavé de Paris, turcies « et levées, balisage de la rivière de Loire et rivières y affluentes, « tant pour la finance que pour leur pleine et entière administra-« tion », avec des appointements de 8.000 liv. (8.160 fr.), qui toutefois ne durent être employés à son profit dans l'état des ponts et chaussées qu'après le décès de Dubois.

8. Organisation du corps des ponts et chaussées et vicissitudes qu'elle éprouve.

L'année 1716 doit être particulièrement signalée dans ces études comme celle de la véritable organisation du corps des ponts et chaussées, tentée sans succès deux ans auparavant. Le 1er février un arrêt fut rendu (3) qui révoqua les onze inspecteurs généraux nommés par l'arrêt du 28 novembre 1713, mais n'ayant pas effectivement rempli les fonctions d'inspecteurs, et les vingt-deux ingénieurs

---

(1) Pièces justificatives, tit. 3, chap. 1er, no 181.
(2) Pièces justificatives, tit. 3, chap. 1er, no 262.
(3) Pièces justificatives, tit. 3, chap. 1er, no 62.

des généralités, et qui établit en leur place un inspecteur général, un architecte premier ingénieur, trois inspecteurs et vingt et un ingénieurs, avec mission « d'exécuter les ordres et instructions qui « leur seront donnés pour le bien du service par le sieur conseiller « du conseil du dedans du royaume ayant le département des ponts « et chaussées ». Telle fut la première constitution hiérarchique qui réunit en un seul corps les ingénieurs des ponts et chaussées jusqu'alors isolés; et telle elle subsista tout le XVIII° siècle, sauf les augmentations qu'exigèrent ultérieurement les besoins croissants du service. Mais ce qu'il est curieux de remarquer, c'est que cette organisation, rationnelle d'ailleurs et toute différente de ce qui a précédé, ne paraît motivée dans l'arrêt que par le besoin d'économie qu'imposait la détresse des finances. Il semble n'être question que de faire une réduction sur les appointements. En effet, cette réduction fut notable : car il ne fut alloué que 3.000 liv. à l'inspecteur général, 2.000 liv. au premier ingénieur et à chacun des trois inspecteurs, en y ajoutant seulement un fonds commun de 9.000 liv. pour leurs frais de voyages, puis 1.800 liv. à chacun des ingénieurs; ce qui fit un total de 57.800 liv. (60.112 fr.) seulement, au lieu de 115.100 liv. (119.704 fr.) que coûtaient ensemble les ingénieurs révoqués.

Trois jours après, le 4 février (1), vingt-quatre arrêts furent rendus portant chacun commission spéciale pour les inspecteurs et premier ingénieur, et pour dix-neuf ingénieurs. L'inspecteur général fut Lahite (2), « ingénieur architecte »; le premier ingénieur, Gabriel, « architecte ordinaire des bâtiments du roi »; les trois inspecteurs, de la Guêpière, Gautier, Fayolle, tous trois qualifiés « ingénieurs architectes »; enfin les dix-neuf ingénieurs furent : frère Romain, Naurissart, Leveneur, Béringuier, Duplessis, de Brou, Desroches, Trésaguet, Deville, Delabat, Huot, Fossier de Chantalou, Paillardel de Villeneuve, Armand (qui fut remplacé le 4 avril par Lépée) (3), Morel, des Pictières, Guéroult, Mazière de Morainville, de la Chapelle (4). Ces dix-neuf ingénieurs étaient destinés aux généralités de

---

(1) Pièces justificatives, tit. 3, chap. 1ᵉʳ, n° 63.
(2) Les pièces où il est question de cet inspecteur général le nomment *de la Hitte* : mais il paraît, d'après un dessin du pont de Beaumont-sur-Oise, qui existe au dépôt des plans du ministère des travaux publics, qu'il signait *Lahite*.
(3) Pièces justificatives, tit. 3, chap. 1ᵉʳ, n° 64.
(4) Les ingénieurs de la Guêpière, Gautier, Fayolle, Naurissart, Leveneur, Duplessis, Ar-

pays d'élections. Mais l'arrêt leur conférait seulement le titre d'ingénieur des ponts et chaussés, laissant la désignation de leur département à la disposition du directeur général. Le 4 avril et le 9 juin, furent nommés deux autres ingénieurs pour la généralité de Metz et pour la Franche-Comté, puis un vingt-deuxième, Bassat, pour la nouvelle généralité d'Auch (1).

Cependant les trésoriers de France du bureau des finances de la généralité de Paris élevèrent la prétention d'obliger l'inspecteur général, le premier ingénieur et les trois inspecteurs à faire enregistrer leurs commissions au greffe de leur bureau et à venir prêter serment devant eux. Un arrêt du conseil, du 8 août 1716 (2), repoussa cette prétention, qui eût pu également être élevée par les trésoriers de France des autres bureaux à l'égard des ingénieurs des généralités, et dispensa tous les ingénieurs des ponts et chaussées d'enregistrement de leurs commissions et de prestation de serment devant aucun bureau de trésoriers de France. Mais plus tard, le 14 juillet 1719 (3), il fut décidé que l'inspecteur général, le premier ingénieur et les trois inspecteurs seraient tenus d'obtenir des lettres de commission, de les faire enregistrer en la chambre des comptes de Paris et d'y prêter serment, et que les ingénieurs des provinces obtiendraient de même des lettres de commission qu'ils feraient enregistrer dans la même chambre, mais sans y prêter serment, ni ailleurs. Le 1ᵉʳ août 1719, tous les inspecteurs et ingénieurs nommés en vertu de l'arrêt du 1ᵉʳ février 1716 reçurent des lettres patentes confirmatives de leurs arrêts de nomination, et ces lettres furent enregistrées en la chambre des comptes de Paris le 5 septembre 1719 (4). Cette règle fut maintenue dans la suite.

Il restait, pour compléter cette organisation nouvelle, à assurer le payement des appointements et frais de voyage des inspecteurs et celui des appointements des ingénieurs, en fixant la part contributive de chaque généralité dans l'imposition commune, déterminée par l'arrêt du 1ᵉʳ février 1716, qui en avait réservé la répartition. Deux arrêts furent rendus le 22 août 1716 à cet effet (5). Le premier im-

---

mand, Guéroult étaient dans les onze inspecteurs révoqués ; les autres étaient ingénieurs des provinces.
(1) Pièces justificatives, tit. 3, chap. 1ᵉʳ, n° 66.
(2) Pièces justificatives, tit. 3, chap. 1ᵉʳ, n° 76.
(3) Pièces justificatives, tit. 3, chap. 1ᵉʳ, n° 127.
(4) Pièces justificatives, tit. 3, chap. 1ᵉʳ, n° 127.
(5) Pièces justificatives, tit. 3, chap. 1ᵉʳ, nᵒˢ 81 et 82.

pose les 20.000 liv. nécessaires aux appointements et frais de tournées des cinq chefs du corps, sur toutes les généralités, dans les proportions suivantes : 3.200 liv. sur la généralité de Paris; 1.200 liv. sur celle de Châlons; 900 liv. sur chacune de celles d'Orléans, Tours, Bourges, Moulins, Lyon, Riom, Poitiers, Limoges, Bordeaux, la Rochelle, Montauban et Grenoble; et 600 livres sur chacune des généralités de Soissons, Amiens, Rouen, Caen, Alençon, Auch, Metz et Franche-Comté. Le second impose 1.800 liv. sur chaque généralité, celle de Paris comprise, pour les appointements des ingénieurs des provinces.

Cela fut ainsi réglé jusqu'en 1720. Mais ces malheureux ingénieurs crièrent bientôt misère, et il faut convenir qu'ils avaient bien pour cela quelque raison. Ceux qui avaient été compris dans les onze inspecteurs de l'organisation précédente avaient d'abord vécu sur leur revenu personnel et travaillé à leurs frais, pendant les années 1714 et 1715, faute de payement de leurs appointements; puis, révoqués avant même que ces appointements arriérés ne leur fussent payés, ceux qui avaient été nommés de nouveau les avaient vus réduire de plus d'un tiers, et même de deux tiers s'ils n'étaient plus que simples ingénieurs. Les ingénieurs des généralités, qui ne recevaient que 1.800 liv., compris leurs frais de tournées, avaient des circonscriptions dont chacune valait en moyenne trois de nos départements, et avec quelles difficultés de circulation! De plus, les variations monétaires qui furent si nombreuses à cette époque, puis les payements en papier déprécié venaient ajouter leurs tristes effets à la modicité de ces appointements. Law, du moins, devenu contrôleur général, écouta leurs justes doléances et proposa d'y faire droit. Sur son rapport, un arrêt du conseil du 16 avril 1720 (1) releva les appointements, réunis aux gratifications pour frais de voyages, aux taux suivants : pour l'inspecteur général, 8.000 liv.; pour le premier ingénieur et chacun des trois inspecteurs, 6.000 liv.; pour l'ingénieur de la généralité de Paris, 2.800 liv.; pour les autres ingénieurs, 2.400 liv., en y ajoutant, pour celui de la généralité de Metz, 500 liv. de gratification dont il avait toujours joui.

Il semblerait que là dussent se terminer les tribulations des ingénieurs sur cette misérable question du payement de leurs services. Mais il n'en fut pas ainsi : ce payement ne leur avait pas encore été

---

(1) Pièces justificatives, tit. 3, chap. 1er, n° 137.

assez marchandé. La chambre des comptes de Paris, fidèle à l'hostilité de tous les corps de magistrature d'alors contre les fonctionnaires de l'État nommés par simples commissions et non titulaires d'offices achetés ou héréditaires, refusa, par arrêt du 23 mars 1720, d'enregistrer les lettres patentes que les ingénieurs avaient obtenues sur l'arrêt du 16 avril. Elle prétendit que l'augmentation d'appointements avait été arrachée par « l'importunité des suppliants qui, « pour l'obtenir, s'étaient prévalus d'un temps où la création des « billets de banque avait porté toutes les choses à l'excès ». Pendant longtemps le gouvernement négligea de mettre ordre à ce refus d'enregistrement, basé sur un motif aussi lumineux. D'abord les trésoriers généraux des ponts et chaussées payèrent les ingénieurs sur le pied de l'augmentation accordée et suivant le fonds qui en était fait dans les états arrêtés au conseil. Mais la chambre des comptes raya ces dépenses des comptes des trésoriers et les leur laissa « en souffrance ». Ceux-ci cédèrent devant ce moyen efficace et, pour éviter toute difficulté, ne payèrent plus rien. Ce ne fut qu'au bout de treize années, pendant lesquelles les travaux des routes et des ponts et chaussées furent très-multipliés et très-actifs, que ce singulier conflit fut enfin terminé par des lettres patentes du 27 juillet 1733, qui furent rendues sur un arrêt du conseil du 2 juin et enregistrées le 16 novembre suivant (1). Les réclamations si longtemps méconnues, qui sont consignées dans les considérants de ces lettres, sont empreintes d'une modération remarquable et d'une simplicité franche et noble. On y voit ces hommes utiles et oubliés exposer, sans exagération comme sans fausse honte, leur détresse et le minutieux détail de leurs besoins et des exigences de leur service. Lorsque l'augmentation allouée par l'arrêt du 16 avril 1720 leur était si indispensable, disent-ils, ils se sont vus privés de toute espèce de payement. De là l'affaiblissement de leur autorité sur les entrepreneurs et les ouvriers, et l'impossibilité de continuer leur service avec la même exactitude. « Pour la plupart, ils sont hors d'état de faire « sur leurs revenus les avances des frais de voyages, nourriture et « entretien de chevaux, et toutes les autres dépenses qu'ils sont « obligés de faire pendant huit mois de l'année pour remplir des fonc- « tions aussi pénibles et aussi nécessaires au bien et à la commo- « dité publique ». En effet, il leur faut acheter, nourrir et entretenir

---

(1) Pièces justificatives, tit. 3, chap. 1ᵉʳ, nᵒˢ 253 et 241.

deux chevaux, avoir un valet pour porter leurs bagages et panser ces chevaux. Leurs propres dépenses et celles de ce valet et de ces chevaux sont plus que doubles « dans les hôtelleries de ce qu'elles se- « raient dans leurs maisons ». Il leur faut souvent faire des courses éloignées en poste. Puis ils sont obligés de se fournir « de toiles, « papiers et instruments » pour les levés de plans et les projets, de payer de nombreux ports de lettres et de paquets. Assurément « il n'y « a pas de condition plus bornée que celle des suppliants qui sont « tenus dans un mouvement continuel ; et, en examinant tous les « grands chemins rétablis et faits à neuf, on trouvera que l'état des « ponts et chaussées est tel qu'il ne permet pas de croire que les « officiers qui les conduisent vivent dans l'oisiveté ; enfin le plus « simple architecte dans Paris, sans se donner presque aucun mou- « vement et sans être obligé à aucuns frais, trouve beaucoup plus de « bénéfice à la fin de chaque année qu'aucun des suppliants ». Cette allégation est certes bien modérée de la part d'hommes dont les bénéfices étaient depuis près de treize ans négatifs, et qui cependant avaient presque tous été choisis parmi les architectes les plus capables de l'époque (1).

Enfin, quoique tard, justice leur fut rendue. Le taux de leurs appointements, fixé par l'arrêt du 16 avril 1720, fut définitivement consacré par l'enregistrement de ces lettres de 1733 : et ce fut pour toute la fin de l'ancienne monarchie. Tels furent, en y comprenant ce qui depuis Colbert avait précédé cette dernière organisation, les commencements du corps des ponts et chaussées, lents et difficiles, comme pour tout ce qui, en ce monde, est destiné à durer et à grandir.

9. Détails historiques sur les ingénieurs des ponts et chaussées à cette époque.

Achevons l'historique des faits relatifs au personnel des ponts et chaussées sous l'administration des deux directeurs généraux de Béringhen et Dubois. Les 5 juin et 3 juillet 1747 (2), les ingénieurs

---

(1) La formule de leurs commissions le constate. Nous n'avons pu découvrir ce qu'était Lahite : Gabriel, élève d'Hardouin-Mansard, auteur d'un grand nombre d'édifices publics, était membre de l'Académie d'architecture ; il occupait, il est vrai, d'autres places qu'il devait à son mérite : Fayolle, la Guépière furent aussi de cette académie ; Gautier, ancien ingénieur de la marine, était depuis vingt-huit ans ingénieur du Languedoc ; il a laissé, entre autres ouvrages, un *Traité des chemins* et un *Traité des ponts* qui eurent plusieurs éditions à partir de 1715 : plusieurs autres ont laissé, dans les ouvrages qu'ils ont exécutés et dans des dessins qui nous sont parvenus, de remarquables témoignages de leur capacité.

(2) Pièces justificatives, tit. 5, chap. 1er, nos 99 et 101.

Fossier de Chantalou et Mazière de Morainville sont remplacés, à cause de leur âge avancé; le premier, dans la généralité de Bordeaux, par le sieur Obeleski, son neveu et son élève; le second, en Franche-Comté, par le sieur Bizot, architecte. Le 15 janvier 1718 (1), le sieur de Mégrigny est nommé ingénieur de la généralité de Châlons, et le sieur Doucet de Lucé, ingénieur de la généralité de Grenoble, en remplacement des sieurs Béringuier et Varney. Mais de nouveaux besoins ne tardèrent pas à faire augmenter le nombre des ingénieurs du nouveau corps. Une inondation du Tet avait causé des dégâts considérables dans le Roussillon et avait gravement endommagé les ponts de Perpignan; d'autres chemins et ouvrages de la même province réclamaient des réparations urgentes. Pour y pourvoir, le comte de Mirabel, ingénieur militaire de Collioure et Port-Vendre, fut nommé le 13 mars 1717 (2) ingénieur des ponts et chaussées du Roussillon, aux appointements de 1.800 liv.; on ordonnait en même temps une enquête sur l'ouverture proposée d'un nouveau lit pour le Tet (3). Un arrêt du 28 novembre 1719 (4) avait imposé le Hainault pour la réparation de ses ponts et chaussées pavées sous la conduite d'un ingénieur appointé à 800 liv. par an. Par commission du 13 octobre 1722, le titre d'ingénieur des ponts et chaussées fut donné à cet ingénieur nommé Havez, qui fut en même temps chargé du levé des cartes de la province (5). Puis, par arrêt du 23 mai 1724, ses appointements furent portés de 800 à 1.800 liv. (6). Ils furent imputés sur les droits dont la bière était frappée en cette province pour la réparation de ses chemins, ponts et chaussées.

Outre les ingénieurs chargés du service d'une province, il en avait été nommé quelques autres pour des ouvrages spéciaux. Ainsi, depuis la chute du dernier pont de Moulins, on avait travaillé à achever la démolition de ce pont et du précédent, et à désencombrer le lit de l'Allier de leurs débris. L'ingénieur de la généralité de Moulins, Trésaguet, était chargé de ce travail, pour lequel un des onze inspecteurs révoqués, le sieur Demarne, lui était adjoint. Ils touchaient

---

(1) Pièces justificatives, tit. 3, chap. 1er, n° 110.
(2) Pièces justificatives, tit. 3, chap. 1er, n° 94.
(3) Pièces justificatives, tit. 3, chap. 1er, n° 95.
(4) Pièces justificatives, tit. 3, chap. 1er, n° 133.
(5) Le dépôt des plans du ministère des travaux publics possède, en manuscrit, la *Carte du Hainault*, dressée par Havez, sous la date du 8 mars 1743, à l'échelle de 3 lignes pour 200 toises.
(6) Pièces justificatives, tit. 3, chap. 1er, n° 168.

chacun une gratification de 1.000 liv., imputée sur le prix de la ferme du bac établi provisoirement en remplacement du pont (1). De même, la reconstruction du pont de Blois ayant été décidée sur les projets et devis du premier ingénieur Gabriel, Jean-Baptiste de Regemorte, ingénieur d'origine hollandaise, qui avait travaillé sous Vauban aux fortifications de Newbrisach, et qui depuis était attaché aux travaux du canal d'Orléans, avait été nommé contrôleur des travaux de ce pont, et un sieur Lécuyer, ayant également le titre d'ingénieur, était préposé, sous ses ordres, à l'exploitation des carrières d'où l'on tirait la pierre pour cette construction (2). Or on voulut remettre en bon état les grands chemins de l'Alsace, fort endommagés pendant les dernières guerres, et l'on jugea à propos de charger « un sujet capable » de la direction des travaux qui durent s'y faire par corvées, « suivant l'usage du pays ». On nomma à cet effet, en 1718, le même Jean-Baptiste de Regemorte ingénieur des ponts et chaussées de la province d'Alsace. Mais, attendu que cet ingénieur était chargé de la conduite des travaux du pont de Blois, on lui adjoignit en Alsace Noël de Regemorte, son fils, en leur allouant ensemble 3.000 liv. d'appointements (3). Regemorte père continua à résider à Orléans ou dans le voisinage, donnant ses soins au pont de Blois et bientôt de plus chargé par le régent de dresser les projets et de diriger l'exécution de la canalisation du Loing. Ce fut encore à lui qu'après le décès de Poictevin, ingénieur des turcies et levées et du balisage de la Loire au-dessous du pont d'Orléans, un arrêt du conseil du 12 janvier 1720 (4) confia ce service, en lui allouant les appointements dont jouissait Poictevin (2,400 liv.). Heureusement, cet ingénieur si occupé avait un second fils, son élève comme le premier, et qui travaillait avec lui au canal de Loing, Antoine de Regemorte. Il obtint en 1723 de l'avoir pour adjoint et même pour successeur après sa mort, dans cette commission d'ingénieur des turcies et levées et du balisage de la Loire (5). Jean-Baptiste de Regemorte mourut en 1725, laissant donc Noël de Regemorte ingénieur en Alsace, et Antoine ingénieur des turcies et levées et du balisage de la Loire au-dessous d'Orléans. Mais des rai-

---

(1) Pièces justificatives, tit. 3, chap. 1ᵉʳ, n° 105.
(2) Pièces justificatives, tit. 3, chap. 1ᵉʳ, n° 109.
(3) Pièces justificatives, tit. 3, chap. 1ᵉʳ, n° 111.
(4) Pièces justificatives, tit. 3, chap. 1ᵉʳ, n° 134.
(5) Pièces justificatives, tit. 3, chap. 1ᵉʳ, n° 155.

sons de famille déterminèrent les deux frères à demander leur permutation. Cette demande leur fut accordée avec les témoignages les plus honorables pour leurs services, par deux arrêts du conseil du 8 janvier 1726 (1). Quel est celui des deux frères qui fut demandé par les concessionnaires du canal de jonction de la Somme à l'Oise pour être ingénieur en chef et directeur des travaux de ce canal? L'arrêt du 27 décembre 1727 (2), qui satisfit à cette demande, ne donne aucun moyen de le reconnaître. Regemorte, assisté d'un sieur de Préfontaine comme second ingénieur, fit le projet de ce canal de jonction tel qu'il a été exécuté sous le nom de canal Crozat. Mais son nom ne figure plus sur le devis du canal, dit de Picardie, qui, du canal de jonction, se prolonge vers Amiens en côtoyant la Somme. Ce devis fut arrêté le 25 novembre 1731, par les ingénieurs de Charbise et de Préfontaine.

Ce fut Noël de Regemorte qui, comme ingénieur de la partie inférieure du bassin de la Loire, construisit le pont de Sorges, sur l'Authion, près d'Angers, ayant été chargé de cette construction, avec le titre de contrôleur des travaux, par arrêt du 4 mars 1732. En 1733, mourut Mathieu, ingénieur nommé par Colbert pour les turcies et levées et le balisage de l'Allier et de la Loire au-dessus d'Orléans. Un arrêt du 17 mars de cette année (3) réunit sa commission à celle de Noël de Regemorte, avec le titre unique « d'ingénieur des turcies et levées « et balisage des rivières de Loire, Cher, Allier et autres y affluentes », en y attachant les appointements des deux commissions, formant ensemble le chiffre de 4,800 liv., mais à la condition « d'entretenir « continuellement près de lui un sous-inspecteur capable, qui sera « nommé par le directeur général, et de lui payer la somme de « 1,500 liv. par année pour lui tenir lieu d'appointements ». Noël avait auprès de lui, comme élève, un troisième frère plus jeune, nommé Louis : il le fit nommer son sous-inspecteur, puis, en 1736 (4), son suppléant en cas d'absence, et enfin, en 1742, son adjoint dans son titre et toutes ses attributions, « attendu, dit l'arrêt du 20 fé« vrier 1742 (5), les infirmités contractées par le sieur Noël de Rege-

---

(1) Pièces justificatives, tit. 3, chap. 1er, n° 180.
(2) Pièces justificatives, tit. 3, chap. 1er, n° 170; à la suite de l'édit de septembre 1724, 5°.
(3) Pièces justificatives, tit. 3, chap. 1er, n° 229.
(4) Arrêt du 13 mars 1736 (Archives des travaux publics; Catalogue d'arrêts concernant les ponts et chaussées, turcies et levées).
(5) Pièces justificatives, tit. 3, chap. 1er, n° 290.

« morte, par un travail de dix-sept ans comme ingénieur des turcies et levées ». Antoine de Regemorte mourut ingénieur de l'Alsace en 1745 (1). Quant à Noël, il n'est plus question de lui comme ingénieur de l'État à partir de 1742, si ce n'est pour une mission qui lui fut donnée en 1754, par Trudaine, de visiter le tracé proposé pour le canal de Bourgogne. Mais il resta ingénieur en chef directeur des canaux d'Orléans et du Loing jusqu'en 1786, et il mourut retiré en Alsace en 1790 (2). C'est Louis qui reconstruisit le pont de Moulins, en vertu d'une commission spéciale qui lui fut donnée en 1750. Après son achèvement, il fut nommé membre de l'Académie d'architecture, en 1765. Il vécut, avec le titre de premier ingénieur des turcies et levées, jusqu'en 1774. Il avait fait imprimer en 1771, sur l'invitation de Trudaine, la description des travaux du pont de Moulins. — On nous pardonnera sans doute d'être entré dans ces détails sur cette remarquable famille d'ingénieurs, et d'avoir restitué à chacun d'eux ce qui lui appartient; car on les a souvent confondus ensemble.

Cependant Lécuyer, inspecteur du pont de Blois sous Regemorte père, fut nommé dès 1723 ingénieur des ponts et chaussées dans la généralité de Châlons (3). D'autres cas analogues se présentent, où la surveillance de certains grands travaux fut à la fois un supplément lucratif de service pour les ingénieurs des généralités et une école pour les aspirants à ce grade. De grandes réparations avaient été ordonnées au pont sur le Rhône qui réunit le faubourg de la Guillo-

---

(1) Il fut tué au siège de Tournay, où il remplissait les fonctions d'ingénieur militaire.

(2) L'illustre Prony a consacré un article aux Regemorte dans la *Biographie universelle* de Michaud. Nous y avons puisé plusieurs renseignements; mais les documents authentiques et inédits que nous avons eus sous les yeux nous ont fait reconnaître dans cet article plusieurs erreurs. Ainsi il ne signale que trois Regemorte.

Suivant le même auteur, Noël de Regemorte aurait été nommé premier commis du ministère de la guerre sous d'Argenson, de 1743 à 1757; après quoi il aurait repris la direction des canaux d'Orléans et du Loing, avec le concours de son frère Louis. Grâce à ce contours, il aurait pu se retirer dans une propriété territoriale près de Strasbourg (le château de Kolbsheim) et suivre de là cette direction, dont il aurait encore repris les détails après la mort de Louis, arrivée en 1774. Enfin il se serait complètement retiré en 1786, à la mort du duc d'Orléans, fils du régent, et serait mort en 1790. Ainsi il aurait survécu quarante-huit ans aux infirmités dont parle l'arrêt de 1742, mais qui sans doute avaient laissé à son intelligence toute sa vigueur. Comme il avait été nommé en 1718 ingénieur de l'Alsace avec son père, on doit croire qu'il était né avant le siècle et qu'il est mort à plus de quatre-vingt-dix ans. Noël de Regemorte avait un goût particulier pour la botanique. Il a introduit en France les premières boutures de peupliers d'Italie et les fit planter en 1740 sur les bords du canal du Loing, au lieu dit *les Belles-Manières*, près de Montargis.

(3) Archives des travaux publics; Catalogue d'arrêts concernant les ponts et chaussées généralité de Châlons, 22 mars 1723.

1,000 liv. qui fut allouée au frère Romain, ayant alors cinquante ans de service.

Ce n'était pas le premier exemple de pension de retraite accordée à un ingénieur des ponts et chaussées. L'arrêt du 27 novembre 1731 (1), qui avait nommé Pitrou inspecteur en remplacement de Gauthier, avait alloué à celui-ci une pension viagère de 2.000 liv. Le 11 décembre de la même année, le sieur Baussat, ingénieur de la généralité de Riom, reçut une pension de 1.000 liv. par le même arrêt qui lui donnait Hupeau pour successeur (2). Semblables récompenses de leurs longs services furent accordées, le 19 février 1732 (3), à Ubeleski, ingénieur de la généralité de Bordeaux; le 10 juin 1732 (4), à Paillardel de Villeneuve, ingénieur de la généralité de Montauban; le 19 avril 1735 (5), à Trésaguet, ingénieur de la généralité de Moulins; le 15 avril 1738 (6), à Huot, ingénieur de la généralité de la Rochelle; le 3 janvier 1741 (7), à Naurissart, ingénieur de la généralité de Limoges. On peut croire que l'allocation de ces pensions de retraite devint dès lors un usage constant.

10. Des trésoriers de France, dans leurs rapports avec les ponts et chaussées.

Comme on l'a vu au livre premier, l'administration des voies publiques du royaume appartenait, avant Colbert, aux bureaux des trésoriers de France établis dans chaque généralité. Colbert la centralisa et la transporta, par délégation, aux intendants ou commissaires départis par le roi dans les provinces, en les faisant seulement assister par un des trésoriers de France de chaque généralité nommé à cet effet, par arrêt du conseil, *commissaire pour les ponts et chaussées*. Les attributions de ce commissaire étaient de visiter, avec ou sans l'intendant, les chemins et les ouvrages; de *faire faire, en sa présence, par personnes intelligentes et capables*, le devis des travaux de réparation et d'entretien; d'assister aux adjudications que faisait l'intendant, puis de *procéder à la réception des travaux exécutés*. Ces attributions sont maintenant bien amoindries. L'homme de l'art, qui, appelé par le trésorier commissaire, devait faire, en sa présence, le

---

(1) Pièces justificatives, tit. 3, chap. 1er, n° 212.
(2) Pièces justificatives, tit. 3, chap. 1er, n° 214.
(3) Pièces justificatives, tit. 3, chap. 1er, n° 225.
(4) Pièces justificatives, tit. 3, chap. 1er, n° 231.
(5, 6 et 7) Archives du ministère des travaux publics; Catalogue d'arrêts concernant les ponts et chaussées, généralités de Bordeaux, de la Rochelle et de Limoges.

devis des ouvrages que celui-ci avait jugés utiles, est remplacé par un ingénieur nommé par le roi, commissionné pour le service des ponts et chaussées d'une généralité entière, appartenant à un corps hiérarchique placé sous les ordres d'un directeur général; visitant lui-même les chemins, proposant les ouvrages à faire, rédigeant les devis sans aucune sujétion vis-à-vis du trésorier-commissaire, dirigeant les travaux et enfin dressant les procès-verbaux de réception d'après lesquels en sera effectué le payement (1). Il y a plus : non-seulement l'arrêt réglementaire du 11 mars 1727 passe sous silence la signature du trésorier-commissaire, jusqu'alors exigée sur les ordonnances de payement délivrées par les intendants, mais encore l'instruction rédigée par le directeur général le 30 mars 1727, pour l'exécution de cet arrêt, ne mentionne l'intervention des trésoriers de France en aucun des points délicats sur lesquels il appelle l'attention des ingénieurs et qui paraissaient devoir être évidemment de la compétence de ces trésoriers, d'après le texte de leurs commissions. En somme, le trésorier-commissaire se trouve presque annulé entre l'intendant et l'ingénieur. Cependant le roi, en conseil d'État, continua à commettre un des trésoriers du bureau des finances de chaque généralité, pour « avoir, conjointement avec l'intendant, l'inspection des « ouvrages des ponts et chaussées » (2). Mais certainement leurs fonctions actives tombèrent le plus généralement en désuétude ou se réduisirent à de simples formalités, conservées par respect pour l'usage, mais désormais sans importance réelle.

Il faut toutefois faire une exception pour la généralité de Paris. Là le premier des trois trésoriers de France commissionnés pour les ponts et chaussées remplissait, en ce qui concerne ce service, toutes les fonctions des intendants des autres généralités. Ce poste était encore occupé en 1716 par Fornier de Montagny, qui y avait été nommé en 1689. Alors, l'accroissement du service rendant nécessaire de hâter l'expédition des affaires y relatives, un arrêt du 8 août 1716 (3) conféra le même pouvoir aux deux autres commissaires Vigneron et de Bragelongne, et commit chacun d'eux également

---

(1) Pièces justificatives, tit. 3, chap. 1ᵉʳ, arrêt du 13 mars 1727 et instruction du 30 mars, nᵒˢ 186 et 187; arrêt du 27 septembre 1729, nᵒ 198.
(2) Pièces justificatives, tit. 3, chap. 1ᵉʳ, nᵒ 120. — V. aussi, dans le Catalogue d'arrêts déjà désigné, douze arrêts de commission de trésoriers de France pour les ponts et chaussées de 1720 à 1748.
(3) Pièces justificatives, tit. 3, chap. 1ᵉʳ, nᵒ 77.

« pour faire les marchés, baux au rabais, faire faire en leur présence
« les devis, toisés et réception des ouvrages extraordinaires des
« ponts et chaussées, délivrer leurs ordonnances et mandements
« et généralement faire toutes les expéditions nécessaires, sur les-
« quels mandements seront les trésoriers généraux des ponts et
« chaussées tenus de payer aux entrepreneurs les sommes qui leur
« seront ordonnées pour raison desdits ouvrages ». D'un autre côté,
le bureau des finances, se fondant sans doute sur ce que les travaux
d'entretien n'étaient pas énoncés dans cet arrêt du 8 août 1716, choi-
sissait lui-même dans son sein, et nommait chaque année, cinq commissaires pour la visite des entretiens des grandes routes de la généralité, en leur attribuant 750 liv. d'appointements. Le gouvernement
vit là une sorte d'empiétement sur son initiative, qu'il ne voulut pas
tolérer. Il institua en 1719 un quatrième commissaire de son choix,
en ajoutant aux termes ci-dessus de la commission ces mots : « pour
« avoir inspection sur le service des ponts et chaussées, grandes
« routes et entretiens des chaussées de la généralité de Paris », et
mentionnant ailleurs « les entretiens » en même temps que les ouvrages extraordinaires : puis il interdit au bureau des finances de
nommer à l'avenir aucun autre commissaire des grandes routes (1).
Fornier de Montagny ayant été mis à la retraite à cause de son grand
âge et de Bragelongne ayant donné sa démission (2), les quatre
commissaires furent Vigneron, Besnier, de Lorne et Mignot de Montigny. Tous les quatre ayant désormais des fonctions égales, des appointements égaux leur furent alloués par arrêt du 30 décembre 1721 (3). Le chiffre en fut de 2.000 liv. Outre leurs fonctions ordinaires, ces commissaires recevaient encore au besoin, par arrêt du
conseil, des commissions spéciales pour certaines opérations déterminées, par exemple, pour des questions d'expropriation, soit deux
ensemble, soit l'un d'eux avec un inspecteur des ponts et chaussées.
Nous pourrions en citer plusieurs exemples (4).

11. Agents financiers du service des ponts et chaussées ; comptabilité.

Les trésoriers de France, il ne faut pas l'oublier, n'étaient point

---

(1) Pièces justificatives, tit. 3, chap. 1ᵉʳ, nº 131.
(2) Pièces justificatives, tit. 3, chap. 1ᵉʳ, nº 125.
(3) Catalogue d'arrêts déjà cité ; généralité de Paris, 30 décembre 1721.
(4) Catalogue d'arrêts déjà cité ; arrêts des 2 janvier 1722, 11 décembre 1725, 5 février 1726, 5 mai 1739, 24 janvier 1741, etc. — Pièces justificatives, tit. 3, chap. 1ᵉʳ, nº 109.

des agents comptables chargés de faire des recettes et des dépenses. Composant des bureaux qui joignaient des attributions judiciaires sur le contentieux en matière d'impôts à des fonctions analogues à celles de nos directeurs, contrôleurs et répartiteurs de contributions, ils n'avaient de commun avec les véritables trésoriers des diverses administrations, que la vénalité de leurs offices ; vénalité dont usait et abusait le gouvernement, toujours besogneux et de plus en plus endetté depuis Sully, pour se procurer des ressources mesquines et temporaires, et surtout onéreuses. Toutefois, à l'époque que nous considérons, aucun édit fiscal ne vint atteindre ces officiers. Mais il n'en fut pas de même pour d'autres, parmi lesquels les trésoriers des turcies et levées, ceux du pavé de Paris et ceux des ponts et chaussées. On parut d'abord vouloir faire une réforme. Depuis l'édit de décembre 1713, cité au chapitre précédent, les fonctions de trésorier général des ponts et chaussées étaient divisées entre quatre officiers devant exercer seulement une année sur quatre. Il était arrivé de là et du détournement des fonds pour la guerre ce résultat singulier, que le trésorier, qui n'avait pu faire dans son exercice toutes les recettes destinées aux dépenses qu'il avait à payer, ajournait, par prudence personnelle, le règlement de ses dépenses jusqu'à son exercice suivant. D'où un immense préjudice pour les créanciers, et un enchevêtrement inextricable des finances des divers exercices. De plus, les taxations attribuées à ces officiers se trouvèrent hors de proportion avec la finance qu'ils avaient payée et avec l'importance des fonds qu'ils maniaient. En conséquence, le gouvernement réduisit ces quatre officiers à un seul, par un édit de décembre 1716, où il signalait lui-même ces abus et déclarait que la création desdits offices n'avait eu d'autre motif qu'un intérêt fiscal (1). Dans son ardeur de réforme, il réunit encore à cet office ceux de trésoriers des turcies et levées, de receveurs du barrage et de payeurs de l'entretenement du pavé de Paris, et confia le tout à un titulaire unique, qu'il nomma *conseiller trésorier général des ponts et chaussées, turcies et levées et pavé de Paris*. Y eut-il là en effet réduction excessive pour le bien du service, ou bien le gouvernement n'eut-il pas la force de résister aux réclamations, assez justes en principe, des officiers dépossédés ? Toujours est-il qu'après un arrêt du conseil du 2 avril 1718, qui commit pour cette année trois trésoriers distincts pour les ponts

---

(1) Pièces justificatives, tit. 3, chap. 1ᵉʳ, n° 92.

« pour faire les marchés, baux au rabais, faire faire en leur présence
« les devis, toisés et réception des ouvrages extraordinaires des
« ponts et chaussées, délivrer leurs ordonnances et mandements
« et généralement faire toutes les expéditions nécessaires, sur les-
« quels mandements seront les trésoriers généraux des ponts et
« chaussées tenus de payer aux entrepreneurs les sommes qui leur
« seront ordonnées pour raison desdits ouvrages ». D'un autre côté,
le bureau des finances, se fondant sans doute sur ce que les travaux
d'entretien n'étaient pas énoncés dans cet arrêt du 8 août 1716, choi-
sissait lui-même dans son sein, et nommait chaque année, cinq commissaires pour la visite des entretiens des grandes routes de la généralité, en leur attribuant 750 liv. d'appointements. Le gouvernement
vit là une sorte d'empiétement sur son initiative, qu'il ne voulut pas
tolérer. Il institua en 1719 un quatrième commissaire de son choix,
en ajoutant aux termes ci-dessus de la commission ces mots : « pour
« avoir inspection sur le service des ponts et chaussées, grandes
« routes et entretiens des chaussées de la généralité de Paris », et
mentionnant ailleurs « les entretiens » en même temps que les ouvrages extraordinaires : puis il interdit au bureau des finances de
nommer à l'avenir aucun autre commissaire des grandes routes (1).
Fornier de Montagny ayant été mis à la retraite à cause de son grand
âge et de Bragelongne ayant donné sa démission (2), les quatre
commissaires furent Vigneron, Besnier, de Lorne et Mignot de Montigny. Tous les quatre ayant désormais des fonctions égales, des appointements égaux leur furent alloués par arrêt du 30 décembre 1721 (3). Le chiffre en fut de 2.000 liv. Outre leurs fonctions ordinaires, ces commissaires recevaient encore au besoin, par arrêt du
conseil, des commissions spéciales pour certaines opérations déterminées, par exemple, pour des questions d'expropriation, soit deux
ensemble, soit l'un d'eux avec un inspecteur des ponts et chaussées.
Nous pourrions en citer plusieurs exemples (4).

11. Agents financiers du service des ponts et chaussées ; comptabilité.

Les trésoriers de France, il ne faut pas l'oublier, n'étaient point

---

(1) Pièces justificatives, tit. 5, chap. 1ᵉʳ, n° 151.
(2) Pièces justificatives, tit. 5, chap. 1ᵉʳ, n° 125.
(3) Catalogue d'arrêts déjà cité ; généralité de Paris, 30 décembre 1721.
(4) Catalogue d'arrêts déjà cité ; arrêts des 2 janvier 1722, 11 décembre 1725, 5 février 1726, 5 mai 1739, 24 janvier 1741, etc. — Pièces justificatives, tit. 5, chap. 1ᵉʳ, n° 169.

des agents comptables chargés de faire des recettes et des dépenses. Composant des bureaux qui joignaient des attributions judiciaires sur le contentieux en matière d'impôts à des fonctions analogues à celles de nos directeurs, contrôleurs et répartiteurs de contributions, ils n'avaient de commun avec les véritables trésoriers des diverses administrations, que la vénalité de leurs offices; vénalité dont usait et abusait le gouvernement, toujours besogneux et de plus en plus endetté depuis Sully, pour se procurer des ressources mesquines et temporaires, et surtout onéreuses. Toutefois, à l'époque que nous considérons, aucun édit fiscal ne vint atteindre ces officiers. Mais il n'en fut pas de même pour d'autres, parmi lesquels les trésoriers des turcies et levées, ceux du pavé de Paris et ceux des ponts et chaussées. On parut d'abord vouloir faire une réforme. Depuis l'édit de décembre 1713, cité au chapitre précédent, les fonctions de trésorier général des ponts et chaussées étaient divisées entre quatre officiers devant exercer seulement une année sur quatre. Il était arrivé de là et du détournement des fonds pour la guerre ce résultat singulier, que le trésorier, qui n'avait pu faire dans son exercice toutes les recettes destinées aux dépenses qu'il avait à payer, ajournait, par prudence personnelle, le règlement de ses dépenses jusqu'à son exercice suivant. D'où un immense préjudice pour les créanciers, et un enchevêtrement inextricable des finances des divers exercices. De plus, les taxations attribuées à ces officiers se trouvèrent hors de proportion avec la finance qu'ils avaient payée et avec l'importance des fonds qu'ils maniaient. En conséquence, le gouvernement réduisit ces quatre officiers à un seul, par un édit de décembre 1716, où il signalait lui-même ces abus et déclarait que la création desdits offices n'avait eu d'autre motif qu'un intérêt fiscal (1). Dans son ardeur de réforme, il réunit encore à cet office ceux de trésoriers des turcies et levées, de receveurs du barrage et de payeurs de l'entretenement du pavé de Paris, et confia le tout à un titulaire unique, qu'il nomma *conseiller trésorier général des ponts et chaussées, turcies et levées et pavé de Paris.* Y eut-il là en effet réduction excessive pour le bien du service, ou bien le gouvernement n'eut-il pas la force de résister aux réclamations, assez justes en principe, des officiers dépossédés? Toujours est-il qu'après un arrêt du conseil du 2 avril 1718, qui commit pour cette année trois trésoriers distincts pour les ponts

---

(1) Pièces justificatives, ti. 3, chap. 1ᵉʳ, n° 92.

et chaussées, les turcies et levées et le pavé de Paris, et moyennant réductions de gages consenties par les officiers supprimés, il rétablit, par édit de décembre 1718 (1), deux offices alternatifs pour les ponts et chaussées, deux autres pour les turcies et levées et un pour le pavé de Paris. Rien ne peut faire admettre que les offices alternatifs eussent une sérieuse raison d'être, et l'on doit croire que trois offices distincts, au lieu de ces cinq offices, suffisaient à toutes les exigences du service de la comptabilité. Nous devons toutefois reconnaître une amélioration, dans la tenue des registres en partie double que prescrivît l'édit de décembre 1716.

Les embarras financiers légués par Louis XIV à son successeur ne tardèrent pas à s'aggraver par les folles tentatives auxquelles on eut recours pour en sortir, le système de Law et son cortége, l'agiotage, le papier-monnaie, les altérations des espèces, la banqueroute. Alors le désordre de la comptabilité des services publics fut à son comble. En 1727, par l'effet de ces causes générales compliquées d'abus partiels, tels qu'anticipations de payements pour travaux non exécutés, détournements des fonds spéciaux, négligences ou infidélités des trésoriers provinciaux, les trésoriers généraux des ponts et chaussées n'avaient pas encore rendu ou fait apurer leurs comptes depuis 1717. Comme il arrive ordinairement, l'intensité du mal, en provoquant un remède pour le moment, amena une réforme et un perfectionnement pour l'avenir. Tel fut le double but de l'arrêt réglementaire du 11 mars 1727 (2) « pour les ouvrages « et pour les comptes des ponts et chaussées ». Les trois premiers articles ordonnent d'arrêter au mois d'avril de cette année les ouvrages en exécution, au point où ils se trouvent, pour en fixer le montant et pourvoir à leur payement comme d'ouvrages terminés, en y employant jusqu'à due concurrence les fonds destinés à leur achèvement ultérieur ou aux ouvrages commencés, lesquels seront rayés des états-du-roi; de ne faire d'autres ouvrages, en 1727, qu'en vertu d'un nouvel état qui sera envoyé par le directeur général à chaque intendant. Les deux articles suivants donnent un délai d'un mois aux trésoriers provinciaux et de deux mois aux trésoriers généraux des ponts et chaussées, pour produire l'état au vrai de leurs recettes et dépenses. Après avoir interdit, à la fin de l'article 8,

---

(1) Pièces justificatives, tit. 3, tit. 1er, n° 122.
(2) Pièces justificatives, tit. 3, chap. 1er, n° 186.

d'excéder jamais, dans les dépenses de chaque année, le montant de l'état annuel à envoyer préalablement par le directeur général aux intendants, on prescrit à ceux-ci de ne délivrer des ordonnances de payement qu'en conformité des états annuels arrêtés en conseil, et aux trésoriers provinciaux de ne rien payer que sur ces ordonnances « expédiées en conséquence des certificats et réceptions des ingé- « nieurs ». Enfin, le directeur général compléta et développa ce règlement par une instruction du 30 mars 1727 (1), adressée aux ingénieurs et aux trésoriers des ponts et chaussées. Il y expose que « le « règlement a trois objets : le premier de faire compter les trésoriers « depuis 1716; le deuxième, de proportionner à l'avenir la dépense des « travaux à la recette effective de chaque année ; le troisième, d'em- « pêcher qu'il ne soit fait des payements sans acquits valables ». Après quelques développements sur chacun des articles, le directeur général aborde ce qui regarde spécialement les ingénieurs dans les articles 6 et 7. Si des accidents imprévus exigent des réparations urgentes, les ingénieurs, tout en prescrivant ces réparations, en dresseront immédiatement un procès-verbal, dont ils enverront copie au directeur général pour en rester garants ; ils suspendront en même temps un ouvrage moins pressant, de dépense au moins égale, en donnant avis du tout à l'intendant. Le procès-verbal susdit de l'ingénieur devra être joint à l'ordonnance de payement de l'intendant et rapporté par le trésorier à l'appui de son compte. Suivent des prescriptions détaillées sur les certificats à délivrer par les ingénieurs pour payements d'à-compte de travaux en exécution ou de fourniture de matériaux ; puis sur les procès-verbaux de réception des ouvrages terminées ; enfin sur les états de proposition d'ouvrages à faire chaque année pour l'année suivante, savoir : un premier état à l'ouverture de la campagne, et un autre, lors de la tournée de l'intendant, après avis des sommes accordées par le roi. Ce dernier état, contenant le détail de tous les ouvrages, devra être envoyé au directeur général en décembre et servira à la confection de l'état-du-roi. On reconnaît, dans les dispositions de ce règlement et de l'instruction à la suite, les principes de formalités encore en usage.

Parmi les vices de la comptabilité d'alors, nous en remarquerons un que signale un arrêt du conseil du 21 juin 1729 (2), qui le ré-

---

(1) Pièces justificatives, tit. 3, chap. 1er, no 187.
(2) Pièces justificatives, tit. 5, chap. 1er, no 196.

forme dans la généralité de Châlons. C'était l'imputation sur les adjudications de travaux, des salaires des inspecteurs (1) et autres agents des ponts et chaussées et, par conséquent, leur payement par les mains des entrepreneurs que ces agents étaient destinés à surveiller. L'arrêt ordonne l'ouverture d'un fonds spécial pour ces salaires, afin qu'ils soient payés directement aux ayant droits. Malheureusement, cet arrêt n'avait point un caractère de généralité, et l'abus qu'il réformait dans une province se produisit souvent ailleurs.

12. Arrêts du 3 mai 1720 et du 17 juin 1721.

L'arrêt du 26 mai 1705, cité au § 1er du chapitre précédent, avait défendu aux propriétaires riverains des grands chemins de planter sur leurs terres, à moins de trois pieds du bord extérieur des fossés dont il était ordonné de les border. C'était une mesure prohibitive en vue de l'assainissement du sol des routes et de la sûreté de la circulation. Quinze ans plus tard, le gouvernement revint aux anciens règlements qui prescrivaient la plantation d'arbres le long des routes. Seulement, au lieu de borner comme autrefois la prescription à quelques essences de bois dur propres à certains usages publics, on l'étendit aussi à des essences fruitières. Mais quelle était la cause de cette « nécessité », signalée par le préambule de l'arrêt du conseil du 3 mai 1720 (2), « de repeupler le royaume d'ormes, hêtres, « châtaigniers, arbres fruitiers et autres »? C'étaient « les excessives « gelées de l'hiver de 1709 », qui avaient fait périr une si grande quantité d'arbres de toutes essences, que non-seulement la perte n'en avait pas encore été réparée, mais qu'elle « ne pouvait l'être « qu'après un grand nombre d'années », et que l'État jugea indispensable d'y concourir, et par ses ordonnances, et par des ressources prises sur la fortune publique. C'est en effet pour cela qu'en 1720 et années suivantes il créa, dans la plupart des généralités, un certain nombre de *pépinières royales*, que l'on garnit « de différentes espèces « d'arbres, suivant la nature du terrain et les besoins de chaque « province, pour être employés tant à repeupler l'intérieur des « terres qu'à border les grands chemins ». Après quelques années, les arbres à bois blanc et les arbres fruitiers proprement dits durent

---

(1) Ces inspecteurs n'étaient pas les inspecteurs placés à la tête du corps, mais des sous-ingénieurs ou des conducteurs.
(2) Pièces justificatives, tit. 3, chap. 1er, n° 139.

être retranchés de ces pépinières, où l'on ne conserva que des ormes, des noyers, des châtaigniers, des frênes et, dans les provinces du Midi, des mûriers blancs. Voilà ce que nous apprennent les préambules d'un grand nombre d'arrêts rendus pour la création et l'entretien de ces pépinières, dont nous citerons seulement ceux des 21 mars 1724, 1ᵉʳ octobre 1724, 9 octobre 1725, 6 décembre 1729 (1). Ces pépinières furent établies et entretenues au moyen d'impositions spéciales frappées sur chaque généralité. Plus tard leur direction fut confiée aux ingénieurs des ponts et chaussées, et elles subsistèrent jusqu'à la révolution.

L'arrêt du 3 mai 1720 avait, du reste, un objet plus étendu que son préambule ne le fait supposer d'abord; et la plantation d'arbres le long des routes semble n'y avoir été qu'un prétexte pour résoudre à nouveau d'autres questions relatives à leur tracé et à leur délimitation. En effet, l'article 2 porte au chiffre exagéré de 60 pieds, jusque-là ordonné seulement pour la traversée des forêts, la largeur, entre fossés, des grands chemins royaux. Suivant l'article 3, les autres grands chemins, servant à la circulation des voyageurs et des marchandises de ville à autre, n'auront que 36 pieds. Quant aux fossés, ils auront 6 pieds de largeur en couronne. Ils seront exécutés, dans ces nouvelles dimensions et suivant les nouveaux alignements, aux frais de l'État; mais ils seront ultérieurement entretenus par les riverains, sur les indications des ingénieurs (2). Enfin, l'article 6 ordonne la plantation d'arbres par les riverains, sur leurs terres, à 6 pieds du bord extérieur du fossé et à 30 pieds l'un de l'autre.

Immédiatement après la promulgation de cet arrêt, une instruction fut adressée aux ingénieurs par le directeur général des ponts et chaussées, pour en développer toutes les conséquences et en interpréter les réticences calculées ou non (3). Ordre fut donné aux ingénieurs de se mettre aussitôt à l'œuvre pour travailler, sous la direction des intendants, à dresser un *projet général pour chaque chemin* de leurs généralités respectives et à désigner les chemins qui doivent être *redressés ou changés*. Car ce ne sont plus seulement les chemins à chaussées pavées qui, suivant l'arrêt du 26 mai 1705, doivent être *tirés du plus droit alignement que faire se pourra* : « il faut observer

---

(1) Pièces justificatives, tit. 3, chap. 1ᵉʳ, nᵒˢ 166, 172, 178, 199.
(2) Une ordonnance de l'intendant d'Alsace, du 4 février 1736 (Pièces justificatives, tit. 3, chap. 1ᵉʳ, nᵒ 257), nous montre une application de ce principe.
(3) Pièces justificatives, tit. 3, chap. 1ᵉʳ, nᵒ 139.

« la même chose pour les parties des grands chemins qui ne sont
« point pavées, auxquelles on doit donner la même largeur que dans
« les parties pavées, et les aligner en ligne droite autant qu'il sera
« possible ». Mais aucun acte public n'a encore établi nettement la
distinction entre les *grands chemins royaux* (1) qui doivent avoir
60 pieds de largeur, et les autres qui ne doivent en avoir que
36. Qu'à cela ne tienne! Les intendants décideront la question
pour chaque chemin, à la charge seulement d'en dresser un état par
chaque généralité. Et ce droit exorbitant est conféré aux intendants
par la seule autorité subalterne du directeur général des ponts et
chaussées et dans un simple acte administratif, sans promulgation,
ni sanction supérieure. L'instruction donne ensuite aux ingénieurs,
concernant la rédaction des projets particuliers à faire pour chaque
chemin, des règles que l'on a toujours observées depuis. Quant aux
chemins en pays de montagnes, ou qu'un obstacle local empêchait
d'élargir, il dut en être dressé procès-verbal pour être statué ultérieurement à leur égard. Mais la plantation dut être faite sans attendre
l'élargissement effectif des chemins, et, à cet effet, les alignements à
suivre furent donnés dès lors par les ingénieurs. C'est la difficulté
que rencontra l'exécution de cette plantation en masse qui détermina l'établissement des pépinières royales.

Comme on pouvait le prévoir, ce redressement et cet élargissement de toutes les routes ne s'exécutèrent pas partout sans trouble et
sans obstacle de la part des propriétaires riverains. Un nouvel arrêt
fut rendu le 17 juin 1721 (2), pour vaincre ces résistances et en
même temps habituer les populations à respecter et à laisser libre de
tout encombrement la totalité de la largeur des voies publiques. Mais
ce qu'il faut remarquer, et ce qui paraît difficile à expliquer, c'est
que, dans ce nouvel arrêt encore, il n'est question que des chemins
à chaussées pavées : comme si le gouvernement eût craint d'étendre
ostensiblement sa décision aux autres grands chemins. Cet arrêt al-
tère aussi les largeurs fixées par l'arrêt de 1720 : car, en prescrivant
de planter les arbres à 5 toises du pavé là où les fossés ne seront

---

(1) Un arrêt du conseil du 28 avril 1671, concernant le rétablissement des chemins dans la Normandie, porte : « Ordonne S. M. que tous chemins conduisant de la ville capitale de « chaque province aux lieux d'anciens bailliages, et où il y a poste et messagerie royales; « seront réputés *chemins royaux*. » Mais l'arrêt qui comprend cette définition ne s'applique qu'à cette province de Normandie, où les *chemins royaux* n'étaient tenus d'avoir que 36 pieds. Cela ne peut s'entendre des *grands chemins royaux* du reste de la France.

(2) Pièces justificatives, tit. 3, chap. 1er, n° 143.

pas encore faits, il réduit les grands chemins royaux de 60 pieds entre les fossés, ou porte les autres de 36 pieds à 51 ou 54 pieds, suivant que les chaussées pavées avaient 15 ou 18 pieds de largeur. Il était donc bien difficile d'adopter des règles fixes pour les largeurs des routes ! Au reste, ces tergiversations se sont transmises jusqu'à nos jours.

13. Mesures concernant la police du roulage.

Un effet presque immédiat de l'amélioration des routes est l'augmentation du chargement des voitures de roulage. Le commerce trouve là une économie directe et sensible dont il a hâte de profiter. C'est ce qu'on avait déjà vu, lors de la grande réparation faite, sous Colbert, de la route de Paris à Orléans. Alors aussi on avait bientôt reconnu que les chargements excessifs étaient une cause puissante de dégradation des chaussées réparées. De là, depuis 1682, plusieurs mesures prises pour modérer les chargements sur cette route. Ces mesures, toutefois, n'avaient porté que sur le transport des vins, qui était le plus considérable dans cette direction, et elles étaient combinées en même temps avec une tolérance compensée par l'apport, à pied d'œuvre, du pavé et du sable nécessaires aux réparations, apport que l'on imposait aux voituriers retournant à vide. Cependant, en 1718 cette route était « entièrement dégradée et devenue impraticable »; et l'on attribuait cet état de choses à la surcharge des voitures. Pour y remédier, le roi rendit, le 28 mai 1718 (1), une ordonnance qui rappelle les défenses antérieures de transporter sur cette route plus de cinq poinçons de vin par voiture à deux roues, à moins que le voiturier ne s'engage à rapporter du pavé et du sable aux endroits indiqués, mais qui ajoute la défense « de charger plus de trois milliers « pesant de telle autre marchandise que ce soit ».

Les motifs de cette ordonnance toute locale ne pouvaient tarder à être invoqués pour les autres grands chemins, sur lesquels des travaux d'amélioration de plus en plus considérables s'exécutaient depuis 1715. Après quelques arrêts d'une application restreinte (2), on résolut une mesure générale ; et ce fut l'objet d'une déclaration royale du 14 novembre 1724 (3), le premier des actes législatifs con-

---

(1) Pièces justificatives, tit. 5, chap. 1ᵉʳ, nᵒ 117.
(2) Par exemple, un arrêt du 8 avril 1723, pour la généralité de Lyon, qui défend de voiturer plus de 3 milliers pesant; un autre, du 27 juillet 1723, pour la généralité d'Alençon.
(3) Pièces justificatives, tit. 3, chap. 1ᵉʳ, nᵒ 175.

cernant la police du roulage dans tout le royaume. Ici se trouve aussi le premier anathème public contre les charrettes à deux roues, anathème si souvent renouvelé depuis, sans avoir pu, malgré l'accompagnement de mesures restrictives contre ce genre de véhicule, en faire abandonner l'usage en aucune des provinces où il était usité alors. Suivant le préambule de cette déclaration, les chargements étaient augmentés du double de ce qu'ils étaient auparavant et cette surcharge détruisait l'effet des grandes dépenses faites pour améliorer les routes, quoique de nombreux débouchés eussent été ouverts en outre à la circulation par la construction de nouveaux canaux et le perfectionnement de la navigation des rivières. Deux moyens de répression se présentaient : la limitation du poids des chargements et celle du nombre des chevaux attelés. On rejeta le premier comme présentant trop de difficultés et d'inconvénients, et l'on s'arrêta au second (1), en ne l'appliquant qu'aux charrettes à deux roues et laissant toute liberté pour les chariots à quatre roues. Il fut donc défendu d'atteler à chaque charrette à deux roues, depuis le 1er octobre jusqu'au 1er avril, plus de quatre chevaux, et depuis le 1er avril jusqu'au 1er octobre, plus de trois chevaux (2). Cette déclaration eut force de loi jusqu'en 1783, où elle fut modifiée.

14. Faits divers relatifs aux voies publiques.

Nous nous sommes appliqué jusqu'ici à trier, dans cette période de vingt et un ans où le service des ponts et chaussées fut spécialisé en une direction générale, les faits et les actes qui nous ont paru découler de principes à un certain degré généraux et systématiques. Nous les avons groupés sous plusieurs titres, selon leurs analogies, dans le but de faire apprécier aussi exactement que possible les innovations, les progrès, les vues et les tendances de l'administration fran-

---

(1) Cette limitation du nombre des chevaux avait été appliquée à la Normandie par un arrêt du 18 juillet 1660, qui avait défendu « d'atteler plus de quatre chevaux sur chaque « charrette ou harnais » (4e vol. du *Traité de la police* par Delamare). Mais on ignore si elle avait été sérieusement mise à exécution.

(2) C'est par erreur que M. l'inspecteur Emmery, dans son remarquable rapport du 5 décembre 1841 sur la police du roulage, inséré au tome II de la 2e série des *Annales des ponts et chaussées* (Mémoires et documents), dit, en rappelant cette déclaration, qu'elle « défend d'atteler plus de trois chevaux en hiver, plus de quatre en été. » C'est justement le contraire. Le nombre plus grand de chevaux autorisé en hiver ne devait pas correspondre à une plus forte charge, mais paraissait exigé par l'état plus mauvais des routes et leur tirage plus fort en cette saison.

çaise en cette matière. Mais il est resté en arrière une foule de faits de détail, dont le récit, au moins en abrégé, importe à la complète vérité de l'histoire, et que nous ne devons pas négliger sous prétexte de ne pouvoir les ajuster dans un cadre méthodique. Ces faits, nous croyons devoir les raconter simplement à mesure qu'ils se présenteront, laissant au lecteur à tirer telles inductions que chacun d'eux ou leur succession lui suggérera. Il y reconnaîtra d'ailleurs, au milieu de leur diversité, un fait général déjà signalé et qui les résume tous, la nouvelle impulsion donnée par le gouvernement de la régence, dès son origine, aux travaux des grandes voies publiques. Si toutefois, en disant tout ce que nous savons, nous omettons d'autres faits par ignorance, les lacunes ne seront, il faut le croire, ni assez importantes ni assez nombreuses pour altérer l'exactitude de l'ensemble.

Dès le 5 octobre 1715, puis en novembre et décembre, les sommes « qui se prenaient annuellement sur les recettes des finances des « généralités pour la dépense des ponts et chaussées, » furent déclarées insuffisantes, et augmentées par des impositions considérables, à percevoir en 1716 sur ces généralités (1). Ainsi l'on ajouta, dans la généralité de Montauban, au chiffre annuel de 9.000 liv. (9.360 fr.), une imposition extraordinaire de 116.142 l. (120.787 f. 68 c.); dans la généralité de Grenoble, à 4.000 liv. (4.160 fr.), 58.500 liv. (60.840 fr.); dans la généralité de Bourges, à 9.000 liv. (9.360 fr.), 18.000 liv. (18.720 fr.); dans la généralité de Moulins, à 9.000 liv. (9.360 fr.), 13.000 liv. (13.520 fr.); sans compter 15.000 liv. (15.600 fr.) spécialement affectées aux réparations de la grande route de Paris à Lyon dans cette généralité; dans la généralité de Lyon, à 10.000 liv. (10.400 fr.), 30.000 liv. (31.200 fr.); dans la généralité de Bordeaux, à 8.000 liv. (8.320 fr.), 40.000 liv. (41.600 fr.); dans la généralité d'Orléans, à 15.000 liv. (15.600 fr.); 50.000 liv. (52.000 fr.); dans la généralité d'Amiens, à 8.000 liv. (8.320 fr.), 40.000 liv. (41.600 fr.); dans la généralité de Tours, à 12.000 liv. (12.480 fr.), 17.000 liv. (17.680 fr.). La généralité de Rouen dut supporter une imposition extraordinaire de 49.755 liv. (51.745 fr. 20 c.); la généralité de Metz, 42.809 liv. (44.581 fr. 36 c.); la généralité d'Alençon, 50.000 liv. (52.000 fr.), en continuation d'impositions semblables frappées en 1714 et 1715 en sus du fonds

---

(1) Pièces justificatives, tit. 3, chap. 1ᵉʳ, nᵒˢ 53, 54, 55, 57, 58 et 59.

annuel de 10.000 liv. (10.400 fr.); — et ce supplément fut même doublé par arrêt du 29 août 1716 (1) —; la généralité de Soissons, 100.000 liv. (104.000 fr.), en sus de 8.000 liv. (8.320 fr.); celle de Châlons, 29.652 liv. (30.838 fr.) pour réparations des routes de la frontière, en sus de leur entretien, à compte sur une estimation de 66.841 liv. (68.994 fr. 64 c.), laquelle sera plus tard, après adjudication, imposée en totalité sur le même exercice par arrêt du 16 juin 1716 (2). En même temps, 17 décembre 1715, et sans préjudice de ce qui précède, une imposition de 8.000 liv. (8.320 fr.) est frappée sur chacune des généralités de Lyon et de Grenoble, et de 4.000 liv. (4.160 fr.) sur celles de Riom et de Moulins, pour la reconstruction du pont de l'Arbresle, route de Paris à Lyon (3); puis le 14 janvier 1716 (4), une imposition de 20.000 liv. (20.800 fr.), sur la généralité de Tours, à compte sur la somme de 46.500 liv. (48.360 fr.) formant le montant de l'adjudication des ponts de Sablé sur la Sarthe. Nous trouvons encore comme supplément d'impositions en 1716 : 13.800 liv. (14.352 fr.), dans le Hainault, pour la route de Valenciennes à Tournay, à percevoir sur les villages les plus à portée de cette route (5); 30.694 liv. (31.918 fr. 64 c.), sur la généralité de Rouen (6), pour les ponts, chaussées et chemins qui y ont été rendus impraticables par les débordements du mois de février précédent.

Les principales mesures de l'année 1716 furent, comme on l'a vu, celles qui constituèrent le corps des ponts et chaussées. Elles furent immédiatement suivies de nombreux arrêts relatifs à des reconstructions de grands ponts, travaux pleins d'intérêt qui méritent une mention à part. Puis vinrent les impositions spéciales supplémentaires à imputer sur l'exercice 1717. L'arrêt déjà cité du 7 juillet imposa sur le Hainault en 1717, comme en 1716, 13.800 liv. (14.352 fr.) pour la route de Valenciennes à Tournay. Le 14 août (7) on décida la réparation des avenues de la ville d'Angers, et la somme de 20.946 liv. 10 s. (21.784 fr. 86 c.) fut imposée à cet effet en 1717 et 1718, pour trois quarts sur la généralité de Tours et pour un quart sur la ville

---

(1) Pièces justificatives, tit. 3, chap. 1ᵉʳ, n° 85.
(2) Pièces justificatives, tit. 3, chap. 1ᵉʳ, n° 67.
(3) Pièces justificatives, tit. 3, chap. 1ᵉʳ, n° 56.
(4) Pièces justificatives, tit. 3, chap. 1ᵉʳ, n° 60.
(5) Pièces justificatives, tit. 3, chap. 1ᵉʳ, n° 70.
(6) Pièces justificatives, tit. 3, chap. 1ᵉʳ, n° 73.
(7) Pièces justificatives, tit. 3, chap. 1ᵉʳ, n° 78.

d'Angers. Le 22 août, le conseil s'occupa de toutes les généralités et arrêta les suppléments suivants (1) :

54.820 liv. (57.012 fr. 80 c.) sur la généralité de Montauban;
50.000 liv. (52.000 fr.) sur la généralité d'Alençon;
50.000 liv. (52.000 fr.) sur la généralité d'Orléans;
40.665 liv. (44.094 fr. 60 c.) sur la généralité de Caen;
60.000 liv. (62.400 fr.) sur la généralité d'Auch, auxquelles se joignirent le 13 octobre 24.350 liv. (25.324 fr.) pour ouvrages contre les débordements de l'Adour (2);
69.280 liv. (72.051 fr. 20 c.) sur la généralité de Grenoble;
60.000 liv. (62.400 fr.) sur la généralité de Rouen;
63.578 liv. (66.121 fr. 12 c.) sur la généralité de Soissons;
40.000 liv. (41.600 fr.) sur la généralité d'Amiens;
17.000 liv. (17.680 fr.) sur la généralité de Tours;
28.000 liv. (29.120 fr.) sur la généralité de Moulins;
30.000 liv. (31.200 fr.) sur la généralité de Lyon;
60.000 liv. (62.400 fr.) sur la généralité de Riom;
8.273 liv. 10 s. (8.604 fr. 44 c.) sur la généralité de Poitiers;
4.448 liv. (4.625 fr. 92 c.) sur la généralité de Limoges;
27.000 liv. (28.080 fr.) sur la généralité de Bourges;
65.000 liv. (67.600 fr.) sur la généralité de Bordeaux;
25.000 liv. (26.000 fr.) sur la généralité de la Rochelle;
142.000 liv. (147.680 fr.) sur la généralité de Châlons.

On voit que plusieurs généralités furent beaucoup plus surchargées que d'autres. Cela tint sans doute, autant qu'aux besoins plus grands de ces généralités, à une ardeur plus grande de leurs intendants; car c'est sur leur rapport que ces arrêts étaient rendus, et la plupart avaient sérieusement pris à la lettre cette instruction de Colbert aux intendants de son temps, instruction qui était devenue plus que jamais la devise de l'administration centrale : « Une des choses les « plus importantes et nécessaires à laquelle MM. les commissaires « départis doivent donner leur application concerne les ouvrages « qui se font pour la réparation et entretenement des ponts, che- « mins et chaussées, parce que c'est principalement de la facilité

---

(1) Pièces justificatives, tit. 3, chap. 1er, n° 80.
(2) Pièces justificatives, tit. 3, chap. 1er, n° 87.

« des chemins que dépend l'avantage du commerce et le bien du
« public. »

Le même jour, les trois généralités de Caen, Rouen et Alençon furent en outre frappées, par tiers, d'une imposition spéciale de 36.000 liv. (37.440 fr.) pour le pont de la porte de Lizieux, côté de Caen, sur la route de Caen à Paris (1). Le 7 juillet avait été ordonnée l'adjudication de travaux dans la généralité de Bourges, pour la route de Paris à Toulouse, suivant devis montant à 6.900 liv. (7.176 fr.) (2) ; puis un devis avait été demandé au premier ingénieur, Gabriel, pour l'adjudication en un seul bail de six ans de l'entretien des chaussées pavées de Paris à Orléans et de Paris à Chartres (3). Mais, pour la route d'Orléans, ce devis ne dut sans doute s'appliquer qu'à la partie comprise dans la généralité de Paris; car, le 14 juin 1723 (4), on voit proroger pour neuf ans le bail d'entretien de la partie qui s'étendait d'Étampes à l'Orme d'Assas près d'Artenay, adjugé le 18 octobre 1712 et déjà prorogé en 1721 et 1722, moyennant 16.000 liv. (16.640 fr.)

A partir de 1717, on ne voit plus d'impositions supplémentaires pour travaux extraordinaires des ponts et chaussées, frappées par arrêts particuliers à chaque généralité (5) ; mais ces arrêts particuliers sont remplacés par un arrêt général annuel. Nous en parlerons au paragraphe spécial des dépenses. Il convient toutefois de noter les exceptions suivantes qui s'appliquent à quelques provinces frontières, qui n'étaient ni pays d'élections, ni pays d'états, et que nous avons appelés dans la deuxième partie de l'introduction *pays mixtes*. Des besoins spéciaux et un système d'impôts, différent en plusieurs points du système général des contributions des pays d'élections, motivaient ces exceptions.

La généralité de Metz n'était pas comprise dans la nomenclature des généralités frappées d'impositions en août 1716 pour travaux extraordinaires de leurs grands chemins; mais son tour vint le

---

(1) Pièces justificatives, tit. 3, chap. 1er, no 79.
(2) Pièces justificatives, tit. 3, chap. 1er, no 71.
(3) Pièces justificatives, tit. 3, chap. 1er, no 72.
(4) Pièces justificatives, tit. 3, chap. 1er, no 158.
(5) Il faut excepter quelques arrêts isolés et spéciaux, comme celui du 20 novembre 1717 qui imposa 14.596 liv. 17 s. 6 d. sur les quatre généralités de Lyon, Grenoble, Riom et Moulins pour ouvrages au pont de l'Arbresle, sur la Turdine (Pièces justificatives, tit. 3, chap. 1er, no 107). — Il y en eut d'autres pour travaux de grands ponts nominativement désignés, qui n'infirment pas davantage notre observation.

28 novembre (1) pour 62.809 liv. (65.321 fr. 36 c.). L'année suivante, par arrêt du 22 décembre, elle ne fut imposée que de 42.809 liv. (44.521 fr. 36 c.) en 1718 (2); mais le 22 janvier 1718 (3), on augmenta cette imposition de 20.000 liv. (20.800 fr.), ce qui la ramena au taux de 1717; on fit de même pour 1719 (4), et successivement chaque année jusqu'en 1728. Alors on était encore loin d'avoir obtenu le résultat désiré, et d'ailleurs on voulait sans doute profiter de la paix pour achever et rendre praticables les grandes routes de cette province à la frontière, tant dans un but stratégique que pour favoriser le commerce avec l'Allemagne. En conséquence, le roi ayant invité le directeur général des ponts et chaussées à rechercher les moyens les plus prompts pour y parvenir, celui-ci proposa de faire travailler les communautés par corvées sur lesdites routes. Non-seulement on approuva et l'on mit aussitôt en pratique cette proposition, mais on employa aussi les troupes commandées par le comte de Belle-Ile, et l'on mit tant d'ardeur à ce travail que, dès la première année, on exécuta plus de dix lieues de chaussées neuves en cailloux, on en répara autant d'anciennes et l'on construisit les ponceaux nécessaires. On n'estima pas à moins de 300.000 liv. (312.000 fr.) la valeur des travaux ainsi exécutés, en y comprenant le fonds ordinaire d'environ 60.000 liv. (62.400 fr.), de sorte que l'on calcula avoir fait 240.000 liv. (249.600 fr.) d'économie. Satisfait et excité par un si beau résultat, le gouvernement décida par arrêt du 28 décembre 1728 de continuer ce système, et imposa sur ladite province, pour cette année 1728 et les suivantes, en sus des 62.809 liv. qui furent maintenues, une somme annuelle de 13,800 liv. (14.076 fr.) destinée aux appointements et salaires d'un ingénieur, de conducteurs et de piqueurs pour diriger et surveiller ces travaux par corvées. Ils s'appliquèrent surtout aux routes de Metz à Verdun, à Thionville et à Strasbourg (5).

Le voisinage de l'Alsace, où la réparation des routes par corvées était « dans l'usage du pays », peut faire penser que c'est particulièrement à cette province qu'on emprunta ce système pour la géné-

---

(1) Pièces justificatives, tit. 3, chap. 1er, n° 91.
(2) Pièces justificatives, tit. 3, chap. 1er, n° 91-2°.
(3) Pièces justificatives, tit. 3, chap. 1er, n° 112.
(4) Pièces justificatives, tit. 3, chap. 1er, n°s 121, 153, 192.
(5) Pièces justificatives, tit. 3, chap. 1er, n° 193. — Catalogue des arrêts concernant les ponts et chaussées, déjà cité.

ralité de Metz. L'intendant d'Alsace l'y avait employé en 1717 pour rétablir les routes endommagées par les dernières guerres, et l'on a vu que ce fut pour diriger ces corvées que les Regemorte père et fils furent nommés, en 1718, ingénieurs dans cette province, qui dut en outre payer leurs appointements montant à 3.000 liv. (3.120 fr.) (1).

De la généralité de Metz, la réparation des routes par corvées s'étendit aussi à celle de Châlons qui lui était contiguë. A partir de 1729, un fonds annuel de 8.190 liv. (8.517 fr. 60 c.) est fait dans l'état-du-roi des ponts et chaussées, au chapitre de la province de Champagne, pour traitement d'inspecteurs, conducteurs et autres employés à la conduite des corvées (2).

Plusieurs arrêts successivement renouvelés (3) continuent, à la même époque, sur la route d'Orléans, la corvée du transport des pavés neufs et du sable à y employer par les voituriers revenant à vide après avoir conduit du vin à Paris, en leur accordant par compensation, comme précédemment, de charger six poinçons de vin au lieu de cinq par voiture. On fit une autre application de ce système en 1736. En vertu d'un bail fait en 1729 pour rétablir entièrement en pavés de grès la chaussée entre Étampes et Orléans, on avait arraché une quantité considérable de pavés de pierre qui se trouvaient dans l'ancienne chaussée. Ces rebuts encombraient la route et pouvaient être utilement employés ailleurs. On les fit transporter jusqu'à Orléans par les voituriers revenant à vide de Paris, comme « ils avaient accoutumé » de faire pour les pavés neufs à employer dans la même chaussée, « Sa Majesté, dit l'arrêt, ne trou-« vant pas de moyens moins onéreux à l'État » (4).

Le comté de Bourgogne continua d'être soumis à une imposition spéciale de 60.000 liv. (62.400 fr.). Le Hainault fut imposé d'abord de 13.536 liv. (14.077 fr. 44 c.), de 1720 à 1723, pour l'entretien de ses chaussées pavées, ponts et aqueducs (5) ; puis, à partir de 1723, cet entretien fut imputé sur l'adjudication des droits des jurés brasseurs et gourmeurs de bière (6), qui se renouvelait de neuf

---

(1) Pièces justificatives, tit. 3, chap. 1ᵉʳ, n° 111.
(2) Pièces justificatives, tit. 3, chap. 1ᵉʳ, n° 215.
(3) Pièces justificatives, tit. 3, chap. 1ᵉʳ, nᵒˢ 115 et 142 ; et plusieurs arrêts compris dans le Catalogue d'arrêts des ponts et chaussées.
(4) Pièces justificatives, tit. 3, chap. 1ᵉʳ, n° 258.
(5) Pièces justificatives, tit. 3, chap. 1ᵉʳ, n° 153.
(6) Archives des travaux publics; Catalogue d'arrêts relatifs aux ponts et chaussées, Hainault.

en neuf années. De plus, un devis fut demandé à l'ingénieur Havez pour la confection et la réparation de plusieurs routes de cette province, et notamment de celles de Péronne, Cambray et Valenciennes, et l'exécution en fut ordonnée en 1731 « à la diligence et aux dépens du clergé, de la noblesse et du tiers état de cette province »; on termina dans les années 1737 et 1738, au moyen d'une imposition de 27.000 liv. (27.540 fr.) pour chacune de ces deux années, puis on assura l'entretien par une imposition annuelle de 6.000 liv. (6.120 fr.) à partir de 1739 (1).

Le Calaisis et le Boulonnois, qui avaient été réunis à la généralité d'Amiens, n'étant pas pays d'élections, ne supportaient pas les impositions du reste de cette généralité. Cependant on en avait employé les fonds sur leur territoire pour les routes de Flandre et d'Angleterre. Le 21 juin 1729, il fut établi sur le Boulonnois une imposition annuelle de 15.000 liv. (15.300 fr.) à compter de 1729, et sur le Calaisis, une imposition de 6.000 liv. (6.120 fr.) pour chacune des années 1729, 1730 et 1731 et de 4.000 liv. (4.080 fr.) pour les années suivantes, avec défense d'y employer à l'avenir les produits des impositions des six élections de la généralité (2).

Il se passait un fait analogue à l'autre extrémité de la France. Le pays de Marsan, Tursan et Gabourdan, réuni à la généralité d'Auch, était un pays abonné qui n'était pas assujetti aux impositions des élections de la généralité, de sorte qu'aucun fonds n'y était affecté à la réparation des grands chemins. Il fallait pourvoir à ce que les routes de Bayonne à Bordeaux, à Auch et à Toulouse ne restassent pas en lacune dans la traversée de ce pays. C'est ce que l'on fit par un arrêt du 12 juin 1725 (3), en y établissant une imposition annuelle spéciale de 4.000 liv. (4.080 fr.).

En même temps, et par cela même que l'on consacre aux travaux des routes des sommes plus considérables, on modifie, on améliore les anciens procédés, on réforme les abus qu'une surveillance plus active fait reconnaître; on veut obtenir des résultats; on résout de façon ou d'autre, suivant les cas, les difficultés qui s'y opposent. De graves malversations avaient été commises dans les entreprises de la généralité de Soissons, parmi lesquelles on cite l'introduction

---

(1) Pièces justificatives, tit. 3, chap. 1er, n° 259.
(2) Pièces justificatives, tit. 3, chap. 1er, n° 195.
(3) Pièces justificatives, tit. 3, chap. 1er, n° 177.

de sous-traitants et des réceptions d'ouvrages non conformes aux devis. Sur la dénonciation qui en fut faite, le conseil d'état ordonna, par arrêt du 20 octobre 1716 (1), une information et un rapport par le premier ingénieur, et commit l'intendant de la généralité pour, « conjointement avec les officiers du présidial de Soissons », poursuivre les coupables et les juger en dernier ressort. Exemple d'attributions judiciaires dévolues aux intendants.

En 1715, on avait ordonné le rétablissement de la route de Poitiers à Bordeaux par Chefboutonne, et l'on avait imposé pour cet objet 40.743 liv. (42.371 fr. 92 c.) en quatre ans sur la généralité de Poitiers. Cette décision, d'où résultait l'abandon de l'ancienne route passant par Lusignan qui avait l'avantage de desservir aussi la communication avec la Rochelle, fut rapportée le 13 mars 1717, et les fonds restant à recouvrer furent consacrés à l'ancienne route (2). La même année, on rectifiait la route de Bordeaux à Bayonne; des héritages étaient expropriés et payés sur un fonds spécial fait dans l'état des ponts et chaussées (3).

En 1722, l'état des routes de la généralité de Paris excite les réclamations du fermier des messageries royales et des carrosses, dont le duc d'Orléans est concessionnaire. Les trésoriers de France de cette généralité ordonnent leur réparation par les riverains, et ce dans le délai de huit jours (4). Nous ignorons si cette ordonnance fut exécutée à la rigueur; mais on peut se rappeler qu'en 1680 Colbert avait fait casser une semblable ordonnance rendue par les trésoriers de France de la généralité de Rouen.

La situation centrale d'Orléans, en même temps que son voisinage de Paris, en faisait le point de rencontre d'un certain nombre de routes qui figurent parmi les plus importantes d'alors. Les parties de ces routes formant les abords de la ville dans un certain rayon étaient, avec les anciennes places publiques de l'intérieur, ce que l'on appelait *les petites chaussées d'Orléans*. Un devis de 1723 (5) nous en donne la désignation, où nous trouvons dix routes différentes. Les longueurs de ces petites chaussées, toutes pavées, variaient d'une route à l'autre entre 2.184 toises et 10.510 toises. Leur entretien se

---

(1) Pièces justificatives, tit. 3, chap. 1er, n° 88.
(2) Pièces justificatives, tit. 3, chap. 1er, n° 96.
(3) Pièces justificatives, tit. 3, chap. 1er, n° 98.
(4) Pièces justificatives, tit. 3, chap. 1er, n° 154.
(5) Pièces justificatives, tit. 3, chap. 2, § 3; Pièces administratives, etc., n° 2.

faisait au moyen des fonds fournis par la perception d'un droit de barrage spécial octroyé, dans ce but, à ladite ville.

L'ouverture d'une communication entre Clermont et Montpellier avait été tentée sans succès, soit par suite des difficultés que présentait le pays accidenté à traverser, soit par suite des rivalités locales. Le 23 mai 1724 (1), une étude comparative fut ordonnée entre deux directions, par le Puy ou par Mende. On en chargea les intendants de Languedoc et d'Auvergne assistés, le premier par l'ingénieur du Languedoc qui était indépendant de l'administration centrale, le second par Gabriel, premier ingénieur des ponts et chaussées.

Les États du Languedoc donnaient « une attention particulière » aux routes de cette province, et notamment dépensaient alors plus d'un million de livres pour refaire à neuf le chemin de Pont-Saint-Esprit à Lunel; on travaillait en même temps sur plusieurs autres points. De là des contestations de diverses natures avec les particuliers qui mettaient obstacle aux nouveaux alignements, à la recherche et à l'enlèvement des matériaux nécessaires, etc. ; et ces particuliers repoussaient la compétence de l'intendant en ces matières. Les députés des états, pour obtenir une plus prompte solution de ces contestations, demandèrent eux-mêmes que la connaissance en fût officiellement attribuée par le roi à l'intendant, ce qui fut fait par arrêt du conseil du 16 octobre 1724 (2). Ils portèrent ainsi atteinte eux-mêmes à l'indépendance de leur province vis-à-vis du pouvoir royal.

En 1726, on voit un autre exemple des difficultés qui naissaient de cette discordance d'administration entre les généralités de pays d'élections et les pays d'états contigus, difficultés accrues par des enclaves réciproques de territoires. Les routes de Paris à Dijon par Auxerre et par Troyes et celle de Paris à Lyon par Moulins traversaient alternativement des parties du duché de Bourgogne et des enclaves dépendantes des généralités de Paris, de Châlons, de Moulins et de Lyon. Ces routes, bien réparées sur le duché de Bourgogne par les soins des états, étaient négligées dans les enclaves dépendantes desdites généralités, ce qui formait autant de lacunes nuisibles à la circulation. Sur la réclamation des élus des états, il fut décidé, par arrêt du conseil du 10 décembre 1726 (3), que la province de Bour-

---

(1) Pièces justificatives, tit. 3, chap. 1ᵉʳ, nᵒ 167.
(2) Pièces justificatives, tit. 3, chap. 1ᵉʳ, nᵒ 173.
(5) Pièces justificatives, tit. 3, chap. 1ᵉʳ, nᵒ 185.

gogne aurait désormais à sa charge, sur la route par Auxerre, la partie comprise entre Dijon et le pont de pierre situé entre Auxerre et Régennes, et, sur la route par Troyes, la partie comprise entre Dijon et le Champ-des-Pois, vis-à-vis Obtrée, le surplus desdites routes jusqu'à Paris devant être à la charge des généralités susdites, « ainsi qu'il appartiendra », pour les réparations en être faites sur états arrêtés par le roi. Ce fut sans doute en conséquence de cette décision qu'en 1744 fut rétabli à neuf le chemin entre Sens et Villeneuve-le-Roi, tel qu'on le voit encore, pavé depuis Sens jusque vers Rosoy et empierré sur le reste de sa longueur ; et les ponts furent refaits, y compris le pont Bruand sur la rivière de Vanne (1).

La Bresse, liée aussi sous certains rapports au duché de Bourgogne, ne profitait pas, à ce qu'il paraît, des soins que donnaient aux routes les états de ce duché. Aussi, en 1783, les syndics généraux du tiers état de ce pays exposent le déplorable état de leurs chemins qui « n'ont jamais été l'objet d'aucun tracé régulier ni de « travaux conformes aux règles de l'art, et demandent la construc- « tion de nouveaux chemins de Lyon à Bourg, de Bourg à Saint- « Amour et de Bourg à Mâcon ». L'arrêt du 27 octobre 1783 (2), rendu sur cette demande, fait l'application à ce pays de tous les règlements généraux concernant les grands chemins, y fixe leur largeur à 42 pieds, décide leur *entretien à perpétuité, à corvée, par les communautés les plus voisines*, autorise un emprunt de 100.000 liv. (102.000 fr.) par la province, pour commencer les nouvelles routes, et ultérieurement une crue sur le sel pour les achever. Les considérants de cet arrêt présentent un tableau curieux de la situation d'une province manquant de grands chemins régulièrement tracés, construits et entretenus.

Terminons cette espèce de revue en citant, comme autre preuve de l'activité imprimée alors aux travaux des routes, particulièrement dans la généralité de Paris, la défense faite en 1728 et renouvelée en décembre 1730, de fabriquer du pavé de grès dans l'étendue de cette généralité, pour quelques particuliers que ce soit autres que les entrepreneurs des ponts et chaussées, sans la permission expresse et par écrit du directeur général.

---

(1) Pièces justificatives, tit. 5, chap. 2, § 4, F.
(2) Pièces justificatives, tit. 5, chap. 1er, n° 242.

15. Travaux exécutés aux ponts des principales rivières.

La situation d'un grand nombre de ponts, à la fin du règne de Louis XIV, était des plus fâcheuses. Tous les ponts d'une certaine importance étaient d'ancienne date et avaient éprouvé fréquemment de graves avaries ou même des ruines plus ou moins considérables. Les restaurations partielles qui y avaient été faites, soit qu'elles fussent trop parcimonieuses, soit surtout parce qu'elles n'avaient point corrigé les vices de la construction primitive, avaient laissé subsister les principales causes des désastres passés, dont le renouvellement avait lieu à la première occasion ou devenait de plus en plus imminent. Les arches trop étroites et souvent trop basses, les piles trop nombreuses et trop épaisses, avec leurs empatements dont la largeur exagérée ne compensait pas, pour la solidité, le peu de profondeur et l'inhabile disposition des fondations, obstruaient le passage des eaux jusqu'à ce que, dans les crues, une partie plus faible cédât à la puissance irrésistible de leur accumulation. Le plus souvent, les pierres composant la construction, inégales et défectueuses de qualités, de formes et de dimensions, étaient en outre mal liées entre elles par un mortier sans consistance. Enfin, il y avait une autre cause majeure de ruine que nous ne pouvons omettre : c'étaient les moulins établis sous une ou plusieurs arches de la plupart de ces ponts. Les restaurations ne pouvaient plus suffire ; il fallait des reconstructions. Mais pour cela deux éléments essentiels avaient souvent manqué ; l'argent et les ingénieurs. Aussi, dès qu'on eut organisé le corps des ponts et chaussées en plaçant à sa tête des hommes d'une capacité reconnue, on songea à ces importants ouvrages en faisant faire d'abord de nouveaux devis des travaux à y exécuter. Pour les principaux, ce fut surtout la tâche du premier ingénieur. Les devis faits, on les mit en adjudication, en même temps qu'on imposait les fonds nécessaires, soit sur les généralités directement intéressées, soit même sur toutes les généralités du royaume.

Les premiers ouvrages de ce genre que nous rencontrons par ordre de dates sont trois ponts sur la Marne, à Charenton, à Saint-Maur et à Château-Thierry. En 1714, au pont de Charenton, quatre arches de la rive droite et une arche de la rive gauche étaient ruinées et remplacées provisoirement par des tabliers en bois. Duplessis, alors inspecteur, fit le devis de reconstruction de ces quatre arches, qui fut adjugé moyennant 57.527 liv. (77.086 fr. 18 c.), le 11 juin

1714. En 1716, Gabriel et la Guêpière, chargés de reviser ce devis, l'augmentèrent de 64.874 liv. 15 s. (92.834 fr. 16 c.). Trois arches de droite furent construites en 1714 et l'on continua en 1715 l'exécution du premier devis; puis les travaux du second furent terminés en 1719. Le pont fut ainsi entièrement restauré, mais sans changement important à sa disposition primitive. Seulement quatre moulins établis en quatre arches du milieu furent supprimés. Boffrand paraît avoir été chargé de conduire ces travaux (1). Les réparations du pont de Saint-Maur avaient été adjugées le 7 juin 1715, moyennant 52.000 liv. (69.680 fr.); le devis supplémentaire de Gabriel et la Guêpière monta à 111.834 liv. 14 s. (149.858 fr. 50 c.). Le même constructeur s'était rendu adjudicataire des travaux des deux ponts; mais on trouva que les devis supplémentaires lui rendaient cette charge trop lourde, et un arrêt du conseil du 20 juin 1716 (2) décida la réadjudication du pont de Saint-Maur à un autre entrepreneur.

Le vieux pont de Château-Thierry était composé de huit arches, dont une obstruée par un moulin. En 1716, l'arche marinière, la troisième à partir de la rive droite, menaçait ruine; Duplessis fit un devis de sa réparation montant à 38.131 liv. 16 s. (51.096 fr. 61 c.), et l'adjudication en fut ordonnée le 24 juillet 1716. Mais, soit insuffisance, soit que de nouvelles dégradations fussent survenues, un nouveau devis, dressé par Gabriel et montant à 73.000 liv. (97.820 fr.), fut adjugé en 1717, et le montant de la dépense fut imposé de 1717 à 1721 sur la généralité de Soissons, par arrêt du conseil du 26 avril 1718 (3). Ce ne fut toutefois qu'une réparation, et ce pont dut être entièrement reconstruit cinquante ans plus tard.

Les ponts du bassin de la Loire étaient encore, comme avant Colbert et malgré d'incessantes réparations, les plus ruinés ou les plus près de l'être. Une partie du pont de Jargeau s'était écroulée en février 1709; la crue de novembre 1710 avait emporté le pont de Moulins encore inachevé, puis plusieurs arches du pont de Beaugency et cinq arches de l'un des ponts d'Amboise, en endommageant considérablement le reste; le pont de Pirmil à Nantes était tombé en mars 1711; le pont de Blois et deux arches d'un des ponts de

---

(1) Pièces justificatives, tit. 3, chap. 1er, nos 68 et 69. — Voir deux dessins existant au dépôt des plans des travaux publics; l'un de Duplessis, fait en 1714; l'autre en 1716, attribué à Boffrand.

(2) Pièces justificatives, tit. 3, chap. 1er, no 69.

(3) Pièces justificatives, tit. 3, chap. 1er, nos 73 et 115.

Saumur cédèrent à la débâcle de février 1716 ; le pont de La Charité, fortement endommagé alors, subit de nouvelles ruines à la crue de mai 1733, qui ébranla fortement le pont de Gien, et détruisit au pont de Jargeau quatre arches épargnées en 1710.

Le pont de Moulins avait été provisoirement remplacé par un bac : on n'osait pas tenter de le reconstruire et l'on se borna à déblayer le lit de la rivière de ses ruines. En 1731, on se décida à établir au même emplacement un pont en bois et, pendant plusieurs années de suite, on imposa les vingt généralités de pays d'élections pour la construction de ce pont de bois, en même temps que pour la réparation de la route de Moulins en Auvergne. L'imposition fut d'abord, en vertu d'un arrêt du conseil du 22 mai 1731, de 600.000 liv. (612.000 fr.) en quatre années ; puis des arrêts du 27 mai 1732 et du 2 juin 1733 y ajoutèrent 50.000 liv. (51.000 fr.) en 1733 et autant en 1734 (1). A la même époque, Gabriel fit pour ce passage deux projets d'un pont en pierres, l'un de sept arches, l'autre de cinq (2). Mais aucun ne fut exécuté.

Rien de plus pittoresque, mais en même temps de plus étrange au point de vue de l'art de l'ingénieur, que l'ancien pont de Blois. Il se composait de vingt arches, toutes inégales, en ogive, en plein cintre, en arc de cercle ; toutes séparées par des piles inégales de forme, de longueur et d'épaisseur et irrégulièrement alignées. Deux portes flanquées de tours, une chapelle, neuf maisons, sans compter cinq moulins royaux obstruant cinq arches, étaient inégalement réparties sur son étendue. En février 1716, les treize arches du côté de la ville, où étaient les moulins, furent renversées de fond en comble : une maison attenante à l'un des moulins et la pile qui la supportait restèrent seules debout, mais avec une forte inclinaison (3). On résolut immédiatement de reconstruire ce pont, qui desservait un « trop grand passage » pour qu'on le laissât interrompu. Attendu l'importance de l'ouvrage, on chargea le premier ingénieur Gabriel d'en faire le projet et le devis, et on décida que l'adjudication en serait faite en conseil d'état. Préalablement on adjugea, le 29 août 1716, la démolition des treize arches écroulées jusqu'à 18 pouces au-des-

---

(1) Pièces justificatives, tit. 5, chap. 1er, n°s 105, 210, 218, 237.

(2) Dépôt des plans des travaux publics ; deux dessins, signés *Gabriel* et datés du 4 août 1731.

(3) Le même dépôt possède un charmant dessin de ce pont, avant et après sa chute, fait le 12 février 1716 par l'ingénieur Poictevin.

sous de l'étiage, suivant un devis dressé par Lahite, Gabriel et Desroches, ingénieur de la généralité d'Orléans, moyennant une somme de 12.500 liv. (16.750 fr.) et les prix de 6 liv. (8 fr. 04) par toise cube de quartiers de pierres, 3 liv. (4 fr. 02) par toise cube de moellons, et 2 liv. (2 fr. 68) par cent pesant de fers, qui seraient retirés des ruines et entoisés en un lieu indiqué. Le devis du nouveau pont fut promptement rédigé, publié et affiché, et le 14 novembre, l'adjudication fut faite au sieur Musbien, bourgeois de Paris, qui avait été l'entrepreneur du pont de Moulins, moyennant 930.000 liv. (1.246.200 fr.) formant le montant de l'estimation, non compris les frais d'épuisement. La construction devait être terminée à la fin de 1720. Jean-Baptiste de Regemorte fut nommé contrôleur des travaux, c'est-à-dire, chargé de leur direction, et bientôt on lui adjoignit l'architecte Pitrou comme inspecteur. Un soin tout particulier fut prescrit pour le choix des pierres destinées à cet ouvrage, tellement qu'un ingénieur, Lescuyer, fut exclusivement préposé à la surveillance de leur extraction. En même temps on s'occupa de réaliser les ressources pécuniaires. Le 6 octobre 1716, un arrêt du conseil d'État ordonna la vente de 142 arpens de bois en réserve, dont le produit dut, il est vrai, concourir aussi aux travaux du pont d'Amboise. Le 8 décembre, un million de livres (1.340.000 fr.) fut imposé en quatre années sur les vingt généralités du pays d'élections. On se mit immédiatement à l'œuvre ; mais des difficultés de diverses natures, d'art et de finance, se présentèrent à plusieurs reprises ; des augmentations furent ordonnées par arrêts des 16 juillet 1720, 17 juin 1721, 28 juin 1723 ; un quai complémentaire fut construit en vertu d'un arrêt du 7 juillet 1722 ; de sorte que les travaux ne se trouvèrent complétement terminés et en état d'être soumis à la réception qu'au commencement de 1726. Alors Gabriel et Desroches furent commis, par arrêt du 30 avril 1726, pour faire cette réception. Elle n'eut lieu cependant qu'en 1727, suivant procès-verbal des 22-26 octobre de cette année, et le solde définitif ne fut ordonné par le conseil d'État que le 23 mai 1730. Le procès-verbal de réception, qui contenait le chiffre définitif de la dépense, ne nous est pas parvenu. Tout ce que nous savons, c'est qu'aux 930.000 liv. de l'adjudication il faut ajouter, pour changements et augmentations ordonnés en cours d'exécution, une indemnité de 224.106 liv. fixée par arrêt du 16 juillet 1720, une autre de 132.585 l. 11 s. par arrêt du 17 juin 1721, une troisième de 221.957 l. 16 s. 4 d. suivant arrêt du 28 juin 1723, puis, pour l'exécution du quai complémentaire, 175.638 l. 6 s. 5 d. pour travaux, et 33.031 l. 6 s. 8 d. pour expropriation de maisons. Mais il nous manque le chiffre des premières expropriations de maisons aux abords du pont. De plus nous ignorons si les sommes accordées pour augmentation comprennent les épuisements, ce qui toutefois est probable. En réunissant les chiffres connus, nous pouvons dire que la dépense des travaux fut au moins de 1.684.286 liv. (1.751.657 fr. 44 seulement, à cause de la diminution de valeur de la livre depuis 1716).

Le pont de Blois, qui inaugura dignement la création du corps des ponts et chaussées, a 145 toises 2 pieds de long, et se compose de onze arches en anse de panier, surbaissées au tiers environ, ayant des ouvertures décroissantes de 13 toises 3 pieds, pour celle du milieu, à 8 toises 3 pieds 6 pouces, pour celles des rives. La largeur est de 7 toises 4 pieds entre les plans des têtes et de 7 toises entre les parapets. La pente en long de la chaussée, du milieu vers chaque extrémité, est d'environ 3 pouces 6 lignes par toise. Les deux piles latérales à la grande arche ont 16 pieds d'épaisseur, les piles extérieures aux deux arches contiguës de part et d'autre, 21 pieds, et forment piles-culées ; les six autres n'ont que 15 pieds : le pont est ainsi partagé en trois parties pouvant se soutenir indépendamment l'une de l'autre. Toutes ces piles sont établies sur un grillage de pilotis, environné d'une crèche formant empatement d'une toise de largeur tout au pourtour, à des profondeurs variables sous l'étiage, mais d'au moins 3 pieds. Les travaux furent l'objet de la surveillance la plus assidue ; leur situation était établie exactement chaque mois et représentée par un dessin détaillé dont quelques-uns existent encore. Malgré le petit nombre de ces derniers, on y peut suivre les phases de la reconstruction. On y voit qu'en 1717, on environna de deux batardeaux distincts la culée du côté de la ville et la pile voisine, d'une part, puis les deux piles suivantes, d'autre part; qu'au 1ᵉʳ juin 1718, cette culée et ces trois piles étaient élevées au-dessus des eaux et leurs batardeaux enlevés ; qu'en même temps on environnait aussi de deux batardeaux, d'une part, les 4ᵉ et 5ᵉ piles à partir de la ville et, d'autre part, la culée du côté du faubourg avec les trois piles voisines ; qu'à la fin de cette année 1718, cette culée et ces piles étaient fondées ; qu'en 1719, on fonda de même les deux piles à gauche de l'arche du milieu, où l'on avait jusque-là laissé le passage de la navigation, et qu'on éleva toutes les piles jusqu'aux naissances et même deux ou trois assises au-dessus pour les cinq piles de droite ; qu'en 1720, on construisit et l'on décintra les voûtes des quatre arches de droite, qui avaient été montées ensemble, utilisant ainsi l'une des piles-culées. On continua de même les années suivantes, sans doute en construisant les quatre arches de gauche en 1721, et enfin les trois du milieu en 1722. Un plan général du 17 juin 1723 nous montre le pont terminé, avec ses parapets et trottoirs sur la moitié attenante à la rive gauche, mais sans parapets et avec un tiers seulement du trottoir sur l'autre moitié, puis le quai supplémentaire d'amont sur la rive gauche en fondation. On y voit aussi que le passage avait été maintenu pendant les travaux par un pont provisoire en bois, soutenu sur quatorze palées à l'emplacement des arches ruinées de l'ancien pont, et se raccordant au reste de cet ancien pont (1).

Aucun autre pont de la Loire ne fut alors reconstruit à neuf. Le vieux pont de Beaugency, aussi du moyen âge, se composait d'une trentaine d'arches, la plupart en ogive. Il avait subi de nombreux désastres et de nombreuses réparations. Au commencement du XVIIIe siècle, on reconstruisait à grand'peine, et au travers de nouvelles avaries, les sept arches de la rive gauche presque entièrement ruinées, lorsque la crue de novembre 1710 les renversa de nouveau en laissant seulement debout l'une d'elles, à 25 toises environ de la rive. Le 24 novembre 1711, on avait ordonné l'établissement d'un pont en bois pour rejoindre cette arche, de part et d'autre, à la rive et au vieux pont ; mais cet ordre n'avait pas été exécuté. En 1718, on fit de nouveau faire un projet de pont partiel en bois par l'ingénieur de la généralité d'Orléans, Desroches ; puis on l'adjugea définitivement le 24 février 1719, moyennant un péage de dix ans. Il ne fut toute-

---

(1) Pièces justificatives, tit. 3, chap. 1er, n°s 83, 84, 86, 89, 97, 103, 109, 140, 151, 159, 185 et 202. — *Catalogue des arrêts concernant les ponts et chaussées*, généralité d'Orléans, 17 juin 1721. — Dépôt des plans du ministère des travaux publics, où il existe des dessins de ce pont réunis en douze feuilles. Les deux premières donnent des plans et élévations du vieux pont en 1709 et 1716 ; les feuilles 3 et 4 donnent des dessins de détail du projet pour les piles ; les feuilles de 5 à 10 présentent des plans de situation des travaux à diverses époques ; ces plans, coloriés avec intelligence, sont accompagnés de notes détaillées ; sur le dernier, du 7 juillet 1719, on voit l'enceinte pour la fondation des deux piles à gauche de la grande arche, avec quatorze chapelets en place et deux machines à manège pour les épuisements ; la feuille 11 comprend : 1° une élévation correspondante sans doute au milieu de l'année 1719 (il y manque encore deux piles) ; 2° une élévation du 5 février 1721, où l'on voit la situation à la fin de 1719, puis à la fin de 1720, année où quatre arches furent construites ; 3° une élévation après la crue de 1733, où l'on voit que cette crue atteignit à peu près la clef de la voûte de la première arche de rive droite et dépassa d'environ 1 pied l'intrados de la clef de l'arche de gauche. La feuille 12 est le plan général en 1725.

fois exécuté qu'en 1721. Cependant on faisait réparer le reste du pont sous la conduite du même ingénieur, ce qui fut terminé en 1725 (1). Tel existait encore cet ouvrage au commencement du xixe siècle.

Le pont de Pirmil à Nantes avait eu quatre arches emportées en mars 1711; on y établit un pont provisoire en bois et on ordonna la reconstruction en pierres, suivant devis de Thevenon, ingénieur des états de Bretagne, montant à 85.000 liv. (113.900 fr.). Mais là encore, le malheur des temps fit ajourner les travaux. En 1719, trois autres arches tombèrent. Alors un nouveau devis fut fait, montant à 107.945 liv. 5 s. 4 d. (112.262 fr. 06 c.), et fut mis en adjudication en vertu d'un arrêt du 2 février 1720. Ce furent les états de la province qui durent faire les fonds nécessaires (2).

Le pont de Jargeau avait dix-neuf arches inégales, d'âges différents, dont les plus anciennes étaient en ogive. Six de ces arches, de distance en distance et deux par deux, avaient été ruinées en 1709: les vides laissés par ces couples d'arches ruinées furent remplis chacun par une seule arche en arc de cercle, s'appuyant sur les piles restées debout, convenablement renforcées et redressées dans leur plan. Ce travail fut sans doute fait par Mathieu et était terminé avant la crue de mai 1733. Alors cinq autres des anciennes arches furent renversées, ou endommagées de manière à ne pouvoir être conservées. Leur réparation en trois arches fut proposée en juillet de la même année, mais ne fut exécutée que postérieurement à l'époque dont nous traitons en ce moment (3).

La Loire devant Saumur était divisée en trois bras principaux, le grand bras et ceux des Sept-Voies et de la Croix-Verte, et en trois bras secondaires. Sur le tout, serpentaient six ponts très anciens. Deux arches du pont du grand bras, emportées par la débâcle de février 1716, durent être reconstruites, suivant adjudication du 26 août 1717, sur devis de l'ingénieur de la généralité de Tours, de Brou, moyennant 38.050 liv. (50.987 fr.), plus 4.000 liv. (5.360 fr.)

---

(1) Pièces justificatives, tit. 3, chap. 1er, n° 124. — Au dépôt des plans du ministère des travaux publics, sont trois vieux dessins de ce pont, dont un de Poictevin antérieur à 1710, les autres de Desroches, en 1725, admirablement dessinés, avec tracé des ponts en bois et des restaurations.

(2) Pièces justificatives, tit. 3, chap. 1er, n° 135. — Au dépôt déjà désigné se trouvent deux dessins de 1711 par Thévenon.

(3) Nous n'avons trouvé aucun document officiel écrit à ce sujet; mais le même dépôt possède trois beaux dessins qui expriment les phases que nous exposons ici.

pour un pont volant provisoire. Ces sommes furent imposées sur la généralité de Tours en 1718 et 1719. Mais cette reconstruction partielle, si elle fut faite, n'empêcha pas la ruine du reste du pont, et, en 1729, on décida de le remplacer par un pont en bois. Le projet en fut fait par Despictières, alors ingénieur de la généralité de Tours, et il fut adjugé le 11 mars 1730 à Jean Miette, moyennant 94.500 liv. (96 390 fr.). Cette somme dut être prise sur l'état des ponts et chaussées, et, après la construction de ce pont, un péage y fut établi au profit du roi. Cette dépense fut distincte de celle qui fut imputée, pour les réparations des autres ponts de Saumur, sur l'imposition de 450.000 liv. (459.000 fr.) en trois années, que l'arrêt du 9 août 1729 établit sur les vingt généralités de pays d'élections pour les ponts de Compiègne, Saumur et La Charité (1).

Sur cette même imposition de 450.000 liv., 300.000 liv. (306.000 fr.) étaient destinées au grand pont de La Charité. Ce pont, de construction très-ancienne et très-vicieuse comme les précédents, était dans le plus mauvais état, malgré d'importantes réparations faites en 1724, lorsque la crue de 1733 vint encore en augmenter les dégradations, et l'on dut y faire de nombreux ouvrages. A cet effet, des suppléments de 50.000 liv. furent imposés en 1734 et années suivantes jusqu'en 1738, ce qui porte à 550.000 liv (561.000 fr.) au moins les dépenses qui y furent faites (2). Les travaux, dirigés d'abord par Pitrou, puis, à partir de sa nomination comme inspecteur général en 1731 (3), par Gendrier qui le remplaça à la généralité de Bourges, consistèrent dans la reconstruction complète des trois arches et de leurs piles du côté du faubourg, et dans la remise à neuf des avant et arrière-becs des autres piles et du parement des têtes sur toute la longueur (4). Ce pont existe encore dans l'état où il fut mis à cette époque : on peut y distinguer la régularité et la bonne construction des trois nouvelles piles contrastant avec les autres.

---

(1) Pièces justificatives, tit. 3, chap. 1er, nos 102, 197 et 204.
(2) Pièces justificatives, tit. 3, chap. 1er, nos 198, 235, 247, et *Catalogue des arrêts sur les ponts et chaussées*, généralité de Bourges, arrêt du 7 juin 1740. Nous ignorons si l'imposition ordonnée par cet arrêt fut la dernière : il dut au moins y avoir un appoint pour solde.
(3) Même catalogue, arrêt du 27 novembre 1731.
(4) Le dépôt des travaux publics possède, entre autres dessins concernant ce pont, un plan détaillé de la situation du travail de reconstruction des trois arches de gauche au 9 septembre 1732. Les trois piles et la culée sont enceintes d'un seul batardeau ; la démolition d'une des anciennes piles est complète et le plan des nouvelles y est tracé. Ce beau dessin donne une idée très-nette de ce qu'étaient les fondations des ponts au moyen âge, irrégulier assemblage de pieux en grume de toutes grosseurs, avec une fiche de 18 pouces à 2 pieds au

La crue de 1733 mit également en péril le pont de Gien, et Desroches, ingénieur de la généralité d'Orléans, dut faire le devis des travaux nécessaires pour en empêcher la ruine. Trois sommes de 100.000 liv. (102.000 fr.) imposées sur les vingt généralités de pays d'élections dans les trois années 1734, 1735 et 1736, furent employées à ces travaux (1).

Si nous quittons la Loire, nous trouvons les ponts des autres rivières dans une situation à peu près semblable. Ainsi, sur les propositions faites en 1716 par les états du Languedoc, la restauration du pont de Toulouse sur la Garonne fut ordonnée en 1717, en même temps que la reconstruction du pont de Cazeras sur la même rivière. La dépense dut être partagée entre lesdits états et les élections de la généralité d'Auch récemment détachées de celle de Montauban; et 40.000 liv. (41.600 fr.) furent imposées pour ces ouvrages en 1717 et 1718 sur ces élections (2).

A la même époque, une pile et une arche du pont de Pont Sainte-Maxence sur l'Oise étaient ruinées; on ordonnait le rétablissement provisoire du passage par un bac (3).

Il y avait urgence de réparer le pont de la Guillotière sur le Rhône à Lyon. Sur le devis de Deville, ingénieur de la généralité de Lyon, on imposa d'abord, par arrêt du 16 octobre 1717, 45.000 liv. (46.800 fr.) sur les vingt généralités. Les réparations à faire étaient assez importantes pour exiger, pendant leur exécution, un pont provisoire en bois. Les ouvrages furent adjugés en octobre 1718; on commit à leur inspection l'ingénieur Deville, assisté d'un sous-inspecteur, et on poussa vivement les travaux : car, pour n'avoir pas à attendre la rentrée de deux nouvelles impositions successives de 120.000 liv. (124.800 fr.) et de 100.000 liv. (104.000 fr.) sur les mêmes généralités en 1719 et 1720, on fit faire l'avance de ces sommes par le prévôt et les échevins de la ville de Lyon. Les travaux adjugés alors paraissent avoir été terminés au commencement de 1723, et le solde en eut lieu par deux augmentations successives de 22.492 liv. 10 s. 7 d. (23.392 fr. 23 c.) et de 11.797 liv.

---

plus: on les entremêlait de pierres sur lesquelles on bâtissait une maçonnerie où l'irrégularité et le défaut de parallélisme des parements ne pourraient s'expliquer, si la mise à nu de ces fondations étranges ne révélait l'absence, chez les constructeurs d'alors, de tous moyens d'art efficaces pour exécuter des travaux sous l'eau.

(1) Pièces justificatives, tit. 3, chap. 1er, nos 236, 248 et 253.
(2) Pièces justificatives, tit. 3, chap. 1er, nos 95 et 105.
(3) Pièces justificatives, tit. 3, chap. 1er, no 108.

(12,264 fr. 88 c.), accordées en raison de l'élévation de la valeur nominale des espèces monétaires et, par suite, de celle du prix des matériaux et de la main-d'œuvre survenue dans le cours de l'exécution. Mais ces réparations ne furent pas suffisantes, ou bien de nouvelles avaries eurent lieu plus tard : car en 1734 l'inspecteur Fayolle fut commis pour visiter ce pont, et on verra le conseil d'État ordonner de nouveaux travaux en 1741 (1).

En 1715, sept arches du pont de Bray-sur-Seine, du côté de la ville, étaient ruinées, ainsi que la troisième du côté du faubourg, et l'on devait les remplacer par des travées en bois. Mais l'exécution ayant été ajournée, on résolut plus tard de reconstruire ces arches en pierre, ce que l'on fit vers 1730 sur les devis de Boffrand. On voulut sans doute utiliser les fondations des anciennes piles, ce qui explique l'inégalité des piles et des arches et le peu d'ouverture de celles-ci. Ce pont existe encore tel qu'il fut reconstruit alors (2).

Les ponts d'Yonne et de Seine à Montereau, et les autres ponts de l'Yonne à Pont-sur-Yonne, Sens, Villeneuve-le-Roi, Joigny, dataient tous à peu près de la même époque, c'est-à-dire du XIIe ou du XIIIe siècle. Ils accusaient l'enfance de l'art et étaient arrivés au terme de leur durée possible. Leur caducité avait, comme ailleurs, été hâtée par les moulins et dépendances qui chargeaient leurs piles et obstruaient leurs arches. Le 28 juin 1723, on décida de reconstruire ceux de Montereau et d'établir d'abord un pont provisoire en bois qui devait desservir successivement, pendant la reconstruction, les passages de l'Yonne et de la Seine. Le lieutenant de maire de Montereau se rendit concessionnaire du pont de bois, moyennant péage. Préalablement on ordonna la destruction d'une maison qui occupait une des piles et des moulins qui barraient plusieurs arches. On a vu qu'un trésorier de France et l'inspecteur de la Guêpière furent chargés d'en faire l'estimation. Mais des obstacles survinrent, et en 1732 on voit le concessionnaire du pont de bois demander et obtenir décharge de sa construction (3). Nous croyons cependant que le pont d'Yonne fut restauré alors tel qu'il a duré jusqu'en 1849.

---

(1) Pièces justificatives, tit. 3, chap. 1er, nos 104, 125, 126, 136, 149, 162. — *Catalogue d'arrêts sur les ponts et chaussées*, généralité de Lyon, 20 avril 1734, 26 septembre 1741.
(2) Dépôt du ministère des travaux publics; trois dessins de ce pont, dont un représente e projet de 1715 et les deux autres, en 1753 et plus tard, les nouvelles arches exécutées.
(3) Pièces justificatives, tit. 3, chap. 1er, nos 160, 169.

Le pont de Seine fut reconstruit en 1755, comme on le verra plus loin.

Le 25 mai 1725, trois arches du pont de Joigny, du côté de la ville, s'écroulèrent, et le 11 décembre suivant on ordonna de les reconstruire, sur un devis de Boffrand, inspecteur pour cette partie de la généralité de Paris, montant à 75.843 liv. (78.876 fr. 72 c.). On fit d'abord un pont provisoire en bois, qui dut coûter 16.420 liv. (17.076 fr. 80 c.). Les trois arches neuves furent faites en plein cintre, de 29 à 36 pieds d'ouverture, et construites en matériaux rares et curieux : ce sont des pouddings formés d'une agglomération de gros sable calcaire lié par un ciment siliceux, dont la carrière est dans le voisinage du confluent de l'Armançon dans l'Yonne. On a pu les extraire d'assez fortes dimensions et les tailler en appareil régulier. Ces arches ont été conservées dans la reconstruction postérieure du reste du pont et subsistent encore. Les évasements semi-circulaires qui ont englobé à la fois les deux petites arches joignant la rive, dont on voit encore les têtes ainsi que la base des tours qui flanquaient la porte de la ville, furent exécutés sur le même devis. Ce pont appartenait au roi, et la dépense en fut imposée sur la régie générale des domaines royaux (1).

Un dessin du frère Romain représente le vieux pont de Villeneuve-le-Roi, sur l'Yonne, en deux parties ; l'une, servant de décharge en dehors du lit ordinaire de la rivière, composée de onze arches qui subsistent encore ; l'autre, le pont proprement dit, ayant sept arches en plein cintre et en ogive, précédé d'une porte avec pont-levis flanquée de fortes tours, et aboutissant par l'autre extrémité à la porte de la ville. La voie était encaissée entre deux hauts parapets crénelés pour la défense ; l'arche du milieu était barrée par un moulin surmonté d'un bâtiment en bois, occupant l'arche et les deux piles latérales, avec appendice au-dessus de l'arche voisine de droite ; l'arche à gauche du moulin était l'arche du pertuis ou de la navigation et était surmontée d'une croix ; un pavillon en pierres occupait l'avant-bec de la pile la plus voisine de la ville. Cette pile fut détruite, dans la même crue sans doute qui renversa trois arches du pont de Joigny, et le reste du pont fut fortement endommagé. On dut re-

---

(1) Pièces justificatives, tit. 3, chap. 1er, n° 179. — Dépôts des travaux publics, plans et élévations du pont de Joigny. Sur un dessin du frère Romain, on voit l'ancien pont avec les trois arches écroulées remplacées par trois travées en bois sur palées.

construire les quatre arches du côté de la ville, et Boffrand en fut chargé. Il remplaça ces quatre arches par trois autres en plein cintre de 6 toises, 6 toises 4 pieds et 7 toises 2 pieds de diamètre, avec deux piles intermédiaires de 8 pieds d'épaisseur, fondées sur bons pilotis bien encrêchés. La pile séparative de ces nouvelles arches et des arches restantes fut renforcée et portée à 15 pieds 6 pouces d'épaisseur. Cette construction fut faite en belles pierres d'un grès très-dur et très-homogène, qui se trouve à Marsangis, sur la rive gauche de l'Yonne, entre Villeneuve et Sens. Ce pont, ainsi composé de ces trois arches et de trois arches de la construction primitive, subsista jusqu'en 1836. Alors la grande crue de l'Yonne du 6 mai emporta l'arche la plus éloignée de la ville; on la reconstruisit aussitôt en exhaussant sa voûte. Mais Boffrand n'avait repris à neuf que la moitié de la fondation de la grosse pile qui séparait ses arches des anciennes; en outre, il avait laissé subsister une digue basse en amont du pont, qui dirigeait les eaux vers l'ancien moulin et en même temps vers cette pile. Elle s'affouilla donc sans qu'on y prît garde, et, en 1848, l'avant-bec suspendu sur le vide fit un mouvement en avant; une forte lézarde s'ouvrit dans l'arche marinière de Boffrand, et la vieille arche contiguë se disloqua et ne fut arrêtée dans sa ruine que par un cintrement exécuté à la hâte. En ce moment, un projet conçu dans l'intérêt de la navigation venait d'être proposé, consistant à remplacer les trois vieilles arches par une seule. L'accident survenu, joint au mauvais état constaté de ces trois vieilles arches, détermina l'exécution immédiate du projet. La nouvelle arche, en anse de panier à cinq centres, de 34 mètres d'ouverture sur $7^m,80$ seulement de montée, fut exécutée en 1851. Elle s'appuie à droite sur la grosse pile de Boffrand reprise en sous-œuvre et reconstruite sur la moitié de son épaisseur, à gauche sur le massif de fondation des anciennes tours de la porte extérieure, massif bien assez considérable, mais dont une partie était brisée et a dû être reconstruite (1). La dépense des travaux de Boffrand dut être imputée sur les fonds du domaine royal, comme pour le pont de

---

(1) Nous n'avons trouvé aucun document écrit concernant ce pont. Mais nous avons pu en établir ainsi l'histoire, grâce au dessin du frère Romain et à deux dessins de Boffrand, dont l'un donne la situation des travaux en 1732 : ces dessins existent au dépôt des travaux publics. Il nous a paru intéressant de compléter cette histoire jusqu'à nos jours d'après notre connaissance personnelle. De nouvelles dispositions pour la navigation de l'Yonne paraissent devoir entraîner le remplacement de deux des arches de Boffrand par une seule. Peu de ponts auront subi plus de remaniements successifs.

Joigny ; car la ville et le pont de Villeneuve-le-Roi appartenaient au roi.

Nous avons vu qu'un arrêt du conseil du 9 août 1729 imposait 450.000 liv. (459.000 fr.) sur les vingt généralités de pays d'élections en 1730, 1731 et 1732 pour trois ponts, dont était celui de Compiègne. Il s'agissait de subvenir au devis des réparations de ce pont, dressé par Gautier, un des trois inspecteurs des ponts et chaussées. Mais on reconnut que ce devis était insuffisant, et que, pour faire des réparations convenables, il faudrait dépenser au moins 130 000 liv. (132.600 fr.). Alors on jugea plus à propos de construire un pont neuf, et l'on chargea l'inspecteur général Lahite d'en faire le projet. Un pont provisoire en bois fut établi en 1730, moyennant 8.600 liv. (8.772 fr.), puis on procéda immédiatement à la construction du nouveau pont. L'architecte Hupeau fut chargé d'en diriger les travaux, pendant l'exécution desquels il fut nommé ingénieur à Riom (30 octobre 1731). Ils furent terminés en mai 1733, et le roi alla visiter le nouvel ouvrage, après son achèvement, le 19 juin de cette année. Il se compose de trois arches en anse de panier, dont celle du milieu a 12 toises d'ouverture et les deux autres 11 toises. Il paraît que c'est le premier pont dont les avant et arrière-becs furent montés sur une base composée de deux portions d'arc de cercle se coupant à angle aigu, chaque arc étant égal au sixième de la circonférence (1).

On ne se décida pas à reconstruire en entier le pont de Beaumont-sur-Oise, quoiqu'il fût aussi dans le plus mauvais état. Mais la réparation en était à la charge du prince de Conti, qui y percevait péage. On se contenta de lui en faire reconstruire trois arches dont la ruine était imminente. L'inspecteur général Lahite dirigea les travaux qui se firent en 1735. Il dressa ensuite le projet de la reconstruction des autres arches ; mais un projet différent fut exécuté plus tard. Il y avait jusqu'à quatre moulins dans les arches de ce pont (2).

Dans tout ce qui précède, nous voyons le premier ingénieur intervenir spécialement, et plus souvent que l'inspecteur général, dans ce qui concernait les ponts d'une certaine importance, et il étendait cette intervention à toutes les parties de la France. Ainsi, outre les

---

(1) Pièces justificatives, tit. 3, chap. 1er, nos 197, 201, 203, 207. — *Mercure de France* d'août 1733. — Gauthey, *Traité des ponts*.

(2) Dépôt des travaux publics ; plusieurs dessins du pont de Beaumont-sur-Oise, dont un accompagné d'une note en forme de devis, de l'inspecteur général Lahite (ainsi signé).

travaux que nous avons déjà vus de lui, eut-il encore à faire en 1732 le devis d'un pont de trois arches pour supplément de débouché à la suite du grand pont de Brives-la-Gaillarde, sur la Corrèze, du côté de Donzenet. Les ouvrages compris dans ce devis furent adjugés à un entrepreneur du pays, moyennant 131.023 liv. (133.643 fr. 40 c.) (1). Quelques années auparavant, en 1723, Gabriel avait fait le projet d'une arche en arc de cercle de 16 toises de corde sur 3 toises de flèche, à construire à Savines sur la Durance ; puis, en 1725, deux projets d'un pont sur la Saône à Tournus ; l'un, de onze travées en bois reposant sur cinq piles en pierres et cinq palées en bois alternatives ; l'autre, de cinq arches en pierres, en anse de panier, de 11, 12 et 13 toises d'ouverture, avec une arche de décharge en plein cintre. Ces projets n'ont pas été exécutés (2).

Le *Mercure de France* de décembre 1725 donne le texte de lettres patentes du 3 juillet 1725, ordonnant la construction d'un pont en bois sur la Seine à Paris entre la rue de Bourgogne et le pont tournant des Tuileries, un peu au-dessus de l'emplacement du pont qui fut construit sous Louis XVI par Perronet. Ce pont, dont le projet était sans doute aussi de Gabriel, devait être accompagné d'une machine pour élever l'eau et alimenter certaines fontaines publiques à construire (3). Ces projets ne reçurent pas non plus d'exécution.

16. Régime financier du service des ponts et chaussées.

Ce n'est qu'avec beaucoup de peine qu'au § 4 du chapitre 1er de ce livre, nous avons pu donner une évaluation incertaine du montant annuel des dépenses faites pour les ponts et chaussées depuis le commencement du xviiie siècle jusqu'à la fin du règne de Louis XIV. Nous nous sommes arrêté, on se le rappelle, au chiffre probable maximum de 1.500.000 liv. (1.742.000 fr.). Des données plus complètes et plus authentiques nous permettent d'atteindre, pour les années postérieures, un degré plus élevé de certitude. Toutefois, les chiffres que nous sommes parvenu à établir sont plutôt ceux des impositions ordonnées en vue des dépenses à faire, que ceux des dépenses effectivement faites et payées. Les chiffres de ces deux catégories, on le sait, sont rarement d'accord entre eux. Mais les

---

(1) Pièces justificatives, tit. 3, chap. 1er, n° 224.
(2) Dépôt des travaux publics, dessins datés et signés Gabriel.
(3) Pièces justificatives, tit. 3, chap. 2, § 4, D.

détournements d'emploi; ou, pour nous servir d'un terme de la comptabilité actuelle, les virements, qui furent ordonnés dans certaines années par des actes officiels (1), nous donnent une sorte de garantie que, dans les années où de semblables actes n'ont pas eu lieu, les fonds imposés furent affectés à leur destination prévue, sauf des différences peu considérables. Au reste, en consultant les pièces justificatives et les autres documents auxquels nous renvoyons, le lecteur aura toute facilité de contrôler nos calculs.

Deux arrêts du conseil du 19 juin 1717 et du 9 août 1718 (2) nous donnent un renseignement précieux; c'est que le *fonds ordinaire* des ponts et chaussées, qui était retenu et perçu sur les caisses des receveurs des finances des généralités et qui était imputé sur les produits de la taille et des autres impositions ordinaires dont s'alimentait le trésor royal, était fixé constamment, pour la généralité de Paris, à la somme de 140.000 liv. (valant 187.600 fr. jusqu'en 1717, 145.600 fr. jusqu'en 1726 et 142.800 fr. ensuite); et à celle de 200.000 liv. (268.000 fr.; puis 208.000 fr., puis 204.000 fr.) pour les dix-neuf autres anciennes généralités de pays d'élections. Ce fonds était spécialement destiné à l'entretien des routes de ces généralités.

A ce fonds ordinaire de. . . . . qui, n'étant pas entré dans le trésor royal, n'avait pas à en être tiré et par conséquent ne figurait pas sur les comptes du garde de ce trésor, il faut ajouter, pour l'année 1716 :	840.000 l.
1° Le chiffre donné par Forbonnais (3), pour le montant des dépenses payées par le trésor royal, en 1716.	787.821
2° Le total des impositions spéciales frappées en cette année sur les diverses généralités, par les arrêts cités au § 15 du présent chapitre (4), qui s'élève à. .	877,296
D'où, pour cette année 1716, la dépense totale de. . . . . (2.686.856 fr. 78 c.)	2.005.117

---

(1) Voir ci-après aux années 1753, 1754 et 1755, et aux Pièces justificatives, tit. 3, chap. 1ᵉʳ, nᵒˢ 231, 244, 249, 255, 260.
(2) Pièces justificatives, tit. 3, chap. 1ᵉʳ, nᵒˢ 100 et 118.
(3) Tome 2, p. 451, tableau intitulé: *Récapitulation des dépenses du trésor royal en 1716.*
(4) Pièces justificatives, tit. 3, chap. 1ᵉʳ, nᵒˢ 53, 54, 55, 56, 57, 58, 59, 60, 67, 70, 74,

En 1717, même chiffre du fonds ordinaire, ci. . . 340.000 l.

La dépense payée par le trésor royal est réduite, suivant Forbonnais (1), à. 416.855

Mais, en revanche, la réunion de toutes les impositions spéciales et extraordinaires (2) monte, y compris les appointements du nouveau corps des ponts et chaussées en vertu des arrêts du 22 août 1716, à. 1.407.353

D'où un total définitif pour 1717 de (2.900.028 fr.) 2.164.200

Pour l'année 1718, nous avons toujours le fonds ordinaire de. 340.000

Il faut y joindre les impositions spéciales, les unes continuées en vertu d'arrêts antérieurs, les autres établies par de nouveaux arrêts (3), et dont la somme s'élève à. 628.710

Il resterait à reconnaître les dépenses payées, comme aux années antérieures, sur les fonds entrés au trésor royal. Or Forbonnais n'en donne plus le chiffre à partir de 1718. Et ce n'est pas par omission, car il dit (4) : « Pour diminuer l'état des dépenses, on « réimposa sur les provinces la dépense des ponts et « chaussées, parce que ces objets, très-considérables « pour l'État dans la position fâcheuse où il se trou- « vait encore, formaient un objet médiocre pour les « particuliers. » En effet, un arrêt du 19 juin 1717 (5) imposa en 1718 sur les dix-neuf généralités de pays d'élections autres que celle de Paris, pour travaux extraordinaires, mais non spécifiés, des ponts et chaussées, en sus et au marc la livre de la taille, la somme de. 962.010

et par contre l'allocation du trésor royal fut supprimée (6).

---

(1) Tome 2, p. 498, *Tableau des dépenses du trésor royal en 1717.*
(2) Pièces justificatives, tit. 3, chap. 1er, nos 70, 71, 78, 79, 80, 81, 82, 87, 91, 93, 97, 115.
(3) Pièces justificatives, nos 95, 96, 102, 103, 104, 107, 112, 113, 115.
(4) Tome 2, p. 498.
(5) Pièces justificatives, tit. 3, chap. 1er, n° 100.
(6) En deux tableaux différents de Forbonnais, l'un, p. 451, intitulé : *Tableau comparatif*

La dépense de l'année 1718 se trouva ainsi réduite
à. . . . . (2.007.948 fr. 80 c.)   1,930.720

Désormais toutes les dépenses des ponts et chaussées, en dehors du fonds ordinaire de 340.000 liv. entièrement consacré à l'entretien, donnèrent lieu à un surcroît d'impositions.

L'année 1719 nous présente d'abord, comme la précédente :

1° Le fonds ordinaire prélevé sur les recettes générales. . . . .   340.000 l.

2° Les impositions spéciales résultant d'anciens ou de nouveaux arrêts, comprenant 61.400 liv. pour les appointements du corps des ponts et chaussées. .   492.730

Il faut y ajouter une imposition supplémentaire générale, établie par arrêt du 9 août 1718 (1), montant à. 2.038.384

Total. . . . (2.985.958 fr. 56 c.)   2.871.114 l.

Cet arrêt du 9 août 1718 nous apprend que c'était surtout aux travaux extraordinaires de la généralité de Paris qu'avaient coutume de pourvoir jusque-là les ordonnances de comptant sur le trésor royal, formant l'allocation supplémentaire des ponts et chaussées supprimée par la décision de l'année précédente. Or ce ne fut point des contribuables de cette seule généralité qu'on exigea, par impo-

---

des dépenses du trésor royal en 1715 et 1716; l'autre, p. 504, intitulé: *Tableau des dépenses du trésor royal en 1718*; on trouve, pour les ponts et chaussées, le chiffre 1.040.000 liv. Après une assez longue étude, il nous a semblé certain que les tableaux comprenant ce chiffre étaient de simples *projets de budget*; et dès lors toute contradiction disparaît, d'une part, avec le chiffre de 787.821 liv. donné au tableau de la *Récapitulation des dépenses* en 1716 de la même page 451, d'autre part avec l'énoncé de la page 498, qu'en 1718 on cessa de pourvoir aux travaux extraordinaires des ponts et chaussées sur les fonds du trésor royal, autrement dit, des impositions ordinaires. Voici comment nous croyons devoir décomposer ce chiffre de 1.040.000 liv. : 1° 340.000 liv. à percevoir sur les caisses des recettes générales pour le fonds ordinaire des ponts et chaussées ; 2° 700.000 liv. à imputer, par prévision, sur le trésor royal pour les travaux qui seraient ordonnés dans l'*état-du-roi* des ponts et chaussées. La première de ces sommes était bien effectivement fournie par le trésor royal, dont la recette était diminuée d'autant. Mais comme elle était retenue avant d'y être entrée, on ne songeait pas à la faire figurer pour ordre au budget définitif, comme on le ferait maintenant, à la fois dans les états de recettes et dans ceux de dépenses de ce trésor. Quant à la seconde, elle pouvait être dépassée par la dépense effective, ce qui arriva en 1716 (787.821 liv.); ou n'être pas atteinte, comme en 1717 (416.855 liv.); ou même être supprimée, quoique d'abord prévue, comme en 1718.

(1) Pièces justificatives, tit. 3, chap. 1ᵉʳ, n° 118.

sition extraordinaire, le remplacement de cette ressource « con-
« sommée par d'autres dépenses »; mais bien des contribuables de
toutes les généralités de pays d'élections, « attendu, dit l'arrêt, que
« toutes lesdites généralités profitent également de la réparation des
« chemins de ladite généralité de Paris, qui est le centre de leur
« commerce ». On reconnaît là le principe, si souvent invoqué encore
de nos jours, en faveur, il est vrai, non plus de la généralité mais
de la ville de Paris, pour faire contribuer largement toute la France
à ses améliorations et à ses embellissements. Mais on remarquera
qu'alors les pays d'états, formant le tiers du royaume, avaient le
privilége d'être exempts de cette contribution, qui eût été tout aussi
justement frappée sur eux. En 1719, sur ce chiffre de 2.038.384 liv.
920.087 liv. durent être employées dans la généralité de Paris,
998.297 liv. dans les dix-neuf autres généralités de pays d'élections
et 120.000 liv. pour le pont de la Guillotière à Lyon.

ANNÉE 1720.

1° Fonds ordinaire prélevé sur les recettes générales.	540.000 l.
2° Impositions extraordinaires par arrêts particuliers, anciens et nouveaux.	890.793
3° Appointements du corps des ponts et chaussées, portés par arrêt du 10 avril 1720 à.	85.700
4° Imposition supplémentaire sur les vingt généralités de pays d'élections, en vertu de l'arrêt du 21 juillet 1719 (1); dont à employer dans la généralité de Paris 900.913 liv.; dans les autres généralités 749.918 liv. et au pont de la Guillotière 100.000 liv.	1.750.831
Total. . . . . . (2.670.016 fr. 96)	2.567.324

ANNÉE 1721.

1° Fonds ordinaire sur les recettes générales. . .	540.000
2° Appointements du corps des ponts et chaussées; (Les appointements des ingénieurs attachés à des ouvrages spéciaux sont payés sur les fonds de ces ou-	

---

(1) Pièces justificatives, tit. 5, chap. 1ᵉʳ, nᵒ 129.

vrages.) 85.700
3° Impositions supplémentaires spéciales continuées. 140.793
4° Imposition supplémentaire sur les vingt généralités; dont, au profit de la généralité de Paris 1.832.981 liv., des autres généralités 1.823.471 liv., pour le pont de Blois 224.106 liv., et pour le pont de la Guillotière et les digues du Rhône 100.000 liv. 2.980.558

    Total. . . . . . (3.688.933 fr, 04) 3.547.054

ANNÉE 1722.

1° Fonds ordinaire sur les recettes générales. . . . . 340.060 l.
2° Appointements du corps des ponts et chaussées. 85.700
3° Impositions supplémentaires spéciales continuées et autres nouvelles, y compris celle de 132.585 liv. pour le pont de Blois (arrêt du 17 juin 1721). . . . 198.778
4° Imposition supplémentaire sur les vingt généralités; dont, au profit de la généralité de Paris 630.790 liv., des autres généralités 1.173.619 liv., pour le pont de la Guillotière et les digues du Rhône (8 juillet 1721) 100.000 liv. 1.904.409

    Total. . . . . . (2.630.042 fr, 48) 2.528.887

ANNÉE 1723.

Les deux premiers articles, comme précédemment. 425.700 l.
3° Impositions supplémentaires spéciales continuées et nouvelles (1). 376.401
4° Imposition supplémentaire sur les vingt généralités; dont, au profit de la généralité de Paris 632.623 liv., des autres généralités 1.538.067 liv., pour le pont de la Guillotière et les digues du Rhône 100.000 liv. (arrêt du 7 juillet 1722). 2.270.690

    Total. . . . . . (3.495.792 fr, 64) 3.072.791

---

(1) Nous comprenons, dans ce chiffre et dans le chiffre analogue des années suivantes, 60.000 liv. pour la Franche-Comté, comme aux années précédentes, parce que, quoiqu'il y ait une lacune dans les arrêts parvenus jusqu'à nous portant l'imposition de cette somme, de 1722 à 1729, nous ne croyons pas qu'on doive admettre qu'elle ait été discontinuée.

ANNÉE 1724.

Les deux premiers articles comme précédemment.	425.700 l.
3° Impositions supplémentaires spéciales continuées et nouvelles..................	291.478

(L'imposition sur le Hainault a cessé et les fonds des ponts et chaussées de cette province furent imputés à l'avenir sur un droit particulier dont y fut frappée la bière : ils furent de 110.000 liv. pour travaux, et de 1.800 liv. d'abord, puis de 2.400 liv. pour appointements d'un ingénieur.)

4° Imposition supplémentaire sur les vingt généralités, dont. au profit de la généralité de Paris 910.000 liv. et des autres généralités 1.888.000 liv. (arrêt du 5 juillet 1723)................	2.798.000
Total...... (3.655.785 fr. 12)	3.515.178

ANNÉE 1725.

Les deux premiers articles.............	425.700 l.
3° Impositions supplémentaires spéciales continuées ou nouvelles...................	194.767
4° Imposition supplémentaire sur les vingt généralités : dont, au profit de la généralité de Paris 1.182.394 liv., et des autres généralités 1.615.606 liv. (7 novembre 1724).................	2.798.000
Total...... (3.555.205 fr. 68)	3.418.467

ANNÉE 1726.

Les deux premiers articles.............	425.700 l.
3° Impositions spéciales continuées et nouvelles..	126.809
4° Imposition supplémentaire sur les vingt généralités; dont, au profit de la généralité de Paris 1.127.000 liv., des autres généralités 1.671.000 liv. (26 mars 1726)....................	2.798,000
Total...... (3.417.519 fr. 18)	3.350.509

ANNÉE 1727.

Les deux premiers articles.	425.700 l.
3° Impositions spéciales continuées et nouvelles. .	257.109
4° Imposition supplémentaire sur les vingt généralités; dont, au profit de la généralité de Paris 1,127.000 liv., et des autres généralités 1.671.000 liv. (5 août 1727).	2.798.000
Total. . . . . . (3.550,425 fr. 18)	3.480.809

ANNÉE 1728.

Les deux premiers articles.	425 700 l.
3° Impositions spéciales continuées et nouvelles. .	140.609
4 Imposition supplémentaire sur les vingt généralités, comme ci-dessus (27 avril 1728).	2.798.000
Total. . . . . . (3.431.595 fr. 18)	3.364 309

ANNÉE 1729.

Les deux premiers articles.	425.700 l.
3° Impositions spéciales continuées et nouvelles. .	146.609
4° Imposition supplémentaire sur les vingt généralités; dont 1.128.000 liv. au profit de la généralité de Paris (8 février 1729).	2.798.000
Total. . . . . . (3.473.715 fr. 18) (1)	3.370.309

ANNÉE 1730.

Les deux premiers articles.	425.700 l.

---

(1) Un état détaillé des charges des recettes générales de l'année 1729, qui se trouve dans l'*Extrait de l'inventaire et analyse de la collection sur les finances*, par Génée de Brochot (Pièces justificatives, tit. 3, chap. 2, § 2, 3°), donne, pour cette année 1729, un total de 3.425.708 l. On y remarque que la recette générale de Paris n'est chargée que de 453.714 liv., c'est-à-dire, qu'elle n'avait que cette somme à verser pour les ponts et chaussées, tandis que la dépense à faire dans cette généralité était de 1.128.000 liv. Les recettes des autres généralités fournissaient la différence. — Le total de cet état dépasse le nôtre de 55.399 liv. Cet excédant provient sans doute de quelques impositions spéciales dont nous n'avons pas connu les arrêts. Il est au reste assez faible pour faire regarder nos évaluations annuelles comme peu éloignées de la vérité et pour leur mériter quelque crédit. Dans cet état, la Franche-Comté figure pour 63.852 liv. : c'est ce qui nous a engagé à maintenir précédemment, pour cette province, l'imposition annuelle de 60.000 liv.

3° Impositions spéciales continuées ou nouvelles. . 296.609
4° Imposition supplémentaire sur les vingt généralités; dont 1.183.000 liv. au profit de la généralité de Paris (10 janvier 1730). 2.798.000

Total. . . . . . (3.590.715 fr. 18) 3.520.309

ANNÉE 1731.

Les deux premiers articles. . . . . 425.700 l.
3° Impositions spéciales continuées ou nouvelles. . 305.209
4° Imposition supplémentaire sur les vingt généralités (20 juin 1730). 2.798.000

Total. . . . . . (3.599.487 fr. 18) 3.528.909

ANNÉE 1732.

1° Fonds ordinaire sur les recettes générales. . . . 340.000 l.
2° Appointements des ingénieurs, augmentés de 3.200 liv. à cause de la nomination d'un quatrième inspecteur aux appointements de 6.000 liv., au lieu d'un ingénieur de la généralité de Paris à 2.800 liv. . 88.900
3° Impositions spéciales continuées ou nouvelles. . 444.609
4° Imposition supplémentaire sur les vingt généralités, dont 1.300.000 liv. au profit de la généralité de Paris (22 mai 1731 et 27 mai 1732). 2.798.000

Total. . . . . . (3.744.939 fr. 18) 3.671.509

ANNÉE 1733.

1° Fonds ordinaire sur les recettes générales. . . . 340.000 l.
2° Appointements du corps des ponts et chaussées comme en 1732. . . . . 88.900
3° Impositions spéciales continuées ou nouvelles. . 421.791
4° Imposition supplémentaire sur les vingt généralités. 1.162.192

Total. . . . . . (2.053.140 fr. 66) 2.012.883

Le budget des ponts et chaussées fut donc réduit, cette année, d'une somme considérable, 1.635.808 liv. Un arrêt du 27 mai 1732 avait ordonné l'imposition supplémentaire de 2.798.000 liv., comme aux années précédentes. Cette imposition fut effectivement perçue ; mais son emploi aux travaux des ponts et chaussées fut réduit, d'abord à 2.051.400 liv. (1), comme le constate un arrêt du 31 mars 1733, puis à 1.162.192 liv. par un autre arrêt du 1er mars 1735. L'excédant fut porté au trésor royal pour y être employé suivant les ordres du roi, c'est-à-dire qu'il fut appliqué à d'autres dépenses.

ANNÉE 1734.

Les deux premiers articles comme précédemment.	428.900 l.
3° Impositions spéciales, continuées et nouvelles.	494.609 l.
4° Imposition supplémentaire sur les vingt généralités..	1.066.786 l.
Total. . . . . (2.030.100 fr. 90 c.)	1.990.295 l.

Comme l'année précédente, l'imposition supplémentaire à percevoir pour travaux extraordinaires des ponts et chaussées en 1734 fut fixée à 2.798.000 liv. (arrêt du 2 juin 1733); mais son emploi auxdits travaux fut d'abord réduit à 1.200.298 liv. (arrêt du 18 mai 1734), puis en dernier lieu à 1.066.786 liv. (arrêt du 8 novembre 1735): le surplus fut versé dans le trésor royal.

Ce détournement d'emploi des fonds perçus pour les ponts et chaussées trouve son explication dans les besoins du trésor royal pour soutenir la guerre contre l'Autriche et les expéditions heureuses qui se firent sur le Rhin et dans le Milanais en 1733 et 1734. Mais, d'une part, en 1735 commencèrent les préliminaires du traité de Vienne ; d'autre part, on reconnut sans doute peu régulier d'appliquer à d'autres dépenses les produits d'impositions dont l'objet particulier était bien spécifié. On fit donc cesser ce détournement de fonds, comme un expédient momentané. En même temps, pour soulager les peuples, on réduisit le chiffre de l'imposition comme on va le voir, sauf à le relever plus tard.

---

(1) Lorsque la somme à employer aux travaux des ponts et chaussées n'était encore réduite qu'à 2.051.400 liv., la généralité de Paris devait recevoir pour ses ouvrages 948.472 liv. (arrêt du 31 mars 1733) et ne devait fournir, pour sa part dans la totalité du crédit, que 214.000 liv. (arrêt du 2 juin 1733). Ceci montre encore dans quelle proportion les dépenses faites dans la généralité de Paris pour les ponts et chaussées y excédaient les charges correspondantes.

ANNÉE 1735.

Les deux premiers articles comme précédemment. .	428.900 l.
3° Impositions spéciales, continuées et nouvelles. .	494.609 l.
4° Imposition supplémentaire sur les vingt généralités de pays d'élections de 1.289.380 liv. seulement, suivant l'arrêt du 15 juin 1734, et dont on détourna encore une légère partie en n'appliquant aux ponts et chaussées, suivant l'arrêt du 11 septembre 1736, que..................	1.158.292 l.
Total...... (2.423.437 fr. 02 c.)	2.081.801 l.

ANNÉE 1736.

Les deux premiers articles............	428.900 l.
3° Impositions spéciales, continuées ou nouvelles. .	294.609 l.
4° Imposition supplémentaire sur les vingt généralités ; cette fois complétement employée (arrêts du 28 juin 1735 et du 19 mars 1737)...........	1.858.292 l.
Total...... (2.633.437 fr. 02 c.)	2.581.801 l.

En réunissant et comparant tous ces totaux depuis 1716, nous trouvons pour dépense moyenne annuelle des ponts et chaussées des pays d'élections, pendant les vingt et une années que dura la direction générale, 2.864.489 liv. (3.029.475 fr. 71 c.), somme comprise entre les termes extrêmes, 1.930.720 liv. et 3.671.509 liv. L'accroissement avait été à peu près continu de 1718 à 1732. On retomba en 1734 presqu'au chiffre de 1718, pour recommencer ensuite une nouvelle progression (1).

---

(1) Voir pour tout ce paragraphe aux Pièces justificatives, tit. 3, chap. 1er, les numéros 105, 109, 114, 115, 121, 124, 129, 131, 135, 138, 139, 143, 144, 147, 153, 154, 155, 158, 161, 163, 177, 179, 180, 185, 192, 194, 195, 196, 198, 200, 203, 209, 212, 213, 221, 223, 224, 235, 234, 237, 238, 240, 242, 247, 248, 250, 251, 252, 253, 256, 257, 258, 259, 262, 263, 264, 266.

On lit dans le mémoire de d'Aube, de 1738, dont il a déjà été parlé et dont nous donnons un extrait aux Pièces justificatives, tit. 3, chap. 2, § 4, G : « Tout le monde sait que, depuis plus de vingt ans, le roi fait lever sur ses sujets *trois millions* par an pour fournir à la dépense des ponts et chaussées. »

L'*Essai sur la voirie*, etc., attribué à l'encyclopédiste Duclos, imprimé à Amsterdam en 1759, porte, p. 209 : Depuis quarante ans, la somme destinée aux ponts et chaussées va, « année commune, à plus de trois millions et ne monte pas à quatre. »

Ces approximations, dont se contentaient les contemporains, confirment les résultats plus précis que nous avons consignés ici et dans la période suivante.

On trouve encore dans Forbonnais, pour cette période, quelques chiffres de la dépense du pavé de Paris, savoir: 275.918 liv. (369.729 fr. 18 c.) en 1716, 222.600 liv. (298.284 fr.) en 1717. Il n'en est plus question aux années suivantes, quoique bien certainement cette dépense n'ait pas été interrompue. Mais un arrêt du 5 septembre 1720 (1) nous apprend que l'adjudication de l'entretien du pavé de Paris eut lieu en conseil d'État le 9 février 1720, pour neuf années, moyennant 229.133 liv. 6 s. 8 d. (238.298 fr. 66) par an, et que la totalité de cette dépense fut, à partir de cette époque, assignée sur le produit des fermes générales comprenant le barrage de Paris, tandis qu'auparavant 80.000 liv. seulement se prenaient sur le produit du barrage, le surplus, rendu nécessaire par l'agrandissement de la ville, étant fourni par ordonnances particulières sur le trésor royal.

17. Des turcies et levées et de la navigation de Loire; mesures relatives aux débordements.

Dès le commencement de la régence, un de ces cataclysmes si fréquents dans le bassin de la Loire appela de nouveau l'attention du gouvernement sur ce fleuve et sur les turcies et levées. En février 1716, une violente crue, avec débâcle de glaces, mit plusieurs points des digues en péril et renversa le pont de Blois. Les désastres furent augmentés par la terreur et la « témérité » égoïste de quelques riverains qui, pour éviter par l'abaissement du fleuve la submersion dont ils se croyaient menacés ailleurs, coupèrent la levée au-dessus du village du Haut-Chantier, proche Amboise, et ouvrirent ainsi une brèche par où les eaux envahirent, ravinèrent et ensablèrent les terres jusqu'au bec de Sisse, dans un espace de plus de sept lieues. Des méfaits semblables, moins graves sans doute, s'étaient déjà produits. Un arrêt du conseil fut rendu le 19 mai 1716 (2), pour en prévenir le retour par la menace de peines sévères, telles que 3.000 l. d'amende, la réparation des dommages, et même les galères. Il fut défendu de couper les levées, même dans le cas d'une urgente nécessité, sans une autorisation écrite de l'intendant, des officiers ou des ingénieurs des turcies et levées, ou, en cas d'absence, du maire et de deux échevins de la ville la plus proche. On pensa sans doute que ces

---

(1) Pièces justificatives, tit. 5, chap. 1er, n° 146.
(2) Pièces justificatives, tit. 5, chap. 1er, n° 65.

derniers fonctionnaires, à défaut des lumières spéciales qui leur manquaient, hésiteraient à assumer une aussi grave responsabilité. Cette garantie était-elle suffisante? Par le même arrêt, le roi ordonna « que, lors des inondations et débordements de ladite rivière, tous « les riverains et habitants des paroisses où les levées pourraient « être en danger seront tenus de s'y rendre pour veiller nuit et « jour à la conservation desdites levées et à la sûreté commune, « couper et apporter des fascines, rompre les glaces, et faire en ces « occasions tout ce qui leur sera commandé par lesdits intendants, « officiers et ingénieurs. »

En même temps fut ordonnée la préparation de devis pour «forti- « fier et élever les levées jusqu'à 22 pieds au-dessus des basses « eaux de l'été et les élargir à proportion, construire des déchar- « geoirs dans les lieux qui seront marqués, et faire de nouveaux « ouvrages pour l'utilité du commerce et la facilité de la navigation.» Un arrêt du conseil du 23 mars 1718 (1) approuva ces devis, en ordonna l'adjudication par l'intendant Robert, et imposa extraordinairement, en quatre années à partir de 1719, les 800.000 liv. (832.000 fr.) auxquelles s'en élevait la dépense, sur les contribuables aux tailles des généralités d'Orléans, Tours, Riom, Bourges et Moulins, dans la proportion annuelle suivante : 41.473 liv. 10 s. (43.132 fr. 44 c.) sur la généralité d'Orléans, 66.889 liv. 10 s. (69.565 fr. 08 c.) sur celle de Tours, 44.148 liv. (45.913 fr. 92 c.) sur celle de Riom, 17.386 liv. 10 s. (18.081 fr. 96 c.) sur celle de Bourges, 30.132 liv. 10 s. (31.337 fr. 80 c.) sur celle de Moulins. Semblable imposition de 800.000 liv. en quatre années fut renouvelée à plusieurs reprises pour cet objet jusqu'en 1730. Alors un arrêt du 30 juin en établit une, pour cette année, de 200.000 liv. sur les mêmes généralités, et il en fut de même les années suivantes (2); de sorte que cette imposition, quoique toujours qualifiée extraordinaire, devint définitivement annuelle et normale. Mais cet arrêt du 30 juin 1730 énonce que l'imposition extraordinaire est en sus du fonds ordinaire de 200.000 liv. pour l'entretien. D'où l'on doit conclure l'existence permanente, même sans doute depuis l'année 1700 où s'arrêtent nos documents à ce sujet, de ce fonds ordinaire d'en-

---

(1) Pièces justificatives, tit. 3, chap. 1er, n° 114.
(2) Pièces justificatives, tit. 3, chap. 1er, nos 205, 211, 217, 238, 246, 252. — Catalogue d'arrêts sur les ponts et chaussées, turcies et levées, 19 août 1721, 14 mai 1726.

tretien de 200.000 liv. En raison de ce fonds et des impositions extraordinaires, ou plutôt supplémentaires, souvent renouvelées puis devenues annuelles, les riverains, sauf les cas urgents prévus par l'arrêt du 19 mai 1716, n'étaient plus tenus d'aucune corvée, ni d'aucune fourniture de matériaux pour les ouvrages que le roi faisait faire aux levées (1).

Ces travaux et ces dépenses ne préservèrent pas de nouveaux désastres ces digues et les territoires qu'elles devaient protéger. Les 27 et 28 mai 1733 survint, avec une rapidité extrême, une crue qui s'éleva jusqu'à vingt pieds environ à Orléans et à Tours. Les ravages qu'elle occasionna furent immenses et émurent toute la France, comme de nos jours ceux de la crue de juin de 1856. Les mémoires du temps, et notamment celui que publia l'archevêque de Paris à la suite d'un mandement en faveur des malheureux inondés, représentent les digues surmontées et emportées en nombre d'endroits dans l'Orléanais et la Touraine; Orléans, Tours et autres villes submergées; quantité de murs et de bâtiments ruinés et mêmes rasés; les récoltes détruites, les plantations déracinées ou enfouies; les terres ravinées jusqu'au tuf ou stérilisées par d'énormes ensablements; et, pour combler la mesure, de nombreuses victimes faites au sein des populations surprises dans une fausse sécurité. Le gouvernement ne crut pas que les cinq généralités, seules soumises ordinairement à l'imposition pour les turcies et levées, pussent suffire cette fois à la tâche de réparer les ouvrages dégradés par cette crue considérée comme exceptionnelle, et il imposa, pour y subvenir, 300.000 liv. (306.000 fr.) sur les vingt généralités de pays d'élections (2).

Après cette grande calamité, comme après celles qui l'avaient précédée, même depuis l'époque où Colbert avait préposé des ingénieurs au service des turcies et levées auparavant confié à de simples officiers de finances, on semble n'avoir songé à autre chose qu'à fortifier ces digues si souvent insuffisantes et peut-être funestes. Cependant il paraît qu'après les crues de 1709, on avait recherché si le système de leur établissement n'était pas lui-même vicieux, et qu'alors les ingénieurs avaient été d'avis qu'en plusieurs endroits elles resserraient trop le lit des grandes eaux et que, par ce défaut ou par des

---

(1) *Traité de la police de Delamare*, 4ᵉ vol., p. 558. Ce volume, imprimé en 1738, doit donner avec exactitude l'état des choses à l'époque dont nous traitons en ce moment.

(2) **Pièces justificatives**, chap. 1ᵉʳ, n° 240, arrêt du 14 juillet 1733.

directions mauvaises, elles produisaient dans certains cas ces surélévations qui déjouaient toutes les prévisions et étaient la cause principale de tant de ruines. Mais de puissants intérêts locaux, qu'auraient froissés les changements, avaient sans doute étouffé la voix des ingénieurs, et l'on continua, malgré leur avis, à suivre les mêmes errements. Il faut dire d'ailleurs qu'au fond l'absence de système était le principal obstacle à ce qu'on en changeât. Chaque portion de digue avait été construite isolément pour protéger telle ou telle localité, mais sans qu'on eût songé à son influence sur le régime des eaux de crue, ni sur la situation relative des localités supérieures ou inférieures. La digue faite, il fallait bien l'entretenir et la réparer. Il n'y avait eu aucune étude d'ensemble de la vallée, aucun plan général, ni aucun nivellement. Le directeur général paraît avoir reconnu vers 1727, sur un rapport qui lui fut fait, le besoin d'études coordonnées, et avoir fait en conséquence décider la confection d'une carte générale (1).

Alors le service d'art de la Loire et de ses affluents était encore partagé en deux départements distincts et indépendants entre eux, quoiqu'il n'y eût pour tous les deux qu'un seul intendant. Jean-Baptiste de Regemorte, bientôt secondé puis remplacé par un de ses fils, avait succédé en 1720 à l'un des ingénieurs de Colbert, Poictevin, alors décédé. Il restait Mathieu pour la partie au-dessus d'Orléans. En 1722, un sieur Collot fut chargé, sous les ordres de l'intendant, de suppléer les contrôleurs et surtout les ingénieurs dans leurs absences qui étaient fréquentes, pour Mathieu, sans doute à cause de son âge avancé, et pour Regemorte, à cause de ses autres travaux. Mais la position de cet inspecteur était subalterne; il ne devait que vérifier si les ouvrages étaient conformes aux devis des ingénieurs; il n'introduisait point l'unité désirable dans le service. Ce n'est qu'à la réunion des deux départements dans les mains de Noël de Regemorte, en 1733, après la mort de Mathieu, qu'on put réaliser les vues d'ensemble qu'on avait conçues; et ce n'est que de cette époque que l'on doit faire dater l'entreprise de la carte générale dont nous venons de parler. Il paraît qu'en même temps la pente de la Loire fut étudiée et relevée (2).

---

(1) *Essai sur les ponts et chaussées, la voirie et les corvées*; chap. 6, Des ouvrages des turcies et levées, p. 267. L'auteur dit que cette carte fut commencée en 1730.

(2) Pièces justificatives, tit. 3, chap. 1ᵉʳ, nᵒˢ 134, 147, 155, 229. — Archives du minis-

Toutefois auparavant, en 1722, se rencontre l'exemple d'une opération ou visite d'ensemble exécutée sur tout le cours du fleuve « depuis Mortier au-dessus de Nevers jusqu'au port de Sorges près « d'Angers », par l'intendant Robert, assisté des deux contrôleurs et des deux ingénieurs. Sur le procès-verbal de cette visite, intervint un arrêt du conseil (1) qui prescrivit la destruction de tous les plants d'arbres sur les îles et grèves du lit de la Loire à partir de dix toises du bord opposé aux levées. Cette mesure fut prise en rappel et exécution d'arrêts antérieurs et notamment du 4 juin 1668, rendus à la fois dans l'intérêt de la navigation et dans celui de la conservation des levées. Il n'y avait pas eu besoin d'ingénieurs pour reconnaître depuis longtemps la nécessité de réprimer la tendance continuelle des riverains, aidée par une propagation naturelle de la végétation, à envahir les vastes espaces que ce fleuve torrentiel laissait à sec dans son lit même lors des basses eaux, par des plantations qui, en favorisant irrégulièrement les alluvions, obstruaient et subdivisaient le lit navigable en temps d'étiage, et en temps de crue, nuisaient à l'écoulement ou rejetaient les courants contre les digues mal protégées. Semblable visite faite et semblable mesure prise, sept ans auparavant (2), donneraient à croire que l'exécution de ces

---

tère des travaux publics, mémoire manuscrit sur les turcies et levées, par Normand, ingénieur des turcies et levées à Nevers, du 1er avril 1781. — Le dépôt des plans du même ministère possède, sauf deux lacunes de vingt-huit feuilles ensemble, une carte de la Loire, de Saint-Rambert à Saint-Florent-le-Vieil, manuscrite et coloriée, en quatre-vingt-treize feuilles, qui paraît bien être la carte dont il s'agit ici. Elle fut remise à ce dépôt en 1816 par M. Bouchet, alors inspecteur général des ponts et chaussées en retraite, dont le père avait été premier ingénieur des turcies et levées de 1774 à 1787, et qui était lui-même, au moment de la révolution, ingénieur d'un département de ce service. Cette carte est à l'échelle de 10 lignes pour 100 toises, ou 1 à 8.640.

La bibliothèque de l'école des ponts et chaussées possède : 1° un grand atlas de quarante-neuf planches, ayant pour titre : *Cartes particulières des levées de la Loire depuis Orléans jusqu'au port de Sorges*. Ces cartes, à l'échelle de 10 lignes pour 50 toises, donnent le tracé des digues et levées, séparément sur chaque rive, avec l'indication des travaux de restauration exécutés de 1727 à 1740. Ces cartes comprennent ce qui formait le deuxième département des turcies et levées et ont servi probablement à l'exécution de la carte générale.

2° Un atlas de petit format, contenant les cartes, à l'échelle de 2 pouces pour 1.000 toises, de l'Allier depuis Vichy jusqu'à la Loire, et de la Loire depuis Saint-Aignan jusqu'aux ponts de Cé. Cet atlas, d'une exécution très-soignée et dont la reliure très-riche porte l'écusson aux fleurs de lis, était sans doute une réduction de la grande carte, destinée au cabinet du roi, comme les atlas analogues des routes dont nous parlerons plus loin. Il y a un double moins riche de cet atlas, orné d'un écusson portant trois daims. De qui étaient ces armes ? Était-ce de *Trudaine* ?

(1) Pièces justificatives, tit. 3, chap. 1er, n° 148, 10 février 1722.
(2) Pièces justificatives, tit. 3, chap. 1er, n° 51.

sages prescriptions n'était pas suivie avec tout le soin et la persévérance désirables.

Quant aux dépenses qu'exigeait l'entretien de la navigation, il y était toujours pourvu par la perception des droits de boëte qui se prorogeait régulièrement de neuf en neuf années.

Les autres rivières, dont les débordements provoquèrent à la même époque diverses mesures qu'il paraît à propos d'indiquer ici, furent : l'Adour aux environs de la ville d'Aire, qu'on dut défendre par une dérivation et une digue pour lesquelles une dépense de 48.700 liv. (65.258 fr.) fut imposée à la généralité d'Auch en 1717 et 1718 (1) : le Têt, dont les ravages, dans l'hiver de 1716 à 1717, motivèrent la nomination d'un ingénieur pour le Roussillon par arrêt du 13 mars 1717 (2); mais surtout le Rhône et ses affluents torrentiels du Dauphiné. Depuis Colbert les digues du Drac et de l'Isère n'avaient pas cessé d'occuper activement les ingénieurs de la généralité de Grenoble, auxquels on adjoignit même des inspecteurs spéciaux pour ces ouvrages, comme on l'a vu plus haut, § 9. De plus la généralité supporta à plusieurs reprises des impositions extraordinaires pour subvenir à leurs réparations. Les digues du Rhône à Lyon eurent aussi leur service spécial et donnèrent lieu à de grandes dépenses depuis 1719 (3). L'année 1733 fut sans doute funeste à ce bassin comme à celui de la Loire. Car on doit attribuer à des dégâts récents les motifs de la mission spéciale qui fut donnée, par arrêt du 20 avril 1734, à l'inspecteur Fayolle, de visiter les vallées et les digues du Rhône, de l'Isère, du Drac et de la Romanche, et de dresser les devis des ouvrages qu'il estimerait nécessaires, « tant pour réparer les dégrada-« tions que pour en éviter de pareilles à l'avenir » (4). Si nous n'avons pas à parler ici de la Durance, non plus que de la Garonne et de ses affluents, ce n'est pas qu'alors ces cours d'eau fussent privilégiés et moins sujets à débordements que de nos jours : mais c'est uniquement que les états de la Provence et du Languedoc, indépendants de l'administration centrale du royaume, eurent seuls à y pourvoir, et que les documents y relatifs ne sont pas sortis des archives de ces provinces, à l'histoire desquelles ils appartiennent.

---

(1) Pièces justificatives, tit. 3, chap. 1er, n° 87.
(2) Pièces justificatives, tit. 3, chap. 1er, n° 94.
(3) Pièces justificatives, tit. 3, chap. 1er, n° 123.
(4) Pièces justificatives, tit. 3, chap. 1er, n° 245.

18. De la navigation des rivières et des canaux de jonction.

On a vu qu'en 1715 les projets et les ouvrages intéressant la navigation avaient été placés hors du ressort de la direction générale des ponts et chaussées. On ne les négligea pas pour cela; et nous avons à relater quelques décisions, soit pour amélioration de la navigation des rivières, soit pour ouverture de canaux artificiels. Celles de 1723, concernant le canal des Losnes, à l'embouchure du Rhône, ont été mentionnées par anticipation au chapitre premier; nous n'avons pas à en reparler ici.

Les « marchands trafiquant sur la rivière d'Aube pour la provision « de Paris » et autres intéressés ayant prétendu qu'il suffisait, pour rendre cette rivière navigable jusqu'à Dienville, à cinq lieues environ au-dessous de Bar-sur-Aube, de débarrasser son cours de quelques obstacles et de lui appliquer les prescriptions de l'ordonnance d'août 1669, notamment pour le chemin de halage et le marchepied, un arrêt du 15 mai 1722 (1) ordonna qu'une visite en fût faite par le sieur de Caux de Fierville, ingénieur, et par un sieur Canon, expert, et même qu'il fût dressé un devis estimatif des travaux à faire. Nous n'avons pu constater quelle suite fut donnée à cette affaire; mais nous remarquerons, d'une part, que les tentatives déjà faites sous Colbert, pour rendre l'Aube navigable au-dessus d'Arcis, avaient échoué et n'avaient pas été reprises depuis; d'autre part, que, de nos jours, Arcis est encore le point de départ de la navigation de cette rivière.

De même en 1724, puis en 1727, furent successivement ordonnées la visite des rivières de Mayenne, Sarthe, Loir et Oudon, par l'intendant de la généralité de Tours, et la confection d'un devis des ouvrages nécessaires pour y rétablir la navigation rendue presque impraticable, sans que nous ayons pu découvrir ce qui fut fait ultérieurement en conséquence. Nous savons seulement que les chutes des moulins établis sur la Mayenne au-dessous de Laval se franchissaient au moyen de portes marinières, dont l'entretien se faisait par imposition sur les élections traversées et d'après les devis de l'ingénieur de la navigation de la Loire et affluents (2).

On fit plus en 1732 pour les rivières des Deux-Sèvres, de la Ven-

---

(1) Pièces justificatives, tit. 3, chap. 1er, no 150.
(2) Pièces justificatives, tit. 3, chap. 1er, nos 190 et 61.

dée et du Thoué. On concéda à un sieur Darcemolle, marquis de la Touche, l'exécution des ouvrages propres à les rendre navigables, suivant les nivellements, plans et devis qui seraient faits par le sieur Delafont « ingénieur du roi » (1).

Malgré les travaux qui avaient été faits et les règlements qui avaient été établis sous Colbert pour la navigation des rivières qui étaient dans les ressorts des parlements de Toulouse et de Bordeaux et, pour partie, dans la généralité d'Auch, malgré les fonds annuellement consacrés à leur entretien, plusieurs d'entre elles, notamment l'Adour, la Douze, les deux gaves et autres, étaient devenues presque impraticables, par le fait surtout des entreprises des seigneurs, propriétaires de moulins et autres. Sur le rapport qui en fut fait au conseil d'état, un arrêt intervint le 13 janvier 1733 (2), qui promulgua un règlement en vingt et un articles pour le rétablissement et l'entretien de la navigation de ces rivières y désignées. On doit remarquer le premier article, qui ordonne la nomination d'un « in-« génieur, inspecteur ou visiteur général de toutes les rivières navi-« gables et flottables de ladite généralité », ayant sous ses ordres quatre syndics et quatre patrons jurés, commis sur le certificat de capacité délivré par cet ingénieur et après examen subi devant lui. Le vingtième article impose, sur la généralité d'Auch, une contribution annuelle de 10.000 liv. (10.200 fr.) pour les ouvrages nécessaires et pour les appointements desdits officiers préposés à cette navigation. Cette institution subsista jusqu'à la révolution. Plus tard, ce fut à l'ingénieur des ponts et chaussées de la généralité que l'on confia le titre et les fonctions d'inspecteur général de ces rivières. Mais alors, pour aucune des navigations dont nous venons de parler, on ne songeait encore à en donner le soin aux ingénieurs des ponts et chaussées.

Pour les canaux artificiels, on emploie comme précédemment le système des concessions; mais, en outre, on voit commencer à cette époque la formation de sociétés d'actionnaires.

Dès 1507, avait été faite à un marquis d'Oppède la concession d'un canal de navigation et d'irrigation à dériver de la Durance, en un point indéterminé, pour aboutir, d'une part à Marseille, d'autre part à Donzère sur le Rhône au-dessous de Montélimart. Cette con-

---

(1) Pièces justificatives, tit. 3, chap. 1er, n° 225.
(2) Pièces justificatives, tit. 3, chap. 1er, n° 227.

cession, toujours restée à l'état de projet, avait été néanmoins confirmée et renouvelée à plusieurs reprises en 1619, 1648, 1677, et enfin par arrêt du conseil du 15 juillet 1710. En 1718, le marquis d'Oppède, héritier des premiers concessionnaires, s'associa pour cette entreprise les ducs de Bourbon et d'Antin et le marquis de Brancas; puis ces associés appelèrent le public à intervenir pour moitié dans la concession, au moyen de la création d'actions de 500 liv. jusqu'à concurrence de 5 millions de livres. Des lettres patentes du 4 mai 1718 sanctionnèrent cette opération, aux conditions de laquelle furent apportées des modifications favorables aux actionnaires qu'approuva un arrêt du conseil du 13 décembre 1718 (1). Mais cette tentative avorta, malgré l'octroi fait par le roi d'une somme de 1.150.000 liv. (1.196.000 fr.) sur son trésor; et plus tard cette somme fut transportée à la concession du canal de Picardie, à laquelle furent admis les actionnaires du canal de Provence, avec le sieur Crozat, le principal d'entre eux (2).

D'autres entreprises eurent plus de succès.

Depuis l'établissement successif des deux canaux de Briare et d'Orléans, qui tombaient dans le Loing vers Montargis, la navigation se continuait par cette rivière jusqu'à la Seine. Mais elle y était continuellement entravée par les sécheresses, par les débordements, par les barrages et par le jeu des moulins établis sur son cours, enfin par les exigences des propriétaires et des fermiers de ces usines. Sur les réclamations instantes du commerce, un arrêt du conseil de juin 1716 avait ordonné la visite du Loing et l'exécution des réparations nécessaires pour en rendre la navigation plus facile. Mais n'ayant point obtenu des travaux en rivière le résultat désiré, on songea à un canal latéral, et la concession à perpétuité en fut faite au duc d'Orléans, par lettres patentes de novembre 1719 (3), à la charge d'en exécuter tous les travaux et d'en supporter tous les frais. Jean-Baptiste de Regemorte, ingénieur du canal d'Orléans, fit les projets et devis et dirigea l'exécution du nouveau canal, à laquelle on employa, dès l'année suivante, plusieurs régiments. Ce canal fut ouvert en 1724.

On se rappelle que, sous Colbert, des études avaient été faites sans résultats pour améliorer la navigation de la Somme au-dessus

---

(1) Pièces justificatives, tit. 3, chap. 1er, n° 116.
(2) Pièces justificatives, tit. 3, chap. 1er, n° 233, arrêt du 21 avril 1733.
(5) Pièces justificatives, tit. 3, chap. 1er, n° 132.

d'Amiens et joindre la Somme à l'Oise. Dès le commencement de la régence, le duc d'Orléans reprit ces projets. Par son ordre, le duc d'Antin, chef du conseil du dedans du royaume, envoya à cet effet en Picardie le père Sébastien, qui avait dirigé la construction du canal d'Orléans (1). Ce savant ingénieur nous a laissé le journal de son voyage d'exploration, qui dura du 7 octobre au 6 novembre 1716. A son retour, il produisit l'avant-projet d'un canal à point de partage, partant de l'Oise sous Noyon au confluent de la Verse, remontant ce cours d'eau jusqu'à l'étang de Guiscard, franchissant le faîte entre Rouvrel et Flavy, puis se dirigeant vers la Somme au-dessous de Ham, en suivant jusque vers Épeville le ruisseau de la Fontaine-qui-Bout. Ce canal devait avoir approximativement 10.860 toises de longueur, 186 pieds de pente en remontant de l'Oise au bief de partage, et 90 pieds en descendant vers la Somme. Ces pentes devaient être rachetées par vingt-quatre écluses. On complétait cette voie navigable par l'amélioration du lit de la Somme entre Ham et Amiens, et l'on y construisait dix-huit écluses. L'auteur du projet en évaluait la dépense à 2.519.975 liv. (3.376.766 fr. 50 c.). Il y eût eu sans doute un grave mécompte sur cette évaluation. Le père Sébastien nous apprend aussi qu'il dut visiter en même temps l'Escaut et proposer sa jonction avec la Somme. Il ajoute, par parenthèse, qu'on lui donna pour ce voyage mille écus en trois billets de banque, mais que, sur un contre-ordre, il dut rester à Chelles et, à son retour à Paris, ses billets se trouvèrent « de nulle valeur » et restèrent entre ses mains.

Ces études du père Sébastien étaient à peine terminées qu'il en fut entrepris d'autres, pour établir la jonction cherchée entre Saint-Quentin et La Fère, sous le nom d'un sieur Caignart de Marcy, doyen des conseillers du bailliage de Saint-Quentin. Le projet en fut présenté au contrôleur général des finances, avec demande de concession, par ce particulier et autres associés, le 15 janvier 1720. Law le renvoya à l'intendant de Picardie, pour en « conférer avec l'ingénieur « en chef de ce département et lui donner leur avis ». L'intendant s'adressa, non à l'ingénieur des ponts et chaussées, mais au sieur Demus, directeur des fortifications des places de Picardie. Celui-ci

---

(1) Sébastien Truchet, religieux carme, savant hydraulicien, membre de l'académie des sciences. — On lit dans son éloge par Fontenelle : « C'est lui qui a inventé la machine à « transporter de gros arbres tout entiers sans les endommager, de sorte que, du jour au « lendemain, Marly changeait de face et était orné de longues allées arrivées de la veille. »

produisit, le 31 mars 1721, un mémoire détaillé où il conclut à l'adoption du projet. Le canal devait partir de la Somme à Saint-Quentin, passer à Harly, Homblières, Marcy, Régny et Sissy, puis côtoyer l'Oise jusqu'à La Fère. On devait en outre rendre la Somme navigable d'Amiens à Saint-Quentin, puis en améliorer la navigation d'Abbeville à Amiens, ainsi que celle de l'Oise entre La Fère et Compiègne. La dépense était estimée en tout 4.786.400 liv. (4.977.856 fr.); dont, pour le canal de jonction de 20.000 toises avec sept écluses rachetant une pente unique de 35 à 40 pieds, 1.116.000 liv. (1.160.640 fr.), et pour la navigation de la Somme d'Amiens à Saint-Quentin avec ses vingt écluses, 3.300.400 liv. (3.432.416 fr.). C'est sur ces bases que la concession fut demandée et accordée au sieur de Marcy et associés, par édit de septembre 1724 (1). Mais quand on en vint à l'exécution, cette direction fut complétement changée. Après l'association des premiers concessionnaires avec messire Antoine Crozat, l'un des plus riches financiers de l'époque, ratifiée par arrêt du conseil du 27 décembre 1727, l'un des frères de Regemorte, Noël ou Antoine, fut nommé le même jour, sur la demande de la société, ingénieur en chef directeur du canal. Assisté de deux autres ingénieurs, Préfontaine et de Charbize, il proposa et fit prévaloir un tracé intermédiaire aux deux précédents, partant de l'Oise à Chauny, puis, après avoir remonté la vallée jusqu'à Farguier, se dirigeant perpendiculairement à la Somme, pour se bifurquer à Saint-Simon, d'une part vers Saint-Quentin et d'autre part vers Ham et Amiens. Mais, à peine les devis terminés de 1729 à 1731, la société était en dissolution sans avoir presque rien exécuté, lorsque le privilége fut racheté par Crozat, qui obtint une nouvelle concession, avec permission de former une compagnie, par lettres patentes du 4 juin 1732. La compagnie fut formée au moyen de l'émission de dix mille actions de 500 liv. au porteur, qui fut autorisée par arrêt du conseil du 14 avril 1733 (2). Le canal de jonction proprement dit, entre Chauny et Saint-Quentin, fut alors exécuté et livré à la navigation en 1738, sous le nom de *canal Crozat* qu'il a conservé jusqu'à nos jours. Les frais d'établissement en ont été évalués à 5.681.800 liv. (5.795.436 f.)

---

(1) Pièces justificatives, tit. 3, chap. 1er, n° 170. — Voir, pour les détails relatifs au projet du père Sébastien et au mémoire de l'ingénieur Demus sur les projets de M. de Marcy, aux Pièces justificatives, tit. 3, chap. 2, § 4, C, un extrait des documents manuscrits et inédits qui se trouvent à la bibliothèque Mazarine, dans un portefeuille coté 1609 A.

(2) Pièces justificatives, tit. 3, chap. 1er, nos 170, 222, 232.

dont environ 4 millions liv. (4.080.000 fr.) des deniers de Crozat (1). Quant au canal de Picardie ou de la Somme, depuis Saint-Simon jusqu'à Amiens, qui formait le complément nécessaire de cette communication, le devis qui fut fait le 25 novembre 1731 par Préfontaine et de Charbize, montait à 2.500.000 liv. (2.550.000 fr.) (2). Mais l'exécution n'en put avoir lieu alors.

A cette même époque fut reprise la question du canal de Bourgogne. En 1718, un ingénieur, Lécuyer de la Jonchère, proposa au régent et au gouverneur de la Bourgogne un canal de jonction de l'Ouche à la Brenne, dont il plaçait le point de partage à Sombernon. Le marquis de Louvois ayant fait examiner ce projet par un autre ingénieur nommé Delacour, celui-ci indiqua de préférence le seuil de Pouilly, et cette direction fut adoptée et soutenue par M. de la Loge de Chastellenot. Une polémique très-vive s'engagea entre les fauteurs des deux projets et ne fut pas éteinte par l'opinion contraire à ces deux directions qu'émit de nouveau l'ingénieur Thomassin. Celui-ci, que nous avons vu à la fin du siècle précédent, sous le patronage de Vauban, se prononcer de préférence pour la jonction de la Saône à la Loire par le canal du Charollais, invité par le neveu de Vauban à examiner les deux nouveaux projets, les repoussa tous deux en persistant dans son premier avis qu'il savait favorable aux intérêts privés de son patron et du duc de Bourgogne. Il supposait à la jonction de la Saône et de la Seine des difficultés que l'examen des lieux fit reconnaître à Gabriel purement chimériques (3). Mais il y en avait de réelles dont la solution n'avait pas encore été sérieusement abordée.

Cependant les états de Bourgogne et leur président, l'évêque de Dijon, désiraient vivement l'entreprise de ce canal. Au commencement de 1721, le duc de Bourbon se disposant à se rendre à Dijon pour la tenue des états, on lui parla, pour en faire l'étude, d'un architecte ou ingénieur, nommé Abeille, qui avait travaillé au port de Cette, qui conduisait en ce moment des travaux sur la Garonne près de Toulouse, et auquel ses connaissances en hydraulique avaient donné une certaine réputation. Le duc de Bourbon le fit mander

---

(1) Grangez, *Précis de la navigation intérieure*, canal de Saint-Quentin.
(2) Pièces justificatives, tit. 3, chap. 2, § 3, 4°.
(3) « Si j'avais eu le malheur d'écrire là-dessus, dit Gabriel, tout ce que le sieur Tho-
« massin a écrit, je ne saurais point de lieu assez reculé dans le monde pour aller m'y ca-
« cher. »

à Dijon à cet effet. Mais, par suite d'un malentendu, Abeille ne s'y rendit que sur un second appel en 1724 ; il s'y trouva avec Gabriel et constata avec lui la possibilité du passage par Pouilly et la supériorité de ce passage sur celui de Sombernon. Puis il resta trois ans à faire le projet détaillé du canal dans cette direction, projet qu'il produisit en 1727 avec plans et nivellements, et un devis estimatif montant à 8.145.417 l. 16 s. 8 d. (8.308.326 fr. 19). Ce travail fut vivement attaqué par Thomassin, ce qui détermina les états à en demander la vérification par Gabriel. Cet ingénieur employa six semaines à faire, à Dijon et sur le terrain, une reconnaissance minutieuse du projet auquel il donna une entière approbation par procès-verbal du 24 juillet 1727. Il y proposa seulement des modifications de détail et en éleva l'estimation à 10.808.376 liv. (11.024.543 fr. 56 c.).

Cette haute et consciencieuse approbation, l'appui des états et la disposition à former une compagnie exprimée par les principaux seigneurs et de riches capitalistes de la Bourgogne et de la ville de Lyon, tout semblait présager la prompte exécution d'un ouvrage depuis si longtemps désiré. Il en fut autrement, par un motif jusqu'ici inconnu et qui nous paraît mériter d'être consigné dans l'histoire, tant comme nouvel exemple du pouvoir de l'intrigue, que pour expliquer comment la concession de ce canal, faite par lettres patentes de mai 1729, resta comme lettre morte et n'aboutit à aucun résultat au milieu des plus sérieux éléments de succès. Lorsqu'en 1721 Abeille avait dû se rendre pour la première fois à Dijon, un nommé Merchand, originaire de Marseille où son père était garde-magasin des galères, simple commis d'un sieur de Charancé, agent d'affaires à Paris, avait été envoyé dans la même ville par cet agent d'affaires, ami d'Abeille, pour aider celui-ci dans ses écritures. Ce Merchand, ne voyant pas venir Abeille, eut l'idée de profiter de son absence. Il commença par ajouter ou même substituer à son nom celui d'Espinassy, se mit en rapport avec quelques hommes considérables de Dijon et du pays intéressé, se fit conduire dans les localités situées sur la direction indiquée, puis se donna comme en état, par ses relations et ses connaissances, d'organiser une compagnie et d'obtenir la concession. Il rédigea un mémoire sommaire, presque tout d'emprunt, mais sans aucun détail (car il n'avait nulle idée de l'art de l'ingénieur), se fit payer une gratification par les états pour ses frais de voyage et d'étude, puis revint à Paris intriguer, à l'aide de son mémoire, auprès du duc de Bourbon et d'autres grands personnages, et tâcher de réunir des associés. Après qu'Abeille eut, en 1727, produit son projet que les états firent imprimer avec le mémoire de Gabriel, Merchand d'Espinassy prit connaissance de ces pièces, s'associa avec un suisse du nom de Quéus, par le moyen duquel il simula une compagnie de riches banquiers du canton de Berne, se présenta audacieusement au cardinal Fleury comme l'inventeur du véritable passage par Pouilly et le premier auteur du projet, et demanda la concession en offrant un cautionnement de deux millions de livres. Les efforts d'Abeille pour déjouer cette intrigue, malgré le secours de Gabriel, n'eurent pas de succès; et le cardinal, circonvenu, fit accorder à d'Espinassy cette concession par lettres patentes de mai 1729. Mais là devaient s'arrêter les succès du concessionnaire : il ne put faire de nouvelles dupes ni réunir des capitaux; la prétendue société de banquiers suisses disparut; le cautionnement promis ne fut pas fourni; et tout le résultat de la concession, qu'il était devenu trop difficile de faire annuler mais que personne ne voulut racheter, fut d'empêcher la formation d'une compagnie sérieuse. L'affaire, ainsi entravée, resta en suspens jusqu'en 1751 qu'elle fut reprise de nouveau, comme ou le verra plus loin. Abeille découragé obtint, par le crédit de Gabriel qui avait apprécié son mérite, une position honorable d'ingénieur à Rennes, où il se trouvait encore en 1738. Dans sa dédicace aux élus des états de Bourgogne, de ce projet dont la possibilité d'exécution avait provoqué l'incrédulité de Riquet lui-même, Abeille avait dit : « L'impossible des temps passés « est devenu facile » : expression aussi juste qu'heureuse des progrès successifs et presque indéfinis de la science de l'ingénieur. Mais ce furent, comme trop souvent, des causes étrangères à cette science qui donnèrent alors à cette sorte de prédiction un démenti momentané (1).

---

(1) Pièces justificatives, tit. 3, chap. 1er, n° 194. — Dutens, *Histoire de la navigation intérieure*. — Pour les détails circonstanciés et inédits de l'intrigue de Merchand d'Espinassy, voir, aux archives du ministère des travaux publics, une longue et curieuse lettre autographe d'Abeille au baron de Quotichy, datée de Rennes le 19 novembre 1738, accompagnée de pièces justificatives.

CHAPITRE III.

DE LA SUPPRESSION DE LA DIRECTION GÉNÉRALE DES PONTS ET CHAUSSÉES, OCTOBRE 1736, A LA MORT DE DANIEL TRUDAINE, JANVIER 1769.

> 19. Établissement de la corvée ; Daniel Trudaine ; lever et dessin des plans des routes ; Perronet ; assemblée des ponts et chaussées ; réorganisation du corps des ingénieurs.

La période qui fait la matière de ce chapitre est la grande époque de l'ancienne administration des ponts et chaussées. Deux hommes célèbres la caractérisent : l'administrateur Daniel Trudaine et l'ingénieur Perronet. Autour d'eux se groupent d'autres individualités dignes de mémoire, qui concoururent pour leur part aux faits intéressants que nous avons à raconter. Ces deux noms, peut-être trop exclusivement connus jusqu'ici, dominent, mais ne doivent pas éclipser ce qui les entoure : et leur illustration ne sera pas diminuée, parce qu'on leur aura reconnu des précurseurs, des collaborateurs et des successeurs dignes d'eux.

On a vu au chapitre précédent (1) comment fut supprimée, en octobre 1736, la direction générale des ponts et chaussées. Ce service fut de nouveau confié, sous l'autorité du contrôleur général des finances, à l'un des intendants délégués pour les divers départements de l'administration financière, avec le simple titre de *chargé du détail*. Comme avant 1715, il fut réuni au « département des re-« cettes générales des finances », auquel était commis depuis 1720 d'Ormesson, conseiller d'État.

Depuis le mois de mars 1730, le contrôleur général des finances était Orry, qui avait été successivement intendant de la généralité de Soissons et de celle de Valenciennes. Ces deux généralités étaient des provinces frontières où l'usage avait consacré l'application de la corvée aux travaux des grands chemins, au moins pour les besoins

---

(1) Page 25.

de la guerre ou pour en réparer les désastres. De plus Orry avait été témoin à Soissons du grand succès obtenu en 1728 par ce système, dans la généralité de Metz. Il était donc naturellement disposé à en favoriser l'extension aux autres généralités. Peut-être le directeur général des ponts et chaussées, **Dubois**, n'entrait-il pas complétement dans ses vues à cet égard, ou bien plusieurs années d'épreuve préalable et de propagation tacite lui avaient-elles paru nécessaires. Quoi qu'il en soit, à peine quelques mois s'étaient écoulés depuis la suppression de la direction générale, lorsqu'un mémoire imprimé, mais anonyme, sur la *conduite du travail par corvées*, fut envoyé aux intendants des provinces et aux ingénieurs. Ce mémoire commence par ces mots caractéristiques : « Il est impossible de parvenir « à l'entière réparation des chemins sans le travail des corvées ». D'ailleurs, ce principe admis, l'auteur donne pour son application des règles assez sages, en exceptant toutefois l'imposition à chaque corvéable du nombre exorbitant de trente jours de travail annuel et cette disposition, à nos yeux barbare, qui permet « d'y commander « les enfants de tout sexe au-dessus de douze ans ». Un an après, le 13 juin 1738, une instruction signée *Orry* confirma les règles posées dans ce mémoire, en en modifiant quelques-unes. Ainsi fut établie, dans tout le royaume, la corvée des grands chemins (1).

Outre ce qui concerne spécialement la corvée, on doit remarquer dans les deux pièces que nous venons de citer ; d'abord les instructions aux ingénieurs pour l'étude et la confection des projets des voies à ouvrir ou à rectifier et pour le lever et le dessin de cartes générales des routes, à l'échelle de dix lignes pour cent toises (2), accompagnées de tableaux détaillés de la situation de ces routes (3) ; en second lieu, la division en cinq classes des voies publiques dépendantes du service des ponts et chaussées, savoir : les *grandes routes*, conduisant de Paris aux grandes villes, aux ports de mer et aux frontières, et ayant postes, messageries et coches publics ; les *routes*, allant de Paris aux capitales de provinces non traversées par des grandes routes ; les *grands chemins*, allant de Paris ou de capitales de provinces à d'autres villes, et ayant postes ou messageries ;

---

(1) Voir, pour plus de développements, le chap. 5 consacré à la corvée, tome 3.
(2) Échelle décuple de celle de la carte de Cassini.
(3) En même temps que l'ingénieur étudie le projet au point de vue de l'art, l'intendant doit porter particulièrement son attention sur les motifs de détermination tirés des considérations économiques et des intérêts commerciaux.

les *chemins royaux*, de ville à ville non capitales, ayant voitures publiques ; enfin les *chemins de traverse*, de ville à ville, sans postes ni messageries. Les grandes routes et les routes devaient avoir 60 pieds de largeur entre les fossés ; les grands chemins, 48 pieds ; les chemins royaux, 36 pieds ; les chemins de traverse, 30 pieds.

L'entreprise de la réparation générale des routes du royaume à l'aide de la corvée devait accroître considérablement l'importance du service des ponts et chaussées. De là sans doute la nécessité de séparer de nouveau ce service du département des finances dont était chargé d'Ormesson. Or, parmi les conseillers d'État et intendants des finances se trouvait, depuis 1734, Daniel Trudaine, fils d'un ancien prévôt des marchands de Paris, allié à la famille de Rambouillet. Daniel Trudaine, né en 1703, avait été intendant de la généralité de Riom, de 1730 à 1734, et y avait donné avec succès ses soins à la réparation des grands chemins. Orry le choisit pour remplacer d'Ormesson dans le détail des ponts et chaussées, poste auquel il le fit commettre par arrêt du conseil du 1er avril 1743. En même temps, soit pour mieux concentrer le service entre les mains de Trudaine, soit pour réaliser une économie par la suppression d'une fonction devenue inutile, le trésorier de France, Demotes de Montgaillard, qui tenait depuis 1727 le bureau des ponts et chaussées et des turcies et levées avec le titre de premier commis, fut mis à la retraite avec une pension de 3.000 liv. Ses appointements, joints aux traitements des commis sous ses ordres et aux frais de bureau, s'étaient élevés depuis 1738 à 17.500 liv., après avoir été précédemment de 12.000 liv., sans compter 1.000 liv. pour les turcies et levées. Ces allocations furent réduites à 9.000 liv. pour les ponts et chaussées et le pavé de Paris, et 1.000 liv. pour les turcies et levées et le balisage de la Loire, le tout employé dans les états sous le nom de Trudaine, qui reçut d'ailleurs 8.000 liv. d'appointements personnels, comme d'Ormesson (1).

A peine nommé à son nouveau poste, Trudaine songea à presser et à régulariser l'exécution de la circulaire du contrôleur général, notamment en ce qui concernait le lever et le dessin des plans des routes, sur lesquels les ingénieurs devaient tracer les nouvelles di-

---

(1) Pièces justificatives, tit. 5, chap. 1er, n°s 307 et 308. — Quelques années après, en 1754, un supplément annuel de 3.000 liv. fut alloué comme gratification au principal employé de Trudaine, qui prit de nouveau le titre de premier commis.

rections à suivre et délimiter les zones comprenant les paroisses à y appeler en corvée. En 1744, il établit à Paris pour cet objet un bureau de dessinateurs, composé d'abord de trois employés, dont le chef fut Jean-Prosper Mariaval. En même temps il fit dresser un devis de la dépense à faire pour ce grand ouvrage, dont on décida l'exécution en dix années à partir du 1ᵉʳ janvier 1745; puis, sur ce devis, il passa d'abord au même Mariaval un bail de six ans, moyennant le prix de 42.000 liv. par an. Il chargea l'un des inspecteurs généraux des ponts et chaussées, Pitrou, de surveiller le travail des dessinateurs, dont le nombre fut porté à sept en 1745 et à treize en 1746 (1).

Ces dispositions ne remplirent sans doute pas l'attente qu'on en avait conçue. D'un autre côté, les ingénieurs des provinces trouvaient difficilement auprès d'eux des sujets capables de les seconder, comme inspecteurs ou sous-ingénieurs, dans ce développement subit et considérable donné aux travaux des routes par l'institution générale de la corvée. Alors Trudaine conçut l'idée de former à la fois un bureau de dessinateurs et une école de jeunes ingénieurs, sous la direction immédiate et spéciale d'un ingénieur expérimenté, qui aurait en même temps sous sa garde le dépôt des cartes et plans, mis au net et réunis en recueils par généralités. L'ingénieur de la généralité d'Alençon s'était fait remarquer par l'activité avec laquelle, aidé de deux sous-ingénieurs capables, de Voglie et Lallié (2), il avait dressé les plans des routes de cette généralité, préparé les projets et organisé les ateliers. Cet ingénieur était Perronet, qui avait été placé à la tête du service de cette généralité le 3 décembre 1737 (3), après y avoir été peu de temps sous-ingénieur. Perronet, d'ailleurs, avait déjà donné à Paris des gages précoces de sa capacité et de son mérite. Agé de moins de dix-sept ans (4), il avait été admis, par examen, comme candidat au corps du génie militaire. Mais obligé par l'extrême modicité de sa fortune de renoncer à cette carrière, il était entré en 1725, comme élève, dans le cabinet de Beausire, premier architecte de la ville de Paris. Il avait bientôt gagné la confiance de son maître, qui le chargea de conduire, sous

---

(1) Pièces justificatives, tit. 3, chap. 1ᵉʳ, n° 338. — *Ibid.* chap. 2, § 3, 11.
(2) Pièces justificatives, tit. 3, chap. 2, § 14.
(3) Pièces justificatives, tit. 3, chap. 1ᵉʳ, n° 267.
(4) Perronet était né à Suresnes, près Paris, le 8 octobre 1708 ; sa famille était originaire de Lausanne.

ses ordres, les travaux du grand égout de Paris, puis ceux de plusieurs parties des quais de la Seine. Après onze ans de cet apprentissage, il était entré dans le corps des ponts et chaussées. Ce fut donc à Perronet que, sur la proposition de Trudaine, Machault, qui avait remplacé Orry au contrôle général des finances, fit confier, par arrêt du 14 février 1747, la direction du bureau des dessinateurs des plans des routes et des élèves ingénieurs des ponts et chaussées, avec la garde du dépôt des cartes et plans. On voulut de plus que non-seulement il dirigeât aussi tout le travail du lever de ces cartes et plans, mais encore qu'il eût le droit de projeter, conduire et inspecter tous ouvrages des ponts et chaussées, soit dans les provinces concurremment avec les autres ingénieurs, soit dans la généralité de Paris concurremment avec les inspecteurs généraux. Toutefois on lui conserva son simple grade d'ingénieur, et on lui alloua seulement 3.000 liv. d'appointements. Il avait alors trente-neuf ans (1).

A la même époque, Trudaine institua l'assemblée des ponts et chaussées, en réunissant chez lui chaque dimanche le premier ingénieur et les inspecteurs généraux, puis Perronet et les autres ingénieurs en chef qui se trouvaient à Paris, l'inspecteur du pavé de Paris, l'ingénieur en chef des turcies et levées, les trois trésoriers de France commissaires des ponts et chaussées dans la généralité de Paris, et un ou deux membres de l'Académie des sciences, savoir : Mignot de Montigny, adjoint à son père comme commissaire des ponts et chaussées, et Camus, aussi trésorier de France. La première réunion eut lieu le 14 mai 1747, et les séances se continuèrent chaque semaine, sans autre interruption que celles qui étaient motivées par les absences de Trudaine, qui allait assez fréquemment à sa terre de Montigny où il passait une partie de la belle saison, et par la dispersion des inspecteurs qui allaient visiter les provinces. Là on examinait et l'on discutait les projets des ingénieurs, qui étaient renvoyés par Trudaine aux inspecteurs pour en faire leur rapport; les projets de grands ponts ou autres ouvrages importants présentés par les inspecteurs eux-mêmes; les mémoires que soumettaient les uns ou les autres à leurs collègues sur des questions, neuves alors, de l'art de l'ingénieur, comme la construction et l'entretien des chaussées, les

---

(1) Pièces justificatives, tit. 3, chap. 1er, n° 327. — Tous ces détails sont établis sur des documents authentiques et officiels, jusqu'à ce jour inédits et entièrement ignorés. C'est ce qui explique leurs nombreuses contradictions avec les publications antérieures sur le même sujet. Voir les notices sur Perronet par Prony et Lesage, etc.

procédés de fondation des ponts, les formes et les dispositions des piles et des arches, etc. On y rendait compte des succès obtenus par quelques ingénieurs dans leurs travaux; on y jugeait les dessins et les concours des élèves de l'école des ponts et chaussées, et des aspirants aux grades de sous-ingénieurs et de sous-inspecteurs. Les trésoriers de France y proposaient des mesures administratives, y lisaient des projets d'ordonnance intéressant le service des ponts et chaussées. Mais les avis de cette assemblée n'étaient point rédigés sous forme de délibérations régulières : c'étaient de simples consultations qui n'avaient rien d'obligatoire, même pour les ingénieurs. Trudaine l'avait ainsi déclaré dès la première séance. Il n'y eut point de secrétaire tenant officiellement la plume. On doit à Perronet d'avoir tenu spontanément un journal sommaire des séances, qu'il a intitulé simplement : *Remarques faites à l'assemblée des ponts et chaussées* (1).... Cela dura ainsi vingt-sept ans, c'est-à-dire jusqu'au 14 décembre 1773, où Charles Trudaine commença à faire « tenir un registre officiel de ladite assemblée » par le premier commis du bureau des ponts et chaussées.

Peu de temps avant le remplacement de d'Ormesson par Trudaine, de légers changements avaient été introduits dans les hauts grades du corps des ponts et chaussées. L'inspecteur général Lahite étant mort, un arrêt du conseil du 8 janvier 1743 supprima ce grade, en « en réunissant les fonctions à celles du premier ingénieur » dont les appointements furent portés de 6.000 à 8.000 liv. Le premier ingénieur était alors Boffrand, qui avait remplacé Gabriel le 8 mai 1742. Quelques jours après, le 26 février, le nombre des inspecteurs, qui prirent alors le titre d'*inspecteurs généraux*, fut porté de trois à quatre, comme cela avait eu lieu antérieurement. Bayeux, ingénieur de la généralité de Tours, fut nommé quatrième inspecteur général (2).

Mais l'institution de l'école des ponts et chaussées et les besoins qui l'avaient déterminée rendirent bientôt nécessaire une modification plus importante et une sorte de réorganisation du corps entier. Ce fut l'objet d'un arrêt du conseil d'état du 7 juillet 1750 (3), et de deux instructions du contrôleur général des finances des 13 mai et

---

(1) Pièces justificatives, tit. 3, chap. 2, § 3, 19. — On trouvera sous ce numéro un extrait du journal de Perronet, auquel nous renvoyons pour toutes les fois que, dans le cours de notre récit, nous parlerons de l'assemblée des ponts et chaussées.
(2) Pièces justificatives, tit. 3, chap. 1er, nos 293, 295 et 298.
(3) Pièces justificatives, tit. 3, chap. 1er, n° 362.

16 décembre 1754 (1). A la tête du corps furent maintenus un premier ingénieur et quatre inspecteurs généraux : après eux vint « un « directeur du bureau des géographes et dessinateurs des plans des « grandes routes et chemins du royaume, ayant la garde et le dépôt « desdits plans et cartes et des mémoires y relatifs » : puis le nombre des ingénieurs fut porté de vingt-et-un à vingt-cinq et il fut décidé qu'ils ne seraient plus attachés, comme auparavant, d'une manière fixe à chaque généralité, mais qu'ils seraient envoyés indistinctement là où l'importance des travaux exigerait leur présence. C'est du reste ce qui avait toujours été admis en principe, les commissions du conseil, délivrées aux ingénieurs lors de leur nomination, leur conférant simplement le titre et les appointements d'ingénieurs des ponts et chaussées, pour servir dans tout le royaume suivant les ordres et instructions du contrôleur général, auquel il appartenait de fixer leur résidence. En fait, il resta toujours un ingénieur en chef dans chaque généralité, excepté dans la généralité de Paris; et le gouvernement se réserva seulement de disposer de quatre ingénieurs de plus pour des travaux extraordinaires ou spéciaux. Le service des turcies et levées restait en dehors de cette organisation, et bientôt (2) il fut composé de trois ingénieurs, dont l'un, chef de l'ensemble du service, reçut le titre de premier ingénieur des turcies et levées.

Les appointements des divers grades furent confirmés aux taux suivants : 8.000 liv. au premier ingénieur; 6.000 liv. aux inspecteurs généraux ; 3.000 liv. au directeur des géographes, etc. ; 2.400 liv. à chacun des vingt-cinq ingénieurs. Le montant total s'en éleva ainsi à la somme de 95,000 liv., dont un second arrêt du 7 juillet 1750 (3) établit et répartit l'imposition sur chaque généralité.

Au premier ingénieur fut réservée l'inspection et quelquefois confié « le détail » des ouvrages estimés 300.000 liv. et au-dessus. Le royaume fut partagé en quatre départements, dont chacun fut confié à un inspecteur général (4). Ils ne devaient que surveiller et inspecter les ingénieurs en chef, qui, en se concertant avec eux, conservaient la partie active du service. Toutefois, « la Direction »

---

(1) Pièces justificatives, tit. 5, chap. 2, § 5, art. 7 et 8.
(2) Arrêt du 24 août 1753 ; Pièces justificatives, tit. 3, chap. 1er, n° 384.
(3) Pièces justificatives, tit. 5, chap. 1er, n° 365.
(4) Ces quatre départements furent : 1° le département de Tours, formé des généralités de Tours, Rouen, Caen, Alençon, Orléans et Poitiers ; 2° le département de Bordeaux, formé des généralités de Bordeaux, la Rochelle, Limoges, Montauban, Auch et Roussillon ; 3° le département de Paris, formé des généralités de Paris, Hainault, Soissons, Amiens, Châlons,

pouvait leur demander de faire les projets d'ouvrages importants et d'en poursuivre l'exécution. L'inspecteur du département de Paris faisait, par exception, les fonctions d'ingénieur en chef pour la généralité de Paris. Il était secondé, dans ce service spécial, par neuf sous-inspecteurs (1).

Après les ingénieurs venaient, suivant les besoins et sans qu'on en eût d'avance fixé le nombre, des sous-inspecteurs recevant 1.800 l. d'appointements, des sous-ingénieurs appointés de 1.200 liv. à 1.500 liv., puis des contrôleurs des travaux, choisis parmi les élèves. Enfin, en dehors du corps et de ceux qui aspiraient à y entrer, il y avait des conducteurs et des piqueurs, spécialement pour les travaux de corvée; ces derniers ainsi nommés parce qu'ils piquaient, sur les états dressés pour la corvée, les noms des corvéables présents sur les ateliers.

20. École des ponts et chaussées.

Les attributions confiées à Perronnet furent, dès l'origine, beaucoup plus étendues que ne semblait l'indiquer le titre spécial de *directeur du bureau des géographes*, etc. Il eut sous sa direction tout le personnel subalterne du corps des ponts et chaussées, non-seulement à Paris, mais encore dans les provinces. L'arrêt du 14 février 1747 désignait seulement ce bureau, mais en réalité ce ne fut qu'un annexe d'une grande école d'ingénieurs, qui n'était pas limitée à l'enceinte d'un établissement dans la capitale, mais qui embrassait toutes les généralités où le service des ponts et chaussées relevait directement de l'administration centrale. Ce personnel subalterne, ou l'ensemble des membres de cette école, fut divisé en trois classes : la première comprit d'abord les sous-inspecteurs ou sous-ingénieurs, puis bientôt seulement ceux qui avaient obtenu le grade de sous-inspecteurs et qui n'étaient subordonnés, dans le service des travaux, qu'au premier ingénieur et aux inspecteurs généraux : aux membres de la seconde classe, le titre d'élèves fut changé en celui de sous-ingénieurs, aptes à être placés sous les ordres des ingénieurs dans

---

Metz; 4° le département de Lyon, comprenant la Bresse, le comté de Bourgogne et les généralités de Moulins, Bourges, Lyon, Riom et Grenoble.

(1) Perronet, chargé par Trudaine de préparer l'instruction du contrôleur général pour le service du premier ingénieur et des quatre inspecteurs (Pièces justificatives, chap. 2, § 3, art. 8.), avait proposé de donner un ingénieur à chacun des trois départements entre lesquels était déjà divisée la généralité de Paris. Ce système rationnel ne fut pas adopté alors : mais on y vint plus tard, en 1770.

les provinces : les élèves proprement dits formèrent la troisième classe. Mais avant d'être admis à ce titre d'élèves, il fallait faire, au bureau de Paris, un apprentissage qui devait durer au moins six mois, mais ne pas excéder deux ans. Tout sujet non reconnu admissible au bout de ces deux ans devait être renvoyé. Comme on exigeait des candidats les premiers éléments d'architecture et de dessin géométrique, la plupart d'entre eux prirent d'abord des leçons dans l'école d'architecture fondée, peu d'années avant l'école des ponts et chaussées, par Blondel, neveu du grand architecte de Louis XIV qui construisit la porte Saint-Denis. Bientôt même le trésor royal paya annuellement à Blondel 1.600 liv. pour la pension des quatre premiers aspirants appartenant à son école, jusqu'au moment de leur admission au grade d'élève des ponts et chaussées.

Les aspirants durent justifier d'une bonne éducation, de mœurs régulières, d'une certaine instruction littéraire et d'une aptitude présumée aux connaissances qu'ils devaient acquérir ultérieurement. Ces connaissances furent, pour les élèves, la géométrie élémentaire, la trigonométrie, l'arpentage et le dessin ; les élèves ne purent passer à la classe des sous-ingénieurs qu'en joignant aux connaissances précédentes toute la géométrie théorique et ses applications pratiques, la mécanique, l'hydraulique, le nivellement et le dessin d'architecture ; enfin les sous-inspecteurs durent pratiquer en outre la coupe des pierres et de la charpente, « avoir des commencements « considérables d'architecture », et être en état de faire des projets et devis de chaussées, ponts et autres ouvrages publics. On passait d'une classe à l'autre par un concours, dont le jugement était déféré à l'assemblée des ponts et chaussées. Les sous-inspecteurs et sous-ingénieurs pouvaient être placés dans les généralités lorsqu'il y avait des places vacantes, et néanmoins être rappelés au bureau ou à l'école pour compléter leur instruction. Il fallait se soutenir par son travail et sa capacité dans la classe où l'on était parvenu, sous peine de descendre dans une classe inférieure. Il n'y avait pas de durée limitée pour le séjour dans chaque classe.

Outre les concours pour être admis à une classe supérieure, il y en avait d'autres dans chaque classe, pour lesquels étaient décernés des prix. De plus des gratifications annuelles étaient accordées au premier et aux deux seconds de chacune des deux premières classes, savoir : de 600 liv. et 200 liv. pour la première classe ; de 500 liv. et 150 liv. pour la deuxième. L'objet de ces gratifications était de donner à ces élèves le moyen de suivre des cours de mathématiques et d'architecture auprès de professeurs que leur indiquait Perronet, et de rédiger ces cours pour en faire la répétition aux autres élèves de leurs classes. Ils devaient en outre leur enseigner le trait et leur faire des modèles en plâtre et en bois.

Les élèves des deux dernières classes, outre le temps qu'ils consacraient dans le bureau à leur instruction et au travail des concours (1), devaient dessiner, moyennant une légère gratification, un certain nombre, fixé par trimestre, de feuilles destinées à la collection des plans des routes et des dessins des ponts. Ceux de la première classe qui n'étaient pas encore placés dans les provinces dessinaient aussi de ces feuilles, mais seulement à défaut d'autre ouvrage. On les occupait surtout à lire, à vérifier et analyser les devis et détails des projets envoyés par les ingénieurs des généralités; ils devaient en rendre compte à Perronet et même donner leur avis. Ce travail était aussi rémunéré.

Pendant l'été, quelques-uns des élèves travaillant au bureau, choisis parmi les plus instruits, étaient envoyés en mission d'étude sur les principaux travaux, notamment sur les ateliers de constructions des grands ponts, de manière à en visiter deux ou trois dans la même campagne. Sur les propositions de Perronet, Trudaine transmettait à cet effet des instructions précises au premier ingénieur. D'autres étaient chargés de lever des cartes et des plans des routes : d'autres encore, en assez grand nombre, étaient distribués, avec le titre de contrôleur, sur les routes de la généralité de Paris, pour y surveiller et conduire les ateliers de réparation des chaussées pavées et empierrées et des ouvrages d'art. Ces missions extérieures valaient à ceux qui les recevaient des frais de voyages et des gratifications mensuelles, que l'instruction du 16 décembre 1754 fixe à 80 liv.

Un grand concours était ouvert chaque année, sur un sujet donné par les inspecteurs généraux, pour deux prix d'une valeur, l'un de 400 liv., l'autre de 300 liv. en livres et instruments de mathémaques. Enfin chaque année, au mois d'avril, devait être fait un recensement général de tous ces « employés subalternes » tant à Paris que dans les provinces; les intendants et les ingénieurs devaient être

---

(1) On devait travailler au bureau de huit heures du matin à midi et de deux heures à huit heures du soir. Les répétitions de cours et les études y relatives avaient lieu de six heures à huit heures du soir en été, et en hiver depuis la fin du jour.

consultés sur la capacité, le travail et les mœurs de chacun d'eux ; et ceux qui ne seraient pas jugés convenir au service des ponts et chaussées devaient être réformés (1).

Cette large et forte organisation, qui embrassait toute la jeunesse du corps des ponts et chaussées, et faisait du titre d'ingénieur de ce corps le terme et la récompense d'une longue série d'épreuves où il fallait toujours se montrer digne des positions successivement acquises, devait donner et donna en effet à ce titre une haute valeur. Elle fut à l'égard de ceux qui y aspirèrent et qui l'obtinrent à l'avenir, la garantie, non-seulement d'une instruction et d'une capacité spéciale suffisantes, malgré la faiblesse des études théoriques, mais encore d'un principe d'honneur et d'un amour du devoir qui leur furent généralement reconnus et leur concilièrent à juste titre et à un haut degré la considération publique. De là naquirent un légitime esprit de corps et une camaraderie (2) franche et digne, par où tous se regardaient comme solidaires du mérite et de l'honorabilité de chacun, les plus jeunes se montrant fiers « de la gloire » acquise à leurs anciens et à leurs chefs, gloire qu'ils sentaient « rejaillir sur eux », et dont ils tenaient à être et à paraître dignes. Ces sentiments, encouragés par Perronet, se manifestèrent parmi les élèves dès les premières années de la fondation de l'école. On les vit à plusieurs reprises demander le renvoi du milieu d'eux de sujets convaincus d'une conduite répréhensible, ou de basses habitudes et de relations suspectes. Peut-être le motif de « basse naissance », qu'ils alléguèrent contre quelques-uns, paraîtra-t-il à nos lecteurs entaché d'aristocratie et blessant pour les idées égalitaires de notre temps. Mais ils déclarent que ce qu'ils repoussent dans le défaut de naissance, c'est le défaut

---

(1) De 1748 à 1776, le nombre des élèves du bureau varia de vingt-huit à quarante-six, inégalement répartis entre les trois classes. Il y avait de plus les aspirants : on en vit vingt-neuf dans une année. Après 1776, le nombre des élèves fut à peu près régulièrement de soixante, environ vingt par classe : celui des aspirants s'éleva jusqu'à cinquante. Les pensionnaires de Blondel furent remplacés, après sa mort arrivée en 1774, par des pensionnaires de deux autres architectes, Daubenton et Dumont. A partir de 1779, deux élèves furent pensionnés de 450 liv., en vertu d'une donation faite à l'école par le chevalier de Borda, qui fut trésorier des ponts et chaussées.

Les dépenses moyennes annuelles de ce bureau, depuis sa fondation jusqu'à la révolution, furent de 19.500 liv. environ, comprenant le traitement du directeur, les prix et gratifications donnés aux élèves. Elles éprouvèrent d'assez grandes variations, d'ailleurs irrégulières et sans progression croissante ni décroissante, entre 13.722 et 28.421 liv.

(2) Dès l'origine, les ingénieurs des ponts et chaussées se donnèrent entre eux le titre de *camarades*.

d'éducation qui l'accompagne, prêts à accueillir quiconque le rachèterait par ses talents et la noblesse de ses sentiments. Qui donc, de leurs successeurs dans le corps qu'ils entendaient ainsi maintenir à un niveau élevé d'estime et de distinction publiques, pourrait les en blâmer? Ils purent montrer dans leurs exclusions une sorte de rigorisme et d'âpreté, défauts de jeunesse qu'émousse assez tôt l'âge mûr; mais la fierté délicate de leurs motifs, leur déférence sincère envers le maître respecté auquel ils soumettent leurs griefs, leur sont une suffisante excuse. « Depuis longtemps, écrivent-ils à Perronet
« le 23 mars 1758, nous voyons la gloire de nos chefs rejaillir sur
« nous. Jaloux de la mériter aux yeux du public, nous avons vu
« avec douleur quelques-uns d'entre nous s'en rendre indignes,
« etc. .... Leurs défauts .... nous ont paru devoir les ex-
« clure d'un corps où la conduite de chaque membre influe sur la
« réputation des autres....................
« Nous sommes persuadés, monsieur, que nous remplissons le but que
« nous nous sommes proposé de vous donner le témoignage le moins
« équivoque de notre reconnaissance. Pourrions-nous en donner une
« plus forte preuve qu'en vous faisant voir que le corps, guidé par
« l'honneur, est attentif à ne laisser aucun membre dont les senti-
« ments dérogeraient à ceux de son chef? » Non-seulement Perronet fit droit à leur requête, mais il ne craignit pas d'en exprimer son approbation. « Le zèle qui anime MM. les élèves, » dit-il dans une lettre du 31 mars 1758 à un inspecteur général qui avait intercédé pour un de ceux que menaçait l'exclusion, « n'est au surplus
« que très-louable. .... Leur proscription est tombée depuis quel-
« ques jours sur sept sujets qui ne méritent pas de rester avec eux :
« ils en sont tous d'accord. Il est à désirer que cet esprit se main-
« tienne parmi eux : l'on sera sûr qu'il ne passera, par la suite,
« au grade de sous-ingénieur que des gens qui puissent faire hon-
« neur au corps des ponts et chaussées par leurs sentiments, mœurs
« et talents, ce qui est notre objet commun et celui de notre respec-
« table ministre (1). »

21. Bureau des dessinateurs des plans des routes.

Tous les employés du bureau placé sous la direction de Perronet

---

(1) Pièces justificatives, tit. 3, chap. 2, § 3, n° 12.

ne se destinèrent pas à devenir ingénieurs des ponts et chaussées. Il y en eut aussi qui restèrent occupés exclusivement au lever ou au dessin des cartes et plans des routes, tandis que les élèves et les sous-ingénieurs n'y donnaient qu'une partie de leur temps. Mariaval continua à être le chef de ces géographes et dessinateurs et touchait à ce titre des appointements fixes de 1.200 liv. On renouvela même avec lui en 1751, pour six années subséquentes, moyennant 60.000 liv. par an (1), le bail qui avait été passé à son profit pour une première période de six années à partir du 1ᵉʳ janvier 1745. Les gratifications données aux élèves pour les feuilles qu'ils dessinaient étaient-elles prélevées sur ce fonds? Nous n'avons pu le découvrir. On doit croire qu'il se faisait chaque année, avec Mariaval, un décompte en conséquence. D'un autre côté, nous n'avons pu trouver de trace d'un renouvellement postérieur de bail pour cet objet. Cependant ces plans étaient bien loin d'être terminés en 1756, et plusieurs documents établissent qu'on y travaillait encore en 1776, lorsque la première suppression de la corvée opéra un ralentissement considérable dans la construction des routes. Alors ils étaient à peu près terminés tels qu'ils nous sont parvenus et sont conservés au dépôt des travaux publics.

Ces plans durent comprendre toutes les routes et tous les chemins dont l'exécution et l'entretien étaient confiés au corps des ponts et chaussées. Les minutes des levers sur le terrain que dirigeaient les ingénieurs des généralités, envoyées ou rapportées à Paris, étaient mises au net, dessinées et coloriées au bureau, avec tous les détails topographiques que comportait leur échelle (2), sur des feuilles d'un format uniforme de 30 pouces sur 22. Ces feuilles étaient réunies en cahiers ou atlas par généralités. D'autres feuilles, contenant les dessins de tous les ponts et pontceaux construits sur les routes, devaient accompagner les premières. Le tout était déposé sous la garde de Perronet, qui dressait chaque année un état de la situation de l'ouvrage et remettait un exemplaire de cet état à la chambre des comptes de Paris, en certifiant avoir entre les mains les dessins qui y étaient énoncés. Il résulte de minutes encore existantes de cet état annuel, que le nombre de ces plans et des dessins de ponts s'est à peine augmenté de 1776 à 1786, et qu'à cette dernière

---

(1) Pièces justificatives, tit. 3, chap. 1ᵉʳ, n° 417, art. 4.
(2) 10 lignes pour 100 toises.

époque la collection se composait de 2.170 feuilles et demie de plans, comprenant environ 3.135 lieues de routes, et de 804 feuilles de dessins de ponts (1).

En même temps et au même bureau de dessinateurs, on faisait, pour le cabinet particulier du roi, un extrait de cette collection, qui comprenait seulement les plans des grandes routes conduisant de la capitale aux confins du royaume. Ces plans, coloriés comme les autres, rapportés à une échelle moitié moindre, c'est-à-dire de 5 lignes pour 100 toises, étaient exécutés par les plus habiles dessinateurs du bureau. On les réunit en volumes distincts pour chaque route, d'un format d'environ 10 pouces sur 7 pouces 6 lignes, que l'on fit richement relier en veau maroquiné bleu, relevé d'ornements en or frappés en creux, entourant l'écusson de France au milieu de la couverture. De gracieuses vignettes, dessinées à la plume et au pinceau, en décorèrent le titre, et chaque feuille de plan fut entourée d'un riche encadrement. La bibliothèque de l'école actuelle des ponts et chaussées possède onze volumes, précieux débris de cette intéressante collection (2).

Ces plans détaillés des routes, et les opérations au moyen desquelles ils étaient composés, servirent sans doute aussi à établir une carte routière de la France, à l'échelle d'une ligne pour 1.000 toises, manuscrite et d'une très-belle exécution, que possède le dépôt du ministère des travaux publics, et que tout indique avoir été exécutée à l'ancienne école des ponts et chaussées. Perronet d'ailleurs, qui avait été nommé en 1768 (arrêt du 1er août) l'un des trois directeurs de la carte de Cassini, en remplacement de Camus décédé, put faire concourir à l'exécution de la carte dont nous parlons, les géographes et dessinateurs des deux services (3).

---

(1) Le dépôt actuel au ministère des travaux publics possède, indépendamment des doubles en assez grand nombre, 2.188 feuilles de plans de cette collection, nombre qui indique qu'elle est restée complète, mais seulement 396 feuilles de dessins de ponts. La désorganisation du service pendant la révolution et les déménagements beaucoup trop fréquents qu'a eu à subir cet établissement peuvent expliquer la disparition de ce qui manque.

(2) On voit sur les titres quelques dates comprises entre 1753 et 1771. — Plusieurs des volumes existants à la bibliothèque de l'École des ponts et chaussées sont accompagnés de doubles, reliés moins richement, mais exécutés par les mêmes mains. Nous n'avons pu découvrir à qui ils étaient destinés. D'après une note qui se trouve à la même bibliothèque, la dépense de chacun de ces volumes, compris le levé des plans sur le terrain, s'élevait à environ 12.000 liv.

(3) Les levers des plans des routes avaient précédé de quelques années l'entreprise de la carte de Cassini, qui ne date que de 1749.

Voir, pour tout ce § 21, Pièces justificatives, tit. 3, chap. 2, § 5, n° 14.

24. Modifications successives dans le personnel des ingénieurs.

La direction du bureau des dessinateurs, etc., attribuée à Perronet par l'arrêt du 14 février 1747, était une fonction nouvelle et spéciale, intermédiaire entre les inspecteurs généraux et les ingénieurs des généralités. Ainsi le confirma, comme on l'a vu, l'arrêt réglementaire du 7 juillet 1750, qui établit en principe un premier ingénieur, quatre inspecteurs généraux, un directeur du bureau des dessinateurs, etc., et vingt-cinq ingénieurs. Cependant il avait été dérogé d'avance à cette organisation : car le 3 février précédent (1), Perronet avait été nommé inspecteur général en remplacement de Pitrou, décédé, tout en étant maintenu dans sa direction, qui cessa de ce moment de former un grade distinct. La tête du corps des ponts et chaussées était donc alors ainsi composée : Boffrand, premier ingénieur, depuis le 8 mai 1742 ; quatre inspecteurs généraux, Hupeau et Bayeux (de Tours), que nous connaissons déjà ; Pollart, ancien ingénieur de la généralité d'Auch où il fit construire un grand nombre de ponts (2), successeur de Fayolle mis à la retraite le 5 mars 1743 (3), et Perronet, successeur de Pitrou. Le 19 mars 1754, Boffrand mourut à l'âge de quatre-vingt-sept ans ; malgré ce grand âge, il avait encore assisté à l'assemblée des ponts et chaussées le 23 décembre précédent. Hupeau lui succéda comme premier ingénieur le 2 avril (4), et le 7 (5), la quatrième place d'inspecteur général fut donnée à Dié Gendrier, ingénieur de la généralité de la Rochelle (6).

Un édit de septembre 1708 (7) avait créé et érigé en titre d'office un inspecteur général des ouvrages du pavé de Paris, pour surveiller toutes les opérations y relatives conjointement avec un trésorier de France commis à la direction de ces ouvrages. Le roi, ayant reconnu par expérience que « la faculté d'acquérir cet office se trouvait rare-

---

(1) Pièces justificatives, tit. 3, chap. 1er, n° 354.
(2) Les ponts de Tarbes, Pau, Villecomtat, Villebougue, Courraze, Jurançon, Aubiet, Auch.
(3) Pièces justificatives, tit. 3, chap. 1er, n° 298.
(4) Pièces justificatives, tit. 3, chap. 1er, n° 387.
(5) Pièces justificatives, tit. 3, chap. 1er, n° 388.
(6) Il ne faut pas le confondre avec Claude Gendrier, son frère aîné, successivement ingénieur à Poitiers et à Bourges depuis 1726, qui fut récompensé de ses services en 1749 par une gratification annuelle de 1.000 liv. (Pièces justificatives, tit. 3, chap. 1er, n° 355), puis mis à la retraite en 1755.
(7) *Traité de la police de Delamare*, t. 4, tit. 6, p. 182.

« ment unie avec l'aptitude à des fonctions qui ne peuvent être rem-
« plies avec succès que par des hommes de la profession », supprima
ledit office par un autre édit de janvier 1739 ; puis, par un arrêt du
conseil du 24 février suivant (1), il nomma Guillaume Bayeux ingénieur-architecte, pour exécuter à cet égard toutes les opérations que
comporte l'art de l'ingénieur, sous la direction du trésorier de France
commissaire spécial pour ce service, en lui donnant le titre d'inspecteur du pavé de Paris et 3.000 liv. d'appointements. Peu de temps
après (2), il plaça sous ses ordres quatre sous-inspecteurs aux appointements de 1.200 liv., pour remplacer, excepté en ce qui concerne la finance, les quatre contrôleurs créés aussi par l'édit de 1708
et supprimés par celui de 1739. Le 22 juillet 1747, attendu le prolongement des banlieues de la ville de Paris et l'augmentation du
prix du bail d'entretien, renouvelé le 28 février 1747 et porté à
295.000 liv., les appointements de Bayeux furent portés à 4.000 liv. (3).
Cinq ans après, on lui adjoignit un architecte, Guillot Aubry, aux
appointements de 2.000 liv., en le désignant d'avance comme son
successeur. Dès l'institution de l'assemblée des ponts et chaussées,
Bayeux y fut admis et fut chargé de rapports et de missions concernant les travaux des ponts et chaussées. Aussi, en 1755, lui conféra-
t-on le grade et les appointements d'inspecteur général des ponts et
chaussées. Toutefois l'arrêt du 19 janvier déclare que cette place lui
est accordée à titre purement personnel et qu'après lui elle sera
supprimée, l'intention du roi n'étant pas d'augmenter le nombre des
places d'inspecteur général, qui reste fixé à quatre. En même temps
Aubry fut nommé inspecteur du pavé de Paris (4). D'après ce qui
précède, on peut regarder ces inspecteurs du pavé de Paris comme
rattachés par une sorte d'alliance au corps des ponts et chaussées.
Cette opinion se trouve confirmée par un acte de généreuse confra-
ternité envers la veuve de Bayeux, que Perronet a consigné dans son
journal de l'assemblée des ponts et chaussées, et que nous rappor-
tons plus loin.

En 1760, pour alléger les charges du trésor, épuisé par les dépenses de la guerre de sept ans, et pour soulager la population en
diminuant les corvées, on avait « ordonné la surséance de la plu-

---

(1) Pièces justificatives, tit. 3, chap. 1er, no 272.
(2) Pièces justificatives, tit. 3, chap. 1er, no 285, arrêt du 13 décembre 1740.
(3) Pièces justificatives, tit. 3, chap. 1er, no 332.
(4) Pièces justificatives, tit. 3, chap. 1er, no 395.

part des travaux des ponts et chaussées ; on voulut de plus, pour les mêmes motifs, réduire le nombre des ingénieurs. On mit donc à la retraite trois inspecteurs généraux, Pollart et les deux frères Bayeux, par arrêt du 28 juin 1760 (1). On paraît avoir voulu consoler de cette retraite prématurée Pollart et Bayeux jeune, par un privilége que nous n'avons pas vu accorder auparavant aux autres inspecteurs généraux mis à la retraite, celui « de n'être imposé sa vie durant « qu'aux mêmes charges auxquelles les nobles et privilégiés sont « assujettis » à condition de ne faire aucun acte de dérogeance. Nous voyons dans le même arrêt que Bayeux aîné était chevalier de l'ordre royal de Saint-Michel. Au reste, cet inspecteur général demandait sa retraite depuis plus d'un an, ce qui ne l'empêcha pas de diriger ultérieurement la construction du pont de Tours. Guillaume Bayeux, l'ancien inspecteur du pavé de Paris, mourut en 1762. Trudaine accorda une pension de 600 liv. à sa veuve, à la sollicitation expresse de Hupeau, Perronet et Gendrier (2).

Le premier ingénieur Hupeau étant mort en mars 1763, Perronet fut nommé à sa place le 23 mars (3). « On me conserve de plus, dit-il « dans son journal, la généralité de Paris et *mon école* ». Ainsi la direction de cette école montait en grade avec son titulaire, qui ne pouvait s'en séparer. Les appointements lui en étaient aussi conservés en sus de ceux de premier ingénieur. Legendre, ingénieur de la généralité de Châlons, remplaça Perronet comme inspecteur général (4). Vers le même temps, en mars 1763, Perronet fut honoré d'une distinction qui, malgré les idées d'égalité sociale qui commençaient à pénétrer dans les esprits, avait encore une grande valeur, surtout dans l'intention du gouvernement qui la conférait, et qui témoigne de la haute estime en laquelle le roi tenait, non-seulement ce grand ingénieur, mais aussi les travaux des ponts et chaussées. Il reçut des lettres de noblesse, dont le parchemin original existe aux archives de la ville de Paris. Les armes, peintes et décrites sur ce parchemin, sont ainsi composées : en tête, un compas de gueules sur champ

---

(1) Pièces justificatives, tit. 3, chap. 1er, n° 599.
(2) Guillaume Bayeux était frère puîné de Bayeux (de Tours). Perronet le dit dans son journal. Ils avaient un troisième frère plus jeune, qui succéda à l'aîné en 1740 dans la généralité de Caen et y fut mis à la retraite par arrêt du 2 juillet 1748 (Pièces justificatives, t. 5, chap. 1er, n° 339). Les familles d'ingénieurs n'étaient pas rares à cette époque. Nous verrons aussi qu'il y eut trois Trésaguet ingénieurs, le père et les deux fils.
(3) Pièces justificatives, tit. 3, chap. 1er, n° 442.
(4) Pièces justificatives, tit. 5, chap. 1er, n° 442.

de sable; en pointe, un pont d'argent sur champ d'azur (1). Deux ans après Perronet fut nommé membre de l'académie des sciences.

Enfin le traité de Paris ayant terminé la guerre, on décida de faire reprendre aux travaux des ponts et chaussées « leur vigueur ordinaire », et de compléter le nombre des inspecteurs généraux momentanément réduit. L'arrêt du 19 janvier 1765 (2) nomma aux deux places vacantes Guerret, ingénieur de la Franche-Comté depuis 1744, auteur d'une très-belle carte de cette province (3) qui avait été accueillie avec faveur à l'assemblée des ponts et chaussées en 1748, et Gatien Bouchet, nommé en 1745 ingénieur de la généralité de Grenoble.

Le cumul que nous avons vu établir en faveur de Perronet, de la fonction de directeur du bureau des géographes, etc. et du grade d'inspecteur général des ponts et chaussées, puis de premier ingénieur, ne fut ni la première ni la seule dérogation aux arrêts du 7 juillet 1750 qui avaient déterminé le nombre réglementaire des ingénieurs composant le corps, fixé le montant total de leurs appointements, et réparti cette dépense sur les vingt généralités de pays d'élections en même temps que sur le comté de Bourgogne et la généralité de Metz. Ainsi Havez, ingénieur du Hainault, avait été assimilé en 1737 aux ingénieurs des ponts et chaussées, et son traitement, porté à 2.400 liv., était imputé sur les impositions de cette province (4). Antoine de Regemorte était ingénieur de l'Alsace, avec le titre de directeur des ponts et chaussées de cette province qui lui payait 3.000 liv. d'appointements. A sa mort, en 1745, il fut remplacé par Clinchamp, ingénieur de la généralité de Châlons depuis le 6 février 1742, après avoir été adjoint à Boffrand dans la généralité de Paris (5). Le 8 mars 1746, Saint-André avait été nommé ingénieur des pays de Bresse, Bugey et Gex, pour les routes desquelles nous avons

---

(1) Outre ces lettres de noblesse, se trouve aux mêmes archives le dossier de leur enregistrement en la cour des aides et de l'enquête qui précéda cet enregistrement. Il serait, suivant nous, très-regrettable que ces pièces, sans intérêt pour les archives de la ville de Paris, où elles sont dépaysées et comme perdues et où nous les avons découvertes par hasard, ne fussent pas réunies aux nombreux documents concernant ce grand ingénieur que possèdent, soit le dépôt des travaux publics, soit l'école des ponts et chaussées, établissements dont il fut le fondateur. Les démarches que nous avons faites à ce sujet sont restées sans résultat.
(2) Pièces justificatives, tit. 3, chap. 1ᵉʳ, n° 458.
(3) Cette carte gravée est au dépôt des travaux publics.
(4) Pièces justificatives, tit. 3, chap. 1ᵉʳ, n° 275.
(5) Pièces justificatives, tit. 3, chap. 1ᵉʳ, nᵒˢ 286, 289, 519.

vu rendre un arrêt spécial en 1733 (1); il obtint en 1766 le grade d'ingénieur des ponts et chaussées en restant dans cette province (2). Si l'on consulte l'Almanach royal à partir de 1764, on y trouve chaque année la liste des ingénieurs des ponts et chaussées et l'on y voit figurer, en sus de ceux des pays d'élections, de la généralité de Metz et du comté de Bourgogne, et ceux dont nous venons de parler et de plus les ingénieurs du Roussillon et de la Lorraine; puis des ingénieurs *commissionnés*, mais non attachés à une généralité, de sorte que le nombre total en monte à trente (3). En outre, en 1764 (4), un sous-ingénieur reçut, comme récompense de vingt-quatre années de service, le titre d'ingénieur des ponts et chaussées, *sans appointements*; il fut employé dans le Languedoc.

Quant au nombre des sous-inspecteurs et sous-ingénieurs, il n'était point officiellement déterminé à l'avance, et il pouvait varier suivant les besoins du service. Le mémoire de Perronet, déjà cité, qui servit à préparer l'instruction du contrôleur général du 13 mai 1754 (5), fait connaître qu'à cette époque il y avait cent trois sous-inspecteurs ou sous-ingénieurs, après lesquels venaient quarante-sept élèves envoyés en missions temporaires. Ce nombre dut croître à mesure de l'extension des travaux. Ainsi, un document manuscrit de la bibliothèque de l'école actuelle des ponts et chaussées, entre autres renseignements intéressants, donne pour l'année 1771, postérieure de moins de deux ans à l'époque dont nous nous occupons en ce moment, une liste de cinquante et un inspecteurs (précédemment sous-inspecteurs) et de soixante-douze sous-ingénieurs. Ce personnel correspondait à celui de nos trois classes actuelles d'ingénieurs ordinaires, en tenant compte des différences résultant de ce que les sous-ingénieurs, considérés comme appartenant encore à l'école dont ils étaient simplement détachés, n'étaient point pourvus de commissions définitives.

On a vu que les appointements réglementaires des ingénieurs des généralités, qu'on appelait aussi ingénieurs en chef, étaient de 2.400 liv., qui leur étaient payées sur le fonds général de 95.000 liv. formant le budget du personnel des ponts et chaussées, d'après

---

(1) Pièces justificatives, tit. 3, chap. 1er, n° 321.
(2) Pièces justificatives, tit. 3, chap. 1er, n° 471.
(3) Pièces justificatives, tit. 5, chap. 2, § 1.
(4) Pièces justificatives, tit. 3, chap. 1er, n° 455.
(5) Pièces justificatives, tit. 5, chap. 2, § 5, n° 7.

l'arrêt du 7 juillet 1750. Il en était de même pour ceux qui, au delà du nombre officiel de vingt-cinq, étaient payés directement par la province où ils servaient, à l'exception de celui de l'Alsace qui en recevait 3.000 liv. Deux autres encore étaient plus favorablement traités que leurs camarades : celui de la généralité de Metz qui touchait de cette généralité un supplément de 500 liv., et celui du comté de Bourgogne qui, dès 1721, en recevait un de 1.200 liv. fourni par les principales villes du comté (1). L'éloignement des travaux, répartis sur des circonscriptions de territoire aussi étendues qu'étaient les généralités, entraînait les ingénieurs, surtout les plus actifs et les plus zélés, dans des frais de tournées considérables qui faisaient une forte brèche à leurs modiques appointements ; de plus les principales villes avaient quelquefois recours à leurs talents et à leurs lumières pour des ouvrages plus ou moins dépendants de leur service, qui avaient pour elles un intérêt spécial. Il parut juste de tenir compte de ce surcroît de travail et de charges aux ingénieurs qui avaient à le supporter. C'est ce que décida successivement le conseil d'état, en 1756, pour de Voglie, ingénieur de la généralité de Tours ; en 1759, pour Roger, ingénieur de la généralité d'Orléans ; en 1761, pour Lallié, ingénieur de la généralité de Lyon (2). Par arrêts particuliers, 800 liv. de gratification annuelle, dite « pour frais de logement », furent allouées au premier et au troisième, et 600 liv. au second ; lesdites sommes à imputer sur les principales villes de leurs généralités, proportionnellement à l'avantage que ces villes retiraient des soins de ces ingénieurs. En 1766, la gratification accoutumée de 1.200 liv. fut confirmée à l'ingénieur du comté de Bourgogne, par les mêmes motifs et de la même manière (3). D'autres concessions semblables avaient encore été faites « sur de simples lettres du contrôleur général », lorsque, sollicité par les ingénieurs jusqu'alors privés de cette rémunération, Trudaine songea à généraliser une mesure dont il reconnaissait en principe la légitimité et la convenance. Il invita donc les intendants, par une circulaire du 17 mai 1767 (4), à lui signaler ce qui se pratiquait à cet égard dans leurs généralités et à lui faire au besoin, en faveur des ingénieurs et eu égard à leurs services et aux frais qu'ils avaient à supporter, des

---

(1) Pièces justificatives, tit. 3, chap. 1ᵉʳ, n° 472.
(2) Pièces justificatives, tit. 3, chap. 1ᵉʳ, nᵒˢ 413, 422, 452.
(3) Pièces justificatives, tit. 3, chap. 1ᵉʳ, n° 472.
(4) Pièces justificatives, tit. 5, chap. 2, § 3, n° 16.

propositions appropriées aux ressources et aux circonstances locales. Bien que nous n'ayons pu retrouver ni les réponses à cette circulaire, ni les décisions qui durent être prises en conséquence, on ne peut douter qu'à partir de cette époque tous les ingénieurs des généralités n'aient obtenu le bénéfice régulier de semblables allocations supplémentaires.

23. Réformes dans la comptabilité des travaux.

Les réformes et les améliorations du service des ponts et chaussées ne pouvaient être complètes, si elles n'embrassaient une autre branche très-importante de ce service, la comptabilité. Elles ne lui firent pas non plus défaut pendant la période qui nous occupe en ce moment.

Toutefois, nous ne croyons pas devoir compter au nombre des modifications utiles celles qui furent introduites dans les offices de trésoriers des ponts et chaussées, d'abord par un édit de décembre 1743 et ensuite par un autre de mai 1765 (1). Le premier supprima les offices de trésoriers provinciaux des ponts et chaussées établis par édit de mars 1703, pour en créer aussitôt d'autres de même nature, à un taux de finances plus élevé, à cause de l'augmentation des fonds consacrés aux travaux des voies publiques. Le second, sous prétexte de simplification du service, supprima ces nouveaux offices en autorisant le remplacement de leurs titulaires par de simples commis des trésoriers généraux ayant « mêmes priviléges et mêmes exemptions que les trésoriers particuliers supprimés »; puis augmenta en conséquence la finance, les gages, les taxations, etc., des deux offices de trésoriers généraux (2). On a vu tant de fois les motifs énoncés au préambule des édits de ce genre, qui se révoquaient successivement, voiler les expédients souvent iniques d'une fiscalité stérile, qu'il nous paraît désormais impossible de les prendre au sérieux. Nous citons donc ceux-ci, comme nous avons fait de tant d'autres, sans leur attribuer aucune influence bonne ou mauvaise sur l'exact emploi des fonds et la sincère reddition des comptes.

On doit apprécier à un tout autre point de vue les actes suivants, où l'on remarquera d'utiles résultats du contrôle exercé par la cham-

---

(1) Pièces justificatives, tit. 3, chap. 1er, n°s 306 et 463.
(2) Ces édits, ainsi que l'exprime celui de 1743, ne concernaient pas les provinces de pays d'états, qui avaient leurs trésoriers généraux indépendants.

bre des comptes sur la comptabilité des ponts et chaussées. Un arrêt de cette chambre, du 25 juin 1748 (1), posa ou rappela, sous forme d'injonction, des principes dont l'inobservation compliquait les comptes et favorisait les fraudes. Ces principes étaient : de ne prononcer des adjudications de travaux que sur des devis détaillés, rédigés par les ingénieurs, « dont copies entières devront être rap- « portées dans les comptes »; de mentionner dans les devis et dans les réceptions le réemploi, ou la cession aux entrepreneurs, des matériaux provenant de la démolition d'anciens ouvrages ou d'ouvrages provisoires; de ne comprendre dans les devis ou adjudications aucunes charges étrangères aux ouvrages, ni les appointements des ingénieurs et autres employés des ponts et chaussées, à moins de titres suffisants; de comprendre dans les devis la charge, pour les adjudicataires, de payer à qui de droit, sur titres valables, les indemnités d'expropriation et de dommages; de donner, dans les certificats de réception des ouvrages, le détail entier desdits ouvrages et des fournitures, en les déclarant conformes aux devis (2). Ces injonctions ne paraissent pas avoir été écoutées immédiatement : car un arrêt réglementaire du conseil, du 31 mai 1757 (3), indique qu'elles furent renouvelées, au moins en partie, en 1756. Mais en même temps cet arrêt va plus loin et, généralisant les prescriptions d'un arrêt du 21 juin 1729 (4) (cité au chapitre 2) applicable à la province de Champagne seulement, il interdit à l'avenir le payement, par l'intermédiaire des entrepreneurs et comme charges de leurs adjudications, de tous traitements, gratifications, frais de voyages, non-seulement des membres de tous grades du corps des ponts et chaussées, mais aussi de tous autres employés inférieurs, et il stipule que ces payements seront faits par les trésoriers généraux, sur états spéciaux et nominatifs arrêtés à l'avance par le contrôleur général et accompagnés de certaines justifications : il ordonne qu'il en sera de même pour les payements de tous frais accessoires aux travaux, qui se feront sur états détaillés, certifiés par les ingénieurs et arrêtés par les intendants. Ce ne fut que le 20 décembre 1762 qu'une déclaration royale sanctionna le double principe émis par la chambre des comptes,

---

(1) Pièces justificatives, tit. 3, chap. 1ᵉʳ, n° 358.
(2) Plusieurs de ces règles, qui constituaient alors une amélioration, ont été réformées depuis: la première et la dernière ont été conservées.
(3) Pièces justificatives, tit. 3, chap. 1ᵉʳ, n° 417.
(4) Pièces justificatives, tit. 3, chap. 1ᵉʳ, n° 196.

de production, dans les comptes, des devis détaillés sur lesquels les ouvrages avaient été adjugés, et dans les certificats de réception, du détail des ouvrages exécutés, avec déclaration par les ingénieurs de leur conformité aux prescriptions des devis. Ce fut à l'appui du certificat pour payement de leur premier à-compte, qu'il fut prescrit aux adjudicataires de produire les copies détaillées de leurs devis et les procès-verbaux d'adjudication.

Les ingénieurs n'avaient pas attendu ces décisions pour apporter tout le soin et la rigueur que prescrivait déjà Colbert aux ingénieurs de son temps, dans la réception des ouvrages dont la surveillance leur était confiée. Plusieurs avaient provoqué la sévérité de l'administration contre les entrepreneurs qui s'étaient rendus coupables de malfaçons ou de fraudes et ne s'étaient pas conformés aux conditions des devis et aux règles de l'art. On en trouve la preuve dans de nombreux arrêts du conseil d'état qui condamnèrent des entrepreneurs d'ouvrages reconnus mal exécutés, à la restitution de sommes plus ou moins importantes, déterminées par l'estimation du montant des réparations ou reconstructions à faire (1). Nous nous bornerons à citer comme exemple l'ingénieur de la généralité de Metz, le Lorrain de Sivry : sur ses procès-verbaux intervinrent, de 1742 à 1744, plusieurs arrêts du conseil qui condamnèrent les entrepreneurs de la route de Metz à Strasbourg à diverses restitutions, dont une seule s'éleva à 23.789 liv., pour reconstruction de vingt ponceaux. Il y eut à ce sujet de vives contestations, que termina un arrêt du 17 mars 1744, en modérant au chiffre encore considérable de 38.241 liv. la somme des condamnations prononcées contre ces entrepreneurs.

24. Développements considérables donnés à l'ensemble du service des ponts et chaussées ; mesures qui y concoururent.

Les trente-six années qui suivirent la première application générale de la corvée à la construction et à la réparation des routes furent sans contredit, sous l'ancienne monarchie, l'époque du plus grand développement des ouvrages des ponts et chaussées dans tout le royaume. Si, dès les premiers temps de ce régime, ses excès, ses abus, ses inégalités, son poids écrasant pour la population rurale excitèrent de nombreuses plaintes et soulevèrent de graves difficultés,

---

(1) Pièces justificatives, tit. 5, chap. 1ᵉʳ, nᵒˢ 288, 294, 296, 301, 311, 312, 315, et autres arrêts que nous n'avons pas cru utile de rapporter dans les Pièces justificatives.

les plaintes étaient généralement étouffées ou méconnues, les difficultés tournées ou tranchées, et l'on marchait toujours en avant sous l'impulsion énergique du mouvement donné d'en haut et de l'émulation qui s'était emparée des intendants et des ingénieurs. Alors les résultats dus à ce grand travail, imposé sans estimation préalable et dont l'expression en chiffres eût effrayé même le gouvernement qui l'ordonnait, dépassèrent de beaucoup ceux que représentaient les sommes inscrites aux brevets d'impositions générales ou particulières (1). Et cependant on est forcé de reconnaître que ces résultats furent bien inférieurs au travail même, et celui-ci encore aux souffrances au prix desquelles il fut obtenu. Aussi nous paraît-il impossible de se faire une idée exacte de l'étendue et de la pesanteur des charges qu'eut à supporter la France pour ses voies publiques dans cette période. A ce point de vue, nous ne saurions estimer à un trop haut prix les six mille lieues de routes que nous ont ainsi léguées nos ancêtres (2). Toutes choses avaient été successivement disposées pour ce grand développement d'ouvrages. Nous venons de voir comment avait été perfectionnée l'organisation du personnel des ingénieurs chargés de les diriger, et de leurs auxiliaires; puis comment avaient été introduites dans la comptabilité des règles propres à assurer le bon emploi des fonds et la sincérité des comptes. Longtemps auparavant, les arrêts de 1705, 1720 et 1721 avaient posé, pour l'ouverture des nouvelles routes et la rectification des anciennes, des principes que l'administration avait habilement développés, de manière à vaincre toute résistance que pourrait opposer l'intérêt privé à cette grande œuvre d'intérêt public. Il n'y avait plus qu'à maintenir l'observation de ces principes et à suivre leurs conséquences. Tel fut l'objet presque unique de quelques arrêts ou autres actes réglementaires qui furent alors promulgués, et dont l'examen achèvera le tableau d'ensemble de l'administration de Daniel Trudaine.

Le plus complet de ces actes est l'ordonnance du bureau des finances de la généralité de Paris, du 29 mars 1754 (3). Cette ordonnance fut rendue, après avoir été lue dans l'assemblée des ponts et chaussés par un des trésoriers de France commissaire pour les ponts et chaussées de cette généralité, et discutée pendant plusieurs

---

(1) Voir plus loin, au § 27.
(2) Chiffre donné par Perronet en 1782 dans l'épitre dédicatoire au roi qui est en tête de ses œuvres.
(3) Pièces justificatives, tit. 3, chap. 1er, n° 386.

séances. Rappelant et précisant toutes les dispositions des actes antérieurs sur la matière, elle embrasse tous les rapports qu'ils ont établis entre les chemins publics et la propriété riveraine. Leur largeur légale, leur direction, leur délimitation, les plantations qui doivent les border, l'entretien de leurs accotements et fossés, leur défense contre toutes anticipations et toutes entreprises nuisibles à leur exécution ou à la facilité et à la sûreté de la circulation : telles sont les matières traitées dans ses quatorze articles, dont un seul est relatif à un objet un peu différent, la police du roulage. Cette ordonnance n'était valable que pour la généralité de Paris : mais on doit croire qu'elle servit de guide pour l'observation des règlements dans les autres généralités.

Dix-huit mois après, le 7 septembre 1755 (1), un arrêt du conseil rappela explicitement pour tout le royaume les dispositions des arrêts des 3 octobre 1667, 3 décembre 1672 et 22 juin 1706 concernant l'extraction des matériaux pour les ouvrages des ponts et chaussées. Les principes de cet arrêt sont encore observés de nos jours. L'article 1er maintient aux entrepreneurs de travaux publics le droit de prendre les matériaux nécessaires à leurs ouvrages sur toutes les propriétés non closes, mais en exigeant l'indication préalable des lieux d'extraction dans les devis et adjudications. L'art. 2 recommande aux ingénieurs d'indiquer les lieux où l'extraction causera le moins de dommage, et fait une réserve pour les bois de l'état où il exige l'intervention des officiers des eaux et forêts. L'art. 3 fixe le mode d'estimation et de payement du dédommagement plein et entier à donner aux propriétaires des terrains fouillés ou endommagés pour ces extractions. L'art. 4 exempte de tous droits quelconques le transport desdits matériaux et celui des outils et équipages des entrepreneurs.

Un arrêt du 16 décembre 1759 (2), rendu pour protéger les plantations bordant les routes contre la dent des bestiaux qui les parcourent, nous montre qu'on avait alors le soin, trop souvent négligé depuis, de border de haies vives les chemins établis en remblai ou sur les pentes des montagnes.

Le lever des plans des routes, ordonné en 1744 et qui se poursuivait activement depuis, fit reconnaître des anticipations et des irrégularités

---

(1) Pièces justificatives, tit. 3, chap. 1er, n° 404.
(2) Pièces justificatives, tit. 3, chap. 1er, n° 424.

assez nombreuses causées par un reste de confusion dans les attributions de la grande voirie quoique exclusivement dévolues, en principe, aux trésoriers de France. Les alignements pour construction le long des routes ou dans les traverses des villes et villages de quelques généralités étaient donnés « par des officiers de justice ou prétendus voyers, « qui s'ingéraient dans l'exercice d'une fonction que S. M. ne leur « avait point confiée ». Pour remédier à cet abus, on résolut d'étendre à toutes les généralités la disposition de l'ordonnance du 29 mars 1754 du bureau des finances de la généralité de Paris, qui réserve le droit de donner les alignements le long des routes et grands chemins aux seuls trésoriers de France commissaires pour les ponts et chaussées, ou, à leur défaut, à l'un des autres trésoriers du même bureau, en se conformant aux plans arrêtés à l'avance et déposés au greffe desdits bureaux. A défaut d'existence de ces plans, les trésoriers devront se faire remettre préalablement un rapport de l'état des lieux par les ingénieurs, et l'alignement par eux donné sera déposé audit greffe. Ce fut l'objet d'un arrêt du 27 février 1765 (1). Il y avait déjà plusieurs années que, sur les ordres de Trudaine, les ingénieurs levaient, dans toutes les généralités, les plans des traverses des villes, bourgs et villages, sur lesquels ils traçaient des projets d'alignement : ces tracés, après avoir été soumis à l'examen de l'assemblée des ponts et chaussées, étaient définitivement approuvés par arrêts du conseil pour être appliqués par les soins des trésoriers de France (2). Il y a peu de bureaux d'ingénieurs où l'on ne retrouve de ces anciens plans d'alignements. Mais on a dû, le plus souvent, les abandonner et leur en substituer d'autres, surtout parce que les alignements qui y sont tracés ont le grave défaut de n'être point rattachés entre eux par des cotes, ni repérés par des points fixes qui en déterminent sans incertitude les emplacements et les directions.

On ne négligeait pas non plus un autre objet qu'on regardait comme éminemment propre à assurer la conservation des routes en bon état de viabilité, la police du roulage. Par plusieurs arrêts du

---

(1) Pièces justificatives, tit. 3, chap. 1er, n° 460.
(2) Pièces justificatives, tit. 3, chap. 2, § 3, n° 19, *Journal de l'assemblée des ponts et chaussées.* — Pièces justificatives, chap. 1er, n°s 468, 486, etc. — On voit audit journal que, dans la séance du 19 mai 1754, on décida que les propriétaires de bâtiments en arrière des alignements arrêtés ne seraient pas tenus de les avancer sur l'alignement en les reconstruisant. Ce principe est encore en vigueur dans la grande voirie, à moins de décisions contraires par les municipalités des villes, pour motifs de sécurité, salubrité ou embellissement.

conseil de 1744 et 1745 (1), on chercha à mieux assurer la répression des contraventions à la déclaration royale du 14 novembre 1724 (2), en ajoutant les intendants des généralités aux juges et officiers que cette déclaration appelait à connaître de ces contraventions. C'était une nouvelle extension donnée à la justice administrative, dans une matière, il est vrai, naturellement de son ressort. En Provence, l'aridité du sol et la sérénité habituelle des saisons d'automne et d'hiver, beaucoup moins humides que dans le centre et le nord de la France, laissaient les routes à peu près aussi bonnes dans ces saisons qu'en été. Il paraît qu'alors on avait abusé de l'autorisation d'atteler quatre chevaux aux charrettes, d'octobre en avril, pour augmenter le chargement de ces voitures, ce qui était contraire à l'intention du législateur. Pour remédier à cet abus, une déclaration royale du 6 août 1765 vint restreindre dans cette province, le nombre des chevaux d'attelage à trois en hiver comme en été. Mais on ne crut pas devoir maintenir cette restriction contre les réclamations du commerce de Marseille, et un arrêt du conseil du 27 août 1766 (3) rétablit l'attelage de quatre chevaux ou mulets en hiver, toutefois avec défense de charger sur une charrette, en cette saison, plus de cinquante quintaux. On retombait ainsi dans la difficulté, qu'avait voulu éviter la déclaration de 1724, d'avoir à constater le poids des chargements. Aussi crut-on devoir se contenter des lettres de voiture pour la justification de ce poids.

25. Travaux des grands ponts.

Rien n'était plus urgent, nous l'avons déjà dit, que la reconstruction à neuf de la plupart des ponts sur les grandes rivières. Nous avons vu Gabriel commencer cette œuvre sur la Loire à Blois en 1720, puis, quelques années après, Hupeau élever un nouveau pont à Compiègne d'après les dessins de Lahite. Mais c'était une immense entreprise, à la fois difficile et coûteuse. L'art raisonné d'établir solidement et régulièrement ces édifices au milieu des eaux, de les adapter en même temps aux exigences de l'écoulement de celles-ci dans les crues et au double besoin d'une circulation facile sur les routes et sur les rivières, n'existaient véritablement pas : ou bien le peu que

---

(1) Pièces justificatives, tit. 3, chap. 1er, n° 309.
(2) Pièces justificatives, tit. 3, chap. 1er, n° 175.
(3) Pièces justificatives, tit. 3, chap. 1er, n° 473.

les Romains en avaient connu et pratiqué était tombé dans l'oubli. On en trouve la preuve dans les défectuosités barbares des ponts du moyen âge, dans les dispositions presque aussi vicieuses et dans la caducité de la plupart des ouvrages postérieurs du même genre, dans la chute du pont de Moulins, construit récemment sur les projets d'un architecte célèbre. Le succès obtenu au pont de Blois témoigne donc, à un plus haut degré peut-être qu'on ne l'a cru jusqu'ici, du mérite de Gabriel et de ses collaborateurs, Regemorte père et Pitrou.

Boffrand, avec moins d'éclat, mais avec un incontestable talent et des progrès sensibles, marchait sur ces traces dans la reconstruction successive d'importantes parties des ponts de la rivière d'Yonne compris dans la généralité de Paris. Nous l'avons vu, dans le chapitre précédent, remplacer les arches écroulées des ponts de Joigny et de Villeneuve-le-Roi par des arches en plein cintre de peu d'ouverture. Mais quelques années après, vers 1738, il construisit, en place d'une partie écroulée du pont de Pont-sur-Yonne, deux arches hardies en anse de panier, de 12 toises d'ouverture chacune sur 4 toises 1/2 environ de montée, s'appuyant sur une pile de 3 toises d'épaisseur qui dut être fondée à une grande profondeur dans l'eau. Cette pile, exposée à un courant oblique très-fort, résista à un affouillement considérable, contre les conséquences duquel il fallut toutefois la défendre par un encrèchement et un enrochement en gros blocs qui y furent exécutés en 1754 et en 1757. Un siècle d'épreuve a maintenant constaté la solidité de cet ouvrage (1). On avait dû, en 1748 (2), ordonner la destruction d'un moulin établi dans une des arches du milieu de ce pont, qui avec ses ouvrages accessoires, détournait le courant et le dirigeait contre la pile dont nous venons de parler.

Le même ingénieur, assisté de Clinchamp, alors sous-inspecteur, qui lui fut ensuite adjoint pour la généralité de Paris (3) puis succéda à Antoine de Regemorte comme directeur des ponts et chaussées d'Alsace, reconstruisit le pont de Sens, de 1739 à 1742. L'ancien pont, de sept arches, fut remplacé par un pont de trois arches surbaissées au tiers, celle du milieu de 60 pieds d'ouverture et les deux autres de 48 pieds. Plusieurs dessins très-soignés de ce pont, conservés au dépôt des travaux publics, donnent la situation de l'ou-

---

(1) Voir deux dessins existant au dépôt des travaux publics.
(2) Pièces justificatives, tit. 3, chap. 1ᵉʳ, n° 342, arrêt du 15 octobre 1748.
(3) Pièces justificatives, tit. 3, chap. 1ᵉʳ, n° 286.

vrage à diverses époques de sa construction et de curieux détails des procédés d'exécution qui y ont été suivis. Il faut remarquer surtout l'exécution régulière du pilotage et de l'encrèchement des fondations, puis l'emploi du fer pour fixer la plate-forme en charpente sur les pilots, pour relier par des tirants les couronnements des crèches à travers la maçonnerie des piles et des culées et pour cramponner entre elles toutes les pierres du parement (1). Ce parement est en grès très-dur, des environs de Sens ; la beauté de son appareil, malgré son extrême dureté, témoigne aussi des soins particuliers donnés à cet ouvrage.

En même temps Louis de Regemorte construisait à Vouvray, sur la Cisse, un pont tout semblable composé de trois arches en anse de panier, de 54 et 60 pieds d'ouverture. Le pont de Charmes, sur la Moselle, composé de dix arches en plein cintre de 10 toises d'ouverture, est aussi de la même époque, mais semble se rattacher par cette forme des arches et par celles des avant et arrière-becs de ses piles, à une époque antérieure (2).

Mentionnons encore le pont de Port-de-Piles, sur la Creuse, composé de trois arches de 90 et 92 pieds d'ouverture, en anse de panier surbaissée au tiers, construit en 1747 par Bayeux, inspecteur général, faisant en même temps les fonctions d'ingénieur de la généralité de Tours. Ce pont, analogue à celui de Sens, mais de plus grandes proportions, fut aussi exécuté avec un soin tout particulier, surtout pour la pose des voussoirs, de sorte qu'on obtint ce résultat remarquable, qu'après le décintrement la grande arche ne tassa que de 15 lignes (3).

---

(1) Cet emploi des crampons de fer indique qu'on se fiait peu alors à la ténacité des mortiers, d'ailleurs d'une adhérence assez difficile avec le grès dur. Plus tard l'assemblée des ponts et chaussées blâma et proscrivit ce système (Journal de Perronet, 27 décembre 1750). Nous pensons que ce pont est un de ceux où il fut employé sur la plus grande échelle. Peut-être est-ce à cette précaution, en même temps qu'à la dureté du grès, aux grandes proportions et à la précision de son appareil, enfin au soin apporté dans toute cette construction, qu'est dû l'insuccès de la tentative faite en 1814 pour faire sauter une arche de ce pont, comme on le fit à Montereau, à Pont-sur-Yonne, à Trilport, etc. Quelques pierres éclatèrent, mais aucune ne fut enlevée et l'ouvrage entier ne parut pas ébranlé.

Une note manuscrite contemporaine, qui se trouve à la bibliothèque de la ville de Sens, précise les dates des principales phases de la construction de cet ouvrage et rapporte que, le 15 octobre 1740, on plaça une pièce de chacune des espèces de monnaies qui avaient cours alors en or, argent et billon, dans les deux pierres situées au centre des avant et arrière-becs de la troisième assise de la pile du côté de la ville.

(2) Gauthey, *Traité de la construction des ponts*, p. 76.

(3) Gauthey, *Traité de la construction des ponts*, p. 77. Le tassement de la grande arche du

Ces ouvrages et quelques autres plus ou moins importants, parmi lesquels nous ne devons pas omettre le remplacement dû vers 1735 à Querret, ingénieur du comté de Bourgogne, d'une partie du vieux pont de Gray par sept arches en anse de panier s'appuyant sur des piles de 9 pieds seulement d'épaisseur, précédèrent l'institution de l'assemblée des ponts et chaussées. Nous verrons par l'histoire de ceux dont nous avons maintenant à parler, et qui eurent la plus grande part à l'illustration du corps des ponts et chaussées à cette époque, combien les lumières réunies des membres de cette assemblée, leurs discussions et les études qu'elles provoquèrent, contribuèrent à fonder définitivement l'art de construire ces importants édifices et à en assurer les progrès.

Dès ses premières réunions, l'assemblée des ponts et chaussées eut de nombreuses occasions de traiter des principales difficultés que présentait cet art, et des principales conditions théoriques et pratiques auxquelles il devait satisfaire. Son attention est appelée tour à tour sur les importantes questions de l'élargissement des arches pour offrir le plus grand débouché possible aux eaux, et de leur surbaissement pour diminuer la hauteur à franchir par les voitures et la roideur des pentes ou l'encombrement de leurs abords ; de la réduction des piles et culées aux dimensions strictement suffisantes pour résister à la charge et à la poussée des voûtes ; de la diminution de l'épaisseur des voûtes, de la coupe et de la pose des voussoirs ; des systèmes de fondations les plus propres à prévenir les affouillements ou à leur résister, et du mode d'exécution de ces fondations ; de la qualité, de la confection et de l'emploi des mortiers ; de la composition et de l'exécution des cintres ; du décintrement et du tassement des voûtes (1). Des solutions sont données, tantôt d'une manière générale, tantôt par application spéciale à des projets présentés. Ainsi se déterminèrent successivement pour ce genre d'édifices les règles de l'art, fondées sur l'accord de la théorie et de l'expérience ; et elles devinrent bientôt le patrimoine commun de tous les ingénieurs. A partir des grandes œuvres de Perronet, il n'y fut point apporté de changements jusqu'à la découverte, vers le tiers du XIX° siècle,

---

pont de Blois, de 72 pieds seulement d'ouverture, avait été de 8 pouces 10 lignes (*Journal de l'assemblée des ponts et chaussées*, séance du 16 avril 1749). Dans une séance postérieure, du 16 décembre 1753, on cita une arche de 15 toises qui avait tassé de 15 pouces.

(1) Pièces justificatives, tit. 3, chap. 2, § 5, n° 19 ; *Journal des séances de l'assemblée des ponts et chaussées*.

et à la vulgarisation des chaux et mortiers hydrauliques, puis jusqu'aux progrès plus récents encore dus à l'application des machines à vapeur et à l'emploi des grandes pièces métalliques.

Le pont d'Orléans, sur la Loire, fut le premier grand pont dont s'occupa l'assemblée des ponts et chaussées. La reconstruction en ayant été ordonnée par arrêt du 7 juin 1746, l'inspecteur général Pitrou, l'un des constructeurs du pont de Blois, en dressa le projet qui fut soumis à l'assemblée le 18 avril 1749. Il se composait de onze arches en anse de panier, de largeurs croissantes, des rives au milieu du pont, depuis 12 jusqu'à 17 toises. La lecture du devis de ce pont occupa plusieurs séances en juin et juillet, et le 22 juillet le gouvernement en ordonna la mise en adjudication (1). Cependant le projet avait soulevé plusieurs critiques. Pitrou étant mort en 1750, Hupeau fut chargé de revoir son œuvre, et, après avoir proposé à l'assemblée de nouvelles dispositions d'ensemble dans sa séance du 22 mars 1750, il lui présenta un projet complet le 24 janvier 1751. L'emplacement était reporté en aval de celui du vieux pont, de manière à exiger l'ouverture d'une rue neuve sur son alignement, et le nouveau pont devait se composer de neuf arches seulement, en anse de panier surbaissée au quart, d'ouvertures croissantes, des rives au milieu, depuis 92 jusqu'à 100 pieds. Sur le rapport de Boffrand, ce projet fut complétement approuvé et mis à exécution sans retard. Cet ouvrage subit d'assez grandes vicissitudes et dura neuf ans à terminer. De profonds affouillements se produisirent à plusieurs reprises sous quelques arches et menacèrent la solidité des fondations; on y remédia définitivement en 1761 par un encrèchement de deux files de pieux espacées de 2 toises, passant à une toise en aval des arrière-becs et recépées à 3 pieds sous l'étiage, dont l'intervalle fut rempli d'enrochements, ainsi que tous les affouillements autour des piles. La réception ne fut faite qu'en octobre 1763, après la mort de Hupeau, par Perronet son successeur. Le décompte définitif en fut fixé, par arrêt du 23 juillet 1764, à la somme totale de 2.670.856 liv. 13 s. (2.724.273 fr. 78 c.), comprenant une augmentation de 586.856 liv. 13 s. (598.593 fr. 78 c.) sur le montant de l'adjudication qui avait été de 2.084.000 liv. (2.125.680 fr.). Cette dépense fut couverte au moyen d'impositions frappées depuis 1747 sur les vingt généralités de pays d'élections par annuités de 300.000 liv.

---

(1) Pièces justificatives, tit. 3, chap. 1er, n° 350.

(306.000 fr.) (1). Le principal collaborateur de Hupeau pour l'exécution de ce pont fut Soyer, qui obtint, après son achèvement, le grade d'ingénieur des ponts et chaussées, et fut ensuite ingénieur des turcies et levées. Pendant toute la durée des travaux, deux élèves y étaient envoyés en mission à chaque campagne, de manière à y passer deux par deux environ trois mois. Lorsque les travaux furent terminés, Hupeau fut gratifié d'une pension viagère de 4.000 liv. en récompense, tant des peines et soins qu'il s'y était donnés et « du talent supérieur » dont il y avait fait preuve, que de ses services antérieurs remplis avec « autant d'intelligence et de distinction que de probité ».

Presque en même temps que le pont d'Orléans, en 1750, le gouvernement ordonna la reconstruction du pont de Moulins, depuis si longtemps ajournée. Il en chargea Louis de Regemorte, qui présenta un premier projet partiel le 26 avril 1750. Alors, suivant une décision de 1740, il s'agissait de faire un pont en deux parties sur les deux bras que séparait l'île Maquerelle, à plus de 200 toises en aval de Moulins. Mais l'assemblée des ponts et chaussées demanda un pont unique d'environ 150 toises de longueur, plus rapproché de la ville. Deux nouveaux projets lui furent soumis le 26 mars 1751; l'un bombé dans le milieu de sa longueur, comme celui d'Orléans, l'autre de niveau avec arches égales entre elles. Ce dernier système fut préféré. Regemorte en présenta les dessins le 26 mars 1752 et s'occupa activement de la rédaction du devis. Ce ne fut toutefois que le 10 décembre que ses dispositions d'ensemble et son emplacement, qui n'était pas celui qu'avait indiqué l'assemblée, furent adoptés par Trudaine. Le devis en fut lu et discuté dans la séance du 28 janvier 1753 et les séances suivantes. Ce dernier projet était grandiose et hardi. Le lit de l'Allier, resserré entre la ville de Moulins et le faubourg de la Madeleine sur la rive gauche, se trouvait là réduit à 70 toises de largeur : c'était dans cet étranglement que les ponts Ginguet et Mansard avait successivement péri, surtout à cause de l'insuffisance du débouché ; et c'est pour cela qu'on avait songé à éloigner le nouveau pont de la ville. L'emplacement que choisit Regemorte était à une distance de 25 toises seulement en amont du pont Mansard ; mais il proposait de donner à la rivière un lit de lar-

---

(1) Pièces justificatives, tit. 3, chap. 1er, nos 322, 330, 335, 344, 350, 358, 367, 374, 380, 390, 400, 436, 446. — Pièces justificatives, tit. 3 chap. 2, § 3, n° 19. — Gauthey, *Construction des ponts*, p. 78.

geur suffisante et de direction convenable, en reculant sa rive gauche de plus de 120 toises aux dépens du faubourg de la Madeleine, qui devait disparaître en entier. De niveau sur sa longueur, le pont était composé de treize arches égales en anse de panier, de 10 toises d'ouverture. Un radier général en maçonnerie, arrasé à 3 pieds sous les basses eaux, enraciné et protégé par cinq bordages de pieux et palplanches, devait de plus le garantir contre les affouillements si funestes dans le passé et par suite si redoutés. L'alignement de la voie devait être prolongé, d'un côté par une large rue à travers la ville, de l'autre par une belle avenue en ligne droite se raccordant aux routes existantes. Des levées de défense contre les inondations venaient se rattacher aux deux culées. Toutes ces dispositions largement conçues furent adoptées, malgré le chiffre de la dépense, estimée près de 2 millions de livres (2.040.000 fr.). Un arrêt du conseil d'état les ratifia le 16 mai 1753 (1), puis sanctionna une convention passée avec la ville de Moulins pour l'indemnité des terrains et des bâtiments à occuper et à détruire pour l'élargissement du lit de l'Allier, moyennant prolongation d'un octroi accordé à cette ville. Un autre arrêt, du 17 mai (2), ordonna les publications pour l'adjudication. Elle fut faite sur soumission de trois entrepreneurs associés, en date du 25 janvier 1754. Les travaux commencèrent bientôt après, et ne furent complétement terminés qu'en 1762. L'exécution eut lieu en deux parties : la première au milieu du faubourg de la Madeleine, avant sa destruction; la seconde à l'emplacement du lit primitif de l'Allier, après qu'on en eut détourné les eaux dans le nouveau lit du faubourg. De la sorte on diminua les difficultés et les épuisements. Dans l'exécution, on s'écarta beaucoup des conditions du devis, et malgré l'adjudication, on peut dire que les travaux furent effectivement exécutés en régie. En effet, dit Regemorte dans l'état de situation définitive, « il a été impossible de suivre les ou- « vrages en entreprise; le genre de travail était tout neuf; on ne « pouvait aller, pour ainsi dire, qu'en tâtonnant pour chaque ma- « nœuvre ». Pendant la durée des travaux, cet ingénieur en entretint plusieurs fois l'assemblée des ponts et chaussées, lui demandant des conseils ou son approbation. La dépense s'éleva définitivement à la somme de 2.305.114 liv. 17 s. 3 d. (2.351.217 fr. 16 c.), compre-

---

(1) Pièces justificatives, tit. 3, chap. 1ᵉʳ, n° 381.
(2) Pièces justificatives, tit. 3, chap. 1ᵉʳ, n° 382.

nant une augmentation de 616.097 liv. 8 s. 6 d. (628.419 fr. 37 c.) sur le montant du devis.¹ Le roi paya, sur les fonds du trésor, 422.174 liv. 15 s. 5 d. (430.618 fr. 26 c.) pour épuisements, frais accessoires, appointements et gratifications. 1.982.940 liv. 1 s. 10 d. furent payées par les cinq généralités de Tours, Orléans, Riom, Bourges et Moulins, au moyen d'impositions annuelles qui s'élevèrent jusqu'à 300.000 liv. (306.000 fr.). La ville de Moulins eut à payer en sus environ 150.000 liv. (153.000 fr.) pour indemnités de terrains et bâtiments. Regemorte fut secondé dans ce grand ouvrage par plusieurs ingénieurs, parmi lesquels nous citerons Bochet de Colluel, Lenoir Desvaux, Mauricet, Lartigues, Gaullier, Dumoustier, Cadet de Limay, qui furent ingénieurs des turcies et levées ou des ponts et chaussées. Comme premier ingénieur des turcies et levées, il recevait un traitement de 6.000 liv. La direction des travaux du pont lui valut, à partir de 1752, un supplément annuel de 4.000 liv., qui fut converti en pension viagère par arrêt du 30 mai 1762, en même temps qu'une semblable récompense était accordée à Hupeau pour le pont d'Orléans. Regemorte reçut de plus une gratification de 20.000 liv. (20.400 fr.). On voit qu'il fut généreusement récompensé. Le total des appointements et gratifications s'éleva à 143.934 liv. 12 s. (146.813 fr. 29 c.). Convaincu de l'étendue des difficultés qu'avait présentées ce grand ouvrage et de l'habileté déployée pour les vaincre, espérant d'ailleurs en faire ressortir d'utiles leçons pour les progrès de l'art de l'ingénieur, Trudaine invita Regemorte à publier la description des détails de son exécution : cette publication eut lieu en 1771 (1).

Nous avons parlé, dans le chapitre précédent, des travaux qui s'exécutaient depuis 1717 pour la restauration des vieux ponts de Saumur. En 1752, on continuait la réparation du pont des Sept-Voies, dont deux arches avaient été emportées par une crue. Comme le reste de ce pont était en très-mauvais état, de Voglie, ingénieur en chef de la généralité de Tours, présenta en 1753 le projet de sa reconstruction totale. Mais, après discussion dans l'assemblée des ponts et chaussées, Trudaine décida d'abandonner tous ces vieux ponts et d'entreprendre leur remplacement sur un nouvel et unique aligne-

---

(1) Pièces justificatives, tit. 3, chap. 1ᵉʳ, nᵒˢ 381, 382, 389, 401, 431, 436. — Pièces justificatives, tit. 3, chap. 2, § 3, nº 15; *ibid.*, nº 19. — *Description des travaux du pont de Moulins*, par Regemorte. — Gauthey, *Construction des ponts*, t. 1ᵉʳ, p. 84. — Dessins du pont de Moulins au dépôt des travaux publics.

ment, en commençant par le pont du grand bras où se trouvait, au lieu de l'ancien pont de pierres écroulé, un pont en bois déjà vieux, qui servait de pont provisoire. Sur ces données, de Voglie proposa de porter le nouvel édifice en aval et en dehors des remparts de la ville, où il serait facile d'ouvrir à la suite une large route en ligne droite. Ce projet, rédigé le 25 février 1754, fut présenté à l'assemblée des ponts et chaussées le 4 mai 1755 et définitivement adopté dans toutes ses dispositions le 4 avril 1756, sur le rapport de l'inspecteur général Bayeux. Il se composait de douze arches égales en anse de panier, de 10 toises d'ouverture. On commença les travaux immédiatement, et l'on entreprit de fonder dans la première campagne la culée du côté du faubourg et la première pile. Ces fondations devaient s'exécuter sur pilotis, par la méthode ordinaire des batardeaux et des épuisements. Mais la Loire s'étant constamment maintenue cette année à plusieurs pieds au-dessus de l'étiage, on éprouva des difficultés telles qu'il fallut renoncer à la fondation de la culée et se borner à celle de la pile, qu'on ne put établir qu'à 4 pieds environ sous l'étiage, quoiqu'on eût employé à la fois aux épuisements jusqu'à quarante-trois chapelets et six cents hommes. On réussit à fonder la culée en 1757. Cependant les difficultés de la première campagne avaient inspiré les plus grandes inquiétudes à de Voglie sur le succès de la fondation de la deuxième culée et des dix autres piles dans le même système, et il avait résolu de s'affranchir de la nécessité des épuisements. L'attention de nos ingénieurs s'était déjà portée plusieurs fois sur cet objet : divers essais avaient été faits dans de certaines limites, et divers systèmes plus ou moins efficaces et exécutables avaient été soumis à l'assemblée des ponts et chaussées (1). De Voglie s'arrêta à la méthode inventée peu d'années auparavant par l'ingénieur génevois la Bélye, pour le pont de Wesminster, à Londres. Cette méthode consistait à construire la maçonnerie destinée à former la base d'un pile ou culée de pont, dans un caisson étanche à fond plat, que l'on faisait échouer, sous le poids croissant de la maçonnerie et en y introduisant l'eau à un moment voulu, sur l'emplacement déterminé convenablement préparé. Après l'échouement du caisson et l'élévation de la maçonnerie au-dessus de l'eau, on enlevait les bords qui avaient enveloppé jusque-là cette maçonnerie pour permettre de la construire à sec malgré son en-

---

(1) *Journal de l'assemblée des ponts et chaussées*, années 1750, 1753, 1754, 1755.

foncement sous l'eau. La construction se trouvait ainsi assise sur le fond même du caisson, d'ailleurs environné d'une enceinte de pilotis. Mais les caissons de la Bélye avaient été échoués sur le sol même du lit de la Tamise. Il arriva alors que, soit par suite d'affouillement, soit par suite d'une résistance inégale et insuffisante du sol, l'une des piles éprouva un tassement qui alla jusqu'à près de 17 pouces et nécessita la reconstruction des deux arches qui s'appuyaient dessus. C'était là un grave avertissement dont il fallait tenir compte, lors même que la profondeur d'eau en Loire à Saumur et la nature du fond ne se fussent pas opposées à ce qu'on opérât de même. Il fallait donc conserver le système de fondation sur pilotis, mais substituer le fond du caisson, échoué à une profondeur convenable sur les têtes des pilots, au grillage en bois qu'on aurait établi à sec sur ces mêmes têtes, à l'aide des épuisements, pour recevoir la maçonnerie. Le problème à résoudre à cet effet était de receper sous l'eau les pilots, à une profondeur proportionnée à la profondeur du sol et à l'enfoncement de ces pilots, suivant un même plan horizontal qui servît d'assiette au caisson. Dans une remarquable lettre à Perronet, du 14 mars 1762 (1), de Voglie raconte lui-même, avec autant de modestie que de simplicité, comment il résolut ce problème, en en faisant remonter le premier mérite à cet ingénieur qui avait été son maître (2). Ce fut par le perfectionnement d'une scie que lui présenta un serrurier de Saumur, nommé Gamory, et en s'aidant du concours de de Cessart, sous-ingénieur chargé de la conduite des travaux, de celui des entrepreneurs et même de simples ouvriers, qu'il rassembla chez lui à cet effet et avec lesquels il travailla, sous le sceau du secret, jusqu'à l'entière réussite. Alors il rédigea un devis détaillé de toute l'opération (3), et obtint de Trudaine l'autorisation de la mettre à exécution. Il fonda ainsi la deuxième pile en septembre 1757, sur les pieux recepés à 7 pieds 1 pouce sous les plus basses eaux. Le succès fut complet. Le compte rendu de tout le travail et le modèle de la scie, présentés par de Voglie le 19 février 1758 à l'assemblée des ponts et chaussées, obtin-

---

(1) Pièces justificatives, tit. 3, chap. 2, § 4, I.
(2) A cause de la scie à receper à peu de profondeur sous l'eau dont Perronet avait donné la description dans l'*Architecture hydraulique* de Bélidor.
(3) Ce devis, du 17 avril 1757, existe en manuscrit à la bibliothèque de l'école des ponts et chaussées. Il est d'un grand intérêt par la précision avec laquelle il énonce les manœuvres à faire.

rent une approbation unanime, et Trudaine ordonna d'achever les fondations du pont par la même méthode à une profondeur de 10 à 12 pieds sous l'étiage. Ces fondations furent faites dans les campagnes suivantes, et l'on poussa jusqu'à 15 pieds 2 pouces de profondeur la fondation de la septième pile en 1762. Tous les chefs du corps, Hupeau, Perronet, Bayeux, Regemorte et le plus grand nombre des ingénieurs voulurent assister successivement au recepage des pieux et à l'échouage des caissons, regardant avec raison cette méthode comme une grande conquête pour l'art de l'ingénieur. Telle fut l'invention du système de fondation sur pilotis par caisson, dont, sur la foi de Gauthey (1), on a trop exclusivement attribué le mérite à de Cessart. Pour cette invention, de Voglie trouva dans de Cessart, son sous-ingénieur, un collaborateur des plus zélés et des plus capables; mais ce fut à de Voglie que Perronet et les chefs du corps en attribuèrent alors le mérite. Quant à nous, d'après tous les documents que nous avons eus sous les yeux, nous croyons ne pas devoir séparer ici les noms de de Voglie et de de Cessart, en plaçant celui de de Voglie le premier (2). Nous regrettons de n'avoir pu trouver un décompte certain des dépenses totales d'exécution, tant des fondations de ce pont que du reste de la construction. Nous constaterons du moins que de Voglie a établi que les fondations de la culée droite et de la première pile, exécutées par batardeaux et épuisements, coûtèrent 180.789 liv. 9 s. 9 d. (184.405 fr. 28 c.), tandis que celles de la culée gauche et de la deuxième pile, exécutées sur caisson à une plus grande profondeur sous l'eau, ne s'élevèrent qu'au chiffre de 96.550 liv. 10 s. 3 d. (98.481 fr. 52 c.); d'où une économie de 84.238 liv. 19 s. 6 d. (85.923 fr. 78 c.) ou des trois septièmes. Le projet d'ensemble de de Voglie, pour la traversée de la Loire à Saumur, comprenait deux autres ponts sur les bras des Sept-Voies et de la Croix-Verte; un seul des deux a été exécuté dans notre siècle, le bras de la Croix-Verte ayant été supprimé.

Nous ne quitterons pas les ponts de Saumur sans mentionner un

---

(1) *Construction des ponts*, t. I, p. 81.
(2) Pièces justificatives, tit. 3, chap. 2, § 4, I. — Description des travaux hydrauliques de de Cessart, publiée après sa mort sur ses manuscrits. De Cessart y raconte en détail la part très-active qu'il prit au nouveau système de fondation inauguré au pont de Saumur, dont il ne quittait pas les travaux. Mais il dit aussi que, tant pour le projet de ce pont que pour son exécution, l'ingénieur en chef de Voglie, dont la résidence officielle et habituelle était Tours, séjournait souvent à Saumur pendant des mois entiers. Évidemment c'était pour diriger les travaux.

autre fait intéressant pour l'histoire de l'art de l'ingénieur. Mignot de Montigny, membre de l'académie des sciences, trésorier de France et commissaire du conseil pour les ponts et chaussées, fit, dans l'automne de 1752, un voyage sur les bords de la Loire et en rédigea un mémoire, où il rend compte de ses observations sur les travaux publics de ce service (1). Le pont d'Orléans était alors en pleine exécution, et l'on réparait le pont des Sept-Voies à Saumur. Mignot de Montigny vit employer à ces réparations une chaux d'un gris foncé, provenant des carrières sises à Doué (maintenant chef-lieu d'un canton de Maine-et-Loire), ayant la propriété singulière de durcir sous l'eau « en 24 heures, de façon à n'y pouvoir faire entrer « le couteau ». C'était la chaux maintenant connue sous le nom de chaux hydraulique de Doué, l'une des meilleures chaux hydrauliques de France. Ce fait si remarquable resta isolé et tomba en oubli, malgré cette observation consignée dans le mémoire de Mignot de Montigny : « Il semble que cette chaux devrait être d'un usage plus « étendu et plus général ». C'est près d'un siècle plus tard que devait avoir lieu la véritable découverte des chaux hydrauliques.

L'importante route de Paris à Bordeaux se construisait depuis un certain nombre d'années avec une grande activité dans la généralité de Tours. C'est sur cette route, déjà presque entièrement ouverte, que Bayeux, ingénieur en chef de cette généralité, avait construit en 1747 le pont du Port-de-Piles dont nous avons parlé. Dans ce même voyage de 1752, Mignot de Montigny admira la magnifique chaussée établie en travers de la vallée de la Loire et du Cher, à partir de Tours, dans l'alignement du château de Grammont, ainsi que le pont sur le Cher qui venait d'y être achevé. Pour assurer entièrement cette grande communication, il fallait construire un nouveau pont sur la Loire à Tours ; car les vieux ponts étaient en ruines. Ces vieux ponts (2) communiquaient à une rue sinueuse passant devant la cathédrale. Mais la chaussée dirigée sur le château de Grammont déterminait presque nécessairement (et c'était sans doute l'intention des auteurs de son tracé) l'emplacement du nouveau pont à construire

---

(1) Manuscrit de la bibliothèque Mazarine, n° 2607. — V. un extrait de ce mémoire aux Pièces justificatives, tit. 3, chap. 2, § 4, II. L'éditeur des mémoires de de Cessart lui fait attribuer ce voyage à Trudaine de Montigny, directeur des ponts et chaussées. C'est une erreur dans laquelle de Cessart, qui avait vu Mignot de Montigny à Saumur, ne pouvait tomber. D'ailleurs Trudaine de Montigny n'avait alors que dix-neuf ans, et ce n'est qu'en 1757 qu'il fut adjoint à son père, Daniel Trudaine, dans la direction des ponts et chaussées.

(2) Un pont suspendu, en deux parties, existe actuellement sur leur emplacement.

dans le prolongement de son alignement à travers la ville, au moyen d'une large rue rectiligne à ouvrir ultérieurement. En 1752, Trudaine ordonna à Bayeux de faire le projet de ce pont. A son emplacement, une île couverte de constructions, dite l'île Saint-Jacques, partageait la Loire en deux bras, dont le moindre à gauche baignait les murs de la ville. Bayeux présenta le 20 mai 1753 un projet de deux ponts, l'un de trois arches sur le petit bras, l'autre de dix sur le grand, tous deux avec bombement en leurs milieux. Ici encore, comme pour Moulins, l'assemblée des ponts et chaussées demanda un pont unique et de niveau d'une rive à l'autre. Le 19 décembre 1755, Bayeux présenta un nouveau projet composé de seize arches égales, de 13 toises d'ouverture, qui fut approuvé le 26 décembre. Toutefois, par suite de circonstances qui nous sont restées inconnues, mais dont nous croyons que la principale fut la guerre de sept ans qui fit suspendre l'exécution de plusieurs autres ponts, ce projet ne fut pas exécuté ; et nous voyons dans le journal de l'assemblée tenu par Perronet, que cette assemblée eut en 1764 à en examiner un nouveau, toujours du même auteur, composé de quinze arches égales de 75 pieds d'ouverture, en anse de panier surbaissée au tiers. La fondation devait être exécutée par batardeaux et épuisements. Regemorte proposa un radier général. On le jugea inutile parce que « les « pieux pouvaient être battus jusque dans le tuf », et Trudaine autorisa Bayeux à exécuter conformément à son projet. Le radier de Regemorte aurait sans doute prévenu l'affaissement de la 8⁰ pile en 1777, l'écroulement des quatre dernières arches par suite de l'affouillement des piles en 1789, et les tassements qui eurent encore lieu après la reconstruction de ces arches dans le xix⁰ siècle, et qui ne furent définitivement arrêtés qu'en 1836. Il arriva précisément que la première pile qui céda fut celle où les pieux avaient rencontré le tuf, mais sans pouvoir y pénétrer à cause de sa dureté, circonstance que l'on n'avait pas prévue. Quoi qu'il en soit, l'adjudication du projet ainsi approuvé fut ordonnée par arrêt du 19 juin 1764 (1) et eut lieu le 7 mai 1765 pour la somme de 3.578.057 liv. (3.649.618 fr. 14). Pourquoi, malgré les succès tout récents et si complets du système de fondation par caisson dans la même généralité et sur le même fleuve, la fondation du pont de Tours devait-elle se faire sur pilotis par batardeaux et épuisements? Nous ne pouvons guère nous l'expliquer.

---

(1) Pièces justificatives, tit. 3, chap. 1ᵉʳ, n° 452.

Toutefois, dans l'exécution, on appliqua la méthode des caissons aux 8e, 9e, 10e, 11e et 12e piles, situées dans la partie la plus profonde du lit; et là encore on obtint par cette méthode une économie notable, qui alla aux deux cinquièmes pour des piles placées dans des conditions analogues. Les fondations des quatorze piles et des deux culées, commencées en 1765, étaient terminées en 1771 : elles avaient coûté, non compris les maçonneries, 655.944 l. 4 s. (669.063 fr. 08). Après l'accident réparé de la rupture d'un cintre et de la chute d'une arche en 1776, le pont était enfin presque terminé lorsque, le 28 août 1777, la 8e pile s'enfonça subitement de plus de quatre pieds, en se fendant vers son milieu et s'avançant de près de 3 pieds vers l'amont. Les pilots, enfoncés dans une couche de sable trop mince, au-dessus de laquelle ils étaient entièrement dégarnis, et n'ayant pas sensiblement mordu dans le tuf, s'étaient couchés de l'amont à l'aval, et la partie d'amont de la plate-forme, déversée sous la charge de la maçonnerie, avait glissé en avançant contre le courant; les 8e et 9e arches se disloquèrent en suivant ce mouvement. Ce grave accident fut réparé l'année suivante par une reconstruction hasardeuse sur les ruines mêmes, d'après l'avis de Perronet et de Cadet de Limay, inspecteur général et en même temps ingénieur de la généralité de Tours. Aucun nouveau mouvement n'eut lieu jusqu'en 1789. Mais cette année, le 25 janvier, une grande crue de la Loire, accompagnée de débâcle de glaces, renversa les trois piles et les quatre arches voisines de la rive droite. Cette chute paraît avoir été le résultat d'un profond affouillement des pilotis. Nous n'avons pas à parler ici de la reconstruction de ces quatre arches dans le XIXe siècle. La dépense totale du pont proprement dit, non compris les accessoires des abords, arrêtée à la fin de 1778, avait été de 3.506.021 liv. (3.586.341 fr. 42); les accessoires, à peu près terminés avant la chute de 1789, s'élevaient en sus à 710.000 liv. (724.200 fr.) environ. Nous n'avons pu trouver aucune pièce constatant par quels moyens spéciaux il fut pourvu à ces dépenses. Malgré les accidents et peut-être les fautes de cette construction, Bayeux y avait déployé une grande capacité. Il en fut récompensé, comme Hupeau et Regemorte pour les ponts d'Orléans et de Moulins, et même dès avant la fin des travaux, par une pension viagère de 4.000 liv. (1). Nous ne passerons pas sous silence le nom de l'inspec-

---

(1) Pièces justificatives, tit. 3, chap. 1er, no 476, arrêt du 2 août 1767. — Pour tout ce

teur Vallée, qui conduisit les travaux du pont de Tours sous la direction de Bayeux, et qui fut plus tard ingénieur en chef de la Bresse (1).

Ces grands ponts du bassin de la Loire, qui ont conservé un renom historique, n'absorbaient pas exclusivement les soins de l'administration et des ingénieurs. D'autres se construisaient en même temps, d'une moindre importance, il est vrai, mais dont le nombre seul devrait être remarqué, lors même que leur exécution ne mériterait pas de fixer notre attention, soit par un caractère général, fruit de la mise en commun des lumières des ingénieurs, soit par quelques particularités spéciales à plusieurs d'entre eux. Citons les principaux en suivant l'ordre chronologique.

Avant son grand ouvrage du pont de Tours et en outre du pont du Port-de-Piles dont nous avons parlé, Bayeux aîné construisit encore vers 1750 un pont sur le Cher, à Sanitas, composé de sept arches en anse de panier, de 9 toises d'ouverture pour les arches de rive et 10 toises pour l'arche du milieu. Les dispositions générales de ce pont, ses arches surbaissées en anse de panier, leurs ouvertures croissantes des arches de rive à celle du milieu, la forme ogivale des avant et arrière becs des piles et leur couronnement assez aigu, sont autant de caractères qui lui sont communs avec la plupart des ponts de cette époque et que nous retrouverons encore, avec quelques variantes, dans les ponts de Joigny, de Montereau, de Cravant, de Mantes, etc.

Le pont de Joigny, dont trois arches du côté de la ville avaient été reconstruites en 1726 par Boffrand, achevait de tomber en ruines. Un arrêt du conseil du 20 janvier 1756 en ordonna la reconstruction et commit le premier ingénieur, Hupeau, pour en faire le devis et diriger les ouvrages. Suivant ce devis, du 10 mai suivant, les sept arches anciennes, inégales, très-basses et très-étroites, durent être remplacées par quatre arches en anse de panier surbaissée au tiers, de 10 toises à 8 toises 1/2 d'ouverture, séparées par des piles de 2 toises d'épaisseur fondées sur pilotis à 6 pieds sous l'étiage. On devait y employer les mêmes matériaux qu'au pont de Sens, c'est-à-

---

paragraphe, *ibid.*, chap. 2, § 5, n° 19; *Journal de l'assemblée des ponts et chaussées.* — *Construction des ponts*, par Gautbey, t. Ier, p. 82, où se trouvent de graves erreurs de dates. — *Annales des ponts et chaussées*, 1re série, 18e vol., année 1839, p. 86 ; Mémoire sur le pont de Tours, par M. Beaudemoulin, ingénieur en chef.

(1) Le corps des ponts et chaussées possède encore son fils et son petit-fils.

dire, le grès si dur et si beau de Marsangis. Toutes les pierres du parement durent être cramponnées ensemble comme au même pont. L'exécution fut conforme au devis et ne paraît pas avoir présenté de circonstances particulières. La réception faite par Perronet le 15 juillet 1765 constate que la dépense totale, y compris les quais aux abords, fut de 364.098 l. 16 s. 9 d. (371.380 fr. 82) avec une faible augmentation de 28.498 l. 16 s. 9 d. (29.068 fr. 82) sur le montant de l'adjudication. Le tout fut payé par l'adjudicataire des fermes du roi, auquel cette charge incombait en raison des droits de péage considérables qu'il percevait au-dessus et au-dessous de ce pont (1).

Ce fut encore sous la direction de Hupeau et dans le même temps que se construisirent les ponts de Cravant, sur l'Yonne, et de Montereau, sur la Seine. Leurs dispositions sont presque identiques. Tous deux sont composés de trois arches en anse de panier surbaissée au tiers : celles du pont de Cravant ont 9 et 10 toises d'ouverture, celles du pont de Montereau 10 et 11 toises. On employa pour la première fois, aux arrière-becs du pont de Montereau, la forme demi-circulaire, qui depuis remplaça toutes les autres aux avant-becs comme aux arrière-becs. C'est le sous-inspecteur Advyné qui rédigea le devis du pont de Cravant et en conduisit les travaux. Ce pont était dans le duché de Bourgogne : aussi les états généraux de cette province durent-ils payer les deux tiers de la dépense; l'autre tiers fut imputé sur les fonds de la généralité de Paris. Le montant de son estimation était de 95.942 liv. (97.860 fr. 84 c.) (2).

Le pont de Mantes, du même auteur (Hupeau), construit sur le bras de la Seine du côté de la ville, en remplacement d'un pont de treize arches, se distingue des précédents par une plus grande ouverture des arches, 18 et 20 toises, et par un surbaissement un peu plus prononcé : car la hauteur de l'arche du milieu n'est que de 35 pieds. Ne se défiant pas assez de la poussée qui devait résulter de cette grande portée des arches, on ne conduisit pas leur exécution avec une simultanéité suffisante, et l'une des arches latérales

---

(1) Pièces justificatives, tit. 5, chap. 1er, nos 405, 466. — Le dépôt des travaux publics possède plusieurs dessins détaillés de ce pont, dont trois sont des croquis couverts de notes pour l'exécution : deux autres sont les expéditions signées de Hupeau. Il y a aussi trois dessins du vieux pont.

(2) Pièces justificatives, tit. 5, chap. 1er, n° 406. — En comparant aux dessins du pont de Joigny deux dessins du pont de Montereau qui se trouvent au dépôt des travaux publics, on reconnaît la même main, surtout dans les notes qui y sont inscrites.

étant presque terminée lorsque celle du milieu n'était guère qu'au cinquième, la pile intermédiaire, quoique de 4 toises d'épaisseur, s'éloigna de près de 5 pouces de la rive en glissant sur sa base. L'achèvement complet de l'arche du milieu ne fit revenir cette pile que de la moitié de son déplacement (1). Hupeau mourut avant la fin de cet ouvrage, et ce fut Perronet, son successeur, qui acheva de le diriger et qui en fit la réception. Mais c'était Chézy, d'abord sous-inspecteur puis ingénieur en 1763, qui avait conduit les détails des travaux et qui les termina en 1765. Le montant de l'adjudication, passée le 3 août 1756, était de 612,000 liv. (624,240 fr.) (2).

Enfin un dernier pont dû à Hupeau est le pont de Trilport, sur la Marne. Ce pont fut composé aussi de trois arches en anse de panier surbaissée au tiers, ayant 12 toises 1/2 et 13 toises d'ouverture. Il se fait remarquer par une disposition restée très-rare et que nous croyons unique dans les ponts à plusieurs arches de cette époque : c'est la direction biaise de ses piles, formant avec l'axe du pont un angle de 72 degrés. Le dessin en fut donné par Hupeau en 1757, Chézy en fit le devis et en suivit l'exécution. Il fut terminé en 1764. Ce pont n'existe plus : en 1814, pour résister à l'invasion étrangère, on fit sauter l'arche du milieu ; les piles, épaisses de 15 pieds seulement, ne pouvant soutenir la poussée des arches latérales, tombèrent dans le vide de la grande arche, et tout l'édifice s'écroula (3).

Sans avoir la prétention de n'omettre aucun des ponts d'une certaine étendue construits à cette époque, nous en mentionnerons encore quatre qui sont de remarquables ouvrages, quoique trois d'entre eux aient été construits par des ingénieurs qui ne sont pas parvenus aux premiers grades du corps des ponts et chaussées, et

---

(1) *Construction des ponts*, par Gauthey, t. Ier, p. 87. — Œuvres de Perronet.

(2) Peu de temps avant d'être ainsi remplacé, le vieux pont de Mantes avait coûté des sommes considérables en réparations, dont un arrêt du 15 décembre 1740 (Pièces justificatives, tit. 3, chap. 1er, n° 287) avait arrêté le montant au chiffre de 541,632 l. 10 s. 3 d. (552.465 fr. 16 c.).

(3) D'après le *Journal de l'assemblée des ponts et chaussées*, tenu par Perronet, cet ingénieur y présenta le 27 janvier 1754 un projet du pont de Trilport en trois arches de 16 et 17 toises d'ouverture, qui fut d'abord approuvé. Mais le 7 décembre 1755, Hupeau proposa d'en réduire l'ouverture totale à 34 toises au lieu de 49 : Perronet soutint la nécessité du débouché qu'il avait proposé. Mais à partir de cette discussion, il ne fait plus mention de ce pont dans son journal. Il n'en parle pas non plus dans ses œuvres. Gauthey et Lesage (notice sur Perronet) l'attribuent à Chézy. Mais le dépôt des travaux publics en possède un dessin, de l'époque de son exécution, constatant qu'il avait été projeté par Hupeau et exécuté par Chézy. Le débouché linéaire total en fut de 38 toises, ce qui s'accorde presque avec la réduction demandée par Hupeau sur le projet de Perronet.

dont les noms sont maintenant oubliés. Tous d'ailleurs présentent les mêmes caractères et le même style que ceux que nous venons de décrire, et notamment la forme des arches en anse de panier surbaissée au tiers ou à peu près. Ces ponts sont : le pont de Dôle, sur le Doubs, en sept arches de 50 à 60 pieds d'ouverture, construit par Querret, ingénieur du comté de Bourgoge, qui en présenta le projet à l'assemblée des ponts et chaussées en mars 1753; le pont d'Angoulême, sur la Charente, en cinq arches de 52 à 63 pieds d'ouverture, construit de 1755 à 1769 par Kolly de Montgazon, qui fut ensuite ingénieur du Roussillon; le pont de Pont-du-Château, sur l'Allier, composé de sept arches de 10 à 11 toises d'ouverture, qui fut approuvé par l'assemblée des ponts et chaussées le 22 décembre 1760 et qui fut exécuté les années suivantes; enfin le pont d'Ambert, sur la Dore, de trois arches de 7 à 8 toises, exécuté en 1768. L'auteur des projets de ces deux ponts et leur constructeur fut Dijon, ingénieur de la généralité de Riom.

On aura remarqué que nous n'avons encore parlé d'aucun pont projeté ni exécuté par Perronet. En effet, ce grand ingénieur prit, il est vrai, une part très-active et très-influente aux délibérations de l'assemblée des ponts et chaussées sur les projets et les travaux des ponts de cette époque, contribua avec une grande autorité par des conseils, des modèles, des rapports et des mémoires à fixer les règles de l'art, inventa ou perfectionna des machines et des méthodes d'exécution : mais, à l'exception du projet du pont de Trilport qui fut ajourné, puis modifié, il n'en présenta aucun qu'après qu'il eut succédé en 1763 à Hupeau, comme premier ingénieur, et lorsqu'il put, à la même époque, se décharger en partie de la direction de l'école sur Chézy, qui lui fut adjoint dans cette direction avec le grade d'ingénieur en chef pour la généralité de Paris.

Le pont de Château-Thierry est le premier que nous connaissions qui ait été adjugé sur un devis de Perronet. Ce ne fut d'abord qu'une reconstruction partielle. En vertu d'un arrêt du 24 octobre 1764, le remplacement de trois arches ruinées du vieux pont par une arche surbaissée de 8 toises d'ouverture fut adjugé le 1ᵉʳ février 1765 moyennant 150.000 liv. (153.000 fr.). Mais Perronet avait fait le projet du pont entier en trois arches, dont celle du milieu devait avoir 9 toises. Les deux autres arches furent adjugées le 24 juillet 1770, moyennant 397.400 liv. (405.348 fr.). Il y eut encore des retards dans l'exécution, et le pont complet ne fut livré au public qu'en

1787. Ce pont est sur le modèle de ceux de Sens, Montereau, etc. (1).

Vient ensuite par ordre de date le pont Saint-Edme, à Nogent-sur-Seine. C'est une arche de 90 pieds d'ouverture sur 26 environ de hauteur sous clef (2), en anse de panier décrite à onze centres, par laquelle fut remplacé un vieux pont de trois arches. Les travaux furent commencés en octobre 1766 et l'arche fut fermée le 4 octobre 1768. Vu l'avancement de la saison qui faisait craindre des grandes eaux, on décintra cette arche trois jours seulement après la pose des clefs, contre l'usage ordinaire de laisser les arches un assez long temps sur leur cintre pour permettre aux mortiers de prendre un certain durcissement (3). Un tassement considérable eut lieu, auquel contribua en grande partie la pesanteur des voussoirs de grès dont était formée cette arche. Mais ce tassement avait été prévu et, grâce aux soins minutieux de l'exécution et aux précautions prises pour la régularité du décintrement, il eut lieu graduellement et de manière à ne point déformer la symétrie de la courbure de la voûte, tout en diminuant son amplitude. Ce tassement, qui dura d'une manière apparente pendant quarante-cinq jours, a été au bout de ce temps de 12 pouces 6 lignes; il s'est arrêté au bout d'un an, après avoir encore augmenté seulement de 15 lignes (4).

Du projet du pont de Nogent, Perronet passa à l'étude de celui du pont de Neuilly. La Route de Paris à Saint-Germain, sortant par la barrière du Roule, franchissait la Seine, après Neuilly, par deux ponts en bois. En 1766, comme ils menaçaient ruine, Trudaine ordonna à Perronet de faire le projet des ouvrages à exécuter pour leur remplacement. Celui-ci dut établir la nouvelle construction dans le prolongement de l'avenue des Champs-Élysées et de Neuilly qui, après la montée aboutissant à la place de l'Étoile, où il n'y avait point alors de barrière, descendait jusqu'à Neuilly mais là s'arrêtait au chemin qui, le long de ce village, conduisait au château de Madrid en entrant dans le bois de Boulogne par la porte de ce nom (5). Dans

---

(1) Pièces justificatives, tit. 3, chap. 1er, n° 456. — Œuvres de Perronet.

(2) Par suite du tassement dont on parle plus loin : dans le projet, cette hauteur était de 27 pieds.

(3) Actuellement l'emploi des mortiers hydrauliques permet de ne plus prendre cette précaution.

(4) Œuvres de Perronet; *Mémoire sur le cintrement et le décintrement des ponts*. — Le dépôt des travaux publics possède trois dessins de ce pont, sur l'un desquels est figuré le tassement de l'arche.

(5) Cette avenue paraît avoir été plantée en 1670, en même temps que celle des Champs-

cette direction, la Seine était divisée en deux bras et il fut d'abord question de faire un pont sur chacun de ces bras (1). Mais on décida bientôt de supprimer l'île, de réunir les eaux de la Seine dans un seul lit convenablement rectifié et de ne construire qu'un seul pont. Perronet en rédigea le devis sous la date du 30 juillet 1767, et deux arrêts successifs du conseil d'état, du 14 août 1767 et du 6 juillet 1768 (2), eurent pour objet de pourvoir à la réalisation des fonds nécessaires aux dépenses de ce grand ouvrage. Comme la majeure partie de son exécution n'eut lieu qu'après la mort de Daniel Trudaine, terme de la période que nous étudions en ce moment, nous remettons à en tracer l'historique dans le chapitre suivant. Nous ferons de même pour la reconstruction d'une partie du pont de Nevers, qui fut commencée en 1767 mais ne se termina qu'en 1776.

Les ouvrages importants dont nous venons de donner un rapide aperçu doivent être considérés, à certains points de vue et spécialement dans leurs conditions d'ensemble, non plus comme étant chacun l'œuvre spéciale d'un ingénieur isolé, mais comme une œuvre collective du corps des ponts et chaussées, une *œuvre d'école* en un mot (3). On ne peut manquer, en effet, d'être frappé par certains caractères généraux et progressifs qui s'y révèlent, et que l'on doit attribuer pour la plus grande partie, suivant nous, à l'heureuse institution de l'assemblée des ponts et chaussées. Nous avons déjà indiqué ceux de ces caractères qui concernaient leur construction proprement dite et qui l'ont rendue habile, rationnelle et savante, d'inhabile, irrégulière et dénuée de ressources et de principes qu'elle était au moyen âge et, à bien peu d'exceptions près, jusqu'à la fin du XVII° siècle. Au moment où est parvenu notre récit, il ne resta plus à faire, avec les matériaux et les moyens mécaniques dont on disposait, que deux progrès dans les formes extérieures des ponts en

---

Élysées et le rond-point de l'*Étoile*, ainsi nommé à cause des amorces d'avenues qui rayonnaient symétriquement de son centre. La plantation de ces avenues fut renouvelée de 1764 à 1770. Au delà de la porte Maillot, entrée du bois de Boulogne, l'avenue de Neuilly était un impasse sans aucune circulation.

(1) Le dépôt des travaux publics possède un dessin de 1766, représentant le projet du pont sur le plus petit de ces deux bras, fait par Perronet, en deux arches pareilles à celles dont fut composé le pont unique et définitif.

(2) Pièces justificatives, tit. 3, chap. 1er, n° 477 et 482.

(3) En énonçant cette opinion, nous ne prétendons contester, ni même diminuer, le mérite des talents personnels qu'y ont déployés leurs constructeurs.

pierres. L'un, peu considérable, fut l'adoption du cylindre à base semi-circulaire pour les avant et arrière-becs des piles; l'autre fut l'invention des arches en arc de cercle ayant leurs naissances au niveau des plus grandes eaux, disposition intelligente et avantageuse qui donna le moyen de réunir le plus grand débouché pour les eaux à la moindre surélévation de l'édifice au-dessus des rives. Le pont de Neuilly fut une transition originale du système des arches surbaissées en anse de panier à celui de ces nouvelles arches.

L'assemblée des ponts et chaussées exprima et fit adopter à plusieurs reprises sa préférence pour les ponts composés d'arches égales et établis de niveau d'une rive à l'autre. Toutefois elle dut céder, quand il le fallait, aux exigences locales qui s'accommodent souvent mieux d'un faible abaissement à partir de l'arche du milieu vers celles des rives. On agit de même avec raison de nos jours, et sans aucun préjudice au point de vue monumental pour les ponts à double rampe. C'est encore à cette assemblée que sont dues, au moins dans leur généralisation, deux innovations heureuses dont l'application bien entendue conciliait à la fois la beauté monumentale avec l'amélioration du cours des eaux et l'intérêt de la circulation, tant fluviale que terrestre. L'une fut le redressement des rivières aux abords des emplacements des ponts à construire et la réunion des eaux en un lit unique, autant du moins qu'elle était possible. Ainsi les ponts de Moulins, de Tours, de Saumur, etc., de Neuilly même, avaient été projetés par leurs auteurs en plusieurs parties, en conservant les îles existantes à leurs emplacements. Ce fut l'assemblée qui provoqua la suppression des îles, afin d'établir un seul pont au lieu de plusieurs. L'autre innovation, qui se reconnaît à la seule inspection des plans d'ensemble des projets de cette époque, ce fut; d'une part, le percement de rues larges et droites en prolongement des alignements des nouveaux ponts à travers le dédale des vieilles rues des villes; d'autre part, l'ouverture dans la campagne d'avenues plus larges encore, aussi longues que le permettaient les nécessités du raccordement avec les voies divergentes à desservir indépendamment de la route principale, puis au point de raccordement, l'épanouissement d'une étoile de chemins partant du centre d'une vaste place circulaire (1), le tout planté de deux et souvent de quatre rangées d'arbres. Il n'y a presque aucun des ponts recon-

---

(1) Cette place est souvent appelée improprement *demi-lune*.

struits à neuf dont nous venons de parler, dont les abords ne présentent ces dispositions grandioses. Les voyageurs et les habitants des villes en jouissent et les admirent encore ; heureux toutefois si les grands arbres de ces avenues ont pu résister jusqu'ici à la caducité de l'âge, trop souvent hâtée par une fâcheuse incurie ou par de faux préjugés contre les inconvénients de leur ombrage pour les routes, ou si l'insouciance moderne pour les œuvres de nos pères n'a pas fait négliger de les remplacer du moins par de jeunes plantations !

26. Impositions et dépenses pour les ponts et chaussées.

Des documents généraux ou particuliers, continuant ceux de la période précédente, nous ont permis d'établir le montant annuel des impositions pour les ponts et chaussées, dont furent grevées de 1737 à 1769 les vingt généralités de pays d'élections en même temps que le comté de Bourgogne, le département de Metz ou des Trois-Évêchés et quelques provinces secondaires, telles que la Bresse et le Bugey, le Roussillon, les pays de Béarn, Marsan, etc., le Hainault, le Boulonnais, le Calaisis. Le lecteur nous saura gré, sans doute, de ne pas le fatiguer inutilement de la minutieuse discussion des éléments de ce montant annuel et de la répétition de détails analogues à ceux dans lesquels nous sommes entré au § 16 du chapitre 2. Nous croyons suffisant d'en mettre sous ses yeux le résumé dans le tableau ci-après, que nous faisons suivre de quelques courtes justifications.

TABLEAU SYNOPTIQUE DES IMPOSITIONS POUR LES PONTS ET CHAUSSÉES DE 1737 A 1769.

ANNÉES.	APPOINTEMENTS des ingénieurs.	FONDS ordinaires d'entretien.	IMPOSITIONS spéciales pour objets divers.	FONDS supplémentaires imposés annuellement sur les vingt généralités de pays d'élections.	VALEURS TOTALES en monnaie du temps.	VALEURS TOTALES en monnaie actuelle.
1	2	3	4	5	6	7
	Liv.	Liv.	Liv.	Liv.	Liv.	Fr. c.
1737	82.900	340.000	175.809	2.358.292	2.957.001	3.016.141 02
1738	82.900	340.000	125.809	2.358.292	2.907.001	2.965.141 02
1739	82.900	340.000	125.809	2.358.292	2.907.001	2.965.141 02
1740	82.900	340.000	125.809	2.358.292	2.907.001	2.965.141 02
1741	82.900	340.000	125.809	1.748.292	2.297.001	2.342.941 02
1742	82.900	340.000	125.809	1.748.292	2.297.001	2.342.941 02
1743	88.900	340.000	154.009	1.748.292	2.331.201	2.377.825 02
1744	88.900	340.000	125.809	1.748.292	2.303.001	2.349.061 02
1745	88.900	340.000	125.809	1.748.292	2.303.001	2.349.061 02
1746	88.900	340.000	128.209	1.748.292	2.305.401	2.351.509 02
1747	91.900	340.000	440.209	1.748.292	2.620.401	2.672.809 02
1748	91.900	340.000	540.209	2.358.292	3.330.401	3.397.009 02
1749	91.900	340.000	555.209	2.358.292	3.345.401	3.412.309 02
1750	91.900	340.000	515.209	2.358.292	3.305.401	3.371.509 02
1751	95.000	340.000	542.866	2.358.292	3.336.158	3.402.881 16
1752	95.000	340.000	592.866	2.358.292	3.386.158	3.453.881 16
1753	95.000	340.000	542.866	2.358.292	3.336.158	3.402.881 16
1754	95.000	340.000	542.866	2.358.292	3.336.158	3.402.881 16
1755	95.000	340.000	673.723	2.358.292	3.467.015	3.536.355 50
1756	95.000	340.000	542.866	2.358.292	3.336.158	3.402.881 16
1757	95.000	340.000	569.866	2.358.292	3.363.158	3.430.421 16
1758	95.000	340.000	658.074	2.658.292	3.751.366	3.826.393 32
1759	95.000	340.000	529.866	2.658.292	3.623.158	3.695.621 16
1760	95.000	340.000	529.866	2.658.292	3.623.158	3.695.621 16
1761	95.000	340.000	544.866	2.658.292	3.638.158	3.710.921 16
1762	95.000	340.000	517.866	2.658.292	3.611.158	3.683.381 16
1763	95.000	340.000	533.924	2.658.292	3.627.216	3.699.760 32

ANNÉES.	APPOINTEMENTS des ingénieurs.	FONDS ordinaires d'entretien.	IMPOSITIONS spéciales pour objets divers.	FONDS supplémentaires imposés annuellement sur les vingt généralités de pays d'élections.	VALEURS TOTALES en monnaie du temps.	VALEURS TOTALES en monnaie actuelle.
1	2	3	4	5	6	7
1764	Liv. 95.000	Liv. 340.000	Liv. 533.924	Liv. 2.658.292	Liv. 3.627.216	Fr. c. 3.699.760 32
1765	95.000	340.000	533.924	2.658.292	3.627.216	3.699.760 32
1766	95.000	340.000	632.084	2.658.292	3.725.376	3.799.883 52
1767	95.000	340.000	662.024	2.658.292	3.755.316	3.830.422 52
1768	95.000	340.000	637.584	2.658.292	3.730.876	3.805.493 52
1769	95.000	340.000	712.993	2.863.132	4.011.125	4.091.349 50

Les chiffres de la colonne 2 varient peu. De 1737 à 1742, c'est la reproduction du chiffre des années antérieures réduit des 6.000 liv. d'appointements de l'inspecteur général la Guépière, mis à la retraite en 1736 et non remplacé; en 1743 on nomma un nouvel inspecteur général; en 1747, augmentation de 3.000 liv. pour Perronet nommé directeur du bureau des dessinateurs et élèves; à partir de 1751 figure constamment le chiffre de 95.000 liv., fixé par l'arrêt du conseil du 7 juillet 1750. Mais on doit observer que, pour avoir la dépense totale du personnel des ingénieurs nommés par l'administration centrale et qui en dépendaient, il faut ajouter à ces chiffres les appointements du directeur des ponts et chaussées de l'Alsace montant à 3.000 liv. et ceux des ingénieurs des provinces de Hainaut, de Bresse et Bugey, et du Roussillon, fixés pour chacun à 2.400 liv. et imposés séparément sur chacune de ces provinces. Les traitements des sous-inspecteurs et sous-ingénieurs, comme les salaires des conducteurs ou piqueurs, étaient imputés sur les fonds des travaux.

La colonne 3 présente le chiffre primitif affecté à l'entretien des routes et dont la part afférente à chaque généralité était payée sur les fonds de sa recette générale. Ce chiffre fut toujours maintenu comme chiffre normal et ordinaire, malgré l'extension successive des parties de routes mises à l'entretien. On suppléait à son insuffisance croissante au moyen de l'imposition supplémentaire.

Les chiffres de la colonne 4 nous ont été donnés par les divers arrêts d'impositions spéciales dont nous avons pu avoir connaissance.

Nous ne pouvons donc en garantir l'exactitude absolue, à cause des lacunes qui peuvent exister dans les collections d'arrêts que nous avons compulsées : nous ne croyons pas toutefois qu'il s'y trouve d'omissions importantes. Plusieurs de ces impositions, une fois établies, formaient un fonds annuel et constant, comme celles de 60.000 liv. sur le comté de Bourgogne, de 42.809 liv. sur les Trois Évêchés, etc.; d'autres avaient pour objet des travaux déterminés et étaient réparties sur plusieurs années, quand les dépenses devaient être considérables. Les unes frappaient une seule généralité, ou quelques élections seulement, ou plusieurs généralités voisines ; d'autres frappaient toutes les généralités. Ainsi 300.000 liv. furent imposées pendant huit ans à partir de 1747 sur les vingt généralités de pays d'élections, pour la construction du pont d'Orléans, et 270.856 liv. pour solde, dans la neuvième année. La reconstruction du pont de Moulins donna lieu pendant treize ans à une imposition supplémentaire, seulement sur les cinq généralités de Riom, Moulins, Orléans, Tours et Bourges. Cette imposition était confondue avec l'imposition supplémentaire pour les turcies et levées, dont on grevait les mêmes généralités, sous le chiffre unique de 300.000 liv. D'après le décompte définitif des travaux de ce pont et le nombre des annuités, nous avons admis pour les douze premières le chiffre de 150.000 liv., à prendre sur les 300.000 liv., qui fut porté à 182.940 liv. pour solde dans la treizième année : mais en réalité, il dut y avoir des variations suivant le besoin des travaux. Dans les années suivantes jusqu'en 1778, la dépense du pont de Nevers, qui s'éleva en total à 808.632 liv. fut encore imputée sur ces mêmes 300.000 liv., ce qui donne pour moyenne annuelle le chiffre de 73.500 liv. La généralité de Grenoble dut payer à plusieurs reprises des impositions de 60.000 liv., et même de 100.000 liv. pour travaux de défense contre les torrents qui la ravageaient. Le Hainaut fut imposé, en 1751 et années suivantes, pour travaux sur l'Escaut entre Valenciennes et Cambrai. Les généralités de Bordeaux, de Montauban et d'Auch eurent aussi à payer plusieurs annuités importantes pour l'amélioration de la navigation de leurs rivières. Enfin, à partir de 1756, les deux généralités de Châlons et de Soissons supportèrent chacune annuellement une imposition de 50.000 liv. pour construction et entretien de routes militaires.

L'imposition supplémentaire annuelle sur les vingt généralités de pays d'élections, qui fait l'objet de la colonne 5, fut augmentée de

500.000 liv. en 1737, comparativement à l'année précédente. C'était un nouveau pas de retour vers son chiffre maximum de 2.798.292 liv., qui avait duré plusieurs années. Mais on s'arrêta là, et le chiffre de 2.358.292 liv. ne fut pas dépassé jusqu'en 1757 : encore ne fut-ce pas sans un détournement de fonds pareil à celui dont nous avons vu des exemples précédemment. De 1741 à 1747, l'imposition, quoique maintenue, ne fut plus employée en totalité aux ouvrages des ponts et chaussées : pendant chacune de ces sept années, 610.000 liv. en furent distraites pour être consacrées à d'autres dépenses nécessitées par la guerre dite de la succession d'Autriche. L'année 1758 présente une augmentation de 300.000 liv. qui dura jusqu'en 1768. Cette augmentation, établie et maintenue pendant la guerre de sept ans (1757-1763), a de quoi surprendre. D'après les précédents que nous venons de citer, et d'après l'arrêt du 27 juin 1760 (1) qui réduisit le personnel du corps des ponts et chaussées de deux inspecteurs généraux, « attendu la surséance ordonnée de la plupart des ou-« vrages des ponts et chaussées pendant la guerre », nous devions plutôt croire à une réduction. Cette réduction eut lieu effectivement pendant plusieurs années dans les dépenses, quoique les arrêts de répartition d'emploi des fonds continuassent à être rendus pour l'imposition totale (2). On fit comme une sorte d'emprunt, sur les ouvrages des ponts et chaussées, de sommes qui restèrent portées à leur crédit. C'est ce que nous apprend le contrôleur général Laverdy, dans le rapport de la situation des finances qu'il remit au roi en janvier 1768 (3). D'après ce rapport, le trésor royal devait en 1767 aux ponts et chaussées, pour ce fait et à titre d'arriéré, la somme de 3.376.424 liv. ; aux routes militaires de Champagne, 100.000 liv.; aux ports maritimes, 300.000 liv.; aux turcies et levées, 500.000 liv. Le budget de 1768 dut comprendre 1 million de liv. pour payement d'une première partie de cet arriéré. En 1769, le chiffre de cette imposition change et est augmenté d'environ 205.000 liv. A partir de cette année, l'arrêt annuel que rendait le conseil pour fixer sommairement le montant de ce chiffre et la part que devait supporter chaque généralité, fut remplacé par un brevet détaillé qui comprit, avec

---

(1) Pièces justificatives, tit. 5, chap. 1ᵉʳ, nº 427. — L'arrêt du 19 janvier 1765 (nº 458), qui rétablit les deux places momentanément supprimées, confirme que, pendant la guerre, les travaux même les plus intéressants furent suspendus, faute de fonds.
(2) Pièces justificatives, tit. 3, chap. 1ᵉʳ, nᵒˢ 429, 434, 441, 445, 465.
(3) Pièces justificatives, tit. 3, chap. 2, § 3, nº 18, page 574.

l'imposition supplémentaire, l'imposition ordinaire pour les appointements, les impositions spéciales, et de plus celles relatives aux turcies et levées et aux ports maritimes dont nous parlerons plus loin (1).

La colonne 6, formée de l'addition des sommes portées pour chaque année dans les colonnes précédentes, ne donne lieu à aucune observation (2).

Mais dès la deuxième année de la période dont nous traitons en ce moment, la corvée généralisée vint fournir, pour les travaux des routes, une ressource d'une importance bien plus grande et surtout d'un poids bien plus lourd aux populations, que toutes les impositions ordinaires et extraordinaires réunies. Ce serait donc une grande erreur de voir dans le chiffre de ces impositions un signe représentatif de l'extension donnée dès lors à ces travaux, et par conséquent de croire que, sous ce rapport, cette période ait quelque analogie avec les précédentes, quoique nous ayons déjà fait remarquer pour celles-ci, dans les contributions locales et surtout dans les droits de péage si nombreux sous diverses formes, l'existence d'importantes ressources autres que celles qui figuraient dans les comptes du trésorier général des ponts et chaussées.

Il est très-difficile, sinon impossible, de se rendre un compte exact, soit de la dépense effective correspondante au travail de la corvée, soit de la valeur réelle des ouvrages produits par ce travail. Dans le compte rendu sur l'administration des finances publié par Necker en 1781, ce ministre porte à 20 millions la charge de la corvée dans toutes les provinces de France, non compris les pays d'états et la généralité de Paris. Ce chiffre est probablement exagéré, et nous admettrons plus volontiers celui de 12 millions, donné en 1774 par Perronet comme le résultat des évaluations faites, sur la demande de Trudaine fils,

---

(1) Nous avons déjà remarqué, dans la période précédente, la part considérable faite à la généralité de Paris dans la répartition de l'emploi de cette imposition supplémentaire annuelle. Il en fut encore de même dans la période présente. Ainsi, en 1737, cette part fut de 998.000 liv.; pendant la réduction de 1741 à 1747, elle ne tomba pas au-dessous de 810.000 liv.; elle remonte ensuite à plus d'un million et atteint même 1.511.000 liv. lorsque l'ensemble de l'imposition est de 2.358.292 liv. C'est trois fois plus au moins que ne payait la même généralité.

(2) Pièces justificatives, tit. 3, chap. 1er, nos 268, 271, 277, 280, 282, 285, 291, 292, 300, 302, 303, 304, 305, 314, 317, 318, 322, 324, 325, 329, 331, 333, 334, 336, 337, 341, 343, 345, 346, 349, 351, 353, 356, 357, 360, 361, 363, 364, 365, 366, 370, 372, 375, 376, 378, 382, 391, 392, 393, 394, 398, 399, 402, 405, 408, 409, 410, 411, 412, 416, 418, 419, 421, 425, 426, 429, 431, 434, 435, 438, 441, 443, 445, 459, 464, 475 et 484.

par les ingénieurs des généralités. Mais il faut dire aussi que, de 1738 à 1770 environ, époque où ce système arriva à être battu en brèche de toutes parts, la corvée fut certainement plus considérable et proportionnellement plus productive que dans les années qui suivirent jusqu'à sa suppression complète. Quant à la valeur de l'ouvrage fait par la corvée, tous les intendants et tous les ingénieurs sont d'accord pour l'estimer en moyenne à la moitié au plus de la charge imposée aux populations : de sorte que cette valeur serait, pour la période que nous considérons, de 6 millions environ par an. Le chiffre de 12 millions serait à ajouter aux dépenses en argent données par notre tableau, pour avoir l'ensemble des impositions annuelles directes supportées pour les travaux des routes et des ponts et chaussées de 1737 à 1769.

27. Turcies et levées.

Le service des turcies et levées de la Loire ne pouvait manquer de participer aux progrès de l'administration des travaux publics. Ce service, concentré en 1733 dans les mains de Noël de Regemorte, qui eut son frère Louis pour adjoint en 1742, puis pour successeur, fut bientôt jugé trop considérable pour un seul ingénieur, surtout lorsque cet ingénieur fut chargé de la construction du pont de Moulins. Alors, par arrêt du 24 août 1753 (1), on lui donna deux collaborateurs pour lesquels on rétablit l'ancienne division en deux sections, l'une au-dessus du pont d'Orléans, l'autre au-dessous. Le premier fut Lenoir-Desvaux, qui résida à Moulins; l'autre, Bochet de Coluel, à Tours. Tous deux furent nommés ingénieurs des turcies et levées (2), et Regemorte fut nommé premier ingénieur ou inspecteur général. Tous les projets des deux ingénieurs devaient être concertés avec lui, puis lui être soumis, et il en faisait le rapport à l'assemblée des ponts et chaussées. Il devait faire lui-même les réceptions des ouvrages importants.

Quant à la gestion administrative et contentieuse des turcies et levées, elle subit d'autres vicissitudes. Ainsi, avant 1736, il n'y avait

---

(1) Pièces justificatives, tit. 3, chap. 1er, n° 384.
(2) Ce titre d'ingénieur des turcies et levées n'était pas équivalent à celui d'ingénieur des ponts et chaussées, car ce ne fut que plusieurs années après que Coluel et Desvaux reçurent une commission d'ingénieur des ponts et chaussées; le premier, par arrêt du 24 mars 1764; le deuxième, par arrêt du 6 avril 1768. (Pièces justificatives, tit. 3, chap. 1er, nos 454 et 486).

qu'un intendant des turcies et levées; en 1747, d'après une instruction manuscrite pour ce service qui se trouve aux archives des travaux publics, il y en avait deux, l'un au-dessus d'Orléans, l'autre au-dessous; en 1760, on n'en trouve plus qu'un seul, avec le titre d'intendant général. Il fut maintenu de plus, sous les ordres de l'intendant, un agent ayant le titre d'inspecteur, commis pour visiter les ouvrages en l'absence des ingénieurs et pour surveiller l'exécution de leurs devis. Il recevait un traitement de 1.800 liv. (1.836 fr.) (1).

Les mêmes ingénieurs devaient avoir dans leurs attributions, au moins pour la rédaction des devis et la réception des ouvrages, le service du balisage et de l'entretien de la navigation de la Loire. Mais, malgré l'ordre établi dans ce service par Colbert, les délégués de l'association des marchands, qui devaient seulement indiquer les travaux utiles à la navigation et contribuer à la surveillance de leur exécution, s'ingéraient souvent d'agir directement et de faire exécuter eux-mêmes des travaux qui s'ajoutaient à ceux qu'avaient prévus les ingénieurs ou même venaient les contrecarrer. Ils se prévalaient sans doute de ce que les fonds étaient fournis par eux, sur les droits de boëte que supportaient leurs bateaux et dont la perception leur était attribuée. Pour remédier à ces abus, en même temps que pour favoriser la navigation par une réduction des droits qui pesaient sur elle, comme prélude à un affranchissement total que l'on faisait dès lors espérer, le gouvernement supprima les droits de boëte à compter du 13 octobre 1764; décida qu'il y serait suppléé par un crédit spécial imputé annuellement sur les fonds des turcies et levées, et que les travaux seraient exclusivement faits au moyen d'adjudications passées sur les devis des ingénieurs, dressés par cantons, comme faisant partie des baux d'entretien des turcies et levées; en un mot, réunit définitivement les deux services du balisage et des turcies et levées en un seul. On acheva de caractériser l'augmentation d'attributions ainsi accordées aux ingénieurs des turcies et levées, en leur allouant une gratification annuelle, spéciale à cet objet, de 1.800 liv. pour l'inspecteur général et de 600 liv. pour chacun des deux ingénieurs. Toutefois, on ne crut pas devoir dissoudre l'association des marchands; on la maintint dans un but de police intérieure et pour la défense de la navigation contre les prétentions et les atteintes du dehors, comme péages abusifs, extor-

---

(1) Pièces justificatives, tit. 3, chap. 1er, n° 428.

sions, etc. On lui alloua une somme annuelle de 5.000 liv. (5.100 fr.) pour frais de bureau et de tournées des délégués, et pour la poursuite des procès en parlement ou ailleurs (1).

Les dépenses des turcies et levées continuèrent à être payées exclusivement par les cinq généralités de Tours, Bourges, Orléans, Moulins et Riom. Il y fut toujours pourvu par une imposition ordinaire de 200.000 liv. (204.000 fr.), et par des impositions supplémentaires annuellement ordonnées. Du chiffre de 200.000 liv. (204.000 fr.), celles-ci montèrent à 250.000 liv. (255.000 fr.) en 1751, puis à 300.000 liv. (306.000 fr.) en 1762 et restèrent à ce taux. Mais alors elles durent fournir, comme on l'a vu, d'abord aux dépenses du pont de Moulins pendant treize ans, puis à celles du pont de Nevers pendant onze autres années (2). Il fut fait encore un autre prélèvement sur ces impositions : dans son mémoire déjà cité, l'ingénieur Normand nous apprend que, pendant plus de vingt ans à partir de 1755 environ, on réserva annuellement une somme de 20.000 liv. pour des besoins imprévus et notamment « pour pourvoir « aux accidents que des crues d'eau excessives et rares pourraient « occasionner. Cette réserve accumulée est restée, dit-il, au trésor « royal, où les besoins de l'état l'ont retenue, de sorte que (à la date « de son mémoire, 1778) il était dû à la caisse des turcies et levées, « par le trésor royal, environ 400.000 liv. (408.000 fr.) ». Cependant la comptabilité annuelle se faisait comme si le montant total des impositions dût être et eût été employé. Il ne paraît pas que le trésor royal ait jamais restitué ces 400.000 liv. Nouvel exemple des désordres et des fictions de la comptabilité d'alors, qui doivent nous mettre en garde contre une confiance trop grande en l'exactitude des chiffres de budgets que donnent les documents officiels.

L'histoire signale encore de funestes inondations de la Loire dans cette période. Après celle de 1733, le gouvernement avait paru prendre à cœur d'empêcher le retour des désastres qu'elle avait produits. Mais l'argent manquait; et la restauration des levées se fit avec une lenteur qui provoqua les plaintes fréquentes et fondées des habitants de la vallée. Les brèches, incomplétement fermées, se rouvraient, tantôt sur un point, tantôt sur un autre, et laissaient

---

(1) Pièces justificatives, tit. 3, chap. 1er, nos 269, 453, 462, 469. — Mémoires de MM. Soyer et Normand, ingénieurs des turcies et levées (manuscrits des archives des travaux publics).

(2) Pièces justificatives, tit. 3, chap. 1er, nos 316, 325, 347, 359, 389, 401, 451.

les eaux envahir et ravager de riches territoires, dans des crues qu'on ne pouvait regarder comme exceptionnelles et qui eussent dû être inoffensives, si les levées avaient été remises en bon etat. Telles furent les crues de 1736, 1737, 1740, 1744, 1746, 1751 et 1754. La dernière paraît avoir été la plus forte : elle fut de plus de 18 pieds à Tours, rompit la levée de Blois et ensabla une grande partie du val. Mais elle fut dépassée par la crue de décembre 1755, qui atteignait 24 pieds à Amboise et 22 pieds à Tours. Cette crue ouvrit de nouvelles brèches dans les levées à Cosne, Gien, Sully, Orléans, Blois, Amboise, Tours, et laissa partout de déplorables traces de son passage : la ville de Tours eut particulièrement à en souffrir. C'est par suite des dommages que causa cette inondation, que fut entreprise une restauration générale de la digue de Montlouis à Tours, qui s'exécuta de 1758 à 1772 (1). Mais la répétition continuelle des mêmes désastres prouve le vice du système et l'insuffisance des digues à protéger les territoires qu'elles devaient abriter, malgré les réparations, les « renforcissements », les exhaussements et toutes les dépenses ordinaires et extraordinaires.

28. Ouvrages concernant les rivières et les canaux de jonction.

Dans le § 26 consacré aux dépenses des ponts et chaussées, nous avons dû mentionner certaines sommes imposées annuellement ou accidentellement sur diverses généralités, pour ouvrages destinés à contenir les rivières dans leur lit ou à en améliorer la navigation. Les torrents de l'Isère et du Drac étaient pour la généralité de Grenoble, comme la Loire pour les généralités qu'elle traversait, une occasion de dépenses annuelles considérables. Les impositions frappées sur l'ensemble de la généralité ne pouvaient suffire elles seules, et un arrêt réglementaire du 6 octobre 1765 (2) nous apprend qu'il fallait y suppléer par le concours des villes, bourgs et communautés intéressées, et même des propriétaires réunis en syndicats. Ce concours ne devait pas être moindre du quart de la dépense totale afférente à chaque portion de rivière correspondante, et pouvait même être porté aux trois quarts. Les projets des ouvrages jugés néces-

---

(1) Tableau historique des crues de la Loire, dressé en 1859 sur les renseignements recueillis par les ingénieurs du service de cette rivière. — Tome 3 de l'ouvrage de M. Maurice Champion, pages 25 à 44.

(2) Pièces justificatives, tit. 3, chap. 1er, no 485.

saires, rédigés par un ingénieur des ponts et chaussées ou autre homme de l'art, étaient, après contrôles et enquêtes, mis en adjudication comme les autres travaux des ponts et chaussées ; et des mesures sont prescrites dans l'arrêt pour assurer la régularité de l'exécution et des payements.

Les dépenses appliquées aux rivières de la Guienne étaient, pour une partie aussi, consacrées à des travaux de défense, mais pour la plus grande part, à l'entretien et à l'amélioration de leur navigation. Le Tarn était navigable depuis son confluent dans la Garonne jusqu'à Gaillac ; l'Aveyron même était considéré comme tel depuis le Tarn jusqu'à Négreplisse, et sa navigation avait été prolongée jusqu'à Bruniquel, par les soins de l'intendant de la généralité de Montauban, en vertu d'un arrêt du conseil du 28 mars 1747. En 1752, un ingénieur géographe, nommé Bourroul, proposa de rendre navigable le Tarn depuis Gaillac jusqu'au-dessous d'Albi, et la Vère, affluent de l'Aveyron, depuis Bruniquel jusqu'à Cahuzac ; il obtint même une concession à cet effet par arrêt du 4 septembre. A la même date, un autre arrêt lui ordonna de plus de dresser un projet pour faire remonter la navigation du Tarn jusqu'à Milhau. Il ne fut plus question de ce dernier projet, auquel on renonça promptement sans doute. Quant à la concession, elle fut renouvelée par arrêt du 22 juillet 1755 et le concessionnaire menacé de déchéance, si l'exécution n'était pas complète dans le délai de trois ans pour la Vère et de six ans pour le Tarn. Aucun résultat ne paraît avoir été obtenu pour la Vère, et l'Aveyron même n'est plus maintenant navigable : Albi devint alors et est resté la limite de la navigation du Tarn (1). L'Isle fut, vers 1761, l'objet d'études spéciales pour la rendre navigable entre Coutras et Périgueux. L'ingénieur de la généralité fit un projet montant à 372.500 liv. (379.950 fr.), dont l'adjudication fut ordonnée par arrêt du 13 juin 1765 (2). Au moyen d'une imposition perçue pendant cinq ans, on construisit neuf écluses, avec des barrages et des digues latérales. Nous ignorons si ces ouvrages suffirent à produire l'effet désiré ; mais après la révolution, ils se trouvèrent en ruines, et dans la première moitié du xixᵉ siècle, on ne put rétablir la navigation de cette rivière, dans les conditions actuellement exigées, que par des dépenses infiniment plus considérables.

---

(1) Les arrêts cités se trouvent aux archives des travaux publics, collection Poterlet.
(2) Pièces justificatives, tit. 3, chap. 1ᵉʳ, nº 464.

La navigation de l'Escaut, entre Valenciennes et Cambrai, avait appelé l'attention de Louis XIV vers 1679 : mais alors les guerres de Flandre empêchèrent d'y mettre la main. Ce ne fut qu'en 1750 qu'on y revint. On fit seulement quelques travaux de curage et d'endiguement, au moyen d'une imposition de 69.000 liv. (70.380 fr.), frappée sur le Hainault, pour trois années, par arrêt du 14 décembre 1750 (1). On donna plus tard de plus grands développements à cette entreprise, et cinq écluses simples, ainsi que treize écluses à sas, furent construites avant 1788.

Ce fut à la même époque que l'on voulut améliorer la navigation de la Charente entre Angoulême et Cognac, et l'on songeait même à prolonger cette navigation en amont d'Angoulême jusqu'à Civray. Un arrêt du 22 août 1767 (2) commit Pierre Trésaguet pour faire les études et dresser le projet des ouvrages nécessaires. Trésaguet était alors ingénieur de la généralité de Limoges, dont la Charente traversait une extrémité sur une très-faible longueur, et ce fut sur la proposition de Turgot, alors intendant de cette généralité, qu'il fut chargé de cette commission. Les travaux ne commencèrent toutefois qu'en 1776, après un arrêt rendu le 20 septembre 1775 (3). On construisit successivement et lentement quinze écluses entre Cognac et Angoulême, et neuf entre Angoulême et Montignac. Il ne paraît pas qu'on ait rien fait au-dessus de cette ville, malgré la première idée de remonter jusqu'à Civray : et même maintenant, les travaux exécutés entre Angoulême et Montignac sont devenus inutiles, la navigation n'ayant plus lieu qu'au-dessous d'Angoulême. Ainsi nous retrouvons encore à cette époque la tendance, que nous avons déjà signalée, de prolonger la navigation des rivières sur leur cours supérieur jusqu'aux limites les plus extrêmes. Preuve certaine de l'insuffisance et de l'imperfection des voies de terre.

Alors aussi on était autant pénétré que jamais de la nécessité de former un réseau non interrompu de voies navigables, en joignant les rivières par des canaux artificiels, et surtout celles qui versent leurs eaux dans des mers opposées. On continua l'étude d'anciens projets; on en conçut même de nouveaux; mais peu d'entre eux furent mis à exécution. Peut-être les travaux considérables des voies

---

(1) Pièces justificatives, tit. 3, chap. 1ᵉʳ, n° 366.
(2) Pièces justificatives, tit. 3, chap. 1ᵉʳ, n° 478.
(3) Pièces justificatives, tit. 3, chap. 1ᵉʳ, n° 552.

de terre absorbaient-ils dans une trop forte mesure les ressources du pays, d'ailleurs soumis à des détresses et à des crises financières incessantes. Toutefois le gouvernement n'abandonna pas entièrement cet objet à l'initiative et aux seuls efforts de l'intérêt privé, éveillé par la perspective de concessions avantageuses. A partir de 1740, un fonds annuel de 1.200.000 liv. (1.224.000 fr.) fut ordonné par le roi pour l'étude ou la construction de nouveaux canaux et pour l'entretien de ceux nouvellement construits (1). Ce fonds était distinct des fonds ordinaire et supplémentaire affectés aux travaux des voies de terre, dont nous avons précédemment donné le tableau. Les trésoriers des ponts et chaussées n'avaient pas à en connaître, de même que son emploi n'entrait pas dans les attributions ordinaires des ingénieurs des ponts et chaussées. Si plusieurs d'entre eux furent chargés d'étude ou de direction de travaux ressortissant à cet objet, ce fut par commissions spéciales et en partage avec d'autres ingénieurs. En cela on maintint la distinction établie en 1715, à l'origine de la régence du duc d'Orléans, entre le service des ponts et chaussées, turcies et levées et pavé de Paris d'une part, et les « propositions de nouveaux canaux » de l'autre.

La jonction de la Lys et de l'Aa par un canal entre Aire et Saint-Omer (2), qui fut commencée en 1686 sur les plans de Vauban, puis interrompue par la guerre et longtemps délaissée, fut reprise en 1753. Le 17 décembre de cette année, un projet de ce canal, rédigé par l'ingénieur militaire Filley, fut mis en adjudication. Les travaux, plusieurs fois interrompus encore, furent terminés de 1771 à 1774. Ils furent toujours dirigés par le génie militaire, qui y employa des troupes des garnisons de Saint-Venant, Aire et Saint-Omer (3). Les fonds nécessaires, évalués 2 millions de livres

---

(1) La mention de ce crédit annuel de 1.200.000 liv. se trouve dans un manuscrit des archives de l'empire (cité aux Pièces justificatives, tit. 3, chap. 2, § 2), intitulé : *Affaires générales des finances du royaume de France en l'année* 1752. Nous n'avons découvert aucun arrêt pour imposition de cette somme, ni pour son affectation à tels ou tels ouvrages. Mais dans l'inventaire financier de Génée de Brochot (cité *ibid.*, n° 3), le crédit énoncé pour les ponts et chaussées passe de 3.200.000 liv. en 1739, à 4.400.000 liv. en 1740. Comme cette augmentation de 1.200.000 liv. ne se trouve point mentionnée dans les arrêts détaillés d'impositions pour les ponts et chaussées, que nous avons eus sous les yeux pour chaque année, nous ne pouvons attribuer son énoncé dans ledit inventaire qu'à l'établissement, en 1740, de ce crédit de 1.200.000 liv. ouvert pour les canaux, crédit que Génée de Brochot aura confondu avec celui des ponts et chaussées, comme il était assez naturel de le faire à cause de l'analogie des objets.

(2) Le canal de Neuffossé.
(3) Précis de la navigation, par Grangez.

(2.040.000 fr.), furent fournis pour moitié par une imposition spéciale établie, en vertu d'un arrêt du 7 mars 1753 (1), sur les pays voisins et intéressés : l'autre moitié de la dépense était imputée sur le trésor royal.

L'usage du canal du Languedoc n'avait pas tardé à faire reconnaître que les difficultés de la navigation de la Garonne au-dessous de Toulouse opposaient un grave obstacle à la véritable communication des deux mers. Le marquis de Caraman, héritier des Riquet, conçut le projet d'un canal latéral à cette rivière depuis Toulouse jusqu'au confluent du Tarn, et le fit étudier et tracer par un ingénieur, nommé Villacrose, qui en dressa le plan sous la date du 17 janvier 1755 (2). Il ne fut pas donné alors d'autre suite à ce projet qui ne devait être repris et exécuté que plus de quatre-vingts ans plus tard.

Une autre communication des mers fut proposée, en 1749, par un sieur Alléon de Varcourt, au moyen d'un canal de jonction de la Loire au Rhône passant par Saint-Étienne. En 1760, un horloger de Lyon, nommé Zacharie, en obtint la concession sous le nom de *canal des deux mers*, quoique cette concession se bornât à la partie comprise entre Rive-de-Gier et Givors, mais avec obligation de construire un réservoir d'alimentation à Patray près Saint-Étienne, en prévision de l'exécution complète (3). Dès le 12 mai 1761 (4), l'ingénieur de la généralité de Lyon, Lallié, avait été autorisé à diriger les travaux de ce canal et à recevoir du concessionnaire 2.000 liv. d'appointements annuels. Zacharie étant mort le 22 mai 1768, son fils obtint, pour poursuivre les travaux qui dépassaient de beaucoup les prévisions, une prolongation de la concession de quarante à soixante ans, et tenta de former une compagnie au capital de 1.080.000 liv. (1.101.600 fr.). Mais il y avait encore insuffisance, et la concession fut prolongée jusqu'à 99 ans par lettres patentes du 22 août 1779. Le canal fut ouvert entre Rive-de-Gier et Givors en 1780, après une dépense de 3.062.000 liv. (3.123.240 fr.). La navigation y fut très-imparfaite, car les eaux du Gier ne suffisaient pas à alimenter le canal. La nécessité d'un réservoir pour cette seule

---

(1) Pièces justificatives, tit. 3, chap. 1er, n° 433, arrêt du 14 octobre 1761.
(2) Ce plan existe au dépôt des travaux publics.
(3) Arrêt du 28 octobre 1760 et lettres patentes du 6 septembre 1761. — Précis de la navigation, par Grangez.
(4) Pièces justificatives, tit. 3, chap. 1er, n° 430.

branche fut reconnue et motiva en 1788 une concession perpétuelle. Ce fut le réservoir de Couzon, qui, après une longue interruption des travaux par suite de la révolution, ne fut achevé qu'en 1812.

Cependant on n'avait pas renoncé à la communication de la Méditerrannée à la Manche par le canal de Bourgogne. Les demandes de trois prétendants, parmi lesquels la veuve et les fils d'Abeille, en confirmation de la promesse de concession faite à Merchand d'Espinassy furent repoussées par arrêt du conseil du 20 juillet 1764. Mais peu après, on chargea Perronet et Chézy d'étudier de nouveau sur les lieux les divers projets mis en avant pour ce canal. Leur rapport, du 28 décembre 1764, conclut à l'approbation du projet d'Abeille par le seuil de Pouilly, vérifié par Gabriel, mais en portant la prévision de la dépense à 15 ou 18 millions (1). Toutefois la question n'était pas encore mûre, et les travaux ne furent entrepris qu'au commencement du règne de Louis XVI.

On s'occupa encore à cette époque du canal de Champagne, maintenant canal des Ardennes. Dès 1680, Louvois avait conçu le projet de joindre la Seine à la Meuse, par un canal à point de partage entre Semuy sur l'Aisne et la rivière de Bar, affluent de la Meuse qu'on eût rendu navigable. Son objet principal était l'approvisionnement des places fortes situées sur la Meuse. C'est le père Sébastien Truchet qui en fit l'étude (2). Quant à la navigation de l'Aisne, qui ne remontait guère que jusqu'à Pontavaire ou Neufchatel au plus, on l'eût prolongée jusqu'à Semuy. Il paraît même que l'on songea à faire remonter cette navigation jusqu'à Sainte-Menehould (3). En 1716, la régence alloua 800.000 liv. (832.000 fr.) pour l'établir entre Pontavaire et Rethel; sur ces fonds, cinq écluses, dont les traces existent encore, furent construites dans des dérivations ouvertes exprès, à Château-Porcien, Belham, Asfeld-la-Ville, Avaux et Évergnicourt. Le projet avait été fait par l'ingénieur des ponts et chaussées des Bergeries : mais l'exécution fut confiée à la maîtrise des eaux et forêts, sans doute parce que le principal objet était de faciliter la descente des bois. A plusieurs reprises, le canal de jonction donna encore lieu à diverses demandes de concession.

---

(1) Archives des travaux publics.
(2) Le plan original de cette étude existe au dépôt des travaux publics.
(3) Mémoire de l'intendant de la généralité de Châlons en 1698. — Il fallait que les communications fussent bien difficiles et bien nécessaires pour qu'on eût une pareille idée. Ou bien s'agissait-il seulement du flottage et non d'une véritable navigation?

En raison de ces demandes, il fut étudié de nouveau en 1762, par l'ingénieur des ponts et chaussées de la généralité de Châlons et le directeur des fortifications de Mézières, commis ensemble à cet effet par un arrêt du conseil (1). Ces tentatives et ces études aboutirent enfin à une concession en faveur du prince de Conti, par lettres patentes du 24 juin 1776. L'inexécution des travaux motiva une prorogation en 1782 sous l'inspection et la surveillance des ingénieurs des ponts et chaussées ; puis la révolution survint lorsqu'ils étaient à peine entrepris, et en arrêta le cours (2).

Il ne nous reste plus à mentionner que le canal de Berry, dont il avait été question depuis le xvie siècle, dont Sully et ensuite Colbert s'occupèrent, et pour l'exécution duquel une compagnie se forma en 1765, sous les auspices du duc de Charrost. Ce fut toutefois sans aucun résultat connu.

29. Ports maritimes de commerce.

Les ports maritimes de commerce se liaient naturellement, par leur objet, aux grandes voies de communication de l'intérieur de la France, et surtout aux voies navigables, auxquelles ils ouvraient l'accès du commerce extérieur et maritime. Toutefois, la question de leur défense contre les entreprises de l'étranger en temps de guerre avait jusqu'alors prédominé celle de l'exécution et de l'entretien des ouvrages que réclamait leur utile destination. Aussi étaient-ils dans les attributions du ministère de la guerre. Ils y restèrent jusqu'en 1743. A cette époque qui fut celle de la mort du maréchal d'Asfeld, directeur général des fortifications, ces ports furent réunis au département de la marine : mais la conduite de ces ouvrages continua à être confiée aux ingénieurs militaires. En 1759, Berryer, ministre de la marine, reconnaissant que ces ouvrages « faute de fonds, en étaient venus au dernier point de délabrement », jugea que le meilleur moyen de leur faire accorder les allocations nécessaires pour les relever de cet état de ruine, était d'en remettre la direction au contrôle général des finances, chargé de tout ce qui concernait les intérêts commerciaux. Ce fut d'abord l'objet d'une convention qui fut conclue

---

(1) Pièces justificatives, tit. 3, chap. 1er, n° 437 ; arrêt du 16 juillet 1762.
(2) Pièces justificatives, tit. 3, chap. 1er, n° 574. — Précis de la navigation, par Graugez. — Le dépôt des fortifications possède, sur les études relatives à ce canal, des documents intéressants.

dès cette année entre les trois ministres de la marine, des finances et de la guerre. Mais ce dernier s'étant ravisé, à cause de la liaison essentielle qu'il prétendait exister entre les travaux des ports et ceux des fortifications, une discussion fut ouverte entre les trois mêmes ministres, puis portée au conseil d'état; et ce ne fut qu'en 1761 qu'elle fut close par une décision définitive dans le sens de la proposition de Berryer. Le contrôleur général plaça alors les ports de commerce dans le département de Trudaine et sous la conduite des ingénieurs des ponts et chaussées. Il ne s'agissait, bien entendu, que de ceux des généralités de pays d'élections : encore y eut-il, là même, plusieurs exceptions dont les motifs ne sont pas bien connus. Ainsi le port du Havre ne fut définitivement enlevé au génie militaire qu'en 1775; celui de Dunkerque, en 1785; le port Vendre, en 1786. Les ports de Calais et de Boulogne, puis ceux de Bayonne et de Saint-Jean de Luz lui restèrent confiés jusqu'à la révolution.

La réunion de cette administration à celle des ponts et chaussées paraît toutefois avoir été considérée comme régulièrement et effectivement opérée à partir de 1761; car elle motiva dès cette année une augmentation du fonds accordé à Trudaine pour payement des commis et des frais de son bureau, qui fut désormais nommé *bureau des ponts et chaussées et des ports maritimes*. Ce fonds fut porté de 9.000 l. (9.180 fr.) à 12.000 liv. (12.240 fr.)

En 1729, une imposition de 500.000 liv. (510.000 fr.) avait été établie sur les vingt généralités de pays d'élections, en vertu d'un arrêt du 10 août 1728, pour « nettoyement du havre de la Rochelle et enlèvement de la barre du port de Bayonne ». Cette imposition continua, sans interruption, à être perçue annuellement sous le même titre, bien qu'il soit impossible de croire que, pendant tout ce temps, elle n'ait pas été appliquée à d'autres objets. En effet, d'une part, on ne peut admettre que ces deux ports aient consommé, à eux seuls et pour le seul objet désigné, 16 millions de liv. (16.320.000 fr.) en trente-deux ans : d'autre part, quand même les détournements trop nombreux des fonds des ponts et chaussées pour les dépenses de la guerre ne nous disposeraient pas à croire qu'il a pu en être de même d'une partie de ceux-ci, nous pouvons conjecturer de l'insistance du ministre de la guerre pour conserver l'emploi de ces fonds dans son département et de son opinion sur la liaison intime des ouvrages des ports avec ceux des fortifications, que le génie militaire ne se fit pas scrupule de consacrer une partie de ces importantes allocations aux fortifications de ces deux ports, et d'autres encore sans doute (1). Il ne faut pas d'ailleurs attacher un sens trop absolu à la désignation du motif de l'imposition. On put très-bien, comme on en voit plusieurs exemples dans les états financiers de ce siècle, conserver la désignation restreinte de l'objet de la première imposition, en comprenant ceux de même nature, qui y furent ajoutés ensuite, dans un *et cetera*, même sous-entendu. En même temps, et probablement depuis la même époque à peu près, une somme annuelle de 30.000 liv. (30.600 fr.) seulement était imposée sur les trois généralités de Normandie (Rouen, Caen et Alençon), pour ouvrages à faire aux ports de Honfleur, Fécamp, Saint-Valery, Dieppe et Tréport. Un arrêt du 10 juillet 1759 réunit ces deux impositions et les augmenta de 270,000 liv., de manière à former un crédit total de 800.000 liv. (816.000 fr.) pour les ports maritimes de commerce, qui fut imposé en 1760 sur les vingt généralités de pays d'élections; et cette imposition fut désormais annuellement renouvelée. Mais dès 1762, en vertu d'un arrêt du 14 octobre, 500.000 liv. furent prises sur ces fonds pour « les fortifications militaires », et 300.000 liv. seulement furent versées dans la caisse du trésorier général des ponts et chaussées, pour les ports de commerce. Pareil détournement eut lieu en 1763 (2). Nous ignorons s'il se renouvela les années suivantes : nous savons seulement que, dans le détail du brevet supplémentaire à la taille pour le département des ponts et chaussées en 1769, les sommes imposées sous le titre de « ports maritimes de commerce » montent au total de 800.000 liv., et même un peu plus (3). Mais nous n'avons pas besoin de répéter nos motifs de ne pas avoir une entière confiance dans la fidélité de cette indication.

Le premier acte authentique que nous ayons trouvé constatant

---

(1) Un intéressant mémoire de M. l'ingénieur en chef Vionnois, sur les travaux du port de Bayonne, inséré dans les Annales des ponts et chaussées, 1858, 2ᵉ vol., page 253, constate que les travaux dirigés contre la barre de ce port furent souvent interrompus de 1729 à 1758; qu'à cette dernière date on y avait dépensé environ 3 millions; que les travaux furent encore interrompus alors, puis repris en 1764; qu'en 1777, on avait dépensé seulement 3.600.000 liv.; enfin, qu'en 1791, les dépenses totales s'élevaient à 4.440.000 liv.

(2) Ceci, pour le dire en passant, de même que les renseignements contenus dans la note précédente, nous confirme dans notre opinion, que le génie militaire ne consacra pas exclusivement au curage du port de la Rochelle et à la barre du port de Bayonne les 500.000 liv. soi-disant allouées pour cet objet, de 1729 à 1760.

(3) 827.995 liv. (844.554 fr. 90 c.).

l'intervention des ingénieurs des ponts et chaussées dans le service des ports maritimes de commerce est l'approbation, par lettres patentes du 28 août 1766, d'un devis d'ouvrages montant à 418.589 l. 5 s. 6 d. (426.961 fr. 06 c.) pour travaux de réparation et d'agrandissement du port d'Honfleur, dressé le 20 janvier précédent par l'ingénieur en chef de la généralité de Rouen. La ville d'Honfleur dut contribuer pour moitié à cette dépense dans les quatre années 1766 à 1769 et fit un emprunt pour cet objet. Nouvel exemple du concours des localités aux dépenses d'intérêt public, concours qui vient encore altérer, mais en sens inverse des détournements des fonds imposés, la signification des chiffres portés au budget de l'État (1).

---

(1) Voir, pour tout ce paragraphe : Mémoire sur les ponts et chaussées par Chaumont de la Millière, 1790 ; lettre de d'Ormesson, du 26 septembre 1759, aux Pièces justificatives, tit. 3, chap. 2, § 3, n° 13; ibid., chap. 1er, nos 423, 426, 431, 439, 450, 470 et 474.

P. S. Vers la fin de l'administration de Daniel Trudaine, on commença d'établir sur les routes rayonnant autour de Paris les bornes milliaires qui s'y voient encore, espacées de mille en mille toises à partir de l'église Notre-Dame. On lit au mot *Routes*, dans la collection de jurisprudence de Denisart, qu'en avril 1763 le chapitre de Notre-Dame fit placer sur le parvis, au pied de la tour septentrionale, une pierre triangulaire, supportant un poteau « chargé de ses armes », destiné à marquer le point de départ de ce bornage.
Le temps nous a manqué pour confirmer ou compléter, à l'aide de nouvelles recherches, ce renseignement, qui vient seulement de nous être indiqué pendant que ce chapitre était sous presse.

CHAPITRE IV.

DE LA MORT DE DANIEL TRUDAINE EN JANVIER 1769, AUX LETTRES PATENTES DE JANVIER 1790 DÉCRÉTANT UNE NOUVELLE DIVISION TERRITORIALE ET UNE NOUVELLE ORGANISATION ADMINISTRATIVE DU ROYAUME.

30. Trudaine de Montigny, de Cotte et Chaumont de la Millière se succèdent à la tête du service des ponts et chaussées ; mesures administratives diverses.

Trudaine de Montigny, en succédant à son père après sa mort, ne fit naturellement que suivre les errements d'une administration à laquelle il était associé depuis douze ans et avait pris, avec le temps, une part de plus en plus active. Sous lui, comme sous ses successeurs, nous ne verrons dans les éléments de cette administration que des changements sans importance, motivés par des simplifications ou des extensions de service. Ainsi les frais du bureau des ponts et chaussées furent d'abord, en février 1769 (1), portés à 14.600 liv. (14.892 fr.) au lieu de 12.000 liv. (12.240 fr.), à cause de l'adjonction des ports maritimes; puis, en décembre 1774 (2), la réunion du service du pavé de Paris les fit porter à 17.500 liv. (17.850 fr.), chiffre du premier établissement en 1737. La comptabilité de ce service avait été, par suppression d'offices en 1772 (3), fondue dans celle du trésorier général des ponts et chaussées. Enfin, à partir de 1779 (4), il n'y eut plus qu'un seul office de trésorier général « pour les ponts et chaussées, les turcies et levées, les ca-« naux et la navigation des rivières, le barrage et le pavé de Paris. »

En ce qui concerne le personnel des ingénieurs, les changements suivirent un ordre inverse. Pendant qu'une économie bien entendue, mais tardive, faisait réduire le nombre des charges vénales créées

---

(1) Pièces justificatives, tit. 3, chap. 1er, n° 488.
(2) Pièces justificatives, tit. 3, chap. 1er, n° 542.
(3) Pièces justificatives, tit. 3, chap. 1er, n° 548.
(4) Pièces justificatives, tit. 3, chap. 1er, n° 557.

dans un seul but de fiscalité, il fallait bien augmenter le corps des ingénieurs en raison de l'accroissement des travaux qu'on leur attribuait. On a vu que le premier ingénieur, outre ses fonctions, remplissait celles d'ingénieur en chef de la généralité de Paris, subdivisée en neuf arrondissements de sous-inspecteurs. Cette généralité formait d'ailleurs trois départements presque équivalents chacun à une généralité : c'étaient les départements de Versailles, Fontainebleau et Compiégne. En 1770 (1), on se décida à mettre un ingénieur à la tête de chacun de ces départements, comme l'avait proposé Perronet quelques années auparavant ; mais on fit de ces trois places un degré pour passer du grade d'inspecteur à celui d'ingénieur en chef, et on ne leur attribua que 2.000 liv. d'appointements : ces nouveaux ingénieurs furent d'ailleurs spécialement subordonnés au premier ingénieur. En même temps on créa cinquante commissions d'*inspecteurs* pour toutes les généralités, titre qui remplaça celui de sous-inspecteur, et qui correspondait au grade actuel d'ingénieur ordinaire.

Ce régime dura treize années, pendant lesquelles les places d'ingénieur en chef paraissent avoir été régulièrement données, à mesure des vacances, à l'un des trois ingénieurs de la généralité de Paris. Il en résulta que ces ingénieurs restaient fort peu de temps au même poste. On reconnut les inconvénients de ce défaut de fixité dans des services qui avaient autant d'importance que ceux des ingénieurs en chef des autres généralités, et en 1783 (2) on assimila les trois ingénieurs de la généralité de Paris aux ingénieurs en chef, pour le grade et pour les appointements. Le même arrêt porta de quatre à cinq le nombre des inspecteurs généraux. Les détails du service de la généralité de Paris furent réglés trois mois après par une instruction spéciale (3). Enfin, à la fin de 1786, le nombre des inspecteurs fut porté de cinquante à soixante (4). Ce fut la dernière augmentation du personnel fixe du corps des ponts et chaussées. Le nombre des sous-ingénieurs resta illimité, mais alla toujours en croissant. De soixante-douze qu'ils étaient en 1771 (5), ils atteignirent le chiffre de cent vingt-quatre en 1784 (6) ; et dans son mémoire

---

(1) Pièces justificatives, tit. 3, chap. 1er, n° 495.
(2) Pièces justificatives, tit. 3, chap. 1er, n° 578.
(3) Pièces justificatives, tit. 3, chap. 1er, n° 580.
(4) Pièces justificatives, tit. 3, chap. 1er, n° 595.
(5) Chap. 3, page 115.
(6) Instruction pour la direction des élèves, etc., 20 août 1784 (archives des travaux publics).

de 1790, Chaumont de la Millière constate que les assemblées provinciales en avaient réclamé et obtenu encore de nouveaux. Le nombre des ingénieurs en chef, dont les appointements figuraient sur l'état-du-roi des ponts et chaussées, était resté fixé à vingt-cinq depuis l'arrêt du 7 juillet 1750, et fut seulement porté à vingt-six par arrêt du 21 février 1784 (1). Mais, en fait, les ingénieurs portant le titre d'ingénieur en chef des ponts et chaussées étaient déjà au nombre de trente en 1768, et parvinrent en 1789 à celui de trente-six, ainsi qu'on peut le constater sur l'Almanach royal. Cela tient à ce que le titre d'ingénieur des ponts et chaussées était aussi conféré à des ingénieurs des turcies et levées, du pavé de Paris, et à ceux de quelques provinces ayant leur administration propre des travaux publics indépendante de l'administration centrale, telles que la Lorraine (2), l'Alsace, la Bourgogne, la Bretagne, etc.

Une mesure prise sous Trudaine en 1772, motivée par le développement des travaux confiés aux ingénieurs, vint encore accroître aux yeux du public l'éclat du corps des ponts et chaussées. Ce fut l'arrêt du 22 septembre qui attribua un uniforme aux membres de ce corps (3). « Souvent, dit l'arrêt, les ingénieurs sont troublés dans « l'étude du tracé des routes par des voyageurs ou par les proprié- « taires des terrains traversés ; ils sont méconnus sur les nombreux « ateliers qu'ils ont à diriger, notamment lorsque des troupes y sont « employées ; d'autres fois on a vu des particuliers se faire passer « pour ingénieurs. » Le remède à ces abus est de donner aux ingénieurs des ponts et chaussées « un uniforme qui puisse les faire con- « naître du public, chacun suivant son grade. » La couleur de cet uniforme fut le gris de fer pour l'habit, la veste et la culotte, et le cramoisi pour la doublure et le revers du collet rabattu : la doublure dut être en soie pour les ingénieurs de tout grade, en voile pour les inspecteurs, sous-ingénieurs et élèves ; le bouton, en argent, avec fleur de lis dorée. Les grades des ingénieurs se distinguaient par une broderie or et argent plus ou moins large sur les parements, les manches et les poches ; pour les inspecteurs et sous-ingénieurs, la broderie fut remplacée par un galon or et argent ; les élèves n'eurent

---

(1) Pièces justificatives, tit. 3, chap. 1er, n° 587.
(2) L'administration des ponts et chaussées de la Lorraine fut réunie à celle des ponts et chaussées du royaume le 29 septembre 1770 (Pièces justificatives, tit. 3, chap. 1er, n° 500).
(3) Pièces justificatives, tit. 3, chap. 1er, n° 527.

point de galon, et parmi eux l'uniforme ne dut être porté que par les appointés et les trois premiers de chaque classe. Des modèles de l'étoffe, de la couleur, des boutons, broderies et galons furent joints à l'arrêt, et ils s'y trouvent encore annexés aux archives impériales. Cet uniforme, outre son objet d'utilité, fut encore accordé comme une faveur et une distinction honorifique.

Au reste, sous l'inspiration de Trudaine, le roi lui-même saisissait toutes les occasions de maintenir, par ses témoignages d'estime, le bon esprit du corps des ponts et chaussées, et de récompenser ses membres les plus distingués. C'est ainsi qu'en 1769 (1) il accorda à l'ingénieur du Hainaut, Havez, dont nous avons déjà parlé, alors doyen du corps, le grade d'inspecteur général et la retraite de 2.000 liv. attachée à ce grade; qu'en 1770 (2) il gratifia Perronet d'une pension viagère de 5.000 liv., dont 2.000 liv. réversibles sur sa veuve. Le roi déclare dans l'arrêt avoir « connaissance personnelle des longs et utiles services » de cet éminent ingénieur, et rendre pleine justice à ses « rares talents » en même temps qu'à son « désintéressement ». En 1777 (3), une pension viagère de 3.000 liv. fut aussi accordée à de Voglie, qui avait été nommé inspecteur général en 1770 (4).

Necker, ayant été nommé le 2 juillet 1777 directeur général des finances, supprima dès le 4 les intendants des finances entre lesquels étaient partagés les détails de son ministère. Brusquement interrompue par cette mesure, l'administration de Charles Trudaine se termina par un document que l'on doit regarder comme le gage le plus précieux et le plus authentique des liens honorables qui s'étaient formés, au service de l'état, entre cet administrateur et le corps entier des ponts et chaussées réuni à son premier ingénieur, en qui il se résumait en quelque sorte. Le jour même de sa retraite inopinée, Trudaine adressa la lettre suivante à Perronet :

« Montigny, le 4 juillet 1777. »

« Vous voudrez bien, monsieur, rendre compte à mon successeur,
« que j'ignore encore, des affaires que vous m'envoyez. Il n'est pas

---

(1) Pièces justificatives, tit. 3, chap. 1ᵉʳ, n° 490.
(2) Pièces justificatives, tit. 3, chap. 1ᵉʳ, n° 498.
(3) Pièces justificatives, tit. 3, chap. 1ᵉʳ, n° 552.
(4) Pièces justificatives, tit. 3, chap. 2, n° 499.

« possible qu'il ne sente tout le besoin qu'il a de vos lumières, de
« votre talent et de votre probité ; mais je le défie, quel qu'il soit,
« d'en faire plus de cas que je n'en ai fait. L'amitié la plus tendre
« est la suite des sentiments que vos vertus m'ont inspirés, et c'est
« un bien dont personne ne me privera. Je sais combien vous êtes
« affligé de me perdre pour les affaires : mais conservez-moi votre
« amitié ; c'est un héritage pour moi. Je ne veux pas en dire davan-
« tage, de peur de vous affliger. Je sais que je peux compter sur les
« mêmes regrets de la part d'un corps qui vous doit tout son lustre
« et la considération dont il jouit. Si mon attachement pour ce corps
« peut me laisser encore quelque droit à lui donner des conseils,
« j'exhorterai fort tous ces messieurs, j'oserai ajouter que je les prie
« de se rappeler toujours ce qu'ils doivent au service de l'état et à
« eux-mêmes ; qu'ils ne perdent jamais de vue cet esprit d'honneur
« et de délicatesse qui a toujours présidé à nos assemblées, et l'union
« et la subordination qui ont été jusqu'aujourd'hui leur soutien.

« Voilà mes derniers vœux pour eux, monsieur ; soyez-en l'inter-
« prète ; assurez tous ces messieurs de la continuation de mon estime
« tant que je vivrai ; que la mémoire de mon père leur soit toujours
« chère. Quant à moi, je vais jouir, dans ma retraite, d'un repos
« dont je n'ai pas encore goûté la douceur depuis que je suis au
« monde. »

Cette lettre, à la fois touchante et digne, était un véritable testament, plus même que ne le pensait son auteur : car le repos qu'il
regardait comme une consolation ne lui fût pas accordé en ce
monde, auquel la mort l'enlevait un mois après.

Mais l'administration des ponts et chaussées ne pouvait se passer
d'un chef. Bientôt Trudaine fut remplacé par un maître des requêtes,
président honoraire au parlement de Paris, de Cotte, qui conserva
ce poste jusque vers la fin du ministère de Necker, en 1781. Trois
faits seulement nous paraissent mériter d'être signalés dans cet intervalle : 1° l'institution des premières assemblées provinciales dans
le Berry, puis dans la généralité de Montauban, à cause des rapports
que ces assemblées établirent entre elles et les ingénieurs des ponts
et chaussées, rapports calqués sur ceux qui existaient dans les pays
d'états entre les états et leurs ingénieurs, et qui diminuaient singulièrement à l'égard de ceux-ci l'autorité des intendants et par suite

du pouvoir central (1) ; 2° un arrêt du conseil du 15 avril 1779 (2), prescrivant une enquête sur la situation des péages qui se percevaient encore sur les voies de communication, dans le but de procéder au rachat de tous ceux qui n'avaient pas pour motif de pourvoir à l'entretien et au service journalier d'ouvrages spéciaux construits pour la navigation des rivières et des canaux ; 3° un arrêt du conseil du 4 juillet 1780 (3), ordonnant que tous ouvrages analogues aux presbytères, prisons, palais de justice, etc., seront exécutés dorénavant d'après les projets des ingénieurs des ponts et chaussées. Cette mesure, témoignage de confiance à l'honneur du corps, s'est prolongée en pratique au delà même de l'organisation de 1804.

Au commencement de 1781, de Cotte fut remplacé par Chaumont de la Millière, alors âgé de trente-cinq ans, maître des requêtes au conseil d'état, qui reçut le titre d'*intendant des ponts et chaussées*.

---

(1) Pièces justificatives, tit. 3, chap. 1er, nos 555, 560 et 570. — Nous croyons ne devoir entrer dans aucun détail à ce sujet, à cause de la durée éphémère de cette organisation, d'ailleurs incomplète.

(2) Pièces justificatives, tit. 3, chap. 1er, n° 563.

(3) Aux archives des travaux publics se trouve un brouillon de cet arrêt, ainsi conçu :
« Le roi s'étant fait rendre compte des progrès que ses ingénieurs des ponts et chaussées ont faits depuis l'établissement de ce corps, et de ceux qu'ils font journellement dans toutes les parties qui constituent l'ingénieur ; et S. M. étant informée que par la réunion des connaissances qu'ils ont acquises dans la théorie et la pratique de l'architecture, ils ont rendu des services utiles à l'état et aux citoyens dans les différentes généralités où ils servent ; qu'ils joignent à leurs connaissances le désintéressement et l'économie que S. M. prescrit dans toutes les parties de l'administration ; S. M. voulant, d'une part, leur donner une nouvelle preuve de sa confiance et de la satisfaction qu'elle a de leurs services, et de l'autre assurer l'emploi des fonds fournis soit par les villes ou communautés, soit par des contributions ou cotisations particulières pour des édifices publics tels que presbytères, casernes et autre ouvrages utiles et nécessaires ; elle aurait jugé à propos d'établir une règle uniforme d'administration dans les différentes généralités pour la rédaction des projets de ces ouvrages, leur examen et pour l'emploi des fonds y destinés ;

« A quoi voulant pourvoir, ouï le rapport, etc. ;

« Le roi étant en son conseil a ordonné et ordonne que les ouvrages publics qui se font et se feront par la suite sur des fonds, soit des villes ou communautés, soit d'impositions particulières, contributions ou cotisations, tels que presbytères, prisons, palais de justice, casernes, digues, canaux et autres constructions destinées à l'utilité publique et au bien de ses peuples, seront exécutés, à compter du jour et date du présent arrêt, d'après les projets qui en auront été dressés par l'ingénieur en chef des ponts et chaussées de chaque généralité, lesquels projets, devis et détails estimatifs seront envoyés au conseil par les sieurs intendants et commissaires départis, pour y être autorisés après l'examen qui en sera fait à l'assemblée des ponts et chaussées.

« Veut et entend S. M. que, dans les détails estimatifs desdits ouvrages, il soit compris une somme à valoir suivant qu'il est d'usage, et dont partie sera destinée à récompenser lesdits ingénieurs de leurs frais, peines et soins, suivant l'état qui sera arrêté chaque année au conseil, sur l'avis des intendants et commissaires départis dans les provinces.

« Enjoint S. M. auxdits sieurs intendants de tenir la main à l'exécution du présent arrêt. »

Il eut dès l'abord à soutenir d'importantes discussions sur la corvée avec le nouveau contrôleur général, Joly de Fleury, qui était pour le maintien de ce régime. Jusqu'au 10 août 1792, il dirigea habilement et sut défendre à propos le corps des ponts et chaussées, au milieu des difficultés croissantes du service et de toutes les idées d'innovation qui fermentaient à l'approche et au commencement de la révolution. Son mémoire sur son département, de janvier 1790, est une œuvre de caractère, de conscience et de talent, où se trouve exposée avec une grande netteté la situation du service des travaux publics à cette époque. Louis XVI avait conçu pour cet administrateur une si grande estime, qu'il lui proposa à deux reprises, et dans deux circonstances bien graves, le poste de contrôleur général des finances; le 6 avril 1787, lorsqu'il demanda à de Calonne sa démission, et en novembre 1790, après le second ministère de Necker. La Millière considéra ce poste comme au-dessus de ses forces et résista à toutes les instances du roi.

Comme ses prédécesseurs, la Millière s'occupa avec une constante sollicitude de l'école des ponts et chaussées. En 1782, il lui fit donner un sous-directeur dans la personne de Chézy, devenu inspecteur général du pavé de Paris depuis 1771, qui fut en même temps adjoint à Perronet pour toutes ses fonctions de premier ingénieur (1). Ce fut sans doute la Millière, avec le concours de Perronet et Chézy, qui rédigea l'instruction relative à cette école, que signa le contrôleur général de Calonne le 20 avril 1784 (2). Nous avons parlé de celle du contrôleur général de Machault, du 11 décembre 1747, qui constitua l'établissement; elle fut revue et complétée en 1775, sous l'administration de Turgot (3). Celle dont nous parlons ne fit aussi que confirmer les précédentes, en profitant de l'expérience pour développer ou préciser certains points, mais sans rien changer à l'esprit primitif et fondamental de l'institution. Suivant cette nouvelle instruction, cette école se compose de soixante élèves divisés en trois classes, et de vingt surnuméraires. On y retrouve les mêmes conditions d'admission des élèves, augmentées de celle im-

---

(1) Pièces justificatives, tit. 3, chap. 1ᵉʳ, nᵒˢ 510 et 576. — Il paraît qu'à partir de cette nomination de Chézy, Perronet s'en remit presque entièrement sur lui de la direction de l'école.

(2) Une copie de cette instruction se trouve aux archives des travaux publics, dans la collection Poterlet.

(3) Cette instruction est aux archives de l'école des ponts et chaussées.

posée aux parents de leur assurer une pension annuelle de 600 liv., puis celles de classification et d'avancement par concours obligatoires et par ordre de mérite ; l'enseignement confié aux premiers élèves de chaque classe, rémunérés par des gratifications proportionnées ; le dessin des plans des routes sous la direction d'un inspecteur spécial, et la vérification des devis des ingénieurs, travaux dont on charge les élèves, moyennant indemnité, en sus des études relatives à leur instruction ; l'emploi des élèves, en été, à des travaux extérieurs dans la généralité de Paris ou dans d'autres, sous les ordres des ingénieurs, et leurs missions sur les grands ouvrages ; les comptes rendus trimestriels de leur travail et de leur conduite, etc. ; tout cela seulement plus explicitement réglementé, surtout en ce qui concerne la matière des concours et les degrés attribués à ces concours, à chaque nature de connaissance justifiée par l'élève et à chaque progrès constaté. Deux articles méritent une mention particulière : l'article 52, qui établit une mission annuelle en Italie, avec indemnité de 1.800 liv. pour un élève choisi parmi les plus distingués, surtout en mathématiques, architecture et dessin ; l'article 53, qui sanctionne l'usage de surveillance et d'avertissement réciproque établi entre les élèves sous le rapport de la conduite et de l'honnêteté, avec obligation, dans les cas graves, d'informer par une députation des trois premiers de chaque classe le directeur de l'école : celui-ci, s'il y a lieu, rendra compte à l'intendant général des ponts et chaussées, pour être prononcée l'exclusion de l'élève dénoncé ou de ceux qui l'auraient indûment accusé. Cette instruction est complétée par plusieurs articles contenant règlement hiérarchique pour les inspecteurs, les sous-ingénieurs et les élèves appointés. Tous ces employés sont annuellement l'objet d'un compte rendu général, sur les notes des intendants, des inspecteurs généraux et des ingénieurs, d'après lequel ils peuvent être réformés « s'ils sont jugés « ne pas convenir au service ». Par contre, une pension de retraite, de 500 liv. avec brevet d'inspecteur, ou de 800 liv. avec brevet d'ingénieur, peut être accordée aux sous-ingénieurs et aux inspecteurs qui en seront jugés dignes après vingt-cinq ans de service.

L'école se tenait chez Perronet, qui avait en même temps chez lui le dépôt des plans et le bureau des dessinateurs. En 1786, la maison qu'il occupait rue de la Perle, au marais, ayant été vendue, Perronet dut prévoir un déménagement prochain. En même temps les bureaux du service des ponts et chaussées, navigation et ports maritimes, qui avaient autrefois un local dans l'hôtel occupé par Trudaine, se tenaient chez le premier commis Cadet de Chambine, rue des Enfants-Rouges, tandis que Chaumont de la Millière demeurait rue de Clichy. Plus les divers services centraux dépendant de l'intendance des ponts et chaussées avaient pris d'accroissement, plus on trouvait d'inconvénients dans leur dissémination et dans leur éloignement de la demeure de cet administrateur. On voulut donc profiter du déplacement forcé de l'école et du bureau des dessinateurs pour les réunir dans un même emplacement avec le logement de l'intendant et les bureaux de son administration, les chefs de service y conservant d'ailleurs à leur charge leur loyer personnel (1). Un grand nombre d'hôtels ou d'emplacements furent proposés dans les quartiers les plus divers ; au Luxembourg, près du Louvre, au faubourg Montmartre, au boulevard du Temple, rue Cadet, près la barrière Blanche, etc., enfin rue Saint-Lazare. C'est ce dernier emplacement qui fut adopté, et on décida d'abord de l'acquérir et d'y faire les constructions nécessaires. Mais on était effrayé de la dépense, contre laquelle la situation déplorable des finances soulevait beaucoup d'objections. Après de longs débats, on prit un parti qui marque bien dans quelle détresse on se trouvait. Un arrêt du conseil du 20 août 1787 (2) accepta la proposition d'un sieur Sainte-Croix, ancien entrepreneur du pavé de Paris et propriétaire d'une partie des terrains à acquérir, de construire à ses frais, sur les plans et devis qui seraient approuvés, tous les bâtiments nécessaires et d'en faire la location à l'état pour un bail de 18 ans. Le bail fut conclu pour deux périodes successives de neuf ans moyennant un prix annuel de 16.000 liv. qui fut porté ensuite à 17.600 liv. à cause de l'adjonction, qui paraît singulière, des bureaux de la mendicité et des hôpitaux, et finalement le 30 avril 1788, à 19.600 liv. par suite des diverses augmentations reconnues nécessaires dans les constructions. Un pareil chiffre semble actuellement bien modeste : cependant, grâce aux dispositions alors de moins en moins favorables du public pour le gouvernement, cette mesure donna lieu à beaucoup de récriminations, tant au point de vue de la charge imposée à l'état, qu'à celui de l'emplacement que

---

(1) Ainsi la Millière offrait 6.000 liv. pour son loyer. Les loyers à la charge de l'état pour l'école, le dépôt des plans et les bureaux des ponts et chaussées montaient à moins de 7.000 liv. : on jugeait qu'ils devaient être portés à 10.000 liv. au moins.

(2) Pièces justificatives, tit. 3, chap. 1er, n° 594.

l'on trouvait trop éloigné du centre de Paris. Toutefois en août 1791, l'assemblée nationale maintint cet établissement, mais seulement à titre provisoire. Alors les bureaux de l'intendant n'y avaient pas encore été transportés : l'école et le dépôt des plans y avaient été installés à la fin de 1788 (1).

Il nous reste à mentionner, comme une des dernières mesures d'administration générale de cette époque à laquelle se bornent nos études, la suppression des bureaux des finances, englobés dans les tribunaux, dits d'exception, qui furent abolis par l'édit de mai 1788 (2). Or on se rappelle que, parmi les trésoriers généraux de France dont se composaient ces bureaux, étaient choisis dans la généralité de Paris trois commissaires pour les ponts et chaussées de la généralité et pour le pavé de la ville et banlieue de Paris, et un commissaire dans chacune des autres généralités. Dans celles-ci, il est vrai, la plupart des fonctions de ces commissaires venaient d'être rendues inutiles par l'intervention des commissions intermédiaires des assemblées provinciales : mais ils avaient la police de la voirie et des alignements sur les grandes routes, et à cet égard aucun agent n'était désigné pour les remplacer. Par expédient, un arrêt du conseil du 13 juin 1788 (3) maintint ces trésoriers de France dans lesdites fonctions relatives aux ponts et chaussées, comme commissaires délégués par le conseil d'état. Ce provisoire ne devait pas tarder à disparaître.

31. Essais de réforme, puis suppression de la corvée ; progrès dans l'art de construire et d'entretenir les routes ; réformes diverses.

La corvée des grands chemins, généralisée et réglementée en 1738 par le contrôleur général Orry avec le concours de Daniel Trudaine, n'avait fonctionné ni longtemps ni partout d'une manière paisible et régulière. Bientôt détestée des populations, attaquée par les parlements et par les écrivains, source et prétexte de mille abus et cause réelle de grandes misères, elle réclamait des réformes dont il était difficile de mesurer l'étendue. Le premier agent de l'administration qui entreprit de la réformer fut Orceau de Fontette, intendant

---

(1) Le dépôt des travaux publics possède une liasse de papiers relatifs à cette affaire, où j'ai puisé ce que j'en dis ici.
(2) Pièces justificatives, tit. 3, chap. 1er, n° 599.
(3) Pièces justificatives, tit. 3, chap. 1er, n° 600.

de la généralité de Caen. Il chercha à en provoquer le rachat et à corriger ce que son assiette avait de plus inique en la rendant proportionnelle aux facultés pécuniaires des contribuables. Les intérêts froissés par son système soulevèrent contre lui le parlement de Normandie, qui lui fit pendant plus de deux ans une violente guerre. Il triompha néanmoins par son énergie et l'estime qu'il sut inspirer à ses administrés, et sa méthode finit par être pratiquée sans opposition, et même par s'étendre aux généralités voisines. Peu de temps après, en 1762, Turgot entreprit, par d'autres moyens, une semblable réforme dans la généralité de Limoges, dont il était intendant. S'y étant pris avec plus de précaution et d'adresse, grâce aussi à des conditions particulières à sa généralité, il n'éprouva pas les mêmes obstacles et, quoique mal soutenu par l'administration centrale, il opéra une transformation radicale de la corvée en supprimant tout travail forcé et gratuit pour la construction et l'entretien des routes de cette province.

Ces réformes partielles avaient battu en brèche le principe du système, qui fonctionnait de plus en plus difficilement dans les autres provinces. Aussi lorsqu'en 1775 Turgot, à peine nommé contrôleur général, ordonna la suspension de la corvée, cette mesure fut-elle accueillie des populations comme un bienfait. C'était néanmoins une faute grave : car le public regarda volontiers comme abolie une charge qui ne devait être que transformée ; et l'établissement de la contribution pécuniaire destinée à la remplacer en était rendu d'autant plus difficile, en supposant qu'on ne serait pas forcé de revenir à la corvée elle-même ; ce qui arriva. Par l'effet de cette mesure, les travaux des routes furent presque partout abandonnés, au grand dommage de l'intérêt public. Après de longues discussions de détail, Turgot fit rendre au roi, en février 1776, un édit qui supprimait définitivement la corvée et la remplaçait par une contribution basée sur l'imposition des vingtièmes. Cette base était vicieuse et prêtait sérieusement à la critique : mais surtout les considérants et le dispositif de l'édit heurtaient des privilèges chers aux hautes classes qui en jouissaient, et soutenus des parlements, soit par principe, soit en haine du réformateur. L'édit fut accueilli par de violentes remontrances de ces cours, et ne put être enregistré qu'en lit de justice. Turgot tomba, et bientôt après l'édit fut révoqué par une déclaration du 11 août 1776, dont le caractère incertain et provisoire n'était pas propre à amener la solution des difficultés. Pendant dix ans, les contrôleurs généraux qui se succédèrent remirent continuellement cette question à l'étude, sans lui faire faire un pas. Enfin, sous le ministère de de Calonne, parut le 6 novembre 1786 un arrêt du conseil ordonnant l'essai, pendant trois ans, de la conversion de la corvée en une contribution pécuniaire, arrêt qui fut suivi d'une abolition définitive prononcée par déclaration royale du 27 juin 1787 (1).

Pendant toute cette période, le service des routes n'avait cessé de croître en importance et en difficultés. Il faut pénétrer dans ses détails pour se faire une idée du travail et des fatigues qu'il occasionnait aux ingénieurs adonnés avec zèle à leurs fonctions. S'ils ne manquèrent pas d'avoir leur part dans les récriminations et les accusations que soulevait le dur régime de la corvée, et que grossissaient les passions mises en jeu à son occasion, on peut dire à leur double honneur que les reproches de négligence à leur adresse furent excessivement rares, et que leur réputation de probité ne reçut aucune atteinte sérieuse, au milieu des infidélités et des exactions nombreuses dont on accusait les agents subalternes.

Mais ce qu'il est intéressant de considérer ici, ce sont les progrès que fit l'art de construire et d'entretenir les routes, à partir du moment où la corvée fut remplacée, dans quelques provinces, par le travail à prix d'argent et sur adjudication. Déjà sans doute quelques ingénieurs, particulièrement actifs et habiles, avaient réussi à faire exécuter sous leurs yeux, par les corvoyeurs, d'excellentes parties de routes en empierrement qu'ils maintenaient en bon état. C'est ainsi que Mignet de Montigny, membre de l'académie des sciences et commissaire pour les ponts et chaussées de la généralité de Paris, dans un mémoire déjà cité sur un voyage qu'il fit en 1752 dans le centre et l'ouest de la France (2), avait signalé la partie de la route de Bordeaux comprise entre Tours et Port-de-Piles. « Je ne « connais pas, dit-il, d'empierrements plus beaux, plus doux et moins « coûteux. Ils sont roulants dès le commencement de la seconde an- « née.... » (3). Un peu plus tard, en 1759, un autre voyageur instruit et peu disposé à la flatterie (4) vante la bonté des routes de Franche-

---

(1) Voir au chapitre 5, l'historique détaillé de cette grande question de la corvée.
(2) Pièces justificatives, tit. 3, chap. 4, H. — De Voglie était alors ingénieur en chef de la généralité de Tours, où il avait été précédé par Bayeux, devenu inspecteur général et qui construisit néanmoins ensuite le pont de Tours.
(3) V. la suite de ce passage aux Pièces justificatives, tit. 5, chap. 4, H.
(4) Pièces justificatives, tit. 3, chap. 4, I.

Comté. Mais, il faut bien le dire, c'étaient là des exceptions. La plupart des documents de l'époque constatent la mauvaise confection générale des routes par la corvée. Les chaussées, formées de pierres point ou mal cassées, jetées pêle-mêle sur le milieu du chemin, présentent une surface irrégulière, tellement raboteuse « qu'on n'a garde de s'engager dessus »; respectées par le roulage, elles sont « couvertes d'herbes et d'épines », tandis que les « accotements des deux côtés sont en ruine ». Ailleurs, la chaussée n'est rendue d'abord viable que par le mélange de la terre avec les pierres, mélange qui se défonce par le mauvais temps et devient bientôt impraticable par la boue, les ornières et les fondrières. Une réparation par an, ou deux au plus au printemps et à l'automne, ne remédient que pour peu de temps à cette situation à peu près permanente et qui n'est atténuée que pendant la belle saison.

Il fallait la substitution d'ouvriers volontaires et payés aux corvoyeurs travaillant sans salaire et par contrainte, pour qu'il fût possible de déterminer et surtout de faire exécuter certaines règles pour la construction des routes, qui en fissent un art susceptible de progrès et de perfectionnement. Ce changement était particulièrement nécessaire pour amener le remplacement des réparations périodiques par un entretien continu, dès longtemps regardé comme le seul moyen de maintenir les routes dans un état de viabilité constant. Pierre Trésaguet, nommé ingénieur de la généralité de Limoges en février 1764 (1), au moment où Turgot venait d'y supprimer la corvée, sut profiter de cette heureuse circonstance et s'illustra par le zèle et le talent avec lesquels il contribua au succès des vues de l'intendant, en créant dans cette province des routes qui furent bientôt citées pour modèles. Onze ans après, voulant faire profiter les autres ingénieurs de l'expérience qu'il avait acquise, il rédigea un mémoire où il donna les règles pour le tracé et les profils des routes à mi-côte et en plaine, et pour la construction des chaussées ainsi que des ouvrages accessoires pour l'écoulement des eaux. On remarquera que le système de Turgot, qui réunissait en un seul fonds toutes les contributions locales de la province destinées aux routes, lui permettait

---

(1) Pierre Trésaguet était le fils puîné de Trésaguet, ancien ingénieur de la généralité de Moulins, mis à la retraite en 1755. Son frère aîné fut nommé ingénieur de la généralité de Bourges le 19 janvier 1755, et mis à la retraite le 9 mai 1765. En 1775, Trésaguet fut nommé inspecteur général, sans cesser de remplir les fonctions d'ingénieur en chef du Limousin.

de concentrer ses efforts sur les routes les plus urgentes et de diriger leur tracé d'après les vrais principes économiques et les règles de l'art, sans se préoccuper d'aucunes exigences locales. Cet avantage était surtout d'une grande importance en pays de montagnes, où les conditions du meilleur tracé sont particulièrement corrélatives aux accidents de la surface du sol, et ne pouvaient se concilier avec le morcellement et la localisation du travail imposés par l'emploi de la corvée. Aussi est-ce dans le mémoire de Trésaguet qu'on voit pour la première fois formulées des règles d'art pour le tracé et le profil des routes qui se développent sur le flanc des montagnes. Cet ingénieur tira aussi parti de l'avantage que procurait l'entretien continu substitué aux réparations périodiques, en empêchant la formation d'ornières profondes, pour réduire l'épaisseur des chaussées de 18 ou 20 pouces à 9 ou 10 pouces. Il les régla sur une épaisseur uniforme, et continua à les composer de trois couches de pierres de grosseurs décroissantes, celles des deux premières couches arrangées successivement à la main, et celles de la troisième cassées au petit marteau sur une enclume et réduites à la grosseur d'une noix, pour être répandues à la pelle sur les deux autres. Cette dernière couche devait être composée des pierres les plus dures. Quant à l'entretien, Trésaguet le divise en deux parties distinctes : 1° l'approvisionnement des matériaux, en pierres pareilles à celles de la couche supérieure de la chaussée, réparties sur les accotements par tas réguliers et régulièrement espacés ; 2° l'emploi de ces matériaux et toutes les autres mains-d'œuvre d'entretien. Un entrepreneur, par bail de plusieurs années, est chargé de tenir l'approvisionnement toujours au complet et de faire faire les mains-d'œuvre d'entretien par des ouvriers stationnaires, chargés chacun de l'entretien journalier d'un canton de longueur convenable, ouvriers nommés pour cela *cantonniers.*

Ce n'est pas ici le lieu de discuter les règles données par Trésaguet. Elles ne furent pas complétement admises par tous les ingénieurs de son temps, mais elles donnèrent lieu à d'intéressantes discussions entre eux. Depuis, les progrès de l'art leur ont fait subir de grandes modifications. Mais le mémoire de cet ingénieur doit être regardé comme la première formule régulière de l'art de construire et d'entretenir les routes en empierrement (1). C'est ainsi que le con-

---

(1) Le texte du mémoire de Trésaguet a été inséré dans les Annales des ponts et chaus-

sidéra l'assemblée des ponts et chaussées lorsque, sous l'intendance de Chaumont de la Millière, tout en en critiquant quelques parties, elle délibéra qu'il en serait adressé des copies à tous les ingénieurs en chef, chargés d'en faire part aux inspecteurs et aux sous-ingénieurs de leurs départements, comme modèle à suivre dans la rédaction des projets. Cette assemblée s'était, dès son origine, occupée de l'intéressante question de la construction des chaussées d'empierrement, et plusieurs séances y furent employées, en 1755, à discuter un mémoire composé sur ce sujet par le premier ingénieur Hupeau, à la demande de Trudaine.

Lorsqu'on parcourt les écrits assez nombreux, émanés dans le dernier tiers du XVIIIe siècle (1) d'intendants, d'ingénieurs et même de particuliers, sur l'entretien des routes en empierrement, on y remarque la connaissance et l'énoncé de presque tous les principes actuellement admis et dont nous sommes disposés à croire quelques-uns d'invention moderne. Ainsi personne ne doutait alors plus que maintenant de la nécessité de l'entretien journalier et continu, du cassage menu des pierres, de leur bonne qualité, de celle de faciliter leur liaison, soit entre elles soit avec le corps de la chaussée, de celle du curage à vif pour enlever la boue et les détritus, de celle d'assurer l'écoulement des eaux, etc. On se demande donc, avec quelque surprise, comment il se fait que, malgré quelques progrès obtenus, la viabilité de ces routes ait persisté à rester aussi imparfaite que le constate l'histoire et que nous le voyions encore de nos jours, il y a vingt-cinq ans à peine. Nous croyons trouver la réponse à cette question dans diverses circonstances qui empêchèrent la pratique de suivre la théorie en cette matière. D'abord l'entretien journalier et continu, première condition reconnue indispensable, était à peu près impossible à établir avec le régime de la corvée. Or la corvée, excepté dans quatre ou cinq généralités, ne fut abolie, et surtout remplacée par une contribution effectivement perçue, qu'à partir de la déclaration du 27 juin 1787 : mais alors commençait déjà la révolution qui porta sa main sur tous les rouages de l'ancien régime et bientôt les brisa tous. Là où l'on put obtenir et faire fonctionner tant bien que mal des entrepreneurs de l'entretien, avec des cantonniers chargés de la main-d'œuvre, outre que l'on n'avait pu se rendre

---

sées de 1831, d'après une copie qui existe à la bibliothèque de l'école des ponts et chaussées.
(1) Non compris les dix dernières années.

un compte exact de la dépense nécessaire pour un entretien suffisant (1), la détresse financière empêcha de payer régulièrement ces entrepreneurs ; et l'embarras où ils étaient mis par les avances qui leur étaient imposées paralysait la sévérité des ingénieurs, qui n'exigeaient qu'avec mollesse l'exécution des conditions des devis. De plus, on le reconnut plus tard, les cantonniers étaient trop peu nombreux, inexpérimentés, et moins aptes au travail qui leur était demandé dans leur condition d'ouvriers d'un entrepreneur, que dans celle d'ouvriers aux gages de l'administration. Mais alors on repoussait cette dernière catégorie d'ouvriers pour ce service. Enfin les événements politiques de la fin du XVIIIe siècle et du commencement du XIXe furent longtemps un obstacle insurmontable au succès de ces travaux, dont les premières conditions sont l'ordre et la paix.

Parmi les documents émanés des ingénieurs de cette époque sur la construction et l'entretien des routes, nous remarquons et nous croyons devoir signaler la proposition faite par l'ingénieur de Cessart, dès 1780, de l'emploi « d'un rouleau du poids de 12.000 livres que « l'on ferait passer plusieurs fois sur les routes après la réparation. » Ainsi le rouleau compresseur, dont l'usage maintenant général ne s'est propagé qu'avec grand'peine depuis une quinzaine d'années, avait été imaginé et proposé par un ingénieur des ponts et chaussées, il y a quatre-vingts ans.

Pendant ces efforts divers pour améliorer les procédés de construction et d'entretien des routes, l'administration consacrait à ces routes des soins d'autres natures. Un arrêt du 7 avril 1771 (2) confirma les dispositions de la déclaration du 14 novembre 1724 sur la police du roulage, en intéressant à la répression des contraventions les paroisses et les particuliers, par l'attribution des deux tiers de l'amende à la paroisse du lieu du délit et d'un tiers au dénonciateur. Des restrictions plus sévères, imposées au roulage par un décret du 20 avril 1783 (3) puis modifiées le 28 décembre de la même année (4), attestent qu'on avait peine à concilier les mesures de ce genre, crues nécessaires pour « prévenir la dégradation des routes », avec les besoins du commerce et les conditions économiques du transport des

---

(1) Les évaluations données par divers ingénieurs variaient du simple au quintuple et au delà.
(2) Pièces justificatives, tit. 3, chap. 1er, n° 505.
(3) Pièces justificatives, tit. 3, chap. 1er, n° 581.
(4) Pièces justificatives, tit. 3, chap. 1er, n° 586.

denrées. Le premier de ces arrêts défendait d'atteler en tout temps plus de trois chevaux aux voitures à deux roues et plus de six par couples, ou quatre par file, aux voitures à quatre roues (1). Un cheval ou un couple de plus était accordé, lorsque les roues avaient des jantes de six pouces de largeur, et un nombre illimité lorsque les deux trains des voitures à quatre roues étaient d'inégales largeurs de voie : on prohibait les clous à têtes pointues saillantes sur les jantes. Ces dispositions parurent trop sévères et on leur attribua une diminution de la circulation des denrées et une augmentation du prix des transports. De là l'arrêt du 28 décembre. Il commence par maintenir la faculté d'atteler un nombre indéfini de chevaux aux voitures employées à la culture et à l'exploitation des terres et par l'étendre à celles qui transportent les grains, farines, fourrages, bois à brûler et charbons, et les sels de la ferme générale, puis encore au transport des objets indivisibles ayant par eux-mêmes un poids considérable : il porte à quatre le nombre maximum des chevaux pour toutes charrettes et à huit pour tous chariots, en exceptant le transport des matériaux destinés aux constructions de Paris et des immondices qui sortent de cette ville, transport qui reste réglé par l'arrêt précédent à cause de la trop grande dégradation qu'il occasionne aux routes des abords de la capitale : enfin il rétablit la liberté d'atteler autant de chevaux qu'on voudra sur les charrettes ou chariots dont les roues auront au-dessus de cinq pouces de largeur de jantes. Ainsi l'on attache moins d'importance qu'auparavant à la substitution des chariots aux charrettes, et l'on veut surtout favoriser les jantes d'une certaine largeur. La Millière se proposait encore de compléter cet arrêt par des dispositions plus efficaces en ce sens (2). Pour la route d'Orléans, on maintint les conditions exceptionnelles qui y réglaient la charge des voitures et non le nombre des chevaux attelés, en portant la charge à 5,000 livres pesant sur les charrettes à jantes de six pouces de largeur et même au double pour les chariots dans la même condition (3). On sait que, sur cette route, les voitures revenant à vide de Paris devaient transporter du pavé et du sable pour les réparations de la chaussée; et un arrêt

---

(1) On regardait comme dégradant moins les routes les chevaux accouplés, marchant à peu près sur la ligne que suivaient les roues.
(2) Mémoire sur les ponts et chaussées, p. 8.
(3) Pièces justificatives, tit. 3, chap. 1ᵉʳ, n° 584.

du 5 mai 1776 (1) avait maintenu cette obligation, refusant de l'assimiler à la corvée que venait de supprimer l'arrêt de février.

Le soin des plantations le long des routes ne fut pas non plus abandonné. Les pépinières royales établies dans la plupart des provinces et dont la tenue était habituellement confiée aux ingénieurs, continuaient à fournir des sujets pour ces plantations : on vit de plus des particuliers soumissionner d'importantes fournitures d'arbres à cet effet aux frais des généralités (2). Cependant le gouvernement éprouvait souvent de la difficulté à obtenir des propriétaires l'exécution des plantations sur leurs terrains suivant l'arrêt du 3 mai 1720. Un arrêt du 6 septembre 1772 en fait foi (3), rappelle le droit des seigneurs de planter au lieu et place des riverains négligents, et y ajoute celui du roi de planter au défaut des seigneurs, les arbres devant appartenir à celui qui les aura plantés. Cet arrêt fut confirmé par un autre du 17 avril 1776 (4), qui fixa à un an le délai accordé aux riverains pour se soumettre à cette obligation. L'exécution, si l'on considère toute l'étendue de la France, en fut néanmoins fort incomplète, bien plus souvent par négligence que par de bonnes raisons. Maintenant qu'ont à peu près disparu les belles avenues, produit de ces plantations dans un certain nombre de provinces moins rebelles ou mieux administrées, il est impossible de ne pas regretter le peu de soins mis à les conserver par des remplacements successifs, ou les hésitations de l'administration à ordonner, d'une manière générale et impérative, de substituer aux anciens arbres situés sur les propriétés riveraines, à mesure qu'ils disparaissaient, de jeunes arbres plantés sur les routes elles-mêmes. Le temps n'est plus où l'on redoute pour le bon état des routes une bordure d'arbres convenablement espacés ; et personne n'ignore de quel soulagement est en été, pour les voyageurs et les bêtes de trait, un ombrage même discontinu. En hiver encore les arbres, quoique dépouillés de feuilles, ont l'avantage de rompre le vent, d'en amortir la violence sur les routes qu'ils bordent et même d'y diminuer l'inten-

---

(1) Pièces justificatives, tit. 3, chap. 1ᵉʳ, n° 550. — Une semblable corvée avait été imposée, pour le pavage de la grande route de Paris en Allemagne, dans la généralité de Paris, aux voitures parcourant cette route, par arrêt du 11 octobre 1746 (Pièces justificatives, tit. 3, chap. 1ᵉʳ, n° 526) : mais il n'en est plus question question postérieurement, et on ignore si elle fut maintenue.

(2) Pièces justificatives, tit. 3, chap. 1ᵉʳ, nᵒˢ 455 et 480.
(3) Pièces justificatives, tit. 3, chap. 1ᵉʳ, n° 526.
(4) Pièces justificatives, tit. 3, chap. 1ᵉʳ, n° 549.

sité du froid, au besoin d'offrir un abri momentané : la nuit et dans les contrées neigeuses, ils jalonnent le chemin et préviennent bien des accidents.

D'autres mesures eurent pour objet de diminuer les charges que s'imposait l'état pour la construction et l'entretien des routes. Ce sont d'abord des mesures locales, dont voici quelques exemples en divers points de la France : en 1757 (1), la construction d'un grand chemin de Melun à Fontainebleau fut ordonnée moyennant 179.304 l. payables par les receveurs généraux des domaines et bois dans la généralité de Paris ; en 1764 (2), un octroi sur le vin fut établi, dans les localités intéressées, pour la construction des routes de France en Espagne par les Pyrénées ; en 1770 (3), le roi convint avec les états du Languedoc de l'achèvement de la route du Languedoc en Auvergne par les soins desdits états et sous la direction de leurs ingénieurs, moyennant une allocation annuelle de 100.000 liv. ; en 1772 (4), on se décida à mettre à la charge d'un certain nombre de communautés de la généralité de Paris, par corvées, l'entretien des grands chemins exécutés depuis 1770, par ateliers de charité, dans le voisinage de ces communautés ; en 1779 (5), on imposa sur la généralité de Tours une contribution annuelle de 41.000 liv. pendant dix ans, pour subvenir au payement des bâtiments et héritages expropriés pour « l'alignement » des routes de cette province.

Au même point de vue, il y avait une mesure générale à prendre, d'une sérieuse efficacité, mais qui paraît avoir éprouvé de longs obstacles à cause de l'ancienneté de l'abus à réprimer et du nombre des intérêts divers qui en profitaient. Dès 1680, nous avons vu Colbert recommander aux intendants, dans ses lettres, de veiller à ce que l'entretien des portions de routes situées dans la traverse et aux abords des villes fût laissé à la charge de ces villes, et non pas mis à celle du trésor royal. En 1764 (6), l'administration dut donner encore des ordres précis à cet égard et faire supprimer des états-du-roi les entretiens des rues des villes et de leurs faubourgs et même, pour les villes considérables, des portions de routes comprises dans

---

(1) Pièces justificatives, tit. 3, chap. 1ᵉʳ, n° 421.
(2) Pièces justificatives, tit. 3, chap. 1ᵉʳ, n° 448.
(3) Pièces justificatives, tit. 3, chap. 1ᵉʳ, n° 494.
(4) Pièces justificatives, tit. 3, chap. 1ᵉʳ, n° 521.
(5) Pièces justificatives, tit. 3, chap. 1ᵉʳ, n° 561.
(6) Pièces justificatives, tit. 3, chap. 1ᵉʳ, n° 447.

leurs banlieues. Ce ne fut pas encore là le terme de cet abus, et un dernier remède dut y être porté par un arrêt du conseil du 18 novembre 1781 (1). On voit par cet arrêt que l'on comprenait dans les baux d'entretien, même « des rues de villes, bourgs et villages qui « ne faisaient pas partie des grandes routes » et de plus « des com- « munications particulières ». Quarante ans auparavant, les mémoires du marquis d'Argenson, et plus tard plusieurs écrits contre la corvée avaient reproché à un grand nombre de seigneurs ou de puissants du jour de faire construire ou réparer par les corvéables les avenues de leurs châteaux, sous prétexte d'embranchements utiles aux communautés pour accéder aux grands chemins.

En même temps que, par la suppression de la corvée, Turgot avait fait rendre aux cultivateurs « la libre disposition de leurs bras et de leur temps », il voulut aussi que l'on laissât à la culture tout le terrain excédant la largeur jugée suffisante à donner aux chemins pour les besoins de la circulation. Or la largeur des *grands chemins royaux* était fixée à 60 pieds par l'arrêt du conseil du 3 mai 1720 et l'on a vu (page 44) que le droit de déclarer un chemin royal avait été à peu près laissé à l'arbitraire des intendants. Pour réformer ce système, Turgot fit rendre, le 6 février 1776 (2), un arrêt qui classa les chemins suivant leur importance et régla leurs largeurs respectives en raison de ce classement. Quatre classes furent établies, depuis les routes les plus importantes jusqu'aux chemins, dits *particuliers*, destinés à la communication réciproque des petites villes ou bourgs. La largeur des routes de la première classe fut fixée à 42 pieds seulement, au lieu de 60 ; celles des routes des trois autres classes durent être de 36, 30 et 24 pieds. La largeur de 60 pieds fut néanmoins laissée à la traversée des forêts, et le roi se réserva, soit de réduire la largeur des routes des diverses classes en pays de montagnes eu égard aux difficultés du terrain, soit d'augmenter la largeur des routes de première classe aux abords de la capitale ou de quelques autres grandes villes, mais jusqu'à 60 pieds seulement (3). Toutefois on ne jugea pas à propos de réduire aux nouvelles dimensions les routes ouvertes et terminées sur des dimensions plus grandes. Un

---

(1) Pièces justificatives, tit. 3, chap. 1er, n° 572.
(2) Pièces justificatives, tit. 3, chap. 1er, n° 548.
(3) Peu de temps auparavant on avait donné à l'avenue du pont de Neuilly la largeur exorbitante de 16 toises entre deux contre-allées de 8 toises, ensemble 32 toises ou 192 pieds.

article de cet arrêt ordonnait de planter sur les bords mêmes de ces routes, lorsque ce serait jugé convenable, mais non plus sur les terres riveraines. Dans la confusion qui suivit le rétablissement de la corvée après la chute de Turgot, il est probable que cet arrêt resta à peu près lettre morte.

L'usurpation trop souvent gratuite de la propriété privée pour l'établissement des routes, jointe à l'arbitraire de la détermination des tracés en ce qui concerne les intérêts des tiers, avait soulevé presque autant de récriminations que la corvée elle-même. L'article 4 de l'édit de février 1776 y avait fait droit en ordonnant le dédommagement pécuniaire des propriétaires dépossédés. Mais cette disposition spéciale avait-elle survécu à l'édit lui-même? Il y a lieu de croire qu'il en fut généralement ainsi dans la pratique : témoin l'arrêt de 1779 cité plus haut, frappant la généralité de Tours d'une imposition spéciale pour les indemnités d'expropriation à payer dans son étendue. D'après Chaumont de la Millière (1), en 1790, sur vingt-six généralités, onze seulement avaient de façon ou d'autre des ressources suffisantes pour le payement de semblables indemnités; six avaient des ressources de même genre, mais insuffisantes; les neuf autres en manquaient absolument. Il paraît au reste (2) que le plus souvent « on ne payait point les terres labourables, mais seulement « la plus-value de celles qui étaient en prés, vignes, bois ou jardins.» Quoi qu'il en soit, aucune mesure légale n'avait encore été prise pour appeler à l'avance l'attention des intéressés sur les tracés projetés, et pour donner accès à leurs représentations. L'arrêt du 20 avril 1783 (3), rendu d'ailleurs pour ouverture de nouvelles communications, fut en cette matière une concession à l'esprit public intervenant de plus en plus dans les actes du gouvernement. Il ordonna aux ingénieurs de faire d'une manière apparente sur le terrain le tracé des routes en projet, et défendit d'ouvrir effectivement ces routes moins de six mois après la confection de ce tracé, ce délai étant accordé aux représentations qui pourraient être faites et sur lesquelles il serait statué par le roi, autrement dit par arrêt du conseil d'état (4).

---

(1) Mémoire déjà cité p. 25.
(2) Mémoire déjà cité p. 26.
(3) Pièces justificatives, tit. 5, chap. 1er, n° 582.
(4) A la fin de cette année 1785, la longueur totale des routes à l'état d'entretien était de 5.021 lieues de 2.400 toises, non compris la généralité de Paris. (V. aux Pièces justificatives, tit. 5, chap. 2, § 4, M, l'état des longueurs des routes par généralités.)

Mais des dispositions plus radicales, dans le même sens, ne devaient pas tarder à être la conséquence de l'établissement des assemblées provinciales auxquelles allait revenir presque entièrement l'administration des routes, jusqu'à ce que toutes ces innovations éphémères se perdissent dans la révolution.

52. Travaux des ponts.

L'impulsion donnée dans la période précédente à la construction des ponts ne se ralentit pas dans celle-ci. La Loire formait, devant la ville de Nevers, deux bras séparés par une île fort large, que l'on franchissait au moyen de trois ponts. En 1763, le principal de ces ponts, sur le bras navigable baignant à droite les murs de la ville, composé de onze arches, était en assez bon état; mais les deux autres, ayant ensemble dix-neuf arches et formant un coude très-prononcé avec le premier, menaçaient ruine. Plusieurs projets furent étudiés pour leur remplacement : celui auquel on s'arrêta prolongeait sans discontinuité et sans déviation le pont principal, de manière à amener la réunion des eaux du fleuve en un seul lit. Ce projet avait été fait, sous la direction de Louis de Regemorte, par Lenoir-Desvaux, ingénieur des turcies et levées. Il se composait de sept arches, de 60 pieds d'ouverture, dont les piles devaient être fondées sur un radier général, le tout identiquement semblable au pont de Moulins : on dut même y employer également le grès rouge des carrières de Coulandon. L'adjudication eut lieu en 1767, et l'ouvrage exécuté sous la conduite des ingénieurs des turcies et levées fut terminé et reçu définitivement en 1778. La dépense totale monta à 808.632 liv. (824.804 fr. 64 c.). L'ancien pont alors conservé s'écroula en 1790 et fut remplacé par un pont provisoire en bois qui dura jusqu'en 1832, époque où furent terminées sept nouvelles arches entièrement conformes aux précédentes (1). De sorte que le pont actuel de Nevers, composé de quatorze arches égales précédées d'une

---

(1) En ajoutant aux 824.804 fr. 64 c. de la première construction 1.094.522 fr. 55 c. que coûta la seconde et 250.000 fr. dépensés pour le radier et une partie des fondations, de 1817 à 1824, on trouve pour dépense totale de ce pont (valeur intrinsèque en monnaie actuelle) 2.169.327 fr. 19 c. — Ces détails nous ont été fournis par un vieux plan existant au dépôt des travaux publics et par une note qu'a bien voulu nous adresser M. Boncaumont aîné, ingénieur en chef du département de la Nièvre, qui construisit comme ingénieur ordinaire les sept nouvelles arches.

arche de halage du côté de la ville, a été construit en deux parties à un demi-siècle d'intervalle.

Nous avons dit que Daniel Trudaine avait chargé Perronet, comme premier ingénieur, de faire le projet et de diriger la construction d'un pont sur la Seine, entre Neuilly et Courbevoie, en remplacement de deux vieux ponts en bois, et qu'en 1767 et 1768 furent rendus des arrêts pour pourvoir aux dépenses de cet ouvrage (1). Le nouveau pont dut être établi dans le prolongement de l'avenue des Champ-Élysées à partir de l'Étoile, sur le bras gauche de la Seine, rendu lit unique par la suppression du bras droit et le déblai d'une partie de l'île séparative. On le composa de cinq arches de 20 toises d'ouverture, en anse de panier surbaissée au quart, montées sur des piles de 13 pieds de largeur et s'appuyant sur des culées de 30 pieds 3 pouces d'épaisseur, formant avant-corps de chaque côté des têtes du pont et percées chacune d'une arche de halage de 14 pieds d'ouverture. La forme des arches est complexe; le demi-cylindre horizontal de leur voûte, tracé suivant une anse de panier à onze centres, ne se prolonge pas, comme à l'ordinaire, sur toute la largeur du pont, mais s'arrête à l'amont et à l'aval suivant une double directrice oblique partant du plan de tête à chacun des deux points de jonction de l'arc supérieur avec les arcs latéraux, et aboutissant vers chaque naissance à 5 pieds 7 pouces en arrière de ce plan de tête; puis sur ce plan de tête est prolongé, jusqu'au nu de chaque pile, l'arc supérieur décrit d'un rayon de 150 pieds : l'intervalle entre cet arc prolongé et la directrice dont nous venons de parler, est rempli par une arrière-voussure s'appuyant sur ces deux lignes. Cette disposition, suivant Perronet, « en facilitant l'introduction de l'eau, donne « beaucoup plus de légèreté et de hardiesse au pont ». La construction principale dura sept campagnes, de 1768 à 1774 (2); on y mit un soin minutieux et même un certain apparat. A la demande de Louis XV, le décintrement, ou plutôt son dernier acte, eut lieu avec une grande solennité, en sa présence et en celle du corps diplomatique et de toute la cour. Les clefs des cinq voûtes ayant été posées simultanément le 26 juillet 1772, on commença le 14 août l'abaissement des cintres et l'enlèvement des couchis, et l'on continua cette

---

(1) Chapitre 3, p. 142.
(2) Les abords ne furent complétement achevés qu'en 1780.

opération symétriquement jusqu'au 3 septembre. Dès cette époque, les voûtes ne portaient plus que sur elles-mêmes. Il restait à enlever les fermes des cintres. Alors on disposa tout pour les isoler et les faire tomber toutes ensemble au jour convenu. Ce fut le 22 septembre, dans l'après-midi, qu'au signal donné par le roi, au moyen de cabestans disposés d'avance et manœuvrés au son du tambour, toutes les fermes furent renversées en trois minutes et demie. Alors, dit Perronet, « on découvrit les voûtes en entier ; elles parurent « d'une construction d'autant plus légère et hardie que les cordons « et les parapets, ainsi qu'une partie des tympans et de la maçon- « nerie des reins restaient encore à poser. On fut pour lors fort surpris « de voir ainsi tomber toute une charpente, laquelle, un instant aupa- « ravant, paraissait nécessaire au soutien des voûtes ». Un nombre considérable de curieux assista à ce spectacle. Sur l'île en partie dérasée on avait disposé des tentes et des estrades pour le roi et ses invités, et des emplacements pour le public qui, grâce à des précautions culinaires ordonnées à l'avance par Trudaine, « fut servi « splendidement en attendant le roi : on eut même attention de « porter à dîner, ainsi que toutes sortes de rafraîchissements, aux « personnes qui désiraient de rester à leurs places ».

Le pont avait été adjugé pour la somme de 2.305.000 liv. (2.351.100 fr.), non compris les terrassements et les chemins aux abords, qui le furent pour la somme de 1.172.000 liv. (1.195.440 fr.). Malheureusement Perronet, qui a publié en détail la description de ce pont, n'en a pas donné le décompte définitif.

Perronet fait observer, dans sa description, qu'en comparant la largeur totale de 100 toises des arches de ce pont à celle des arches du pont Royal qui n'est que de 56 toises 1 pied, « on pourrait penser « qu'il eût suffi de leur donner moins d'ouverture ; mais il en serait « nécessairement résulté une cataracte ou un gonflement d'eau dans « la partie supérieure du pont, qui aurait rendu le remontage des « bateaux plus difficile et occasionné des affouillements au pied des « piles et des culées ». Rien ne justifie cette assertion, qui n'est appuyée d'aucun calcul. Dans son *Traité des ponts*, Gauthey dit au contraire : « Il est facile de remarquer que le débouché de ce pont est « beaucoup trop considérable, et l'on doit regretter qu'un ouvrage « aussi parfait dans tous ses détails soit affecté d'un pareil défaut dans « sa disposition générale. Les inconvénients qui en résultent se font

« déjà ressentir (1) : on remarque quelques atterrissements et quelques « prolongements dans les îles entre lesquelles il est situé ». Aujourd'hui, soit par l'effet continué de ces atterrissements, soit par des travaux de main d'homme, une île élevée de plusieurs pieds au-dessus de l'eau, entièrement couverte de grands arbres, obstrue l'arche du milieu et se joint aux anciennes îles à l'amont et à l'aval. D'aucun point des rives, ni du lit de la rivière, on ne peut voir le pont dans son ensemble. Comme aspect monumental, il perd ainsi la plus grande partie de son mérite, et son excès de débouché ressort avec évidence. Moins de quatre arches pareilles eussent été suffisantes, en supprimant même les petites arches des culées et faisant passer les chemins de halage sous les grandes arches des deux rives. Ce furent les ingénieurs de Chézy et Dumoustier qui présidèrent à tous les détails de la construction de ce pont, sous la direction de Perronet (2).

Les travaux du pont de Neuilly touchaient à leur fin, lorsque Perronet fut chargé du projet du pont de Pont-Sainte-Maxence. Cette ville avait reçu son nom d'un vieux pont qui y franchissait l'Oise sur huit arches, en partie obstruées par des moulins. Comme presque partout, une nouvelle direction dut être donnée au nouveau pont, qui fut composé de trois arches égales en arc de cercle de 72 pieds d'ouverture sur 6 pieds de flèche, les naissances étant à la hauteur des grandes eaux. Ce pont, le premier construit en arcs de cercle d'une aussi faible courbure, est plus simple et plus hardi de forme que le pont de Neuilly. Les piles n'ont que 9 pieds d'épaisseur et sont formées, dans le sens de leur longueur, de quatre colonnes couplées deux à deux et laissant entre les deux couples un vide de 9 pieds d'ouverture, se terminant en arc renversé par le bas et en haut par des lunettes qui pénètrent les voûtes : des vides analogues y correspondent dans le parement des culées. Cette disposition, qui eut pour motif un goût de variété plutôt qu'un but d'utilité, pouvait faciliter un peu l'écoulement de l'eau sous les arches. Elle donnait économie de matière, mais non économie de dépense, à cause de la plus grande sujétion de l'appareil. Elle ne fut pas reproduite ailleurs, quoique proposée encore dans le premier projet du pont Louis XVI. Suivant Gauthey,

---

(1) C'était en 1809.
(2) V. pour tout cet article, *Description du pont de Neuilly*, par Perronet ; Gauthey, *Traité des ponts*, p. 92.

on employa au pont de Pont-Sainte-Maxence beaucoup de fer « quoi-« qu'on eût d'abord formé le projet de n'y en point mettre ». On apporta le plus grand soin à la construction des voûtes, dont on surhaussa les cintres de 1 pied, pour en racheter le tassement progressif à mesure de la pose des voussoirs : le tassement définitif ne fut guère que de 9 pouces. Cet ouvrage fut adjugé en mars 1773, moyennant 1.526.000 liv. (1.556.520 fr.), y compris la coupure d'une butte et le raccordement des abords. Commencés immédiatement, les travaux furent interrompus en 1775, après la construction de la culée droite et de la pile voisine : repris seulement en 1780, ils furent terminés en 1785. Le décintrement s'acheva le 8 juin de cette année, « en « présence de l'intendant de la Millière, des inspecteurs généraux, « ainsi que de plusieurs ingénieurs qui s'y rendirent de Paris ». Les collaborateurs de Perronet à cet ouvrage furent successivement les ingénieurs Dausse et Dumoustier (1).

Dès l'année 1769 avait été arrêté, dans le conseil du roi, un projet d'ouvrages d'utilité publique et d'embellissement pour la ville de Paris, comprenant entre autres la démolition des maisons bordant les têtes de plusieurs ponts, notamment du pont Notre-Dame, du pont au Change, du pont Marie, etc. ; la construction de quais le long de la rivière, en remplacement de rues et de maisons qui en masquaient les rives ; puis l'achèvement du quai d'Orsay et l'établissement d'un pont vis-à-vis la place Louis XV. En septembre 1786, le roi rendit un édit pour réaliser la prompte exécution de ces divers ouvrages au moyen d'un emprunt de 30 millions qu'il autorisa la ville de Paris à contracter (2). Perronet rédigea aussitôt le projet du nouveau pont, qui fut adjugé, sous le nom de *pont Louis XVI*, le 27 février 1787, moyennant 2.993.000 liv. Ce fut encore l'ingénieur Dumoustier qui fut chargé de sa construction. Les travaux furent commencés sans retard et achevés en 1792. Pour éviter un trop grand exhaussement des extrémités de ce pont et par suite l'encombrement de ses rives, on renonça à l'établir de niveau et on lui donna en son milieu un bombement de 3 pieds 2 pouces environ. On le composa de cinq arches en arc de cercle ayant, celle du milieu

---

(1) Description de ce pont, par Perronet.—*Traité des ponts* de Gauthey, p. 98.— Le dépôt des travaux publics possède quelques beaux dessins donnant la situation des travaux à plusieurs époques de la première période de la construction.
(2) Pièces justificatives, tit. 3, chap. 1er, n° 592.

88 pieds d'ouverture, celles des rives 72 pieds et les deux intermédiaires 80 pieds. Les flèches sont respectivement, des arches des rives à celle du milieu, 7 pieds, 9 pieds et 11 pieds environ. Les piles ont 9 pieds d'épaisseur : leurs avant et arrière-becs sont formés par des colonnes de 9 pieds aussi de diamètre, qui s'élèvent jusque sous la corniche et qui sont engagées des trois quarts de leur rayon dans le corps carré des piles (1). La corniche est ornée de modillons et surmontée d'un parapet en balustrade. Les colonnes des piles supportent des corps carrés ou dés qui étaient destinés à former des piédestaux de pyramides en fer surmontées de lampes d'éclairage. Perronet voulut ainsi donner à cet ouvrage un caractère architectural en rapport avec la beauté de l'emplacement et avec l'ornementation de la place Louis XV : les colonnes devaient, suivant lui, rappeler celles du temple de Pœstum (2). Le résultat n'a pas complétement répondu à son attente. Les piles paraissent d'une maigreur disproportionnée avec la masse qu'elles supportent : l'effet de leurs parements verticaux n'est pas heureux : l'œil s'obstine à les voir, ainsi que les avant et arrière-becs, plus épaisses au sommet qu'à la base. Quant aux énormes dés qui surmontent les colonnes, ils semblent les écraser et coupent la balustrade du pont d'une façon disgracieuse : on n'a pu réussir jusqu'à présent à les dissimuler ou à les couronner convenablement. Ne pourrait-on les faire disparaître ou les transformer en un motif quelconque de sculpture ?

Le pont Louis XVI fut le dernier pont exécuté sur les dessins de Perronet : d'autres, moins importants, ne nous ont pas paru devoir être mentionnés ici. Il s'en construisait en même temps par d'autres ingénieurs sur divers points de la France. Plusieurs sont considérables et dignes d'être mis en parallèle avec ceux que nous avons cru devoir présenter comme modèles des constructions du temps en ce genre. Mais leur description nous entraînerait hors de notre sujet : elle se trouve d'ailleurs dans le *Traité des ponts*, de Gauthey, qui en cite vingt-cinq. Nous y ajouterons le pont sur la Loire à Decize, qui fut adjugé en 1771 pour une somme de 575.000 liv. (586.500 fr.)

---

(1) D'après un premier projet de Perronet, les piles devaient être en deux parties séparées par un vide, comme au pont de Pont-Sainte-Maxence. Ce système a été écarté dans l'exécution.
(2) V. les œuvres de Perronet et de Gauthey et la notice sur Perronet par Lesage. — La préfecture de police conserve, dans ses archives, deux cartons contenant des pièces relatives aux travaux de ce pont pendant les deux années 1787 et 1788, dans lesquelles on y dépensa 1.949.757 liv.

à payer sur les revenus de cette ville, et le pont en bois sur le Rhône à Lyon, dit *pont Morand*, du nom de l'architecte qui le construisit moyennant concession d'un péage de quatre-vingt-dix-neuf ans, accordé le 4 janvier 1771 (1).

55. Turcies et levées; inondations.

Le service des turcies et levées et du balisage de la Loire et de ses affluents fut, dans cette période, l'objet de plusieurs mesures successives, qui le simplifièrent et qui furent couronnées par une réglementation nouvelle et complète en 1783. La première de ces mesures, qui fut un édit de janvier 1772 (2), réunit les offices de finances des turcies et levées aux offices correspondants des ponts et chaussées, supprima de plus l'office d'intendant et en attribua les fonctions aux commissaires départis dans les généralités de Moulins, Orléans et Tours, chacun dans leurs départements respectifs. La réception des ouvrages exécutés chaque année, qui était l'une des principales attributions de l'intendant avec l'assistance des contrôleurs, fut confiée, par arrêt du 21 octobre 1772 (3), au premier ingénieur des turcies et levées. On lui prescrivit en conséquence une visite générale annuelle, pour les frais de laquelle en même temps que des tournées spéciales qui seraient nécessaires, il lui fut alloué 2.000 liv.

En 1764, nous avons vu la navigation de cette rivière dégrevée du droit de boëte que percevait la compagnie des marchands pour le service du balisage et le soutien des questions contentieuses. Toutefois la compagnie avait été maintenue, et une allocation annuelle lui avait été accordée sur les fonds des turcies et levées : on avait cherché seulement à faire cesser les embarras que créait à l'exécution des travaux de balisage l'intervention irrégulière de ses délégués. On n'y avait pas entièrement réussi, et l'on avait même à leur reprocher une mauvaise gestion de la police dont ils étaient restés chargés. Ce motif, joint à une raison d'économie, détermina le gouvernement à supprimer définitivement la compagnie par édit de décembre 1772 (4). Afin de combler les lacunes que cette suppression, survenant après l'édit de janvier, pouvait avoir introduites

---

(1) Pièces justificatives, tit. 3, chap. 1ᵉʳ, nᵒˢ 509 et 511.
(2) Pièces justificatives, tit. 3, chap. 1ᵉʳ, nᵒ 519.
(3) Pièces justificatives, tit. 3, chap. 1ᵉʳ, nᵒ 520.
(4) Pièces justificatives, tit. 3, chap. 1ᵉʳ, nᵒ 530.

dans la juridiction relative à cet important service, un arrêt fut rendu en conseil le 24 avril 1773 (1), pour attribuer aux intendants des généralités traversées par la Loire et ses affluents « la connaissance « de tout ce qui intéressait le balisage et nettoyement de ces ri-« vières, les chemins de halage, les péages, etc., sauf l'appel au « conseil. »

On peut croire à l'état prospère de ce service, puisqu'en décembre 1779 un sieur Laure, concessionnaire de la navigation sur toutes les rivières, se fit autoriser à établir un service régulier de transports sur la Loire, depuis Roanne jusqu'à Nantes, tant pour les voyageurs que pour les marchandises (2). Cependant il était difficile qu'après tous les changements successifs que nous y avons vu opérer, le besoin d'une réglementation nouvelle et générale ne se fit pas sentir. C'est pour y satisfaire que fut rendu l'arrêt du conseil du 23 juillet 1783 (3), concernant la Loire, l'Allier, le Cher, la Vienne et autres affluents. Tout le bassin arrosé par ces cours d'eau fut divisé en cinq départements décrits dans l'arrêt, dont la juridiction entière et exclusive fut attribuée à chacun des cinq intendants de Moulins, de Riom, de Bourges, d'Orléans et de Tours. Le service des ingénieurs ne fut point modifié et continua d'être partagé entre deux ingénieurs en chef, sous la direction du premier ingénieur, secondés par des inspecteurs et sous-ingénieurs. Le balisage cessa d'être exécuté à l'entreprise, mais fut confié à des « commis de canton », chargés de le faire exécuter en régie, suivant les indications et les ordres de l'ingénieur du département, et de tenir état de tous les ouvrages et de toutes les dépenses, pour celles-ci être répétées contre les localités intéressées d'après les ordonnances de l'intendant. Les mêmes commis durent veiller à la police et dresser procès-verbal des contraventions. Le reste de l'arrêt a pour objet de réprimer toutes entreprises contraires à la navigation, au régime desdites rivières, à la conservation de leurs rives et de leurs digues, par tous riverains, meuniers, mariniers ou autres; d'empêcher toutes plantations sur les îles sans autorisation; de régler les conditions d'établissement des moulins à nef, et les manœuvres imposées aux propriétaires de moulins fixes pour livrer un libre passage à la navigation; d'ouvrir

---

(1) Pièces justificatives, tit. 3, chap. 1ᵉʳ, nº 531.
(2) Pièces justificatives, tit. 3, chap. 1ᵉʳ, nº 565.
(3) Pièces justificatives, tit. 3, chap. 1ᵉʳ, nº 583.

et de maintenir les chemins de halage sur les rives et sur les îles, dans une largeur de 24 pieds, suivant le tracé fait par les ingénieurs; de remplacer les travaux de balisage, imposés aux propriétaires des péages régulièrement confirmés, par une contribution en argent et de régler la levée de ces péages; de pourvoir à la mise en état et à la conservation des bacs et de leurs accessoires; enfin de confirmer aux entrepreneurs des turcies et levées, pour l'extraction et le transport des matériaux nécessaires à leurs ouvrages, toutes les facilités accordées aux entrepreneurs des ponts et chaussées. Le roi déclara tous les ouvrages intéressant ce service « faire partie des « ouvrages royaux », et être mis « en conséquence sous sa protec- « tion et sauvegarde royales. »

La réparation et l'entretien des digues continuaient à absorber une grande partie du temps et de l'attention des ingénieurs, sans qu'on pût espérer contenir définitivement entre leurs limites les eaux de ce fleuve et de ses affluents, si promptes à grossir par les intempéries de toutes saisons. En novembre 1770, une crue du Cher et des affluents inférieurs éleva le niveau de la Loire à la hauteur de 1755 devant Saumur et cette ville éprouva de grands dommages. Dans les hivers de 1776, 1782, 1783, 1784 eurent lieu des débâcles de glaces qui causèrent çà et là des désastres partiels. Mais la plus terrible connue à cette époque fut celle du rigoureux hiver de 1788-1789. Elle éclata successivement du 18 au 21 janvier 1789, renversa d'abord trois arches du pont de Jargeau, rompit les levées au-dessus d'Orléans, produisit une crue de 20 pieds et une inondation à Blois, menaça Tours et emporta quatre arches des ponts de Cé. En novembre 1790, l'Allier et la Loire montèrent ensemble; cinq arches du vieux pont de Nevers furent emportées; des portions de levées cédèrent encore au-dessus de Tours, où l'eau monta à 20 pieds 6 pouces : mais l'eau s'affaissa immédiatement en aval, les affluents inférieurs n'ayant pas donné (1). Outre les ravages occasionnés par la rupture des levées, il résultait aussi de cette rupture une fâcheuse interruption de la circulation : car les sommets de ces levées formaient des routes de plus en plus fréquentées, ce qu'atteste un arrêt du 24 février 1788 (2), qui prescrivit la plantation d'une haie continue sur leur couronnement du côté extérieur au lit des eaux, pour garantir

---

(1) *Les inondations en France*, par M. Champion, t. 3, p. 44 à 64.
(2) Pièces justificatives, tit. 3, chap. 1ᵉʳ, n° 597.

les voyageurs contre « le danger du précipice de ce côté », en même temps qu'ils étaient protégés du côté intérieur par des banquettes en terre ou même des parapets en maçonnerie.

Après avoir été trente-deux ans à la tête du service des turcies et levées de la Loire, Louis de Regemorte était mort en mai 1774. Il fut remplacé dans son poste de premier ingénieur par Gatien Bouchet, inspecteur général des ponts et chaussées (1). Les deux ingénieurs en chef, sous les ordres du premier ingénieur, étaient alors Normand, à Nevers, et Soyer, à Tours; en 1783, il en fut nommé un troisième, Bouchet fils, qui résida à Orléans.

Après les inondations du bassin de la Loire, les plus fréquentes et les plus désastreuses, nous l'avons déjà vu, étaient celles du bassin du Rhône, et notamment des torrents du Dauphiné, contre lesquels avait été organisé depuis Colbert un service spécial, toujours fort occupé à prévenir ou à réparer leurs ravages. Pour assurer l'exécution de l'arrêt réglementaire rendu à cet égard le 6 octobre 1765, dont nous avons parlé (2), le gouvernement jugea à propos de le confirmer par lettres patentes du 8 juillet 1768 (3), qu'il fit enregistrer au parlement de Grenoble. En 1780 (4) et années suivantes, nous voyons une application de ce règlement dans les travaux d'endiguement du Drac et de l'Isère pour la défense des territoires de Sassenage et de Noyarey, travaux dont les frais durent être répartis par moitié sur les fonds de l'imposition provinciale et sur les propriétaires intéressés. Or il arriva, comme presque toujours en ce genre de travaux, qu'étant entrepris et exécutés partiellement sans un plan général conçu et arrêté à l'avance, les succès obtenus dans la défense de certains points étaient compensés par des désastres plus graves occasionnés sur d'autres où se trouvait rejeté l'effort des eaux. Toutefois, l'ensemble des résultats avait été avantageux, et il en était né une louable émulation entre les propriétaires et les communautés pour travailler à la protection de leurs territoires. Par ce double motif, le fonds annuel de 60.000 liv., créé par les lettres patentes du 8 juillet 1768 et destiné à provoquer les contributions vo-

---

(1) Pièces justificatives, tit. 3, chap. 1er, n° 556. — On voit dans un arrêt du 27 octobre 1774 (ibid., n° 540), que les appointements d'un ingénieur en chef des turcies et levées étaient de 2.400 liv., à quoi se joignaient 600 liv. pour frais de tournée et 600 liv. pour le balisage.

(2) Chap. 3, § 28, p. 153.

(3) Pièces justificatives, tit. 3, chap. 1er, n° 455.

(4) Pièces justificatives, tit. 3, chap. 1er, n° 568.

lontaires des intéressés et à leur venir en aide, était de plus en plus insuffisant. On jugea nécessaire d'y pourvoir et, à cet effet, le roi rendit le 30 juin 1786 de nouvelles lettres patentes, ordonnant une imposition de 120.000 liv. sur la province, pendant dix années à compter de 1787, et promettant en outre un supplément annuel de 60.000 liv. sur les fonds du trésor royal (1).

34. Ouvrages concernant la navigation.

L'activité des travaux de canalisation se maintenait autant que possible au milieu des difficultés politiques et financières. Des arrêts furent successivement rendus pour l'endiguement de la Moselle, pour la continuation des travaux d'amélioration des rivières de la généralité de Montauban, pour le curement et le redressement de la Lys, pour le redressement de l'Orne entre Caen et la mer (2), et d'autres encore sans doute qui ont échappé à nos recherches. Une mesure plus générale fut prise en faveur de la navigation des rivières par un arrêt du 24 juin 1777 (3), qui confirma les ordonnances de 1669 et de 1672 en ce qui concerne la répression de toutes les tentatives contraires à ce grand intérêt public, et qui déclara « tous « les ouvrages ayant pour objet la sûreté et la facilité de la naviga- « tion et du halage, faire partie des ouvrages publics », afin de les placer ainsi « sous la protection et sauvegarde royales ». Mais les entreprises relatives aux canaux de jonction des rivières méritent surtout de fixer quelques instants nos regards.

On se rappelle qu'en 1716, sur l'ordre du régent, le père Sébastien avait fait une première étude de la jonction de l'Oise à la Somme, et une première visite du faîte de partage entre la Somme et l'Escaut, que l'on songeait aussi à réunir. En 1738 avait été achevé le canal de l'Oise à la Somme, entre Chauny et Saint-Quentin, sous le nom de canal Crozat. Il restait, d'une part, à achever la canalisation de la Somme entre le canal Crozat et Amiens, et de l'autre, à atteindre l'Escaut en partant de Saint-Quentin. En 1765, le duc de Choiseul fit reprendre le projet de la jonction de la Somme à l'Escaut par un ingénieur réputé pour les travaux hydrauliques, nommé Laurent. Et d'abord le gouvernement racheta en 1767 des héritiers

---

(1) Pièces justificatives, tit. 3, chap. 1er, n° 590.
(2) Pièces justificatives, tit. 3, chap. 1er, nos 494, 507, 545, 589.
(3) Pièces justificatives, tit. 3, chap. 1er, n° 555.

de Crozat, moyennant 3 millions de liv. (3.060.000 fr.), la concession qui lui avait été faite, attendu l'impossibilité où était sa succession de subvenir aux dépenses restant à faire. Après deux ans d'études, Laurent proposa entre Saint-Quentin et l'Escaut le canal souterrain qui a été exécuté depuis, dont il estimait la dépense 4 millions de liv. (4.080.000 fr.). Un arrêt du conseil, du 24 février 1769 (1), en ordonna la mise à exécution, partie aux frais du trésor royal, partie aux frais des pays traversés. Laurent fut nommé directeur général des travaux, aux appointements de 12.000 liv., sous l'administration du duc de Choiseul. 150.000 liv. (153.000 fr.) y furent d'abord consacrées, des fonds du trésor royal. Mais bientôt les allocations diminuèrent au point que les travaux furent presque entièrement suspendus. L'abbé Terray voulut les ranimer en 1773 ; et Laurent étant mort, il le fit remplacer le 17 janvier 1774 par Laurent de Lionne, son neveu et son élève (2). Mais, sous le ministère de Turgot, le canal fut réuni au département de Trudaine et les travaux cessèrent définitivement vers la fin de 1775 (3). Ils ne devaient être repris que dans le xix° siècle.

Quant au canal de la Somme, de Saint-Simon à Amiens, et au perfectionnement de la navigation de la même rivière d'Amiens à la mer, un arrêt du 1er juillet 1770 (4) en ordonna l'exécution, qui fut poursuivie avec quelque activité pendant deux ans. Mais ensuite les réclamations des villes de Saint-Valery et d'Abbeville déterminèrent le gouvernement à porter de préférence ses efforts sur la partie comprise entre Abbeville et la mer, ce qui retarda d'autant l'achèvement de la partie supérieure; de sorte que rien n'était terminé de part ni d'autre, lorsque survint la révolution (5).

Dans le même temps, le nord de la France vit terminer la jonction de la Lys à l'Aa et établir ainsi une navigation continue de Dunkerque à Lille et à Douai par ce canal et par les rivières de l'Aa, la Lys, la Scarpe, l'Escaut et la Deule. Un arrêt du conseil du 12 juillet 1775 proclama la liberté de cette navigation (6).

---

(1) Pièces justificatives, tit. 3, chap. 1er, n° 487.
(2) Pièces justificatives, tit. 5, chap. 1er, n° 535.
(3) Discours prononcé à l'académie des sciences d'Amiens, le 25 août 1776, par Laurent de Lionne, directeur des canaux de Picardie et de la Somme. (Archives des travaux publics, imprimé).
(4) Pièces justificatives, tit. 3, chap. 1er, n° 497.
(5) *Précis de la navigation intérieure*, par Grangez, p. 564 et 675.
(6) Pièces justificatives, tit. 5, chap. 1er, n°s 514 et 544.

Ce fut surtout en Bourgogne que les ouvrages de canalisation reçurent à cette époque une certaine impulsion. On y vit commencer à la fois le canal de Bourgogne proprement dit, le canal du Charolais et le canal de Franche-Comté.

Le projet d'Abeille pour le canal de Bourgogne ayant été successivement examiné par les ingénieurs Gabriel, de Chézy, Regemorte et Perronet et approuvé par eux dans son ensemble, sous réserve de diverses modifications de détail, le roi en ordonna l'exécution par arrêt du conseil du 16 mars 1772 (1) et en confia la direction au directeur des canaux de Picardie, Laurent. Ce même arrêt prescrivait d'y employer, entre l'Yonne et Dijon, les mendiants renfermés dans les dépôts établis récemment dans les différentes généralités du royaume, en y adjoignant les ouvriers d'art nécessaires. Les travaux ne purent être commencés immédiatement; il fallait le temps d'arrêter les projets de détail. Ce ne fut que le 7 septembre 1773 (2) que fut rendu un premier arrêt attribuant un crédit spécial à cette entreprise, au moyen d'une imposition annuelle de 400.000 liv. pendant dix ans sur les généralités de pays d'élections et les pays conquis. Le canal de Picardie devait participer aux produits de cette imposition. Peu de mois après, l'ingénieur Laurent mourut; d'un autre côté se réveilla la concurrence entre un canal de la Saône à la Loire par le Charolais et le canal de Bourgogne. De là de nouvelles indécisions et l'imminence d'un ajournement de ce dernier. Toutefois, l'ordonnance pour son exécution fut maintenue; un arrêt fut rendu le 9 août 1774 (3) pour la répartition de l'imposition établie l'année précédente, et les travaux furent commencés du côté de l'Yonne en 1775. Cette même année, le montant de l'imposition fut doublé par un autre arrêt (4), qui admit toutefois au partage des fonds quelques autres entreprises de navigation. On travailla activement les deux premières années; mais on se ralentit ensuite considérablement. Cependant, après la visite faite en 1764, par Perronet et Chézy, des localités où l'ingénieur Thomassin avait proposé au commencement du siècle l'établissement du canal du Charolais, Gauthey, sous-ingénieur de la Bourgogne, avait été amené à faire une nouvelle étude de ce canal qui devait traverser sa circonscrip-

---

(1) Pièces justificatives, tit. 3, chap. 1er, n° 516.
(2) Pièces justificatives, tit. 3, chap. 1er, n° 534.
(3) Pièces justificatives, tit. 3, chap. 1er, n° 539.
(4) Pièces justificatives, tit. 3, chap. 1er, n° 545, 1er août 1775.

tion. Soutenu par quelques grands propriétaires et par une partie des états de Bourgogne, puis autorisé par l'administration centrale (1), il poursuivit cette étude avec persévérance et finit par en dresser un projet détaillé montant à un peu plus de 7 millions de liv. (7.140.000 fr.). Ce projet fut soumis en 1779 à l'assemblée des ponts et chaussées, qui l'approuva. Alors les élus des états de Bourgogne demandèrent au roi l'autorisation de le faire exécuter par une compagnie (2) que cautionneraient les états. Mais en même temps, adoptant l'avis de Gauthey qui avait démontré que les deux canaux de Bourgogne et du Charolais, au lieu d'être mis en concurrence, « pouvaient s'exécuter tous deux sans se nuire », attendu leurs objets différents également utiles à l'intérêt général, ils firent une semblable demande pour l'exécution de la partie du canal de Bourgogne comprise entre Dijon et la Saône. Un arrêt du 30 octobre 1779 (3) ordonna la confection des plans et devis de cette partie par un ingénieur du roi conjointement avec un ingénieur des états de Bourgogne, et confia la direction de l'ouvrage aux élus de ces états. Un autre arrêt du 30 avril 1781 (4) approuva les plans et devis dressés par Dumorey, ingénieur en chef du duché de Bourgogne, et autorisa l'exécution, soit par adjudications partielles ou totales, soit même par corvées. Les élus mirent aussitôt en adjudication l'écluse d'embouchure en Saône. Sur ces entrefaites, l'ingénieur Dumorey étant mort, Gauthey lui succéda comme ingénieur en chef des états et fit modifier économiquement son tracé entre la Saône et Dijon, en proposant celui qui est maintenant exécuté. Les travaux, confiés aux états de Bourgogne par un édit de concession du mois de septembre 1783 (5), furent poussés assez vivement pour que la portion de canal entre Pont de Pany, au-dessus de Dijon, et la Saône, fût terminée et mise en circulation avant 1794 (6).

Quant au canal du Charolais, toutes les pièces du projet, appuyées des avis favorables de l'assemblée des ponts et chaussées et

---

(1) Cette compagnie se présentait sous le nom de deux frères, membres des états, MM. Raguet de Brancion, qui s'étaient activement entremis pour les études préliminaires.

(2) Les archives du canal du centre possèdent une lettre de Turgot à Trudaine, du 31 janvier 1776, qui constate le succès des démarches faites alors auprès du ministère en faveur du projet du canal du Charolais.

(3) Pièces justificatives, tit. 3. chap. 1er, n° 564.

(4) Pièces justificatives, tit. 3, chap. 1er, n° 571.

(5) Archives des travaux publics ; collection Poterlet, imprimé.

(6) Mémoire de Perronet du 3 juin 1783; archives des travaux publics. — Mémoire de Gauthey sur l'histoire du canal du Charolais ; Œuvres de Gauthey, t. 3.

du bureau du commerce, ayant été mises sous les yeux du roi en même temps que les délibérations des élus généraux des états de Bourgogne demandant l'exécution par une compagnie, comme on vient de le dire, le gouvernement en proposa la concession aux états eux-mêmes, qu'il autorisa à se procurer les ressources nécessaires par voie d'emprunt. Les états acceptèrent, et un édit fut rendu en conséquence en janvier 1783 (1), puis enregistré au parlement de Dijon le 8 mars suivant. Les travaux commencèrent dès la fin d'avril, et le premier coup de pioche fut donné à Chagny par le comte de Clermont, seigneur de Chagny. Gauthey, auteur du projet, fut chargé de diriger l'exécution, secondé par un ingénieur nommé Pourcher, qui avait concouru pour une grande part aux études. Il obtint l'autorisation d'y employer des troupes ; trois régiments y travaillèrent partiellement pendant trois campagnes et y exécutèrent à peu près le dixième des terrassements. Gauthey réunit un grand nombre d'entrepreneurs de France et d'Italie, auxquels il fit faire des soumissions partielles ; puis, manquant de sous-ingénieurs suffisamment capables pour la surveillance, il sollicita l'établissement d'une école des ponts et chaussées et des canaux en Bourgogne. Ne l'ayant pas obtenu, il réunit chez lui une vingtaine de jeunes gens, qu'il formait pendant l'hiver sur des dessins et modèles des ouvrages du canal exécutés par ses soins, et qu'il répartissait en été sur les chantiers sous les ordres de l'ingénieur. Grâce à ses soins et à une activité soutenue, l'exécution était presque terminée à la fin de 1789. Mais alors les 9 millions empruntés étaient épuisés, les élus de la province touchaient à la fin de leur mandat, et les circonstances n'étaient pas favorables pour trouver les fonds nécessaires à l'achèvement. De là un ralentissement marqué pendant l'année 1790. Enfin, après la réparation de graves avaries occasionnées par la crue de la Loire du 10 novembre 1790, on parvint à mettre l'eau dans le canal en novembre 1791. Des filtrations considérables exigèrent des étanchements et quelques réparations qui se firent pendant l'année 1792, et la circulation put être définitivement établie en janvier 1793. Les dépenses pour travaux et accessoires s'élevèrent à 9 millions environ ; l'estimation primitive était de 7.201.740 liv. (7.345.774 fr. 80 c.) (2).

Dans le même temps que les projets, depuis longtemps conçus,

---

(1) Pièces justificatives, tit. 3, chap. 1ᵉʳ, nᵒˢ 575 et 577.
(2) Mémoire de Gauthey sur l'histoire du canal du Charolais.

des deux canaux de Bourgogne et du Charolais étaient repris avec une activité qui annonçait une prochaine solution, le gouvernement chargea l'ingénieur en chef de la Franche-Comté, Bertrand, d'étudier le projet de la jonction de la Saône au Rhin par la vallée du Doubs, d'une part, et la vallée de l'Ill, d'autre part (1). Cette ligne navigable devait se composer essentiellement de trois parties distinctes : 1° une dérivation du Doubs dans la Saône, entre Dôle et Saint-Jean-de-Losne, pour remplacer le cours sinueux de cette rivière jusqu'à son embouchure à Verdun ; 2° le Doubs rendu navigable depuis Dôle jusque vers Montbéliard ; 3° un canal de jonction entre le Doubs et le Rhin, se dirigeant par la vallée de l'Ill après avoir franchi le faîte séparatif des deux bassins. Les deux premières parties, ou au moins la première jointe au Doubs rendu navigable jusqu'à Besançon, se liaient d'une manière très-directe aux deux canaux de Bourgogne et du Charolais, pour ouvrir à la Franche-Comté un double débouché vers le centre de la France et vers Paris. Aussi le projet du canal entre Dôle et Saint-Jean de Losne fut-il étudié tout d'abord et présenté le 1er mars 1777. La dépense en était estimée 729.000 liv. (743.580 fr.), dont 235.000 liv. sur le duché de Bourgogne et 494.000 liv. sur la Franche-Comté. Après l'approbation de l'assemblée des ponts et chaussées, l'exécution en fut autorisée, sous le nom de *canal de Franche-Comté*, par un arrêt du conseil du 25 septembre 1783 (2). Les états de Bourgogne entamèrent de suite la partie à leur charge par l'écluse d'embouchure en Saône, dite de Saint-Symphorien. Les travaux de ce canal, poursuivis jusqu'en 1792, furent suspendus par la révolution.

En mémoire de l'entreprise simultanée des trois canaux de Bourgogne, du Charolais et de Franche-Comté, les états de Bourgogne firent frapper une médaille portant ces mots : *Utriusque maris junctio triplex, fossis ab Arari ad Ligerim, Sequanam et Rhenum simul apertis*; 1783. En même temps ils demandèrent au roi d'ordonner que la première pierre de la première écluse de chacun de ces trois canaux fût posée solennellement en son nom par le prince de Condé, gouverneur de la province. Cette cérémonie eut lieu les 23 et 24 juillet

---

(1) Une commission à cet effet paraît avoir été donnée à cet ingénieur le 5 septembre 1773.

(2) Pièces justificatives, tit. 5, chap. 1er, n° 585.

1784, aux écluses de Châlon-sur-Saône, de Saint-Symphorien et de Saint-Jean-de-Losne (1).

De cette même époque datent encore deux grandes entreprises de navigation qui ne devaient être mises à exécution que dans le XIXᵉ siècle : l'une en Bretagne, consistant dans le perfectionnement de la navigation de la Vilaine entre Redon et Rennes et son prolongement jusqu'à Vitré pour de là se diriger sur la Mayenne, puis dans l'ouverture d'une communication entre Rennes et Saint-Malo par l'Isle et la Rance; l'autre à Paris, sous le nom de *canal royal de Paris*, formé des canaux de l'Ourcq et de Saint-Martin. La première fut décidée par un édit d'octobre 1783 (2) ; l'autre, par un arrêt du conseil du 13 septembre 1788 (3).

Nous croyons ne pas devoir passer sous silence, en terminant cet article, une entreprise hydraulique qui a de l'analogie, par la nature des travaux qu'elle comporte, avec les canaux dont nous venons de parler, sans avoir la navigation pour objet. C'est le *canal de l'Yvette*, destiné à conduire à Paris, pour l'usage de ses habitants, les eaux dérivées de cette rivière, affluent de la Bièvre, et d'autres cours d'eau du même bassin. Le projet en avait été conçu et proposé en 1762 par Deparcieux, membre de l'académie des sciences. Ce savant étant mort en 1768, Perronet fut chargé avec Chézy, en 1769 (4), de revoir et de compléter ses propositions. Ces deux ingénieurs rédigèrent un projet détaillé, au moyen duquel ils amenaient l'eau à un château-d'eau situé hors Paris, derrière l'Observatoire, à 13 pieds au-dessus du bouillon d'eau de l'aqueduc d'Arcueil, ou à 111 pieds environ au-dessus des basses eaux de la Seine vis-à-vis des Invalides. Une dérivation de l'aqueduc principal, prise en amont du château-d'eau, devait donner de l'eau au quartier de l'Estrapade, alors le plus élevé de Paris et dont le sommet dépassait de 13 pieds 2 pouces le bouillon d'eau d'Arcueil. Le canal proposé devait avoir 17.352 toises de longueur et fournir de 1.000 à 2.000 pouces d'eau par seconde (5). Il était estimé 7.826.209 liv. (7.982.733 fr.). Cette dépense ayant paru trop forte, un sieur Defer proposa une réduction considérable

---

(1) Voir, aux archives des travaux publics, les procès-verbaux imprimés de cette triple opération.
(2) Archives des travaux publics, collection Poterlet, imprimé.
(3) Pièces justificatives, tit. 3, chap. 1ᵉʳ, n° 601.
(4) Pièces justificatives, tit. 3, chap. 1ᵉʳ, n° 492.
(5) Soit environ 19.200 à 38.400 mètres cubes d'eau par vingt-quatre heures.

en amenant l'eau en moindre quantité et à 7 pieds seulement au-dessus du bouillon des eaux d'Arcueil; il obtint la concession du canal ainsi réduit, par arrêt du conseil du 3 novembre 1787 (1). Les travaux, à peine commencés, soulevèrent plusieurs oppositions qui les firent suspendre. Ils ne furent pas repris après la révolution, à cause de la préférence que l'on donna au canal de l'Ourcq, qui devait être canal de navigation en même temps que d'approvisionnement d'eau.

55. Ports maritimes de commerce.

Depuis que les ports maritimes de commerce étaient entrés dans les attributions du directeur général ou intendant des ponts et chaussées, les travaux qu'on y exécutait, confiés aux ingénieurs de ce corps, avaient pris un accroissement progressif qui augmenta encore à partir de 1781. Nous n'avons cependant pas la certitude que le fonds ordinaire de 800.000 liv., imposé sous leur nom, y fût toujours religieusement appliqué en entier. Plusieurs arrêts du conseil (2) établissent qu'on divisait encore ce fonds en deux parties : une de 500.000 liv. à verser entre les mains du trésorier général des ponts et chaussées pour la destination spécialement désignée ; une autre de 300.000 liv. à verser au trésor royal. Il est bien dit que le tout doit être employé aux travaux des ports; mais, d'après les anciens errements, on peut conserver des doutes sur l'emploi de la somme versée au trésor royal, trop souvent épuisé à l'avance pour d'autres besoins. Au reste, suivant Chaumont de la Millière (3), une autre somme d'environ 200.000 liv. était affectée aux ports, provenant d'impositions particulières sur plusieurs provinces : il y avait aussi les contributions des villes maritimes elles-mêmes : enfin, de 1781 à 1790, environ 9 millions de liv. de fonds extraordinaires y auraient été consacrés.

Les ports où l'on exécuta le plus d'ouvrages dans cette période furent : 1° le port de Dunkerque, délivré par le traité de paix de 1783 de l'odieux interdit qui pesait sur ce port en vertu des traités antérieurs, où l'on dépensa jusqu'en 1790 environ 1.600.000 liv. ; 2° les ports de Saint-Valery-sur-Somme et du Tréport; 3° le port de

---

(1) Pièces justificatives, tit. 5, chap. 1ᵉʳ, n° 595.
(2) Pièces justificatives, tit. 5, chap. 1ᵉʳ, nᵒˢ 513, 522, 552, 557, etc.
(3) Mémoire déjà cité, p. 44.

Dieppe, où l'on dépensa 2.100.000 liv. depuis 1778; 4° les ports de Saint-Valery en Caux et de Fécamp; 5° le port du Havre, le plus important de la Manche, qui exigeait un agrandissement considérable et de puissantes chasses pour nettoyer son chenal; en 1790, on y avait déjà dépensé 3.176.000 liv. et l'on y prévoyait encore une dépense de 7 millions de liv. ; 6° les ports de Rouen, de Honfleur et de Grandville; 7° ceux des Sables-d'Olonne, de la Rochelle et de Saint-Jean-de-Luz, dans l'Océan ; 8° enfin le port Vendre, dans la Méditerranée. Les ports de la côte de Bretagne et les autres ports de la Méditerranée appartenant à des pays d'états, les travaux qu'on y exécutait n'étaient pas dirigés par l'administration centrale.

Mais il y a un autre grand ouvrage maritime que nous ne devons pas passer sous silence, tant à cause de sa célébrité que parce que, quoique son objet fût essentiellement militaire et dans les attributions du ministère de la marine, il fut confié aux ingénieurs des ponts et chaussées : nous voulons parler de la digue de fermeture de la rade de Cherbourg. C'est sans doute à l'exemple de ce qui fut fait alors que s'établit l'usage, toujours observé depuis, de détacher des ingénieurs du corps des ponts et chaussées pour la direction des travaux des autres grands ports militaires, Brest, Lorient, Toulon, sous les ordres du ministre de la marine.

En 1781, de Cessart, alors ingénieur en chef de la généralité de Rouen, déjà illustré par d'importants travaux, présentait au ministre de la marine, de Castries, les projets du port du Havre, lorsque celui-ci lui demanda son avis sur les moyens, depuis longtemps cherchés, de former à Cherbourg une vaste rade capable d'abriter quatre-vingts ou cent vaisseaux de guerre. De Cessart rédigea aussitôt un projet qui, soumis à des savants, à des marins et à des ingénieurs (1), obtint leur approbation unanime. Le gouvernement l'accepta, en décida l'exécution et la confia à son auteur, aidé de quatre ingénieurs des ponts et chaussées et de plusieurs élèves (2). Ce projet consistait à établir à une demi-lieue au large, dans un tirant d'eau de 50 pieds, une digue à claire-voie, de plus de 2.000 toises de longueur, composée d'une suite de quatre-vingt-dix cônes tronqués en charpente, remplis de pierres, ayant 150 pieds de diamètre à leur base, 60 pieds

---

(1) Ces derniers furent Perronet et Chézy.
(2) Hubert, ingénieur en chef; Laroche, Duclos, Pitrou, Ferregeau, Gayant, inspecteurs; Desfougères, Géligny et Lazouski, élèves.

au sommet et une élévation de 60 à 72 pieds; la partie émergente devait ensuite être maçonnée en pierres de taille. C'est dans les œuvres de de Cessart qu'il faut lire les détails de l'exécution de cet ouvrage sans précédent, des difficultés qu'il présenta, des oppositions qu'il souleva, des modifications qu'on lui fit subir, de l'intérêt qu'y portaient la marine, le roi et toute la France. La mise à flot, le remorquage et l'immersion de ces énormes cônes, malgré toutes les craintes et toutes les objections, eurent lieu avec un plein succès par les moyens qu'avait proposés de Cessart. Le retentissement en fut tel, que le roi voulut assister solennellement à ces opérations appliquées à l'un des cônes. Ce fut le neuvième qui, le 23 juin 1786, fut ainsi mis en place devant le roi, toute sa cour, une flotte de dix-sept vaisseaux de guerre et une population de vingt mille personnes. L'ouvrage se continua ensuite avec diverses vicissitudes, et 25 millions de liv. y furent dépensés jusqu'en 1790. Il ne devait être terminé, avec tous les perfectionnements dus au progrès de l'art et les augmentations que la suite des temps rendait nécessaires, qu'après le milieu du XIXe siècle.

§6. Situations financières annuelles du service des ponts et chaussées.

On a dit au chapitre précédent, § 26, page 148 (1), qu'à partir de 1769 se trouvent, dans la collection des arrêts du conseil d'état des archives impériales, les brevets annuels des impositions accessoires à la taille comprenant, pour les généralités de pays d'élections, les sommes imposées pour dépenses supplémentaires des ponts et chaussées, des turcies et levées, de la navigation fluviale et des ports maritimes. Si, d'un côté, ces documents nous font pénétrer plus avant dans le détail d'une partie des ressources financières affectées aux travaux publics, de l'autre, ils présentent avec ceux qui avaient jusqu'ici servi de base à nos évaluations des contradictions apparentes, qu'une analyse minutieuse peut seule faire disparaître. Bien que cette analyse puisse sembler quelque peu fastidieuse au lecteur, nous croyons devoir lui en soumettre ici les principaux éléments en lui offrant, comme compensation de la peine qu'il aura bien voulu prendre à nous suivre, la confirmation péremptoire de nos évaluations antérieures et la connaissance complète, autant du moins qu'il

---

(1) A la fin de l'alinéa explicatif de la colonne 5 du tableau synoptique de la page 145.

pouvait être permis de l'espérer, de la partie financière de l'important service confié au corps des ingénieurs.

Le brevet des impositions accessoires à la taille des vingt généralités de pays d'élections à percevoir en 1769, fixé par arrêt du conseil du 19 juillet 1768 (1), donne pour les dépenses supplémentaires des ponts et chaussées, des turcies et levées, des navigations de rivières et des ports maritimes, la somme de 4.708.012 liv. 5 s. 7 d. (4.802.172 fr. 50 c.); tandis que, dans notre tableau synoptique de la page 145, l'année 1769 figure seulement pour une somme de 4.011.125 liv. (4.091.347 fr. 50 c.). Comment expliquer cette différence? Le voici : d'abord, dans le tableau synoptique ne figurent pas les sommes destinées aux turcies et levées et aux ports maritimes, dont il était compté séparément. Ces sommes furent en 1769 : 500.000 liv., comme à l'ordinaire, pour les turcies et levées; 804.994 liv. pour les ports maritimes, au lieu du chiffre rond ordinaire de 800.000 liv. (2); et 50.000 liv. d'imposition spéciale pour le port de Saint-Jean-de-Luz : ces sommes doivent être, pour la comparaison, retranchées du chiffre 4.708.012 liv. 5 s. 7 d. Reste donc à comparer à 4.011.125 liv., non plus le chiffre de 4.708.012 liv. 5 s. 7 d., mais celui de 3.353.018 liv. 5 s. 7 d. qui se compose de : 1° fonds destinés aux appointements des ingénieurs, 87.142 liv.; 2° impositions pour objets divers, 402.684 liv. 4 s. 7 d.; 3° supplément au fonds des ponts et chaussées, 2.863.132 liv. (3). Or ce dernier chiffre est déjà celui de la colonne 5 du tableau synoptique : le chiffre relatif aux appointements des ingénieurs atteindra 95.000 liv. si l'on y ajoute, comme dans le deuxième arrêt du 7 juillet 1750 (4), pour le comté de Bourgogne 3.662 liv., et pour la généralité de Metz 4.196 liv.; les 340.000 liv. de fonds ordinaire d'entretien doivent toujours être maintenues, sans quoi l'épithète *supplémentaire* appliquée au fonds de la colonne 5 n'aurait plus de signification (5) ; enfin le

---

(1) Pièces justificatives, tit. 3, chap. 1er, n° 484.
(2) Voir le détail de cet arrêt du 19 juillet 1768 (n° 484).
(3) Toujours d'après le même détail de l'arrêt du 19 juillet 1768.
(4) Pièces justificatives, tit. 3, chap. 1er, n° 363.
(5) On trouve au surplus le maintien de ce *fonds ordinaire* primitif expressément confirmé dans des minutes de mémoires sur la comptabilité des ponts et chaussées émanées des bureaux du premier commis Cadet de Chambine en 1786, qui existent aux archives des travaux publics dans les documents relatifs à la corvée. Il est vrai que son chiffre en est porté à 348.000 liv., sans que nous ayons pu découvrir à quelle époque aurait eu lieu cette augmentation, d'ailleurs minime, de 8.000 sur le chiffre primitif de 340.000 liv. authentiquement établi par l'arrêt du 9 août 1718 cité à la page 70.

chiffre de 402.684 liv. 4 s. 7 d. doit être augmenté de 60.000 liv. pour le comté de Bourgogne, 92.809 liv. pour la généralité de Metz, plus 155.000 liv. environ d'impositions sur la Bresse et le Bugey, le Roussillon, le Hainault, en vertu d'arrêts spéciaux que nous avons mentionnés au chapitre précédent. Donc, à 2 ou 3.000 liv. près, se trouve établie une concordance complète entre les deux résultats, en apparence dissemblables, des documents relatifs à l'année 1769 (1). D'après ce qui précède, nous sommes autorisés à porter le montant cumulé des contributions pécuniaires de 1769 pour les ponts et chaussées, les rivières, les turcies et levées et les ports maritimes, ensemble, à 5.366.179 liv. 5 s. 7 d. (5.473.502 fr. 90 c.).

Le brevet supplémentaire pour 1771 (2) est de 4.701.875 liv. 3 s. 9 d. (4.795.913 fr. 70 c.). Donc, en vertu des calculs précédents, et en ajoutant 60.000 liv. pour les ponts de la généralité de Grenoble, 15.500 liv. pour l'endiguement de la Moselle, 15.733 liv. 10 s. pour le canal de la Meuse, 100.000 liv. sur la Lorraine, en vertu de divers arrêts (3), nous trouverons pour cette année 5.551.276 liv. 13 s. 9 d. (5.662.302 fr. 23 c.).

Le brevet supplémentaire de 1772 (4) est de 4.755.971 liv. 4 s. 4 d. (4.851.090 fr. 62 c.). Nous en concluons par analogie pour l'imposition totale de cette année, 5.605.371 liv. 14 s. 4 d. (5.717.479 fr. 13 c.) au minimum, n'ayant à craindre que l'omission de quelques nouvelles impositions dont les arrêts ne nous seraient pas parvenus.

En 1773, le fonds supplémentaire est porté à 2.863.692 liv. (5), et le brevet est de 4.824.345 liv. 14 s. 4 d. (4.920.832 fr. 61 c.) (6) : de là pour l'imposition totale probable, 5.673.746 liv. 14 s. 4 d. (5.787.224 fr. 63 c.).

En 1774, au brevet de 4.768.673 liv. 14 s. 4 d. (4.864.047 fr.

---

(1) Le lecteur doit être assez familiarisé avec les complications de l'administration et de la comptabilité d'alors, à cause des rapports différents des diverses provinces avec le pouvoir central, pour n'être pas étonné de ces dissemblances apparentes et de la facilité avec laquelle on parvient à les faire disparaître, sans s'écarter d'une sérieuse exactitude dans la composition des chiffres.

(2) Pièces justificatives, tit. 3, chap. 1er, n° 500. — Nous n'avons pas trouvé le brevet de 1770.

(3) Pièces justificatives, tit. 3, chap. 1er, nos 493, 494, 501 et 504.

(4) Pièces justificatives, tit. 3, chap. 1er, n° 509.

(5) Pièces justificatives, tit. 3, chap. 1er, n° 523.

(6) Pièces justificatives, tit. 3, chap. 1er, n° 524.

17 c.) (1), il faut ajouter une imposition annuelle de 419.873 liv. 8 s. 5 d. (428.270 fr. 87 c.) pour les canaux de Picardie et de Bourgogne (2) : de là pour l'imposition totale, d'après les mêmes bases, 6.037.947 liv. 12 s. 9 d. (6.158.706 fr. 50 c.).

En 1775, même brevet qu'en 1774 (3); mais imposition annuelle de 120.000 liv. sur les Flandres pour travaux de la Lys (4); d'où nous concluons pour l'imposition totale 6.157.947 liv. 12 s. 9 d. (6.281.106 fr. 60 c.).

En 1776, le brevet est porté à 5.530.578 liv. 14 s. 4 d. (5.641.190 fr. 27 c.), en raison d'une imposition annuelle de 800.000 liv. (816.000 fr.) établie pour les travaux des canaux (5); nous en tirerons pour l'imposition totale, 6.837.947 liv. 12 s. 9 d. (6.974.706 fr. 60 c.).

Le brevet de 1777 monte à 5.564.966 liv. 12 s. 10 d. (6) (5.678.265 fr. 98 c.), et nous admettons pour l'imposition totale, 6.872.335 liv. 11 s. 3 d. (7.009.782 fr. 26 c.).

Les brevets pour 1778, 1779 et 1780 (7) sont de 5.552.757 liv. 5 s. 7 d. (5.663.812 fr. 40 c.), d'où, pour l'imposition totale, 6.901.126 liv. 4 s. (7.039.148 fr. 72 c.), eu égard à une imposition nouvelle de 41.000 liv. sur la généralité de Tours (8).

Il serait regrettable que ces rapprochements et ces calculs, nécessaires pour concilier entre eux les documents qui restent de la finance des travaux publics à cette époque et pour expliquer leurs contradictions apparentes, ne nous eussent servi qu'à reconstruire des budgets mensongers, quoique officiels. C'est cependant ce qu'on est obligé d'admettre, du moins au point de vue de l'emploi des fonds, d'après un mémoire fort curieux présenté en 1782 par Chaumont de la Millière au contrôleur général des finances Joly de Fleury et approuvé par ce ministre le 29 octobre de cette année (9). Il résulte en effet de ce mémoire, qui a pour but de mettre fin aux fictions des précédents états-du-roi des ponts et chaussées, que depuis

---

(1) Pièces justificatives, tit. 3, chap. 1er, n° 533.
(2) Pièces justificatives, tit. 3, chap. 1er, n° 534.
(3) Pièces justificatives, tit. 3, chap. 1er, n° 538.
(4) Pièces justificatives, tit. 3, chap. 1er, n° 543.
(5) Pièces justificatives, tit. 3, chap. 1er, n°s 545 et 546.
(6) Pièces justificatives, tit. 3, chap. 1er, n° 551.
(7) Pièces justificatives, tit. 3, chap. 1er, n°s 554 et 562.
(8) Pièces justificatives, tit. 3, chap. 1er, n° 561.
(9) Pièces justificatives, tit. 3, chap. 2, § 3, n° 20.

1770 les impositions établies à divers titres pour travaux de ce service, dont nous nous sommes efforcé de reproduire les chiffres exacts, avaient bien été perçus suivant ces chiffres et sous les titres mentionnés, mais que leurs produits, versés au trésor royal, avaient été en partie affectés à d'autres dépenses; autrement dit, que le département des ponts et chaussées avait été frustré d'une portion de ces fonds, et ce jusqu'à une concurrence de 1 à 2 millions par an : de sorte que le trésor royal se trouva, en 1782, débiteur de 15.229.406 liv. 10 s. envers la caisse du trésorier général des ponts et chaussées, qui eut en outre à subir une faillite de l'un de ces comptables de 2.162.716 liv. Pour masquer ces détournements de fonds, autrefois officiellement avoués, on avait chaque année fait figurer dans l'état-du-roi des ponts et chaussées des recettes fictives et des travaux fictifs. Il paraît certain que ces irrégularités frauduleuses cessèrent à dater de l'approbation donnée au mémoire que nous venons de citer. Ce fut sans doute pour réparer autant que possible le tort ainsi fait au service des voies de communication que Chaumont de la Millière obtint à partir de cette époque un fonds supplémentaire annuel pour les ponts et chaussées, qui s'éleva moyennement à 1.500.000 liv., dont il sera parlé plus loin.

Quoi qu'il en soit, les remontrances incessantes des parlements contre les augmentations d'impositions établies par arrêts du conseil et soustraites ainsi à la formalité de l'enregistrement et par conséquent au contrôle de ces cours, déterminèrent le roi à rendre le 13 février 1780 une déclaration (1), par laquelle il décida qu'à partir de 1781 il ne serait plus fait qu'un seul brevet général, pour la taille, la capitation et leurs suppléments et accessoires, et que ce brevet resterait fixé au chiffre de l'année 1780. Aucune augmentation ne devait désormais être faite à ce chiffre que par lettres patentes enregistrées dans les cours; aucune imposition nouvelle ne devait être ordonnée autrement, si ce n'est pour des dépenses locales proposées ou acceptées par délibérations des communautés. Nous devons donc admettre pour les années subséquentes le maintien d'un chiffre total approximatif de 6.900.000 liv., avec quelques additions plus ou moins importantes pour nouveaux ouvrages particuliers à telle ou telle généralité (2) : et il faut croire, d'après ce

---

(1) Pièces justificatives, tit. 3, chap. 1er, n° 567.
(2) Nous n'avons pu consigner aux Pièces justificatives que deux arrêts de nouvelles impo-

qui précède, qu'aucune partie ne fut plus désormais détournée de sa destination régulière.

Mais les archives impériales (1) nous ont fourni pour l'année 1786 le document le plus complet qu'il fût possible de désirer : c'est l'*état-du-roi* des recettes et dépenses pour les ponts et chaussées, les ports maritimes et la navigation des rivières. Cet état se divise en deux chapitres : *Recette* et *Dépense.*

La recette se compose de :

	liv.	s.	d.	fr.	c.
1° Fonds ordinaire des ponts et chaussées.	3.569.501	0	9	3.640.891	07
2° Fonds ordinaire des ports maritimes, canaux et rivières.	1.510.000	»	»	1.540.200	00
3° Fonds supplémentaire pour les ponts et chaussées, les ports maritimes, les canaux et les rivières. . . .	2.281.500	»	»	2.327.130	00
4° Rente annuelle léguée par le sieur Borda à l'école des ponts et chaussées.	900	»	»	918	00
5° Produits d'impositions spéciales sur diverses généralités.	1.803.245	15	2	1.839.510	66
6° Recettes diverses.	280.497	13	4	286.107	60
Total.	9.445.644	9	3	9.634.557	33

Dans la dépense figurent des objets dont nous n'avions pas eu auparavant connaissance. On y voit :

1° Appointements de l'intendant des ponts et chaussées . . . . 26.000 liv. »   »

2° Appointements et frais fixes du personnel du corps des ponts et chaussées, savoir :

Le premier ingénieur, 8.000 liv., dont 3.600 liv. pour appointements, 4.400 liv. pour frais fixes, 396 liv. étant déduites sur les appointements pour l'impôt des deux vingtièmes et les 2 sols pour livre, reste net . . . . . . 7.604 liv. »   »

Cinq inspecteurs généraux à 6.000 liv., réduites de même de 396 liv., ensemble 28.020 liv. »   »

Le directeur du bureau des géographes, etc. . . . . 3.000 liv. »   »

---

sitions pour travaux du budget des ponts et chaussées depuis cette déclaration, savoir : du 20 août 1785 (n° 589), imposant 150.000 liv. pendant six ans sur la généralité de Caen ; et du 20 juin 1786 (n° 590), doublant pendant dix ans l'imposition de 60.000 liv. dans la généralité de Grenoble, contre les torrents du Dauphiné.

(1) Pièces justificatives, tit. 3, chap. 2, § 2, 4°.

Vingt-sept ingénieurs en chef (1), à 2.202 liv. net, déduction faite de 789 liv. 1 s., à cause du décès de l'un d'eux au 26 août, ensemble............ 58.644 liv. 19 s. »

Soixante inspecteurs des ponts et chaussées, à 1.800 liv. d'appointements sans retenue, mais plusieurs n'ayant pas servi l'année entière................ 108.700 liv. » »

Gages d'un brigadier des gardes de la prévôté de Paris, visiteur des carrières et surveillant des ateliers....... 2.022 liv. » »

Gages, taxations et droits du trésorier général des ponts et chaussées..... 115.520 liv. » »

Taxations et appointements des trésoriers de France du bureau des finances de la généralité de Paris......... 9.745 liv. 10 s. »

Bourses, jetons, épices à la chambre des comptes, façon et reliage du compte à lui présenter annuellement...... 7.482 liv. 11 s. 3 d.

Pension du legs Borda à deux élèves des ponts et chaussées......... 900 liv. » »

Total de ce que l'on appelait les *charges de la recette*......... 366.509 liv. » 3 d.
ou en monnaie actuelle 373.839 fr. 18 c.

Viennent ensuite les sommes affectées à chaque province pour les travaux, sommes sur lesquelles étaient imputés les appointements et gratifications des sous-ingénieurs et des élèves des ponts et chaussées, et les salaires des conducteurs, piqueurs et autres agents, ainsi qu'il suit :

Généralité de Paris (1)...... 1.783.020 l. 2 s. 4 d.   1.818.680^f 50
— de Soissons....... 129.094 6 »   131.676 19

---

(1) L'*Almanach royal* pour cette année compte trente-cinq ingénieurs en chef, dont il donne les noms; mais il y en avait huit qui n'étaient point payés sur les fonds de *l'état-du-roi*. Il est facile de les distinguer, soit qu'ils appartinssent à des provinces indépendantes de l'administration centrale, soit qu'ils fussent attachés à des travaux spéciaux, comme certains ports, le pavé de Paris, le pont Louis XVI qui s'exécutait aux frais de la ville de Paris, etc.

Il y avait en outre les ingénieurs des turcies et levées, comptés à part.

(2) Sur cette somme était imputé un prélèvement de 195.304 l. 7 s. 8 d. pour les appointements des sous-ingénieurs et contrôleurs d'entretien, élèves, etc., puis des commis du

Généralité d'Amiens.	132.084	2	7	134.725	78
— de Châlons.	174.774	10	3	178.269	99
— d'Orléans.	192.229	10	9	196.074	09
— de Tours.	220.497	18	5	224.907	86
— de Bourges.	52.055	16	3	53.096	92
— de Moulins.	95.871	16	3	97.789	23
— de Lyon.	617.969	13	7	630.329	04
— de Riom.	176.401	18	9	179.929	99
— de Poitiers.	225.778	12	2	230.294	17
— de Limoges.	193.892	6	9	197.770	20
— de Bordeaux.	190.067	1	10	193.868	39
— de la Rochelle.	274.052	1	2	279.533	09
— de Montauban.	165.933	5	6	169.253	95
— d'Auch.	138.032	14	7	140.800	35
— de Pau et Bayonne.	237.058	»	»	241.799	16
— de Rouen.	1.842.123	16	10	1.878.949	68
— de Caen.	266.861	18	1	272.199	14
— d'Alençon.	134.987	19	11	137.697	76
— de Grenoble.	414.875	11	1	423.171	02
— de Metz.	213.024	»	9	217.284	51
Province de Franche-Comté.	152.601	»	»	155.653	02
— du Hainault.	132.352	»	»	134.999	04
— de Roussillon.	184.232	15	2	187.917	40
— de Lorraine et Barrois.	156.000	»	»	138.720	»
— de Flandre.	600.000	»	»	612.000	»
— de Languedoc (appointements du conservateur et des employés de la navigation de la Garonne et menus frais y relatifs).	3.262	10	»	3.327	75
Somme totale des ouvrages.	9.079.135	9	»	9.260.718	15
A quoi ajoutant les charges ci-dessus.	366.509	»	3	373.839	18
Total pareil à la recette.	9.445.644	9	3	9.634.557	33

Cette somme est bien supérieure à celle de 6.900.000 liv. que nous avons énoncée comme résultat de nos précédentes évaluations, et celles-ci semblent au premier abord en devoir être infirmées. L'analyse des éléments de la recette ne peut guère nous donner l'explication de cette différence. Car on peut voir que, par suite sans doute de la fusion des brevets en un seul, les chiffres se trouvent groupés d'autre manière que nous le voyions précédemment et sous des titres différents de ceux qui jusque-là avaient été en usage. Ainsi, ce qui est appelé *fonds ordinaire* dans le chapitre de la recette de cet état-du-roi de 1786, comprend bien certainement le fonds ordinaire primitif réuni à ce qui, après avoir été imposé d'abord comme extraordi-

---

bureau des ponts et chaussées; pour frais de voyages et gratifications extraordinaires aux ingénieurs des ponts et chaussées de tout grade; pour frais d'opérations, lever et dessin de cartes, calculs des devis et projets de toutes les provinces.

naire ou supplémentaire, était devenu, tout en conservant ces titres, une charge annuelle et constante. Mais, comme le besoin de nouveaux ouvrages n'avait cessé de se faire sentir, il avait fallu, après cette fusion, créer encore un fonds supplémentaire composé des ressources destinées à pourvoir à ces nouveaux ouvrages, dont chacun était effectivement temporaire mais ne s'achevait pas sans être remplacé par d'autres. C'est ce fonds supplémentaire, en même temps que les impositions spéciales sur diverses généralités, qui avaient toujours été en croissant et qui forment sans doute la partie essentielle de cette augmentation d'environ 2.500.000 liv. que présente l'état-du-roi de 1786 sur ce que nous avons donné comme le montant probable du brevet général pour les travaux publics en 1780. Au reste, Chaumont de la Millière, dans son mémoire de 1790, avoue une augmentation notable du budget des travaux publics depuis son avènement à l'intendance des ponts et chaussées en 1781, et déclare y avoir contribué de tout son pouvoir, notamment pour les travaux des ports maritimes. Il est facile de reconnaître, dans le chapitre des dépenses de l'état-du-roi, les plus saillants des articles d'augmentation, par exemple : 1° dans la généralité de Lyon, 500.000 liv. pour Perrache et le pont de la Mulatière et pour le pont de Roanne ; 2° dans la généralité de la Rochelle, 100.000 liv. environ pour le port de cette ville ; 3° près de 150.000 liv. pour le port de Saint-Jean-de-Luz ; 4° en Normandie, pour les ports du Havre, de Dieppe, etc., au moins 1 million de liv. ; 5° en Flandre, 600.000 liv. pour le port de Dunkerque, auquel on ne pouvait travailler que depuis 1783 ; 6° dans plusieurs généralités, quelques articles moins importants dont les objets ne sont pas spécifiés ; 7° enfin des augmentations correspondantes dans les charges accessoires, telles que droits des trésoriers, frais de personnel et de surveillance des travaux, etc. Ces articles réunis atteignent sans peine le chiffre excédant de 2.500.000 liv., et peuvent même le dépasser autant qu'il est nécessaire pour tenir compte de l'observation suivante.

Les dépenses des turcies et levées ne sont pas mentionnées dans cet état-du-roi (1), et nous n'en avons pas trouvé le compte pour 1786. Mais les archives impériales nous le donnent pour 1787,

---

(1) Ces dépenses au contraire figuraient dans les brevets.

dans un état-du-roi spécial (1) montant à 301.768 liv. 18 s. (307.804 fr. 28 c.).

Nous ne pouvons mieux terminer cette étude, un peu longue mais nécessaire, sur les finances du service des ponts et chaussées, que par le tableau qu'en donne Chaumont de la Millière dans le même mémoire. Ce tableau commence par le montant de la prestation représentative de la corvée qu'il porte à 13 millions de liv. C'est, à un million près, l'évaluation que nous avons donnée de la corvée elle-même dans le chapitre précédent (2). On peut même regarder la concordance comme complète, à cause des provinces dont la comptabilité était depuis peu réunie à celle des généralités, comme le Hainault, le Roussillon, la Lorraine et le Barrois, ce qui explique bien l'augmentation d'un million. Voici au surplus ce tableau, qui donne seulement des nombres ronds, représentant approximativement la moyenne des évaluations des dernières années.

Ponts et chaussées.	Prestation représentative de la corvée.	13.000.000 liv.	
	Fonds ordinaire des ouvrages d'art.	3.669.000 (3)	15.796.000 l.
	Fonds extraordinaire (année commune).	1.500.000	
	Pavé de Paris.	627.000	
Navigations.	Fonds ordinaire.	710.000	
	Fonds extraordinaire (année commune).	200.000	1.410.000
	Turcies et levées.	500.000	
Ports maritimes de commerce.	Fonds ordinaire.	800.000	
	Fonds extraordinaire (moyenne des trois dernières années).	2.000.000	2.800.000
	Total (4).		23.006.000

Nous remarquons ici la dépense relative au pavé de Paris, qui ne figurait pas dans les états-du-roi ni dans les brevets pour les ponts et chaussées. En la retranchant du tableau, ainsi que les turcies et levées précédemment comptées à part, et aussi les 13 millions de liv. de la corvée, on descend au chiffre de 8.879.000 liv. qui diffère de celui de l'état-du-roi de 1786 (9.445.644 liv.), en raison d'une réduction de 781.500 liv. sur le fonds extraordinaire

---

(1) Pièces justificatives, tit. 3, chap. 2, § 2, 5°.
(2) Page 150.
(3) Antérieurement ce fonds ordinaire n'est porté qu'à 3.569.000 liv. Mais nous pensons qu'on a compris ici les 100.000 liv. imposées à la Lorraine.
(4) La Millière établit un peu plus loin dans son mémoire que tous les frais de personnel et d'administration relatifs à cette dépense ne se montaient qu'à 865.705 l. 18 s. 3 d.

des ponts et chaussées (1), et d'une certaine augmentation sur le fonds extraordinaire des ports maritimes.

Ce tableau montre comment, en réunissant de même pour les années antérieures tous les éléments de dépense relatifs aux travaux de la corvée, des ponts et chaussées, de la navigation, des ports maritimes et du pavé de Paris, que nous avons produits et discutés séparément, on peut faire la comparaison des dépenses d'ensemble de cette nature, et se rendre un compte suffisamment exact des vicissitudes financières de l'administration des travaux publics des voies de communication depuis Colbert.

---

(1) V. cet article au titre de la recette de l'état-du-roi de 1786, p. 208, où il figure pour 2.281.500 liv.

PIÈCES JUSTIFICATIVES.

PIÈCES JUSTIFICATIVES.

TITRE III.

DIX-HUITIÈME SIÈCLE.

CHAPITRE I.

ACTES OFFICIELS.

N° 1.

9 mai 1702.

Arrêt du conseil d'état du roi, qui commet le sieur du Rissan, ingénieur des ponts et chaussées dans la généralité de Metz.

« Le roi ayant envoyé pour son service en Italie le sieur Chevalier de Denonville, directeur des fortifications de la généralité de Metz, que S. M. avait aussi chargé du soin des ponts et chaussées et autres ouvrages publics de ladite généralité; et étant nécessaire de commettre une personne intelligente et capable pour prendre soin desdits ouvrages en la place dudit sieur Chevalier de Denonville; à quoi voulant pourvoir; ouï le rapport du sieur Fleuriau d'Armenonville, conseiller ordinaire au conseil royal, directeur des finances;

« Sa Majesté, en son conseil, a commis et commet le sieur du Rissan, ingénieur, pour faire les visites, dresser les plans, devis et rapports pour la réception des ouvrages qui seront nécessaires pour le rétablissement, construction à neuf ou entretenement des ponts, chemins et chaussées et autres ouvrages publics dans l'étendue de ladite généralité de Metz. Ordonne en conséquence S. M. que, sur les devis qu'il aura faits, il sera procédé, par le sieur intendant de ladite généralité, aux baux et adjudications au rabais, en la manière accoutumée, des ouvrages qui auront été ordonnés par S. M. et, sur ses rapports, à la réception de ceux qui se trouveront en état d'être reçus; et que les sommes qui seront ordonnées par ledit sieur intendant aux entrepreneurs, en conséquence de ces devis, baux et réceptions, leur seront payées par les trésoriers des ponts et chaussées en exercice et autres qui auront les fonds. Veut à cet effet S. M. qu'en rapportant lesdits devis, baux et adjudications, procès-verbaux de réception, ordonnances dudit sieur intendant et quittances des entrepreneurs, les sommes, qui leur auront été ainsi payées pour raison de ce, soient passées et allouées en dépense dans les états et comptes du sieur trésorier des ponts et chaussées et autres, partout où il appartiendra sans difficulté, en vertu du présent arrêt. »

Archives de l'empire manuscrit, carton E 720.

N° 2.

23 mai 1702.

Arrêt du conseil d'état du roi, pour l'établissement de la navigation de la rivière de Loire en pays de Forest.

« Vu au conseil d'état du roi;

« L'arrêt rendu en icelui, le dernier mai 1701, sur la requête présentée par André Manissier, tendante à ce qu'il plût à S. M. (en révoquant tous les dons qui pourraient avoir été faits de la permission de rendre la rivière de Loire flottable et navigable depuis la ville de Roanne en montant jusqu'à Saint-Rambert en Forest, même celui qui avait été poursuivi sur le placet présenté à S. M. par Jean Paparel d'Alicourt et Barthélemy Paparel de Plomiers, en conséquence duquel aurait été rendu un arrêt du conseil du 25 février 1665 par lequel ce placet aurait été renvoyé au sieur Dugué, commissaire départi ès généralités de Lyon et Grenoble, pour informer de la commodité ou incommodité que pourra apporter cette permission, faire les devis et estimations des ouvrages, dresser procès-verbal et donner son avis, lequel avait cessé d'être poursuivi jusqu'à présent) accorder audit Manissier et à ses associés la faculté de rendre flottable et navigable cette partie de ladite rivière de Loire au-dessus de la ville de Roanne en montant vers sa source jusqu'à Saint-Rambert ou Monistrol, et au delà si faire se peut, et s'il est jugé nécessaire et utile; aux offres d'y faire travailler, sans discontinuer le travail jusqu'à l'entière perfection de cette entreprise, de manière qu'elle soit achevée dans le courant de l'année 1706 : et, pour dédommager ledit Manissier et ses associés des grandes dépenses qu'ils seront obligés de faire, qu'il plût à S. M. lui céder et quitter et à ses associés, à leurs successeurs et ayant-cause, le fonds et très-fonds de ladite rivière de Loire depuis Saint-Rambert et au-dessus, s'ils le rendent navigable, jusqu'à Roanne, ensemble les droits de péage conformément au tarif qui en sera arrêté en conseil; ordonner que lesdits droits, etc., etc. . . . . ; par lequel arrêt S. M. aurait renvoyé ladite requête par-devant le sieur commissaire départi en la généralité de Lyon, pour entendre les riverains et propriétaires des héritages situés le long de ladite rivière de Loire depuis Saint-Rambert ou Monistrol jusqu'en la ville de Roanne, et aux parties intéressées pour dresser procès-verbal de leurs dires, consentements ou oppositions, pour sur iceux, ensemble sur les propositions contenues en ladite requête, donner sur le tout son avis, et sur icelui vu et rapporté au conseil être ordonné ce qu'il appartiendra;

« L'ordonnance du sieur d'Herbigny, commissaire départi en la généralité de Lyon, du 17 juin audit an 1701, étant au bas de ladite requête du sieur de Colonques, faisant pour ledit Manissier aux fins de l'exécution dudit arrêt; ladite ordonnance portant que le contenu en icelle serait lu, publié dans les principaux lieux du voisinage de ladite rivière de Loire, notamment à Roanne, Feurs, Saint-Germain l'Aval, Boen, Montbrison, Saint-Rambert, Saint-Étienne et Saint-Chaumont, et que copie d'icelle serait signifiée aux maires et consuls desdits lieux pour y répondre dans huitaine par délibération de la communauté, donner la réponse par écrit qui contiendrait ou le consentement aux offres dudit Manissier ou les moyens que les communautés estimeraient devoir proposer au contraire, soit pour l'intérêt public ou pour leur intérêt particulier; comme aussi que les particuliers qui se croiraient intéressés en ladite entreprise seraient tenus de fournir aussi dans huitaine par-devant ledit sieur commissaire leurs contredits et moyens d'opposition, si aucuns ils avaient;

« Le procès-verbal du sieur Guyet, commissaire départi en ladite généralité après ledit sieur d'Herbigny, fait en exécution dudit arrêt du conseil dudit jour dernier mai 1701, arrêté le 30 août audit an, contenant la comparution dudit sieur de Colonques pour ledit Manissier, la représentation des significations qui auraient été faites desdites requêtes et ordonnances dudit sieur d'Herbigny ès dites villes et lieux . . . . ; ledit procès-verbal contenant aussi la représentation des délibérations desdites communautés . . . . , leurs dires et moyens, et réponses dudit Colonques;

« Autre procès-verbal du sieur Guyet commencé en la ville de Roanne le 21 janvier 1702 et arrêté le 24 desdits mois et an, contenant le devis et état estimatif des ouvrages nécessaires à faire pour rendre cette partie de rivière de Loire flottable et navigable, lesdits devis et état estimatif faits, en exécution des ordres du conseil, en sa présence, par Jean Faby, ingénieur et architecte de la ville de Lyon, et Jacques Richard, architecte et expert de ladite ville, par lui nommés, par lesquels la dépense est estimée monter à . . . . 716.000 liv., non compris les entretiens qui sont estimés à 12.000 liv. par an;

« Un cahier des propositions dudit Manissier, réformées sur les premières énoncées audit arrêt du conseil du dernier mai 1701, contenant dix-sept articles, par lesquelles il a demandé qu'il plût à S. M. révoquer tous les dons et permissions, etc. . . . . ;

« Tarif dressé, en exécution des ordres du conseil, arrêté par ledit sieur Guyet le 30 janvier de la présente année, contenant les droits que ledit sieur Guyet estime pouvoir être accordés audit Manissier, etc. . . . . ;

« Acte passé par-devant Laideguive et Richer, notaires au Châtelet, le 8 du présent mois d'avril 1702, par ledit Manissier, par lequel il a déclaré. . . . « que tout ce qu'il a fait en cette poursuite est pour et au nom et en faveur du sieur Pierre de la Gardette. . . . . ;

« Et l'avis dudit sieur Guyet, portant que l'exécution de cette entreprise ne peut être que très-avantageuse à S. M., à l'état et aux particuliers du pays de Forest, aux lieux circonvoisins et au public en général;

« Ouï le rapport du sieur d'Armenonville, conseiller ordinaire au conseil royal, directeur des finances;

« Le roi, en son conseil, conformément à l'avis dudit sieur Guyet, a révoqué et révoque toutes les permissions, dons et concessions qui pourraient avoir été ci-devant accordées à quelques personnes et sous tel prétexte que ce soit, pour rendre la rivière de Loire flottable et navigable depuis la ville de Roanne en remontant vers sa source;

« Ce faisant, S. M. a accordé et accorde audit Pierre la Gardette la permission et faculté d'entreprendre et faire à ses frais tous les ouvrages nécessaires pour rendre ladite rivière flottable et navigable, depuis la ville de Roanne en remontant vers sa source jusqu'à Saint-Rambert ou Monistrol, et au delà si faire se peut, à la charge d'y faire travailler incessamment et sans discontinuation, de manière que lesdits ouvrages soient mis en leur perfection dans l'année 1706 : Et pour l'exécution de ladite entreprise, permet S. M. audit la Gardette de creuser, élargir et redresser le canal de cette partie de ladite rivière de Loire et faire tous les travaux et ouvrages nécessaires pour la perfection de ladite navigation ; comme aussi d'abattre le moulin, qui est au-dessus du château de la Roche, avec sa digue, à condition de dédommager préalablement le propriétaire dudit moulin, suivant qu'il conviendra avec lui de gré à gré, ou suivant l'estimation qui sera faite dudit moulin au dire d'experts convenus ou nommés par le sieur commissaire départi en ladite généralité de Lyon : Enjoint S. M. aux propriétaires des autres moulins qui sont sur ladite partie de ladite rivière, de livrer passage toutes fois et quantes il sera nécessaire, aux flottes de bois et bateaux qui passeront sur cette partie de rivière, à condition de faire par ledit de la Gardette, à ses frais, l'ouverture des digues et les pertuis convenables et commodes pour la facilité du passage ; Permet S. M. audit de la Gardette de se servir des sentiers qui sont sur les bords de ladite rivière, pour le chemin, tirage, charge et décharge des marchandises et denrées qui seront voiturées sur ladite rivière, et de continuer ou élargir ceux qui sont faits sur lesdits bords à travers les rochers depuis le port Garet jusqu'à Roanne ; Permet aussi S. M. audit la Gardette de changer les chemins et sentiers qui conduisent à ladite rivière, s'il est trouvé à propos et convenable pour la facilité des voitures, ainsi qu'il sera ordonné par les trésoriers de France au bureau des finances de ladite généralité de Lyon, et à la charge d'indemniser les propriétaires des héritages ainsi qu'il appartiendra : Et pour dédommager ledit la Gardette de ses frais et avances, ordonne S. M. qu'il sera payé, pour les marchandises qui passeront et seront voiturées sur cette partie de la rivière de Loire, les droits qui seront réglés par le tarif qui en sera arrêté au conseil, lesquels droits appartiendront en pleine propriété audit la Gardette, ses successeurs et ayant-cause à perpétuité, à la charge par eux d'entretenir les ouvrages servant à rendre ladite partie de rivière navigable, sans qu'il puisse être ci-après établi ni levé aucuns autres droits sur lesdites marchandises que ceux portés par ledit tarif ; Fait S. M. défenses à toutes personnes de faire flotter ni voiturer aucunes choses sur ladite partie de rivière sans payer les droits mentionnés audit tarif, à peine de 500 liv. d'amende au profit dudit la Gardette ; leur enjoint S. M. de faire la déclaration des marchandises qu'ils feront voiturer ou flotter au premier bureau de leur passage, où ils seront tenus d'arrêter et de souffrir la visite desdits commis, sur la peine ci-dessus ; Seront les commis préposés par ledit la Gardette à la perception desdits droits reçus par les juges établis pour connaître des contestations sur le fait de ladite navigation, devant lesquels ils prêteront serment ; et les procès-verbaux signés de l'un d'eux et deux témoins, ou de deux desdits commis seulement auront foi en justice jusqu'à l'inscription de faux ; Fait S. M. défense de faire sortir des bois ouvrés en solives, pour être voiturés sur cette rivière, en plus grande quantité que celle de dix mille par chacune année, desquels le transport ne pourra être permis que sur les passe-ports et permissions dudit sieur commissaire départi en la dite généralité de Lyon ; Permet S. M. audit la Gardette de faire ouvrir à ses frais les minières de charbon de terre qui se trouveront hors et au delà de la distance d'une lieue autour de la ville de Saint Étienne en Forest, après néanmoins qu'il aura fait sommer les propriétaires de déclarer s'ils entendent en faire ouverture eux-mêmes pour les faire valoir, ce qu'ils seront tenus de faire dans un mois du jour de la sommation qui leur en aura été faite, après lequel temps passé ou à leur refus de faire l'ouverture desdites minières, ordonne S. M. que lesdites terres seront estimées au dire d'experts nommés par ledit sieur commissaire départi en ladite généralité de Lyon, pour en être ledit la Gardette, ses successeurs et ayant-cause mis en possession et jouissance, après en avoir fait le payement; A S. M. déchargé et décharge les charbons de terre des minières de la province de Forest, qui seront transportés dans les autres provinces du royaume, des droits de traite foraine; Fait S. M. défense aux commis et préposés à la perception desdits droits d'en exiger aucuns, et d'en retarder ni empêcher la voiture et transport desdits charbons de terre de Forest sous quelque prétexte que ce soit, à peine de tous dépens, dommages et intérêts: Pourra ledit la Gardette associer avec lui, pour ladite entreprise, toutes sortes de personnes nobles ou autres, sans dérogeance. Ordonne S. M. que toutes les contestations qui pourront survenir pour et à l'occasion des ouvrages et travaux qui sont à faire pour ladite entreprise jusqu'à sa perfection, comme aussi celles qui concerneront l'exécution du tarif des droits, et autres concernant ladite navigation pendant l'espace de six années, à compter du jour de la perfection desdits ouvrages, seront jugées par le sieur commissaire départi en ladite généralité de Lyon, sauf l'appel au conseil; après lequel temps de six années, seront les contestations qui surviendront pour raison de ladite navigation et perception desdits droits, jugées par les officiers qui seront pour ce préposés par S. M. »

Archives du ministère des travaux publics, collection Poterlet, imprimé.

Suivent, sur le même imprimé, le tarif des droits, les lettres patentes accordées à Pierre la Gardette en exécution de cet arrêté et l'enregistrement desdites lettres en parlement.

N° 3.

5 septembre 1702.

Lettres patentes pour la continuation de la levée des droits de boëte sur les marchandises montant et descendant la rivière de Loire et autres y affluentes, pendant neuf années.

Ces lettres, après avoir rappelé celles qui ont été accordées dès l'origine et successivement renouvelées, prorogent la levée du droit pendant neuf ans, à dater du 13 octobre 1702. Elles stipulent: « que l'adjudication des droits mentionnés au tarif sera faite par le commissaire départi en la généralité d'Orléans, au plus offrant et dernier enchérisseur, en la manière accoutumée, en présence des délégués des marchands. . . . . ; que les deniers provenant desdits droits seront employés par le receveur au balisage et nettoyement desdites rivières et aux affaires communes desdits marchands, frais, mises et dépenses concernant leur communauté, sur les ordonnances dudit commissaire départi, à l'effet de quoi il sera par lui procédé à l'adjudication au rabais, en la manière accoutumée, des ouvrages nécessaires pour ledit balisage . . . . et ensuite à la réception, en conséquence des devis et visites qui seront faites desdits ouvrages par les ingénieurs de S. M. préposés à cet effet, le tout en présence desdits délégués, et que ledit receveur comptera de la recette et dépense desdits deniers par-devant ledit commissaire départi dans les assemblées desdits délégués à Orléans. . . . . »

Suit le tarif des droits.

Sur le même imprimé se trouvent :

Autres lettres patentes de prorogation pour neuf années, du 19 sept. 1711;
Autres   id.   ,   id.,   du 12 juin 1718;
Autres   id.   id.,   du 22 sept. 1729;
Autres   id.   pour vingt années, du 17 juin 1738.

Archives du ministère des travaux publics, collection Poterlet, imprimé.

N° 4.

Mars 1703.

Édit du roi portant suppression de trois offices de maîtres des œuvres du pavé des bâtiments, ponts et chaussées et de deux offices de contrôleurs généraux des ponts et chaussées, puis création de deux offices de contrôleurs généraux des ouvrages de pavé et autres des ponts et chaussées de la généralité de Paris, et d'un trésorier receveur des ponts, chemins, chaussées et autres ouvrages publics dans chacune des provinces et généralités du royaume.

« Louis, par la grâce de Dieu, roi de France et de Navarre, à tous présents et à venir, salut.

« Les rois nos prédécesseurs avaient anciennement créé un maître général des œuvres du pavé de nos bâtiments, ponts et chaussées de France. Mais les fonctions de cet office étant trop étendues pour être exercées par un seul officier, il en a depuis été créé un second pour exercer concurremment avec l'ancien, et par autre édit du mois de septembre 1645, nous avons créé un triennal pour exercer concurremment avec l'ancien et l'alternatif. Mais ces trois offices s'étant toujours trouvés dans la même main, nous avons été obligé de commettre de temps en temps des particuliers pour prendre soin des ouvrages des ponts et chaussées, faute par celui qui était pourvu de tous ces offices d'y pouvoir donner ses soins. Et comme rien n'est si important pour le bien de notre royaume que de rendre les chemins praticables pour le transport de toutes les denrées et marchandises, nous avons jugé à propos d'y mettre un meilleur ordre que celui qui a été observé jusqu'à présent, et, pour cet effet, de supprimer lesdits trois offices de maîtres des œuvres du pavé de nos bâtiments, ponts et chaussées, ancien, alternatif et triennal ; même les contrôleurs des trésoriers généraux de nosdits ponts et chaussées, lesquels, n'ayant d'autres fonctions que de contrôler les quittances desdits trésoriers, ne prennent aucun soin des ouvrages et ne sont d'aucune utilité pour notre service. Et comme nous avons été informé que les commis des trésoriers des ponts et chaussées, auxquels lesdits trésoriers ne peuvent donner que de très-modiques appointements attendu la modicité de leurs taxations, retiennent le plus longtemps qu'ils peuvent les deniers destinés au payement des ouvriers, nous avons cru nécessaire, pour y remédier, de créer en titre d'office des trésoriers particuliers en chacune généralité.

« A ces causes et autres à ce nous mouvant, et de notre certaine science, pleine puissance et autorité royale, nous avons, par le présent édit perpétuel et irrévocable, supprimé et supprimons les trois offices de maîtres des œuvres du pavé de nos bâtiments, ponts et chaussées de France, ancien, alternatif et triennal, ensemble les contrôleurs des trésoriers généraux des ponts et chaussées de France, ancien, alternatif et triennal. . . . Et de la même autorité, nous avons, en leur lieu et place, créé et érigé, créons et érigeons en titre d'office formé deux de nos conseillers contrôleurs généraux des ouvrages de pavé et autres des ponts et chaussées de la généralité de Paris, à l'instar des contrôleurs du barrage et entretenement du pavé de notre bonne ville, faubourgs et banlieue de Paris. . . .

(ceux-ci étant maintenus). .... Et feront les toisés et réceptions des ouvrages conjointement avec l'expert par nous nommé pour la visite des ouvrages publics de ladite généralité, en présence de celui des trésoriers de France par nous commis à cet effet. . . . .

. . . . . Attribution de gages et taxations. . . . .

« Feront lesdits contrôleurs généraux alternativement le contrôle des quittances des payements qui seront faits à nosdits trésoriers généraux des ponts et chaussées, à commencer par celui qui aura été reçu le premier; seront lesdits contrôleurs tenus de se transporter deux fois chacune année, au printemps et à l'automne, sur les lieux où se feront les ouvrages, pour les visiter et vérifier si les matériaux qui auront été employés seront de la qualité portée par les baux au rabais qui auront été faits aux entrepreneurs, et si lesdits ouvrages auront été faits en conformité des devis et desdits baux au rabais, pour par eux en dresser leurs procès-verbaux, qu'ils remettront à ceux des trésoriers de France de ladite généralité que nous chargeons du soin des ponts et chaussées, pour y être pourvu en la manière ordinaire : feront aussi, chacun dans leur département, les toisés et réceptions desdits ouvrages, conjointement avec l'expert commis par nous à cet effet, en présence desdits trésoriers de France. . . . .

« Créons en outre et érigeons en titre d'office formé un notre conseiller trésorier receveur des ponts, chemins, chaussées et autres ouvrages publics dans chacune des provinces et généralités de notre royaume, *à la réserve de celles du duché de Bourgogne, Bretagne, Languedoc, Provence, Roussillon, Béarn et Navarre, dans lesquelles nous avons commis le soin desdits ouvrages aux états desdites provinces*; à l'exception aussi de la généralité de Paris, dans laquelle le payement desdits ouvrages continuera d'être fait par les trésoriers généraux en la manière accoutumée. Feront lesdits trésoriers créés par le présent édit la recette des deniers destinés pour lesdits ouvrages, soit par les états des ponts et chaussées que nous ferons arrêter en notre conseil, soit par imposition en conséquence d'arrêts de notre conseil ou autrement, des mains des receveurs généraux des finances de leurs généralités, sur les quittances que les trésoriers généraux seront tenus de leur remettre en leur envoyant un extrait des états arrêtés en notre conseil. Et à l'égard du fonds qui doit être payé par le garde de notre trésor royal, il sera reçu par les trésoriers généraux, lesquels seront tenus de le remettre en même temps auxdits trésoriers provinciaux pour payer le prix des ouvrages par nous ordonnés ; de laquelle recette et dépense, lesdits trésoriers rendront compte, *comme de clerc à maître*, auxdits trésoriers généraux six mois après leur exercice. . . . . »

Archives du ministère des travaux publics, collection Potériot, imprimé.

N° 5.

Mars 1703.

Edit portant création de quatre offices de trésoriers de France dans la généralité de Paris et de deux offices semblables dans chacune des généralités d'Amiens, Soissons, Châlons, Rouen, Caen, Alençon, Orléans, Tours, Lyon, Poitiers, Bourges, Montauban, Bordeaux, Riom, Moulins, Grenoble, la Rochelle, Limoges et Metz.

N° 6.

24 avril 1703.

Déclaration du roi servant de règlement pour la navigation de la rivière de Loire.

Cette déclaration, après avoir rappelé l'institution de la compagnie des marchands fréquentant la rivière de Loire, puis celle du droit de boëte à eux octroyé pour subvenir aux dépenses nécessaires au maintien de la navigation, et en outre les divers règlements rendus dans l'intérêt de cette navigation, porte :

« Mais que les priviléges accordés en faveur de la compagnie des marchands de la Loire ont reçu diverses atteintes en différents temps, ce qui fait un tort considérable au commerce et à la navigation de cette rivière, et que nous avons rendu une ordonnance en l'année 1672, contenant plusieurs règlements concernant le commerce et la navigation de la rivière de Seine dont l'exécution a établi une liberté et une sûreté si grande pour le commerce qu'il serait de l'intérêt public que les règlements contenus dans cette ordonnance fussent exécutés à l'égard de la rivière de Loire, afin d'en rétablir le commerce et la navigation qui sont très-considérablement diminués. A ces causes, etc. . . . . Nous avons dit et ordonné. . . . »

Suit un règlement en 28 articles ayant pour objet d'assurer la liberté du passage, tant sur les bords qu'en lit de rivière, et la police de la navigation.

Ce règlement rappelle, en les appropriant à la Loire, les dispositions de l'ordonnance de décembre 1672, qui se trouve dans le *Code des ponts et chaussées et des mines* par Ravinet, tome 1er, page 12.

Archives du ministère des travaux publics, collection Poterlet, imprimé.

N° 7.

12 juin 1703.

Arrêt du conseil d'état du roi pour rappel d'un autre arrêt du 4 avril 1702, qui ordonnait à tous ceux qui prétendaient avoir droit de péage sur la rivière de Loire et autres y affluentes de représenter devant les intendants et commissaires départis des généralités traversées par lesdites rivières leurs titres, tarifs, baux, etc., pour être statué par S. M. ce qu'il appartiendrait, et pour défendre à tous ceux qui ne s'étaient pas conformés audit arrêt, de percevoir aucuns péages à l'avenir, à peine de concussion.

Archives du ministère des travaux publics, collection Poterlet, imprimé.

N° 8.

19 juin 1703.

Déclaration du roi qui, sur les réclamations des trésoriers généraux de France et leur offre d'acquérir les augmentations de gages qui leur seraient fixées, révoque les créations de nouveaux offices faites par l'édit de mars 1703 (ci-devant n° 5), moyennant finance de deux millions.

Archives du ministère des travaux publics, collection Poterlet, imprimé.

N° 9.

12 février 1704.

Arrêt du conseil d'état qui commet le sieur Vigneron, président trésorier de France au bureau des finances de la généralité de Paris pour, au lieu et place du sieur Frémin, démissionnaire, avoir l'inspection des ponts et chaussées et autres ouvrages publics dans les élections de Melun, Sens, Joigny, Vezelay, Saint-Florentin, Tonnerre et Montereau, avec 2.000 liv. d'appointements attachés à cette commission.

Archives de l'empire, arrêts du conseil, carton E 741, manuscrit.

N° 10.

Octobre 1704.

Édit en forme de lettres patentes accordant à madame la marquise de Maintenon la faculté de rendre navigable et flottable, à ses frais et dépens, la rivière d'Eure, depuis Chartres jusqu'à Pont-de-l'Arche, et les ruisseaux y affluents, y compris les canaux ci-devant faits de Gallardon à Maintenon et de Maintenon à Épernon et en remontant jusqu'à l'étang de Gazeran, moyennant concession de droits pareils à ceux qui se perçoivent sur le canal de Briare.

Les ouvrages de cette navigation, porte l'édit, « se trouveront d'une avance considérable pour l'exécution du dessein de la jonction de la rivière du Loir avec celle d'Eure », suivant proposition d'un canal de Bonneval à Chartres laquelle, renvoyée au sieur de Bouville, commissaire départi en la généralité d'Orléans, avait donné lieu à un devis du sieur Poictevin, ingénieur, pour tous les travaux destinés à assurer la navigation par ces deux rivières et ce canal depuis de Lude jusqu'à Pont-de-l'Arche, montant à 1.445.000 liv. « que nous nous proposons d'exécuter par la suite, sitôt que l'état de nos affaires pourra nous le permettre. »

Archives du ministère des travaux publics, collection Poterlet, imprimé.

N° 11.

2 décembre 1704.

Arrêt du conseil d'état du roi par lequel S. M. déclare n'avoir entendu assujettir au payement des trois deniers pour livre, attribués par édit du mois d'août 1702 au trésorier général des ponts et chaussées, les appointements des ingénieurs et autres employés à son service pour la direction et inspection des ouvrages des ponts et chaussées.

Archives de l'empire, arrêts du conseil d'état, imprimé.

N° 12.

12 mars 1705.

Arrêt du conseil d'état qui commet, pour avoir l'inspection des ponts et chaussées de la généralité d'Orléans, au lieu et place du sieur Brisson, trésorier de France, cessant son service à cause de son grand âge, le sieur Poictevin, trésorier de France et second président du bureau des finances d'Orléans ; « Et, attendu que ledit sieur Poictevin faisait ci-devant les fonctions d'ingénieur de S. M. pour les ouvrages des ponts et chaussées dans une partie de ladite généralité, lesquelles se trouvent à présent incompatibles avec ladite commission, S. M. a commis et commet le sieur Guiard, ingénieur, pour dresser les devis et les procès-verbaux de réception des ouvrages des ponts et chaussées dans la partie de ladite généralité dans laquelle ledit sieur Poictevin faisait ci-devant les mêmes fonctions. . . . . »

Archives de l'empire, manuscrit, carton E 754.

N° 13.

26 mai 1705.

Arrêt du conseil d'état du roi pour l'alignement des grands chemins, établissement de fossés sur leurs bords et défense de plantation par les riverains à moins de trois pieds de distance desdits fossés.

« Le roi ayant été informé, tant par les trésoriers de France commis dans la généralité de Paris pour avoir le soin des ouvrages des ponts et chaussées de ladite généralité que par les sieurs commissaires départis dans les autres généralités, que, lorsqu'en exécution des ordres de S. M. ils ont fait faire de nouveaux ouvrages de pavé dans les grands chemins ou qu'ils font réparer ceux qui ont été ci-devant faits, les entrepreneurs desdits ouvrages sont tous les jours troublés par les propriétaires des héritages voisins desdits chemins lorsque, pour redresser les chemins, lesdits entrepreneurs se mettent en état de passer sur les terres ; ce qui fait qu'il y a quantité de chemins qui, au lieu d'être d'un droit alignement comme ils auraient dû être, ont été faits avec des sinuosités fort préjudiciables aux intérêts de S. M. par la plus grande dépense qu'il faut faire pour les construire et entretenir, et à la commodité publique en ce que les chemins en sont beaucoup plus longs.

« A quoi étant nécessaire de pourvoir ; ouï le rapport du sieur Chamillart, conseiller ordinaire au conseil du roi, contrôleur général des finances ; S. M. a ordonné et ordonne que les ouvrages de pavé qui se feront de nouveau par ses ordres et les anciens qui seront relevés seront conduits du plus droit alignement que faire se pourra, suivant qu'il sera ordonné par les trésoriers de France à ce commis dans la généralité de Paris et par les sieurs commissaires départis dans les autres généralités ; auquel effet ils les feront passer sans aucune distinction au travers des terres des particuliers, auxquels, pour le dédommagement, sera laissé le terrain des anciens chemins qui seront abandonnés ; et, en cas que le terrain desdits anciens chemins ne se trouvât pas contigu aux héritages des particuliers sur lesquels les nouveaux chemins passeront ou que la portion de leur héritage qui resterait fût trop peu considérable pour être exploitée séparément, veut S. M. que les particuliers, dont les héritages seront contigus tant aux anciens chemins qui auront été abandonnés qu'aux portions des héritages qui se trouveront coupés par les nouveaux chemins, soient tenus du dédommagement de ceux sur lesquels les nouveaux chemins passeront, suivant l'estimation qui sera faite par lesdits commissaires de la valeur du terrain qui leur sera abandonné ; lequel dédommagement se fera en deniers lorsque le prix desdites portions d'héritages n'excédera pas 200 liv. ; et, lorsqu'il excédera ladite somme, il leur sera donné en échange, par lesdits propriétaires, des héritages de pareille valeur, suivant l'estimation qui en sera faite par lesdits commissaires; lesquels échanges seront exempts de tous droits de lods et ventes tant envers S. M. qu'envers les seigneurs particuliers.

« Ordonne en outre S. M. qu'il sera fait des fossés de quatre pieds de largeur sur deux pieds de profondeur à l'extrémité des chemins de terre qui sont de chaque côté du pavé, de quelque largeur qu'ils se trouvent à présent, dans les grandes routes de Paris dans les provinces dont l'entretenement est employé dans l'état des ponts et chaussées. Lorsqu'il n'y aura point de chemins de terre déterminés, il en sera fait à trois toises de distance du pavé de chaque côté dans lesdits grands chemins et à douze pieds dans les chemins moins considérables, et ce, tant pour l'écoulement des eaux que pour conserver la largeur des chemins et les héritages riverains; lesquels fossés seront entretenus par les riverains, chacun en droit soi.

« Et, pour la sûreté des grands chemins, S. M. fait défense à tous particuliers de planter à l'avenir des arbres, sinon sur leurs héritages et à trois pieds de distance des fossés séparant le chemin de leurs héritages, le tout à peine de 10 liv. contre les contrevenants.

« Enjoint S. M. auxdits commissaires départis et auxdits trésoriers de France, chacun dans leurs départements, de tenir la main à l'exécution dudit arrêt et de rendre toutes les ordonnances nécessaires; lesquelles seront exécutées nonobstant oppositions ou appellations quelconques; et, en cas d'appel, S. M. s'en réserve et à son conseil la connaissance. »

Ravinet, Code des ponts et chaussées, t. 1, p. 21.

N° 14.

22 juin 1706.

Arrêt du conseil d'état du roi, qui, renouvelant et confirmant les arrêts des 3 octobre 1667 et 3 décembre 1672, permet, tant aux entrepreneurs du pavé de la ville, fauxbourgs et banlieue de Paris qu'à ceux qui sont chargés des entretiens des grands chemins et aux adjudicataires des ouvrages ordonnés être faits aux ponts, chaussées et chemins dans l'étendue du royaume, de prendre de la pierre, grès, pavé et sable pour employer à leurs ouvrages pour l'exécution de leurs baux, en quelques lieux qu'ils les puissent rencontrer, lesquels ne sont point fermés, et de quelque qualité que puissent être les matériaux, en dédommageant les propriétaires sur le pied de la valeur du fonds des héritages, d'après les titres ou à dire d'experts; et fait défense auxdits propriétaires, de porter aucuns troubles ni empêchements auxdits entrepreneurs, etc., à peine de 500 liv. d'amende.

Ravinet, Code des ponts et chaussées, t. 1, p. 23.

N° 15.

4 octobre 1707.

Arrêt du conseil d'état qui ordonne l'imposition, en 1708, de diverses sommes supplémentaires pour les ouvrages des ponts et chaussées, savoir : dans les généralités, de Caen, 3.000 liv.; de Limoges, 8.447 liv.; d'Amiens, 3.000 liv.; de Bordeaux, 3.495 liv.

Archives de l'empire, arrêts du conseil d'état, carton E 785, manuscrit.

N° 16.

24 mars 1708.

Lettres patentes délivrées à dame Marie Marchand de la Mulnière, supérieure de l'Union chrétienne de la ville de Luçon, sur arrêt du conseil d'état du 17 janvier précédent, accordant à ladite supérieure l'autorisation de rendre navigable la rivière de Clain, depuis Châtellerault jusqu'à Poitiers et depuis Poitiers jusqu'à Vivonne, moyennant concession d'un péage à perpétuité sur les bateaux et marchandises naviguant sur ladite rivière, à la condition d'exécuter tous les ouvrages en cinq années.

Cette concession a été faite après enquête faite par le sieur Donjat, commissaire départi en la généralité de Poitiers, visite des lieux et examen des projets par les sieurs Secretain de la Renaudière et Pierre Cholet, experts nommés à cet effet.

Archives du ministère des travaux publics, collection Poterlet, manuscrit.

N° 17.

30 juillet 1708.

Arrêt du parlement qui, avant de procéder à l'enregistrement des lettres ci-dessus, ordonne information *de commodo et incommodo* par le lieutenant général en la sénéchaussée et siége présidial de Poitiers et communication desdites lettres aux lieutenants généraux de Poitiers et de Châtellerault, aux substituts du procureur général du roi ès dits siéges, aux maires et échevins desdites villes et aux habitants du lieu de Vivonne, pour avoir leur avis, dires et contredires ; et pour, le tout fait, rapporté et communiqué au procureur général du roi, être ordonné ce que de raison.

Archives du ministère des travaux publics, collection Poterlet, manuscrit.

N° 18.

19 février 1709.

Arrêt du conseil d'état, en rappelant un autre du 1er février 1707, qui répartit comme suit la somme de 152.342 liv., imposée en 1708 pour la construction du nouveau pont de Moulins, savoir : sur la généralité de Moulins, 50.781 liv.; sur celle de Riom, 40.626 liv.; sur celle de Lyon, 25.390 liv.; sur celle de Bourges, 10.155 liv.; sur celle d'Orléans, 25.390 liv.

En outre le présent arrêt ordonne, pour 1709, l'imposition de 150.000 liv., ainsi répartie : sur Orléans, 25.000 liv.; sur Moulins, 50.000 liv.; sur Riom, 40.000 liv.; sur Lyon, 25.000 liv.; sur Bourges, 10.000 liv.

Archives de l'empire, arrêts du conseil d'état, manuscrit.

N° 19.

30 avril 1709.

Déclaration du roi, en interprétation de celle du 29 décembre 1708 qui ordonne la levée du doublement de tous droits de péages, bacs, passages, pontonages, chausséages, riverages, pertuis, canaux et autres de cette qualité et qui sert de règlement pour la manière de lever et percevoir ledit doublement; registrée en parlement le 1er juin 1709.

La déclaration du 29 décembre 1708 et un arrêt du conseil d'état du 26 février 1709, rendu en conséquence, avaient chargé de l'exécution de la mesure un sieur Pierre Charles, auquel ou à ses adjudicataires, procureurs ou commis, les propriétaires ou fermiers des droits devaient fournir des copies collationnées des tarifs, pancartes, arrêts et baux concernant leurs péages, et lever ledit doublement pour en compter audit préposé ou à ses adjudicataires. Mais celui-ci essuya des refus de presque tous les propriétaires et fermiers des droits, sous prétexte qu'ils n'étaient pas dénommés dans la déclaration, ou que les droits octroyés pour construction et entretien de ponts et chaussées ne devaient point être assujettis au doublement, etc. Pour lever ces difficultés, la présente déclaration porte :

.... « Nous avons par ces présentes, signées de notre main, dit, déclaré et ordonné, disons, déclarons et ordonnons, voulons et nous plaît :

1. « Que, conformément à notre déclaration du 19 décembre 1708 et pendant les sept années que doit durer ledit doublement, lesquelles ne seront comptées que du jour de l'établissement qui en a été ou sera incessamment fait et de la paisible jouissance d'icelui, la levée et perception en soit faite, à la diligence dudit Charles, ses adjudicataires, procureurs et commis, sur tous les droits de péages, bacs, passages, pontenages, riverages, chausséages, coutumes, pertuis, canaux, ponts, rivières, travers, barrages, rouages, vinages, tonnelages, tonlieu, boëtes, balisages, quayages, leudes, trépas de Loire et autres, de quelque nature qu'ils soient, sans aucune exception ni réserve, sous quelques noms et dénominations qu'ils puissent être perçus, tant par terre que par eau, en argent, denrées ou espèces et quoique non dénommés en ces présentes, soit qu'ils fassent ou aient fait ci-devant partie de notre domaine ou qu'ils aient été, par nous ou par les rois nos prédécesseurs, donnés, octroyés ou concédés à titre de propriété, engagement, vente ou aliénation, pour construction de ponts, chaussées, chemins, passages, riverages, portes, barrières, canaux, ports ou avenues d'iceux ou de rivières, et généralement pour telles causes et sous quelques prétextes qu'ils aient été établis, sans aucune réserve ni exception; soit qu'ils soient dans nos mains, ou que les droits s'en perçoivent par des propriétaires qui ont fait construire des ponts et passages, en conséquence de traités faits avec nous ou les rois nos prédécesseurs ou autrement pour la commodité publique, et en telles mains qu'ils puissent être actuellement, à vie, à temps ou à perpétuité, dans l'étendue de notre royaume, pays, terres et seigneuries de notre obéissance, sur toutes voitures, marchandises et denrées qui y sont sujettes, suivant et conformément aux anciens et nouveaux règlements, arrêts de notre conseil, tarifs et pancartes concernant lesdits droits et de quelque nature qu'ils puissent être, lesquels nous voulons être payés par doublement sans exception ni dispense, nonobstant tous dons, privilèges et exemptions, pendant lesdites sept années seulement. »

Suivent onze articles pour l'exécution de cette mesure, parmi lesquels le dixième porte exception « pour les personnes à pied et pour les cavaliers seulement non « chargés de marchandises. »

Archives du ministère des travaux publics, collection Poterlet, imprimé.

Nº 20.

10 décembre 1709.

Arrêt du conseil d'état du roi qui, à la requête des entrepreneurs de la nouvelle navigation de la rivière de Loire, depuis Roanne jusqu'à Saint-Rambert, sur l'avis du sieur Trudaine, commissaire départi en la généralité de Lyon, ouï le rapport du sieur Desmarets, contrôleur général des finances, décharge du doublement des péages ordonné par la déclaration du roi du 29 décembre 1708, toutes les marchandises et denrées qui passeront et seront voiturées sur ladite navigation.

Archives du ministère des travaux publics, collection Poterlet, imprimé.

Nº 21.

10 décembre 1709.

Arrêt du conseil d'état du roi qui commet le sieur de Courcelles pour avoir l'inspection des ouvrages des ponts et chaussées de la généralité de Metz, au lieu et place du sieur du Rissan, décédé, lequel avait été ci-devant commis à cette fonction par arrêt du conseil du 9 mai 1702.

Archives de l'empire, arrêts du conseil, carton E 811, manuscrit.

Nº 22.

1ᵉʳ février 1710.

Arrêt du conseil d'état qui commet le sieur de la Garde de Charmolue, trésorier de France dans la généralité de Soissons, pour avoir l'inspection des ouvrages des ponts et chaussées de cette généralité, conjointement avec le commissaire départi, en remplacement du sieur Lefebvre de Chantereau, commis à cette fonction le 21 octobre 1669 et décédé.

12 août 1710.

Autre arrêt qui commet le sieur Blondeau, trésorier de France, aux mêmes fonctions dans la généralité de Limoges, en remplacement du sieur Malden d'Hardy.

14 octobre 1710.

Autre arrêt qui commet aux mêmes fonctions le sieur de Crassé, trésorier de France dans la généralité de Bordeaux, en remplacement du sieur Loyat, qui avait été commis le 24 septembre 1709.

14 juillet 1711.

Autre arrêt qui commet aux mêmes fonctions, dans la généralité de Limoges, le sieur de Fromental, en remplacement du sieur Blondeau, empêché par ses infirmités.

29 octobre 1712.

Autre arrêt qui commet aux mêmes fonctions, dans la généralité de Bordeaux, le sieur Bernard Aubry, trésorier de France, en remplacement du sieur de Cressé, commis le 14 octobre 1710, qui ne remplit point ses fonctions.

Archives de l'empire, arrêts du conseil, cartons E 813 et suite, manuscrits.

N° 23.

28 mars 1711.

Arrêt du conseil d'état du roi qui ordonne la construction d'un canal pour la navigation du Rhône, au lieu appelé Bras-de-fer.

« Vu par le roi, en son conseil, le mémoire du sieur Niquet, lieutenant de roi d'Antibes et ingénieur général au département de Languedoc et Provence, au sujet du canal qu'il propose de faire à l'endroit appelé le *Bras-de-fer*, pour raccourcir le cours du grand Rhône, afin de faciliter la navigation et empêcher l'agrandissement de la brassière du Rhône qui passe à Fourques; les réponses et observations faites sur ledit mémoire par le procureur du pays de Provence et par les députés des villes d'Arles et de Tarascon, assemblés par-devant le sieur Lebret, conseiller du roi en ses conseils et intendant en Provence; l'avis dudit sieur Lebret et celui du sieur de Lamoignon de Basville, conseiller d'état ordinaire, intendant en Languedoc; ouï le rapport du sieur Desmaretz, conseiller ordinaire au conseil royal, contrôleur général des finances;

« Le roi en son conseil a ordonné et ordonne que, par les sieurs de Basville et Lebret, intendants de Languedoc et Provence, il sera procédé à l'adjudication du canal proposé par le sieur Niquet, à l'endroit du grand Rhône appelé le Bras-de-fer, suivant les plans et devis dudit sieur Niquet; à la dépense duquel ouvrage Sa Majesté contribuera pour un tiers. . . . . le Languedoc pour un autre tiers, et la Provence et le Dauphiné pour le tiers restant (fonds qui seront faits au moyen d'une crue de droits sur le sel) »; ordonne de procéder à l'estimation des terres à prendre pour ce canal, etc.

Archives du ministère des travaux publics, collection Poterlet, imprimé.

N° 24.

23 juin 1711.

Arrêt du conseil d'état qui commet le sieur Méliand, intendant de la généralité de Lyon, pour faire l'adjudication au rabais des ouvrages à faire pour la construction de trois digues sur la Loire dans les gorges des montagnes du Forez.

Cet arrêt a été rendu sur le vu d'un procès-verbal du 23 janvier 1711, dressé par le sieur Robert de Courtoux, marquis de la Chastre, intendant des turcies et levées, après visite du cours supérieur de la Loire faite, en vertu des ordres du roi, avec les deux ingénieurs Mathieu et Poictevin.

Archives de l'empire, arrêts du conseil d'état, E 829.

N° 25.

15 décembre 1711.

Déclaration du roi qui proroge pendant cinq ans trois mois la levée des droits par doublement de péage ordonnée par déclarations des 29 décembre 1708 et 30 avril 1709.

Les motifs donnés pour cette prorogation sont les exemptions desdits droits qu'on a été obligé d'accorder pour les blés, farines, graines, légumes et vins, à cause du défaut de récolte des grains en 1709 et des vins en 1709 et 1710, et à cause des secours considérables dont le roi a besoin pour soutenir les dépenses de la guerre.

Archives du ministère des travaux publics, collection Poterlet, imprimé.

N° 26.

29 décembre 1711.

Arrêt du conseil d'état du roi, qui pourvoit au payement des appointements du sieur Poictevin, ingénieur dans les généralités de Tours et de Poitiers.

« Le roi ayant ci-devant commis le sieur Poictevin, ingénieur, pour faire la visite des ouvrages qui seraient jugés nécessaires pour la réparation des ponts, chaussées et grands chemins des généralités de Tours et de Poitiers, S. M. aurait, jusques et compris l'année 1708, destiné des fonds de son trésor royal pour le payement des 2.400 liv. d'appointements qu'elle lui accorde. Mais n'ayant pu depuis, à cause des besoins de l'état, pourvoir au payement desdits appointements qui sont dus audit sieur Poictevin pour les années 1709 et 1710 et la présente 1711 ; et jugeant à propos, attendu que les peuples desdites généralités de Tours et de Poitiers reçoivent le principal avantage des soins qu'il prend pour la réparation des grands chemins d'icelles, d'imposer pendant les années 1712, 1713 et 1714 et les suivantes, sur les contribuables aux tailles desdites généralités, les sommes dues audit sieur Poictevin, tant pour ses appointements des années 1709, 1710 et ceux de la présente année 1711, que pour ceux qui lui seront dus à l'avenir ou à l'ingénieur qui sera destiné pour servir dans lesdites généralités ; à quoi étant nécessaire de pourvoir, ouï le rapport du sieur Desmaretz, conseiller ordinaire au conseil royal, contrôleur général des finances.

« S. M. en son conseil a ordonné et ordonne qu'il sera imposé et levé sur les contribuables aux tailles des généralités de Tours et Poitiers, au marc la livre de la taille et non autrement, la somme de 14.400 liv., savoir : « 4.800 liv. en chacune des années 1712, 1713 et 1714 pour le courant et l'arriéré.

« Ordonne S. M. qu'il sera imposé à l'avenir tous les ans, à commencer en 1715, sur les contribuables desdites généralités de Tours et Poitiers, la somme de 2.400 liv., savoir : les deux tiers montant à 1.600 liv. sur la généralité de Tours, et l'autre tiers montant à 800 liv. sur celle de Poitiers, pour les appointements dudit sieur Poictevin ou autre ingénieur qui sera commis pour avoir l'inspection des ouvrages publics d'icelles ; à l'effet de quoi mention sera faite desdites sommes dans les commissions qui seront expédiées pour l'imposition des tailles desdites généralités, tant pour lesdites années 1712, 1713 et 1714 que pour les années suivantes. Veut S. M. que les deniers provenant desdites impositions soient remis par les collecteurs ès mains des receveurs des tailles, lesquels les délivreront aux receveurs généraux des finances desdites généralités qui seront tenus de les remettre entre les mains du trésorier général des ponts et chaussées, pour être par lui payés audit sieur Poictevin, ou à l'ingénieur qui servira dans lesdites généralités, sur ses simples quittances, conformément à l'emploi qui en sera fait dans les états des ponts et chaussées ; lesquelles sommes seront passées et allouées audit trésorier dans ses états et comptes desdits ponts et chaussées desdites années, en vertu du présent arrêt. »

Archives de l'empire, arrêts du conseil d'état, série E, manuscrit.

Sous la même date se trouvent auxdites archives de l'empire dix autres arrêts semblables, savoir :

Pour payement (dans les mêmes années) des appointements de 2.400 liv. au sieur Mathieu, ingénieur dans les généralités d'Orléans, Lyon, Moulins et Bourges, par quart sur chacune de ces généralités ;

Pour payement de 1.500 liv. d'appointements au sieur Guiard, ingénieur dans partie de la généralité d'Orléans, et au sieur Colin, son successeur par arrêt du 18 novembre 1710 ;

Pour payement de 300 liv. d'appointements au sieur Binard, ingénieur dans la généralité de Soissons ;

Pour payement de 300 liv. d'appointements au sieur Buisson, ingénieur dans la généralité de la Rochelle ;

Pour payement de 2.400 liv. d'appointements au sieur Duplessis, ingénieur dans la généralité de Grenoble ;

Pour payement de 400 liv. d'appointements au sieur Decluseaux, ingénieur dans la généralité de Limoges ;

Pour payement de 800 liv. d'appointements au sieur Philipes, ingénieur dans la généralité d'Alençon, commis le 29 janvier 1709 ;

Pour payement de 2.400 liv. d'appointements au sieur Fossier de Chantalou, ingénieur dans les généralités de Montauban et de Bordeaux ;

Pour payement de 1.200 liv. d'appointements au sieur Bruand, ingénieur dans les généralités de Rouen et de Caen, commis le 27 octobre 1703, et au sieur Dolives, son successeur depuis le 27 octobre 1711 ;

Pour payement de 500 liv. d'appointements, en sus de 2.000 liv. déjà imposées sur la généralité de Metz, au sieur de Rissan, ingénieur dans ladite généralité, décédé le 5 novembre 1709, et au sieur de Courcelles, son successeur par arrêt du 10 décembre 1709.

N° 27.

29 décembre 1711.

Arrêt du conseil d'état du roi pour payement d'appointements arriérés aux inspecteur et contrôleurs de la construction du pont de Moulins.

« Le roi ayant ci-devant commis les sieurs Bruand, Antoine et Lemaistre pour avoir la conduite et direction des ouvrages du pont que S. M. a fait construire dans la ville de Moulins, elle aurait réglé leurs appointements, savoir : ceux du sieur Bruand, en qualité de contrôleur, à 1.500 liv. par chaque année ; ceux du sieur Antoine, en la même qualité, à 900 liv. par an ; ceux du sieur Lemaistre, en qualité d'inspecteur dudit pont, à 3.000 liv. aussi pour chaque année ; Et étant informé qu'il est dû auxdits contrôleurs et inspecteur plusieurs années d'appointements, savoir : audit Bruand, 1.500 liv. pour les appointements de l'année 1706 ; au sieur Antoine, 1.675 liv. pour ses appointements, savoir, 900 liv. pour l'année entière

1709 et 775 liv. pour ceux à lui dus depuis le 1er janvier 1710 jusqu'au 10 novembre suivant que ce pont est tombé; et au sieur Lemaistre, 5.583 liv. 6 s. 8 d. pour ses appointements pendant le même temps, à raison de 3.000 liv. par an. Et S. M. voulant procurer auxdits Bruand, Antoine et Lemaistre le payement desdits appointements, elle aurait jugé à propos de les imposer l'année prochaine 1712 sur les généralités de Moulins, Orléans, Bourges, Riom et Lyon qui ont contribué à la construction de ce pont. A quoi voulant pourvoir, ouï le rapport du sieur Desmaretz, conseiller ordinaire au conseil royal, contrôleur général des finances, S. M. en son conseil a ordonné et ordonne qu'il sera imposé et levé sur les contribuables aux tailles des généralités de Moulins, Orléans, Bourges, Riom et Lyon, au marc la livre de la taille et non autrement, l'année prochaine 1712, la somme de 8.758 liv. 6 s. 8 d., nonobstant les défenses portées par les commissions des tailles de ladite année, savoir : sur la généralité de Moulins, 1.500 liv.; sur celle d'Orléans, 1.500 liv.; sur celle de Bourges, 1.500 liv.; sur celle de Riom, 1.675 liv., et sur celle de Lyon, 2.583 liv. 6 s. 8 d., pour être ladite somme employée au payement de. . . . . . . (rappel comme ci-dessus des sommes dues à chacun des dénommés). . . . . . . Veut S. M. que tous les deniers, etc. »

Archives de l'empire, arrêts du conseil d'état, série E, manuscrit.

N° 28.

3 mai 1712.

Arrêt du conseil d'état concernant le canal des Losnes.

« Vu au conseil d'état du roi, l'arrêt rendu en icelui le 28 mars 1711, par lequel S. M. aurait ordonné que par les sieurs de Basville et Lebret, intendants de Languedoc et de Provence, il serait procédé à l'adjudication d'un canal proposé par le sieur Niquet, à l'endroit du Rhône appelé *Bras-de-Fer*, et que, pour fournir à la dépense dudit canal, il serait levé 5 sols sur chaque minot de sel qui sera débité dans les greniers et chambres à sel de Provence et de Dauphiné pendant le temps qui conviendra : Et S. M. ayant été depuis informée que le Rhône a fait une ouverture au-dessus du Bras-de-Fer, appelée le *canal des Losnes*, par où il pourrait se jeter dans la mer par un chemin plus court que celui de son lit ordinaire en faisant quelques réparations, au moyen de quoi il serait inutile de faire travailler au canal du Bras-de-Fer. . . . .

« Le roi en son conseil a ordonné et ordonne que les réparations et travaux qu'il conviendra faire au canal des Losnes, suivant le devis qui en sera dressé par le sieur Niquet, seront adjugés par le sieur Lebret, intendant de justice, police et finances en Provence, et cependant qu'à commencer du 1er juin prochain, il sera levé 5 sols sur chaque minot de sel qui se débitera dans les greniers et chambres à sel de Provence et Dauphiné, pour le nombre d'années qui sera nécessaire pour fournir à la dépense desdites réparations. . . . . »

Archives des travaux publics, collection Peterlet, imprimé.

N° 29.

28 juin 1712.

Arrêt de nomination du sieur Huot, ingénieur dans la généralité de la Rochelle en remplacement du sieur Buisson, décédé.

Archives de l'empire, arrêts du conseil, E 840, manuscrit.

N° 30.

29 octobre 1712.

Arrêt du conseil d'état qui commet le sieur Favrie, trésorier de France dans la généralité de Montauban, pour avoir l'inspection des ouvrages des ponts et chaussées de ladite généralité en remplacement du sieur Darassus, décédé.

Archives de l'empire, arrêts du conseil, carton E 844, manuscrit.

N° 31.

15 novembre 1712.

Arrêt du conseil d'état concernant les plantations faites à l'intérieur des turcies et levées.

« Le roi étant informé qu'au préjudice des règlements faits par S. M. et arrêts rendus les 12 janvier et 4 juin 1668 et 28 avril 1671, les propriétaires des biens, maisons, terres et héritages situés dans les vallées, derrière et au devant des levées des rivières de Loire, Cher et Allier, dans l'étendue des généralités de Tours, Orléans, Bourges, Moulins et Riom, qui ont commencé de planter à leurs frais des osiers, luisettes, gravanches et autres bois sur les grèves, terreaux, sables, terrains et atterrissements qui sont situés entre lesdites rivières et les empatements des levées, sont troublés dans la jouissance desdits plants par les sous-fermiers des domaines, lesquels prétendent s'en approprier sous prétexte que les accrues et les atterrissements, causés en partie par lesdits plants, leur appartiennent suivant leurs baux ; quoique par la disposition expresse de l'arrêt du conseil rendu du propre mouvement du roi, le 28 avril 1671, sur une pareille prétention desdits fermiers du domaine, S. M. ait précisément déclaré n'avoir entendu comprendre dans lesdits baux la jouissance desdits plants et terrains, tant faits que ceux qui le seront dans la suite par les particuliers qui se seront appliqués à les faire, avec injonction auxdits particuliers planteurs, de quelque qualité et condition qu'ils soient, de travailler auxdites plantations incessamment, afin de les augmenter et de pouvoir, par ce moyen, assurer la conservation des levées si importantes à celle des terres qu'elles couvrent, avait renouvelé les défenses auxdits sous-fermiers de troubler lesdits planteurs. . . . .

. . . . « Ouï le rapport de sieur Desmaretz, etc.

« S. M. en son conseil a, en tant que besoin est, ordonné que les règlements généraux et arrêts rendus les 12 janvier et 4 juin 1668 et 28 avril 1671, pour la conservation des levées des rivières de Loire, Cher et Allier, et autres que S. M. a confirmés, seront exécutés selon leur forme et teneur ; et en conséquence fait défense à tous fermiers, sous et arrière-fermiers des domaines, et à toutes autres personnes, de quelques condition et qualité qu'elles soient, de faire aucuns troubles ni empêchements aux particuliers qui ont planté ou planteront des osiers, luisettes, gravanches et autres bois entre lesdites rivières et le long des empatements des levées, aux termes desdits règlements et arrêts, à peine de 1.000 liv. d'amende contre chacun des contrevenants et de toutes pertes, dommages et intérêts ; ni de faire pâturer aucuns chevaux, bœufs, vaches, porcs et autres bestiaux dans lesdits plants, à peine de 20 liv. d'amende pour chaque bête. . . . . . »

A la suite se trouve :

« Anne Nicolas Robert de Courtoux, chevalier, marquis de la Chastre, conseiller du roi, intendant des turcies et levées;

« Vu l'arrêt du conseil ci-dessus, nous ordonnons qu'il sera lu, publié, affiché et enregistré partout où besoin sera, à ce que personne n'en ignore. Fait à Orléans, le 9 décembre 1712. »

Archives du ministère des travaux publics, collection Poterlet, imprimé.

N° 32.

15 novembre 1712.

Arrêt du conseil d'état du roi qui commet le sieur Gayot de la Bussière, trésorier de France au bureau des finances de la généralité de Lyon, pour avoir l'inspection des ouvrages des ponts et chaussées dans ladite généralité en remplacement du sieur de la Valette, qui ne peut plus, à cause de son grand âge, remplir cette fonction, et qui assigne audit sieur Gayot une gratification annuelle de 800 liv. sur l'état des finances de la même généralité.

Archives de l'empire, arrêts du conseil, carton E 845, manuscrit.

N° 33.

15 novembre 1712.

Arrêt du conseil d'état du roi qui nomme un nouvel ingénieur (le sieur Deville) dans la généralité de Lyon.

Le roi ayant, par arrêt de son conseil, commis le sieur Mathieu, architecte-ingénieur, pour avoir la conduite et inspection des ouvrages des ponts et chaussées tant des généralités de Lyon et de Moulins que de celles de Bourges et d'Orléans, et des levées de la Loire construites au-dessus de cette ville, aux appointements de 2.400 liv., dont le fonds a été imposé, savoir : sur la généralité de Lyon, 600 liv.; sur celle de Moulins, 600 liv.; sur celle de Bourges, 600 liv., et sur celle d'Orléans, 600 liv. Et S. M. étant informée qu'il ne peut vaquer à la visite de tous les ouvrages qui s'y font, à cause de l'éloignement des lieux où ils sont construits, de manière qu'ils n'avancent pas autant qu'il serait à désirer pour la commodité publique et le bien du commerce ; A quoi étant nécessaire de pourvoir; vu, etc.; ouï le rapport, etc.;

« S. M. en son conseil a commis et commet le sieur Deville, architecte-ingénieur, pour et au lieu et place du sieur Mathieu, visiter les ouvrages nécessaires à faire pour l'entretien, le rétablissement et la construction des ponts et chaussées et grands chemins de la généralité de Lyon, dresser les procès-verbaux et devis sur lesquels les publications en seront faites, ès lieux et en la manière accoutumée, pour être ensuite procédé aux baux au rabais desdits ouvrages par-devant le commissaire départi en ladite généralité, les visiter pendant leur construction et dresser, après leur entière perfection, les rapports nécessaires pour procéder à la réception d'iceux. Et attendu que les 600 liv. ordonnées être imposées tous les ans sur tous les contribuables aux tailles de ladite généralité, suivant et en conséquence de l'arrêt du conseil du 29 décembre 1711, pour partie des appointements dudit sieur Mathieu, ne sont pas suffisantes pour mettre ledit sieur Deville en état de faire les tournées qu'il est nécessaire pour remplir utilement les devoirs de ladite inspection; Ordonne S. M. qu'il sera imposé à l'avenir en chaque année, par augmentation, sur ladite généralité de Lyon, la somme de 1 800 liv. pour faire, avec lesdites 600 liv. ordonnées être imposées par ledit arrêt du conseil du 29 décembre 1711, la somme de 2.400 liv., à laquelle S. M. a réglé les appointements dudit sieur Deville par chacun an. . . . à compter depuis le 1er novembre 1712, que ledit sieur Deville a été retenu pour le service de S. M. . . . . »

Archives de l'empire, arrêts du conseil, carton E 845, manuscrit.

N° 34.

16 mars 1713.

Ordonnance des trésoriers de France au bureau des finances de la généralité de Paris, qui ordonne que tous les propriétaires d'héritages aboutissant le long et sur le bord des grands chemins seront tenus de faire des fossés à 18 pieds de distance de la bordure du pavé desdits chemins, etc.

« Les présidents, trésoriers de France, généraux des finances et grands voyers en la généralité de Paris;

« Sur ce qui nous a été remontré par le procureur du roi, que S. M. ayant bien voulu, pour la commodité de tous ses sujets et leur procurer la facilité du commerce, faire tous les ans des fonds très-considérables, tant pour la construction de nouveaux ouvrages de pavé qui ont été faits à neuf sur tous les grands chemins de cette généralité que pour le rétablissement et entretenement d'iceux, il se trouvait cependant qu'en plusieurs endroits le public n'en recevait pas tous les avantages qu'il y avait lieu d'en espérer; ce qui provenait en partie de la négligence des propriétaires des héritages aboutissant sur le bord et le long desdits grands chemins, lesquels ne tenaient compte de faire, chacun en droit soi, des fossés le long d'iceux pour recevoir et donner l'écoulement aux eaux, ce qui faisait qu'elles se répandaient entièrement, tant sur le pavé des chaussées que sur les chemins de terre étant à côté d'icelles, où elles restaient et les rendaient absolument impraticables aux voituriers et gens de pied et de cheval pendant un très-long temps de l'année et principalement en temps d'hiver, et en partie des différentes entreprises qui se faisaient journellement sur lesdits grands chemins, tant par les laboureurs qui poussaient leurs charrues et labours jusque sur les bordures desdites chaussées, que par les fumiers et autres immondices que l'on y déchargeait et par des fouilles et trous que différents particuliers y faisaient sous prétexte d'y prendre du sable, de la pierre et autres matériaux pour leur usage particulier : ce qui étant absolument contraire à la liberté publique des grands chemins et aux défenses portées par lesdits édits, arrêts et règlements du conseil et nos ordonnances rendues en conséquence, requérait à ces causes qu'il nous plût les renouveler; ce faisant ordonner que tous propriétaires d'héritages aboutissant, etc. . . . .

« Nous, faisant droit sur le réquisitoire du procureur du roi, ordonnons que, dans huitaine du jour de la signification ou publication de notre présente ordonnance, pour toutes préfixions et délais, tous particuliers propriétaires d'héritages aboutissant le long et sur le bord des grands chemins de cette généralité seront tenus de faire, chacun en droit soi, des fossés à 18 pieds de distance de la bordure du pavé desdits chemins, même de décombrer ceux qui y ont été ci-devant faits, pour donner et recevoir l'écoulement des eaux étant sur lesdits chemins; comme aussi de faire à travers les héritages les dégorgements nécessaires pour recevoir les vidanges desdits fossés, et de les entretenir en bon état à l'avenir, en sorte que les eaux puissent y avoir leur écoulement libre, à peine de 50 livres d'amende :

faisons itératives défenses à tous laboureurs et autres particuliers de pousser leurs labours au delà desdits fossés, comme aussi de décharger ni mettre aucuns fumiers et immondices, tant sur lesdites chaussées de pavé que sur les accotements et chemins de terre étant à côté d'icelles, ni d'y faire aucuns trous et fouilles sous aucun prétexte que ce puisse être, même d'y prendre du sable, de la pierre et autres matériaux généralement quelconques pour leur usage particulier, aussi à peine de 50 livres d'amende : Enjoignons aux entrepreneurs du rétablissement et entretenement desdits grands chemins de tenir, chacun en droit soi, la main à l'exécution de notre présente ordonnance et, en cas de contravention, d'en faire la déclaration au procureur du roi, pour y être pourvu. . . . . »

Archives du ministère des travaux publics, collection Poterlet, copie.

N° 35.

28 mars 1713.

Arrêt du conseil d'état qui commet le sieur Lemoine, architecte-ingénieur, pour avoir l'inspection des ouvrages des ponts et chaussées de la généralité de Limoges, en remplacement du sieur Descluzeaux, reconnu n'avoir pas la capacité nécessaire, et qui porte à 2.400 livres les appointements de cet ingénieur, en les imposant sur ladite généralité.

Archives de l'empire, arrêts du conseil, carton E 849, manuscrit.

N° 36.

28 octobre 1713.

Arrêt du conseil d'État qui porte à 2.400 liv. les appointements du sieur Fossier de Chantalou, ingénieur dans la généralité de Bordeaux.

« Le roi ayant été informé que les appointements de 1.200 livres, que S. M. a réglés au sieur Fossier de Chantalou, ingénieur particulier des ponts et chaussées dans la généralité de Bordeaux, ne sont pas suffisants pour le mettre en état de faire les tournées nécessaires pour remplir ses devoirs avec toute l'exactitude qu'il serait à désirer; A quoi voulant pourvoir; ouï le rapport du sieur Desmaretz. . . ;

« S. M. en son conseil a ordonné et ordonne qu'à commencer en l'année prochaine 1714 il sera imposé et levé annuellement sur les contribuables aux tailles de la généralité de Bordeaux. . . . . la somme de 1.200 liv. pour l'augmentation des appointements dudit sieur Fossier de Chantalou pour, avec celle de 1.200 liv. dont l'imposition annuelle a été ordonnée sur ladite généralité par arrêt du conseil du 29 décembre 1711 pour ses appointements ordinaires, faire celle de 2.400 liv. à laquelle somme S. M. les a réglés par le présent arrêt, à commencer en l'année prochaine 1714. . . . . »

Archives de l'empire, arrêts du conseil, carton E 856, manuscrit.

Sous la même date se trouvent 8 arrêts semblables, savoir :

1. Pour le sieur Binart, ingénieur de la généralité de Soissons, augmentation de 2.100 liv. à ses appointements, qui avaient été fixés à 300 liv. par arrêt du 29 décembre 1711.

2. Pour le sieur Vuillard, ingénieur de la généralité d'Amiens, augmentation

de 2.000 liv. à ses appointements, qui avaient été fixés à 400 liv. par arrêt du 4 octobre 1707.

3. Pour le sieur Colin, ingénieur de la généralité d'Orléans, augmentation de 300 liv. à ses appointements, qui avaient été fixés à 1.500 liv. par arrêt du 29 décembre 1711, en sus de 600 liv. précédemment accordées au sieur Mathieu qui avait l'inspection des ponts et chaussées de partie de ladite généralité, dont il a été déchargé; le tout formant 2.400 liv. pour le sieur Colin.

4. Pour le sieur Dolives, ingénieur dans la généralité de Rouen, augmentation de 1.800 liv. à ses appointements, qui avaient été fixés à 600 liv. par arrêt du 29 décembre 1711.

5. Pour le sieur Huot, ingénieur dans la généralité de la Rochelle, augmentation de 2.100 liv. à ses appointements qui avaient été fixés à 300 liv. par arrêt du 29 décembre 1711.

6. Pour le sieur de Boisjoly, ingénieur dans la généralité de Montauban, augmentation de 1.200 liv. à ses appointements, etc.

7. Pour le sieur Delabat, ingénieur dans la généralité de Riom, augmentation de 1.200 liv. à ses appointements, qui avaient été fixés à 1.200 liv. par arrêt du 19 février 1709.

8. Pour le sieur Philipes, ingénieur dans la généralité d'Alençon, augmentation de 1.600 liv. à ses appointements, qui avaient été fixés à 800 liv. par arrêt du 29 décembre 1711.

N° 37.

21 novembre 1713.

Arrêt du conseil d'état qui ordonne l'imposition sur la généralité de Châlons d'une somme de 2.400 liv. pour appointements d'un ingénieur à nommer dans cette généralité.

« Le roi désirant pourvoir au rétablissement des ponts, chaussées et grands chemins de la généralité de Châlons, et S. M. étant informée qu'il n'y a pas d'autre moyen pour y parvenir que de commettre un ingénieur capable pour avoir la conduite et direction desdits ouvrages dans l'étendue de cette généralité et d'ordonner l'imposition de ses appointements sur ladite généralité; ouï le rapport du sieur Desmaretz;

« Sa Majesté en son conseil a ordonné et ordonne qu'à commencer en l'année prochaine 1714, il sera imposé et levé annuellement sur les contribuables aux tailles de la généralité de Châlons, conjointement, etc. . . . , la somme de 2.400 liv. à laquelle S. M. a réglé pour chaque année les appointements de l'ingénieur qui sera envoyé dans ladite généralité de Châlons pour avoir l'inspection des ouvrages des ponts et chaussées à commencer en l'année prochaine 1714. »

Archives de l'empire, arrêts du conseil, carton E 857, manuscrit.

N° 38.

21 novembre 1713.

Arrêt du conseil d'état pour nomination d'un nouvel ingénieur dans la généralité de Caen.

« Le roi étant informé que le sieur Dolives, qui a l'inspection des ponts et chaussées des généralités de Rouen et de Caen, ne peut remplir les fonctions de sa commission avec toute l'exactitude qui serait à désirer à cause de la trop grande étendue de ces généralités. . . . . »

Ordonne l'imposition, à commencer en 1714, d'une somme de 2.400 liv. sur la généralité de Caen pour les appointements de l'ingénieur qui y sera nommé, le sieur Dolives en étant déchargé par le présent arrêt.

N° 39.

21 novembre 1713.

Arrêt du conseil d'état qui décharge le sieur Mathieu, ingénieur, des généralités de Bourges et de Moulins et pourvoit aux appointements d'un nouvel ingénieur dans la généralité de Bourges.

« Le roi étant informé que le sieur Mathieu, qui a l'inspection des ponts et chaussées des généralités de Bourges et de Moulins, ne peut, à cause de la trop grande étendue de ces deux généralités, en remplir les fonctions, conjointement avec l'inspection des ouvrages des turcies et levées depuis Orléans jusqu'à Gien qu'il exerce depuis très-longtemps, et S. M. voulant le conserver dans ce dernier emploi et lui donner le moyen de le remplir dans toute son étendue, en commettant un ingénieur dans chacune des généralités de Bourges et de Moulins. . »

. . . .

Ordonne l'imposition, à dater de 1714, d'une somme totale de 2.400 liv. dans la généralité de Bourges pour les appointements du nouvel ingénieur qui y sera nommé.

Même date.

Autre arrêt semblable pour la généralité de Moulins.

Même date.

Deux autres arrêts semblables qui déchargent le sieur Poictevin de l'inspection des ponts et chaussées des généralités de Poitiers et de Tours, pour lui laisser seulement l'inspection des turcies et levées depuis Orléans jusqu'au port de Sorges, et qui pourvoient aux appointements à allouer aux ingénieurs à nommer dans ces deux généralités.

Pour les n°s 38 et 39, Archives de l'empire, arrêts du conseil, carton E 857, manuscrits.

N° 40.

28 novembre 1713.

Arrêt du conseil d'état du roi qui institue des inspecteurs généraux des ponts et chaussées et ordonne l'imposition des sommes nécessaires pour former le fonds destiné à leurs appointements (a).

« Le roi ayant été informé que, nonobstant les ordres que S. M. a donnés, soit pour l'avancement et la perfection des nouveaux ouvrages qu'elle a ordonné être faits ou pour les réparations et entretiens des grandes routes, chemins de traverse et ponts et chaussées qui y sont construits, ces ouvrages se trouvent néanmoins pour la plupart en très-mauvais état par le défaut d'exécution, de la part des entrepreneurs, de leurs devis, marchés et adjudications, en sorte que le public en souffre

---

(a) V. plus loin un arrêt du 4 août 1716, n° 75.

considérablement. A quoi S. M. désirant pourvoir d'une manière également prompte et efficace, faire cesser et même prévenir dans la suite les différents abus qui se sont introduits dans la construction et l'entretien de ces ouvrages, et, en procurant le rétablissement des grandes routes et des ponts, faciliter non-seulement les voyages que ses sujets sont obligés de faire, mais encore le commerce et le transport des marchandises et matières qui en sont l'aliment; S. M. a jugé à propos de commettre à cet effet un nombre suffisant d'inspecteurs généraux, lesquels seront tenus de se transporter dans les provinces pour y prendre, suivant les ordres et instructions qui leur seront donnés, une connaissance parfaite de tout ce qui concerne ces ouvrages; visiter ceux qui seront ordonnés de nouveau dans les différents départements qui leur seront indiqués chaque année; vérifier si les matériaux sont fournis et les ouvrages construits conformément aux devis, plans, profils et adjudications, si les toisés qui en auront été faits par les ingénieurs particuliers sont fidèles; dresser des procès-verbaux de l'état où ils auront trouvé ces ouvrages, ensemble de ceux qu'ils estimeront indispensablement nécessaires aux ponts des départements dont l'inspection leur aura été confiée; s'instruire à fond et par eux-mêmes de l'état actuel des ponts et chaussées dont l'entretien est à la charge des propriétaires et engagistes de péages, passages, travers et autres droits de cette nature; dresser des devis estimatifs des réparations et autres ouvrages qu'il y convient faire, ensemble des procès-verbaux de tout ce qui concerne le rétablissement et l'entretien des grands chemins, ponts, chaussées et autres ouvrages publics; desquels devis et procès-verbaux lesdits inspecteurs généraux seront tenus de remettre, avant de quitter la généralité où ils auront fait leurs visites, un double d'eux certifié véritable au commissaire départi et un autre, à leur retour, au sieur contrôleur général des finances. Et comme il est nécessaire d'assurer le fonds des appointements et gratifications desdits inspecteurs généraux pour les mettre en état de vaquer à leurs fonctions avec assiduité et désintéressement; Vu l'état desdits inspecteurs que S. M. a choisis pour le service des ponts et chaussées de l'année prochaine 1714; ouï le rapport du sieur Desmaretz, conseiller ordinaire au conseil royal, contrôleur général des finances;

« S. M. en son conseil a ordonné et ordonne que, par les sieurs intendants et commissaires départis dans les généralités de Paris, Soissons, Amiens, Châlons, Orléans, Tours, Bourges, Poitiers, la Rochelle, Bordeaux, Montauban, Limoges, Riom, Lyon, Grenoble, Moulins, Rouen, Caen et Alençon, il sera imposé et levé pendant l'année prochaine 1714, sur tous les contribuables aux tailles desdites généralités, au marc la livre de la taille et non autrement, la somme de 62.000 liv., suivant l'état de répartition que S. M. en a cejourd'hui arrêté en son conseil, lequel demeurera annexé à la minute du présent arrêt, nonobstant les défenses portées par les commissions de S. M. d'imposer aucunes autres sommes que celles y contenues; conformément auquel état de répartition les états des finances desdites généralités de l'année prochaine 1714 seront augmentés, tant en recette qu'en dépense, pour être ladite somme de 62.000 liv. distribuée auxdits *inspecteurs généraux des ponts et chaussées*, tant pour leurs appointements que gratifications suivant et ainsi qu'il sera ordonné par S. M. : à l'effet de quoi l'emploi en sera fait dans l'état des ponts et chaussées de la même année. Ordonne en outre S. M. que l'imposition de ladite somme de 62.000 liv. sera continuée à l'avenir, et que mention en sera faite dans les commissions qui seront expédiées pour l'année prochaine et les années 1715 et suivantes. Et seront les deniers provenant desdites impositions remis par les collecteurs ès mains des receveurs des tailles et par eux délivrés aux receveurs généraux des finances desdites généralités, qui seront tenus de les remettre au trésorier général des ponts et chaussées, moitié dans le 1er mars et l'autre moitié dans le 1er novembre de chacune année, pour être par lui employés au payement desdits inspecteurs sur leurs simples quittances; et lesdites sommes seront passées et allouées dans les comptes dudit trésorier général des ponts et chaussées sans difficulté. Enjoint S. M. aux sieurs intendants et commissaires départis de tenir exactement la main chacun en droit soi à l'exécution du présent arrêt.

« Signé Desmaretz et Phelypeaux.

« État de répartition de la somme de 62.000 liv., que S. M. en son conseil a ordonné être imposée par chacun an à commencer en l'année prochaine 1714 au marc la livre de la taille, sur tous les contribuables des dix-neuf généralités des pays d'élections; de laquelle somme il sera fait fonds dans les états des finances de l'année prochaine 1714 et suivantes, pour être ladite somme employée au payement des appointements et gratifications des inspecteurs généraux des ponts et chaussées nommés par S. M., suivant et ainsi qu'il sera par elle ordonné; à l'effet de quoi l'emploi en sera pareillement fait dans les états des ponts et chaussées de l'année prochaine 1714 et suivantes conformément à l'arrêt de cejourd'hui;

« Savoir : sur la généralité de Paris, 12.000 liv.; sur celle de Soissons, 2.000 liv.; d'Amiens, 2.000 liv.; de Châlons, 4.000 liv.; d'Orléans, 3.000 liv.; de Tours, 3.000 liv.; de Bourges, 3.000 liv.; de Poitiers, 3.000 liv.; de la Rochelle, 3.000 liv.; de Bordeaux, 3.000 liv.; de Montauban, 3.000 liv.; de Limoges, 3.000 liv.; de Riom, 3.000 liv.; de Lyon, 3.000 liv.; de Grenoble, 3.000 liv.; de Moulins, 3.000 liv.; de Rouen, 2.000 liv.; de Caen, 2.000 liv.; d'Alençon, 2.000 liv. — Somme totale du présent état, 62.000 liv.

« Fait et arrêté au conseil royal des finances, S. M. y étant, tenu à Versailles, le 28e jour de novembre mil sept cent treize. Signé Louis.

« Et plus bas, Phelypeaux, de Beaumanoir, le Peletier, d'Aguesseau et Desmaretz. »

Archives de l'empire, arrêts du conseil, manuscrit authentique revêtu de la signature du roi et autres.

N° 41.

Décembre 1713.

Édit du roi portant suppression des trois offices de trésoriers généraux des ponts et chaussées de France et des deux offices de contrôleurs généraux du pavé et des ponts et chaussées de la généralité de Paris, et création de quatre offices de trésoriers et contrôleurs généraux ancien, alternatif, triennal et quatriennal des ponts et chaussées de France.

« Louis, par la grâce de Dieu, roi de France et de Navarre, à tous présents et à venir, salut.

« L'entretien des grands chemins de notre royaume et des ponts et chaussées qu'y sont construits a fait dans tous les temps l'objet d'une des principales attentions des rois nos prédécesseurs. Nous l'avons nous-même regardé comme essentiel par rapport à la facilité du commerce et au transport des marchandises et matières qui en font l'aliment; et nous avons affecté chaque année à cette dépense des sommes considérables, soit du fonds des impositions qui ont été faites pour raison de ce dans nos provinces et généralités ou de celui que nous avons ordonné être remis par le garde de notre trésor royal au trésorier général des ponts et chaussées. Persuadé même de l'importance et de la nécessité de ces travaux, nous avons jugé à propos d'en confier depuis plusieurs années la direction et le détail à l'un des commissaires de notre conseil. Mais comme les dépenses excessives et indispensables de la guerre ne nous ont pas permis depuis quelques années de pourvoir aussi exactement que nous l'aurions souhaité au payement de la partie de cette dépense qui était assignée sur notre trésor royal, et qui est néanmoins devenue considérable surtout dans les derniers temps, nous avons été informé que les entrepreneurs et adjudicataires, soit des entretiens ou des ouvrages que nous avons ordonné être faits de nouveau, ont tellement négligé l'exécution de leurs devis, marchés et adjudications qu'une grande partie de ces travaux se trouve en très-mauvais état et que les nouveaux ouvrages n'ont pas été commencés ou, après l'avoir été, sont demeurés imparfaits. C'est dans la vue de réprimer ces abus et d'en prévenir de semblables dans la suite, que nous avons déjà commis un nombre suffisant de sujets intelligents et capables pour se transporter dans nos provinces et généralités et y visiter, par nos ordres et en qualité d'inspecteurs généraux, tant les ouvrages qui s'y trouvent faits que ceux que nous ordonnerons à l'avenir. Et après avoir augmenté le nombre des ingénieurs provinciaux qui doivent résider dans chacune desdites provinces et généralités, nous avons pourvu au payement des appointements et gratifications des uns et des autres.

« Et comme il n'est pas moins important d'établir un ordre certain dans la recette et dépense des fonds que nous nous proposons d'employer annuellement à l'avenir au rétablissement et entretien et même à l'augmentation des ouvrages des ponts et chaussées, et que d'ailleurs nous sommes informé que, depuis le décès de Philippe Brochet, dernier pourvu des trois offices de trésoriers généraux ancien, alternatif et triennal des ponts et chaussées, arrivé au mois de septembre 1709, ces offices sont demeurés sans titulaires, nous avons résolu d'y pourvoir par la suppression et nouvelle création, tant desdits offices de trésoriers généraux des ponts et chaussées que de ceux de leurs contrôleurs.

« A ces causes . . . . nous avons, par le présent édit perpétuel et irrévocable, dit, statué et ordonné, disons, statuons et ordonnons, voulons et nous plaît que les trois offices de trésoriers généraux ancien, alternatif et triennal des ponts et chaussées, dont était pourvu lors de son décès Philippe Brochet, ensemble les deux offices de nos conseillers contrôleurs généraux des ouvrages de pavé et ponts et chaussées de la généralité de Paris, créés par notre édit du mois de mars 1703, gages, taxations et droits attribués auxdits offices, soient et demeurent éteints et supprimés, comme nous les éteignons et supprimons. . . . .

« Et comme, par notre édit du mois d'octobre dernier, nous avons ordonné qu'à l'avenir et à commencer du 1er janvier de l'année prochaine 1711, tous les offices comptables et ceux de leurs contrôleurs seront exercés sous les titres séparés d'anciens, alternatifs, triennaux et quatriennaux, afin d'obliger les comptables à rendre le compte du précédent exercice avant d'en commencer un nouveau, conformément à l'ordre établi par nos anciens règlements, nous avons, du même pouvoir et autorité, créé et érigé, créons et érigeons en titre d'offices formés, quatre offices de nos conseillers trésoriers généraux des ponts et chaussées de France et quatre offices de nos conseillers contrôleurs généraux desdits trésoriers, sous les titres distincts d'ancien, alternatif, triennal et quatriennal, pour, etc. . . . . Voulons que les trésoriers receveurs provinciaux des ponts et chaussées, créés par notre édit du mois de mars 1703, continuent de faire, sur les rescriptions qui leur seront envoyées par les trésoriers généraux, chacun dans l'année de son exercice, le recouvrement des deniers destinés pour lesdits ouvrages et qu'ils en fassent le payement conformément à nos états, à la décharge desdits trésoriers généraux . . . »

Archives du ministère des travaux publics, collection Potariel, imprimé.

N° 42.

20 février 1714.

Arrêt du conseil d'état du roi contre les entrepreneurs des entretiens et réparations des ponts et chaussées de la généralité de Paris.

« Le roi s'étant fait représenter le bail fait par les présidents trésoriers de France de Paris, le 12 octobre 1706, à Guillaume Dolot, pour l'entretien, pendant neuf années à commencer du 1er janvier 1707, de la chaussée de cailloutage passant dans le bois de Boulogne, et ceux faits les 16 janvier, 20, 21, 24, 28 et 29 avril 1711, à Jean Davesne et autres, pour l'entretien et le rétablissement, tant en réparations simples qu'en relevés à bout, pendant neuf années, des 492.186 toises de chaussées de pavé de grès, de cailloux et de ferrage, et des 292 ponceaux construits sur les routes qui conduisent de Paris en Picardie, Brie par Meaux et Rosoi, Normandie par Pontoise, Bretagne, Bourgogne, Orléans, Lyon, Brie par Lagny, Chartres; les chaussées de traverse de la généralité, et celles construites au dehors du bois de Boulogne; les chemins de Beauvais à Bresle et de Nemours à Dordives, moyennant le prix de 114.140 liv. par chacun an. Et S. M. étant informée que lesdits entrepreneurs ont négligé jusqu'à présent de faire tous les ouvrages d'entretien dont ils sont tenus suivant et conformément aux termes desdits baux; qu'il y a plusieurs chaussées qui sont en mauvais état; que la meilleure partie des parapets des ponceaux construits sur lesdites chaussées sont dégradés, les arches comblées et les bordures de chaussées détruites, de manière que les voitures publiques souffrent beaucoup du mauvais état où sont lesdites routes; A quoi étant nécessaire de pourvoir, ouï le rapport du sieur Desmaretz......

« S. M. en son conseil a ordonné et ordonne que dans le courant des mois de mars, avril, mai, juin, juillet et août de la présente année, lesdits Jean Davesne, etc., seront tenus de travailler aux routes de l'entretien desquelles ils sont chargés, de les réparer conformément aux conditions de leurs baux et de les mettre en état de réception, au plus tard dans le premier du mois de septembre prochain, pour être ensuite pourvu, tant au payement des 132.373 liv. qui leur sont dues des années 1711, 1712 et 1713 que des 114.140 liv. à quoi monte le prix des entretiens de la présente année, faisant en tout 246.513 liv. Et faute par lesdits entrepreneurs de satisfaire au présent arrêt et de faire travailler dans le mois de mars prochain aux ouvrages d'entretien qui doivent être faits sur lesdites routes, veut S. M. que, dans le mois d'avril suivant, il soit établi des ouvriers sur lesdites chaussées pour y faire toutes les réparations nécessaires aux frais desdits entrepreneurs................................... »

Archives du ministère des travaux publics, collection Poterlet, imprimé.

N° 43.

28 mai 1714.

Ordonnance des trésoriers de France de la généralité de Paris, rendue sur les remontrances et réquisitoire du procureur du roi, qui prescrit aux propriétaires riverains des grands chemins de faire des fossés à 18 pieds de distance de la bordure du pavé, de décombrer ceux qui avaient été faits auparavant, de procurer sur leur terre l'écoulement aux eaux desdits fossés, de les curer et entretenir à l'ave-

nir; défend de labourer au delà desdits fossés, de faire aucun dépôt sur les routes et les voies publiques, de faire aucunes fouilles sur les chaussées ou à côté; défend aux exploitants des moulins attachés à des ponts, de faire des petits jardins sur les chaperons des piles desdits ponts; à peine de 100 liv. d'amende. . . . . .
Enjoint aux entrepreneurs de l'entretien de dénoncer les contraventions au procureur du roi.

Archives du ministère des travaux publics, collection Poterlet, copie.

N° 44.

31 juillet 1714.

Arrêt du conseil d'état qui nomme le sieur Ponsin inspecteur général des ponts et chaussées.

« Le roi ayant jugé à propos de destiner des inspecteurs pour visiter les grands chemins, ponts et chaussées du royaume et ordonné, par arrêt de son conseil du 28 novembre 1713, l'imposition des sommes auxquelles montent les appointements et gratifications que S. M. leur a accordés; et étant informé de la capacité et de l'expérience du sieur Ponsin, architecte-ingénieur; ouï le rapport du sieur Desmaretz, etc.; S. M. en son conseil a commis et commet le sieur Ponsin pour se transporter pendant la présente année 1714 et les suivantes dans les provinces et généralités où il lui sera ordonné de se rendre, et y prendre, suivant les ordres et instructions qui lui seront donnés, une connaissance exacte de tout ce qui concerne les ouvrages des ponts, chaussées et grands chemins. Ordonne S. M. qu'à commencer du 1er janvier 1714, ledit sieur Ponsin jouira de la somme de 6.000 liv. attachée à ladite inspection; savoir : 3.600 liv. d'appointements et 2.400 liv. de gratification pour ses frais de voyage, à prendre dans les 66.000 liv. dont l'imposition annuelle est ordonnée, tant sur les 19 généralités de pays d'élections que sur celles de Metz et de Franche-Comté, par arrêt du conseil du 28 novembre 1713, pour les appointements et gratifications desdits inspecteurs. Ordonne S. M. que les 2.400 liv. accordées audit sieur Ponsin pour ses frais de voyages ne lui seront payées chaque année par le trésorier des ponts et chaussées, qu'après qu'il aura remis au sieur contrôleur général des finances le procès-verbal de la visite qu'il aura faite des ouvrages, visé par les sieurs commissaires départis dans les généralités où il servira. »

Archives de l'empire, arrêts du conseil, carton E 865, manuscrit.

On remarquera que le manuscrit copié ci-dessus était une formule préparée à l'avance où le nom était laissé en blanc; car le nom Ponsin est d'une autre écriture et ne remplit pas entièrement le blanc. Il a dû y avoir onze formules pareilles pour les onze inspecteurs institués par l'arrêt du 28 novembre 1713.

N° 45.

31 juillet 1714.

Arrêt du conseil d'état qui nomme le sieur Varney ingénieur des ponts et chaussées dans la généralité de Grenoble, en remplacement du sieur Duplessis, nommé l'un des inspecteurs institués par arrêt du 28 novembre 1713.

Archives de l'empire, arrêts du conseil, carton E 865, manuscrit.

N° 46.

9 octobre 1714.

Arrêt du conseil d'état qui nomme le sieur Demarne, architecte-ingénieur, l'un des inspecteurs institués par arrêt du 28 novembre 1713.

Archives de l'empire, arrêts du conseil, carton E 868, manuscrit.

N° 47.

29 décembre 1714.

Arrêt du conseil d'état qui nomme le sieur Paillardel de Villeneuve ingénieur des ponts et chaussées de la généralité de Montauban, en remplacement du sieur de Boisjoly, révoqué parce qu'il ne « remplit pas les devoirs de sa commission avec toute l'exactitude qu'il serait à désirer pour le bien du service. »

Archives de l'empire, arrêts du conseil, carton E 870, manuscrit.

N° 48.

14 mai 1715.

Arrêt du conseil d'état portant imposition pour la réparation des chemins du comté de Bourgogne.

« Le roi ayant, par arrêt de son conseil du 1er août 1711, ordonné qu'il serait imposé 45.140 liv. 2 s. 7 d. par chacune des années 1712, 1713 et 1714, pour la réparation des chemins du comté de Bourgogne, » et jugeant nécessaire non-seulement de continuer, mais encore d'augmenter ladite imposition; « ouï le rapport du sieur Desmaretz, etc. S. M. en son conseil a ordonné et ordonne que par le sieur Guerchois, » intendant de justice, police et finances audit comté de Bourgogne, « qu'elle a à cet effet commis, il sera imposé, conjointement avec l'imposition ordinaire et au sol la livre d'icelle, sur les contribuables de ladite province, la somme de 59.905 liv. 7 s. 8 d. par chacune des trois années 1715, 1716 et 1717; savoir, la somme de 57.505 liv. 7 s. 8 d. pour être employée, tant à la continuation des ouvrages des ponts et chaussées commencés qu'à la construction de nouveaux ouvrages, et celle de 2.400 liv. pour le payment des appointemens de l'ingénieur chargé de l'inspection des mêmes ouvrages. . . . . »

Archives de l'empire, arrêts du conseil, carton E 875, manuscrit.

N° 49.

14 mai 1715.

Arrêt du conseil d'état qui confirme les adjudications des ouvrages à faire en 1715 sur les chemins de la frontière de Champagne et ordonne l'imposition, en 1716, sur la généralité de Châlons, de la somme de 44.356 liv. 4 s. 5 d.; savoir: 41.244 liv. 0 s. 5 d. pour lesdits ouvrages, 1.000 liv. pour les appointements du sieur des Bergeries, ingénieur, et 2.112 liv. 4 s. pour les intérêts d'avance du receveur général.

Archives de l'empire, arrêts du conseil, carton E 875, manuscrit.

N° 50.

14 mai 1715.

Arrêt du conseil d'état qui ordonne que, par le sieur Daugervilliers, intendant, et le sieur Girin, trésorier, il sera incessamment procédé, en la manière accoutumée, au rabais des ouvrages à faire au pont de Romans, sur l'Isère, et qu'il sera imposé en deux années à commencer en 1716, sur les généralités de Grenoble et de Lyon, la somme de 60.000 liv. pour le payement desdits ouvrages.

Archives de l'empire, arrêts du conseil, carton E 875, manuscrit.

N° 51.

25 juin 1715.

Arrêt du conseil d'état du roi qui, sur la requête des riverains de la Loire et le procès-verbal de visite fait en conséquence par le sieur Robert, intendant des turcies et levées, assisté des sieurs Gaillard de la Menaudière, contrôleur, et Poictevin, ingénieur du roi commis à la conduite des levées. . . . . . . et leurs avis, ordonne l'arrachage de toutes les plantations faites sur les îles et grèves « plus avant que de dix toises de largeur joignant le chantier du côté opposé à la levée depuis les trois volets jusqu'au port d'Ablevoy » et renouvelle les défenses de faire des plantations dans le lit et sur les grèves de la Loire au pied des chantiers du côté opposé aux levées plus avant que dix toises de largeur, à peine de 1.000 liv. d'amende; entendant maintenir les plants faits au pied des levées et des chantiers du côté des levées. . . . . »

Archives du ministère des travaux publics, collection Poterlet, imprimé.

N° 52.

1er octobre 1715.

Ordonnance du roi servant de règlement pour le conseil du dedans du royaume.

« De par le roi. — S. M. aurait, par sa déclaration du 15 du mois dernier, ordonné des conseils particuliers pour l'examen de toutes les affaires qui peuvent concerner le dedans et dehors du royaume, où elles pussent être discutées pour être ensuite portées à la décision du conseil général de la régence. Et voulant former celui qui sera chargé des affaires du dedans du royaume, de l'avis de son très-cher et très-amé oncle le duc d'Orléans, régent, des princes de son sang et autres pairs de France et personnes considérables de son conseil, S. M. l'a composé du sieur duc d'Antin, pair de France, pour président; et, pour conseillers, du sieur marquis de Béringhen, du sieur marquis de Brancas, des sieurs de Fleubet et Roujeault, maîtres des requêtes, et des sieurs Ferrand, Monguy et Goislard, conseillers au parlement, et du sieur de Larroque pour secrétaire.

« S. M. a ordonné et ordonne que ledit conseil du dedans du royaume sera chargé de ce qui suit :

. . . .

« Des ponts et chaussées, turcies et levées, et pavé de Paris suivant les fonds qui en seront faits par le conseil de finances; sur lesquels fonds seront pris préalablement les gages et salaires des officiers en charge et des employés par commission qui seront jugés nécessaires ; à l'effet de quoi on communiquera audit conseil de finances tous les devis et marchés ; et les comptes en seront rendus à l'ordinaire audit conseil de finances, accompagnés de certificats donnés par le président du conseil du dedans du royaume et par le conseiller chargé de ce en particulier, pour prouver que les ouvrages auront été dûment faits conformément aux adjudications qui seront faites en la manière accoutumée. Et il sera nommé par ledit conseil du dedans du royaume aux commissions nécessaires pour l'exécution desdits ouvrages, se servant toutefois de tous ceux qui seront en charge, si aucuns y a.

. . . .

« D'examiner toutes les propositions qu'on pourra faire pour ouvrir de nouveaux canaux ou autres travaux qu'on pourra faire pour la facilité du commerce de province à province. Et lors toutefois que lesdits projets seront approuvés par le conseil général de la régence, l'exécution en regardera uniquement le conseil de finances.

. . . .

« S. M. a réglé et décidé que les conseillers qui composent ledit conseil seront chargés des affaires qui le concernent en la manière suivante :

« Savoir :

« Le sieur marquis de Béringhen, des ponts et chaussées, turcies et levées, et pavé de Paris.

. . . .

« Le sieur Roujeault,

. . . .

« Des propositions de nouveaux canaux et autres ouvrages.

. . . .

Archives du ministère des travaux publics, collection Poterlet, imprimé.

N° 58.

5 octobre 1715.

Arrêt du conseil de finances portant imposition de 116.142 liv. sur la généralité de Montauban pour ouvrages extraordinaires des ponts et chaussées en 1716.

« Le roi étant informé que la somme de (a) 9.000 liv. qui se prend annuellement sur la recette des finances de la généralité de Montauban, pour la dépense des ponts et chaussées, ne se trouve pas suffisante pour le payement des ouvrages extraordinaires qu'il convient de faire l'année prochaine 1716, et qu'il est nécessaire d'imposer sur ladite généralité en ladite année la somme de (b) 116.142 liv., conjointement avec les deniers de la taille, pour employer aux réparations qui sont les plus indispensables ; à quoi voulant pouvoir ; vu l'avis du sieur Langeois (c), maître des requêtes, commissaire départi en ladite généralité ; ouï le rapport ; S. M. en son conseil a ordonné et ordonne qu'il sera imposé et levé dans la généralité de Montauban, l'année prochaine 1716, conjointement avec les deniers de la taille au sol la livre d'icelle et non autrement, la somme de (b) 116.142 liv., pour employer au payement des ouvrages des ponts et chaussées de ladite généralité ; (1). . . . . »

Archives de l'empire, arrêts du conseil, carton E 879, manuscrit.

---

(1) Les notations (a) (b) (c) ont pour objet de renvoyer aux sommes ou aux désignations correspondantes, qui concernent les généralités dénommées ci-après, pour chacune desquelles fut rendu un arrêt semblable sur une formule identique.

Dans le même carton et sous la même date, se trouvent huit arrêts semblables, avec les variantes qui suivent :

Généralité de Grenoble ; (a) 4.000 liv. ; (b) 58.500 liv. ; (c) sieur d'Augeviliiers. — Généralité de Bourges ; (a) 9.000 liv. ; (b) 18.000 liv. ; (c) sieur Foullé. — Généralité de Moulins ; (a) 9.000 liv. ; (b) 13.000 liv. ; (c) sieur Turgot ; — Généralité de Lyon ; (a) 10.000 liv. ; (b) 30.000 liv. ; (c) sieur Méliand. — Généralité de Bordeaux ; (a) 8.000 liv. ; (b) 40.000 liv. ; (c) sieur de Courson. — Généralité d'Orléans ; (a) 15.000 liv. ; (b) 50.000 liv. ; (c) sieur de Bouville. — Généralité d'Amiens ; (a) 8.000 liv. ; (b) 40.000 liv. ; (c) sieur de Bernage. — Généralité de Tours ; (a) 12.000 liv. ; (b) 17.000 liv. ; (c) sieur Chauvelin.

N° 54.

Même date.

Arrêt d'imposition extraordinaire de la somme de 49.755 liv. pendant l'année 1716, sur la généralité de Rouen.

Archives du ministère des travaux publics, Catalogue manuscrit de seize registres d'arrêts concernant les ponts et chaussées.

Même date.

Arrêt d'imposition spéciale de 15.000 liv. en 1716, sur la généralité de Moulins, pour employer aux réparations les plus indispensables de la grande route de Paris à Lyon, dans l'étendue de ladite généralité.

Archives de l'empire, arrêts du conseil, E 879, manuscrit.

N° 55.

30 novembre 1715.

Arrêt d'imposition extraordinaire de la somme de 42.809 liv. pendant l'année 1716, sur la généralité de Metz.

Catalogue de seize registres, etc., Archives des travaux publics.

N° 56.

17 décembre 1715.

Arrêt du conseil pour reconstruction en pierres d'un pont sur la rivière de Turdine, pour la route de Paris à Lyon, près de l'Arbresle, emporté par une inondation survenue en septembre 1715, avec modification de son emplacement, sur devis du sieur Deville, ingénieur des ponts et chaussées de la généralité de Lyon, du 28 novembre 1715, estimé 24.000 liv., ... et pour l'imposition desdites 24.000 liv. en 1716, savoir : 1/3 sur la généralité de Lyon, 1/3 sur le Dauphiné, et 1/3 sur les généralités d'Auvergne et de Bourbonnais.

Archives de l'empire, arrêts du conseil, E 881, manuscrit.

N° 57.

17 décembre 1715.

Arrêt du conseil pour imposition extraordinaire sur la généralité d'Alençon.

« Le roi étant informé que la somme de 10.000 liv., qui se prend annuellement sur la recette générale des finances d'Alençon pour la dépense des ponts et chaussées, n'étant pas suffisante pour le payement des ouvrages qui se trouvaient indispensables en l'année 1714, il fut lors résolu au conseil d'imposer extraordinairement en trois années, sur la généralité d'Alençon, la somme de 150.000 liv. pour satisfaire au payement des ouvrages adjugés le 16 juin 1714; et il a été en conséquence imposé, avec la capitation de ladite année 1714, la somme de 50.000 l., et pareille somme en 1715 avec la taille, de sorte qu'il reste encore 50.000 liv. à imposer pour parfaire la somme de 150.000 liv. de fonds extraordinaires : A quoi voulant pourvoir; vu l'avis du sieur Feydeau de Brou, intendant. . .; ouï le rapport. . . .; S. M. en son conseil a ordonné et ordonne l'imposition de 50.000 l. sur ladite généralité d'Alençon, en l'année 1716, conjointement avec les deniers de la taille.

Archives de l'empire, arrêts du conseil, E 881, manuscrit.

N° 58.

17 décembre 1715.

Arrêt du conseil qui, vu l'insuffisance du fonds annuel de 8.000 liv., qui se prend sur la recette de la généralité de Soissons pour les dépenses des ponts et chaussées, ordonne l'imposition en 1716, sur ladite généralité, de la somme de 100.000 liv., tant pour le payement des nouveaux ouvrages à faire en 1716 que pour le parfait payement de ceux qui ont été adjugés et commencés en 1715.

Archives de l'empire, arrêts du conseil, E 881, manuscrit.

N° 59.

14 janvier 1716.

Arrêt du conseil ordonnant la mise en adjudication de la réparation des chemins de la frontière de Champagne.

« Le roi ayant jugé à propos de faire réparer les chemins de la frontière de Champagne, S. M. aurait fait dresser par le feu sieur Raulet, ingénieur, un devis de tous les ouvrages qui étaient jugés nécessaires; et ayant depuis été fait plusieurs desdits ouvrages, dont la dépense a été imposée sur la généralité de Châlons, S. M. s'est fait représenter l'état envoyé par le sieur L'Escalopier, maître des requêtes, commissaire départi en ladite généralité, des ouvrages qu'il estime nécessaire de faire sur ladite frontière pendant l'année 1716, montant à 66.341 l.; Et voulant pourvoir à ce que lesdits ouvrages soient incessamment faits,. . . . S. M. en son conseil a ordonné et ordonne que par ledit sieur L'Escalopier, qu'elle a à cet effet commis, il sera incessamment procédé avec les formalités ordinaires et accoutumées aux baux et adjudications au rabais des ouvrages à faire pour continuer la réparation des chemins de la frontière de Champagne, contenus en l'état estimatif par lui envoyé, pour les procès-verbaux vus et apportés au conseil, être par S. M. pourvu au payement du prix desdits baux. »

Archives de l'empire, arrêts du conseil, E 882, manuscrit.

Même date.

Arrêt du conseil qui ordonne une imposition de 29.632 l. 13 s. 4 d. sur la généralité de Châlons en 1716, en sus des 10.000 liv. de fonds ordinaires, pour les réparations à faire aux routes de la frontière en sus des entretiens des routes de cette province, et pour la continuation et le parfait payement des ouvrages adjugés les années précédentes.

Archives de l'empire, arrêts du conseil, E 882, manuscrit.

N° 60.

14 janvier 1716.

Arrêt du conseil qui ordonne l'imposition en 1716, sur la généralité de Tours, d'une somme de 10.000 liv. pour, avec pareille somme de 10.000 liv. imposée en 1715 par arrêt du 18 septembre 1714, faire 20.000 liv. à compte sur celle de 46.500 liv. formant le montant de l'adjudication des ouvrages ordonnés par ledit arrêt du 18 septembre 1714 pour le rétablissement des ponts de Sablé; suivant le devis du sieur Debrou, ingénieur des ponts et chaussées de la généralité, lequel devis montait à 47.442 l. 10 s.

Archives de l'empire, arrêts du conseil, E 882, manuscrit.

N° 61.

14 janvier 1716.

Arrêt du conseil qui approuve l'adjudication moyennant 2.420 liv. des travaux à faire aux portes marinières de la rivière de Mayenne, entre Laval et Château-Gontier, suivant devis du sieur Poictevin, ingénieur de S. M. chargé de la conduite des ouvrages à faire pour la navigation de la rivière de Loire et autres y affluentes, et ordonne l'imposition de cette somme en 1716 sur les élections de Château-Gontier, Laval et Mayenne.

N° 62.

1er février 1716.

Arrêt du conseil du roi qui révoque onze inspecteurs généraux et vingt-deux ingénieurs des ponts et chaussées et établit en leur place un inspecteur général des ponts et chaussées du royaume, un architecte et premier ingénieur desdits ponts et chaussées, trois inspecteurs et vingt et un ingénieurs.

« Le roi s'étant fait représenter les arrêts du conseil par lesquels il a été commis onze inspecteurs généraux des ponts et chaussées, aux appointements de 3.600 liv. et de 2.400 liv. de gratification faisant 6.000 liv. pour chacun par an, et vingt-deux ingénieurs des ponts et chaussées, aux appointements, savoir : celui de Paris à 2.800 liv. d'appointements et gratification par an, celui de Metz à 2.500 liv. aussi par an, celui de la frontière de Champagne à 1.000 liv. et les autres à 2.400 chacun par an; lesquels inspecteurs généraux et ingénieurs ont servi jusqu'au dernier décembre 1715 : Le fonds desquels appointements montant à 117.900 liv., à l'exception des 2.800 liv. pour l'ingénieur de Paris, a été imposé pour l'année 1716 sur les contribuables aux tailles des pays d'élections, généralité de Metz et province de Franche-Comté. Et S. M. voulant réformer lesdits employés et réduire les appointements de ceux qu'elle entend commettre pour le même service; ouï le rapport. . . . .

« S. M. en son conseil a révoqué et révoque lesdits onze inspecteurs généraux et vingt-deux ingénieurs, qui n'auront plus aucune fonction dans les ponts et chaussées à commencer du 1er janvier de la présente année 1716; et, en leur lieu et place, a établi un inspecteur général des ponts et chaussées du royaume, un architecte et premier ingénieur des ponts et chaussées, trois inspecteurs desdits ponts et chaussées et vingt-un ingénieurs des ponts et chaussées, pour chacun exécuter les ordres et instructions qui leur seront donnés, pour le bien du service, par le sieur conseiller du conseil du dedans du royaume ayant le département des ponts et chaussées. Et a S. M. réglé les appointements desdits employés, savoir : ceux dudit inspecteur général à 3.000 liv. par an; ceux dudit architecte premier ingénieur et des trois inspecteurs à raison de 2.000 liv. pour chacun an, pour lesquels il sera en outre fait fonds de 9.000 liv. par an pour les voyages qu'ils feront suivant les ordres dudit sieur commissaire des ponts et chaussées; comme aussi S. M. a réglé les appointements desdits ingénieurs à raison de 1.800 liv. aussi chacun par an; lesquels appointements et frais de voyages, montant à 57.800 liv. par an, seront payés auxdits employés, à compter du 1er janvier 1716, par le trésorier général des ponts et chaussées, en rapportant par eux le certificat de service et suivant l'ordre dudit sieur commissaire des ponts et chaussées, sur la somme de 115.100 liv., imposée conjointement avec la taille en la présente année 1716, pour les appointements des inspecteurs et ingénieurs révoqués par le présent arrêt. Ordonne S. M. que le surplus desdites 115.100 liv., montant à 57.300 liv., sera employé suivant la destination qui en sera par elle faite, et qu'à l'avenir et par chacune année à commencer en la prochaine 1717, pareille somme de 57.800 liv., à laquelle montent lesdits appointements et frais de voyages, sera imposée sur les contribuables aux tailles des pays d'élections, généralité de Metz et province de Franche-Comté, suivant la répartition qui en sera faite par S. M. »

Archives de l'empire, arrêts du conseil, E 883, manuscrit.

N° 63.

4 février 1716.

Arrêts du conseil du roi qui nomment le sieur La Hire, inspecteur général des ponts et chaussées; le sieur Gabriel, premier ingénieur; les sieurs de la Guépière, Gautier et Fayolle, inspecteurs, et dix-neuf ingénieurs dans les généralités de pays d'élections.

PREMIER ARRÊT.

« Le roi ayant, par arrêt de son conseil du 1er février 1716, révoqué les onze inspecteurs des ponts et chaussées employés ci-devant jusqu'à la fin de l'année 1715 pour les ponts et chaussées, et résolu de commettre en leur place un inspecteur général, un architecte et premier ingénieur, et trois inspecteurs particuliers desdits ponts et chaussées; et S. M. étant informée de la probité et de la capacité du sieur de la Hite, ingénieur architecte, et de son zèle pour son service, elle a cru ne pouvoir confier l'emploi d'inspecteur général à aucun de ses sujets qui s'en acquittât avec plus de succès; sur quoi, ouï le rapport. . . . .

« S. M. en son conseil a commis et commet ledit sieur la Hite pour servir en qualité d'inspecteur général des ouvrages des ponts et chaussées du royaume, aux appointements de 3.000 liv., réglés par ledit arrêt du 1er février 1716, dont il sera payé tous les ans par le trésorier général en exercice, des fonds provenant de l'imposition qui en sera faite, ainsi que des journées qu'il emploiera dans les voyages qu'il fera pour remplir ses fonctions; pour, par ledit sieur de la Hite, exécuter les ordres et instructions qui lui seront donnés pour le bien du service par le sieur conseiller du conseil du dedans du royaume ayant le département des ponts et chaussées. »

Autre arrêt, sous même formule, qui commet le sieur Gabriel, architecte ordinaire des bâtiments du roi, aux fonctions d'architecte et premier ingénieur des ponts et chaussées, aux appointements de 2.000 liv. et frais de voyage en sus.

Trois arrêts, sous même formule, qui commettent inspecteurs particuliers des ponts et chaussées du royaume les sieurs de la Guépière, Gautier et Fayolle, tous trois qualifiés ingénieurs architectes, aux appointements de 2.000 liv. et frais de voyages en sus.

Dix-neuf arrêts, sous la formule suivante, commettant ingénieurs des ponts et chaussées pour être envoyés dans l'une des 19 généralités de pays d'élections, les sieurs frère Romain Jacobin, architecte, Naurissart, Leveneur, Béringuier, Duplessis, Brou, Desroches, Trésaguet, Deville, Delabat, Huot, Fossier de Chantalou, Paillardel de Villeneuve, Armand, Morel, Des Pictières, Guéroult, Mazière de Morainville, De la Chapelle.

« Le roi ayant, par arrêt de son conseil du 1er février 1716, révoqué les vingt-deux ingénieurs employés ci-devant et jusqu'à la fin de l'année dernière 1715, pour les ponts et chaussées, dans les dix-neuf généralités de pays d'élections, dans celle de Metz, frontière de Champagne et province de Franche-Comté, et résolu d'en commettre d'autres pour le même service et faire choix à cet effet des sujets les plus capables; S. M., informée de la capacité et expérience du sieur . . .; ouï le rapport;

« S. M. en son conseil, a commis et commet le sieur . . . pour, en qualité d'ingénieur des ponts et chaussées, se rendre dans le département qui lui sera indiqué et suivre les ordres et instructions qui lui seront donnés par le sieur conseiller du conseil du dedans du royaume ayant le département des ponts et chaussées; les appointements duquel sieur ... S. M. a réglé, par ledit arrêt, à raison de 1.800 liv. par an, dont il sera payé par le trésorier général des ponts et chaussées en exercice sur les fonds provenant de l'imposition qui en sera faite. »

Archives de l'empire, arrêts du conseil, E 883, manuscrit.

N° 64.

4 avril 1716.

Arrêt du conseil du roi qui commet le sieur Lépée, ingénieur des ponts et chaussées dans la généralité de Poitiers, en remplacement du sieur Armand, commis par arrêt du 4 février et reconnu n'être pas en état de remplir cette commission.

Archives de l'empire, arrêts du conseil, E 885, manuscrit.

N° 65.

19 mai 1716.

Arrêt du conseil d'état du roi qui défend à toutes personnes de couper les levées de la Loire, sous quelque prétexte que ce soit, etc.

« Le roi ayant été informé que depuis plusieurs années, lors des débordements de la rivière de Loire, les particuliers riverains, pour sauver leurs maisons, même pour un petit et moindre intérêt, s'étaient avisés de couper de leur propre autorité les levées de ladite rivière ; au moyen de quoi les terres et vallées des environs se sont trouvées exposées à des inondations très-considérables qui ont obligé les habitants de ces lieux à se retirer ailleurs et à abandonner la culture de leurs héritages et les ont mis hors d'état de contribuer aux impositions des tailles et autres ; qu'en dernier lieu, lors du débâclement de ladite rivière au mois de février dernier, quelques gens inconnus avaient eu la témérité de couper la levée au-dessus du village du Haut-Chantier, proche Amboise, ainsi qu'il résulte des informations que l'intendant des turcies et levées en a fait faire ; ce qui aurait formé une grande brèche à ladite levée et avait été cause que les terres, depuis cet endroit jusqu'au bec de Sisse, dans un espace de près de sept lieues, avaient été entièrement submergées et couvertes de sable en plusieurs endroits ; Et S. M. désirant prévenir une entreprise si préjudiciable à des intérêts et au bien du service ; vu lesdites informations, ouï le rapport ;

S. M. en son conseil a fait très-expresses inhibitions et défenses à toutes personnes, de quelque qualité et condition qu'elles soient, de couper, sous quelque prétexte que ce puisse être, les levées de la rivière de Loire, ni d'y faire des traces qui puissent donner lieu au passage des eaux et causer des brèches auxdites levées, à peine, contre chacun des contrevenants, de 3.000 liv. d'amende et de tous dépens, dommages et intérêts, même des galères ; sauf, dans le cas d'une urgente nécessité, à obtenir de l'intendant des turcies et levées, officiers et ingénieurs, ou, en leur absence, du maire et de deux échevins de la ville la plus proche, des ordres par écrit de ce qu'il y aura à faire : ordonne S. M. que, lors des inondations et débordements de ladite rivière, tous les riverains et habitants des paroisses, où les levées pourraient être en danger, seront tenus de s'y rendre pour veiller nuit et jour à la conservation desdites levées et à la sûreté commune, couper et apporter des fascines, rompre les glaces, et faire en ces occasions tout ce qui leur sera commandé par lesdits intendant, officiers et ingénieurs. . . . .

Archives du ministère des travaux publics, collection Potelet, imprimé.

Suit l'ordonnance de Robert de Courtoux, intendant des turcies et levées, pour publication.

N° 66.

9 juin 1716.

Arrêt du conseil d'état qui commet le sieur Bassat, ingénieur des ponts et chaussées de la nouvelle généralité d'Auch, aux appointements de 1.800 liv. par an, à compter du 1er juin.

Archives de l'empire, arrêts du conseil, E 887, manuscrit.

N° 67.

16 juin 1716.

Arrêt du conseil d'état qui approuve les adjudications faites par le commissaire départi en la généralité de Châlons, des ouvrages à faire sur les routes de Mézière à Rethel et de Mézière à Sedan, en exécution de l'arrêt du 14 janvier dernier, moyennant 66.341 liv., et ordonne l'imposition de cette somme en 1716 sur ladite généralité.

Archives de l'empire, arrêts du conseil, E 887, manuscrit.

N° 68.

16 juin 1716.

Arrêt du conseil d'état du roi qui autorise la construction d'un pont volant en bois sur la Marne à Charenton pour servir pendant le rétablissement du pont de pierre, aux conditions qu'il sera établi en deux mois, pourra résister à un et même plusieurs hivers, de percevoir sur ce pont le péage concédé pour le pont de pierre, en en payant le bail au sieur de Bercy, etc., etc. . . . .

Archives de l'empire, arrêts du conseil, E 887, manuscrit.

N° 69.

20 juin 1716.

Arrêt du conseil d'état concernant la reconstruction des ponts de Saint-Maur et de Charenton, sur la Marne.

« Le roi s'étant fait représenter en son conseil les baux faits par les présidents trésoriers de France, généraux des finances et grands voyers en la généralité de Paris, à Jean Marot, des ouvrages à faire aux ponts de Charenton et de Saint-Maur sur la rivière de Marne, savoir : celui des ouvrages du pont de Charenton en date du 21 juin 1714 moyennant 57.527 liv., et celui des ouvrages du pont de Saint-Maur en date du 7 juin 1715 moyennant 52.000 liv., ensemble les devis dressés par les sieurs Gabriel, architecte et premier ingénieur, et De la Guéplière, inspecteur des ponts et chaussées, le 20 avril 1716, des ouvrages qu'il est absolument nécessaire de faire cette année auxdits ponts par augmentation à ceux compris dans lesdits baux, montant, savoir : ceux du pont de Charenton à 64.874 liv. 15 s., et ceux du pont de Saint-Maur à 111.834 liv. 14 s. Et ledit Marot ne pouvant dans une même année soutenir l'entreprise de deux ouvrages si considérables, il est nécessaire pour le bien du service de ne le charger que de ceux du pont de Charenton et de donner à un autre entrepreneur, non-seulement les nouveaux ouvrages à faire au pont de Saint-Maur, mais encore ceux qui restent à finir pour l'exécution du bail dudit Marot, auquel il conviendra de le subroger en payant par ce même entrepreneur audit Marot les ouvrages par lui faits jusqu'à ce jour audit pont de Saint-Maur ensemble les matériaux étant actuellement sur les lieux et propres à employer aux ouvrages dudit pont, le tout suivant les toisés et estimations qui en seront faits par lesdits sieurs Gabriel et de la Guépière. Vu le désistement du sieur Marot, etc. . . . Ouï le rapport;

« S. M. en son conseil a subrogé et subroge l'entrepreneur qui se rendra adjudicataire des ouvrages à faire par augmentation au pont de Saint-Maur, au bail fait à Jean Marot le 7 juin 1715, etc. . . . .

« Ordonne en outre S. M. que, par lesdits sieurs présidents trésoriers de France de Paris, il sera incessamment procédé au bail et adjudication au rabais des ouvrages à faire par augmentation audit pont de Saint-Maur. »

Archives de l'empire, arrêts du conseil, E 887, manuscrit.

N° 70.

7 juillet 1716.

Arrêt du conseil d'état qui ordonne une imposition de 13.800 liv., en 1716 et 1717, dans la province de Hainaut, sur les villages les plus à portée de la route de Valenciennes à Tournay, pour construction de la chaussée, d'un pont et autres ouvrages sur ladite route, dont adjudication sera faite par le sieur Donjat, commissaire départi en ladite province, sur les devis du sieur Damoiseau, ingénieur en chef à Valenciennes.

Archives de l'empire, arrêts du conseil, E 888, manuscrit.

N° 71.

7 juillet 1716.

Arrêt qui ordonne l'adjudication des ouvrages à faire sur la chaussée de l'étang de Saint-Benoît-du-Sault, sur le grand chemin de Paris à Toulouse, suivant le devis du sieur Taschereau des Pictières, ingénieur des ponts et chaussées de la généralité de Bourges, ledit devis montant à 6.900 liv.

Archives de l'empire, arrêts du conseil, E 888, manuscrit.

N° 72.

7 juillet 1716.

Arrêt qui ordonne d'adjuger en un seul bail, pour six années, l'entretien des chaussées pavées des routes de Paris à Orléans et de Paris à Chartres, sur le devis qui en sera dressé par le sieur Gabriel, architecte et premier ingénieur des ponts et chaussées.

Archives de l'empire, arrêts du conseil, E 888, manuscrit.

N° 73.

24 juillet 1716.

Arrêt du conseil d'état qui ordonne l'adjudication des réparations à faire à l'arche marinière du pont de Château-Thierry, sur le devis dressé par le sieur Duplessis, ingénieur des ponts et chaussées de la généralité de Soissons, montant à

38.131 l. 16 s. et ordonne en outre l'imposition de pareille somme sur ladite généralité en trois années à partir de 1717.

Archives de l'empire, arrêts du conseil, E 888, manuscrit.

N° 74.

24 juillet 1716.

Arrêt du conseil d'état pour réparation des ponts, chaussées et grands chemins de la généralité de Rouen.

« Le roi ayant été informé que, s'il n'était promptement pourvu au rétablissement des ponts, chaussées et grands chemins de la généralité de Rouen, qui ont été ruinés et rendus impraticables par les ravines et débordements des eaux du mois de février dernier, la communication de la province de Normandie avec les autres provinces du royaume serait interrompue, ce qui causerait un préjudice considérable au commerce; ».............................

S. M. ordonne la mise en adjudication des ouvrages les plus pressants et indispensables à faire, suivant devis dressé par le sieur Martinet, ingénieur des ponts et chaussées de ladite généralité, montant à 30.691 liv., et l'imposition de pareille somme sur les contribuables aux tailles de la généralité, en 1716.

Archives de l'empire, arrêts du conseil, E 888, manuscrit.

N° 75.

4 août 1716.

Arrêt du conseil d'état portant confirmation des commissions données aux onze inspecteurs généraux des ponts et chaussées, en vertu de l'arrêt du 28 novembre 1713, qui ont été employés en 1714 et 1715, et ordonnant le payement intégral de leurs appointements et gratifications pour frais de voyage, pour lesdites deux années.

« Le roi étant informé que, pour établir un bon ordre dans la conduite des ouvrages des ponts et chaussées et remédier aux abus qui s'y pourraient introduire, le feu roi aurait, dès le mois de novembre 1713, fait choix de onze inspecteurs généraux, suivant l'état énoncé en l'arrêt du conseil du 28 du même mois de novembre, pour en faire le service dès l'année 1714 lors prochaine, dans les provinces et généralités où ils seraient envoyés; en conséquence de quoi il aurait été pourvu, par le même arrêt du 28 novembre 1713, au payement de leurs appointements et gratifications par l'imposition de la somme de 62.000 liv. ordonnée être levée, au marc la livre de la taille, sur les dix-neuf généralités des pays d'élections suivant l'état de répartition annexé au même arrêt, outre 4.000 liv. qui devaient être imposées dans les généralités de Metz et de Franche-Comté, à commencer en ladite année 1714, pour être remise au trésorier général des ponts et chaussées et par lui payée auxdits inspecteurs généraux sur leurs simples quittances; en suite de quoi les onze inspecteurs ayant reçu leurs ordres et instructions pour se transporter en autant de routes de la généralité de Paris et s'y étant transportés pour faire leurs premières visites et même la conduite des ouvrages en attendant l'expédition de leurs commissions, elles auraient été expédiées en divers temps, encore qu'ils fussent en fonctions dès le mois de janvier 1714 en conséquence du choix qui avait été fait de leurs personnes dès le mois de novembre précédent, suivant l'état énoncé en l'arrêt du 28 du même mois, savoir : le 27 mars 1714, les sieurs

Guéroult, Fayolle, Leveneur, de la Guépière, Gautier, Desenne, Duplessis; le 17 avril 1714, le sieur Naurissart; le 29 mai 1714, le sieur Armand; le 31 juillet 1714, le sieur Ponsin, et le 9 octobre 1714, le sieur Demarne; par autant d'arrêts du conseil qui les commettent, pendant l'année 1714 et les suivantes, pour se transporter dans les provinces et généralités où il leur serait ordonné de se rendre, et y prendre, suivant les ordres qui leur seraient donnés, une connaissance exacte de tout ce qui concerne les ouvrages des ponts et chaussées et grands chemins, et qui ordonne qu'à commencer du 1er janvier 1714 ils jouiront chacun de la somme de 6.000 liv. attachée à ladite inspection, savoir : 3.600 liv. d'appointements et 2.400 liv. de gratification pour leurs frais de voyages, à prendre dans les 66.000 liv. d'imposition ordonnée à cet effet par l'arrêt du conseil du 28 septembre 1713, laquelle gratification de 2.400 chacun ne leur serait néanmoins payée chaque année par le trésorier général des ponts et chaussées qu'après qu'ils auraient remis au sieur contrôleur général des finances le procès-verbal de la visite qu'ils auraient faite des ouvrages de leur inspection, chacun à leur égard, visé par les sieurs commissaires départis dans les généralités où ils auraient servi; et ayant été reconnu dans la seule généralité de Paris, suivant leurs procès-verbaux de visites, une quantité d'ouvrages considérables qui ne pouvaient pas être différés et qui demandaient une attention particulière pour en rendre les routes praticables sans remise, comme les plus importantes et les plus fréquentées du royaume, il aurait été trouvé à propos de retenir tous lesdits onze inspecteurs dans la généralité de Paris, où ils ont été en fonctions pendant les années 1714 et 1715, avant de pouvoir les distribuer, ou fort peu, dans les autres provinces, savoir :

« Le sieur Guéroult a eu la conduite de l'entretien des ouvrages de pavé des routes de Paris en Picardie et de Normandie par Pontoise, des ponts de Compiègne et de Sainte-Maixence, et des nouveaux ouvrages faits sur lesdites routes et pour l'élargissement de la chaussée de Beaumont;

« Le sieur Fayolle a visité dès 1713, a continué en 1714 et 1715 les grandes routes de Bretagne et Normandie, qui ont 144 lieues de long, 120.468 toises de pavé, 161 ponceaux et 8 ponts, où il y a beaucoup de réparations à faire, dont il a dressé les devis et estimations, et principalement pour les ponts de Chatou, Meulan et Poissy, dont partie a été exécutée;

« Le sieur Leveneur a conduit en 1714 les ouvrages d'entretien des routes de Paris en Brie, passant par Lagny, Coulommiers et la Ferté-Gaucher, jusqu'en Champagne, et en 1715 se rendit à la chaussée de Montaugé sur le nouveau chemin de Villeroy, pour conduire les ouvrages de pavé qui y ont été ordonnés;

« Le sieur de la Guépière a eu la conduite de l'entretien du pavé de la route d'Orléans, de la nouvelle chaussée construite depuis la barrière Saint-Michel jusqu'à Sceaux, et des ouvrages de terrasses faits le long de cette chaussée et du chemin de Fontainebleau, ensemble des ouvrages de pavé ordonnés dans le village de Passy et sur le chemin de Paris à Saint-Ouen, et de l'entretien des chaussées du dedans et dehors du bois de Boulogne;

« Le sieur Gautier a conduit en 1714 les ouvrages de la route de Brie par Tournan et Rosoy, dressé des états de ceux à y faire en 1715, et en ladite année 1715 s'est transporté à Bourbonne-les-Bains, où il a conduit les ouvrages qui étaient pour lors à y faire;

« Le sieur Desenne a été sur la route de Brie et Champagne passant par Claye et Meaux, et ensuite sur la route de Normandie en Bretagne, où il a conduit plusieurs ouvrages très-considérables, a dressé plusieurs plans et devis, même fait élargir la montagne de Saint-Germain-en-Laye et conduit d'autres ouvrages jusqu'à Meulan ;

« Le sieur Duplessis a conduit les ouvrages des ponts de Saint-Maur et de Charenton, la chaussée de Rambouillet et l'entretien du pavé de la route de Champagne, l'entreprise desquels ouvrages monte à 130.211 livres ;

« Le sieur Naurissart a conduit les ouvrages d'entretien de la route de Bourgogne et fait plusieurs plans et devis pour réparer les ponts de Sens, Saint-Thomas de Tonnerre, Pontigny et autres, sur ladite route, situés sur la rivière de Seine (sic) ;

« Le sieur Armand a eu la conduite des entretiens des chemins de Paris en Brie, de Champagne par Claye, Meaux et autres lieux, et des ouvrages faits tant à la chaussée du Perray qu'aux parapets du pont de Mantes ;

« Le sieur Ponsin a eu la conduite des ouvrages neufs de la grande route de Bretagne et basse Normandie passant par la plaine de Saint-Aubin, la Queue, Houdan et Dreux, dont l'entreprise est de 345.630 livres : il a été construit en sa présence 16.670 toises quarrées de chaussée neuve de pavés de grès et trois ponts, savoir : deux de quatre arches chacun, et un de trois arches ;

« Le sieur Demarne a conduit les ouvrages de la route de Paris à Lyon et les chemins de traverse jusqu'à la généralité d'Orléans, ensuite ceux de Juvisy et Chailly jusqu'à Fontainebleau.

« En sorte qu'ils ont rempli leurs fonctions pendant les années 1714 et 1715, suivant les ordres et instructions qu'ils en ont reçus dans les départements qui leur ont été donnés, aux termes de l'arrêt du conseil du 28 novembre 1713 et de leurs commissions expédiées en conséquence.

« Et S. M. étant informée que lesdits onze inspecteurs n'ont été payés jusqu'à présent que d'une partie des appointements qui leur sont accordés par leurs arrêts de commission, et que le trésorier général des ponts et chaussées refuse de leur payer le surplus de ce qui leur est dû pour lesdites années 1714 et 1715, même les gratifications desdites années, et prétendrait leur faire restituer ce qu'ils ont touché, sous prétexte que l'arrêt du conseil du 28 novembre 1713 ne contient pas un établissement formel desdits inspecteurs et n'a point été suivi de lettres patentes pour son exécution, dont il n'y a pas même de disposition dans l'arrêt; que leurs appointements et gratifications ne doivent commencer que des jours des arrêts qui les ont commis, sur lesquels il aurait dû pareillement avoir été rendu des lettres patentes pour l'exécution d'iceux et jouir par lesdits inspecteurs de leurs appointements et gratifications à commencer du 1er janvier 1714 ; et qu'avant de toucher la gratification de 2.400 livres par an, ils doivent justifier qu'ils ont rapporté au sieur contrôleur général des finances l'état des visites par eux faites, visé par les commissaires départis dans les généralités où ils ont fait ou dû faire le service; ce qui les réduirait à l'impossible à cause du changement arrivé dans l'administration des affaires depuis la mort du feu roi; A quoi S. M. voulant pourvoir, ouï le rapport ;

« S. M. en son conseil a confirmé et confirme, autant que besoin serait, l'établissement desdits sieurs Guéroult, Fayolle, Leveneur, de la Guépière, Gautier, Desenne, Duplessis, Naurissart, Armand, Ponsin et Demarne, pour inspecteurs généraux des ponts et chaussées, qui ont servi pendant les années 1714 et 1715; et en conséquence, ordonne S. M. que l'arrêt du conseil du 28 novembre 1713 et ceux des 27 mars, 17 avril, 29 mai, 31 juillet et 9 octobre 1714, par lesquels ils ont été commis pour ladite inspection, seront exécutés suivant leur forme et teneur; ce faisant, que lesdits inspecteurs seront payés par le sieur Paris de Montmartel, trésorier général des ponts et chaussées en exercice l'année 1715, de la somme de 12.000 liv. chacun, pour leurs appointements et gratifications desdites années 1714 et 1715, savoir ; 7.200 liv. pour leurs appointements à raison de 3.600 liv. pour chacune desdites deux années, et 4.800 liv. pour leurs gratifications à raison de 2.400 liv. aussi pour chacune desdites deux années, suivant les fonds qui en ont été faits pour lesdites deux années dans l'état des ponts et chaussées de ladite année 1715 ; et en rapportant par ledit sieur Paris de Montmartel ledit arrêt du conseil du 28 novembre 1713, lesdits arrêts du conseil des 27 mars, 17 avril, 29 mai, 31 juillet et 9 octobre 1714 qui ont commis lesdits inspecteurs chacun à leur égard, et les quittances seulement desdits inspecteurs sur leurs appointements et pareilles quittances pour leurs gratifications, avec le certificat du sieur conseiller au conseil du dedans du royaume ayant le département des ponts et chaussées, de la remise qu'ils lui auront faite des procès-verbaux par eux dressés pendant lesdites années 1714 et 1715, portant qu'ils ont exécuté leurs commissions chacun dans le département de Paris et la généralité où ils ont été envoyés pour le service des ponts et chaussées, lesdits appointements et gratifications seront passés dans les états et comptes dudit trésorier général des ponts et chaussées en exercice ladite année 1715, tant au conseil qu'en la chambre des comptes sans difficulté, sans que lesdits inspecteurs soient tenus de lui fournir les certificats de la remise qu'ils devaient faire au sieur contrôleur général des finances de leurs procès-verbaux de visites, visés par les sieurs commissaires départis dans les généralités du royaume, dont S. M. les a déchargés et dispensés, attendu qu'ils ont été employés pendant lesdites deux années pour le service des ponts et chaussées dans la généralité de Paris. Et pour l'exécution du présent arrêt seront toutes lettres nécessaires expédiées. »

Archives de l'empire, arrêts du conseil, E 889, manuscrit.

N° 76.

8 août 1716.

Arrêt du conseil d'État qui dispense les inspecteurs et ingénieurs des ponts et chaussées d'enregistrement de leurs commissions et de prestation de serment aux bureaux des finances des généralités.

« Le roi étant informé que les présidents trésoriers de France au bureau des finances de la généralité de Paris prétendent ne devoir ajouter foi aux devis, procès-verbaux de visite et réceptions des ouvrages des ponts et chaussées faits et à faire par les sieurs Lahite, inspecteur général, Gabriel, architecte et premier ingénieur, de la Guépière, Fayolle et Gautier, inspecteurs desdits ponts et chaussées, que S. M. a commis en cette qualité par arrêts de son conseil du 4 février 1716, que lesdits employés n'aient fait enregistrer au greffe de leur bureau les arrêts par lesquels ils ont été commis, et qu'ils n'aient prêté serment devant eux ; et que si leur prétention avait lieu, elle autoriserait les présidents et trésoriers de France des bureaux des finances des autres généralités à exiger la même formalité des ingénieurs que S. M. y a commis par arrêt de son conseil dudit jour 4 février 1716 et des 4 avril et 9 juin dernier, quoique ceux qui ont été nommés de la même manière à de pareilles commissions les années précédentes n'y aient point été obligés, ce qui pourrait causer un grand dérangement aux ouvrages de la conduite desquels tous ces différents employés sont chargés, et préjudicierait notablement à un service si nécessaire au bien et avantage public ; A quoi voulant pourvoir ; ouï le rapport ;

« S. M. en son conseil a ordonné et ordonne que lesdits inspecteurs, ingénieurs et autres qui sont et seront employés dans les ponts et chaussées continueront de faire leurs visites des ponts et chaussées et grands chemins du royaume, dresseront leurs procès-verbaux desdites visites, feront les devis de réparations, rapports de l'état des ouvrages, certificats, procès-verbaux de réception et généralement tout ce qui leur sera ordonné par le conseiller du conseil du dedans du royaume ayant le département des ponts et chaussées, sans être obligés de faire enregistrer leurs commissions et prêter aucun serment, ni au bureau des finances de la généralité de Paris, ni autre bureau des finances du royaume, dont, en tant que besoin est, S. M. les a dispensés par le présent arrêt. »

Archives de l'empire, arrêts du conseil, E 889, manuscrit.

N° 77.

8 août 1716.

Arrêt qui confirme la commission donnée au sieur Fornier de Montagny, trésorier de France à Paris, par arrêts des 25 avril et 20 septembre 1689, concernant les ouvrages des ponts et chaussées, et l adjoint les sieurs Vigneron et de Bragelongne, également trésoriers à Paris et commissaires pour les ponts et chaussées.

« Le roi s'étant fait représenter en son conseil les arrêts y rendus les 25 avril et 20 septembre 1689 et lettres patentes du 2 mai de ladite année, par lesquels, entre autres choses, S. M. aurait commis et député le sieur Fornier de Montagny, l'un des trésoriers de France du bureau des finances à Paris, commissaire des ponts et chaussées et pavé de Paris pour expédier les baux et adjudications, mandements et réceptions des ouvrages extraordinaires lors à faire dans la généralité de Paris; et S. M. étant informée que, pour faciliter les ouvrages et réparations des ponts et chaussées et même accélérer toutes les expéditions qui y ont rapport, il est non-seulement nécessaire de continuer ladite commission, mais encore de commettre à mêmes fins les autres commissaires dudit bureau pour les ponts et chaussées; A quoi voulant pourvoir, ouï le rapport;

« S. M. en son conseil a commis et député par le présent arrêt ledit sieur Fornier de Montagny et les sieurs Vigneron et de Bragelongne, présidents et trésoriers de France au bureau des finances de Paris, pour faire les marchés, baux au rabais, faire faire en leur présence les devis, toisés et réceptions des ouvrages extraordinaires des ponts et chaussées, délivrer leurs ordonnances et mandements et généralement faire toutes les expéditions nécessaires pour lesdits ouvrages, sur lesquels mandements seront les trésoriers généraux des ponts et chaussées tenus de payer aux entrepreneurs les sommes qui leur seront ordonnées pour raison desdits ouvrages. »

Archives de l'empire, arrêts du conseil, E 889, manuscrit.

N° 78.

14 août 1716.

Arrêt du conseil d'état qui ordonne la réparation des avenues de la ville d'Angers, sur le devis du sieur de Brou, ingénieur des ponts et chaussées de la généralité de Tours, du 17 juillet 1715, montant à 20,946 liv. 10 s., et l'imposition de cette somme en 1717 et 1718 sur la généralité de Tours, dont un quart sur les habitants de ladite ville d'Angers.

Archives de l'empire, arrêts du conseil, E 889, manuscrit.

N° 79.

22 août 1716.

Arrêt du conseil d'état qui ordonne une imposition de 36.000 liv., en 1717, sur les généralités de Caen, Rouen et Alençon, pour la reconstruction du pont de la porte de Lisieux du côté de Caen, route de Paris et Rouen.

Archives de l'empire, arrêts du conseil, E 889, manuscrit.

N° 80.

22 août 1716.

Arrêt du conseil d'état qui ordonne une imposition de 54.820 liv. sur la généralité de Montauban pour travaux des ponts et chaussées à y faire en 1717.

« Le roi étant informé que la somme de 9.000 liv. (a) qui se prend annuellement sur la recette générale des finances de la généralité de Montauban (b) pour la dépense des ponts et chaussées, ne se trouve pas suffisante pour le payement des ouvrages qu'il convient d'y faire l'année prochaine 1717 et qu'il est nécessaire d'imposer sur ladite généralité en ladite année la somme de 54.820 liv. (c) conjointement avec les deniers de la taille, pour employer aux ouvrages les plus indispensables à faire ladite année ; A quoi voulant pourvoir, vu l'avis du sieur Laugeois (d) maître des requêtes, commissaire départi en ladite généralité, ouï le rapport ;

« S. M. en son conseil a ordonné et ordonne qu'il sera imposé et levé l'année prochaine 1717, sur les contribuables aux tailles de la généralité de Montauban, conjointement avec les deniers de la taille au marc la livre d'icelle, la somme de 54.820 liv. pour employer au payement des ouvrages à faire ladite année prochaine aux ponts, chaussées et grands chemins de ladite généralité, etc. . . . . . »

Archives de l'empire, arrêts du conseil, E 889, manuscrit.

Dans le même carton et sous la même date, se trouvent dix-huit arrêts semblables, avec les variantes qui suivent :

(b) Généralité d'Alençon; (a) 10.000 liv. ; (c) 50.000 liv. ; (d) sieur de Courteille. — (b) Généralité d'Orléans; (a) 15.000 liv. ; (c) 50.000 liv. ; (d) sieur de Bouville. — (b) Généralité de Caen ; (a) 10.000 liv. ; (c) 10.665 liv. ; (d) sieur Guynet. — (b) Généralité d'Auch; (a) 0, 00; (c) 79.810 liv. réduites dans l'imposition de 1717 à 60.000 liv.; (d) sieur Legendre. — (b) Généralité de Grenoble; (a) 4.000 liv. ; (c) 69.279 liv. 17 s. 2 d.; (d) sieur d'Orsay. — (b) Généralité de Rouen; (a) 6.000 liv. ; (c) 60.000 liv. ; (d) sieur Goujon de Gasville. — (b) Généralité de Soissons; (a) 8.000 liv. ; (c) 63.577 liv. 12 s. 2 d.; (d) sieur d'Eaubonne. — (b) Généralité d'Amiens; (a) 8.000 liv.; (c) 40.000 liv.; (d) sieur de Bernage. — (b) Généralité de Tours; (a) 12.000 liv. ; (c) 17.000 liv. ; (d) sieur Chauvelin. — (b) Généralité de Moulins; (a) 9.000 liv. ; (c) 28.000 liv. ; (d) sieur Turgot. — (b) Généralité de Lyon ; (a) 10.000 liv. ; (c) 30.000 liv. ; (d) sieur Méliand. — (b) Généralité de Riom; (a) 9.000 liv. ; (c) 80.000 liv. ; (d) sieur de Nointel. — (b) Généralité de Poitiers; (a) 8.000 liv. ; (c) 8.273 liv. 10 s. (d) sieur Delatour Gallois. — (b) Généralité de Limoges; (a) 10.000 liv. ; (c) 4.448 liv.; (d) sieur de Lesseville. — (b) Généralité de Bourges ; (a) 9.000 liv. ; (c) 27.000 liv. ;

(d) sieur Foullé de Marsangis. — (b) Généralité de Bordeaux; (a) 8.000 liv.; (c) 65.000 liv.; (d) sieur de Courson. — (b) Généralité de La Rochelle; (a) 5.000 liv.; (c) 25.000 liv.; (d) sieur de Creil. — (b) Généralité de Châlons; (a) 10.000 liv.; (c) 142.000 liv.; (d) sieur de L'Escalopier.

N° 81.

22 août 1716.

Arrêt du conseil d'état qui ordonne une imposition de 20.000 liv. sur les généralités de pays d'élections et de Metz et Franche-Comté pour le payement des appointements et gratifications de l'inspecteur général, du premier ingénieur et des trois inspecteurs des ponts et chaussées.

« Le roi s'étant fait représenter en son conseil les trois arrêts rendus en icelui le 28 novembre 1713, par lesquels S. M. a ordonné qu'à commencer en l'année 1714 il serait annuellement imposé sur les contribuables aux tailles des dix-neuf généralités des pays d'élections et sur ceux de Metz et Franche-Comté, pour le payement des appointements et gratifications de onze inspecteurs des ponts et chaussées, la somme de 66.000 liv., savoir : 12.000 liv. sur la généralité de Paris, 4.000 liv. sur celle de Châlons, 3.000 liv. sur chacune des généralités d'Orléans, Tours, Bourges, Moulins, Riom, Lyon, Poitiers, Limoges, Bordeaux, la Rochelle, Montauban et Grenoble, et 2.000 liv. sur chacune des généralités de Soissons, Amiens, Rouen, Caen, Alençon, Metz et Franche-Comté; Et S. M., par autre arrêt de son conseil du 1er février 1716, ayant révoqué ces onze inspecteurs à commencer du 1er janvier dernier et commis en leur lieu et place, par cinq arrêts du 4 février de la présente année 1716, un inspecteur général, un architecte et premier ingénieur et trois inspecteurs des ponts et chaussées, dont les appointements et frais de voyages ont été réglés par ledit arrêt du 4 février 1716 à la somme de 20.000 liv., elle a résolu de fixer par le présent arrêt ce que chaque généralité portera de l'imposition de cette dernière somme à commencer de l'année prochaine 1717; A quoi voulant pourvoir, vu lesdits arrêts des 28 novembre 1713, 1er et 4 février 1716, ouï le rapport;

« S. M. en son conseil, sans s'arrêter auxdits arrêts du 28 novembre 1713 qu'elle veut n'avoir plus à l'avenir aucune exécution, a ordonné et ordonne que, pour le payement des appointements et frais de voyage des inspecteur général, architecte et premier ingénieur, et trois inspecteurs des ponts et chaussées, commis par arrêts du 4 février 1716, il sera imposé chaque année sur les contribuables aux tailles des vingt généralités de pays d'élections et sur ceux des généralités de Metz et de Franche-Comté, à commencer en l'année prochaine 1717, la somme de 20.000 liv., savoir : sur la généralité de Paris 3.200 liv., sur celle de Châlons 1.200 liv., sur chacune des généralités d'Orléans, Tours, Bourges, Moulins, Lyon, Riom, Poitiers, Limoges, Bordeaux, la Rochelle, Montauban et Grenoble 900 liv., et 600 liv. sur chacune des généralités de Soissons, Amiens, Rouen, Caen, Alençon, Auch, Metz et Franche-Comté. Veut S. M. que dans les commissions des tailles, etc. »

Archives de l'empire, arrêts du conseil, E 889, manuscrit.

N° 82.

22 août 1716.

Arrêt du conseil d'état qui ordonne une imposition de 59.600 liv. sur les généralités de pays d'élections et de Metz et Franche-Comté pour le payement des appointements des vingt-deux ingénieurs des ponts chaussées commis par arrêts des 4 février, 4 avril et 9 juin 1716.

« Le roi s'étant fait représenter en son conseil les arrêts rendus en icelui les 4 octobre 1707, 19 février 1709, 29 décembre 1711, 15 novembre 1712, 28 mars, 28 octobre, 21 novembre 1713 et 14 mai 1715, par lesquels S. M. a ordonné qu'il serait annuellement imposé la somme de 2.400 liv. sur les contribuables aux tailles de chacune des généralités de Soissons, Amiens, Châlons, Orléans, Tours, Bourges, Moulins, Lyon, Riom, Poitiers, Limoges, Bordeaux, la Rochelle, Montauban, Rouen, Caen, Alençon, Grenoble, Franche-Comté, et 500 liv. seulement sur la généralité de Metz, pour les appointements des ingénieurs des ponts et chaussées desdites généralités; Et S. M. ayant, par arrêt de son conseil du 1er février 1716, révoqué lesdits ingénieurs à compter du 1er janvier 1716 et réduit les appointements de ceux desdits ingénieurs qui ont été conservés et des nouveaux qui ont été commis par arrêts des 4 février, 4 avril et 9 juin 1716 à la somme de 1.800 liv. chacun par an, elle a résolu d'en ordonner l'imposition sur chaque généralité à commencer en l'année prochaine 1717 : A quoi voulant pourvoir ; vu lesdits arrêts des 4 octobre 1707, 19 février 1709, 29 décembre 1711, 15 novembre 1712, 28 mars, 28 octobre, 21 novembre 1713, 14 mai 1715, 1er et 4 février, 4 avril et 9 juin 1716 ; ouï le rapport ;

« S. M. en son conseil, sans s'arrêter auxdits arrêts du conseil des 4 octobre 1707, 19 février 1709, 29 décembre 1711, 15 novembre 1712, 28 mars, 28 octobre, 21 novembre 1713 et 14 mai 1715 qu'elle veut à l'avenir n'avoir plus d'exécution, a ordonné et ordonne que, pour le payement des appointements des vingt-deux ingénieurs des ponts et chaussées commis par arrêts des 4 février, 4 avril et 9 juin 1716, il sera imposé chaque année à commencer en la prochaine 1717, sur les contribuables aux tailles des généralités de Paris, Soissons, Amiens, Châlons, Orléans, Tours, Bourges, Moulins, Lyon, Riom, Poitiers, Limoges, Bordeaux, la Rochelle, Montauban, Rouen, Caen, Alençon, Grenoble, Auch, Metz et Franche-Comté, la somme de 39.600 liv., à raison de 1.800 liv. sur chacune desdites généralités ; et en outre, sur les contribuables aux tailles de la généralité d'Auch, pour l'année prochaine 1717 seulement, celle de 1.030 liv. pour les appointements des sept derniers mois de l'année 1716 de l'ingénieur commis pour ladite généralité d'Auch par arrêt du 9 juin dernier, revenant lesdites impositions pour l'année 1717 seulement à la somme de 40.650 liv. Veut S. M., etc. »

Archives de l'empire, arrêts du conseil, E 889, manuscrit.

N° 33.

29 août 1716.

Arrêt du conseil d'état qui ordonne la mise en adjudication de la reconstruction du pont de Blois.

« Le roi ayant été informé de la nécessité qu'il y a de rétablir, par la construction d'un nouveau pont de pierres sur la rivière de Loire, le grand passage interrompu par la ruine du pont de Blois emporté par le débordement des eaux de l'hiver dernier; S. M. aurait ordonné au sieur Gabriel, architecte ordinaire du roi et premier ingénieur des ponts et chaussées du royaume, de se transporter sur les lieux, pour vérifier les plans et devis du nouveau pont à construire faits par ledit sieur Gabriel, et de faire à cette fin toutes les épreuves préalables à un si important projet ; lesquels plans et devis ayant été rapportés et examinés au conseil de

S. M. ensemble le procès-verbal dudit sieur Gabriel, elle aurait, attendu la conséquence de ce grand ouvrage, résolu de faire en son conseil l'adjudication dudit nouveau pont suivant les formalités ordinaires : sur quoi, ouï le rapport ;

« S. M. en son conseil a ordonné et ordonne que, sur les devis et plans dressés par ledit sieur Gabriel, il sera incessamment arrêté au conseil une affiche contenant les prix, clauses et conditions sur lesquelles l'adjudication des ouvrages à faire pour la construction d'un nouveau pont de pierres en la ville de Blois sera faite, laquelle affiche sera apposée et publiée tant au conseil que dans les généralités d'Orléans et de Blois, de l'ordonnance du sieur de Bouville, commissaire départi en la généralité d'Orléans, et ce par trois différents jours de huitaine en huitaine ; et seront les offres au rabais, faites sur lesdits ouvrages, reçues tant au conseil que par ledit sieur de Bouville, lequel dressera procès-verbal des offres qui seront faites par devant lui, lequel il enverra au conseil pour être procédé à l'adjudication au rabais des ouvrages à faire pour la construction dudit pont, en la manière accoutumée. »

Archives de l'empire, arrêts du conseil, E 889, manuscrit.

N° 84.

29 août 1716.

Arrêt du conseil d'état qui approuve l'adjudication de la démolition, jusqu'à 18 pouces sous l'étiage, des ruines des treize premières arches du pont de Blois du côté de la ville, renversées par les glaces en février 1716, sur devis des sieurs de la Hire, inspecteur général, Gabriel, premier ingénieur, et Desroches, ingénieur ordinaire de la généralité d'Orléans, moyennant 12.500 liv. et en outre à la charge de payer à l'adjudicataire 6 liv. par toise cube de quartiers de pierres, 3 liv. par toise cube de moellons, et 2 liv. du cent pesant de fer qu'il retirera desdites ruines et entoisera conformément au devis.

Archives de l'empire, arrêts du conseil, E 889, manuscrit.

N° 85.

29 août 1716.

Arrêt du conseil d'état qui ordonne une nouvelle imposition de 50.000 liv. en 1716 sur la généralité d'Alençon, en sus de celle de pareille somme ordonnée par arrêt du 27 décembre 1715, pour nouveaux ouvrages des ponts et chaussées, suivant état dressé par l'intendant et montant à 212.000 liv.

Archives de l'empire, arrêts du conseil, E 889, manuscrit.

N° 86.

6 octobre 1716.

Arrêt du conseil d'état qui ordonne la vente de 142 arpents de bois en réserve pour concourir au rétablissement des ponts de Blois et d'Amboise.

Archives de l'empire, arrêts du conseil, E 891, manuscrit.

PIÈCES JUSTIFICATIVES.

N° 87.

13 octobre 1716.

Arrêt du conseil d'état qui ordonne une imposition de 48.700 liv., par moitié en chacune des années 1717 et 1718, sur la généralité d'Auch, pour construction d'un canal et d'une digue de défense contre les débordements de l'Adour près la ville d'Aire.

Archives de l'empire, arrêts du conseil, E 891, manuscrit.

N° 88.

20 octobre 1716.

Arrêt du conseil d'état qui commet M. d'Eaubonne, commissaire départi en la généralité de Soissons, pour, conjointement avec les officiers du présidial de Soissons, informer des malversations commises aux travaux des ponts et chaussées.

« Le roi ayant été informé de plusieurs malversations commises tant dans l'entreprise du rétablissement de la chaussée de Château-Thierry que dans les autres ouvrages de la généralité de Soissons, S. M. aurait ordonné au sieur Gabriel, architecte et premier ingénieur des ponts et chaussées, de se transporter sur les lieux à l'effet de les visiter et d'entrer dans l'examen des choses qui y ont rapport; et s'étant fait représenter le procès-verbal dudit sieur Gabriel, par lequel il paraît que plusieurs adjudicataires desdits ouvrages en ont fait des sous-baux très-préjudiciables aux intérêts du roi, que, quoiqu'ils ne les aient point construits conformément aux devis, il en a été délivré des réceptions sur lesquelles ils en ont reçu le prix, et qu'il a été commis divers autres abus et prévarications; A quoi voulant pourvoir, ouï le rapport;

Le roi en son conseil a commis et commet le sieur Fèvre d'Eaubonne, commissaire départi dans la généralité de Soissons, pour, conjointement avec les officiers du présidial de Soissons, informer desdits délits et malversations, circonstances et dépendances; commettre, s'il est nécessaire, pour en informer; décréter et faire le procès aux coupables jusqu'à jugement définitif inclusivement et en dernier ressort; leur attribuant à cet effet toute cour, juridiction et connaissance et icelle interdisant à toutes les autres cours et juges. »

Archives du ministère des travaux publics, collection Poterlet, imprimé.

N° 89.

14 novembre 1716.

Lettres du duc d'Orléans, régent, contenant devis du pont de Blois, dressé par le sieur Gabriel, premier ingénieur, à construire en onze arches, dont celle du milieu aura 13 toises 3 pieds d'ouverture, et les arches symétriquement latérales auront successivement 12 toises 2 pieds 6 pouces, 11 toises 1 pied 6 pouces, 10 toises 1 pied, 9 toises 2 pieds et 8 toises 3 pieds 6 pouces; la montée de l'arche du milieu sera de 27 pieds 6 pouces et la hauteur de la clef au-dessus des basses eaux de 34 pieds. Le montant total des dépenses estimé 930.000 liv., non compris les dépenses d'épuisement des eaux.

A ces lettres est jointe l'affiche pour l'adjudication.
Le sieur Musbien, bourgeois de Paris, a été déclaré adjudicataire.

Archives de l'empire, arrêts du conseil, carton E 892, manuscrit.

N° 90.

17 novembre 1716.

Arrêt du conseil d'état portant liquidation des dépenses de la construction du pont de Moulins sur l'Allier, adjugée au sieur Musbien le 20 janvier 1705, moyennant 500.000 liv.; ledit pont composé de deux culées, deux piles et trois arches, suivant devis dressé par le sieur Mansard (1), surintendant des bâtiments du roi, plus 95.243 liv. pour un quai de 48 toises, et autres augmentations aux piles et culées s'élevant à 200.813 liv., de sorte que le montant définitif de la dépense a été fixé, par arrêt du conseil du 28 mai 1709, à 796.056 liv. 16 s. 1 d.

Le même arrêt ordonnait l'imposition de cette somme sur les généralités de Moulins, Orléans, Lyon, Riom et Bourges.

La vérification des travaux fut faite par le sieur Mathieu, architecte du roi et ingénieur des ponts et chaussées.

Archives de l'empire, arrêts du conseil, carton E 892, manuscrit.

N° 91.

28 novembre 1716.

1° Arrêt du conseil d'état par lequel le roi « ordonne qu'il sera imposé et levé pendant l'année prochaine 1717, sur tous les contribuables des paroisses et lieux dépendants des évêchés de Metz, Toul et Verdun, du pays non taillable de la frontière de Champagne et des prévôtés et lieux du département de Metz de la domination de S. M., la somme de 335.951 liv. 2 s., savoir : . . . . pour . . . . ; 62.809 liv. 9 d. pour les ponts et chaussées, attendu les ouvrages extraordinaires qui sont à faire dans l'étendue dudit département, sans tirer à conséquence pour les années suivantes. . . . . »

2° Autre arrêt semblable, du 22 décembre 1717, imposant, en 1718, 42.809 liv. 9 d. pour les ouvrages extraordinaires des ponts et chaussées. (Même registre.)

Archives de l'empire, registres d'arrêts du conseil, E 1957.

N° 92.

Décembre 1716.

Édit du roi portant suppression de divers offices de trésoriers.

« Louis, etc. . . . Les soins que nous prenons pour remédier aux abus qui se sont introduits dans le maniement de nos finances ne produiraient qu'un bien passager, si nous n'employions en même temps les moyens propres à y rétablir le

---

(1) Non pas Mansard, mais Hardouin-Mansard.

bon ordre pour l'avenir. Nous avons cru qu'il n'y en avait pas de plus essentiel que de réduire le nombre excessif des trésoriers, qui n'a été successivement augmenté au point où il en est que pour avoir de nouvelles finances à l'occasion des besoins où l'état s'est trouvé. Les fonds qui étaient remis à chacun de ces officiers comptables ne suffisant pas quelquefois pour l'acquittement des dépenses dont ils étaient chargés, ils s'en sont fait une raison ou un prétexte pour retarder le payement de celles dont ils avaient les fonds jusqu'à ce qu'ils fussent rentrés dans leur année d'exercice, durant laquelle ils employaient les nouveaux fonds pour acquitter les anciennes dépenses, ou, s'ils remplissaient les dépenses actuelles, ils laissaient vieillir les dettes légitimes; d'où il est arrivé que la plupart de ceux qu'ils devaient payer ont souffert des préjudices considérables, et que plusieurs de ces comptables sont tombés dans une confusion et un embarras dont ils ont peine à sortir; ce qui nous a obligé à prendre tant de soins et de précautions afin de liquider et remplacer ce qu'ils doivent et de connaître leur situation actuelle. D'ailleurs, la diversité des taxations et des droits qui leur ont été attribués, dans des temps de nécessité où le besoin d'argent faisait accepter tout ce qui pouvait procurer quelque secours, ont si peu de proportion avec la finance qu'ils ont payée pour les acquérir et sont si onéreux à notre état, qu'il n'est ni juste ni possible de les laisser subsister en leur entier............................

« Mais, comme le principal fruit que nous devons attendre de cette réforme dépend de la manière dont ils tiendront leurs registres, notre intention est de faire observer à ceux que nous conserverons tout ce qui est porté à cet égard par notre édit du mois de juin dernier, et de les obliger encore, outre le journal qu'ils doivent tenir en conformité, d'avoir des registres à partie double, où toutes les parties de recette et de dépense soient employées de la manière et en la forme qui seront par nous prescrites, afin que nous puissions d'un jour à l'autre connaître la situation actuelle de chaque trésorier et que tous lesdits trésoriers soient en état, immédiatement après chaque année d'exercice, de rendre leurs comptes en notre chambre des comptes..........................

« A ces causes............................

« Nous avons par le présent édit, dit, statué et ordonné, disons, statuons et ordonnons, voulons et nous plaît : ....

« 16. Nous avons éteint et supprimé, éteignons et supprimons les offices de trésoriers des turcies et levées et ceux de receveurs du barrage et payeurs de l'entretenement du pavé de notre bonne ville de Paris, ensemble deux des quatre offices de trésoriers généraux ancien, alternatif, triennal et quatriennal des ponts et chaussées de France, créés par édit du mois de décembre 1713, qui sont possédés par deux officiers ; et nous avons réuni et réunissons les deux autres en un seul corps d'office, sous le titre de notre conseiller trésorier général des ponts et chaussées, turcies et levées, et pavé de Paris, sans pouvoir être désuni, pour être ledit office exercé par un seul titulaire qui sera par nous choisi, pour faire, à commencer dudit jour 1er janvier prochain, toutes les recettes et dépenses qui concerneront lesdits ponts et chaussées, turcies et levées, et l'entretenement du pavé de la ville de Paris(1)............................ »

Archives du ministère des travaux publics, collection Poterlet, imprimé.

---

(1) Par arrê du 19 décembre 1716, le sieur de Pontcharrot fut nommé trésorier général des ponts e chaussées, turcies et levées et pavé de Paris.

TITRE III, CHAPITRE I.

N° 93.

30 janvier 1717.

Arrêt du conseil d'état pour rétablissement du pont de Toulouse, sur la Garonne, et construction d'un pont à Cazeras, sur la même rivière.

« Le roi étant informé de la nécessité qu'il y a de rétablir le pont de la ville de Toulouse sur la rivière de Garonne et de construire un pont à Cazeras sur la même rivière dans le lieu où se trouve le débris de l'ancien pont, à la dépense desquels ouvrages les états de Languedoc ont offert, par l'article 14 de leur cahier pour l'année 1716, de contribuer pour moitié, l'autre moitié devant être supportée par les élections qui ont été distraites de la généralité de Montauban pour composer celle d'Auch, S. M. aurait donné ses ordres le 10 décembre 1716 au sieur Legendre, maître des requêtes, commissaire départi dans la généralité d'Auch, d'imposer à compte de la moitié que cette généralité doit supporter, une somme de 20.000 liv. avec la taille de 1717, en conséquence desquels ordres ledit Legendre a imposé, pour la présente année 1717, seulement la somme de 10.000 liv. ; Et voulant S. M. pourvoir à la partie des fonds que la généralité d'Auch doit payer pour lesdits ouvrages ; ouï le rapport ; S. M. en son conseil.... » approuve l'imposition de 10.000 liv. sur les taillables des élections de la généralité d'Auch en 1717, et...... ordonne une deuxième imposition de 10.000 liv. en la même année 1717 et une autre de 20.000 liv. en 1718, etc.

Archives de l'empire, arrêts du conseil, E 894, manuscrit.

N° 94.

13 mars 1717.

Arrêt du conseil pour nomination d'un ingénieur dans le Roussillon.

« Le roi étant informé des désordres causés par les derniers débordements de la rivière du Tet, des dégradations qu'ils ont faites entre autres aux ponts vieux et neuf de Perpignan, même que cette rivière, ayant changé son lit en plusieurs endroits de la province de Roussillon où elle a son cours, y a fait des dégâts considérables ; de plus qu'il y a nombre de réparations à faire aux ponts et chaussées de cette province et dépendances, où il est nécessaire d'établir, sous les ordres du sieur d'Andrezel, intendant en ladite province, une personne capable et expérimentée pour avoir inspection sur tous les ouvrages qu'il convient actuellement et qu'il conviendra par la suite faire en ladite province et dépendances ; Et comme le sieur comte de Mirabel, ingénieur en chef à Collioure et Port-Vendres, a donné en plusieurs occasions des preuves de sa capacité et expérience, et qu'on ne peut plus sûrement confier à personne le soin des ouvrages à faire dans toute l'étendue du département dudit sieur d'Andrezel ; ouï le rapport ;

S. M. en son conseil a commis et commet ledit sieur de Mirabel pour avoir l'inspection sur les ouvrages des ponts et chaussées de ladite province de Roussillon dans toute l'étendue du département du sieur d'Andrezel ; lequel sieur de Mirabel fera la visite du cours de la rivière du Tet, examinera les expédients propres à la remettre et contenir dans son lit, dressera ses rapports et devis des réparations à faire aux ponts vieux et neuf de Perpignan, assistera aux adjudications qui en seront faites par ledit sieur d'Andrezel, conduira lesdits ouvrages, en fera la réception et aura soin de les faire entretenir, le tout en qualité d'ingénieur des ponts et chaussées, aux appointements de 1.800 liv. par an, dont le fonds sera fait conjointement avec ceux nécessaires pour la dépense desdits ouvrages; desquels appointements ledit sieur de Mirabel sera payé sur sa simple quittance par le trésorier général des ponts et chaussées, à compter du 1er janvier de la présente année 1717.

Archives de l'empire, arrêts du conseil E 896, manuscrit.

N° 95.

13 mars 1717.

Arrêt du conseil d'état ordonnant l'ouverture d'un nouveau lit pour la rivière du Tet et au préalable une enquête *de commodo et incommodo* sur les ouvrages proposés à cet effet.

Archives de l'empire, arrêts du conseil, E 896, manuscrit.

N° 96.

13 mars 1717.

Arrêt du conseil rappelant celui du 16 juillet 1715 qui ordonnait la levée en quatre ans, à commencer de 1716, d'une imposition de 40.743 liv. sur la généralité de Poitiers, pour le rétablissement de la route de Poitiers à Bordeaux par Chef-Boutonne, et qui applique les fonds restant à recouvrer de cette imposition à la réparation de la route de Poitiers à Bordeaux par Lusignan, qui est la plus ancienne, la plus fréquentée et de plus commune au chemin de Poitiers à la Rochelle.

Archives de l'empire, arrêts du conseil, E 896, manuscrit.

N° 97.

29 mai 1717.

Arrêt du conseil pour expropriation des maisons à démolir pour la construction du pont de Blois, lequel mentionne un arrêt du 8 décembre 1716, par lequel il a été imposé, en quatre années, sur tous les contribuables aux tailles des vingt généralités du royaume, un million de livres pour toutes les dépenses dudit pont.

Archives de l'empire, arrêts du conseil, E 898, manuscrit.

N° 98.

29 mai 1717.

Arrêt du conseil qui ordonne l'emploi d'un fonds de 6.172 liv. 4 s. 4 d. dans l'état des ponts et chaussées pour indemnité d'héritages pris pour la route de Bayonne à Bordeaux.

Archives de l'empire, arrêts du conseil, E 898, manuscrit.

N° 99.

5 juin 1717.

Arrêt du conseil qui nomme ingénieur de la généralité de Bordeaux le sieur Ubeleski, neveu et élève du sieur Fossier de Chantalou, ingénieur, que son âge et ses infirmités empêchent de continuer ses fonctions.

Archives de l'empire, arrêts du conseil, E 899, manuscrit.

N° 100.

19 juin 1717.

Arrêt du conseil d'état ordonnant une imposition extraordinaire sur les généralités pour ouvrages des ponts et chaussées.

« Sur ce qui a été représenté au roi en son conseil que, pour l'entretien et continuation des réparations des grands chemins et pour les nouveaux ouvrages des ponts et chaussées, il est nécessaire, outre les 200.000 liv. de fonds ordinaire des dix-neuf généralités de pays taillables autres que ceux de Paris, suivant l'avis des sieurs commissaires départis dans lesdites généralités, d'imposer en l'année prochaine une somme de 962.010 liv.; Et comme ces ouvrages tendent à faciliter, même à augmenter le commerce d'entre les sujets de S. M. et à rendre plus commode la communication des différentes parties du royaume; vu les avis desdits sieurs commissaires départis dans lesdites dix-neuf généralités; ouï le rapport...

« S. M. en son conseil a ordonné et ordonne qu'il sera imposé et levé l'année prochaine 1718 sur tous les contribuables aux tailles desdites 19 généralités, conjointement avec les deniers de la taille, la somme de 962.010 liv. pour employer au payement des ouvrages à faire ladite année aux ponts, chemins et chaussées desdites généralités, savoir : sur la généralité de Soissons, 60.000 liv.; sur celle d'Amiens, 50.000 liv.; sur celle de Châlons, 140.000 liv.; sur celle d'Orléans, 50.000 liv.; sur celle de Tours, 31.840 liv.; sur celle de Bourges, 41.000 liv.; sur celle de Moulins, 28.000 liv.; sur celle de Lyon, 30.000 liv.; sur celle de Riom, 60.000 liv.; sur celle de Poitiers, 10,000 liv.; sur celle de Limoges, 10.000 liv.; sur celle de Bordeaux, 65.000 liv.; sur celle de la Rochelle, 48.627 liv.; sur celle de Montauban, 60.000 liv.; sur celle d'Auch, 80.000 liv.; sur celle de Rouen, 67.607 liv.; sur celle de Caen, 20.000 liv.; sur celle d'Alençon, 50.000 liv.; et sur celle de Grenoble, 59.936 liv.; revenant toutes lesdites sommes ensemble à ladite première de 962.010 liv., que S. M. veut et ordonne être remise, par les receveurs généraux des finances desdites généralités en exercice l'année prochaine 1718, au trésorier général des ponts et chaussées en exercice aussi ladite année, pour être ladite somme de 962.010 liv. par lui payée, sur les ordonnances des sieurs intendants et commissaires départis dans lesdites généralités, aux entrepreneurs et adjudicataires des ouvrages qui y seront ordonnés par l'état des ponts et chaussées de ladite année prochaine 1718. . . . . »

Archives de l'empire, arrêts du conseil, E 899, manuscrit.

N° 101.

3 juillet 1717.

Arrêt de nomination du sieur Bizot, architecte, comme ingénieur des ponts et chaussées de la province de Franche-Comté, en remplacement du sieur Mazière de Morainville.

Archives de l'empire, arrêts du conseil, E 900, manuscrit.

N° 102.

4 septembre 1717.

Arrêt du conseil qui approuve les adjudications faites le 26 août pour construction d'un pont volant à côté des deux arches tombées du pont de Saumur, moyennant 4.000 liv., et pour la réfection desdites deux arches moyennant 38.050 liv., sur les devis du sieur de Brou, ingénieur de la généralité de Tours ; et qui ordonne l'imposition sur ladite généralité de 42.050 liv., dans les deux années 1718 et 1719, outre; pour l'année 1718, l'imposition de 31.840 liv., ordonnée pour la dépense des ponts et chaussées par arrêt du 19 juin 1717.

Archives de l'empire, arrêts du conseil, E 902, manuscrit.

N° 103.

21 septembre 1717.

Arrêt du conseil qui ordonne l'imposition en 1718, sur la généralité d'Auch, de 11.660 liv. pour le pont de Blois, et 10.000 liv. pour les ponts de Toulouse et Cazeras, en remplacement de la contribution non levée en 1717.

Archives de l'empire, arrêts du conseil, E 902, manuscrit.

N° 104.

16 octobre 1717.

Arrêt du conseil qui ordonne, pour réparation du pont de la Guillotière, d'après devis dressé par le sieur Deville, ingénieur de la généralité de Lyon, l'imposition de 45.000 liv. en 1718 sur les 20 généralités de pays d'élections, sayoir : Paris, 4.413 liv.; Soissons, 1.136 liv.; Amiens, 1.153 liv.; Châlons, 1.916 liv.; Orléans, 2.632 liv.; Tours, 3.990 liv.; Bourges, 910 liv.; Moulins, 1.780 liv.; Lyon, 1.852 liv.; Riom, 3.352 liv.; Poitiers, 2.595 liv.; Limoges, 1.974 liv.; Bordeaux, 3.105 liv.; la Rochelle, 1.440 liv; Montauban, 2.366 liv.; Auch, 1.875 liv.; Rouen, 2.950 liv.; Caen, 2.135 liv.; Alençon, 1.915 liv.; Grenoble, 1.310 liv.; laquelle somme de 45.000 liv. sera avancée par les prévôt et échevins de la ville de Lyon, vu l'urgence.

Archives de l'empire, arrêts du conseil, E 903, manuscrit.

N° 105.

16 octobre 1717.

Arrêt du conseil concernant des gratifications allouées aux ingénieurs chargés des démolitions des anciens ponts de Moulins ruinés.

« Sur ce qui a été représenté au roi en son conseil que le sieur Lemaistre, ingénieur chargé du soin des démolitions des deux ponts de pierres bâtis à Moulins sur la rivière d'Allier qui ont été emportés en partie par les débordements de ladite rivière, est décédé depuis l'année 1714 et que le sieur Trésaguet, ingénieur des ponts et chaussées de la généralité de Moulins, et le sieur Demarne, ci-devant inspecteur desdits ponts et chaussées, ont été conjointement chargés pendant l'année 1716 et depuis, non-seulement du soin desdites démolitions et des matériaux en provenant, mais encore des ouvrages qui ont été jugés nécessaires pour les abords des bacs de ladite ville de Moulins, pour raison de quoi S. M. leur a accordé les mêmes appointements dont jouissait ledit sieur Lemaistre, à partager entre eux deux par égale portion, ce qui fait pour chacun la somme de 1.000 liv. par an, à prendre sur le produit de la ferme du bac que S. M. a permis d'établir dans ladite ville de Moulins pour faciliter le passage de ladite rivière d'Allier ; Et voulant S. M. continuer lesdits appointements auxdits sieurs Trésaguet et Demarne, en considération des services qu'ils ont rendus et rendront dans la suite ; ouï le rapport ;

S. M. en son conseil a ordonné et ordonne que, sur le prix de la ferme du bac dont les baux ont été ou seront faits par le sieur commissaire départi pour les ordres de S. M. en la généralité de Moulins, il sera pris, par chacun an à compter du 1er janvier 1716, la somme de 2.000 liv. pour être payée, savoir ; 1.000 liv. audit sieur Trésaguet et pareille somme de 1.000 liv. audit sieur Demarne, pour leur tenir lieu d'appointements à cause des soins qu'ils continueront de prendre desdites démolitions, matériaux et ouvrages. . . . . »

Archives de l'empire, arrêts du conseil, E 903, manuscrit.

N° 106.

2 novembre 1717.

Arrêt du conseil pour établissement d'un bac au pont Saint-Maixence à cause de la ruine d'une pile et de la rupture d'une arche attenante du pont.

Archives de l'empire, arrêts du conseil, E 904, manuscrit.

N° 107.

20 novembre 1717.

Arrêt du conseil qui ordonne l'imposition d'une somme de 14.596 liv. 17 s. 6 d. sur les généralités de Lyon (1/3), Grenoble (1/3), Riom (1/6) et Moulins (1/6), pour augmentation d'ouvrages au pont sur la Turdine près l'Arbresle, route de Paris à Lyon par Roanne.

Archives de l'empire, arrêts du conseil, E 904, manuscrit.

N° 108.

11 décembre 1717.

Arrêt du conseil qui rappelle et confirme les adjudications faites, les 18 juillet 1712 et 23 janvier 1714, à Pierre Musbien, d'une digue aux piles de Pinay et d'une autre sur les rochers du château de la Roche, pour empêcher la continuation des débordements de la Loire.

Archives de l'empire, arrêts du conseil, E 1717, manuscrit.

N° 109.

24 décembre 1717.

Arrêt du conseil d'état qui continue l'emploi du sieur Lescuyer comme ingénieur préposé sur les carrières d'où l'on tire la pierre pour le pont de Blois, aux appointements de 900 liv., et celui du sieur Boislevé pour tenir les états de payement des matériaux et ouvriers employés audit pont, aux appointements de 600 liv., sous les ordres du sieur de Regemorte, contrôleur du pont de Blois.

Archives de l'empire, arrêts du conseil, E 1717, manuscrit.

N° 110.

15 janvier 1718.

Arrêt du conseil qui nomme le sieur de Mégrigny ingénieur des ponts et chaussées dans la généralité de Châlons, en remplacement du sieur Berenguier, ingénieur nommé le 4 février 1716, lequel est révoqué.

Autre arrêt qui nomme le sieur Doucet de Lucé en place du sieur Varney, ingénieur employé dans la généralité de Grenoble, aussi révoqué.

Archives de l'empire, arrêts du conseil, E 906, manuscrit.

N° 111.

15 janvier 1718.

Arrêt du conseil d'état qui nomme les sieurs de Regemorte père et fils directeurs des ponts et chaussées de la province d'Alsace.

« Le roi étant informé que les grands chemins et grandes routes de la province d'Alsace ont été très-endommagés pendant les dernières guerres, ce qui cause beaucoup de préjudice au commerce et d'incommodités aux voyageurs et aux troupes dans leurs marches ; pour raison de quoi le sieur d'Angevilliers, intendant en ladite province, aurait dès l'année dernière fait faire plusieurs réparations par corvées, suivant l'usage du pays, et que, pour que les peuples tirent desdits travaux (qu'il convient de continuer d'année en année) toute l'utilité qu'ils en doivent attendre, il est à propos d'en donner la direction, sous l'autorité du sieur intendant, à un sujet capable ; A quoi voulant pourvoir ; ouï le rapport. . . . . .

« S. M. en son conseil a commis et commet les sieur Jean-Baptiste de Regemorte père et Noël de Regemorte fils, ingénieurs, pour avoir, sous les ordres du sieur intendant de la province d'Alsace, la direction des ponts, chemins, chaussées et autres ouvrages publics de ladite province, dresser les plans et devis des réparations qui seront à faire, régler les travaux qui seront faits par corvées et assister à la passation des marchés et réception des ouvrages qui en seront susceptibles, lorsqu'il y en aura : Et, attendu que le sieur de Regemorte père est chargé de la conduite du pont de Blois sur la Loire, ce qui l'éloigne souvent d'Alsace, ordonne S. M. que lesdits sieurs Jean-Baptiste et Noël de Regemorte père et fils rempliront conjointement ou séparément lesdites fonctions en Alsace : Et a S. M. réglé les appointements dusdits sieurs de Regemorte à la somme de 3.000 liv. par an, laquelle sera imposée chaque année sur ladite province, conjointement avec l'imposition qui se fait pour les fourrages de la cavalerie, et ce à commencer en la présente année 1718. »

....

Archives de l'empire, arrêts du conseil, E 906, manuscrit.

N° 112.

22 janvier 1718.

Arrêt du conseil qui ordonne l'imposition sur tous les contribuables des paroisses et lieux dependants des évêchés de Metz, Toul et Verdun (comme au n° 92) « la somme de 20.000 liv. au par-dessus de celles ordonnées être imposées dans ledit département par l'arrêt du 22 décembre 1717 », pour ouvrages imprévus et indispensables des ponts et chaussées.

Archives de l'empire, arrêts du conseil, registre E 1995, manuscrit.

N° 113.

26 février 1718.

Arrêt du conseil qui ordonne une imposition de 60.000 liv. sur les contribuables du comté de Bourgogne, pendant chacune des années 1718, 1719 et 1720, pour continuation de la réparation des chemins dudit comté.

Archives de l'empire, arrêts du conseil, E 907, manuscrit.

N° 114.

23 mars 1718.

Arrêt du conseil d'état pour travaux des turcies et levées et impositions y relatives pendant les années 1719, 1720, 1721 et 1722.

« Le roi s'étant fait représenter les procès-verbaux faits en exécution des ordres de S. M. par le sieur Robert, intendant des turcies et levées, contenant les toisés et estimations des ouvrages de maçonnerie, terres, sablages et autres qu'il est nécessaire de faire pour continuer, tant pour fortifier et élever les levées jusqu'à 23 pieds au-dessus des basses eaux de l'été et les élargir à proportion, que pour construire des déchargeoirs dans les lieux qui seront marqués et faire de nouveaux ouvrages pour l'utilité du commerce et la facilité de la navigation, dont la dépense se trouve monter à plus de 800.000 liv.; et S. M. voulant procurer l'avancement de ces travaux si nécessaires pour prévenir les nouveaux désordres que les crues des rivières de Loire, Cher et Allier pourraient causer; Et S. M. étant informée que les fonds destinés pour les entretiens et réparations desdites levées ont, dans tous les temps, été imposés sur les contribuables des généralités d'Orléans, Tours, Riom, Bourges et Moulins, S. M. étant en son conseil, de l'avis de M. le duc d'Orléans, régent, a ordonné et ordonne que, par ledit sieur Robert, il sera incessamment procédé aux adjudications au rabais des ouvrages de maçonnerie, terres, sablages et autres nécessaires pour continuer de fortifier, élever et élargir les levées desdites rivières de Loire, Cher et Allier et d'y faire des déchargeoirs et des nouveaux ouvrages pour l'utilité du commerce et la facilité de la navigation, dont le prix sera payé aux entrepreneurs, sur ses ordonnances, par le trésorier des tarcies et levées en exercice, au fur et à mesure de l'avancement desdits ouvrages jusqu'à l'entier et parfait payement, lequel ne sera fait qu'après la réception desdits ouvrages qui sera faite par ledit sieur Robert en la manière ordinaire.

« Et pour faire les fonds nécessaires pour le payement de cette dépense, ordonne S. M. qu'il sera imposé et levé conjointement avec les deniers de la taille, au marc la livre d'icelle et non autrement, en quatre années consécutives à commencer en la prochaine 1719, la somme de 800.000 liv. sur les contribuables aux tailles des généralités d'Orléans, Tours, Riom, Bourges et Moulins, chacune année par égale portion, à raison de 200.000 liv. par chacune année, savoir : sur la généralité d'Orléans, 41.473 liv. 10 s.; sur celle de Tours, 66,889 liv. 10 s.; sur celle de Riom, 44.148 liv.; sur celle de Bourges, 17.386 liv. 10 s.; et sur celle de Moulins, 30.132 liv. 10 s. Veut S. M., etc. . . . . »

Archives des travaux publics, collection Poterlet, manuscrit.

N° 115.

26 avril 1718.

Arrêt du conseil qui approuve l'adjudication faite par le sieur de Nointel, intendant de la généralité de Soissons, des travaux à faire au pont de Château-Thierry, moyennant 73,000 liv., sur devis dressé par le sieur Gabriel, premier ingénieur des ponts et chaussées, et qui ordonne l'imposition convenable sur la généralité de Soissons en chacune des années de 1717 à 1721.

N° 116.

4 mai 1718.

Lettres patentes sur arrêt du conseil d'état rendu le 25 avril précédent, par lequel est approuvé un acte de délibération passé entre le marquis d'Oppède, concessionnaire, par lettres patentes du 26 décembre 1507, d'un canal de navigation et d'irrigation à dériver de la Durance, et les sieurs duc de Bourbon, duc d'Antin, marquis de Brancas et Ciprian, qui se seront associés avec ledit marquis d'Oppède pour l'exécution dudit canal se dirigeant, d'une part, d'Avignon sur Saint-Chamas et Marseille, d'autre part, sur Donzère en Dauphiné où il tombera dans le Rhône. Ledit acte de délibération ayant pour objet de former une société d'actionnaires pour fournir les fonds nécessaires à l'entreprise et de déterminer les conditions de l'association entre les susdits propriétaires de la concession et les actionnaires.

Ces lettres patentes sont précédées d'un avis au public, où on développe tous les avantages du canal à construire et les produits probables de la concession, puis de l'acte de délibération, et sont suivies d'un modèle de billet d'action.

Archives des travaux publics, collection Poterlet, imprimé.

Une nouvelle délibération, du 1er décembre 1718, se trouve, aussi en imprimé, dans la même collection, ayant pour objet de modifier d'une manière avantageuse aux actionnaires les conditions qui leur étaient offertes.

N° **117**.

23 mai 1718.

Ordonnance du roi concernant le chargement des voitures sur la route de Paris à Orléans.

« De par le roi.

« S. M. ayant fait des dépenses considérables pour paver et entretenir le grand chemin de Paris à Orléans, qui est une des plus grandes routes et des plus nécessaires pour le commerce du royaume, les commissaires départis dans la généralité d'Orléans ont employé toute leur attention pour obliger les voituriers de modérer l'excessive charge des voitures qui dégradent ledit grand chemin : et, en exécution de l'arrêt du conseil du 13 février 1683 portant adjudication des ouvrages à faire pour la réparation et entretien de partie de ladite route d'Orléans, et des arrêts des 11 juillet 1682, 10 juin 1684 et 13 mai 1697, lesdits commissaires ont rendu plusieurs ordonnances, entre autres les sieurs de Bezons, de Creil et de Bouville, en date des 1er mars 1683, 28 août 1686, 30 décembre 1698 et 26 février 1709, par lesquelles ils ont fait défenses de charger sur chacune voiture plus de cinq poinçons de vin : Et quoique S. M., par autre arrêt de son conseil du 17 avril 1717, ait ordonné l'exécution de celui dudit jour 11 juillet 1682 et ait permis de charger sur chaque voiture jusqu'à six poinçons de vin, à condition de porter au retour sur ladite route la quantité de pavés et sable marquée par ledit arrêt dans les endroits y désignés, les voituriers ne laissent pas, au préjudice desdites ordonnances et arrêts, de tellement surcharger leurs voitures, que ledit chemin est entièrement dégradé et devenu impraticable, pour à quoi pourvoir ;

« Le roi, de l'avis de M. le duc d'Orléans, régent, a ordonné que lesdits arrêts seront exécutés selon leur forme et teneur, et fait très-expresses inhibitions et défenses à tous charretiers, rouliers et autres voituriers passant sur la grande route de Paris à Orléans de charger, à commencer du 1er septembre de la présente année 1718, dans chacune voiture montée sur deux roues, plus de cinq poinçons de vin, si ce n'est dans le le cas porté par ledit arrêt du 17 avril 1717, auquel cas seulement il sera permis de charger sur chaque voiture six poinçons de vin et non plus, ni de charger plus de trois milliers pesants de telle autre marchandise que ce soit, à peine de 500 liv. d'amende, dont la moitié appartiendra à ceux qui auront dénoncé les voituriers en contravention à la présente ordonnance, et l'autre moitié à l'hôpital général de Paris. »

Archives des travaux publics, collection Poierlet, imprimé.

N° **118**.

9 août 1718.

Arrêt du conseil d'état qui ordonne des impositions supplémentaires, montant à 2.038.384 liv., pour être levées en 1719 sur les vingt généralités de pays d'élections pour travaux des ponts et chaussées, tant de la généralité de Paris que des dix-neuf autres généralités.

« Le roi étant informé que la somme de 140.000 liv., qui se paye chaque année pour les ponts et chaussées sur la recette des finances de Paris, étant consommée par les simples entretiens des routes de la généralité de Paris, il aurait été expédié annuellement, jusques y compris l'année 1716, pour le supplément des ponts et chaussées, une ordonnance de comptant sur le trésor royal, dont le fonds était destiné principalement pour les ouvrages extraordinaires de ladite généralité; Et comme les fonds du trésor royal sont consommés par d'autres dépenses, qu'il est encore dû une somme considérable pour le restant de l'ordonnance de supplément des ponts et chaussées de l'année 1716, et qu'il n'a été expédié aucune nouvelle ordonnance pour le supplément de l'année dernière 1717 montant à 620.087 liv., ni pour le supplément de la présente année 1718 montant à 600.886 liv. 12 s. 5 d., il a paru plus à propos d'imposer, pendant l'année prochaine 1719, sur les généralités des pays d'élections, lesdits suppléments de 1717 et 1718, attendu que toutes lesdites généralités profitent également de la réparation des chemins de ladite généralité de Paris, qui est le centre de leur commerce.

S. M. étant pareillement informée que le fonds de 200.000 liv., qui se fait annuellement dans les recettes générales des finances des 19 autres généralités pour les ouvrages des ponts et chaussées, étant destiné au payement des entretiens des ponts et chaussées desdites généralités, il convient y faire, suivant les avis des commissaires départis dans lesdites généralités, un supplément de fonds de 998.297 liv. pour continuer et achever les ouvrages commencés et pour les nouveaux à faire dans lesdites généralités l'année prochaine 1719, savoir: 60.500 liv. pour ceux de la généralité de Soissons; 60.000 liv.... d'Amiens; 131.688 liv. .... de Châlons; 50.000 liv.... d'Orléans; 43.000 liv.... de Tours; 41.000 liv.... de Bourges; 28.000 liv.... de Moulins; 55.000 liv.... de Lyon; 41.582 liv.... de Riom; 10.000 liv.... de Poitiers; 10.000 liv.... de Limoges; 65.000 liv.... de Bordeaux; 42.770 liv.... de la Rochelle; 76.914 liv.... de Montauban; 60.000 liv.... d'Auch; 87.843 liv.... de Rouen; 20.000 liv.... de Caen; 50.000 liv.... d'Alençon; et 60.000 liv.... de Grenoble; et enfin, qu'outre les 45.008 liv. imposées la présente année 1718 sur les contribuables aux tailles des 20 généralités de pays d'élections, en conséquence de l'arrêt du 16 octobre 1717, pour commencer les réparations à faire au pont construit sur le Rhône entre la ville de Lyon et le pont de la Guillotière, il est nécessaire, pour continuer les mêmes réparations pendant l'année prochaine 1719, d'imposer sur les mêmes généralités la somme de 120.000 liv.

« A quoi S. M. voulant pourvoir; ouï le rapport;

« S. M. en son conseil a ordonné et ordonné qu'il sera imposé et levé, l'année prochaine 1719, sur tous les contribuables aux tailles des 20 généralités de pays d'élections, conjointement avec les deniers de la taille et au marc la livre d'icelle, la somme de 2.038.384 liv., savoir: 920.087 liv., dont 620.087 liv. pour le supplément des ponts et chaussées de la généralité de Paris de l'année entière 1717, et 300.000 liv. à compte du supplément des ponts et chaussées de la présente année 1718; 998.297 liv. pour le supplément des ponts et chaussées des 19 autres généralités pendant l'année prochaine 1719; et 120.000 liv. pour les réparations à faire l'année prochaine au pont entre la ville de Lyon et le faubourg de la Guillotière. Veut, S. M., que les susdites sommes soient réparties au marc la livre de la taille de chacune des 20 généralités de pays d'élections de ladite année prochaine 1719 et comprises dans les brevets et commissions des tailles, etc.

Archives de l'empire, arrêts du conseil, E 915, manuscrit.

N° 119.

18 octobre 1718.

Arrêt du conseil d'état pour faire rentrer au trésor royal un revenant-bon de 91.004 liv. des fonds destinés au pont de Moulins.

« Le roi étant informé que, sur les fonds imposés dans les généralités de Moulins, Riom, Lyon, Orléans et Bourges, en exécution des arrêts du conseil des 28 mai 1709 et 14 octobre 1710, pour des augmentations d'ouvrages ordonnées au pont de Moulins qui n'y ont point été faites, il s'est trouvé un revenant bon de 91.004 liv., lequel est demeuré entre les mains du trésorier général des ponts et chaussées en exercice les années 1710 et 1711. . . . .

« S. M. ordonne que ledit revenant bon sera porté incessamment au trésor royal par le trésorier en exercice ès années 1710 et 1711. . . . .

Archives de l'empire, arrêts du conseil, E 914, manuscrit.

N° 120.

12 novembre 1718.

Arrêt du conseil qui commet le sieur Roussel de Cavillon, trésorier de France au bureau des finances de la généralité d'Amiens, pour avoir l'inspection des ponts et chaussées dans ladite généralité, en remplacement du sieur de Moyenneville, décédé.

Archives de l'empire, arrêts du conseil, E 915, manuscrit.

N° 121.

21 novembre 1718.

Arrêt d'imposition sur les trois évêchés, etc. (voir au n° 91), pour l'année 1719, de la somme de 260.771 liv. 6 s. 8 d., dont 42.809 liv. 9 d. pour les ouvrages extraordinaires des ponts et chaussées.

10 janvier 1719.

Arrêt pour supplément d'imposition de 20.000 liv. comme au n° 112.

Archives de l'empire, arrêts du conseil, registre F 1995, manuscrit.

N° 122.

Décembre 1718.

Édit portant rétablissement des offices de trésoriers des ponts et chaussées, des turcies et levées et de l'entretenement du pavé de Paris.

Cet édit, sous prétexte « que le service des ponts et chaussées joint à ceux des turcies et levées et de l'entretenement du pavé de Paris est d'un trop grand détail pour être exercé par un seul officier; que ces différentes natures de recettes et dépenses pourraient apporter de la confusion dans ses états et comptes, et que la continuité d'exercice.... le mettrait hors d'état de pouvoir rendre ses comptes dans les termes prescrits par les règlements »; considérant d'ailleurs que, par ces motifs, un arrêt du conseil du 2 avril 1718 a commis, pour 1718, un trésorier des ponts et chaussées, un trésorier des turcies et levées, et un receveur du barrage et payeur de l'entretenement du pavé de Paris; eu égard d'ailleurs aux acceptations de réduction de gages des anciens officiers supprimés par l'édit de décembre 1716, si on les rétablit dans leurs offices; révoque ledit édit et rétablit deux offices de trésoriers des turcies et levées, pour être exercés alternativement par les sieurs Boutault et de Verneuil; un office de receveur du barrage et payeur de l'entretenement du pavé de Paris, pour être exercé par le sieur d'Honneur; et deux offices de trésoriers généraux des ponts et chaussées pour être exercés alternativement par les sieurs Brochet de Poncharost et Paris de Montmartel. »

Archives des travaux publics, collection Poterlet, imprimé.

N° 133.

24 janvier 1719.

Arrêt du conseil d'état qui commet des ingénieurs pour la conduite et surveillance des travaux de réparations du pont de la Guillotière et de rétablissement des digues du Rhône à Lyon.

« Le roi ayant ordonné les réparations du pont de la Guillotière sur le Rhône à Lyon, la construction d'un pont de bois pour servir au passage pendant le cours de ces réparations, le rétablissement des digues ci-devant faites pour contenir le Rhône dans son lit proche la ville de Lyon, et la construction de nouvelles digues pour la même fin et pour prévenir la ruine du faubourg de la Guillotière; desquels ouvrages les adjudications auraient été faites, les 21 et 22 octobre 1718, par le sieur Poulletier, maître des requêtes, commissaire départi en la généralité de Lyon; S. M. aurait trouvé nécessaire de commettre des ingénieurs pour la conduite desdits ouvrages. Et pour y pourvoir, vu le rapport, S. M. en son conseil a commis et commet le sieur Deville, ingénieur des ponts et chaussées de la généralité de Lyon, en qualité d'inspecteur sur les réparations du pont de la Guillotière et sur la construction du pont de bois provisionnel, aux appointements de 1.200 liv. par an; et le sieur Duchy, sous-inspecteur sur les mêmes ouvrages, aux appointements de 900 liv. par an; comme aussi S. M. a commis et commet le sieur Berthault, ingénieur et voyer de la ville de Lyon, en qualité d'inspecteur » sur les digues, aux appointements de 1.200 liv. par an et le sieur de la Hire, en qualité de sous-inspecteur sur les mêmes digues aux appointements annuels de 900 liv.

Archives de l'empire, arrêts du conseil, E 917, manuscrit.

N° 134.

24 février 1719.

Arrêt du conseil qui rappelle celui du 24 novembre 1711 par lequel S. M. avait ordonné la construction d'un pont de bois dans l'espace où les arches et piles du pont de pierre de Baugency ont été emportées par le débordement des eaux arrivé en novembre 171., et qui approuve l'adjudication faite dudit pont de bois, le 24 novembre 1718, au sieur Vauclin, moyennant jouissance pendant dix ans d'un droit de péage.

Archives de l'empire, arrêts du conseil, E 918, manuscrit.

TITRE III, CHAPITRE I.

N° 125.

16 juin 1719.

Arrêt du conseil qui nomme le sieur Besnier, trésorier de France en la généralité de Paris, commissaire des ponts et chaussées en ladite généralité, en remplacement du sieur de Bragelongne, démissionnaire.

Archives de l'empire, arrêts du conseil, E 922, manuscrit.

N° 126.

4 juillet 1719.

Arrêt du conseil qui ordonne l'avance, par les prévôts et échevins de la ville de Lyon, de la somme de 120.000 liv. imposée, par arrêt du 9 août 1718, sur les vingt généralités de pays d'élections, pour réparation du pont de la Guillotière.

Archives de l'empire, arrêts du conseil, E 925, manuscrit.

N° 127.

14 juillet 1719.

Arrêt du conseil d'état qui ordonne que les inspecteur général, premier ingénieur, et trois inspecteurs des ponts et chaussées nommés par arrêts des 1er et 4 février 1716, et ceux qui seront commis dans la suite aux mêmes fonctions « seront tenus d'obtenir, sur lesdits arrêts, des lettres de commission, de les faire enregistrer en la chambre des comptes de Paris et d'y prêter serment, sans qu'ils soient obligés de faire enregistrer leursdites commissions, ni prêter aucun serment dans aucune autre chambre des comptes, ou bureau des finances de la généralité de Paris, ni autres bureaux des finances..... » Ordonne S. M. que les vingt-deux ingénieurs des généralités « seront pareillement tenus d'obtenir, sur leurs arrêts de nomination, des lettres de commission et de les faire enregistrer en la chambre des comptes de Paris, sans qu'ils soient obligés d'y prêter aucun serment, ni de faire registrer lesdites commissions ni prêter aucun serment en aucune autre chambre des comptes, ni bureau des finances...................»

Archives de l'empire, arrêts du conseil, E 925, manuscrit.

N° 128.

Du 1er août 1719, lettres patentes, registrées en la chambre des comptes le 5 septembre 1719, qui confirment l'arrêt du 1er février 1716 portant suppression des onze inspecteurs généraux des ponts et chaussées et vingt-deux ingénieurs qui avaient servi jusqu'au dernier décembre 1715 et création en leur place d'un inspecteur général, un architecte premier ingénieur, trois inspecteurs et vingt et un ingénieurs aux appointements de, etc., lesquelles confirment en outre l'arrêt précédent du 14 juillet 1719.]

Archives de l'empire, copie.

PIÈCES JUSTIFICATIVES.

N° 129.

21 juillet 1719.

Arrêt du conseil pour imposition d'une somme de 1.750.836 l. 15 s. 8 d. pour ouvrages des ponts et chaussées en 1720.

« Le roi voulant régler les impositions nécessaires pour les ouvrages des ponts et chaussées pour l'année prochaine 1720, non compris ce qui doit être imposé par continuation en vertu d'arrêts précédemment rendus, s'est fait représenter en son conseil l'arrêt du 9 août 1718, suivant lequel il n'a été imposé la présente année 1719 que 300.000 liv. à compte des ouvrages extraordinaires de la généralité de Paris de ladite année 1718 montant à 600.886 liv. et dont il reste à imposer 300.886 liv.; plus il est nécessaire d'imposer, pour le supplément des ouvrages qui se doivent faire dans la même généralité de Paris pendant la présente année 1719, la somme de 600.000 liv.; plus S. M. s'est fait rendre compte des avis des commissaires départis pour l'exécution de ses ordres dans les dix-neuf autres généralités de pays d'élections, suivant lesquels avis il convient imposer pour les ouvrages qui y doivent être faits pendant l'année prochaine 1720 la somme de 749.917 liv. 15 s. 8 d., savoir : 50.000 liv. pour les ouvrages de la généralité de Soissons; 40.000 liv. .... d'Amiens; 120.400 liv. .... de Châlons; 50.000 liv. .... d'Orléans; 54.000 liv. .... de Tours; 28.638 liv. .... de Bourges; 21.020 liv. .... de Moulins; 43.000 liv. .... de Lyon; 40.000 liv. .... de Riom; 22.400 liv. .... de Poitiers; 5.779 liv. 1 s. .... de Limoges; 40.421 liv. .... de Bordeaux; 8.202 liv. .... de la Rochelle; 46.633 liv. 4 s. 8 d. .... de Montauban; 40.000 liv. .... d'Auch; 9.140 liv. 10 s. .... de Rouen; 12.706 liv. .... de Caen; 40.000 liv. .... d'Alençon, et 45.480 liv. .... de Grenoble. Plus S. M. désirant faire continuer la réparation du pont de la Guillotière à Lyon et les digues qui ont été ordonnées proche ladite ville pour contenir le Rhône dans son lit, il est nécessaire d'imposer l'année prochaine pour lesdits ouvrages une somme de 100.000 liv.; toutes lesdites sommes à imposer montant ensemble à 1.750.836 liv. 15 s. 8 d.; vu ledit arrêt du conseil du 9 août 1718, ensemble les avis desdits sieurs commissaires départis dans lesdites généralités; ouï le rapport. . . . .

« S. M. en son conseil a ordonné et ordonne qu'il sera imposé et levé, l'année prochaine 1720, sur tous les contribuables aux tailles des vingt généralités de pays d'élections, conjointement avec les deniers de la taille et au marc la livre de l'imposition qui en sera faite, la somme de 1.750.836 liv. 15 s. 8 d., savoir, etc. » (Suit le détail par généralités.)

Archives de l'empire, copie.

N° 130.

11 août 1719.

Arrêt du conseil qui commet le sieur Béringuier en qualité d'ingénieur, en remplacement du sieur Delabat employé dans la généralité de Riom.

Archives de l'empire, N 924, copie.

N° 131.

29 août 1719.

Arrêt du conseil qui nomme quatre trésoriers de France commissaires pour les ponts et chaussées dans la généralité de Paris.

Par arrêt du 8 août 1716, les sieurs Fornier de Montagny, Vigneron et de Bragelongne, trésoriers de France, avaient été nommés commissaires pour les ponts et chaussées dans la généralité de Paris ; par arrêt du 16 juin 1719, le sieur Besnier avait été commis en place du sieur de Bragelongne ; d'un autre côté, cinq commissaires étaient nommés chaque année par le bureau des finances de la généralité de Paris, et pris dans son sein, pour la visite des entretiens des grandes routes de ladite généralité, aux appointements de 750 liv.

Par le présent arrêt du 29 août 1719, attendu que le sieur de Montagny ne peut plus remplir ses fonctions à cause de son grand âge, S. M. adjoint les sieurs de Lorne et Mignot de Montigny, aussi trésoriers, aux sieurs Vigneron et Besnier « pour, ces quatre commissaires, avoir inspection sur les ouvrages des ponts et chaussées, grandes routes et entretiens des chaussées de la généralité de Paris, faire les marchés, baux au rabais et adjudications, faire dresser en leur présence les devis, toisés et réceptions des ouvrages extraordinaires et entretiens des ponts et chaussées de ladite généralité de Paris, rendre leurs ordonnances pour les ouvrages provisoires, donner leurs mandements et généralement faire toutes les expéditions qu'il conviendra au sujet desdits ouvrages et entretiens. . . . . »

Et veut S. M. qu'à l'avenir il ne soit plus nommé aucun autre commissaire des grandes routes par le bureau des finances de la généralité de Paris.

Archives de l'empire, E 924, copie.

N° 132.

Novembre 1719.

Lettres patentes du roi, en forme d'édit, qui accordent à Mgr le duc d'Orléans et à ses ayants cause la faculté de faire construire à ses frais un canal sur la rivière de Loing, depuis les canaux de Briare et d'Orléans jusque dans la Seine, avec attribution de droits et la propriété incommutable à perpétuité.

Les canaux de Briare et d'Orléans se terminant dans le Loing, le premier à Montargis et le second à Cepoix au-dessus de Montargis, la navigation se continuait jusqu'en Seine sur la rivière de Loing ; mais cette navigation était continuellement entravée par les sécheresses, par les débordements, par les moulins et les exigences de leurs propriétaires ou fermiers ; de sorte que, sur les réclamations instantes du commerce, un arrêt du conseil, de juin 1716, ordonna la visite de cette rivière et les réparations qui seraient nécessaires. Mais n'ayant point obtenu le résultat désiré, la canalisation du Loing fut demandée par le commerce et proposée à ses frais, moyennant concessions analogues à celles des canaux de Briare et d'Orléans, par le duc d'Orléans régent.

Les présentes lettres établissent les conditions de cette concession.

Archives des travaux publics, collection Potocki, imprimé.

N° 133.

28 novembre 1719.

Arrêt du conseil d'état qui ordonne l'imposition sur tous les contribuables de la province de Hainaut, d'une somme de 13.535 l. 15 s. 3 d., à percevoir pendant les années 1720, 1721, 1722 et 1723, à raison de 3.383 l. 18 s. 9 d. par an, pour l'entretien des chaussées pavées, ponts et aqueducs des routes de ladite province, et pour les appointements du sieur Modoy, ingénieur, à raison de 800 liv. par an.

Archives de l'empire, arrêts du conseil, E 927, manuscrit.

N° 134.

12 janvier 1720.

Arrêt du conseil pour nomination du sieur de Regemorte comme ingénieur des turcies et levées et du balisage de la Loire.

« Le roi étant informé du décès du sieur Poictevin, ingénieur de S. M. chargé de l'inspection des turcies et levées et du balisage de la rivière de Loire et autres rivières y affluentes, depuis le pont d'Orléans en descendant jusqu'à l'embouchure de ladite rivière de Loire; et voulant commettre en son lieu et place une personne expérimentée et capable ; ouï le rapport du sieur Law, conseiller du roi en tous ses conseils, contrôleur général des finances ;

« S. M. en son conseil a commis et commet le sieur de Regemorte (père) pour, sous les ordres du sieur directeur général des ponts et chaussées, turcies et levées, barrage et pavé de Paris, avoir inspection sur les ouvrages des turcies et levées de la rivière de Loire depuis le pont d'Orléans en descendant jusqu'à son embouchure, avoir la conduite desdits ouvrages, en dresser les devis, assister aux adjudications et aux réceptions qui en seront faites par le sieur intendant des turcies et levées ; comme aussi S. M. a commis et commet ledit sieur de Regemorte pour avoir de même l'inspection du balisage de la rivière de Loire et rivières affluentes pareillement depuis le pont d'Orléans en descendant, dresser des procès-verbaux des nettoiements desdites rivières, faire et délivrer les certificats du balisage, lorsqu'il aura été bien et dûment fait conformément aux baux, assister aux adjudications qui en seront faites par le sieur commissaire départi en la généralité d'Orléans pour l'exécution des ordres de S. M., et jouir des appointements dont a joui ledit sieur Poictevin, desquels il sera payé sur ses quittances, à compter du 1er du présent mois, par les trésoriers des turcies et levées et receveurs des droits de boëte, en la manière accoutumée. »

Archives de l'empire, arrêts du conseil, E 929, manuscrit.

N° 135.

2 février 1720.

Arrêt du conseil qui rappelle celui du 30 juin 1711, par lequel il avait été ordonné l'adjudication, par le sieur Ferrand, intendant en Bretagne, des réparations des ponts de la ville de Nantes, suivant devis du sieur Thevenon, ingénieur, moyennant 85.000 liv. des fonds de la ville et des paroisses de l'évêché de Nantes ;

et qui, sur nouvel avis du sieur Feydeau de Brou, intendant en Bretagne, d'une brèche faite aux ponts de Pirmil par la ruine de deux piles et trois arches du côté de la tour de ce nom, et sur envoi de devis d'ingénieurs des 26 et 27 novembre 1719, ordonne l'adjudication des ouvrages à faire pour la réparation entière, moyennant 107.345 l. 5 s. 4 d., y compris 6.000 liv. pour appointements de l'ingénieur et autres frais, lesquels fonds seront à prendre sur ceux assignés par les états de la province de Bretagne à ces réparations et sur ceux qui seront encore par eux accordés.

Archives de l'empire, arrêts du conseil, E 929, manuscrit.

N° 136.

15 mars 1720.

Arrêt du conseil qui ordonne aux prévôt et échevins de la ville Lyon d'avancer la somme de 100.000 liv., imposée par arrêt du 21 juillet 1719, sur les vingt généralités de pays d'élections, pour le pont de la Guillotière.

Archives de l'empire, arrêts du conseil, E 930, manuscrit.

N° 137.

16 avril 1720.

Arrêt du conseil d'état portant augmentation des appointements des inspecteurs et ingénieurs des ponts et chaussées du royaume.

« Sur ce qui a été très-humblement représenté au roi en son conseil, par les inspecteurs et ingénieurs des ponts et chaussées du royaume ; de la part des inspecteurs, que S. M. ayant, par arrêt du conseil du 1ᵉʳ février 1716, commis un inspecteur général, un architecte premier ingénieur et trois inspecteurs particuliers, au lieu des onze inspecteurs qui avaient été établis pour avoir la conduite des ouvrages des ponts et chaussées du royaume, ces cinq nouveaux employés sont obligés de faire tout le travail dont étaient chargés lesdits onze inspecteurs, et que les appointements qu'ils avaient jusqu'à la fin de 1715, de 3.600 liv. par an outre les 2.400 liv. de frais de voyages faisant ensemble 6.000 liv. par an pour chaque inspecteur, ayant été par ledit arrêt considérablement réduits, leurs dépenses absorbent de beaucoup ce qui leur est accordé, tant pour appointements que pour frais de voyages ; et de la part des ingénieurs des provinces et généralités du royaume, que les ouvrages qui se font dans les différentes parties de leurs départements les mettent dans la nécessité, soit pour dresser les devis, pour conduire les ouvrages ou pour en faire la réception, de faire de très-fréquents voyages ; et que leurs appointements ayant été, par le même arrêt, réduits de 2.400 liv. à 1.800 liv. pour chacun par an, ils ne peuvent non plus soutenir les frais de leurs voyages et leurs autres dépenses : lesdits inspecteurs et ingénieurs ont encore représenté que, quand S. M. aurait la bonté de rétablir en leur faveur les mêmes appointements et frais de voyages dont jouissaient les anciens inspecteurs et ingénieurs avant ledit arrêt, la dépense à cet égard se trouverait encore, par le moindre nombre desdits inspecteurs, diminuée de plus de 30.000 liv. par an : A quoi S. M. ayant égard et désirant encourager lesdits inspecteurs et ingénieurs à continuer avec zèle et affection leurs services si utiles au commerce et au bien public, aurait résolu de régler lesdits appointements ;

« Vu ledit arrêt du 1er février 1716; ouï le rapport du sieur Law, conseiller du roi en tous ses conseils, contrôleur général des finances;

« Le roi en son conseil a ordonné et ordonne qu'à commencer du 1er janvier de la présente année, lesdits inspecteurs et ingénieurs des ponts et chaussées seront payés chaque année par le trésorier général desdits ponts et chaussées en exercice pour leurs appointements et frais de voyages, de la somme de 85.700 liv., savoir :

« L'inspecteur général de 8.000 liv., dont 5.000 liv. pour appointements, et 3.000 liv. pour frais de voyages;

« Les architecte premier ingénieur et trois inspecteurs, de chacun 6.000 liv., dont 3.600 liv. d'appointements et 2.400 liv. de frais de voyages;

« L'ingénieur de la généralité de Paris de 2.800 liv., dont 2.000 liv. d'appointements et 800 liv. de frais de voyages ; les ingénieurs des généralités de Soissons, Amiens, Châlons, Orléans, Tours, Bourges, Moulins, Lyon, Riom, Poitiers, Limoges, Bordeaux, la Rochelle, Montauban, Auch, Rouen, Caen, Alençon, Grenoble et Franche-Comté, de chacun 2.400 liv. d'appointements, et l'ingénieur de la généralité de Metz de 2.900 liv. aussi d'appointements, y compris les 500 liv. de gratification dont il a joui jusques et compris l'année 1715;

« Le tout revenant à ladite somme de 85.700 liv. qui sera payée sur celle de 57.800 liv., dont l'imposition annuelle a été ordonnée par ledit arrêt du 1er février 1716 pour lesdits appointements et frais de voyages tels qu'ils ont été réglés par ledit arrêt, sur celle de 1.800 liv., dont l'imposition annuelle a été aussi ordonnée par arrêt du 9 juin de ladite année pour les appointements de l'ingénieur de la généralité d'Auch, et sur celle de 26.100 liv., que S. M. veut et ordonne être imposée à l'avenir par augmentation pour le supplément desdits appointements et frais de voyages, conjointement avec la taille des vingt généralités des pays d'élections, et sur celles de Metz et Franche-Comté; savoir : sur la généralité de Paris, 1.927 liv.; sur celle de Châlons, 1.327 liv.; sur celle de Metz, 1.527 liv.; sur celles de Soissons, Amiens, Caen, Alençon et Franche-Comté, 5.135 liv., à raison de 1.027 liv. pour chacune desdites généralités; sur celles d'Orléans, Tours, Bourges, Moulins, Lyon, Riom, Poitiers, Limoges, Bordeaux, la Rochelle, Montauban et Grenoble, 14.124 liv., à raison de 1.177 liv. par chacune desdites généralités; et sur celles de Rouen et Auch, 2.060 liv., à raison de 1.030 liv. pour chacune desdites généralités; revenant toutes lesdites sommes à ladite première de 26.100 liv. »

. . . .

Archives des travaux publics, collection Potecler, imprimé.

N° 138.

3 mai 1720.

Arrêt du conseil d'état qui ordonne l'élargissement des grands chemins et la plantation d'arbres sur les héritages qui les bordent.

« Le roi étant informé de la nécessité qu'il y a de repeupler le royaume d'ormes, hêtres, châtaigniers, arbres fruitiers et autres, dont l'espèce est considérablement diminuée ; S. M. a jugé qu'il n'y avait point de plus sûrs moyens pour y parvenir que de renouveler les dispositions de l'ordonnance des rois ses prédécesseurs, par lesquelles il a été enjoint à tous les propriétaires des terres aboutissantes aux grands chemins d'en planter les bords de ces différents arbres, suivant la nature du terrain (1). Et d'autant que ces dispositions ne peuvent être exécutées, que la largeur des chemins ne soit réglée et terminée par des fossés qui puissent empêcher les propriétaires des héritages y aboutissant d'anticiper à l'avenir sur lesdits chemins : A quoi voulant pourvoir, ouï le rapport du sieur Law, conseiller du roi en tous ses conseils, contrôleur général des finances ; S. M. étant en son conseil, de l'avis de M. le duc d'Orléans, régent, a ordonné et ordonne ce qui ensuit :

Article 1er. « L'article 3 du titre des *Chemins royaux*, de l'ordonnance des eaux et forêts du mois d'août 1679, sera exécuté selon sa forme et teneur ; en conséquence, tous les bois, épines et broussailles qui se trouveront dans l'espace de 60 pieds ès grands chemins servant au passage des coches, carrosses publics, messagers, voituriers de ville à autre, tant des forêts de S. M. que de celles des ecclésiastiques, communautés, seigneurs et particuliers, seront essartés et coupés aux frais de S. M., tant dans les forêts de son domaine que des ecclésiastiques, communautés, seigneurs et particuliers, si mieux n'aiment lesdits ecclésiastiques, communautés, seigneurs et particuliers faire eux-mêmes lesdits essartements à leurs frais.

2. « Veut S. M. que la même disposition ait lieu pour les grands chemins royaux hors les forêts, lesquels seront élargis jusqu'à 60 pieds et bordés, hors ledit espace, de fossés dont la largeur sera au moins de 6 pieds dans le haut, de 3 pieds dans le bas et la profondeur de 3 pieds, en observant les pentes nécessaires pour l'écoulement des eaux desdits fossés.

3. « Veut pareillement S. M. que les autres grands chemins, servant de passage aux coches, carrosses, messagers, voituriers et rouliers de ville à autre, aient au moins 36 pieds de largeur entre les fossés, lesquels fossés auront les largeur et profondeur marquées au précédent article. Et seront tous lesdits fossés faits aux dépens de S. M., ensemble l'essartement des haies, comblement d'anciens fossés et redressement du terrain qui se trouveront à faire dans les largeurs de 60 et 36 pieds desdits chemins, si mieux n'aiment lesdits propriétaires les faire à leurs frais.

4. « Ordonne S. M. que les nouveaux fossés seront entretenus et curés par les propriétaires des terres y aboutissantes, toutes et quantes fois il sera jugé nécessaire par les inspecteurs et ingénieurs des ponts et chaussées, sur les procès-verbaux desquels les intendants des provinces et généralités ordonneront ledit curage ; et seront tenus lesdits propriétaires de faire jeter sur leurs héritages ce qui proviendra dudit curage.

5. « Excepte S. M. de la présente disposition les chemins qui se trouveront entre des montagnes et dont la situation ne permet pas qu'ils soient élargis, desquels chemins seront dressés procès-verbaux par lesdits sieurs intendants, pour iceux et leurs avis envoyés au conseil, être par S. M. ordonné ce qu'il appartiendra.

6. « Tous les propriétaires d'héritages tenant et aboutissant aux grands chemins et branches d'iceux seront tenus de les planter d'ormes, hêtres, châtaigniers, arbres fruitiers ou autres arbres, suivant la nature du terrain, à la distance de 30 pieds l'un de l'autre et à une toise au moins du bord extérieur des fossés desdits grands chemins, et de les armer d'épines ; et ce depuis le mois de novembre

---

(1) Lettres patentes de Henri II, du 19 janv. 1552, et ordonnance de Blois, de mai 1579.

prochain jusqu'au mois de mars inclusivement; et où aucuns desdits arbres périraient, ils seront tenus d'en replanter d'autres dans l'année.

7. « Faute par lesdits propriétaires de planter lesdits arbres, pourront les seigneurs, auxquels appartient le droit de voirie sur lesdits chemins, en planter à leurs frais dans l'étendue de leurs voiries, et en ce cas les arbres par eux plantés et les fruits d'iceux appartiendront auxdits seigneurs voyers.

8. « Fait S. M. défense à toutes personnes de rompre, couper ou abattre lesdits arbres, à peine, pour la première fois, de 60 liv. d'amende, applicable un tiers au propriétaire, l'autre à l'hôpital le plus prochain du lieu où le délit aura été commis, et l'autre tiers au dénonciateur; et, pour la récidive, à la peine du fouet.

9. « Le maître particulier de chaque maîtrise sera tenu de faire mention de l'état où se trouveront lesdits arbres, dans le procès-verbal de visite générale qu'il est obligé de faire tous les six mois. . . . Enjoint S. M. aux intendants et grands maîtres des eaux et forêts, chacun en droit soi, de tenir la main à l'exécution du présent arrêt. . . . . »

Ravinet, *Code des ponts et chaussées.* — Archives des travaux publics, collection Poterlet, imprimé.

N° 139.

Mai 1720.

Instruction aux inspecteurs et ingénieurs des ponts et chaussées pour l'exécution de l'arrêt du 3 mai 1720.

« L'exécution de cet arrêt dépend principalement des soins et de l'attention des inspecteurs et ingénieurs des ponts et chaussées qui doivent s'attacher à en bien entendre les différentes dispositions pour y satisfaire en ce qui est de leurs fonctions.

« Ils prendront les ordres de MM. les intendants, dans l'étendue de chaque généralité, pour les chemins auxquels on doit premièrement travailler et continuer ensuite *suivant un projet général que fera l'inspecteur ou ingénieur pour chaque chemin,* dans lequel projet général il marquera les chemins qui doivent être redressés ou changés.

« L'arrêt du 3 mai 1720 a deux objets; le premier, la largeur des chemins, et le deuxième, la plantation des arbres sur les bords des grands chemins.

« On ne peut planter des arbres sur les chemins que la largeur n'en soit réglée.

« *Largeur des chemins.*

« Les grandes routes ou grands chemins royaux doivent avoir, dans toute leur longueur, soit dedans, soit dehors les forêts, 72 pieds de largeur, savoir : 60 pieds entre les fossés et les deux fossés chacun 6 pieds au moins par le haut.

« Les autres grands chemins, par lesquels passent les coches, carrosses, messagers, voituriers et rouliers de ville à autre, doivent être de 36 pieds, non compris les fossés qui seront aussi chacun de 6 pieds au moins par le haut, ce qui fera en tout 48 pieds de largeur.

« MM. les intendants décideront quels chemins sont censés les grandes routes ou grands chemins royaux et qui, comme tels, doivent avoir 60 pieds de largeur, et quels sont les autres chemins qui ne doivent avoir que 36 pieds, le tout non compris les fossés; desquels chemins on fera incessamment un état général par chaque généralité, et pour chaque chemin un plan ou projet particulier, qui contiendra l'état où il faudra le mettre à mesure qu'on y travaillera.

« Par l'arrêt du 26 mai 1705, il est ordonné que, lors des relevés à bout des chaussées pavées, l'alignement en sera tiré le plus en ligne droite qu'il se pourra. Il faut observer la même chose pour les parties des grands chemins qui ne sont point pavées, auxquelles on doit donner la même largeur que dans les parties pavées, et les aligner en ligne droite autant qu'il sera possible, conformément audit arrêt du 26 mai 1705.

« Dans chacun des projets particuliers à faire par les inspecteurs et ingénieurs pour lesdits chemins, il sera fait un ou plusieurs devis des essartements, chargements, retranchements de terres et façons des fossés, en désignant les endroits où se prendront les terres, sable, gravier ou autres matières dont on aura besoin pour combler les trous qui se trouveront dans l'espace et largeur du chemin, comme aussi les endroits où se transporteront les déblais des terres qui seront à retrancher.

« S'il se rencontre quelque intervalle de chemin que la nature du lieu, une montagne, une rivière ou autre cause empêche d'élargir autant que le porte l'arrêt du 3 mai 1720, l'ingénieur en dressera procès-verbal et le rapportera audit sieur intendant de la généralité, pour faire mention de cet empêchement dans ledit état général des grands chemins.

« *Plantation des chemins.*

« Pour pouvoir avancer et accélérer les plants desdits grands chemins, tant dans ceux où on travaille actuellement que sur ceux auxquels on ne travaillera que par la suite, on marquera dès à présent la largeur desdits chemins, compris les fossés, par des bornes ou jalons apparents posés à l'endroit qui doit faire le bord extérieur desdits fossés; dont sera dressé procès-verbal par l'inspecteur ou ingénieur, qui le remettra à M. l'intendant de la généralité, de manière que les propriétaires ne puissent avoir aucun prétexte de retarder l'exécution dudit arrêt du 3 mai 1720, quant aux trous qu'ils doivent faire pour planter les arbres et quant à la plantation desdits arbres.

« L'on avertira lesdits propriétaires de planter lesdits arbres à une toise du bord extérieur du fossé et de 30 en 30 pieds au plus de distance l'un de l'autre.

« MM. les intendants doivent faire avertir, par des publications aux prônes des paroisses, les propriétaires de faire, chacun en droit soi, ladite plantation; et, faute par lesdits propriétaires de faire lesdits plants, les seigneurs voyers de les faire à leurs frais, conformément à l'arrêt du 3 mai 1720, au défaut des propriétaires.

« Si, après le délai porté par ledit arrêt, lesdits propriétaires ou les seigneurs voyers n'ont pas satisfait audit arrêt et planté ainsi qu'il est ordonné, il en sera fait mention, par le maître particulier de chaque maîtrise, dans le procès-verbal de visite générale qu'il est obligé de faire tous les six mois, pour, sur ledit procès-verbal, être ordonné ce qu'il appartiendra. »

Archives des travaux publics, collection Poterlet, imprimé.

N° 140.

16 juillet 1720.

Arrêt du conseil d'état, concernant une indemnité réclamée par les adjudicataires du pont de Blois.

« Vu au conseil d'état du roi l'arrêt du 26 février 1719 par lequel S. M. avait nommé le sieur Gabriel, architecte ordinaire de S. M., premier ingénieur des ponts et chaussées du royaume, et le sieur de Regemorte, contrôleur des ouvrages du pont de Blois, pour dresser un procès-verbal et rapport des changements et augmentations d'ouvrages faits et à faire dans la construction dudit pont de Blois, non compris dans l'adjudication du 14 novembre 1716; vu lesdits procès-verbal et rapport clos le 21 novembre 1719, contenant l'estimation desdits changements et augmentations. . . . et concluant en une indemnité de 224.106 liv. . . . Le roi en son conseil a ordonné et ordonne qu'il sera payé aux adjudicataires dudit pont de Blois, outre le prix de leur adjudication, la somme de 224.106 liv., laquelle sera imposée, avec la taille de l'année prochaine, sur les vingt généralités de pays d'élections. . . . . »

Archives de l'empire, arrêté du conseil, E 933, manuscrit.

N° 141.

16 juillet 1720.

Arrêt du conseil qui ordonne une imposition de 2.980.558 liv. en 1721 pour ouvrages extraordinaires des ponts et chaussées.

« Le roi s'étant fait représenter en son conseil les états des ouvrages et réparations à faire aux ponts et chaussées dans l'année prochaine 1721 et les arrêts ci-dessus rendus, par lesquels S. M. a ordonné, pour plusieurs ouvrages, des impositions qui, en conformité desdits arrêts, doivent être continuées, elle aurait jugé à propos d'arrêter les sommes à imposer, avec la taille de ladite année 1721, pour supplément outre les fonds ordinaires et les impositions déjà ordonnés par lesdits arrêts, savoir : pour les ouvrages à faire dans la généralité de Paris en 1720, à 643.191 liv.; pour ceux à faire dans la même généralité en 1721, à 689.790 liv., revenant lesdites deux sommes ensemble à celle de 1.332.981 liv.; pour les ouvrages à faire en ladite année 1621 dans les autres généralités, savoir : dans celle de Soissons, à 75.871 liv.; . . . . d'Amiens, à 62.000 liv.; . . . . de Châlons, à 120.400 liv.; . . . . d'Orléans, à 93.327 liv.; . . . de Tours, à 80.000 liv.; . . . . de Bourges, à 50.000 liv.; . . . . de Moulins, à 64.500 liv.; . . . . de Lyon, à 52.500 liv.; . . . . de Riom, à 60.000 liv.; . . . . de Poitiers, à 57.000 liv.; . . . . de Limoges, à 12.484 liv.; . . . . de Bordeaux, à 70.000 liv.; . . . . de la Rochelle, à 55.706 liv.; . . . . de Montauban, à 118.341 liv.; . . . d'Auch, à 75.000 liv.; . . . . de Rouen, à 113.742 liv.; . . . . de Caen, à 30.000 liv.; . . . . d'Alençon, à 93.200 liv.; . . . . de Grenoble, à 59.400 liv.; revenant lesdites sommes à 1.323.471 liv.; pour l'augmentation d'ouvrages faits et à faire au pont de Blois, dont le fonds doit être imposé en exécution de l'arrêt dudit jour, 224.106 liv.; et pour la continuation, tant des réparations du pont de la Guillotière que de la construction des digues contre le Rhône à Lyon, 100.000 liv.; toutes lesdites sommes à imposer montant ensemble à celle de 2.980.558 liv.; ouï

le rapport.... S. M. en son conseil a ordonné et ordonne qu'outre les fonds ordinaires des ponts et chaussées et les impositions qui doivent être continuées en exécution des arrêts ci-devant rendus, lesquels seront exécutés suivant leur forme et teneur, il sera imposé et levé l'année prochaine 1721............ la somme de 2.980.558 liv.....» dont l'emploi sera réparti comme ci-dessus.
....

Archives de l'empire, arrêts du conseil, E 933, manuscrit.

N° 142.

16 août 1720.

Arrêt du conseil qui ordonne la continuation en 1721 de l'imposition annuelle de 60.000 liv. ordonnée par arrêt du 26 février 1718 pendant chacune des années 1718, 1719 et 1720 sur le comté de Bourgogne, pour continuation d'anciens ouvrages et ouvrages nouveaux des ponts et chaussées.

Archives de l'empire, arrêts du conseil, E 934, manuscrit.

N° 143.

29 avril 1721.

Arrêt de nomination du sieur Pitrou, ingénieur des ponts et chaussées.

« Le roi étant informé du décès du sieur de Brou, ingénieur des ponts et chaussées, et ne pouvant le remplacer par un sujet plus capable que le sieur Pitrou qui a eu jusqu'à présent l'inspection des ouvrages du pont de Blois............

« S. M. commet ledit sieur Pitrou ingénieur des ponts et chaussées, pour servir dans le département qui lui sera désigné, aux appointements de 2.400 liv...»
....

Archives de l'empire, arrêts du conseil, E 941, manuscrit.

N° 144.

17 juin 1721.

Arrêt du conseil d'état pour exécution des arrêts des 26 mai 1705 et 3 mai 1720 pour élargissement des chemins.

« Le roi étant informé qu'au préjudice des ordonnances et règlements sur le fait des ponts et chaussées et notamment des arrêts du conseil des 26 mai 1705 et 3 mai 1720, les entrepreneurs des ponts et chaussées, chargés de nouveaux ouvrages ou de réparations de pavés dans les grands chemins, sont troublés par les propriétaires des héritages riverains, lorsque les grands chemins sont tracés et alignés sur lesdits héritages, soit pour redresser, conformément auxdits règlements, les chaussées de pavé, soit pour leur donner la largeur marquée par les adjudications et faire les fossés qui doivent border les accotements ou chemins de terre des deux côtés des chaussées de pavé; même que plusieurs particuliers s'ingèrent de couvrir et embarrasser lesdites chaussées et chemins de terre de fumiers et autres immondices, de faire des fouilles près les bordures du pavé, de combler les fossés et d'étendre leurs labours jusque sur les bords des chaussées, ce qui les dégrade entièrement et est une contravention formelle auxdits arrêts et règlements ; A quoi S. M. voulant remédier et établir une règle certaine en sorte que les contrevenants ne puissent éluder les peines portées par les ordonnances et règlements ; ouï le rapport du sieur Pelletier de la Houssaye, conseiller d'état ordinaire et au conseil de régence pour les finances, contrôleur général des finances ;

« S. M. en son conseil a ordonné et ordonne que lesdits arrêts des 26 mai 1705 et 3 mai 1720 seront exécutés selon leur forme et teneur, et en conséquence que les nouveaux ouvrages de pavé et les relevés à bout des anciennes chaussées seront conduits du plus droit alignement que faire se pourra, et qu'aux endroits où il ne se trouvera pas encore de fossés faits et où les entrepreneurs ne s'en trouveront pas tenus par leurs baux, il sera laissé aux deux côtés desdits chemins la largeur nécessaire, tant pour lesdits accotements que pour les fossés non faits, de manière qu'ils puissent être perfectionnés aussitôt qu'il plaira à S. M. de les ordonner ; que les fossés faits et ceux qui se feront à l'avenir seront entretenus par les propriétaires des héritages riverains, chacun en droit soi. . . . . fait S. M. défenses à tous particuliers, même à tous seigneurs sous prétexte du droit de justice ou voirie, de troubler les entrepreneurs dans leurs travaux. . . . ni de planter des arbres ou haies vives, sinon à 6 pieds de distance des fossés séparant le chemin de leurs héritages et à 5 toises du pavé où il ne se trouvera pas encore de fossés faits ; le tout à peine d'amende, etc., etc. »

Archives des travaux publics, collection Poterlet, imprimé.

N° 145.

8 juillet 1721.

Arrêt du conseil qui ordonne une imposition de 1.904.409 liv., pour ouvrages extraordinaires des ponts et chaussées en 1722.

« Le roi s'étant fait représenter en son conseil les états des ouvrages et réparations à faire aux ponts et chaussées pendant l'année prochaine 1722, les arrêts ci-devant rendus, par lesquels S. M. a ordonné, pour plusieurs ouvrages, des impositions qui, en conformité desdits arrêts, doivent être continuées, et l'arrêt du 17 juin 1721, par lequel S. M. a ordonné l'imposition en 1722 de la somme de 132.585 liv. pour le pont de Blois ; elle aurait jugé à propos d'arrêter les sommes à imposer avec la taille de ladite année 1722, pour supplément outre les fonds ordinaires et les impositions déjà ordonnées par lesdits arrêts, savoir : pour les ouvrages de la généralité de Paris, à 630.790 liv. ; pour les ouvrages des dix-neuf autres généralités de pays d'élections, celle de Soissons, à 90.871 liv. ; d'Amiens, à 50.000 liv. ; de Châlons, à 120.400 liv. ; d'Orléans, à 161.992 liv. ; de Tours, à 80.000 liv. ; de Bourges, à 50.000 liv. ; de Moulins, à 16.630 liv. ; de Lyon, à 30.000 liv. ; de Riom, à 28.199 liv. ; de Poitiers, à 40.300 liv. ; de Limoges, à 20.000 liv. ; de Bordeaux, à 70.000 liv. ; de la Rochelle, à 45.365 liv. ; de Montauban, à 118.341 liv. ; d'Auch, à 75.000 liv. ; de Rouen, à 66.781 liv. ; de Caen, à 20.000 liv. ; d'Alençon, à 71.000 liv. ; et de Grenoble, à 48.740 liv. ; revenant lesdites sommes, pour les dix-neuf généralités de pays d'élections, à 1.173.619 liv. ; et pour la continuation, tant du pont de la Guillotière que de la construction des digues contre le Rhône à Lyon, à 100.000 liv. ; toutes lesdites sommes à imposer, montant ensemble à celle de 1.904.409 liv. . . . .

« S. M. en son conseil a ordonné et ordonne qu'outre les fonds ordinaires des ponts et chaussées et les impositions qui doivent être continuées en exécution des arrêts ci-devant rendus, » il sera imposé et levé en 1722, au marc la livre de la taille, ladite somme de 1.904.409 liv., pour l'emploi en être réparti comme ci-dessus.

Archives de l'empire, arrêts du conseil, E 944, manuscrit.

N° 146.

5 septembre 1721.

Arrêt du conseil d'état qui ordonne que l'entretien du pavé de Paris sera assigné dorénavant en totalité sur le produit des fermes générales, lesquelles comprennent le barrage de Paris.

« Le roi voulant assurer l'exécution du bail et adjudication de l'entretien du pavé de Paris fait en son conseil le 21 février 1720 pour neuf années commençant au 1er janvier de la même année, moyennant 229.133 l. 6 s. 8 d. par an, y compris les gages et taxations des officiers; duquel entretien le fonds se prenait originairement, à raison de 80.000 liv. par an, sur le produit du barrage faisant partie des droits compris dans les fermes générales de S. M.; ce qui s'est continué sur le même pied nonobstant l'agrandissement de la ville qui a fait augmenter le prix dudit entretien, laquelle augmentation de prix a été depuis et jusqu'à présent assignée par ordonnance sur le trésor royal. . . . . »

S. M. ordonne qu'à l'avenir la totalité du prix du bail d'entretien dudit pavé de Paris sera assignée sur le produit de la ferme des domaines et barrages. . . . .

Archives de l'empire, arrêts ¦du conseil, E 946, manuscrit.

N° 147.

10 février 1722.

Arrêt du conseil d'état qui commet le sieur Collot en qualité d'inspecteur des ouvrages des turcies et levées de la Loire et affluents, sous les ordres du sieur Robert de la Châtre, intendant desdites turcies et levées, pour, en l'absence des officiers et ingénieurs d'icelles, faire la visite des ouvrages. . . . , voir s'ils sont conformes aux devis des ingénieurs. . . , aux appointements de 1.800 liv.

Archives de l'empire, arrêts du conseil, E 951, manuscrit.

N° 148.

10 février 1722.

Arrêt du conseil d'état par lequel, sur le procès-verbal de visite des levées et chantiers de la rivière de Loire depuis Mortier au-dessus de Nevers jusqu'au port de Sorges près d'Angers, faites par le sieur Robert, intendant des turcies et levées, assisté des sieurs Gaillard de la Menandière et Durand de Lintrie, contrôleurs, et des sieurs Mathieu et de Regemorte, ingénieurs du roi commis à la conduite des levées, et sur l'avis dudit sieur Robert, il est ordonné que tous les plants d'arbres sur les îles et grèves de la rivière de Loire, jusqu'à 10 toises de largeur joignant le côté opposé aux levées de ladite rivière, seront détruits avant la fin du mois d'août 1722, depuis Mortier jusqu'au port de Sorges; et fait défense d'en planter à l'avenir dans ledit espace.

Archives des travaux publics, collection Poterlet, imprimé.

N° 149.

24 mars 1722.

Arrêt du conseil d'état qui, sur les réclamations des entrepreneurs du pont de la Guillotière et des digues du Rhône et sur les rapports des ingénieurs préposés à ces ouvrages et commis pour l'examen desdites réclamations, alloue auxdits entrepreneurs du pont une indemnité de 22.492 l. 18 s. 7 d., et à ceux des digues une indemnité de 17.405 l. 16 s., attendu la modicité des prix du marché et l'augmentation arrivée sur les espèces monétaires, qui a fait augmenter le prix des matériaux et de la main-d'œuvre.

Archives de l'empire, arrêts du conseil, E 952.

N° 150.

15 mai 1722.

Arrêt du conseil d'état qui, sur les demandes et réclamations du commerce pour obtenir l'amélioration de la navigation de l'Aube, depuis le port de Nogent jusqu'à Dienville, ordonne qu'une visite de cette rivière sera faite par le sieur de Caux de Fierville, ingénieur, et le sieur Canon, expert, qu'il sera dressé procès-verbal de cette visite et rédigé un devis et une estimation des travaux et frais à faire pour obtenir le résultat demandé.

Archives des travaux publics, collection Poterlet, imprimé.

N° 151.

7 juillet 1722.

Arrêt du conseil d'état qui, sur les devis rédigés le 16 mars 1722 par le sieur Gabriel, premier ingénieur, et le sieur de Regemorte, contrôleur du pont de Blois, pour la construction d'un quai joignant le pont de Blois, et sur l'estimation faite des maisons à démolir aux abords dudit pont par les sieurs Bachod de Labat et Desroches, ingénieur, commissaires nommés *ad hoc*, ordonne que les sommes de 175.638 l. 6 s. 5 d. pour la construction du quai, et 33.030 l. 6 s. 8 d. pour indemnités aux propriétaires des maisons seront imposées sur les contribuables aux tailles des généralités de pays d'élections, savoir : 140.000 liv. en 1723 et 68.668 l. 13 s. 1 d. en 1724.

Archives de l'empire, arrêts du conseil, E 956.

N° 152.

7 juillet 1722.

Arrêt du conseil d'état (dans la même forme que l'arrêt du 16 juillet 1720, n° 141) qui ordonne sur les vingt généralités de pays d'élections, en 1723, une imposition supplémentaire pour les ponts et chaussées de 2.270.690 liv., pour être employée à raison de, savoir : dans la généralité de Paris, 632.623 liv., et dans les autres généralités 1.538.067 liv.; dont dans la généralité de Soissons, 95.736 liv.; d'Amiens, 62.090 liv.; de Châlons, 150.000 liv.; d'Orléans,

217.165 liv.; de Tours, 80.000 liv.; de Bourges, 84.108 liv., de Moulins, 37.806 liv.; de Lyon, 95.878 liv.; de Riom, 56.624 liv.; de Poitiers, 45.020 liv.; de Limoges, 27.000 liv.; de Bordeaux, 70.000 liv.; de la Rochelle, 37.828 liv.; de Montauban, 121.222 liv.; d'Auch, 80.000 liv.; de Rouen, 70.280 liv.; de Caen, 35.000 liv.; d'Alençon, 75.000 liv.; de Grenoble, 97.400 liv.; enfin 100.000 liv. pour le pont de la Guillotière et les digues du Rhône.

Archives de l'empire, arrêts du conseil, E 956.

N° 153.

26 novembre 1722.

Arrêt du conseil d'état qui ordonne une nouvelle imposition de 20.000 liv., en sus de celle de 42.809 l, » s. 9 d., déjà imposée par arrêt du 24 du même mois, pour ouvrages imprévus et indispensables des ponts et chaussées, sur tous les contribuables des paroisses et lieux dépendants des évêchés de Metz, Toul et Verdun, faisant partie de la généralité de Metz, du pays non taillable de la frontière de Champagne et des prévôtés et lieux du département de Metz de la domination de S. M.

Archives de l'empire, arrêts du conseil, E 2035.

N° 154.

19 décembre 1722.

Ordonnance des trésoriers de France de la généralité de Tours qui, sur la réclamation du sieur d'Auricourt, fermier des messageries royales de Paris à Orléans, Tours, Poitiers et autres routes appartenantes à S. M. et des carrosses, chaises roulantes et autres voitures appartenantes au duc d'Orléans régent, contre le mauvais état des grands chemins, ordonne :

« Que, conformément aux règlements et ordonnances rendues sur le fait de la voirie, tous les propriétaires des héritages aboutissant aux grands chemins publics et de traverse seront tenus, chacun en droit soi, de faire bien et dûment réparer lesdits chemins avec cailloux, graviers et fascines, de rehausser le milieu desdits chemins en diminuant leurs terres et héritages plus bas que lesdits chemins pour faciliter l'écoulement des eaux dans les fossés, ouvertures et égouts qu'ils seront aussi tenus de faire le long de leurs héritages et dans leurs masures;

. . . .

le tout dans huitaine du jour de la publication de la présente ordonnance, sinon et à faute de ce faire dans ledit temps et icelui passé,. . . . qu'il sera mis des ouvriers à leurs frais et dépens pour la réparation desdits chemins, en observant les règlements pour la largeur d'iceux, le tout sous les peines et amendes portées par les ordonnances. . . . . »

Archives des travaux publics, collection Poterlet, imprimé.

N° 155.

9 février 1723.

Arrêt du conseil d'état qui nomme le sieur Antoine de Regemorte fils, ingénieur des turcies et levées et du balisage de la Loire en adjonction et en survivance de son père, Jean-Baptiste de Regemorte.

« Le roi ayant, par arrêt de son conseil du 12 janvier 1720, commis le sieur de

Regemorte (père) en qualité d'ingénieur des turcies et levées, etc., et attendu que ledit sieur de Regemorte est en outre chargé de la conduite et inspection du pont de Blois et autres ouvrages sous les ordres du sieur directeur général des ponts et chaussées et turcies et levées; voulant S. M. faire aider et suppléer audit sieur de Regemorte, qui en même temps ne peut se trouver dans les différents endroits où il peut être nécessaire; sur le bon témoignage rendu à S. M. du sieur Antoine de Regemorte fils, ingénieur, et de son expérience dans les ouvrages; ouï le rapport du sieur Dodun, conseiller ordinaire au conseil royal et au conseil de régence, contrôleur général des finances;

« S. M. en son conseil, de l'avis de Mgr le duc d'Orléans, régent, a commis et commet ledit sieur Antoine de Regemorte fils, ingénieur, pour, conjointement ou en l'absence dudit sieur de Regemorte son père, avoir pareillement inspection sur les ouvrages des turcies et levées et balisage, dresser les devis desdits ouvrages, assister aux adjudications qui en seront faites et en faire les réceptions; même, après le décès dudit sieur de Regemorte père, lui succéder dans sa commission et, en ce cas, jouir des appointements y attribués. Mande S. M. au commissaire départi en la généralité d'Orléans et au sieur Robert de la Châtre, intendant des turcies et levées, de tenir la main, chacun en droit soi, à l'exécution du présent arrêt sur lequel toutes lettres de commission nécessaires seront expédiées. »

Archives de l'empire, arrêts du conseil d'état, E 964, manuscrit.

N° 156.

12 avril 1723.

« Arrêt du conseil d'État qui ordonne une imposition supplémentaire de 50.000 liv. en 1723 sur l'élection de Grenoble pour garantir la plaine de Voreppe contre les inondations de l'Isère, en sus d'une imposition de 60.208 liv., déjà ordonnée par arrêt du 7 juillet 1722, en augmentation aux tailles de la généralité. Cette dernière imposition sera faite sur tous les habitants et propriétaires de maisons, héritages et autres biens fonds situés dans ladite élection, exempts et non exempts, privilégiés et non privilégiés, à proportion de ce que chacun d'eux y possède. »

Archives de l'empire, arrêts du conseil d'état, E 966, manuscrit.

N° 157.

21 mai 1723.

Commission de directeur général des ponts et chaussées de France pour le sieur Dubois.

« Louis, etc., à notre amé et féal le sieur Dubois, secrétaire de notre cabinet, salut.

« Le décès du sieur marquis de Béringhen, auquel nous avions ci-devant confié la direction générale des ponts et chaussées de France, pavé de Paris et turcies et levées, nous mettant dans la nécessité de choisir une personne capable et qui mérite également notre confiance pour une direction de cette importance, nous nous sommes déterminé d'autant plus volontiers à faire choix de votre personne pour remplir les fonctions de cet emploi, que vous nous avez déjà donné, dans celles que vous remplissez près de notre personne en qualité de secrétaire de notre cabinet, toutes sortes de marques de capacité, probité, zèle et affection pour notre service.

« A ces causes et autres à ce nous mouvant, de l'avis de notre conseil et de notre certaine science, pleine puissance et autorité royale, nous vous avons commis et, par ces présentes signées de notre main, commettons pour, en qualité de directeur général des ponts et chaussées de France, avoir la direction de tous les ouvrages qui ont été ou seront par nous ordonnés pour la construction ou entretien des ponts et chaussées de notre royaume, pavé de Paris, turcies et levées et balisage de la rivière de Loire et rivières y affluentes, et l'administration des fonds que nous aurons destinés auxdits ouvrages par les états qui en ont été ou seront arrêtés en notre conseil royal des finances ou qui auront été ordonnés par les arrêts de notre conseil, et jouir en cette qualité des appointements, cahiers de frais qui vous seront réglés par nosdits états. Mandons à tous qu'il appartiendra, chacun en droit soi, de vous reconnaître en ladite qualité, obéir et entendre ès choses concernant ladite commission; car tel est notre plaisir. » . . . .

Archives de l'empire, extrait d'un registre portant pour titre : Registre des expéditions du secrétariat d'état de la maison du roi, année 1723.

N° 158.

14 juin 1723.

Arrêt du conseil d'état qui proroge pour 1723 le bail, déjà prorogé pour 1721 et 1722, fait au sieur Bonny et associés, le 18 octobre 1712, pour neuf années, de l'entretien des ouvrages de pavé sur la grande route de Paris à Orléans, depuis l'Orme d'Assas jusqu'à la fausse porte d'Étampe, moyennant la somme annuelle de 16.000 liv.

Archives de l'empire, arrêts du conseil, E 970, manuscrit.

N° 159.

28 juin 1723.

Arrêt du conseil d'état qui règle le montant des indemnités et suppléments à accorder aux adjudicataires de la construction du pont de Blois et en ordonne l'imposition.

Vu l'arrêt du 2 février 1722, par lequel S. M. a commis les sieurs Gabriel et de Regemorte pour examiner les causes des indemnités prétendues par les adjudicataires du pont de Blois; vu le procès-verbal desdits ingénieurs, du 12 février au 1er mars 1723, « par lequel ils ont estimé les indemnités sur les ouvrages faits en 1721 et 1722, à 128.350 liv. 9 s. 4 d., l'augmentation du prix des matériaux nécessaires pour parachever ledit pont à 41.030 liv. 10 s., les ouvrages ordonnés par S. M. au delà de ceux portés par l'adjudication dudit pont de Blois et par les arrêts depuis rendus à 24.163 liv. 17 s.; lesdites indemnités et augmentations montant ensemble à 221.957 liv. 16 s. 4 d.; » . . . .

Le roi en son conseil a accordé et accorde auxdits adjudicataires dudit pont de Blois, ladite somme de 221.957 liv. 16 s. 4 d., déduction faite de 54.000 liv. pour six années de droits de passage sur le pont provisionnel, adjugés auxdits entrepreneurs le 22 mars 1717. . . . . Veut S. M. que le surplus ou la somme de 167.957 liv. 16 s. 4 d. soit imposée sur tous les contribuables aux tailles des pays d'élections, savoir : 100.000 liv. en 1724 et le reste en 1725, au marc la livre de la taille, en la forme accoutumée.

Archives de l'empire, arrêts du conseil, E 971, manuscrit.

N° 160.

28 juin 1723.

Arrêt du conseil d'état concernant le rétablissement des ponts de Montereau et la construction d'un pont provisoire pour desservir le passage pendant les travaux.

Le roi ayant résolu de rétablir les ponts en pierre de Montereau-fault-Yonne, qui sont en mauvais état, et, pendant que l'on en fera le rétablissement, de donner au public un passage plutôt sur un pont de bois provisionnel que par un bac, S. M. aurait fait dresser par le sieur de la Guépière, inspecteur des ponts et chaussées, un devis pour la construction dudit pont de bois qui doit servir audit passage sur l'Yonne tout le temps que durera la réparation du pont sur la même rivière, et qui doit ensuite être transporté dans la rivière de Seine pour y faciliter le passage jusqu'à ce que le pont sur cette rivière soit pareillement réparé ; le sieur Tournu, lieutenant de maire audit Montereau, aurait offert de faire construire à ses dépens un pont de bois pour le passage sur l'une après l'autre de ces rivières, conformément audit devis, à condition qu'il lui sera permis de lever sur les passants les droits contenus en sa soumission ; vu lequel devis et lesdites offres. . . . . . »

S. M. a accepté et accepte les offres du sieur Tournu, etc., moyennant tarif des droits de passage donné ci-après . . . .

Sous réserve de visite et réception dudit pont par ledit inspecteur des ponts et chaussées, en présence du trésorier de France commis pour l'inspection des ponts et chaussées dans l'élection de Montereau. . . . .

Archives de l'empire, arrêts du conseil, E 971, manuscrit.

N° 161.

5 juillet 1723.

Arrêt du conseil d'état par lequel S. M. ordonne qu'outre les fonds ordinaires des ponts et chaussées et les impositions qui doivent être continuées en exécution des arrêts antérieurs, il sera imposé et levé, en 1724, sur les contribuables aux tailles des 20 généralités de pays d'élections, au marc la livre de la taille, la somme de 2.798.000 liv. pour être employée comme il suit : dans la généralité de Paris, 910.000 liv.; de Soissons, 121.879 liv.; d'Amiens, 62.000 liv.; de Châlons, 150.000 liv.; d'Orléans, 238.799 liv.; de Tours, 134.700 liv.; de Bourges, 84.198 liv.; de Moulins, 38.260 liv.; de Lyon, 129.151 liv.; de Riom, 57.000 liv.; de Poitiers, 64.015 liv.; de Limoges, 46.000 liv.; de Bordeaux, 70.000 liv.; de la Rochelle, 38.638 liv.; de Montauban, 120.970 liv.; d'Auch, 90.000 liv.; de Rouen, 95.730 liv.; de Caen, 59.750 liv.; d'Alençon, 94.000 liv.; de Grenoble, 195.000 liv.

Archives de l'empire, arrêts du conseil, E 972, manuscrit.

N° 162.

6 juillet 1723.

Arrêt du conseil d'état qui commet le sieur Déville, ingénieur de la généralité de Lyon et inspecteur des ouvrages du pont de la Guillotière, pour examiner la demande en indemnité des entrepreneurs des réparations dudit pont, à cause de l'augmentation des prix des matériaux et de la main-d'œuvre depuis 1718, année de l'adjudication, d'où serait résultée une perte considérable sur tous les articles de leur marché.

Archives de l'empire, arrêts du conseil, E 972, manuscrit.

N° 163.

5 et 12 juillet 1723.

Arrêt du conseil d'état et lettres patentes qui ordonnent la continuation des travaux et réparations qui restent à faire au canal des Losnes, suivant les plans et devis du sieur Niquet, ingénieur, et l'extension et prorogation (jusqu'à la fin desdits travaux) de la levée de 5 sols par minot de sel dans les gabelles de Lyonnais, Provence, Dauphiné, Languedoc, Auvergne et Rouergue.

Archives des travaux publics, collection Potedlet, imprimé.

N° 164.

20 septembre 1723.

Arrêt du conseil d'état qui maintient au frère Romain le grade et les apppointements d'ingénieur des ponts et chaussées en réduisant l'étendue de son service.

« Le roi étant informé que le frère Romain, ingénieur des ponts et chaussées, n'est plus en état, à cause de son grand âge, de faire des longs et continuels voyages dans plusieurs provinces du royaume et particulièrement jusqu'aux extrémités de la généralité de Paris, ainsi qu'il les a faits sans intermission pendant environ quarante années qu'il exerce cet emploi à la satisfaction de ceux à qui S. M. a confié successivement la direction générale des ponts et chaussées du royaume, sadite Majesté aurait résolu de fixer au frère Romain un département seulement dans les élections de Dreux et de Montfort et de suppléer, pour les autres pays et élections plus éloignés dont il était chargé, par un architecte et ingénieur expérimenté et capable de faire les mêmes fonctions ; A quoi désirant pourvoir ; ouï le rapport du sieur Dodun, conseiller au conseil royal, contrôleur général des finances ;

« S. M. en son conseil a fixé le département du frère Romain dans les seules élections de Dreux et Montfort, où il continuera ses fonctions aux mêmes appointements de 2.800 liv. par an, dont il a joui jusqu'à présent ; et, pour le surplus des pays et élections dans lesquels il avait la conduite des ouvrages des ponts et chaussées, S. M. a commis le sieur Boffrand, architecte et ingénieur, qui visitera les ouvrages, en dressera les devis, en aura la conduite et en fera les réceptions, en qualité d'inspecteur des ponts et chaussées du royaume, sous les ordres du sieur Dubois, directeur général des ponts et chaussées, aux appointements de 3.200 liv. par an, qui lui seront payés, à commencer du jour et date du présent arrêt, sur sa simple quittance par les trésoriers généraux des ponts et chaussés, chacun en son exercice, jusqu'au jour du décès du frère Romain ; après lequel veut S. M. que ledit Boffrand jouisse de 6.000 liv. d'appointements, ainsi que les autres inspecteurs des ponts et chaussées du royaume................................. »

Archives de l'empire, arrêts du conseil, E 974, manuscrit.

N° 165.

30 novembre 1723.

Arrêt du conseil d'état du roi qui ordonne : 1° la continuation des ouvrages du canal des Losnes par le sieur Guidais, entrepreneur par arrêt du 5 juin 1717 ; 2° le rapport des états qui seront dressés par le sieur Niquet, ingénieur, pour constater l'indemnité qui lui est due, surtout à raison « de l'augmentation des espèces et de la perte des ouvriers qui sont morts de la peste en Provence, qui ont renchéri les vivres et les salaires des ouvriers » ; 3° le payement d'une somme de 49.642 liv. pour le prix des ouvrages par lui faits jusqu'alors.

Archives des travaux publics, collection Poterlet, imprimé.

N° 166.

21 mars 1724.

Arrêt du conseil d'état qui ordonne l'établissement de cinq pépinières royales dans la généralité de Lyon.

« Le roi étant informé que la perte des arbres tant fruitiers que de construction, causée par la rigueur de l'hiver de 1709, n'est pas encore à beaucoup près réparée dans la plupart des provinces du royaume, parce que les particuliers, faute d'arbres et quelquefois de moyens pour en acheter, négligent d'en faire replanter ; S. M. prévoyant que cette négligence pourrait à la fin causer des dégradations qui ne se pourraient réparer que par une longue suite d'années, elle aurait, pour mettre ses sujets en état de rétablir leurs terres et prévenir de pareils accidents, ordonné aux sieurs commissaires départis dans les provinces pour l'exécution de ses ordres, d'établir, chacun dans son département, des pépinières royales et de les faire planter de toutes les différentes espèces d'arbres tant fruitiers que de construction qui conviendront le mieux à la nature des terrains et aux besoins de chaque province, lesquels arbres S. M. se propose de faire distribuer gratuitement à tous les particuliers qui en auront besoin tant pour le dedans de leurs terres que pour border les grands chemins conformément à l'arrêt du conseil du 3 mai 1720. Mais »
....
comme il est juste que les habitants de la généralité de Lyon contribuent à la dépense d'établissement et d'entretien des cinq pépinières à y établir et dont ils retireront tout l'avantage....................................
Ouï le rapport..........................
S. M. en son conseil a ordonné et ordonne l'imposition sur les taillables de ladite généralité, en 1724, de 3.919 liv. 10 s. ; pour établissement desdites pépinières et, les années suivantes, de 1.372 liv. pour leur entretien annuel.

Archives de l'empire, arrêts du conseil d'état, registre E 1055, minutes.

N° **167**.

23 mai 1724.

Arrêt du conseil d'état qui, considérant les avantages d'une communication entre Clermont et Montpellier et les efforts infructueux tentés jusqu'à ce jour pour l'établir, ordonne une visite et une étude des lieux, pour déterminer si cette communication devra passer par Mende ou par le Puy en Velay, dans le Languedoc par le sieur de Bernage, intendant, assisté de l'ingénieur de la province, dans l'Auvergne par le sieur de la Grandville, intendant de la généralité de Riom, assisté par le sieur Gabriel, premier ingénieur des ponts et chaussées, et par le sieur de Vic, ingénieur en chef des fortifications à Guise.

Archives de l'empire, arrêts du conseil, E 984, manuscrit.

N° **168**.

23 mai 1724.

Arrêt du conseil d'état par lequel, vu un arrêt du 19 juillet 1723 ordonnant l'adjudication pour neuf années des droits de jurés brasseurs de bière et égards gourmeurs, créés par édits de mai 1693 et juin 1694, pour être les produits de ladite adjudication employés à la réparation des chemins, ponts et chaussées de la province de Hainaut; vu l'arrêt du 27 septembre 1723 confirmatif de l'adjudication passée moyennant 110.000 liv. par an; considérant que le sieur Havez, ingénieur des ponts et chaussées commis en ladite province par arrêt du 13 octobre 1722, employé par le sieur d'Argenson, intendant, pour lever les cartes de la province, projeter les alignements des chemins et dresser les devis des ouvrages, ne peut suffire à ces travaux avec les 800 liv. d'appointements qui lui ont été alloués; S. M. ordonne qu'à l'avenir les appointements dudit ingénieur seront portés à 1.800 liv. qui seront imputées sur la ferme des droits susdits.

Archives de l'empire, arrêts du conseil, E 984, manuscrit.

N° **169**.

13 juin 1724.

Arrêt du conseil d'état qui, avant le rétablissement ordonné des ponts de Montereau qui menacent ruine, ordonne la suppression des moulins qui y sont adhérents et celle d'une maison sise sur l'avant-bec d'une pile du pont sur l'Yonne; et à cet effet prescrit la visite et estimation desdits moulins par les sieurs Lemoyne, trésorier de France en la généralité de Paris, et de la Guépière, inspecteur des ponts et chaussées, pour le prix en être payé aux propriétaires, et la reconstruction de ladite maison sur un terrain ferme hors le pont.

Archives de l'empire, arrêts du conseil, E 985, manuscrit.

N° **170**.

Septembre 1724.

Édit du roi qui autorise le sieur Caignart de Marcy, doyen des conseillers du bailliage de Saint-Quentin, et ses associés à faire construire, à leurs frais et dépens, un canal de communication de la rivière de Somme à celle d'Oise, à commencer depuis l'étang de Saint-Quentin, passant par Harly, Homblières, Marcy, Reguy et Sissy-sur-Oise jusqu'à la Fère; et d'élargir, curer et approfondir le bras de la rivière d'Oise depuis Sissy jusqu'à Chauny; comme aussi de rendre la rivière de Somme navigable depuis Saint-Quentin jusqu'à Amiens et depuis Amiens jusqu'à Pecquigny, en faisant dessécher les marais dans lesquels cette rivière se répand et lui faisant un lit de 45 pieds avec des bords, levées et écluses dans les endroits qui seront jugés nécessaires; moyennant concession de la propriété à perpétuité du canal et de ses francs-bords et chemins de halage, de moyenne et basse justice et de droits sur le transport des marchandises.

Les concessionnaires feront passer le canal par les lieux qui seront désignés suivant le plan qui en sera dressé, et exproprieront les propriétaires des héritages qu'il sera nécessaire de prendre, en les indemnisant à dire d'experts convenus entre les parties ou nommés d'office.

Cet édit est suivi :

1° Du tarif des droits;

2° D'un arrêt du conseil, du 11 septembre 1725, qui nomme les commissaires du roi pour son exécution;

3° D'un traité d'association, du 12 décembre 1727, entre le sieur de Marcy et messire Antoine Crozat et autres;

4° D'un arrêt du conseil, du 27 décembre 1727, homologuant ledit traité;

5° D'un autre arrêt du même jour qui, sur la demande des associés, nomme ingénieur en chef et directeur dudit canal le sieur de Regemorte, et ingénieur en second le sieur de Préfontaine.

Archives des travaux publics, collection Poterlet, imprimé.

N° 171.

12 septembre et 3 octobre 1724.

Arrêt du conseil d'état pour adjonction de commissaires à la commission instituée pour l'examen, prescrit par arrêt du 29 août 1724, de tous les titres des droits de péage, passage, pontonnage, travers et autres qui se perçoivent sur les ponts et chaussées, chemins et rivières navigables, lesquels titres devront être soumis par leurs propriétaires, dans le délai de quatre mois, à ladite commission, en vertu dudit arrêt.

Archives de l'empire, arrêts du conseil, registre E 2054, minutes.

N° 172.

1ᵉʳ octobre 1724.

Arrêt du conseil d'état qui ordonne l'imposition sur les taillables de la généralité d'Orléans de 15.468 liv., en 1724, pour l'établissement de douze pépinières royales dans cette généralité, et de 3.600 liv. en 1725 et en chacune des années suivantes, pour leur entretien.

Même date.

Arrêt semblable qui ordonne l'imposition sur la généralité de la Rochelle de

4.590 liv. en 1724 et 1.040 liv. en 1725 et années suivantes, pour l'établissement et l'entretien de quatre pépinières royales dans ladite généralité.

Même date.

Arrêt semblable qui ordonne l'imposition sur la généralité de Soissons de 8.000 liv. en 1724 et 1.308 liv. 10 s. en 1725 et années suivantes, pour l'établissement et l'entretien de sept pépinières royales dans ladite généralité.

Les préambules de ces trois arrêts sont identiques à celui de l'arrêt du 21 mars 1724, n° 166.

Archives de l'empire, arrêts du conseil, registre E 2054, minutes.

En la même année furent établies de même des pépinières dans l'intendance de Metz, Toul et Verdun.

N° 173.

16 octobre 1724.

Arrêt du conseil d'état qui attribue à l'intendant de la province de Languedoc la connaissance des contestations concernant la construction et l'entretien des grands chemins.

« Vu par le roi étant en son conseil l'art. 5 du cahier présenté à S. M. par les députés de la province de Languedoc, contenant que les états de ladite province ont toujours eu une attention particulière à la construction et entretien des grands chemins dont ils sont chargés ; qu'ils font actuellement une dépense de plus d'un million de livres pour refaire à neuf le chemin depuis le pont Saint-Esprit jusqu'à la ville de Lunel, qui avait été rompu par les transports et voitures des sels que la contagion avait obligé de faire faire par terre ; qu'on travaille aussi du côté de Pezenas, Beziers et Narbonne ; et on est souvent forcé de passer à travers les terres des particuliers et d'en prendre une partie, soit pour l'alignement des chemins, soit pour les terres, graviers et autres matériaux nécessaires à la construction ; que, lorsque les chemins sont faits, la province a soin de les faire entretenir ; qu'il y a divers règlements, autorisés par les sieurs intendants, qui obligent les particuliers de tenir les fossés le long de leurs terres en état pour l'écoulement des eaux et qui défendent aux voituriers d'atteler plus de trois mules à leurs charrettes, afin qu'ils ne portent pas au delà de trois milliers, suivant les ordonnances de S. M., l'excessive pesanteur des voitures et le manque d'entretien des fossés étant les principales causes de la dégradation des chemins et de l'éboulement des ponts ; qu'il arrive journellement des contestations de la part des particuliers qui s'opposent à la construction des chemins, lorsqu'ils doivent passer à travers leurs terres ou qu'on veut en tirer des matériaux, quoiqu'on paye régulièrement à l'estimation le prix des terres ou les dommages causés ; que ces contestations et tout ce qui regarde l'entretien des chemins sont d'une nature à devoir être jugés sommairement pour ne pas retarder les ouvrages publics ; et il est aisé de voir les inconvénients qui arriveraient, si les entrepreneurs ou le syndic de la province étaient obligés à suivre le cours de la justice ordinaire en demandant ou en défendant et à soutenir des procès dans les différentes juridictions du Languedoc, lorsque des particuliers, ne voulant pas reconnaître celle du sieur intendant, prétendent qu'il n'a aucune attribution formelle.

« A ces causes, ils auraient très-humblement supplié S. M. de vouloir attribuer au sieur commissaire départi dans la province de Languedoc la connaissance de tous les différends et contestations mus et à mouvoir au sujet de la construction et entretien des grands chemins dans l'étendue de ladite province, pour être par lui jugés sommairement en dernier ressort, sauf l'appel au conseil de S. M.; et cependant ordonner que, par provision, les plans et alignements dressés par les ingénieurs pour la construction desdits chemins seront exécutés, et qu'il sera permis de prendre des terres et autres matériaux nécessaires en payant aux particuliers le prix des terres et les dommages causés, sur l'estimation des experts commis par la province, ainsi qu'il s'est toujours pratiqué; la réponse faite audit article, par laquelle S. M. a accordé le contenu en icelui; ouï le rapport;

« Le roi étant en son conseil, conformément à la réponse faite audit article, a attribué et attribue au sieur intendant de justice, police et finances en la province de Languedoc la connaissance de tous les différends et contestations mus et à mouvoir au sujet de la construction et entretien des grands chemins dans l'étendue de ladite province, pour être par lui jugés définitivement, sauf l'appel au conseil. »

Archives des travaux publics, collection Poterlet, copie.

N° 174.

7 novembre 1724.

Arrêt du conseil d'état qui statue sur l'emploi de la somme de 2.798.000 liv. dont l'imposition a été ordonnée par arrêt du 25 juillet 1724.

« Le roi s'étant fait représenter en son conseil d'état l'arrêt du 25 juillet 1724 par lequel S. M. a ordonné qu'outre les fonds ordinaires des ponts et chaussées et les impositions qui doivent être continuées en exécution des arrêts précédemment rendus, il sera imposé et levé dans l'année prochaine 1725, pour les ouvrages des ponts et chaussées, sur tous les contribuables aux tailles des vingt généralités de pays d'élections, conjointement avec les deniers de la taille, la somme de 2.798.000 liv., laquelle serait répartie au marc la livre dans lesdites vingt généralités et comprise dans les brevets et commissions des tailles de ladite année 1725, pour être payée et délivrée au trésorier général des ponts et chaussées en exercice ladite année prochaine 1725, et par lui employée au payement des ouvrages, conformément aux états qui en seront arrêtés en conseil; et S. M. voulant régler la part et portion desdits fonds extraordinaires qu'elle a l'intention de destiner aux ouvrages de chacune desdites généralités; vu l'état qui en a été en conséquence dressé par ses ordres; ouï le rapport du sieur Dodun, etc.

« S. M. en son conseil a ordonné et ordonne que la somme de 2.798.000 liv., imposée en exécution dudit arrêt du 25 juillet dernier, sera employée aux ouvrages des ponts et chaussées suivant l'état que S. M. fera arrêter en son conseil pour ladite année 1725, savoir : dans la généralité de Paris, 1.182.394 liv.; dans celle de Soissons, 13.592 liv.; . . . . d'Amiens, 54.000 liv.; . . . de Châlons, 100.000 liv.; . . . . d'Orléans, 269.264 liv.; . . . . de Tours, 114.700 liv.; . . . . de Bourges, 71.315 liv.; . . . . de Moulins, 51.670 liv.; . . . . de Lyon, 84.252 liv.; . . . . de Riom, 62.656 liv.; . . . . de Poitiers, 60.975 liv.; . . . . de Limoges, 40.000 liv.; . . . . de Bordeaux, 60.000 liv.; . . . . de la Rochelle, 29.597 liv.; . . . . de Montauban, 103.184 liv.; . . . . d'Auch, 92.000 liv.; . . . . de Rouen, 121.261 liv.; . . . . Caen, 44.140 liv.; . . . . d'Alençon, 77.000 liv.; . . . . de Grenoble, 106.000 liv.; lesquelles sommes revenant à ladite première de 2.798.000 liv., seront remises, au fur et à mesure du recouvrement, par les receveurs généraux des finances, au trésorier général des ponts et chaussées en exercice ladite année prochaine 1725, pour par lui faire le payement desdits ouvrages, conformément à l'état qui en sera arrêté en conseil. »

Archives de l'empire, arrêts du conseil, E 990, manuscrit.

N° **175**.

14 novembre 1724.

Déclaration du roi qui fixe le nombre de chevaux qui pourront être attelés aux charrettes à deux roues.

« Louis, etc. . . . Rien n'étant plus avantageux pour le commerce que la libre communication d'une province à l'autre pour le transport des denrées et marchandises, nous avons employé les moyens les plus sûrs pour faciliter cette communication, par des constructions de nouveaux canaux et la navigation de plusieurs rivières et par les ouvrages considérables que nous avons fait faire pour les réparations, l'embellissement et la commodité des grands chemins. Mais quoique nous y employions annuellement des fonds trois fois plus considérables qu'il n'y en avait été employé jusqu'à présent, une dépense aussi forte ne produit pas tout l'effet qu'on en devait attendre, parce que les chemins les mieux réparés sont peu de temps après rompus par le poids énorme des voitures que les rouliers, avides de gagner davantage, chargent de plus du double de ce qu'ils les chargeaient autrefois. L'usage des charrettes à deux roues, pratiqué dans une partie des provinces de notre royaume, est la principale cause de ce désordre, parce que, le poids n'étant pas partagé comme sur les voitures à quatre roues, l'effet en est quatre fois plus considérable : et nous voyons même que, dans plusieurs provinces où l'usage des chariots à quatre roues est établi, les chemins sont infiniment moins rompus, quoique par la nature du terrain et souvent par la nature du pays couvert de bois, ils dussent l'être infiniment davantage. L'expédient souvent proposé, de régler le poids que pourrait porter chaque voiture, peut être sujet à de grands inconvénients, par le retardement, l'embarras et même le dépérissement de marchandises que pourrait causer au voiturier la nécessité de décharger sa voiture toutes les fois qu'on en voudrait vérifier le poids. La fixation du nombre des chevaux paraît l'expédient le plus simple et le plus aisé. Mais, si cette fixation était établie pour toutes sortes de voitures sans distinction, il pourrait se trouver des inconvénients pour les rouliers venant de pays éloignés, qui pourraient se trouver embarrassés dans de certains endroits où les chemins sont plus difficiles, quoique le nombre de chevaux limité leur fût suffisant pour le reste de la route. Nous nous sommes déterminé, par ces motifs, à ne fixer le nombre de chevaux que pour les charrettes à deux roues, qui seules causent le plus grand désordre par l'effet naturel que produit un poids qui n'est pas suffisamment partagé. Nous laisserons la liberté à ceux qui veulent se servir des voitures à quatre roues d'y atteler le nombre de chevaux qu'ils jugeront à propos. La liberté du choix laissée au voiturier entre les deux expédients proposés le met en état de prévenir tous les inconvénients qu'il pourrait appréhender de ce règlement; et l'usage que feront plusieurs d'entre eux des charrettes à quatre roues leur faisant connaître que l'on y voiture un plus grand poids avec un moindre nombre de chevaux et plus de facilité, ils auront recours à cet expédient pour leur propre commodité, indépendamment de l'avantage qui en reviendra au public par la conservation des grands chemins.

« A ces causes, de l'avis de notre conseil et de notre certaine science, pleine puissance et autorité royale, nous avons dit, déclaré et ordonné, et par ces présentes signées de notre main, disons, déclarons et ordonnons, voulons et nous plaît ce qui suit :

« Art. 1er. Qu'à commencer au 1er juillet prochain, tout roulier ou voiturier, soit qu'il voiture pour son compte particulier ou pour d'autres, ne puisse avoir, à chaque charrette à deux roues, que le nombre de chevaux marqué ci-après, savoir : depuis le 1er octobre jusqu'au 1er avril, quatre chevaux, et depuis le 1er avril jusqu'au 1er octobre, trois chevaux ; à peine contre ceux qui auraient excédé le nombre de chevaux ci-dessus limité, de confiscation des chevaux, charrettes et harnais et de 300 liv. d'amende.

« 2. Permettons à ceux qui voudront se servir de chariots à quatre roues d'y atteler telle quantité de chevaux qu'ils jugeront à propos. »

3. Exception pour la culture dans la distance de trois lieues des demeures des propriétaires ou fermiers.

4, 5 et 6. Juridiction.

Archives des travaux publics, collection Poterlet, imprimé.

N° 176.

29 mai 1725.

Arrêt du conseil d'état qui ordonne une imposition de 2.798.000 liv. en 1726, pour ouvrages extraordinaires des ponts et chaussées.

« Le roi voulant pourvoir aux fonds nécessaires pour les ouvrages et réparations extraordinaires des ponts et chaussées à faire pendant l'année prochaine 1726, ...

« S. M. en son conseil a ordonné et ordonne qu'outre les fonds ordinaires des ponts et chaussées et les impositions qui doivent être continuées en exécution des arrêts du conseil ci-devant rendus, lesquels seront exécutés suivant leur forme et teneur, il sera imposé et levé l'année prochaine 1726, sur tous les contribuables aux tailles des vingt généralités de pays d'élections, conjointement avec les deniers de la taille et au marc la livre de l'imposition qui en sera faite, la somme de 2.798.000 liv., pour les ouvrages extraordinaires, etc. . . . .

Archives de l'empire, arrêts du conseil, E 996, manuscrit.

N° 177.

12 juin 1725.

Arrêt du conseil d'état qui ordonne une imposition nouvelle de 4.000 liv. sur les pays de Marsan, Tursan et Gabardan, pour concourir au perfectionnement des routes de Bayonne à Bordeaux, à Auch et à Toulouse, dans la généralité d'Auch.

« Le roi étant informé que, dans la généralité d'Auch, il a été fait des travaux considérables pour réparer les grands chemins sur les routes de Bayonne à Bordeaux, à Auch et à Toulouse ; que l'on continue maintenant ces travaux avec grand soin pour rendre ces routes praticables en toutes saisons, les élargir, dresser, aligner et garantir des inondations fréquentes, à quoi elles sont sujettes par la quantité des rivières et des ruisseaux qui les traversent et les bordent en plusieurs endroits ; mais que, comme ces travaux ne se font que dans les pays d'élections de ladite généralité et que partie de ces routes passe dans le Marsan, qui est un pays abonné dans lequel il n'y a ni établissement ni fonds destinés pour la réparation des grands chemins, il se trouvera que ces routes seront défectueuses et interrompues dans les parties qui traversent ce pays, ce qui empêcherait qu'on ne retirât l'avantage qu'on s'est proposé par les réparations qui ont été faites et que l'on continue actuellement aux grands chemins desdites élections : Et comme d'ailleurs il s'ensuit une inexécution des arrêts du conseil des 26 mai 1705, 3 mai 1720 et 17 juin 1721 : A quoi étant nécessaire de pourvoir ; vu l'avis du sieur de Lesseville, maître des requêtes, intendant et commissaire départi en la généralité d'Auch ; ouï le rapport du sieur Dodun, conseiller ordinaire au conseil royal, contrôleur général des finances ;

« S. M. en son conseil a ordonné et ordonne que lesdits arrêts des 26 mai 1705, 3 mai 1720 et 17 juin 1721 seront exécutés selon leur forme et teneur dans l'étendue dudit pays de Marsan, Tursan et Gabardan, et que, pour parvenir à la perfection des grandes routes de Bayonne à Bordeaux, à Auch et à Toulouse, il sera, à commencer de la présente année 1725, imposé, chaque année et sans interruption jusqu'à ce qu'il y ait été autrement pourvu par S. M., la somme de 4.000 liv. sur les contribuables dudit pays et au marc la livre des impositions ordinaires, suivant la répartition qui en sera faite par ledit sieur de Lesseville ; laquelle somme de 4.000 liv. sera remise, dans les termes accoutumés, ès mains du trésorier du pays, lequel la remettra au trésorier général des ponts et chaussées en exercice, etc... »

Archives de l'empire, arrêts du conseil, E 997, manuscrit.

N° 178.

9 octobre 1725.

Arrêt du conseil d'état qui ordonne l'imposition sur les taillables de la généralité de Montauban, en 1726, de la somme de 19.300 liv. pour cinq pépinières royales à y établir, savoir, 17.500 liv. pour leur établissement en 1725, et 1.800 liv. pour leur entretien pendant les trois années 1725, 1726 et 1727.

Même date.

Arrêt semblable pour six pépinières dans la généralité de Riom, imposant 4.316 l. 1 s. 8 d. en 1724 pour leur établissement, 3.836 l. 13 s. 4 d. pour leur entretien en 1725 et 1726, et 1.918 l. 6 s. 8 d. pour leur entretien en chacune des trois années suivantes.

Archives de l'empire, arrêts du conseil, registre E 2065, minutes.

N° 179.

11 décembre 1725.

Arrêt du conseil d'état qui ordonne la reconstruction en pierres du pont de Joigny, écroulé le 15 mai 1725, moyennant une dépense qui ne pourra excéder 75.843 liv., et préalablement la construction d'un pont provisionnel en bois moyennant 16.420 liv. ; le tout suivant les devis dressés par le sieur Boffrand, inspecteur des ponts et chaussées, et sous sa direction ; les fonds devant en être imputés sur la régie générale des domaines royaux et droits y joints.

Archives de l'empire, arrêts du conseil, E 1003, manuscrit.

N° 180.

8 janvier 1726.

Arrêts du conseil d'état qui commettent : 1° le sieur Noël de Regemorte, ingénieur des turcies et levées en remplacement du sieur Antoine de Regemorte, son frère ; 2° le sieur Antoine de Regemorte, ingénieur des ponts et chaussées de la province d'Alsace, en remplacement du sieur Noël de Regemorte.

« Le roi ayant commis les sieurs Noël et Antoine de Regemorte, fils du sieur de Regemorte, ancien ingénieur de S. M., savoir : le sieur Noël de Regemorte par arrêt du 15 janvier 1718 pour avoir, sous les ordres de l'intendant en Alsace, conjointement avec ledit sieur de Regemorte père, alors contrôleur des ouvrages du pont de Blois, ou séparément, la direction des ponts, chemins, chaussées et autres ouvrages publics de la province d'Alsace ; et ledit sieur Antoine de Regemorte par autre arrêt du 9 février 1723 pour, conjointement avec ledit sieur son père et en son absence, avoir inspection sur les ouvrages des turcies et levées et balisage de la Loire et autres rivières y affluentes, depuis le pont d'Orléans en descendant jusqu'à l'embouchure de ladite rivière de Loire ; et sur les bons témoignages rendus à S. M. de la capacité et expérience desdits sieurs de Regemorte fils, comme aussi des services qu'ils ont rendus seuls, depuis le décès de leur père, dans leurs emplois dont ils ont jusqu'à présent rempli les fonctions dignement et à la satisfaction de ceux sous qui ils ont servi, S. M. a bien voulu entendre aux raisons de famille qui les obligent d'échanger leurs commissions ; ouï le rapport du sieur Dodun, etc. . . . .

« S. M. en son conseil a commis et commet ledit sieur Noël de Regemorte pour, au lieu et place du sieur Antoine de Regemorte son frère, avoir inspection sur les ouvrages des turcies et levées de la Loire, etc. (voir n° 155, arrêt du 9 fév. 1723), et jouir des appointements dont a joui ledit sieur Antoine de Regemorte son frère, desquels il sera payé, à compter du 1ᵉʳ janvier 1726, sur les ordonnances et mandements du sieur intendant des turcies et levées, par les trésoriers des turcies et levées et par les receveurs des droits de boëte, en la manière accoutumée. »

Le 2ᵉ arrêt, après le même préambule, poursuit ainsi :

« S. M. en son conseil a commis et commet le sieur Antoine de Regemorte pour, au lieu et place du sieur Noël de Regemorte, son frère, avoir, sous les ordres du sieur intendant en la province d'Alsace, la direction des ponts, chemins, chaussées et autres ouvrages publics de ladite province, dresser les plans et devis des réparations qui seront à faire, régler les travaux par corvées, assister à la passation des marchés des ouvrages et pour en faire les réceptions. Veut S. M. que ledit sieur Antoine de Regemorte jouisse des 3.000 liv. d'appointements attachés à ladite inspection, qui s'imposent conjointement avec les fourrages de la cavalerie, et qu'il en soit payé chaque année, à compter du 1ᵉʳ janvier 1726, suivant et de la même manière que l'a été ledit sieur Noël de Regemorte, son frère. »

Archives de l'empire, arrêts du conseil, E 1004, manuscrit.

TITRE III, CHAPITRE I.

N° 181.

29 janvier 1726.

Arrêt du conseil d'état qui fixe à 16.000 liv. les appointements du sieur Dubois, directeur général des ponts et chaussées.

« Vu au conseil d'état du roi les lettres de commission datées du 21 mai 1725 par lesquelles S. M. a commis le sieur Dubois, secrétaire de son cabinet, pour, en qualité de directeur général des ponts et chaussées de France, avoir la direction de tous les ouvrages qui auraient été ou seraient ordonnés par S. M. pour la construction et entretien des ponts et chaussées du royaume, pavé de Paris, turcies et levées et balisage de la rivière de Loire et rivières y affluentes, pour avoir l'administration des fonds destinés par S. M. auxdits ouvrages par les états qui auraient été ou seraient arrêtés au conseil royal des finances ou qui seraient ordonnés par arrêts du conseil, et pour jouir, en ladite qualité de directeur général des ponts et chaussées du royaume, des appointements et cahiers de frais qui seraient réglés par lesdits états : et voulant S. M. régler les appointements du sieur Dubois et lui donner des marques de la satisfaction qu'elle a de ses services; ouï le rapport du sieur Dodun, etc. . . . .

« S. M. en son conseil a ordonné et ordonne que la somme de 16.000 liv. par an, à laquelle elle a réglé les appointemens dudit sieur Dubois, en qualité de directeur général des ponts et chaussées de France, sera annuellement employée dans les états des ponts et chaussées qui seront arrêtés au conseil pour l'année dernière 1725 et chacune des années suivantes et, par doublement dans l'état de ladite année dernière 1725, pour ce qui est dû desdits appointemens depuis le 21 mai 1723, jour de la commission qui a été expédiée en faveur dudit sieur Dubois, etc. »

. . . .

Archives de l'empire, arrêts du conseil, E 1004, manuscrit.

N° 182.

26 mars 1726.

Arrêt du conseil d'état pour la repartition sur les généralités de l'emploi de la somme de 2.798.000 liv. destinée par l'arrêt du 29 mai 1725 aux ouvrages des ponts et chaussées.

« Le roi s'étant fait représenter en son conseil d'état l'arrêt du 29 mars 1725 par lequel S. M. a ordonné une imposition extraordinaire de 2.798.000 liv. pour les ponts et chaussées sur les 20 généralités de pays d'élections. . . . .

« Et S. M. voulant régler la part à portion desdits fonds extraordinaires qu'elle a l'intention de destiner aux ouvrages de chacune desdites généralités. . . . . . .

« S. M. en son conseil a ordonné et ordonne que la somme de 2.798.000 liv. imposée en exécution dudit arrêt du 29 mai 1725, sera employée aux ouvrages des ponts et chaussées suivant l'état que S. M. fera arrêter en son conseil pour la présente année 1726, savoir : dans la généralité de Paris, 1.127.000 liv.;... de Soissons, 80.000 liv.;... d'Amiens, 46.000 liv.;... de Châlons, 95.000 liv.; ... d'Orléans, 250.000 liv.;... de Tours, 110.000 liv.;... de Bourges, 110.000 liv.; ... de Moulins, 45.000 liv.;... de Lyon, 80.000 liv.;... de Riom, 70,000 liv.; ... de Poitiers, 60,000 liv.;... de Limoges, 45,000 liv.;... de Bordeaux, 35,000 liv....; de la Rochelle, 30.000 liv.;... de Montauban, 100.000 liv.;

... d'Auch, 100.000 liv.; ... de Rouen, 125.000 liv.; ... de Caen, 40.000 liv.; ... d'Alençon, 80.000 liv.; ... de Grenoble, 150.000 liv.; lesquelles sommes revenant à ladite première de 2.798.000 liv. seront remises, au fur et à mesure du recouvrement, par les receveurs généraux des finances, au trésorier général des ponts et chaussées en exercice la présente année 1726, pour par lui faire le payement desdits ouvrages conformément à l'état qui en sera arrêté en conseil. »

Archives de l'empire, arrêts du conseil, E 1006, manuscrit.

N° 183.

30 avril 1726.

Arrêt du conseil d'état qui commet les sieurs Gabriel et Desroches pour faire la réception du pont de Blois.

« Sur la requête présentée au roi en son conseil par René Lambot, entrepreneur du pont de Blois, contenant qu'il a satisfait à tous ses engagements et que le pont de Blois est entièrement fini, conformément à l'adjudication faite au conseil le 14 novembre 1716 et aux arrêts des 16 juillet 1720, 17 juin 1721, et 28 juin 1725 par lesquels plusieurs augmentations ont été ordonnées; et par cette raison requérait ledit Lambot la réception dudit pont par telle personne qu'il plaira à S. M. de commettre; ouï le rapport du sieur Dodun, etc.;

« S. M. en son conseil a ordonné et ordonne que ledit pont de Blois sera incessamment vu et visité par le sieur Gabriel, architecte de S. M. et premier ingénieur des ponts et chaussées du royaume, et par le sieur Desroches, ingénieur des ponts et chaussées dans la généralité d'Orléans, pour reconnaître si tous les ouvrages dudit pont et quai de Blois sont bien et dûment faits conformément aux adjudication et arrêts sur ce rendus, dont lesdits sieurs Gabriel et Desroches, que S. M. a commis à cet effet, dresseront leur procès-verbal et rapport, lequel vu et rapporté au conseil, sera sur ladite réception statué ainsi qu'il appartiendra. »

Archives de l'empire, arrêts du conseil, E 1007, manuscrit.

N° 184.

3 décembre 1726.

Arrêt du conseil d'état, rendu sur la requête de la veuve et des héritiers du marquis de Béringhen, qui ordonne le payement aux susdits de la somme de 13.333 l. 6 s. 8 d. restant due audit marquis de Béringhen, comme directeur général des ponts et chaussées du royaume, savoir : 10.000 liv. pour l'année 1722, et 3.333 l. 6 s. 8 d. pour les quatre premiers mois de l'année 1723.

Archives de l'empire, arrêts du conseil, registre E 2073, manuscrit.

N° 185.

10 décembre 1726.

Arrêt du conseil d'état concernant l'entretien des routes de Paris à Dijon et à Lyon dans les enclaves respectives du duché de Bourgogne et des généralités limitrophes.

« Sur ce qui a été représenté au roi en son conseil d'état par les élus des états du duché de Bourgogne, que, dans les routes de Paris à Dijon, l'une par Auxerre et l'autre par Troyes, et de Paris à Lyon passant par Moulins, il y a plusieurs enclaves dépendantes, soit de la généralité de Paris, soit des généralités de Châlons, Moulins et Lyon, dans lesquelles enclaves les parties de chemins qui sont à la charge desdites généralités sont négligées et deviennent de plus en plus impraticables, en sorte que les états du duché de Bourgogne ne peuvent, avec toutes les dépenses qu'ils font journellement pour mettre en bon état les parties de chemins qui dépendent de la province, espérer de rendre praticables ces deux routes en entier, parce que les intervalles qui ne sont point de la province dépérissent faute de réparations : et par cette raison les élus desdits états de Bourgogne auraient très-humblement supplié S. M. de vouloir bien supprimer lesdites enclaves, par rapport à l'entretien des chemins seulement, et charger d'un côté la province de Bourgogne et d'autre côté lesdites généralités de l'entretien de la continuité des chemins sans aucun mélange de part ni d'autre, en ordonnant par S. M. un échange le plus égal qu'il sera possible : laquelle proposition ayant paru raisonnable, et S. M. voulant y pourvoir, ouï le rapport du sieur Le Peletier, conseiller d'état ordinaire et au conseil royal, contrôleur général des finances ;

« Le roi en son conseil a ordonné et ordonne que la province de Bourgogne sera chargée de réparer et entretenir les chemins de la route de Dijon à Paris par Auxerre, depuis Dijon jusques et compris le grand pont de pierre où finit la province de Bourgogne, situé entre Auxerre et Régennes, sans enclaves ni interruption des chemins qui ont été jusqu'à présent de la généralité de Paris, comme aussi de la route de Dijon à Paris par Troyes, depuis Dijon jusqu'au champ des pois vis-à-vis Obirée, aussi sans enclaves ni interruption des chemins qui ont dépendu jusqu'à ce jour des généralités de Paris et de Châlons : et le surplus desdites routes jusqu'à Paris, même les enclaves qui sont de la province de Bourgogne, seront à la charge des généralités de Paris, Châlons, Moulins et Lyon, chacune à son égard, ainsi qu'il appartiendra. Et seront faites dans le surplus desdites routes toutes les réparations et ouvrages nécessaires, conformément aux états que S. M. fera arrêter en son conseil. »

Archives de l'empire, arrêt du conseil, E 1913, manuscrit.

N° 186.

11 mars 1727.

Arrêt du conseil d'état servant de règlement pour les ouvrages et pour les comptes des ponts et chaussées.

« Sur ce qui a été représenté au roi en son conseil que les trésoriers généraux des ponts et chaussées en exercice pendant les années 1719, 1720, 1721, 1722 et 1723 n'ont pu encore rendre leurs comptes ; et même que ceux des exercices 1717, 1718 et 1720 n'ont point fait apurer ceux qu'ils ont présentés à la chambre des comptes, par l'impossibilité où ils se sont trouvés de retirer tous les acquits qui leur sont nécessaires ; ce qui provient également des abus qui se sont introduits dans quelques généralités du royaume, de distribuer des fonds à des entrepreneurs qui n'ont point travaillé, et de l'interdiction des billets de banque dont il avait été fait fonds en 1719 et 1720 pour les ouvrages des ponts et chaussées, ou enfin des diminutions survenues sur les espèces qui ont opéré un nouveau vide dans leur recette ; que tous ces inconvénients ont interverti l'ordre des exercices desdits trésoriers, par la nécessité où l'on s'est vu d'acquitter le prix des ouvrages faits avec les fonds destinés à ceux qui étaient à faire, d'où il résulte un dérangement très-préjudiciable au service du roi : A quoi S. M. désirant pourvoir par un règlement général qui mette lesdits trésoriers en état de compter du passé, et qui assure pour l'avenir d'une manière invariable la confection des travaux qui seront ordonnés pour le bien public et pour l'utilité du commerce ; ouï le rapport du sieur Le Peletier, conseiller d'état ordinaire et au conseil royal, contrôleur général des finances ;

Le roi, en son conseil, a ordonné et ordonne ce qui suit :

« Art. 1. Les ouvrages employés dans les états des ponts et chaussés, qui n'auront pas été commencés au 1er avril prochain, seront retranchés desdits états; de même que la partie de ceux qui seront commencés qui restera à finir audit jour. Veut Sa M. que le revenant-bon des sommes qui étaient destinées auxdits ouvrages serve à acquitter les ouvrages faits, dont les fonds se trouveront avoir été portés au trésor royal, ou avoir péri par les diminutions d'espèces ; et, au cas que lesdits revenant-bon ne puissent suffire au parfait payement des ouvrages faits, le surplus sera pris d'année en année sur le fonds des travaux qui n'auront point d'exécution.

« 2. Pour empêcher que les travaux ne soient continués sur le principe des fonds faits dans les états du roi, et notamment de ceux employés dans l'état de 1726, veut S. M. que la partie des ouvrages commencés, qui se trouvera faite au 1er avril prochain, soit évaluée par les ingénieurs des ponts et chaussées, pour être comptée aux entrepreneurs comme ouvrages parfaits ; et que le montant de la partie restante à finir soit et demeure supprimé, de même que la totalité des ouvrages non commencés audit jour ; et que ceux desdits ouvrages, dont la continuation sera jugée indispensable, soient employés de nouveau dans l'état de la présente année ou des années suivantes, pour la partie restante à finir.

« 3. Ordonne S. M. que, dans le courant de la présente année, il ne soit fait d'ouvrages que jusqu'à la concurrence des fonds à ce destinés, y compris même les ouvrages à retrancher des états précédents, qui se trouveront dans le cas du rétablissement porté par l'art. 2 ; Et afin que les sieurs commissaires départis puissent donner à cet égard des ordres précis aux ingénieurs préposés à la conduite des travaux de leurs départements, veut S. M. que par le sieur Dubois, directeur général desdits ponts et chaussées, il soit remis, avec copie du présent arrêt, auxdits sieurs intendants, un état des sommes que S. M. entend être employées pendant ladite présente année à la confection des ouvrages des ponts et chaussées, et de même à l'avenir d'année en année ; laquelle dépense ne pourra être excédée sous quelque prétexte que ce soit ou puisse être.

« 4. Pour parvenir à une connaissance exacte des sommes dont le remplacement sera nécessaire dans lesdits états, les trésoriers généraux des ponts et chaussées seront tenus de remettre, dans deux mois pour tout délai, l'état au vrai de la recette et dépense effectives de leurs exercices, avec les pièces justificatives d'icelles, ès mains du sieur directeur général des ponts et chaussées de France, pour être ensuite arrêté au conseil de S. M. en la manière ordinaire.

« 5. Si aucuns des trésoriers provinciaux sont en demeure de fournir leurs comptes desdits exercices jusques et compris l'année 1724, ils seront tenus d'y satisfaire dans un mois, à compter du jour de la publication du présent arrêt ; après lequel temps, veut S. M. qu'ils y soient contraints suivant l'ordonnance, en vertu des contraintes qui seront décernées contre eux sur lesdits trésoriers généraux : lesquels seront tenus à cet effet de justifier audit sieur directeur général des diligences qu'ils auront faites.

« 6. Et afin que les fonds destinés aux travaux d'une année ne soient appliqués aux ouvrages d'une autre, et pour empêcher que cet abus n'intervertisse l'ordre des exercices, enjoint S. M. aux sieurs intendants et commissaires départis de n'expédier aucuns mandements ou ordonnances qu'en conformité des états arrêtés au conseil de S. M., sur les fonds faits pour les ouvrages dont ils ordonneront le payement; même de ne faire aucunes distributions de fonds par anticipation pour des ouvrages qui ne seraient pas employés dans l'état du roi ou dans le projet de travail de l'année courante approuvé du sieur directeur général des ponts et chaussées, à moins que ce ne fût dans des cas urgents et indispensables, comme chute de ponts, renversement de digues, ou nécessité d'en prévenir les accidents; auxquels cas veut S. M. qu'il soit sursis à la confection d'une même ou plus grande quantité d'ouvrages moins pressants, jusqu'à l'année suivante, et que les fonds qui auraient dû y être employés soient portés en revenant-bon dans l'état qui sera subséquemment arrêté au conseil, pour acquitter la dépense desdites réparations imprévues.

« 7. Fait S. M. très-expresses défenses aux trésoriers provinciaux desdits ponts et chaussées de payer aucunes sommes aux entrepreneurs des ouvrages, en vertu d'autres acquits que d'ordonnances des sieurs intendants, expédiées en conséquence des certificats ou réceptions des ingénieurs des ponts et chaussées, et libellées à compte ou pour parfait payement d'ouvrages compris dans les états-du-roi ou projets d'états signés du sieur directeur général, à l'exception toutefois des cas prévus par l'art. 6. Leur défend S. M. d'avoir autrement égard auxdites ordonnances, à peine de radiation des payements qu'ils auront faits. Enjoint S. M. auxdits sieurs intendants de tenir la main à l'exécution du présent arrêt, et de s'y conformer en ce qui les regarde : Et seront sur icelui toutes lettres nécessaires expédiées. Fait au conseil d'état du roi, tenu à Versailles, le onzième jour de mars 1727. »

Archives des travaux publics, collection Poterlet, imprimé.

N° 187.

30 mars 1727.

Instruction du conseiller du roi, directeur général des ponts et chaussées, pour les ingénieurs et pour les trésoriers des ponts et chaussées servant près de MM. les intendants des provinces du royaume, pour l'exécution du règlement du conseil du 11 mars 1727 relatif à la comptabilité et aux travaux desdits ponts et chaussées.

« Ce règlement a trois objets : le premier, de faire compter les trésoriers depuis 1716; le deuxième, de proportionner à l'avenir la dépense des travaux à la recette effective de chaque année; le troisième, d'empêcher qu'il ne soit fait des payements sans acquits valables. »

Après avoir rappelé que, dès le 6 septembre précédent, on avait demandé à MM. les intendants des états détaillés de la situation actuelle des travaux et des sommes dues aux entrepreneurs, « pour raison des ouvrages réellement exécutés », déduction faite des payements effectués, le directeur général entre dans quelques développements au sujet de chacun des articles de l'arrêt du 11 mars.

Concernant l'article 6, voici ce qui regarde les ingénieurs :

« A l'égard des cas imprévus désignés par cet article, comme chute de ponts, renversement de digues ou nécessité d'en prévenir les accidents (nécessité qui doit être indispensable, sans quoi il faudra différer l'ouvrage), l'ingénieur dressera son procès-verbal de la dégradation, dont il nous enverra copie signée et certifiée de lui, pour en demeurer garant; et quand le payement sera ordonné par MM. les intendants, les trésoriers seront tenus de rapporter copie dudit procès-verbal pour justifier leur dépense, sans quoi elle sera rayée de leurs comptes.

« La dernière disposition de cet article doit éveiller toute l'attention des ingénieurs; car s'il survient une dégradation indispensable à réparer, ils doivent sur-le-champ suspendre un ouvrage moins pressant d'une même ou plus forte somme, et l'indiquer à MM. les intendants qui nous en donneront avis.

« Il ne reste plus au sujet de cet article qu'à donner deux instructions aux ingénieurs; la première regarde les précautions que nous exigeons d'eux pour l'avenir dans tous les cas où ils délivrent des certificats ou réceptions d'ouvrages, ce qui apprendra en même temps aux trésoriers la forme dans laquelle cette partie de leurs acquits doit être conçue; la deuxième concerne le projet de travail de chaque année, lequel, étant constaté par nous, aura un emploi certain dans l'état-du-roi.

« Pour donner des certificats qui soient en règle, les ingénieurs, dans la tournée qu'ils sont obligés de faire avant l'ouverture de la campagne, visiteront les lieux et emplacements où les ouvrages doivent être construits et feront un état estimatif des matériaux qui seront arrivés sur les ateliers, pour en faire payer un à-compte aux entrepreneurs avant le commencement du travail, proportionnément à la partie employée dans les états-du-roi et aux matériaux qui auront été rassemblés, à moins que les facultés desdits entrepreneurs ne leur permettent d'entrer en avance desdits ouvrages, jusqu'à la concurrence du tiers des fonds employés dans les états-du-roi; à quoi il faut donner un soin extrême, en prenant toujours des entrepreneurs aisés autant qu'il est possible. Mais quand les ingénieurs délivreront des certificats pour matériaux arrivés, ils auront soin de presser les travaux, de manière que l'intérêt de S. M. soit toujours à couvert, à peine d'en répondre en leur propre et privé nom. À l'égard des ouvrages achevés, les réceptions doivent porter que le travail est fait conformément au devis, tant pour les proportions et dimensions des ouvrages que pour les quantités et qualités des matériaux; et, s'il y a contravention au devis, les ingénieurs en dresseront leur procès-verbal pour servir à la poursuite des entrepreneurs en cas de fraude, sinon, pour les obliger à rétablir l'ouvrage : et en cas de mort ou d'insolvabilité des entrepreneurs, ils feront faire ledit rétablissement aux dépens des fonds qui resteront entre les mains du trésorier, d'autant que la réception d'un ouvrage en doit toujours précéder le parfait payement.

« Quant au projet de travail. . . . . . ., les ingénieurs dresseront chaque année deux états des réparations à faire l'année suivante :

« Le premier, avant l'ouverture de la campagne, pour nous être envoyé par MM. les intendants dans le courant du mois d'avril au plus tard. . . . . ;

« Le deuxième sera arrêté pendant la tournée de MM. les intendants, sur l'avis que nous leur aurons donné des sommes accordées par S. M.; et il nous sera remis dans le mois de décembre, à l'effet d'être constaté au déni du règlement. Et attendu que ce dernier état doit servir à la confection de l'état-du-roi, il contiendra un détail clair et succinct de la nature des ouvrages, des matériaux qui doivent servir à leur construction et des lieux de leurs emplacements. . . . .

. . . .

« Fait par nous, conseiller du roi en ses conseils, directeur général des ponts et chaussées de France, à Paris le 30 mars 1727.   « Signé Dubois. »

<small>Archives des travaux publics, collection Poterlet, manuscrit.</small>

N° 188.

8 juillet 1727.

Arrêt du conseil d'état qui défend aux voituriers, sur la route d'Orléans à Paris, de transporter sur une charrette plus de cinq poinçons de vin ou trois milliers pesant, à peine de 500 liv. d'amende, de confiscation des chevaux, équipages et marchandises, excepté les cas où ils feront leur soumission au bureau d'Étampes de porter à leur retour la quantité de 30 pavés à vide, ou 15 pavés avec charge moindre de deux milliers, auquel cas il pourront charger six poinçons de vin.

Archives des travaux publics, collection Poterlet, imprimé.

N° 189.

5 août 1727.

Arrêt du conseil d'état pour répartition de l'emploi de l'imposition extraordinaire de 2.798.000 liv., en 1727.

« Le roi s'étant fait représenter en son conseil d'état l'arrêt du 25 juin 1726 par lequel S. M. a ordonné une imposition extraordinaire de 2.798.000 liv., etc. . . . .

« S. M. en son conseil a ordonné et ordonne que la somme de 2.798.000 liv. imposée en exécution dudit arrêt du 25 juin 1726 sera employée aux ouvrages des ponts et chaussées suivant l'état que S. M. fera arrêter en son conseil pour la présente année 1727, savoir : dans la généralité de Paris, 1.127.000 liv.;.... de Soissons, 80.000 liv.;.... d'Amiens, 46.000 liv.;.... de Châlons, 95.000 liv.;.... d'Orléans, 250.000 liv.;.... de Tours, 110.000 liv.;.... de Bourges, 110.000 liv.; .... de Moulins, 45.000 liv.;.... de Lyon, 80.000 liv.;.... de Riom, 70.000 liv.;.... de Poitiers, 60.000 liv.;.... de Limoges, 45.000 liv.;.... de Bordeaux, 55.000 liv.; .... de la Rochelle, 30.000 liv.;.... de Montauban, 100.000 liv.;.... d'Auch, 100.000 liv.;.... de Rouen, 125.000 liv.;.... de Caen, 40.000 liv.;.... d'Alençon, 80.000 liv.;.... de Grenoble, 150.000 liv. . . . . »

Archives de l'empire, arrêts du conseil, E 1024, manuscrit.

N° 190.

7 octobre 1727.

Arrêt du conseil d'état concernant les travaux à faire pour la navigation des rivières de Mayenne, Sarthe, Loir et Oudon.

« Vu par le roi en son conseil l'arrêt rendu en icelui le 27 juin 1724, par lequel S. M. a commis le sieur Hérault, lors intendant en la généralité de Tours, pour dresser procès-verbal et donner son avis sur les réparations à faire aux rivières de Mayenne, Sarthe, Loir et Oudon; et S. M. étant informée que depuis le procès-verbal dressé par ledit sieur Hérault. . . . . . il n'a été fait aucuns travaux ni réparations sur les rivières de Sarthe, Loir et Oudon; que les mêmes difficultés pour la navigation y subsistent et que les travaux qu'il convenait y faire pour lors pour la rendre libre sont si considérablement augmentés que la navigation de ces trois rivières n'est plus praticable; et S. M. voulant y pourvoir, ouï le rapport;...

« S. M. en son conseil a ordonné et ordonne que par le sieur de Pommereu, commissaire départi en la généralité de Tours, ou celui qu'il subdéléguera à cet effet, il sera procédé à la visite et reconnaissance et dressé procès-verbal de l'état des rivières de Sarthe, Loir et Oudon, depuis les endroits où elles portent bateau jusqu'à leur embouchure dans celle de Loire, et des causes de l'interruption de la navigation sur icelles; avec un devis estimatif en bonne forme des réparations et autres travaux qu'il convient y faire; pour lesdits procès-verbal et devis vus et rapportés au conseil avec l'avis dudit sieur de Pommereu, être par S. M. ordonné ce qu'il appartiendra. . . . . »

Archives des travaux publics, collection Poterlet, parchemin original.

N° 191.

27 avril 1728.

Arrêt du conseil d'état pour répartition de l'emploi de l'imposition extraordinaire de 2.798.000 liv. en 1728.

Le roi s'étant fait représenter l'arrêt du 15 juillet 1727 ordonnant une imposition extraordinaire de 2.798.000 liv. . . . .
S. M. en son conseil a ordonné la répartition suivante de l'emploi de ladite somme, en 1728 : généralité de Paris, 1.127.000 liv.; de Soissons, 80.000 liv.; d'Amiens, 46.000 liv.; de Châlons, 95.000 liv.; d'Orléans, 250.000 liv.; de Tours, 110.000 liv.; de Bourges, 110.000 liv.; de Moulins, 45.000 liv.; de Lyon, 80.000 liv.; de Riom, 70.000 liv.; de Poitiers, 60.000 liv.; de Limoges, 45.000 liv.; de Bordeaux, 55.000 liv.; de la Rochelle, 30.000 liv.; de Montauban, 100.000 liv.; d'Auch, 100.000 liv.; de Rouen, 125.000 liv.; de Caen, 40.000 liv.; d'Alençon, 80.000 liv.; de Grenoble, 150.000 liv.

Archives de l'empire, arrêts du conseil, E 1032, manuscrit.

N° 192.

28 décembre 1728.

Arrêt du conseil d'état qui ordonne l'imposition sur la province de Metz, d'une somme de 13.800 liv. pour appointements d'un ingénieur et de conducteurs et piqueurs chargés de conduire les ouvrages par corvées sur les grandes routes de Metz à Verdun, Thionville et Strasbourg.

« Le roi ayant été informé du mauvais état des grandes routes de la province de Metz et connaissant par elle-même combien il est important pour le bien de son service qu'elles soient rendues praticables pour toutes sortes de voitures, S. M. aurait ordonné au sieur Dubois, directeur général des ponts et chaussées, de rechercher les moyens les plus prompts pour parvenir à cette réparation, et se serait ensuite fait représenter les mémoires dressés à ce sujet, tant par ledit sieur Dubois que par le sieur de Creil, intendant et commissaire départi dans la province, contenant que, les fonds imposés pour les ouvrages des ponts et chaussées de la généralité de Metz ne montant pour chaque année qu'à la somme de 62.809 liv., il était impossible qu'un secours aussi médiocre par rapport aux besoins de ce département pût procurer un progrès considérable dans les travaux, et que de tous les expédients il n'y en aurait point de plus utile ni de plus prompt que celui de faire travailler les communautés par corvées, en leur donnant des conducteurs et piqueurs qui seraient payés sur le fonds destiné aux dépenses des ponts et chaussées. A quoi

S. M. aurait non-seulement consenti et chargé en conséquence ledit sieur de Creil de dresser les états de répartition nécessaires pour parvenir à ce travail ; mais elle aurait encore ordonné au sieur comte de Bellisle, commandant pour S. M. dans ladite province, de fournir des troupes pour accélérer d'autant plus la construction des ouvrages projetés; ce qui aurait opéré tout ensemble un effet si avantageux que, dans la première année, il aurait été fait plus de dix lieues de longueur de chaussées neuves de cailloux et presque une pareille quantité d'anciennes chaussées réparées, en sorte que la dépense de tous les ouvrages, qui n'ont consommé que le fonds ordinaire employé dans l'état des ponts et chaussées en y comprenant même la construction de plusieurs ponceaux, aurait coûté près de 300.000 liv. sur le pied de la dernière adjudication, d'où il résulte une épargne de plus de 240.000 liv. Et S. M. voulant soutenir un établissement si utile et autoriser en même temps la dépense faite par ses ordres pour les gages d'un ingénieur, conducteurs et piqueurs et autres employés qui ont fait exécuter lesdits ouvrages, même y pourvoir pour l'avenir; ouï le rapport du sieur Le Peletier, conseiller d'état ordinaire et au conseil royal, contrôleur général des finances ;

« S. M. en son conseil a ordonné et ordonne que, dans l'état des dépenses des ponts et chaussées de la présente année 1728, il sera employé en un seul article, au chapitre de la province de Metz, la somme de 13.800 liv. pour les appointements d'un ingénieur, conducteurs, piqueurs ou autres employés à la conduite des ouvrages faits par corvées sur les grandes routes de Metz à Verdun, Thionville et Strasbourg, suivant l'état de distribution qui en a été arrêté par ledit sieur de Creil, commissaire départi pour l'exécution des ordres de S. M. dans ladite province, laquelle somme sera passée et allouée sans difficulté dans les états et comptes du trésorier général des ponts et chaussées en exercice ladite année 1728, en vertu du présent arrêt, en rapportant les quittances desdits employés et l'ordonnance du sieur de Creil sur ce suffisante.

« Veut S. M. qu'à l'avenir il soit dressé chaque année, par le sieur commissaire départi en ladite province, un semblable état d'appointements et gages des employés aux ouvrages à faire par corvées, pour être par lui remis au sieur Dubois, directeur général des ponts et chaussées de France, et ledit état approuvé par ledit sieur Dubois être ensuite employé dans les états qui seront arrêtés au conseil, pour en être le montant payé sur les simples ordonnances dudit sieur commissaire départi et alloué aux trésoriers généraux des ponts et chaussées, sans autre formalité, en vertu du présent arrêt, sur lequel seront toutes lettres nécessaires expédiées. »

Archives de l'empire, arrêts du conseil, E 1040, manuscrit.

N° 193.

8 février 1729.

Arrêt du conseil d'état pour répartition entre les diverses généralités de l'emploi de la somme de 2.798.000 liv. imposée pour l'année 1729 pour ouvrages extraordinaires des ponts et chaussées, en vertu de l'arrêt du 22 juin 1728 : ladite répartition comme il suit : généralité de Paris, 1.128.000 liv.; de Soissons, 70.000 liv.; d'Amiens, 50.000 liv.; de Châlons, 95.000 liv.; d'Orléans, 280.000 liv.; de Tours, 110.000 liv.; de Bourges, 110.000 liv. ; de Moulins, 60.000 liv. ; de Lyon, 80.000 liv.; de Riom, 70.000 liv.; de Poitiers, 60.000 liv.; de Limoges, 45.000 liv.; de Bordeaux, 60.000 liv.; de la Rochelle, 50.000 liv.; de Montauban, 80.000 liv.;

d'Auch, 80.000 liv.; de Rouen, 115.000 liv.; de Caen, 35.000 liv.; d'Alençon, 80.000 liv.; de Grenoble 140.000 liv.

Archives de l'empire, arrêts du conseil, E 1042, manuscrit.

N° 194.

Mai 1729.

Lettres patentes en forme d'édit pour tirer un canal de navigation depuis la Saône jusqu'à l'Yonne, en traversant la province de Bourgogne.

« Louis, etc...

« Parmi toutes les propositions (relatives à la navigation intérieure du royaume), aucune ne nous a paru mériter si singulièrement notre attention comme celle qui nous a été faite par le sieur d'Espinassy et compagnie, de tirer un nouveau canal de navigation depuis Saint-Jean-de-Losne qui est sur la Saône, jusqu'à Brinon sur l'Armançon, en passant par Dijon et traversant la Bourgogne. . . .

« Duquel projet ils nous ont fait voir la facilité de l'exécution, en fixant leur point de partage dans un endroit depuis un quart de lieue au-dessus de Vandenesse, passant par la plaine de Créancey, traversant Pouilly en Auxois jusque vis-à-vis Martroy; dans lequel point de partage ils font venir par des rigoles, des lieux circonvoisins et supérieurs, plusieurs sources, rivières et ruisseaux qui en feront la nourriture et fourniront à une ample navigation, ainsi qu'il a été reconnu par le sieur Gabriel, notre ingénieur, qui s'est transporté sur les lieux par nos ordres, a tout vu, vérifié et examiné avec une grande exactitude et en a fait son rapport dont nous avons été satisfait. Et lesdits sieur d'Espinassy et compagnie ayant offert de faire ledit canal à leurs frais et dépens et à ceux de leurs associés, ce qui leur serait impossible d'exécuter si nous ne leur accordions les mêmes grâces qui ont toujours été accordées en pareil cas par nous et nos prédécesseurs rois;

. . . .

« A ces causes. . . . . nous avons, par le présent édit perpétuel et irrévocable, accordé et accordons aux sieurs d'Espinassy et compagnie, leurs hoirs, successeurs, associés et ayants cause, la faculté de pouvoir faire tirer et construire à leurs frais et dépens, suivant leurs offres, un canal de navigation depuis Saint-Jean-de-Losne, où la rivière d'Ouche a son embouchure dans la Saône, jusqu'à Brinon-l'Archevêque, où l'Armançon, qui se jette une lieue au-dessous dans l'Yonne, est navigable, et pour cet effet se servir des eaux des rivières d'Ouche, Armançon, Serein, Brenne et toutes autres rivières, ruisseaux, sources et fontaines. »

. . . .

Suivent les conditions de la concession, analogues à celles des concessions de canaux et d'amélioration de rivières antérieures.

Archives des travaux publics, collection Poteriet, copie.

N° 195.

21 juin 1729.

Arrêt du conseil d'état qui ordonne une imposition annuelle sur le Calaisis, de 6.000 liv. pendant les années 1729, 1730 et 1731, et de 4.000 liv. seulement à l'avenir, pour la dépense particulière des réparations à faire aux ouvrages des ponts et chaussées dudit Calaisis.

Autre arrêt qui ordonne une imposition annuelle de 15.000 liv. sur le pays Boulonnois, à compter de 1729, pour être employée aux réparations particulières des ponts et chaussées dudit pays.

Ces arrêts sont motivés sur ce qu'il s'impose annuellement au marc la livre de la taille sur les six élections de la généralité d'Amiens, un fonds pour les réparations et entretiens des ponts et chaussées, et que, bien que ce fonds soit insuffisant, on en a néanmoins employé une partie dans les gouvernements de Calais et de Boulogne pour les routes de Flandres et d'Angleterre ; qu'il convient que ces gouvernements contribuent aux dépenses qui se font sur leurs territoires, et que S. M. a ordonné la cessation de l'emploi dans lesdits gouvernements des impositions levées sur les six élections de la généralité d'Amiens.

Archives de l'empire, arrêts du conseil, E 1046, manuscrit.

N° 196.

21 juin 1729.

Arrêt du conseil d'état qui interdit le payement des appointements des employés aux travaux des routes dans la province de Champagne par l'intermédiaire des entrepreneurs.

« Le roi s'étant fait représenter en son conseil l'état des plans, cartes et mémoires qui contiennent les ouvrages faits dans la généralité de Châlons pour la réparation des grandes routes de la province de Champagne, et ayant été informé qu'il a été d'usage jusqu'à présent de faire payer les gages des inspecteurs et autres employés à la conduite de ces travaux par les entrepreneurs des ouvrages adjugés à prix d'argent en ajoutant cette valeur à celle des adjudications, ce qui peut occasionner des abus contraires au bien du service et mérite que S. M. veuille bien régler une forme pour faire payer les gages desdits employés dont l'inspection est encore nécessaire pendant la présente année pour achever les ouvrages commencés, en sorte que leur étant pourvu par S. M. de salaires raisonnables sur les fonds destinés à la dépense des ponts et chaussées, les adjudications qui seront faites à prix d'argent suivant la véritable valeur des ouvrages ne soient sujettes à aucune retenue, et qu'on puisse d'ailleurs s'assurer que lesdits employés ne seront point à charge aux communautés et qu'ils rempliront leurs fonctions avec toute l'intégrité possible et avec application au bien public ; vu le mémoire présenté à S. M. sur ce sujet par le sieur Dubois, directeur général des ponts et chaussées de France ; ouï le rapport du sieur Le Peletier, conseiller d'état ordinaire et au conseil royal, contrôleur général des finances ;

« S. M. en son conseil a ordonné et ordonne que, dans l'état des dépenses des ponts et chaussées qui sera arrêté au conseil pour la présente année 1729, il sera fait fonds, au chapitre de la généralité de Châlons, de la somme de 20.782 liv. 4 s. 7 d., laquelle sera employée, savoir : 8.782 liv. 4 s. 7 d. au payement de moitié de 17.564 liv. 9 s. 3 d., qui sont dus auxdits inspecteurs et conducteurs pour restes de leurs gages et appointements des années 1726 et 1728, suivant l'état arrêté par le sieur L'Escalopier, intendant et commissaire départi en ladite généralité, le 19 janvier dernier ; et 12.000 liv. pour semblables gages pendant la présente année 1729, suivant les états de répartition qui en seront arrêtés par le sieur directeur général des ponts et chaussées ; et qu'à l'égard des 8.782 liv. 4 s. 7 d. pour restant des gages dus sur 1726 et 1728, le fonds en sera pareillement fait dans l'état de l'année prochaine 1730, pour le tout être payé auxdits employés, etc. »

....

Archives de l'empire, arrêts du conseil, E 1046, manuscrit.

N° 197.

9 août 1729.

Arrêt du conseil d'état qui ordonne une imposition sur les vingt généralités de pays d'élection, à cause des réparations à faire aux ponts des villes de Compiègne, Saumur et La Charité-sur-Loire.

« Le roi s'étant fait représenter en son conseil l'arrêt rendu en icelui le 19 juillet de la présente année, par lequel et pour les causes y contenues S. M. a ordonné que le pont de la ville de Compiègne serait réparé; et S. M. étant informée qu'il est également nécessaire de faire travailler promptement aux dégradations survenues aux ponts des villes de Saumur et de La Charité-sur-Loire, par l'importance dont ils sont au commerce de tout le royaume; et S. M. voulant pourvoir en même temps au fonds de la dépense des ouvrages qu'il convient faire pour la réparation de ces trois ponts; ouï le rapport du sieur Le Peletier. . . . .

« Le roi en son conseil a ordonné et ordonne que, par les sieurs intendants et commissaires départis dans les vingt généralités des pays d'élections, il sera imposé la somme de 450.000 liv. pendant les années 1730, 1731 et 1732, à raison de 150.000 liv. pendant chacune desdites années, sur tous les contribuables aux tailles desdites vingt généralités ; de laquelle somme de 450.000 liv. la généralité de Paris portera pendant chacune desdites trois années celle de 14.837 liv. ; celle de Soissons, 3.802 liv. ; . . . . d'Amiens, 3.868 liv. ; . . . . de Châlons, 6.548 liv. ; . . . . d'Orléans, 8.824 liv. ; . . . . de Tours 13.328 liv. ; de Bourges, 3.088 liv. ; . . . . de Moulins, 5.975 liv. ; . . . . de Lyon, 5.530 liv. ; . . . . de Riom, 11.272 liv. ; . . . de Poitiers, 8.740 liv. ; . . . . de Limoges, 7.084 liv. ; . . . . de Bordeaux, 10.451 liv. ; de la Rochelle, 4.419 liv. ; de Montauban, 7.904 liv. ; . . . . d'Auch, 6.346 liv. ; . . . . de Rouen, 9.961 liv. ; . . . . de Caen, 7.161 liv. ; . . . . d'Alençon, 6.450 liv. ; et de Grenoble, 4.412 liv. ; revenant toutes lesdites sommes à celle de 150.000 liv. pour chaque année. . . . . »

Archives des travaux publics, collection Poterlet, imprimé.

N° 198.

27 septembre 1729.

Arrêt du conseil d'état qui commet les sieurs de la Hire et Charron, ingénieurs, pour faire les réceptions des ouvrages ordonnés dans la généralité de Grenoble.

« Sur ce qui a été représenté au roi en son conseil que, par deux arrêts rendus en icelui le 13 juillet 1728, S. M. aurait, d'une part, commis le sieur de la Hire en qualité d'ingénieur pour avoir l'inspection et la conduite des ouvrages des ponts et chaussées de la généralité de Grenoble, au lieu et place du sieur Doucet qui ne pouvait plus vaquer aux fonctions de cet emploi, et de l'autre, le sieur Charron en qualité d'inspecteur des digues du Drac et de l'Isère et des autres rivières de ladite généralité, au lieu et place dudit sieur de la Hire ; que le sieur Doucet n'ayant pu, à cause de ses incommodités, se porter sur tous les ouvrages qui auraient été faits en conséquence de ses devis jusqu'audit jour 13 juillet 1728, lesdits ouvrages sont demeurés sans réception, en sorte que les entrepreneurs n'ont pu fournir au trésorier des ponts et chaussées les quittances comptables de parfait payement avec les autres décharges nécessaires, ce qui met les trésoriers généraux hors d'état de rendre leurs comptes; A quoi voulant pourvoir, vu l'avis du sieur de Fontanieu, intendant en la généralité de Grenoble, ouï le rapport du sieur Le Peletier, etc.

« Le roi en son conseil a commis et commet les sieurs de la Hire, ingénieur des ponts et chaussées, et Charron, ingénieur inspecteur des digues du Drac et de l'Isère, pour, conjointement ou en l'absence l'un de l'autre, donner les réceptions des ouvrages ordonnés dans la généralité de Grenoble finis jusqu'audit jour 13 juillet 1728, lesquels n'auront pas été reçus par le sieur Doucet. . . . . . . »

Le même arrêt ordonne que le sieur Charron pourra aussi suppléer l'ingénieur des ponts et chaussées, en cas d'incommodité ou de légitime empêchement, pour réception d'ouvrages faits sur les devis dudit ingénieur.

Archives de l'empire, arrêts du conseil, E 1049, manuscrit.

N° 199.

6 décembre 1729.

Arrêt du conseil d'état qui ordonne une imposition de 4.160 liv. sur chacune des années 1730 à 1735 pour les pépinières royales de la généralité de Poitiers.

« Le roi ayant été informé que la perte des arbres fruitiers et de construction causée par les excessives gelées de l'hiver de 1709, etc. (V. le n° 166). Il fut en conséquence établi, en 1723, neuf pépinières royales dans l'étendue de la généralité de Poitiers, qui se trouvèrent à la fin de 1724 remplies de toutes sortes d'arbres tant fruitiers que de construction. . . . . »

S. M., par arrêt du 9 juin 1725, ordonna que la somme de 39.418 l. 6 s. 10 d., à quoi montait la dépense de ces pépinières de 1724 à 1729, serait imposée sur les contribuables aux tailles de ladite généralité. . . . .

« Et S. M. ayant jugé à propos, à la fin de 1727, d'ordonner que les arbres fruitiers, bois blancs et autres de peu d'utilité seraient retranchés des pépinières, dans lesquelles on n'élèverait à l'avenir que des ormes, des noyers, des châtaigniers, des mûriers blancs et des fresnes. »

. . . . . Le produit de la vente des arbres inutiles vint en déduction de l'imposition. Mais à partir de 1730, il n'y aurait plus de fonds pour soutenir les pépinières de ladite généralité, s'il n'y était pourvu.

Ouï le rapport du sieur Le Peletier, contrôleur général..., le roi ordonne l'imposition de 4.160 liv. pendant chacune des années de 1730 à 1735.

Archives de l'empire, arrêts du conseil, E 1052, manuscrit.

N° 200.

10 janvier 1730.

Arrêt du conseil d'état qui répartit entre les généralités l'emploi en 1730 de la somme de 2.798.000 liv., imposée en ladite année sur lesdites généralités par arrêt du 5 juillet 1729 pour travaux extraordinaires des ponts et chaussées, comme il suit : dans la généralité de Paris, 1.183.000 liv.;. . . . de Soissons, 60.000 liv.; . . . . d'Amiens, 50.000 liv.; . . . . de Châlons, 70.000 liv.; . . . . d'Orléans, 300.000 liv.; .... de Tours, 100.000 liv.; .... de Bourges, 90.000 liv.; .... de Moulins, 75.000 liv.; .... de Lyon, 90.000 liv.; .... de Riom, 69.000 liv.; .... de Poitiers, 60.000 liv.; .... de Limoges, 60.000 liv.; .... de Bordeaux, 60.000 liv.; .... de la Rochelle, 45.000 liv.; .... de Montauban, 81.000 liv.; .... d'Auch, 80.000 liv.; .... de Rouen, 100.000 liv.; .... de Caen, 45.000 liv.; .... d'Alençon, 70.000 liv.; .... de Grenoble, 110.000 liv. . . . .

Archives de l'empire, arrêts du conseil, E 1053, manuscrit.

N° 801.

23 mai 1730.

Arrêt du conseil d'état qui ordonne la construction d'un pont neuf sur l'Oise à Compiègne.

« Le roi ayant été informé qu'outre les réparations prévues par le devis du sieur Gautier, inspecteur des ponts et chaussées, dressé en exécution de l'arrêt du conseil du 19 juillet dernier pour le rétablissement du pont de Compiègne, il serait encore nécessaire de refaire à neuf la 4e arche du côté de la ville, de rengraisser les autres piles et d'y construire de nouvelles arches, en sorte que la dépense de ce rétablissement coûterait plus de 150.000 liv., dont S. M. aurait d'autant plus de peine à répéter le remboursement qu'il deviendrait plus à charge aux propriétaires et engagistes qui percevaient des droits de péage sur ledit pont et qui étaient tenus de le réparer à leurs frais suivant les dispositions des règlements; qu'il serait plus utile pour le commerce particulier de la ville de Compiègne et pour le transport des denrées et marchandises qui traversent la rivière d'Oise audit lieu, de construire un pont neuf dont la dépense, eu égard à la solidité de l'ouvrage, serait beaucoup moins onéreuse; vu sur ce l'avis du sieur Dubois, directeur général des ponts et chaussées de France, etc., ensemble les plans, devis et estimation dressés, par ordre de S. M., par le sieur de la Hite, inspecteur général des ponts et chaussées, des ouvrages à faire pour la construction dudit pont neuf vis-à-vis la porte Notre-Dame de la ville de Compiègne; ouï le rapport du sieur Orry, conseiller ordinaire au conseil royal, contrôleur général des finances;

« Le roi en son conseil a révoqué et révoque l'arrêt du 19 juillet dernier, en ce qui concerne les réparations ordonnées par icelui pour le rétablissement du pont de Compiègne; ce faisant a ordonné et ordonne que, suivant les plans et devis dressés par ledit sieur de la Hite, inspecteur général des ponts et chaussées, il sera incessamment construit un pont neuf sur la rivière d'Oise, à la sortie et vis-à-vis la porte Notre-Dame de la ville de Compiègne, et ouvrages accessoires, desquels ouvrages l'adjudication sera faite en la manière ordinaire par-devant les officiers du bureau des finances de la généralité de Paris. . . . . »

Archives de l'empire, arrêts du conseil, E 1057, manuscrit.

N° 802.

23 mai 1730.

Arrêt du conseil d'état qui approuve et homologue le procès-verbal de réception des ouvrages ordonnés pour la construction du pont et du quai de Blois, tel qu'il a été dressé par les sieurs Gabriel, premier ingénieur des ponts et chaussées, et Desroches, ingénieur de la généralité d'Orléans, les 22, 23, 24, 25 et 26 octobre 1727, et en ordonne le payement pour solde.

Archives de l'empire, arrêts du conseil, E 1057, manuscrit.

N° 203.

13 juin 1730.

Arrêt du conseil d'état qui approuve l'exécution d'un pont provisoire sur les piles et arches ruinées du pont de Compiègne, pour servir pendant la construction du pont neuf ordonnée par arrêt du 23 mai précédent, suivant devis du sieur de la Hite, inspecteur général des ponts et chaussées, et soumission du sieur Bouillette, et qui en ordonne le payement montant à 8.600 liv.

Archives de l'empire, arrêts du conseil, E 1058, manuscrit.

N° 204.

20 juin 1730.

Arrêt du conseil d'état qui approuve l'adjudication faite à Jean Miette, le 11 mars précédent, de la construction d'un pont de bois sur la Loire, entre le faubourg des Capucins de la ville de Saumur et l'île de la Poissonnière, suivant les plans et devis dressés par le sieur Despictières, ingénieur de la généralité de Tours, moyennant 94.500 liv. qui seront payées des deniers à ce destinés dans les états des ponts et chaussées; ordonne qu'il y sera établi, aussitôt son achèvement, des droits de péage au profit de S. M.; et que, sur la présente année 1730, il sera fait fonds de 1.500 liv. pour les appointements d'un inspecteur, nommé par le sieur Dubois, directeur général des ponts et chaussées, pour veiller à la solidité de la construction sous la conduite dudit sieur Despictières.

Archives de l'empire, arrêts du conseil, E 1058, manuscrit.

N° 205.

20 juin 1730.

Arrêt du conseil d'état qui ordonne une imposition extraordinaire de 200.000 liv. en 1731 sur les généralités d'Orléans, Tours, Riom et Bourges, outre les 200.000 liv. de fonds ordinaire, pour l'entretien, la réparation et perfection des turcies et levées de la rivière de Loire et autres y affluentes.

Archives de l'empire, arrêts du conseil, E 1058, manuscrit.

N° 206.

20 juin 1730.

Arrêt du conseil d'état qui ordonne l'imposition en 1731, sur les vingt généralités de pays d'élections, de la somme de 2.798.000 liv. pour les fonds extraordinaires des ouvrages à faire aux ponts et chaussées dans ladite année.

Archives de l'empire, arrêts du conseil, E 1058, manuscrit.

N° 207.

26 septembre 1730.

Arrêt du conseil d'état qui, sur la réclamation des échevins et habitants de la ville de Compiègne, supprime le droit de péage qui devait être établi, en vertu de l'arrêt du 13 juin précédent, sur le pont de bois provisionnel de Compiègne, et ordonne que la dépense de sa construction, montant à 8.600 liv., sera imposée en 1731 sur les taillables de la généralité de Paris. — Ce droit avait été adjugé 9.100 liv. par an à un sieur Simon Morel, et, suivant les réclamants, lui aurait produit plus de 20.000 liv.

Archives de l'empire, arrêts du conseil, E 1061, manuscrit.

N° 208.

26 décembre 1730.

Arrêt du conseil d'état, rendu sur le rapport du sieur Orry, contrôleur général des finances, qui, se référant à un autre arrêt du 23 février 1723, défend à tous carriers, paveurs et autres ouvriers, de fabriquer du pavé de grès dans l'étendue de la généralité de Paris, pour quelques particuliers que ce soit autres que les entrepreneurs des ponts et chaussées, sans la permission expresse et par écrit du directeur général des ponts et chaussées.

Archives des travaux publics, collection Poterlet, imprimé.

N° 209.

22 mai 1731.

Arrêt du conseil d'état qui ordonne une imposition extraordinaire de 2.798.000 liv., en 1732, sur les vingt généralités de pays d'élections, pour ouvrages des ponts et chaussées.

Archives de l'empire, arrêts du conseil, E 1069, manuscrit.

N° 210.

22 mai 1731.

Arrêt du conseil d'état qui ordonne l'imposition en quatre années à partir de 1732, sur les vingt généralités de pays d'élections, de la somme de 600.000 liv. pour la construction d'un pont de bois à Moulins, sur l'Allier, et les réparations du grand chemin de Moulins en Auvergne.

Archives de l'empire, arrêts du conseil, E 1069, manuscrit.

N° 211.

22 mai 1731.

Arrêt du conseil d'état qui ordonne une imposition extraordinaire de 200.000 liv.

en 1732, pour les turcies et levées, sur les généralités de Tours, Orléans, Riom, Bourges et Moulins, en sus de l'imposition ordinaire annuelle de 200.000 liv.

Archives de l'empire, arrêts du conseil, E 1069, manuscrit.

N° 212.

27 novembre 1731.

Arrêt du conseil d'état qui nomme le sieur Pitron inspecteur des ponts et chaussées du royaume en remplacement du sieur Gautier, admis à la retraite.

« Le roi étant informé que le sieur Gautier, inspecteur des ponts et chaussées de son royaume, après avoir servi en qualité d'ingénieur du Languedoc pendant l'espace de vingt-huit ans et, depuis 1716 jusqu'à ce jour, en ladite qualité d'inspecteur dans la généralité de Paris, ne peut plus soutenir la fatigue d'un emploi si pénible dont il a toujours rempli les fonctions avec autant de probité que de vigilance; et S. M. voulant tout à la fois lui donner un témoignage de la satisfaction qu'elle a de ses services et pourvoir audit emploi d'un sujet capable de s'en acquitter dignement; ouï le rapport du sieur Orry. . . . .

« S. M. en son conseil a commis et commet, au lieu et place du sieur Gautier et en ladite qualité d'inspecteur des ponts et chaussées du royaume, le sieur Pitrou, actuellement ingénieur desdits ponts et chaussées dans la généralité de Bourges, pour par ledit sieur Pitrou exécuter les ordres et instructions qui lui seront donnés par le sieur Dubois, directeur général des ponts et chaussées, aux appointements de 6.000 liv. par an ; ce faisant, a accordé et accorde audit sieur Gautier la somme de 2.000 liv., aussi par chaque année, dont elle veut qu'il jouisse sa vie durant par forme de pension et que le fonds en soit fait annuellement dans l'état des ponts et chaussées. . . . . »

Archives de l'empire, arrêts du conseil, E. 1075, manuscrit.

N° 213.

27 novembre 1731.

Arrêt du conseil d'état qui nomme le sieur Gendrier, actuellement ingénieur des ponts et chaussées du Poitou, ingénieur des ponts et chaussées de la généralité de Bourges et contrôleur des travaux du pont de la Charité, en remplacement du sieur Pitrou, nommé inspecteur des ponts et chaussées du royaume, et ordonne qu'il jouira de 2.400 liv. d'appointements en la première qualité et de 1.800 liv. en la seconde, en exécution de l'arrêt du 17 obtobre 1730, tant qu'il y aura lieu.

Archives de l'empire, arrêts du conseil, E 1075, manuscrit.

N° 214.

11 décembre 1731.

Arrêt du conseil d'état qui accorde une pension de retraite de 1.000 liv. au sieur Baussat, ingénieur des ponts et chaussées de la généralité de Riom.

« Le roi ayant commis, par arrêt du 30 octobre dernier, le sieur Hupeau à la place d'ingénieur des ponts et chaussées de la généralité de Riom, au lieu du sieur

Baussat qui ne pouvait plus continuer ses fonctions à cause de ses infirmités, et S. M. voulant reconnaître les services dudit sieur Baussat et lui donner moyen de subsister dans sa retraite; ouï le rapport du sieur Orry............

« S. M. en son conseil a accordé et accorde audit sieur Baussat la somme de 1.000 liv. de pension viagère dont elle ordonne que le fonds sera fait annuellement dans l'état des ponts et chaussées au chapitre des charges............ »

Archives de l'empire, arrêts du conseil, E 1076, manuscrit.

N° 215.

18 décembre 1731.

Arrêt du conseil d'état qui ordonne un fonds de 8.190 liv. en 1731, pour appointements et salaires de conducteurs et employés aux ouvrages par corvées sur les routes de la Champagne.

« Le roi s'étant fait représenter en son conseil les arrêts rendus en icelui les 21 juin 1729 et 12 décembre 1730, par lesquels S. M. aurait ordonné que, dans l'état des ponts et chaussées desdites années, il serait fait fonds de 12.000 liv. au chapitre de la généralité de Châlons, pour le payement des appointements et salaires des inspecteurs, conducteurs et autres employés aux ouvrages à faire par corvées dans la province de Champagne, suivant l'état de répartition qui en avait été arrêté par le sieur directeur général des ponts et chaussées; et S. M. ayant trouvé à propos pour le bien de son service de faire continuer ce même travail pendant la présente année, et voulant pourvoir par de semblables appointements et salaires aux inspecteurs et conducteurs qu'elle y a fait employer; vu l'état présenté par le sieur Le Peletier de Beaupré, commissaire départi en ladite province de Champagne, le 3 décembre dernier, contenant les noms desdits employés, arrêté par le sieur Dubois, directeur général des ponts et chaussées, à la somme de 8.190 liv.; ouï le rapport du sieur Orry.............................

« S. M. en son conseil a ordonné et ordonne que, dans l'état des ponts et chaussées qui sera arrêté en conseil pour la présente année 1731, il sera fait fonds, au chapitre de la généralité de Champagne, de la somme de 8.190 liv. pour le payement des appointements et salaires des inspecteurs, conducteurs et autres employés aux ouvrages faits et à faire par corvées en la province de Champagne pendant la même année; de laquelle lesdits employés seront payés en la forme et manière portées par ledit arrêt du 20 juin 1729, en vertu des ordonnances du sieur Le Peletier de Beaupré, intendant de ladite province. »

Archives de l'empire, arrêts du conseil, E 1076, manuscrit.

N° 216.

20 avril 1732.

Arrêt du conseil d'état qui nomme le sieur Boffrand quatrième inspecteur des ponts et chaussées du royaume, arrête la division de la généralité de Paris entre les quatre inspecteurs et alloue 1.000 liv. au frère Romain à titre de pension de retraite.

« Le roi s'étant fait représenter, étant en son conseil, l'arrêt rendu en icelui le 20 septembre 1723 et les lettres patentes expédiées en conséquence le 3 janvier suivant, par lesquelles S. M. aurait commis le sieur Boffrand, architecte ingénieur, pour avoir la conduite des ouvrages des ponts et chaussées dans le département du frère Romain, jacobin, à l'exception toutefois des élections de Dreux et de Montfort où ledit frère Romain continuerait ses fonctions; et S. M. étant informée que le grand âge dudit frère Romain, qui avait donné lieu à ce partage, ne lui ayant plus permis dès l'année 1726 de suivre les travaux dont la conduite lui était restée par cet arrangement, il aurait été fait en 1727 par le sieur Dubois, directeur général des ponts et chaussées, une nouvelle division de la généralité de Paris suivant laquelle les élections de Dreux et de Montfort auraient été jointes au département du sieur Fayolle, inspecteur, et celui du sieur Boffrand aurait été augmenté à proportion, en sorte que le travail de la généralité étant réparti en quatre portions les plus égales qu'il a été possible de faire, il est juste que les quatre inspecteurs jouissent des mêmes appointements et que les 2.800 liv. attribuées au frère Romain en qualité d'ingénieur soient réunies audit sieur Boffrand pour lui procurer le moyen de remplir ses fonctions : A quoi voulant pourvoir et conserver en même temps au frère Romain pendant sa vie une récompense de ses longs services; ouï le rapport du sieur Orry. . . . .

« S. M. étant en son conseil a supprimé et supprime la commission d'ingénieur des ponts et chaussées de la généralité de Paris ci-devant exercée par le frère Romain, jacobin; ce faisant, a ordonné et ordonne que les fonds imposés, tant pour les appointements que frais de voyages dudit ingénieur en exécution des arrêts du conseil des 22 août 1716 et 16 avril 1720, seront et demeureront réunis à la commission de quatrième inspecteur des ponts et chaussées du royaume exercée par le sieur Boffrand, pour jouir par lui des mêmes appointements de 6.000 liv dont jouissent les trois autres inspecteurs et être sur ce pied employé dans les états des ponts et chaussées à compter du 1er janvier de la présente année. Veut néanmoins S. M. que le frère Romain jouisse sa vie durant, sur lesdits appointements, de la somme de 1.000 liv. par an, par forme de gratification et pension viagère, laquelle ledit sieur Boffrand sera tenu de lui compter annuellement au fur et à mesure que lesdits appointements lui seront payés par les trésoriers généraux des ponts et chaussées. Et seront sur le présent arrêt toutes lettres nécessaires expédiées. »

Archives de l'empire, arrêts du conseil, registre E 2149, manuscrit.

N° 917.

7 mai 1732.

Arrêt du conseil d'état, qui ordonne l'imposition en 1733, sur les généralités de Tours, Orléans, Riom, Bourges et Moulins, d'une somme de 200.000 liv. pour le fonds des réparations extraordinaires des turcies et levées.

Archives de l'empire, arrêts du conseil, E 1082, manuscrit.

N° 918.

27 mai 1732.

Arrêt du conseil d'état qui augmente de 50.000 liv., pour 1733, l'imposition de 150.000 liv. ordonnée pendant quatre années sur les vingt généralités de pays d'élections, par arrêt du 22 mai 1731, pour la construction d'un pont de bois sur l'Allier, à Moulins, et les réparations du grand chemin de Moulins en Auvergne.

Archives de l'empire, arrêts du conseil, E 1082, manuscrit.

N° 219.

27 mai 1732.

Arrêt du conseil d'état qui répartit comme il suit, sur les vingt généralités de pays d'élections, l'emploi de l'imposition extraordinaire de 2.798.000 liv. faite en 1732 pour les ponts et chaussées, en vertu de l'arrêt du 22 mai 1731 : généralité de Paris, 1.300.000 liv. ; .... de Soissons, 60.000 liv. ; .... d'Amiens, 50.000 liv. ; .... de Châlons, 55.000 liv. ; .... d'Orléans, 263.000 l. ; .... de Tours, 90.000 liv. ; .... de Bourges, 60.000 liv. ; .... de Moulins, 72.000 liv. ; .... de Lyon, 80.000 liv. ; .... de Riom, 78.000 liv. ; .... de Poitiers, 50.000 liv. ; .... de Limoges, 80.000 liv. ; .... de Bordeaux, 80.000 liv. ; .... de la Rochelle, 45.000 liv. ; .... de Montauban, 75.000 liv. ; .... d'Auch, 70.000 liv. ; .... de Rouen, 80.000 liv. ; .... de Caen, 60.000 liv. ; .... d'Alençon, 60.000 liv. ; .... de Grenoble, 90.000 liv.

Archives de l'empire, arrêts du conseil, E 1082, manuscrit.

N° 220.

27 mai 1732.

Arrêt du conseil d'état concernant le sieur Deville fils, sous-ingénieur dans la généralité de Lyon.

« Le roi ayant ordonné que la dépense des réparations à faire aux pont et digues du Rhône de la ville de Lyon cesserait d'être employée dans les états des ponts et chaussées et que le sieur Deville fils, à qui S. M., par arrêt du 13 juillet 1728, avait accordé 1.000 liv. d'appointements en qualité de sous-inspecteur sur les ouvrages dudit jour, serait employé à lever la carte de ladite généralité, de même que les plans particuliers et les profils de la route de Lyon à Paris, pour quoi il continuerait de jouir des mêmes appointements ; et S. M. voulant sur ce lui pourvoir ; vu ledit arrêt ; ouï le rapport du sieur Orry. . . . S. M. en son conseil a ordonné et ordonne que le sieur Deville jouira, en qualité de sous-ingénieur dans la généralité de Lyon, des mêmes appointements de 1.000 liv. dont il jouissait en qualité de sous-inspecteur des ouvrages du pont du Rhône. . . . . »

Archives de l'empire, arrêts du conseil, E 1082, manuscrit.

N° 221.

27 mai 1732.

Arrêt du conseil d'état qui ordonne l'imposition en 1733, sur les vingt généralités des pays d'élections, de la somme de 2.798.000 liv., pour le fonds extraordinaire des ponts et chaussées.

Archives de l'empire, arrêts du conseil, E 1082, manuscrit.

N° 222.

4 juin 1732.

Lettres patentes du roi qui transportent au sieur Crozat, commandeur des ordres du roi, le privilége accordé par lettres patentes de septembre 1724, au sieur de Marcy et à ses associés, pour construction d'un canal de communication de la rivière de Somme à celle de l'Oise, depuis l'étang de la ville de Saint-Quentin jusqu'à La Fère.

Archives des travaux publics, collection Poterlet, imprimé.

N° 223.

10 juin 1732.

Arrêt du conseil d'état qui commet le sieur Doucet de Lucé en qualité d'ingénieur des ponts et chaussées de la généralité de Montauban, au lieu et place du sieur Paillardel de Villeneuve, qui se retire à cause de son grand âge; et qui accorde audit sieur de Villeneuve une pension de 1.000 liv.

Archives de l'empire, arrêts du conseil, E 1083, manuscrit.

N° 224.

10 juin 1732.

Arrêt du conseil d'état qui accepte la soumission du sieur Villier, entrepreneur de travaux publics à Brive, d'exécuter, moyennant 131.023 liv., les ouvrages énoncés « au devis des ouvrages qu'il convient faire pour la construction d'un pont de pierre de trois arches au bout du grand pont de Brive du côté de Donzenet, et d'un canal qui servira à diviser les eaux de la rivière de Corrèze, dans le temps de ses débordements, et empêcher par ce moyen que le vieux pont ne soit emporté par les eaux et qu'elles ne s'étendent dans la plaine; l'excavation duquel canal servira à élever le long d'icelui une chaussée qui arrêtera lesdites eaux dans leur plus grande hauteur, et à faire une chaussée qui joindra les deux ponts, et autres ouvrages au sujet de la grande route de Toulouse à Paris, et réparations à faire à l'ancien pont, etc. . . . . . »

Suit le devis qui est clos ainsi :

« Le présent devis a été dressé et rectifié par nous soussigné, premier ingénieur des ponts et chaussées, de l'ordre verbal de M. Dubois, directeur général des ponts et chaussées de France. A Versailles, le 7 mars 1732; signé Gabriel. »

Archives de l'empire, arrêts du conseil, E 1085, manuscrit.

N° 225.

17 juin 1732.

Arrêt du conseil d'état qui fait concession au sieur Jacques-Henri Darcemolle, chevalier, seigneur de Lagrange, marquis de la Touche, de la construction d'un canal de jonction, dans le bas Poitou, depuis Sillé jusqu'à Vernon, et depuis Vernon jusqu'à Sécondigny, de rivières de la Sèvre-Nantaise, du Thoué et de la Vendée, et des ouvrages propres à rendre ces rivières navigables, savoir : la Sèvre, depuis Trais jusqu'à Nantes ; la Vendée jusqu'à Marans, et le Thoué jusqu'à Saumur; et qui commet le sieur de Lafont, ingénieur du roi, pour faire des nivellements, plans et devis des ouvrages, et les remettre à l'intendant de la généralité de Poitiers, qui devra ouvrir, sur ces projets, une enquête et en dresser procès-verbal, qu'il enverra au conseil avec son avis.

Archives des travaux publics, collection Poterlet, imprimé.

N° 226.

25 novembre 1732.

Arrêt du conseil d'état qui remplace par le sieur Robert le sieur Doucet de Lucé, qui n'a pu, à cause de ses infirmités, prendre possession de l'emploi d'ingénieur de la généralité de Montauban.

Archives de l'empire, arrêts du conseil, Z 1087, manuscrit.

N° 227.

13 janvier 1733.

Arrêt du conseil d'état pour le rétablissement et l'entretien de la navigation des rivières navigables et flottables de la généralité d'Auch.

« Sur ce qui a été représenté au roi en son conseil, qu'au préjudice des statuts, ordonnances et règlements sur le fait de la navigation des rivières qui sont dans les ressorts des parlements de Toulouse et Bordeaux, celles qui se trouvent dans l'étendue de la généralité d'Auch, comme l'Adour, la Douze, les Gaves et autres, ont été tellement négligées et sont actuellement en si mauvais état, que le commerce en est presque anéanti, et qu'il sera dans peu ruiné totalement s'il n'y est remédié; que la navigation de la rivière de l'Adour allait autrefois jusqu'à la ville d'Aire, et qu'à présent elle n'est portée qu'avec peine près la ville de Saint-Sever ; que celle de la rivière de la Douze, qui était il y a peu de temps utile pendant tout le cours de l'année, n'est à présent bien praticable que pendant cinq ou six mois. . . . . »

Suivent les causes de cette détérioration, qu'on attribue aux entreprises des seigneurs, propriétaires de moulins et propriétaires riverains. . . . .

« Le roi en son conseil a ordonné : art. 1, que les anciens statuts, règlements, et ordonnances concernant la navigation de toutes les rivières navigables de la généralité d'Auch, seront exécutés selon leur forme et teneur et en conséquence qu'il sera établi, sous les ordres du sieur intendant et commisssaire départi en la généralité d'Auch et département de Pau, un ingénieur, inspecteur ou visiteur général de toutes les susdites rivières navigables et flottables, quatre syndics et quatre patrons jurés de ladite navigation; » ces derniers, savoir : sur la Douze, l'Adour, les deux Gaves et la Garonne. . . . .

« Lesquels syndics et patrons jurés seront commis, sur le certificat de capacité de l'ingénieur, inspecteur ou visiteur général, et après l'examen qu'ils auront subi devant lui, par le sieur intendant et commissaire départi en ladite généralité, qui recevra leur serment et leur prescrira leurs devoirs et fonctions. »

Suivent vingt et un articles concernant les péages, les devoirs des péagers, les moulins et leurs dépendances, les propriétaires riverains, les chemins de halage, etc., les obligations de l'ingénieur visiteur et des syndics et patrons jurés ; le vingtième imposant sur la généralité d'Auch une contribution annuelle de

10.000 liv. pour les ouvrages nécessaires à la navigation et les appointements des officiers de ladite navigation.

Un autre arrêt du 13 mars 1736 étend l'application de ce règlement aux portions desdites rivières qui coulent dans le Languedoc et les généralités de Bordeaux et de Montauban.

Archives des travaux publics, collection Poterlet, imprimé.

A ce document sont jointes des formules imprimées préparées pour les procès-verbaux à dresser par l'ingénieur visiteur général de la navigation et autres officiers ; l'une desquelles porte la mention suivante : « Nous Jean Montain André Le Ragoix de Saint-André, ingénieur du roi pour les ponts et chaussées de la généralité de Bordeaux, inspecteur général des rivières navigables et flottables de ladite généralité, etc. . . . . » (Sans date.)

N° 228.

13 janvier 1733.

Arrêt du conseil d'état qui, vu un autre arrêt du 30 octobre 1731 par lequel le sieur Charron est nommé ingénieur des ponts et chaussées dans la généralité de Bordeaux en remplacement du sieur Ubeleski obligé de résigner ses fonctions à cause de ses infirmités, commet en outre ledit sieur Charron pour faire les réceptions des ouvrages que le sieur Ubeleski n'a pu visiter et recevoir avant ladite date 30 octobre 1731.

Archives de l'empire, arrêts du conseil, E 1089, manuscrit.

N° 229.

17 mars 1733.

Arrêt du conseil d'état qui réunit en une seule les deux places d'ingénieurs des turcies et levées, entre les mains du sieur de Regemorte.

« Le roi ayant jugé convenable au bien du service de réunir les deux commissions d'ingénieurs des turcies et levées des rivières de Loire, Cher et Allier et autres rivières y affluentes à un seul officier qui, les conduisant par les mêmes principes et ne construisant que des ouvrages relatifs les uns aux autres dans leurs effets, puisse prévenir les dégradations qui surviennent par la diversité des travaux ; et S. M. voulant témoigner au sieur de Regemorte, ci-devant chargé de l'inspection desdites levées depuis Orléans jusqu'au port de Sorges, la satisfaction qu'elle a de ses services et la confiance qu'elle prend dans son expérience et dans sa capacité ; vu sur ce l'avis du sieur Dubois, directeur général des ponts et chaussées, turcies et levées ; ouï le rapport du sieur Orry, conseiller d'état et au conseil royal, contrôleur général des finances ;

« S. M. en son conseil a réuni et réunit la place d'ingénieur des turcies et levées qu'exerçait le feu sieur Mathieu à celle qu'exerce le sieur de Regemorte, pour en jouir par lui sous le titre d'ingénieur des turcies et levées et balisage des rivières de Loire, Cher, Allier et autres y affluentes, avoir en cette qualité la conduite et inspection des ouvrages desdites levées et balisage, dresser les devis de ceux qu'il conviendra y faire et les procès-verbaux du nettoiement desdites rivières, assister aux adjudications dudit balisage qui seront faites par-devant le sieur commissaire départi pour l'exécution des ordres de S. M. en la généralité d'Orléans, en faire et délivrer la réception conformément aux baux, assister pareillement aux adjudications qui seront faites par le sieur intendant des turcies et levées, et, après la perfection des ouvrages adjugés, en faire la réception en sa présence, le tout en la manière accoutumée ; aux appointements dont jouissaient lesdits sieurs Mathieu et de Regemorte séparément, desquels S. M. veut que ledit sieur de Regemorte soit à l'avenir payé lui seul, sur les ordonnances et mandements du sieur intendant, par les trésoriers des turcies et levées, à compter du jour du décès dudit sieur Mathieu depuis lequel il a vaqué à l'exercice des deux commissions, et par le receveur des droits de boëte pour le balisage, ainsi qu'il est accoutumé ; à condition par ledit sieur de Regemorte d'entretenir continuellement près de lui un sous-inspecteur capable qui sera nommé par le sieur directeur général, et de lui payer la somme de 1.500 liv. par chaque année pour lui tenir lieu d'appointements. »

Archives de l'empire, arrêts du conseil, E 1091, manuscrit.

N° 230.

24 mars 1733.

Arrêt du conseil d'état qui en rappelle un autre du 2 avril 1726 par lequel il avait été imposé sur les vingt généralités de pays d'élections une somme de 130.300 liv. pour construction d'une digue contre la mer entre Saint-Vaast et Reville, et qui ordonne une nouvelle imposition de 77.082 liv. pour réparations et augmentations à cette digue suivant devis estimatif dressé par le sieur Bayeux, ingénieur des ponts et chaussées de la généralité de Caen, en y comprenant 1.040 liv. pour 26 mois d'appointements d'un inspecteur desdits travaux, à raison de 40 liv. par mois, et 1.060 liv. pour gratification à l'ingénieur qui a fait les plans et devis des ouvrages et qui les conduira jusqu'à la fin.

Archives de l'empire, arrêts du conseil, E 1091, manuscrit.

N° 231.

31 mars 1733.

Arrêt du conseil d'état pour répartition de l'emploi dans les vingt généralités de pays d'élections en 1733 d'une somme de 2.051.400 liv. à prendre sur celle de 2.798.000 liv. imposée pour travaux extraordinaires des ponts et chaussées par arrêt du 27 mai 1732.

« Le roi s'étant fait représenter en son conseil l'arrêt rendu en icelui le 27 mai 1732 par lequel S. M. a ordonné qu'outre le fonds ordinaire des ponts et chaussées et les impositions qui doivent être continuées en exécution des arrêts précédemment rendus, il sera imposé et levé en la présente année 1733, pour les ouvrages des ponts et chaussées, sur tous les contribuables aux tailles des vingt généralités de pays d'élections, conjointement avec les deniers de la taille, la somme de 2.798.000 liv., laquelle serait répartie au marc la livre dans lesdits généralités et comprise dans les brevets et commissions des tailles de la même année 1733 ; et que d'icelle il en serait employé dans les états-du-roi desdites vingt généralités celle de 2.051.400 liv., pour être payée et délivrée au trésorier général des ponts et chaussées en exercice ladite année 1733 et par lui employée au payement des ouvrages, conformément aux états qui en seraient arrêtés au conseil, et le surplus remis au trésor royal pour être employé suivant ses ordres : Et S. M. voulant régler la part et portion de ladite somme de 2.051.400 liv. qu'elle a intention de destiner, sur lesdits fonds extraordinaires, aux ouvrages de chacune desdites généralités; vu l'état qui a été en conséquence dressé par ses ordres; ouï le rapport du sieur Orry;

« S. M. en son conseil a ordonné et ordonne que, sur la somme de 2.798.000 liv. imposée en exécution dudit arrêt du 27 mai 1732, il en sera employé celle de 2.051.400 liv. aux ouvrages des ponts et chaussées, suivant l'état que S. M. fera arrêter dans son conseil, savoir : dans la généralité de Paris, 948.472 liv.;. . . . de Soissons, 43.776 liv.;. . . . d'Amiens, 36.482 liv.;. . . . de Châlons, 40.124 liv.;. . . . d'Orléans, 191.891 liv.;. . . . de Tours, 65.659 liv.;. . . . de Bourges, 43.776 liv.;. . . . de Moulins, 52.533 liv.;. . . . de Lyon, 58.365 liv.;. . . . de Riom, 56.912 liv.;. . . . de Poitiers, 36.482 liv.;. . . . de Limoges, 58.365 liv.;. . . . de Bordeaux, 58.365 liv.;. . . . de la Rochelle, 32.830 liv.;. . . . de Montauban, 54.722 liv.;. . . . d'Auch, 51.070 liv.;. . . . de Rouen, 58.365 liv.;. . . . de Caen, 43.776 liv.;. . . . d'Alençon, 53.776 liv.;. . . . de Grenoble, 65.659 liv.;. . . . .

Archives de l'empire, arrêts du conseil, E 1091, manuscrit.

N° 232.

14 avril 1733.

Arrêt du conseil d'état qui, vu les lettres patentes du 4 juin 1732 qui transportent au sieur Crozat la concession du canal de jonction de la Somme à l'Oise, permet audit sieur Crozat de distribuer le fonds de 5 millions de liv., auxquels les dépenses dudit canal de Picardie ont été évaluées, en 10.000 actions au porteur de 500 liv. chacune.

Autre arrêt du 21 avril 1733, qui admet les actionnaires du canal de Provence à devenir actionnaires du canal de Picardie.

Archives des travaux publics, collection Poterlet, imprimé.

N° 233.

2 juin 1733.

Arrêt du conseil d'état qui ordonne l'exécution de celui du 16 avril 1720 portant fixation des appointements des inspecteurs et ingénieurs des ponts et chaussées.

Archives de l'empire, arrêts du conseil, E 1094, manuscrit.

N° 234.

2 juin 1733.

Arrêt du conseil d'état pour répartition sur les diverses recettes générales de la somme de 2.051.400 liv. à verser en 1733 au trésorier général des ponts et chaussées, suivant arrêt du 27 mai 1732.

« Le roi s'étant fait représenter en son conseil l'arrêt rendu en icelui le 27 mai 1732 par lequel S. M. a ordonné qu'outre le fonds ordinaire des ponts et chaussées et les impositions qui doivent être continuées en exécution des arrêts du conseil précédemment rendus, il serait encore imposé et levé, en l'année 1733, dans les vingt généralités de pays d'élections, en la forme et manière portées par ledit arrêt, la somme de 2.798.000 liv. pour les ouvrages à faire pendant ladite année 1733, et que de ladite somme il en serait employé dans les états-du-roi desdites vingt généralités celle de 2.051.400 liv. qui seront destinées en la forme et manière ordinaire au trésorier général des ponts et chaussées en exercice l'année 1733, pour être par lui employée au payement des ouvrages qui seront faits pendant ladite année jusqu'à concurrence des sommes auxquelles lesdits ouvrages monteront dans chaque généralité, suivant l'état qui en sera arrêté au conseil; et que le surplus serait remis au trésor royal pour être employé suivant les ordres de S. M. : Et étant nécessaire de fixer ce qui sera payé par chacun des receveurs généraux des finances desdites vingt généralités au trésorier général des ponts et chaussées, de ladite somme de 2.051.400 liv. de fonds extraordinaire imposé pendant l'année 1733, afin de constater la dépense de chaque receveur général et la recette en cette partie du trésorier général des ponts et chaussées : ouï le rapport du sieur Orry;

« S. M. en son conseil a ordonné et ordonne que de la somme de 2.798.000 liv., imposée en exécution dudit arrêt du 27 mai 1732 pour supplément du fonds destiné aux ouvrages des ponts et chaussées pendant la présente année 1733, il en sera employé dans les états des finances des vingt généralités de pays d'élections, au chapitre des deniers comptables sous le nom du trésorier général des ponts et chaussées, outre le fonds ordinaire, celle de 2.051.400 liv., laquelle sera payée audit trésorier par le receveur général de chacune desdites généralités, savoir : par le receveur général des finances de la généralité de Paris, celle de 214.000 liv.; . . . . de Soissons, 49.500 liv.; . . . . d'Amiens, 54.200 liv.; . . . . de Châlons, 86.200 liv.; . . . d'Orléans, 118.000 liv.; . . . . de Tours, 193.600 liv.; . . . . de Bourges, 40.600 liv.; . . . de Moulins, 81.600 liv.; . . . de Lyon, 72.500 liv.; . . . . de Riom, 158.500 liv.; . . . . de Poitiers, 118.000 liv.; . . . . de Limoges, 95.000 liv.; . . . . de Bordeaux, 140.200 liv.; . . . . de la Rochelle, 58.500 liv.; . . . . de Montauban, 108.500 liv.; . . . . d'Auch, 86.000 liv.; . . . . de Rouen 136.000 liv.; . . . . de Caen, 95.500 liv.; . . . d'Alençon, 86.000 liv.; . . . . de Grenoble, 59.000; revenant toutes lesdites sommes à ladite première de 2.051.400 liv. : Et au moyen du payement qui sera fait de ladite somme par chacun desdits receveurs généraux en la forme et manière ordinaire, le surplus de la somme de 2.798.000 liv., montant à 746.600 liv. sera destiné pour être porté au trésor royal, conformément audit arrêt du 27 mai 1732 et, à cet effet, employé dans les états-du-roi des finances de l'année 1733 en deuxième partie, sous le nom du garde du trésor royal, pour la portion de chacune généralité excédant celle qui doit être remise au trésorier général des ponts et chaussées, pour être ladite somme employée, suivant les ordres de S. M., à des ouvrages extraordinaires des ponts et chaussées. Veut aussi S. M. que les autres sommes, destinées à des ouvrages particuliers et imposées en exécution d'arrêts particuliers qui auront ordonné que les fonds en seront remis au trésor royal, soient aussi employées dans lesdits états des finances, sous le nom dudit garde du trésor royal, en seconde partie et suivant la destination portée par les arrêts qui auront ordonné l'imposition.

Archives de l'empire, arrêts du conseil, E 2094, manuscrit.

TITRE III, CHAPITRE I.

N° 235.

2 juin 1733.

Arrêt du conseil d'état qui ordonne une nouvelle imposition de 50.000 liv. pour les réparations du pont de La Charité-sur-Loire.

« Le roi étant informé que la somme de 300.000 liv., destinée à la réparation du pont de La Charité-sur-Loire, faisant partie des 450.000 liv. imposées par arrêt du conseil du 9 août 1729, n'est pas à beaucoup près suffisante pour acquitter les dépenses faites et à faire audit pont, dont les dégradations ont augmenté depuis ladite imposition et sont beaucoup plus considérables qu'on n'avait pu le prévoir; Et S. M. désirant pourvoir au fonds nécessaire pour acquitter le prix desdites augmentations; ouï le rapport du sieur Orry. . . . .

« S. M. en son conseil a ordonné et ordonne qu'outre les 300.000 liv. ci-devant imposées en exécution de l'arrêt du 9 août 1729 pour être employées à la réparation du pont de La Charité-sur-Loire, il sera, par les sieurs intendants et commissaires départis dans les vingt généralités de pays d'élections, imposé en l'année prochaine 1734 la somme de 50.000 liv. sur tous les contribuables aux tailles desdites vingt généralités. . . . . »

Archives de l'empire, arrêts du conseil, E 1094, manuscrit.

N° 236.

2 juin 1733.

Arrêt du conseil d'état qui ordonne la confection d'un devis des ouvrages à faire pour empêcher la ruine du pont de Gien sur la Loire, par le sieur Desroches, ingénieur de la généralité d'Orléans, et qui impose à compte du montant de l'adjudication à faire, une somme de 100.000 liv. en 1734 sur les vingt généralités de pays d'élections.

Archives de l'empire, arrêts du conseil, E 1094, manuscrit.

N° 237.

2 juin 1733.

Arrêt du conseil d'état qui ordonne une imposition en 1734, sur les vingt généralités de pays d'élections, de la somme de 50.000 liv. en sus de celle de 150.000 liv. déjà imposée pour le rétablissement du pont de Moulins et la réparation du grand chemin d'Auvergne.

Archives de l'empire, arrêts du conseil, E 1094, manuscrit.

N° 238.

2 juin 1733.

Arrêt du conseil d'état qui impose en 1734, sur les généralités de Tours, Orléans, Riom, Bourges et Moulins, une somme supplémentaire de 200.000 liv. pour les turcies et levées.

Archives de l'empire, arrêts du conseil, E 1094, manuscrit.

N° 239.

2 juin 1733.

Arrêt du conseil d'état qui impose en 1734, sur les généralités de pays d'élections, une somme de 2.798.000 liv. pour fonds extraordinaire des ponts et chaussées.

Archives de l'empire, arrêts du conseil, E 1094, manuscrit.

N° 240.

14 juillet 1733.

Arrêt du conseil d'état qui ordonne une imposition extraordinaire de 300.000 l. en 1734, sur les vingt généralités de pays d'élections, pour réparer les dégradations extraordinaires que les inondations des rivières de Loire, Allier et autres avaient causées à la fin du mois de mai précédent aux ponts placés sur ces rivières, ainsi qu'aux turcies et levées.

Archives de l'empire, arrêts du conseil, E 1095, manuscrit.

N° 241.

27 juillet 1733.

Lettres patentes rendues sur un arrêt du conseil d'état du 2 juin 1733, concernant les appointements et frais de voyages des inspecteurs et ingénieurs des ponts et chaussées.

« Louis, par la grâce de Dieu, roi de France et de Navarre, à nos amés et féaux conseillers les gens tenant notre chambre des comptes, à Paris, salut.

« Les inspecteurs et ingénieurs des ponts et chaussés de notre royaume nous auraient très-humblement représenté en notre conseil que, par arrêt de notredit conseil du 1er février 1716, nous aurions révoqué les onze inspecteurs généraux et les vingt-deux ingénieurs des ponts et chaussées, à commencer du 1er janvier de ladite année 1716, pour les appointements et gratifications desquels il était actuellement fait fonds de la somme de 117.900 liv., et, au lieu desdits inspecteurs et ingénieurs, nous aurions établi un inspecteur général, un architecte et premier ingénieur, trois inspecteurs, et vingt-un ingénieurs desdits ponts et chaussées, les appointements desquels officiers auraient été réglés par ledit arrêt, savoir : ceux dudit inspecteur général, à 3.000 liv. par an, ceux dudit architecte premier ingénieur et de trois inspecteurs à 2.000 liv. chacun par an, en ce non compris 9.000 liv. pour leurs voyages ; comme aussi nous aurions réglé les appointements desdits vingt-un ingénieurs à 1.800 liv. chacun, lesquels appointements et frais de voyages montaient ensemble à 57,800 liv. par an ; ajoutant 1.800 liv. pour les appointements de l'ingénieur de la généralité d'Auch, cela comporterait en tout la somme de 59,600 liv., ce qui faisait, sur les anciens appointements, une réduction à notre profit de la somme de 58.300 liv. ; qu'en l'année 1720, lesdits inspecteurs et ingénieurs nous auraient représenté que leurs appointements sur le pied de ladite réduction étaient trop modiques, et que les dépenses qu'ils étaient obligés de faire absorbaient de beaucoup ce qui leur était accordé, tant pour appointements que pour frais de voyages; qu'ils étaient hors d'état d'en soutenir les frais; sur lesquelles représentations nous aurions, par arrêt de notre conseil du 16 avril 1720, ordonné qu'à commencer du 1er janvier de ladite année 1720, lesdits inspecteurs et ingénieurs des ponts et chaussées seraient payés de leurs appointements et frais de voyages, savoir: l'inspecteur général sur le pied de 8.000 liv., dont 5.000 pour appointements et 3.000 liv. pour frais de voyages; l'architecte et premier ingénieur et trois inspecteurs de 6.000 liv. chacun, dont 3.600 liv. pour appointements, et 2.400 liv. pour frais de voyage; l'ingénieur de la généralité de Paris de 2.800 liv., dont 2.000 liv. pour appointements et 800 liv. pour frais de voyage; l'ingénieur de la généralité de Metz, de 2.900 liv. pour appointements, y compris 500 liv. de gratification; et les vingt ingénieurs des autres généralités, de 2.400 liv. d'appointements chacun; le tout revenant à la somme de 85.700 liv., de laquelle il est ordonné par ledit arrêt qu'il sera fait fonds annuellement dans les états des ponts et chaussées, pour être payés auxdits ingénieurs et inspecteurs sur le pied et ainsi qu'il est ci-dessus énoncé; sur lequel arrêt ont été expédiées des lettres patentes, le 6 mai de la même année 1720, pour l'enregistrement desquelles lesdits inspecteurs et ingénieurs s'étant pourvus en la chambre des comptes, elle aurait, par son arrêt du 23 août de la même année, déclaré ne pouvoir entrer dans l'enregistrement d'icelles. Sur quoi les suppliants nous auraient très-humblement représenté que la chambre n'avait refusé l'enregistrement des lettres que par un zèle pour nos intérêts dont elle donne des preuves en toute occasion; que ladite chambre a supposé que, nous ayant plu de diminuer le nombre des inspecteurs et ingénieurs des ponts et chaussées et de réduire leurs appointements et frais de voyages à compter du 1er janvier 1716, nous n'aurions pu, en l'année 1720, avoir accordé une augmentation desdits appointements et frais de voyage qu'à l'importunité des inspecteurs et ingénieurs; que, pour l'obtenir, ils s'étaient prévalus d'un temps où la création des billets de banque avait porté toutes les choses à l'excès; que cependant le véritable motif qui nous avait engagé à ordonner cette augmentation a été la représentation faite de tous les travaux, voyages et frais indispensables, auxquels les suppliants sont obligés et qu'ils ont prouvé ne pouvoir absolument soutenir, ayant été obligés, pendant les années 1716, 1717, 1718 et 1719 qui sont les quatre années que la réduction de leurs appointements a duré, de faire des dépenses et frais de voyage beaucoup plus forts que ce qui leur avait été accordé, suivant ladite réduction, pour leur appointements et frais. Nous auraient représenté en outre les suppliants que le fonds annuel qui se faisait pour les appointements et frais desdits inspecteurs et ingénieurs, jusques en l'année 1716, était de 117,900 liv., et que, par arrêt de notre conseil du 1er février 1716, lesdits appointements et frais ont été réduits à la somme de 59,600 liv.; que l'augmentation par nous accordée aux suppliants par ledit arrêt de notre conseil du 16 avril 1720 n'étant que de 26,100 l., le fonds ancien de 117,900 liv. se trouvait réduit à la somme de 85,700 liv. et opérait une réduction annuelle à notre profit de 32.200 liv.; que d'ailleurs le défaut d'enregistrement desdites lettres patentes du 6 mai 1720 empêchait l'apurement des comptes des trésoriers généraux des ponts et chaussées, qui n'avaient pu se dispenser de payer lesdits inspecteurs et ingénieurs, à commencer du 1er janvier 1720, sur le pied de ladite augmentation et suivant le fonds qui en était fait dans les états arrêtés en notre conseil; que, faute de ce même enregistrement, la chambre leur avait rayé ou tenu en souffrance une partie de ces dépenses, et que, sous ce même prétexte de défaut d'enregistrement desdites lettres, les trésoriers en exercice refusaient depuis plusieurs années de payer aux suppliants leurs appointements, ce qui affaiblissait l'autorité qu'ils devaient avoir sur les entrepreneurs et ouvriers pour leur faire faire leur devoir, et les empêchait de continuer leur service avec la même exactitude, étant pour la plupart hors d'état de faire sur leurs revenus les avances des frais de voyages, nourriture et entretien des chevaux, et toutes les autres dépenses qu'ils sont obligés de faire pendant plus de huit mois de l'année pour remplir des fonctions aussi pénibles et aussi nécessaires au bien et à la commodité publiques; que, pour prouver la vérité de ce qu'ils avancent et que, s'ils ne jouissaient pas de l'augmentation par nous accordée par lesdites lettres patentes, ils seraient absolument hors d'état de soutenir les dépenses attachées nécessairement à leurs fonctions, il n'y a qu'à considérer l'obligation indispensable où sont les ingénieurs d'acheter, nourrir et entretenir deux chevaux, lesquels, étant obligés d'être nourris pendant presque tous les jours de l'année en différentes hôtelleries, consomment plus que le double de ce qu'il en coûterait à leurs maîtres en les nourrissant dans leurs maisons; que l'entretien desdits deux chevaux, les gages, nourriture et entretien d'un valet, pour les panser et porter les hardes de son maître, coûtent aussi dans les voyages le double de ce qu'ils coûteraient dans un lieu de résidence; que la nourriture et entretien du maître se trouve pareillement doublée pendant tout le temps qu'ils font leurs fonctions dehors; qu'ils sont même dans la nécessité de faire en poste certaines courses éloignées, à quoi ajoutant les frais qu'ils sont obligés de faire pour toiles, papiers et instruments qui servent à lever des plans, les ports de lettres et paquets et autres frais attachés à leurs fonctions, en réduisant et modérant tout ce détail pendant le courant de l'année il sera toujours vrai de dire qu'il n'y a pas de condition plus bornée que celle des suppliants, qui sont tenus dans un mouvement continuel; et qu'en examinant tous les grands chemins rétablis et faits à neuf, on trouvera que l'état des ponts et chaussées est tel qu'il ne permet pas de croire que les officiers qui les conduisent vivent dans l'oisiveté; et qu'enfin le plus simple architecte dans Paris, sans se donner presque aucun mouvement et sans être obligé à aucuns frais, trouve beaucoup plus de bénéfice à la fin de chaque année qu'aucuns des suppliants. Pour quoi les suppliants avaient recours à nous et nous requéraient qu'il nous plût expliquer de nouveau et plus particulièrement nos intentions, en sorte qu'il ne reste plus aucun doute sur les motifs qui nous ont porté à ordonner une augmentation d'appointements et frais de voyages, sans laquelle il est impossible que les devoirs imposés auxdits inspecteurs et ingénieurs puissent être remplis avec la même exactitude qu'ils se sont efforcés de faire jusqu'à présent, et dont toute la France pourrait rendre témoignage. Sur lesquelles représentations nous aurions, par arrêt de notre conseil du 2 juin dernier, ordonné que celui du 16 avril 1720 serait exécuté selon sa forme et teneur, et que, sur ledit arrêt du 2 juin, toutes lettres nécessaires seraient expédiées, lesquelles lettres lesdits inspecteurs et ingénieurs nous ont très-humblement fait supplier de leur accorder. A ces causes, de l'avis de notre conseil, nous avons, par ces présentes signées de notre main, dit et ordonné, disons et ordonnons que les arrêts des 16 avril 1720 et 2 juin 1733, y attachés sous le contre-scel de notre chancellerie, seront exécutés selon leur forme et teneur; Et en conséquence que les lettres patentes expédiées le 6 mai 1720 sur ledit arrêt du 16 avril précédent seront registrées purement et simplement, nonobstant votre arrêt du 23 août de la même année. Si, vous mandons et ordonnons que ces présentes vous ayez à registrer, et du contenu en icelle faire jouir lesdits inspecteurs et ingénieurs, nonobstant toutes choses à ce contraires, auxquelles nous avons dérogé et dérogeons par ces présentes. Car tel est notre plaisir. Donné à Compiègne, le vingt-septième jour de juillet, l'an de grâce 1733 et de notre règne le dix-huitième; signé Louis. Et plus bas, par le roi, Phélypeaux ; et scellées sur simple queue du grand sceau de cire jaune.

« Registrées en la chambre des comptes, ouï le procureur général du roi, pour être exécutées selon leur forme et teneur et jouir par les impétrants de l'effet et contenu en icelles, sans préjudice des fonctions et juridiction des trésoriers de France ès bureaux des finances, le 16 novembre 1733. Signé Noblet. »

Archives de l'empire, manuscrit.

N° 242.

27 octobre 1733.

Arrêt du conseil d'état pour construction de grands chemins dans la province de Bresse.

Sur la requête des syndics généraux du tiers état de la province de Bresse, exposant le déplorable état des chemins de cette province, qui sont étroits, sinueux, bourbeux et impraticables, n'ayant jamais été l'objet d'aucun tracé régulier ni de travaux conformes aux règles de l'art, et demandant l'ouverture et la construction de nouveaux chemins de Lyon à Bourg, de Bourg à Saint-Amour et de Bourg à Mâcon, suivant les alignements et projets faits par le sieur de Perdiguier, directeur des fortifications du duché de Bourgogne; enfin discutant les moyens de parvenir à la construction et à l'entretien de ces nouveaux chemins et de pourvoir à leur dépense, a été rendu, à la date susdite, un arrêt en douze articles ; autorisant lesdits chemins proposés, fixant leur largeur à 42 pieds entre des fossés de 6 pieds de largeur en couronne ; autorisant l'expropriation des héritages atteints par les nouveaux tracés ; l'extraction des matériaux nécessaires dans les lieux ouverts ; ordonnant l'établissement d'un rôle pour la fourniture des voitures nécessaires au transport des matériaux ; prescrivant la plantation d'arbres le long de ces chemins par les riverains sur leurs héritages ; le curage des fossés par lesdits riverains ; *l'entretien à perpétuité desdits grands chemins à corvée par les communautés les plus voisines et les plus à portée;* l'établissement d'un inspecteur pour surveiller les ouvrages ; la mise en adjudication des trois routes mentionnées ; autorisant la province à faire un emprunt de 100.000 liv. pour commencer les travaux ; enfin établissant une crue de 6 livres par minot de sel dans ladite province, pendant douze ans, pour subvenir à l'achèvement des mêmes travaux.

Archives du ministère des travaux publics, collection Poterlet, imprimé.

(Les considérants de cet arrêt présentent un tableau curieux de la situation d'une province manquant de grands chemins régulièrement tracés, construits et entretenus.)

N° 243.

20 avril 1734.

Arrêt du conseil d'état par lequel, sur le rapport des dégâts causés par le débordement du Rhône et les torrents du Dauphiné, notamment au mois de septembre précédent, ...

« S. M. en son conseil a commis et commet le sieur de Fayolle, inspecteur des ponts et chaussées, à l'effet de se transporter en la ville de Lyon et en celle de Grenoble, et partout ailleurs où il sera nécessaire dans la province de Dauphiné, dresser procès-verbal de l'état actuel des digues et du pont du Rhône dans ladite ville de Lyon, et des effets de la machine hydraulique placée sous l'une des arches dudit pont ; dresser pareillement procès-verbal de la situation du Drac depuis son embouchure en remontant jusqu'où il avisera être besoin ; ensemble des dégradations causées, tant par le débordement de ladite rivière que par celles d'Isère, Romanche et autres torrents du Dauphiné ; et sur le tout donner son avis ; en conséquence duquel il dressera les devis des ouvrages qu'il estimera nécessaires, tant pour réparer lesdites dégradations que pour en éviter de pareilles à l'avenir ; lesquels procès-verbaux et devis seront remis au sieur directeur général des ponts et chaussées, et par lui au conseil, pour, iceux vus et rapportés, y être par S. M. ordonné ce qu'il appartiendra ; sauf à être pourvu aux frais de voyages, séjour, levers de plans et autres opérations nécessaires pour l'exécution du présent arrêt, desquels frais il sera remis un état certifié dudit sieur de Fayolle ; enjoint S. M. aux sieurs intendants et commissaires départis ès généralités de Lyon et de Grenoble de faire fournir audit inspecteur tous les secours et autorité dont il pourrait avoir besoin pour ce que dessus, et de rendre à cet effet tous jugements requis et nécessaires. »

Archives des travaux publics, collection Poterlet, copie manuscrite certifiée le 22 septembre 1756.

N° 244.

18 mai 1734.

Arrêt du conseil d'état qui répartit entre les receveurs généraux le payement de l'imposition extraordinaire pour les ponts et chaussées en 1734, réduite à 1.200.298 liv.

Vu l'arrêt du 2 juin 1733, qui ordonne l'imposition en 1734 d'un fonds extraordinaire de 2.798.000 liv. pour les ponts et chaussées, et qu'il en sera destiné au payement des ouvrages dans les généralités la somme de 2.081.400 liv., le surplus devant être versé au trésor royal. . . . .

« Mais S. M. ayant depuis jugé à propos de réduire les fonds qui seront remis directement au trésorier général des ponts et chaussées et de les fixer, outre les dépenses ordinaires, à 1.200.298 liv., au lieu de 2.081.400 liv. portées par ledit arrêt du 2 juin 1733 ; Et étant nécessaire de fixer ce qui sera payé par chacun des receveurs généraux. . . . . »

Ordonne qu'il sera payé par le receveur général de la généralité de Paris, 125.585 liv. ; Soissons, 29.479 liv. ; Amiens, 31.978 liv. ; Châlons, 50.565 liv. ; Orléans, 69.350 liv. ; Tours, 109.322 liv. ; Bourges, 23.983 liv. ; Moulins, 47.865 liv. ; Lyon, 42.571 liv. ; Riom, 92.303 liv. ; Poitiers, 69.454 liv. ; Limoges, 55.860 liv. ; Bordeaux, 82.441 liv. ; la Rochelle, 34.676 liv. ; Montauban, 63.856 liv. ; Auch, 50.249 liv. ; Rouen, 77.881 liv. ; Caen, 56.257 liv. ; Alençon, 50.451 liv. ; Grenoble, 35.172 liv.

Archives de l'empire, arrêts du conseil, E 1104, manuscrit.

N° 245.

15 juin 1734.

Arrêt du conseil d'état qui ordonne une imposition de 1.286.380 liv. pour fonds extraordinaires des ponts et chaussées en 1735.

« Le roi voulant pourvoir au fonds nécessaire pour les ouvrages et réparations extraordinaires des ponts et chaussées à faire pendant l'année prochaine 1735, dans les vingt généralités du royaume qui sont situées en pays d'élections; et S. M. ayant jugé à propos de destiner à cet effet une somme de 1.289.380 liv. pour être employée au payement desdits ouvrages suivant la répartition qui en sera faite à proportion du besoin de chacune desdites généralités, et de laquelle il sera envoyé un état au conseil; ouï le rapport. . . . .

« S. M. en son conseil a ordonné et ordonne qu'outre le fonds ordinaire, etc.... et les impositions qui doivent être continuées, etc. . . . . »

Archives de l'empire, arrêts du conseil, E 1105, manuscrit.

N° 246.

15 juin 1734.

Arrêt du conseil d'état pour imposition en 1735, sur les généralités de Tours, Orléans, Riom, Bourges et Moulins, de 200.000 liv. de fonds extraordinaires pour les turcies et levées.

Archives de l'empire, arrêts du conseil, E 1105, manuscrit.

N° 247.

15 juin 1734.

Arrêt du conseil d'état pour imposition en 1735, sur les vingt généralités de pays d'élections, de 50.000 liv. pour les augmentations d'ouvrages au pont de La Charité.

Archives de l'empire, arrêts du conseil, E 1105, manuscrit.

N° 248.

15 juin 1734.

Arrêt du conseil d'état pour imposition en 1735, sur les vingt généralités de pays d'élections, de 100.000 liv. à compte du prix des réparations du pont de Gien.

Archives de l'empire, arrêts du conseil, E 1105, manuscrit.

N° 249.

1er mars 1735.

Arrêt du conseil d'état qui réduit à 1.162.292 liv. le fonds extraordinaire pour les ponts et chaussées en 1735, et fixe la répartition des sommes à verser en conséquence au trésorier général des ponts et chaussées par le receveur général de chaque généralité.

« Le roi s'étant fait représenter en son conseil l'arrêt rendu en icelui le 27 mai

1732, par lequel S. M. aurait ordonné qu'outre le fonds ordinaire des ponts et chaussées et les impositions qui doivent être continuées en exécution des arrêts précédemment rendus, il serait imposé en l'année 1733, sur tous les contribuables aux tailles des vingt généralités de pays d'élections, la somme de 2.798.000 liv., pour les ouvrages à faire pendant ladite année, et néanmoins qu'il ne serait employé dans les états desdites vingt généralités sous le nom du trésorier général des ponts et chaussées que la somme de 2.051.400 liv., et le surplus remis au trésor royal pour être employé suivant les ordres de S. M.; autre arrêt du conseil du 2 juin 1733, par lequel S. M. aurait fixé ce qui devait être payé, par chacun des receveurs généraux des finances, desdites 2.051.400 liv.; S. M. ayant depuis trouvé à propos de réduire ce supplément de fonds à la somme de 1.162.292 liv. et voulant proportionner à cette nouvelle destination ce qui doit être payé par chacun desdits receveurs généraux des finances au trésorier général des ponts et chaussées; ouï le rapport, etc. . . . .

« S. M. en son conseil a ordonné et ordonne que la somme 2.051.400 liv., qui, en exécution des arrêts des 27 mars 1732 et 2 juin 1733, devait être employée, par supplément du fonds ordinaire, au payement des ouvrages des ponts et chaussées pendant l'année 1733, demeurera réduite à celle de 1.162.292 liv.; en conséquence, ordonne S. M. que de la somme de 2.562.020 liv., qui devait être payée audit trésorier général des ponts et chaussées par les receveurs généraux des finances en exercice en 1733 dans les vingt généralités de pays d'élections, suivant l'emploi qui avait été fait de ladite somme dans les états des finances desdites vingt généralités expédiés pour ladite année 1733, tant pour ledit supplément que pour les fonds ordinaires et autres impositions qui ont été continuées en exécution des arrêts du conseil précédemment rendus, il en sera seulement payé audit trésorier général des ponts et chaussées celle de 1.672.912 liv., savoir : par le receveur général des finances de la généralité de Paris, celle de 282.377 liv.;. . . . de Soissons, 43.373 liv.;. . . . d'Amiens, 49.536 liv. (y compris 4.000 liv. destinées aux ouvrages des ponts et chaussées du Calaisis);.... de Châlons, 66.261 liv.;. . . . d'Orléans, 131.734 liv.;. . . . de Tours, 130.367 liv.;. . . . de Bourges, 37.881 liv.;. . . . de Moulins, 61.311 liv.;.... de Lyon, 58.454 liv.;.... de Riom, 105.736 liv.;.... de Poitiers 81.054 liv.;.... de Limoges, 69.703 liv.;. . . . de Bordeaux, 100.262 liv.;. . . . de la Rochelle, 43.323 liv.;.... de Montauban, 80.339 liv.;. . . . d'Auch, 57.720 liv.;. . . . de Rouen, 90.285 liv.;.... de Caen, 70.964 liv.;.... d'Alençon, 66.444 liv.;.... de Grenoble, 45.808 liv.; revenant toutes lesdites sommes ensemble à celle de 1.672.912 liv.; au moyen de quoi veut S. M. que le surplus des sommes employées dans lesdits états de finances de l'année 1733 sous le nom dudit trésorier général des ponts et chaussées soit porté au trésor royal par lesdits receveurs généraux des finances, chacun en droit soi, pour être employé suivant les ordres de S. M.; et ce nonobstant ce qui est porté par l'arrêt du conseil du 2 juin 1733, qui demeurera révoqué à cet égard. »

Archives de l'empire, arrêts du conseil, E 1112, manuscrit.

N° 250.

1er mars 1735.

Arrêt du conseil d'état qui règle la part affectée aux ouvrages de chaque généralité sur le fonds extraordinaire des ponts et chaussées pour 1735, réduit par l'arrêt précédent à 1.162.292 liv.

« Le roi s'étant fait représenter en son conseil l'arrêt rendu en icelui le 31 mars

1733 par lequel S. M. aurait fixé la part et portion qu'elle avait l'intention de destiner aux ouvrages des ponts et chaussées de chacune des vingt généralités de pays d'élections, dans la somme de 2.051.400 liv. faisant partie des 2.798.000 liv. ordonnées être imposées en l'année 1733 par l'arrêt du conseil du 27 mai 1732 pour les ouvrages des ponts et chaussées, outre les fonds ordinaires desdits ponts et chaussées et les impositions qui étaient continuées en exécution des arrêts du conseil précédemment rendus, ensemble l'arrêt du conseil de cejourd'hui par lequel S. M. a ordonné que ladite somme de 2.051.400 liv. demeurerait réduite à celle de 1.162.292 liv. . . . . ; et S. M. voulant régler la part et portion de ladite somme de 1.162.292 liv. qu'elle a l'intention de destiner sur lesdits fonds extraordinaires aux ouvrages de chacune desdites généralités. . . . . »

S. M. a réparti ainsi qu'il suit ladite somme de 1.162.292 liv. : généralité de Paris, 563.360 liv.; Soissons, 31.633 liv.; Amiens, 32.620 liv.; Châlons, 58.160 liv.; Orléans, 83.287 liv.; Tours, 52.300 liv.; Bourges, 50.401 liv.; Moulins, 21.321 liv.; Lyon, 13.505 liv.; Riom, 15.638 liv.; Poitiers, 38.688 l.; Limoges, 19.800 liv.; Bordeaux, 17.750 liv.; la Rochelle, 11.494 l.; Auch, 7.543 liv.; Rouen, 39.504 liv.; Caen, 6.888 liv.; Alençon, 54.800 liv.; Grenoble, 43.600 liv.

Archives de l'empire, arrêts du conseil, E 1112, manuscrit.

N° 251.

19 avril 1735.

Arrêt du conseil d'état qui, vu le grand âge du sieur Trésagoet, ingénieur de la généralité de Moulins, et eu égard à ses longs services, lui accorde 1.000 liv. de pension, et nomme en sa place le sieur Chambé, aux mêmes appointements de 2.400 liv.

Archives de l'empire, arrêts du conseil, E 1113, manuscrit.

N° 252.

28 juin 1735.

Arrêt du conseil d'état qui impose, sur les généralités de Tours, Orléans, Bourges, Moulins et Riom, en 1736, la somme de 200.000 liv., pour supplément aux travaux des turcies et levées.

Archives de l'empire, arrêts du conseil, E 1113, manuscrit.

N° 253.

28 juin 1735.

Arrêt du conseil d'état qui impose sur les vingt généralités de pays d'élections, en 1736, 100.000 liv. pour le pont de Gien.

Archives de l'empire, arrêts du conseil, E 1113, manuscrit.

N° 254.

28 juin 1735.

Arrêt du conseil d'état qui impose en 1736, sur les vingt généralités de pays d'élections, pour fonds extraordinaire des ponts et chaussées, la somme de 1.858.292 liv., et répartit cette imposition ainsi qu'il suit : sur la généralité de Paris, 227.611 liv.; de Soissons, 53.700 liv.; d'Amiens, 57.946 liv.; de Châlons, 92.153 liv.; d'Orléans, 89.958 liv.; de Tours, 141.738 liv.; de Bourges, 21.174 liv.; de Moulins, 61.894 l.; de Lyon, 55.193 l.; de Riom, 119,955 liv.; de Poitiers, 125,838 liv.; de Limoges, 73.375 liv.; de Bordeaux, 106.788 liv.; de la Rochelle, 63.111 liv.; de Montauban, 82.760 liv.; d'Auch, 91.033 liv.; de Rouen, 144.140 liv.; de Caen, 102.120 liv.; d'Alençon, 91.659; de Grenoble, 46,466 liv.

Archives de l'empire, arrêts du conseil, E 1115, manuscrit.

N° 255.

8 novembre 1735.

Arrêt du conseil qui réduit à 1.066.786 liv. la somme à verser entre les mains du trésorier général des ponts et chaussées, sur le fonds extraordinaire de 2.798.000 liv. imposé en 1734 pour les ponts et chaussées, et fixe la part de cette somme à verser par chaque généralité.

« Le roi ayant ordonné, par arrêt de son conseil du 18 mai 1734, que, de la somme de 2.798.000 liv. imposée en exécution d'autre arrêt du conseil du 2 juin 1733 pour supplément du fonds destiné aux dépenses des ponts et chaussées de ladite année 1734, il en serait payé au trésorier général des ponts et chaussées, outre les fonds et les dépenses ordinaires, la somme de 1.202.298 liv.; et S. M. étant informée que cette réduction n'est pas encore assez forte, eu égard à la somme de 1.800.000 liv. à quoi son intention a été de fixer la recette totale à faire par ledit trésorier, tant des receveurs généraux des finances des vingt généralités de pays d'élections que de ceux des provinces de Metz et de Franche-Comté; et étant nécessaire de fixer ce qui sera payé par les receveurs généraux des finances des vingt généralités de pays d'élections entre les mains dudit trésorier général des ponts et chaussées en exercice ladite année 1734 ; à quoi voulant pourvoir. . . . . »

S. M. en son conseil a ordonné que, de la somme de 1.202.298 liv. employée en dépense dans les états généraux des finances des vingt généralités des pays d'élections, au chapitre des deniers comptables sous le nom du trésorier général des ponts et chaussées, il n'en sera payé audit trésorier général, outre les fonds ordinaires et autres dépenses imposées par des arrêts particuliers, que celle de 1.066.786 liv., savoir : par le receveur général des finances de la généralité de Paris, 111.430 liv.; de Soissons, 26.158 liv.; d'Amiens, 28.375 liv.; de Châlons, 44.866 liv.; d'Orléans, 61.534 liv.; de Tours, 97.000 liv.; de Bourges, 21.281 liv.; de Moulins, 42.471 liv.; de Lyon, 37.773; de Riom, 82.343 liv.; de Poitiers, 61.626 liv.; de Limoges, 49.564 liv.; de Bordeaux, 73.149 liv.; de la Rochelle, 30.769 liv.; de Montauban, 56.659; d'Auch, 44,586 liv.; de Rouen, 70.870 liv.; de Caen, 49.917 liv.; d'Alençon, 44,765 liv.; de Grenoble, 31.642 liv.

Archives de l'empire, arrêts du conseil, E 1119, manuscrit.

N° 256.

8 novembre 1735.

Arrêt du conseil d'état qui fixe la répartition entre les ouvrages des ponts et chaussées des diverses généralités de la somme de 1.066.786, arrêtée par l'arrêt précédent, comme il suit : pour la généralité de Paris, 281.186 liv. ; de Soissons, 15.000 liv. ; d'Amiens, 15.000 liv. ; de Châlons, 20.000 liv. ; d'Orléans, 76.000 l. ; de Tours, 35.000 liv. ; de Bourges, 44.000 liv. ; de Moulins, 39.100 liv. ; de Lyon, 18.000 liv. ; de Riom, 26.000 liv. ; de Poitiers, 29.400 liv. ; de Limoges, 20,000 liv. ; de Bordeaux, 27.500 liv. ; de la Rochelle, 10.000 liv. ; de Montauban, 15.000 liv. ; d'Auch, 10.000 liv. ; de Rouen, 29,400 liv. ; de Caen, 6.000 liv. ; d'Alençon; 21.600 liv. ; de Grenoble, 328.600 liv.

Archives de l'empire, arrêts du conseil, E 1119, manuscrit.

N° 257.

4 février 1736.

Ordonnance de l'intendant de justice, police et finances en Alsace pour faire rétablir par les riverains les fossés bordant les routes.

Par cette ordonnance les riverains des routes sont invités à rétablir les fossés chacun en droit soi avant le 1ᵉʳ avril suivant et à y travailler, sous peine d'y être contraints comme pour les autres travaux qui regardent le service du roi, aux jours qui leur seront indiqués par le sieur de Regemorte, directeur des ponts et chaussées en Alsace.

Archives du ministère des travaux publics, collection Poterlet, imprimé.

N° 258.

31 juillet 1736.

Arrêt du conseil d'état qui ordonne aux voituriers retournant à vide de la ville de Paris en celle d'Orléans de charger leurs voitures de cinquante pavés provenant du rebut de ceux qui formaient l'ancienne chaussée.

« Le roi étant informé que, pour l'exécution du bail fait à Laurent Mascray le 18 juin 1729, confirmé par arrêt du conseil du 8 novembre suivant, tant pour l'entretien que pour le rétablissement en pavé et grès de la grande chaussée de Paris à Orléans, depuis la fausse porte d'Étampes jusqu'à la porte Bannier de ladite ville d'Orléans, il a été arraché une grande quantité de pavés de pierre dont cette chaussée était auparavant construite, et qui non-seulement embarrassent la route, mais encore peuvent être utilement employés à en réparer la suite au delà d'Orléans; et S. M. ne trouvant pas de moyens moins onéreux à l'État pour procurer cette nouvelle réparation que celui de faire voiturer tous lesdits pavés de rebut jusqu'à la porte Bannier d'Orléans, par les voituriers qui y reviennent à vide de Paris, tout ainsi qu'ils ont accoutumé de porter les pavés neufs de grès qui se fabriquent à Étréchy; A quoi voulant pourvoir. . . . .

« S. M. ordonne que tous les charretiers et rouliers retournant à vide de la ville de Paris en celle d'Orléans seront tenus de charger leurs voitures de cinquante pavés provenant du rebut de ceux qui formaient l'ancienne chaussée. . . . pour être transportés aux dépôts qui leur seront indiqués à la porte Bannier de ladite ville d'Orléans . . . . »

Archives du ministère des travaux publics, collection Poterlet, imprimé.

N° 259.

11 septembre 1736.

Arrêt du conseil d'état qui, rappelant celui du 13 novembre 1731, par lequel a confection et réparation de plusieurs routes du Boulonnais, suivant les devis du sieurs Havez, ingénieur des ponts et chaussées du Hainaut, avait été ordonnée à la diligence et aux dépens du clergé, de la noblesse et du tiers état de cette province, ordonne sur ladite province une imposition de 27.000 liv. en 1737 et 1738 et une imposition annuelle de 6.000 liv. pour l'entretien à compter de 1739.

Archives de l'empire, arrêts du conseil, E 1128, manuscrit.

N° 260.

11 septembre 1736.

Arrêt du conseil d'état qui réduit à 1.158.292 liv., la somme de 1.298.380 liv., imposée par arrêt du 15 juin 1734 pour supplément du fonds des ponts et chaussées en 1735, et ordonne qu'il ne sera payé au trésorier général des ponts et chaussées que ladite somme de 1.158.292 liv.; dont par le receveur général de la généralité de Paris, 128.145 liv.; . . . . de Soissons, 28.510 liv.; . . . . d'Amiens, 30.766 liv.; . . . . de Châlons, 48.917 liv. . . . d'Orléans, 66.866 liv.; . . . . de Tours, 105.354 liv.; . . . . de Bourges, 23.171 liv.; . . . . de Moulins, 46.005 liv.; . . . de Lyon, 41.025 liv.; . . . . de Riom, 89.195 liv.; . . . . de Poitiers, 66.811 liv.; . . . . de Limoges, 53.795 liv.; . . . . de Bordeaux, 79.368 liv.; . . . . de la Rochelle, 33.506 liv.; . . . . de Montauban, 61.508 liv.; . . . . d'Auch, 48.331 liv.; . . . . de Rouen, 76.900 liv.; . . . . de Caen, 54.212 liv.; . . . . d'Alençon, 48.663 liv.; . . . . de Grenoble, 34.544 liv.

Archives de l'empire, arrêts du conseil, E 1128, manuscrit.

N° 261.

11 septembre 1736.

Arrêt du conseil d'état pour répartition de l'emploi aux ouvrages des vingt généralités de pays d'élections de la somme susdite de 1.158.292 liv., comme il suit: dans la généralité de Paris, 483.292 liv.; de Soissons, 19.800 liv.; d'Amiens, 33.000 liv.; de Châlons, 20.000 liv.; d'Orléans, 82.600 liv.; de Tours, 35.000 liv.; de Bourges, 39.000 liv.; de Moulins, 39.100 liv.; de Lyon, 18,000 liv.; de Riom, 26,000 liv.; de Poitiers, 32,000 liv.; de Limoges, 38,000 liv.; de Bordeaux, 27.500 liv.; de la Rochelle, 18.000 liv.; de Montauban, 18.000 liv.; d'Auch, 15.000 liv.; de Rouen, 29.400 liv.; de Caen, 13.000 liv.; d'Alençon, 28,000 liv.; de Grenoble, 143.600 liv.

Archives de l'empire, arrêts du conseil, E 1128, manuscrit.

N° 262.

25 octobre 1736.

Arrêt du conseil qui accepte la démission du sieur Dubois, directeur général des ponts et chaussées ; supprime cette charge en en réunissant les fonctions à l'administration des finances sous la direction immédiate du contrôleur général des finances ; en réunit les détails au département des recettes générales, alors confié au sieur d'Ormesson ; continue au sieur Dubois ses appointements jusqu'à sa mort.

« Sur ce qui a été représenté au roi, étant en son conseil, que le sieur Joseph Dubois, secrétaire des chambre et cabinet de S. M., ayant été commis, après le décès du feu sieur marquis de Béringhen, pour remplir la place de directeur général des ponts et chaussées de France, pavé de Paris, turcies et levées, balisage de la rivière de Loire et rivières y affluentes, et pour avoir l'administration des fonds destinés auxdits ouvrages ; laquelle direction ledit sieur de Béringhen avait commencé d'exercer comme membre du conseil des affaires du dedans du royaume formé par l'ordonnance de S. M. du 1er octobre 1715 ; ledit sieur Dubois a rempli jusqu'à présent les fonctions de cette commission avec toute l'application et le désintéressement nécessaires pour s'en acquitter à la satisfaction de S. M. et du public ; qu'il désirerait pouvoir continuer de donner des marques de son zèle dans cette partie du service ; mais que sa santé se trouvant affaiblie par son grand âge et ses infirmités augmentant journellement, il ne lui est plus possible de remplir les devoirs de cette commission avec autant d'exactitude qu'il en faut pour répondre dignement à la confiance dont il a plu au roi de l'honorer ; c'est pourquoi il est obligé de supplier S. M. d'agréer qu'il en soit déchargé et de lui permettre, à cet effet, de remettre le brevet qui lui a été expédié pour le nommer à cette commission le 21 mai 1723 ; S. M. voulant avoir égard à la demande du sieur Dubois, elle a jugé à propos de remettre en même temps la direction qu'il exerçait en conséquence de cette commission dans le même état dans lequel elle était avant l'établissement des conseils qui avaient été formés pour l'examen et la discussion des affaires de l'état pendant sa minorité, et à cet effet de la réunir à la finance dont elle avait été distraite, lorsque, par des considérations particulières qui ont cessé, le feu marquis de Béringhen et le sieur Dubois ont été successivement pourvus de cette direction, quoiqu'elle eût toujours été exercée précédemment sur les seuls ordres du sieur contrôleur général des finances et que les détails aient toujours fait partie du département de l'intendant des finances chargé des recettes générales. Et S. M. voulant aussi donner au sieur Dubois des marques de sa satisfaction des services qu'il a rendus, tant dans ladite place de directeur des ponts et chaussées que dans celle de secrétaire du cabinet ; vu la démission que le sieur Dubois a fait remettre à S. M., n'ayant pas été en état, par rapport à ses infirmités, de la lui présenter lui-même, laquelle démission demeurera annexée à la minute du présent arrêt ; ouï le rapport du sieur Orry, conseiller d'état et au conseil royal, contrôleur général des finances ;

« S. M. étant en son conseil a accepté et accepte la démission qui a été faite par le sieur Dubois de la commission de directeur général des ponts et chaussées de France, pavé de Paris, turcies et levées, balisage de la rivière de Loire et rivières y affluentes et de l'administration des fonds destinés auxdits ouvrages, dont il avait été pourvu par le brevet expédié le 21 mai 1723, lequel brevet S. M. a annulé et annule ; en conséquence, S. M. a supprimé et supprime les fonctions de directeur général des ponts et chaussées, portées par ledit brevet et par celui expédié précédemment au feu sieur marquis de Béringhen; veut et entend S. M. que lesdites fonctions et la pleine et entière administration desdits ponts et chaussées, pavé de Paris, turcies et levées, balisage de la rivière de Loire et rivières y affluentes, ensemble l'administration des fonds destinés auxdits ouvrages, demeure réunie à l'administration générale des finances, sous la direction immédiate du sieur contrôleur général des finances, et que les détails qui en dépendent fassent partie du département des recettes générales des finances, comme auparavant la déclaration du 15 septembre 1715, l'ordonnance de S. M. du 1er octobre suivant et les brevets expédiés depuis en faveur du feu sieur marquis de Béringhen et du sieur Dubois. Veut néanmoins S. M. que le sieur Dubois conserve, pendant le reste de sa vie, les honneurs et les priviléges attachés à la qualité de directeur général des ponts et chaussées, qu'il puisse en prendre la qualité dans tous les actes qu'il passera, et que la somme de 16.000 liv., qui a été employée jusqu'à présent dans l'état des ponts et chaussées pour les appointements du sieur Dubois en ladite qualité de directeur général des ponts et chaussées de France, continue d'y être employée annuellement sous le nom et au profit dudit sieur Dubois qui continuera de la recevoir par quartier directement des mains des trésoriers des ponts et chaussées, sur ses simples quittances, pendant sa vie; et qu'après son décès ladite somme soit réduite à celle de 8.000 liv., qui sera employée dans ledit état des ponts et chaussées, sous le nom et au profit du sieur d'Ormesson, conseiller d'état ordinaire et intendant des finances ayant le département des recettes générales et les détails des ponts et chaussées qui y sont joints, pour en jouir par ledit sieur d'Ormesson tant et si longtemps qu'il sera revêtu de ladite charge d'intendant des finances. Fait au conseil d'état du roi, S. M. y étant, tenu à Fontainebleau le 23 octobre 1736. Signé Phelypeaux. »

Archives des travaux publics, collection Poterlet, manuscrit.

N° 363.

19 mars 1737.

Arrêt du conseil d'état qui répartit entre les vingt généralités de pays d'élections l'imposition extraordinaire de 1.858.292 liv., établie par l'arrêt du 28 juin 1735, dont pour la généralité de Paris, 743.592 liv.

Archives de l'empire, arrêts du conseil, E 1134, manuscrit.

N° 364.

9 juillet 1737.

Arrêt du conseil d'état qui nomme le sieur de Montignac, trésorier de France à Limoges, commissaire des ponts et chaussées dans cette généralité, en remplacement du sieur Fromental, « pour assister aux adjudications faites par l'intendant, faire les réceptions des ouvrages conjointement avec l'ingénieur, signer les ordonnances et mandements délivrés par l'intendant, soit pour à-compte, soit pour parfait payement.. . . . . . »

Archives de l'empire, arrêts du conseil, E, 1138, manuscrit.

Au 4 juin 1737, le catalogue des arrêts concernant les ponts et chaussées mentionne la nomination du sieur Bertrand de Longpré, commissaire des ponts et chaussées dans la généralité de Paris, en remplacement du sieur Vigneron.

N° 265.

16 juillet 1737.

Arrêt du conseil d'état pour répression d'exactions commises dans les travaux de corvées de la généralité de Châlons.

« Le roi étant informé des exactions qui ont été commises par les employés aux travaux qui se font par corvées sur la route d'Épernay à Châlons en Champagne; et S. M. voulant punir suivant la rigueur des lois un crime aussi préjudiciable à ses peuples et à la réparation des chemins publics; vu sur ce l'information sommaire, faite le 27 janvier dernier, par le sieur de Beuville, conseiller au présidial de Châlons, en exécution des ordres du sieur Le Peletier, intendant et commissaire départi pour l'exécution des ordres de S. M. dans la province de Champagne, ensemble l'avis du sieur intendant; ouï le rapport du sieur Orry, etc.;

« S. M. en son conseil a commis et commet ledit sieur Le Peletier de Beaupré pour, avec tels gradués qui seront par lui choisis et délégués au nombre de sept, être le procès fait et parfait définitivement et en dernier ressort, suivant la rigueur des ordonnances, à tous les employés auxdits travaux de corvées qui se trouveront atteints et convaincus d'exactions commises envers les communautés ou particuliers commandés pour lesdits travaux de corvées; S. M. attribuant à cette fin audit sieur Le Peletier de Beaupré toute cour, juridiction et connaissance, et icelle interdisant à toutes ses autres cours et juges. »

Archives de l'empire, arrêts du conseil, E 1138, manuscrit.

N° 266.

6 août 1737.

Arrêt du conseil d'état qui commet le sieur Saulon, sous-inspecteur des ponts et chaussées de la généralité de Metz, à la place d'ingénieur de ladite généralité, en remplacement du sieur de la Chapelle Vauborel, que son grand âge et ses infirmités empêchent de continuer ses fonctions, et qui accorde à celui-ci une pension viagère de 1.500 liv.

Archives de l'empire, arrêts du conseil, E 1139, manuscrit.

N° 267.

3 décembre 1737.

Arrêt du conseil d'état qui commet à la place du sieur Guéroult, ingénieur de la généralité d'Alençon, le sieur Perronet, Jean-Rodolphe, sous-ingénieur dans la même généralité.

Archives de l'empire, arrêts du conseil, E 1145, manuscrit.

N° 268.

17 décembre 1737.

Arrêt du conseil d'état qui répartit entre les vingt généralités de pays d'élections, l'emploi de la somme de 2.358.292 liv., imposée en 1737 par arrêt du 17 juillet 1736, pour fonds extraordinaire des ponts et chaussées; dont pour la généralité de Paris, 998,092 liv.

Archives de l'empire, arrêts du conseil, E 1145, manuscrit.

N° 269.

17 juin 1738.

Lettres patentes qui prorogent pendant vingt années, à partir du 13 octobre suivant, la levée des droits de boëte sur les marchandises montant et descendant la rivière de Loire.

Archives du ministère des travaux publics, collection Poterlet, imprimé.

N° 270.

19 août 1738.

Arrêt du conseil d'état concernant le débit du cidre et autres boissons aux courvoyeurs dans les généralités de Rouen, Caen et Alençon et les droits d'aides y relatifs.

« Sur ce qui a été représenté au roi en son conseil, que les habitants et laboureurs des paroisses et fermes voisines des chemins dont la réparation se fait par corvée prêtent, ainsi qu'il leur est ordonné, leurs maisons et écuries aux courvoyeurs, tant pour se retirer que pour faire rafraîchir leurs chevaux pendant les heures destinées au repos, et que du nombre de ceux qui viennent ainsi loger chez eux il s'en trouve qui sont leurs parents et amis à qui ils donnent gratuitement du cidre et autres boissons, ce qui étant plus ordinaire en Normandie, où le cidre est commun, aurait porté les commis des aides de la généralité de Rouen à dresser leurs procès-verbaux contre lesdits habitants et laboureurs et à les traduire devant les juges des élections, sous prétexte qu'ils vendaient lesdites boissons en fraude et sans déclaration, que même plusieurs de ceux qui ont été poursuivis ont été condamnés en des amendes rigoureuses, et que les autres ne peuvent s'en défendre sans essuyer des procédures qui occasionneraient des frais considérables que S. M. veut leur éviter ; étant informé de la nécessité qu'il y a de soulager, autant que possible, les courvoyeurs qui travaillent aux chemins et ceux qui les retirent dans leurs maisons; A quoi désirant pourvoir; ouï le rapport du sieur Orry, etc.;

« S. M. en son conseil a évoqué et évoque, à soi et à son conseil, toutes les contestations nées et à naître à l'occasion des fraudes et contraventions que les commis aux aides des généralités de Rouen, Caen et Alençon prétendraient avoir été commises sur les boissons par les courvoyeurs employés à la réparation des chemins et les habitants qui les retirent chez eux, et icelles a renvoyées par-devant les sieurs intendants desdites généralités, pour y être par eux et chacun dans son ressort jugées, sauf néanmoins l'appel au conseil; S. M. leur attribuant à cette fin toute juridiction et connaissance et l'interdisant à ses autres cours et juges, à peine de nullité. »

Archives de l'empire, arrêts du conseil, E 1151, manuscrit.

TITRE III, CHAPITRE I.

N° 271.

2 décembre 1738.

Arrêt du conseil qui ordonne la répartition des 2.358.292 l. de fonds extraordinaires destinés aux dépenses des ponts et chaussées pour l'année 1738.

Archives du ministère des travaux publics, catalogue d'arrêts sur les ponts et chaussées.

N° 272.

24 février 1739.

Arrêt du conseil d'état qui commet e sieur Bayeux inspecteur du pavé de Paris.

« Le roi ayant, par édit du mois de janvier dernier, supprimé l'office d'inspecteur général des ouvrages de pavé de la ville, faubourgs et banlieue de Paris, créé par autre édit du mois de septembre 1708, S. M., pour satisfaire aux motifs qui l'ont engagée à ordonner cette suppression, aurait résolu de commettre, au lieu et place dudit inspecteur supprimé, un homme d'art qui, par son expérience, puisse procurer une prompte et solide construction desdits ouvrages; A quoi voulant pourvoir; ouï le rapport du sieur Orry, etc.;

« S. M. en son conseil a commis et commet le sieur Bayeux, ingénieur-architecte, pour avoir en qualité d'inspecteur la conduite des ouvrages de pavé, maçonnerie, terrasses et autres qui seront faits par ordre de S. M. dans la ville, faubourgs, et banlieue de Paris, dresser les devis, états et toisés desdits ouvrages, en tracer les alignements, niveaux et pentes; le tout en présence du sieur trésorier de France, commissaire député pour la direction générale desdits ouvrages et suivant ses indications; . . . .
Et pour mettre ledit sieur Bayeux en état de remplir dignement de ses fonctions, S. M. lui a accordé et accorde la somme de 3,000 liv. d'appointements, dont le fonds sera fait par chaque année dans l'état du barrage et pavé de Paris, et dont il sera payé sur sa simple quittance, et néanmoins en vertu du certificat dudit sieur commissaire portant qu'il s'est bien et fidèlement acquitté de son emploi. Et seront sur le présent arrêt toutes lettres nécessaires expédiées. »

Archives de l'empire, arrêts du conseil, E 1156, manuscrit.

N° 274 (1).

10 mars 1739.

Arrêt du conseil d'état qui, pour réfréner les anticipations des riverains de la Loire et de ses affluents à l'aide de plantations, et sur le procès-verbal du sieur de Regemorte, ingénieur, et l'avis des sieurs de Boisleroi et Guillot, intendants des turcies et levées, ordonne l'essartement et même la destruction desdites plantations, aux frais de l'état, si les détenteurs des terrains, îles et îlots en justifient la possession légitime et n'ont pas contrevenu aux anciens règlements, mais, dans le cas contraire, aux frais desdits détenteurs.

Archives du ministère des travaux publics, collection Poterlet, manuscrit.

---

(1) Le n° 273 manque.

N° 275.

28 avril 1739.

Arrêt du conseil d'état, confirmatif de celui du 8 janvier 1737, qui portait 2.400 liv. les appointements du sieur Havez, ingénieur du Hainaut, au lieu de 1.800 liv. accordées par arrêt du 18 octobre 1722.

Archives de l'empire, arrêts du conseil d'état, E 1158, manuscrit

N° 276.

1er décembre 1739.

Arrêt du conseil d'état qui commet, en remplacement du sieur Des Pictières, ingénieur de la généralité de Tours, le sieur Hupeau, ingénieur de la généralité de Riom, où il avait été nommé le 30 octobre 1731, et qui accorde une pension de 1,000 liv. au sieur Des Pictières.

Archives du ministère des travaux publics, catalogue d'arrêts sur les ponts et chaussées.

N° 277.

2 février 1740.

Arrêt du conseil d'état qui répartit entre les vingt généralités de pays d'élections l'emploi de l'imposition extraordinaire, levée en 1739 sur lesdites généralités pour les ouvrages des ponts et chaussées, en vertu de l'arrêt du 24 juin 1738, et montant à 2.358.292 liv.; dont, pour la généralité de Paris, 819.892 liv.

Archives de l'empire, arrêts du conseil, E 1467, manuscrit.

N° 278.

26 avril 1740.

Arrêt du conseil d'état qui commet ingénieur de la généralité de Tours, en remplacement du sieur Hupeau, démissionnaire, le sieur Bayeux aîné, ingénieur de la généralité de Caen (où il avait été nommé, le 4 octobre 1723), et qui nomme le sieur Bayeux jeune, sous-inspecteur des ponts et chaussées, ingénieur de la généralité de Caen, en remplacement de son frère.

Archives de l'empire, arrêts du conseil, E 1169, manuscrit.

N° 279.

7 juin 1740.

Arrêt du conseil d'état qui commet le sieur Hupeau ingénieur de la généralité de Soissons, en remplacement du sieur Duplessis, et qui accorde à ce dernier une pension de 1.000 liv.

Archives du ministère des travaux publics, catalogue d'arrêts sur les ponts et chaussées.

N° 280.

7 juin 1740.

Arrêt du conseil d'état qui ordonne qu'il sera expédié au trésorier des ponts et chaussées de l'exercice 1738 une ordonnance de comptant sur le trésor royal, de la somme de 50.000 liv., imposée en exécution de l'arrêt du 25 juin 1737 pour les ouvrages en augmentation du pont de La Charité.

Archives du ministère des travaux publics, catalogue d'arrêts sur les ponts et chaussées.

N° 281.

28 juin 1740.

Arrêt du conseil d'état qui commet le sieur de Clinchamp ingénieur de la généralité de Rouen, en remplacement du sieur Martinet.

Archives du ministère des travaux publics, catalogue d'arrêts sur les ponts et chaussées.

N° 282.

29 novembre 1740.

Arrêt du conseil d'état qui révoque celui du 25 octobre 1739 qui accordait aux habitants du Boulonnais une diminution de 15.000 liv. sur la capitation, et qui ordonne que cette somme sera employée à faire travailler aux chemins pour les réparations les plus urgentes.

Archives de l'empire, arrêt du conseil d'état, E 1175, manuscrit.

N° 283.

6 décembre 1740.

Arrêt du conseil d'état qui répartit entre les vingt généralités de pays d'élections l'emploi du fonds extraordinaire des ponts et chaussées, imposé en 1740 par arrêt du 19 mai 1739, et montant à 2.358.292 liv.; dont pour la généralité de Paris, 790.108 liv.

Archives de l'empire, arrêts du conseil, E 1175, manuscrit.

N° 284.

13 décembre 1740.

Arrêt du conseil d'état qui, attendu que le sieur Fayolle, inspecteur des ponts et chaussées et en particulier des ouvrages du pont de Mantes, a été commis par arrêt du 20 avril 1734 pour examiner l'état du pont Rhône à Lyon et les ravages causés par les torrents et rivières du Dauphiné, et qu'en son absence le feu sieur Dubois, directeur général des ponts et chaussées, aurait successivement chargé de la conduite des travaux du pont de Mantes les sieurs Lechat, Lelorrain et Barbier, sous-inspecteurs; que des changements auraient été faits par eux, dans l'exécution, aux devis du sieur Fayolle, et qu'en conséquence une visite desdits travaux aurait été ordonnée être faite par les sieurs Labite, inspecteur général, et Gabriel, premier ingénieur, ordonne, sur leur procès-verbal et rapport, la réception des travaux exécutés et le payement de leur montant réglé à la somme de 541.632 l. 10 s. 3 d.

Archives de l'empire, arrêts du conseil, E 1175, manuscrit.

N° 285.

13 décembre 1740.

Arrêt du conseil d'état qui ordonne de porter en recette sur l'état du pavé de Paris, pour être payée par l'adjudicataire de l'entretien dudit pavé, la somme de 4.800 liv. pour les appointements de quatre sous-inspecteurs, nommés en remplacement des contrôleurs dudit pavé supprimés par édit du mois de janvier 1739.

Archives de l'empire, arrêts du conseil, E 1178, manuscrit.

N° 286.

18 avril 1741.

Arrêt du conseil d'état qui, attendu le rétablissement de la santé du sieur Martinet, qui avait été remplacé par arrêt du 28 juin 1740 dans les fonctions d'ingénieur de la généralité de Rouen par le sieur de Clinchamp, réintègre ledit sieur Martinet dans lesdites fonctions ; qui, en outre, considérant « que le sieur de Clinchamp, ci-devant employé comme sous-inspecteur tant à la construction du pont de Sens qu'à la conduite des autres ouvrages et réparations des ponts et chaussées dans cette partie de la généralité de Paris, y servira d'autant plus utilement en y faisant sa résidence ordinaire que le sieur Boffrand, inspecteur, ayant à conduire de grands travaux sur des routes opposées, ne peut se transporter, quant à présent, aussi souvent qu'il le faudrait à cette extrémité de son département, en sorte que le déchargeant pour un temps de la portion située au delà de Villeneuve-le-Roi et la faisant régir par ledit sieur de Clinchamp en qualité d'ingénieur, le service en sera mieux fait ; » maintient audit sieur de Clinchamp son titre d'ingénieur des ponts et chaussées et les appointements de 2.400 liv., y attachés, et le commet pour servir en cette qualité dans la partie de la généralité de Paris située au delà de Villeneuve-le-Roi.

Archives de l'empire, arrêts du conseil, E 1179, manuscrit.

N° 287.

26 septembre 1741.

Arrêt du conseil d'état qui homologue et confirme un devis de réparations à faire au pont du Rhône à Lyon, dressé par le sieur Deville, ingénieur de la généralité de Lyon, le 20 juillet 1740, moyennant 90.400 liv., et l'adjudication desdits travaux faite au sieur Boissieux ; ordonne que le payement en sera fait des fonds de la ville de Lyon, qui en sera remboursée sans intérêts sur les fonds ordonnés par le roi, trois ans après la perfection et réception desdits ouvrages ;

ordonne en outre que les réparations ultérieures seront à la charge de ladite ville, qui demeurera chargée à perpétuité de l'entretien du pont et des digues, de l'état desquels l'ingénieur des ponts et chaussées dressera chaque année un procès-verbal.

Archives de l'empire, arrêts du conseil, E 1184, manuscrit.

N° 288.

30 janvier 1742.

Arrêt du conseil d'état qui ordonne que les 2.333 l. 9 s. 8 d. restitués par différents entrepreneurs des ponts et chaussées de la généralité de Moulins seront portés en recette et destinés aux dépenses de l'exercice 1740.

Archives du ministère des travaux publics ; catalogue d'arrêts sur les ponts et chaussées.

N° 289.

6 février 1742.

Arrêt du conseil d'état qui commet le sieur de Clinchamp ingénieur des ponts et chaussées de la généralité de Châlons, en remplacement de feu le sieur Delaforce.

Archives du ministère des travaux publics ; catalogue d'arrêts sur les ponts et chaussées.

N° 290.

20 février 1742.

Arrêt du conseil d'état qui, vu les infirmités contractées par le sieur Noël de Regemorte par un travail de dix-sept ans comme ingénieur des turcies et levées, et attendu que le sieur Louis de Regemorte, son frère et son élève, conduit avec lui depuis le 17 mars 1733 les ouvrages desdites turcies et levées en qualité de sous-inspecteur, et qu'il possède la capacité et les connaissances nécessaires pour remplir dignement tous les devoirs d'ingénieur en chef, nomme ce dernier, conjointement avec sondit frère, ingénieur en chef desdites turcies et levées, mais en conservant ses appointements de 1.800 liv. comme sous-inspecteur tant que son frère Noël restera revêtu du même emploi et jusqu'à ce qu'il en soit autrement ordonné ; ladite place d'ingénieur en chef ne devant pas être censée divisée par le présent arrêt.

Archives de l'empire, arrêts du conseil, E 1189, manuscrit.

N° 291.

27 février 1742.

Arrêt du conseil d'état qui réduit à 1.748.292 liv. la portion à remettre au trésorier général des ponts et chaussées sur le fonds extraordinaire de 2.358.292 l. qui avait été imposé en 1741 par arrêt du 28 juin 1740, le surplus devant être porté au trésor royal, et qui détermine la part à payer par chaque receveur général (celle de la généralité de Paris étant de 207.401 liv.).

Archives de l'empire, arrêts du conseil, E 1189, manuscrit.

N° 292.

27 février 1742.

Arrêt du conseil d'état qui, vu l'arrêt précédent, répartit l'attribution aux ouvrages de chaque généralité dans ledit fonds réduit à 1.748.292 liv.; dont pour la généralité de Paris, 609.892 liv.

Archives de l'empire, arrêts du conseil, E 1189, manuscrit.

N° 293.

8 mai 1742.

Arrêt du conseil d'état qui commet premier ingénieur des ponts et chaussées, en remplacement du sieur Gabriel décédé, le sieur Boffrand, inspecteur des ponts et chaussées du royaume.

Autre arrêt de même date qui commet inspecteur des ponts et chaussées, en remplacement du sieur Boffrand, le sieur Hupeau, ingénieur de la généralité de Soissons.

Autre arrêt du même jour qui commet ingénieur des ponts et chaussées de la généralité de Soissons, en remplacement du sieur Hupeau, le sieur Boffrand fils, ou Boffrand des Thuillières, sous-inspecteur des ponts et chaussées.

Archives de l'empire, arrêts du conseil, E 1192, manuscrit.

N° 294.

21 août 1742.

Arrêt du conseil d'état qui ordonne la restitution de 10.500 liv. par l'entrepreneur de la neuvième arche du pont de Dôle écroulée.

« Vu au conseil d'état du roi l'adjudication faite le 23 juillet 1729 par le sieur de Vanolles, intendant du comté de Bourgogne, à Guillaume Nachan, de la reconstruction de la neuvième arche du grand pont de Dôle sur le Doubs, ladite adjudication faite sur le devis dressé par le sieur de Légouthail, ingénieur des ponts et chaussées de ladite province; ensemble le rapport en forme de procès-verbal dressé par le sieur Querret, sous-inspecteur desdits ponts et chaussées, les 14 et 15 octobre 1740, par lequel appert que cette arche construite à neuf étant tombée le 12 dudit mois d'octobre, il s'y serait transporté par ordre dudit sieur de Vanolles, et aurait reconnu que les mortiers dont la maçonnerie avait été composée étaient de mauvaise qualité, la chaux y étant beaucoup épargnée; que la maçonnerie des culées et autres murs en arrière des pierres de taille des parements avait été faite avec petites pierres ou moellons mal rangés, etc. . . . . . . ce qui forme autant de contraventions au devis et aux règles de l'art; et S. M. voulant pourvoir à ce que ledit entrepreneur soit tenu de restituer en entier le prix de l'adjudication à lui faite de ladite arche tombée faute par lui d'avoir rempli les clauses et conditions du devis et employé de bons matériaux. . . . . »

S. M. ordonne que ledit Nachan restituera, dans le délai d'un mois, la somme de 10.500 liv. dont il a été fait fonds à son profit dans l'état des ponts et chaussées, etc.

<small>Archives de l'empire, arrêts du conseil, E 1194, manuscrit.</small>

N° 295.

8 janvier 1743.

Arrêt du conseil d'état qui supprime la charge d'inspecteur général des ponts et chaussées et la réunit à celle de premier ingénieur.

« Le roi jugeant à propos de supprimer la place d'inspecteur général des ponts et chaussées, vacante par la mort du sieur de Lahite, et d'en réunir les fonctions à celles de premier ingénieur des ponts et chaussées, aurait en même temps résolu d'augmenter de 2.000 liv. les appointements dudit premier ingénieur pour le mettre en état d'entretenir un écrivain et un dessinateur, par rapport aux plans et devis dont l'examen lui sera renvoyé; A quoi voulant pourvoir; ouï le rapport du sieur Orry, etc.;

« S. M. en son conseil a supprimé et supprime la place d'inspecteur général des ponts et chaussées, à laquelle le sieur de Lahite avait été commis par arrêt du conseil du 4 février 1716 et lettres de commission du 20 mars 1720; ordonne en conséquence qu'à compter du jour du décès dudit sieur de Lahite, les appointements attachés à ladite place demeurent pareillement supprimés et retranchés des états des ponts et chaussées; ce faisant a réuni et réunit les fonctions de ladite inspection à la commission de premier ingénieur des ponts et chaussées, dont elle a revêtu le sieur Boffrand par arrêt du 8 mai dernier; et pour mettre ledit premier ingénieur en état d'entretenir un écrivain et un dessinateur, par rapport aux plans et devis dont l'examen lui sera renvoyé, veut S. M. qu'à compter du jour du décès dudit sieur de Lahite, ledit sieur Boffrand soit employé dans les états desdits ponts et chaussées, sur le pied de 8,000 liv. d'appointements par an. . . . . »

<small>Archives du ministère des travaux publics, arrêts relatifs aux ponts et chaussées, 12e registre.</small>

N° 296.

29 janvier 1743.

Arrêt du conseil d'état qui condamne les sieur Lasalle et Ciron, entrepreneurs, à restituer la somme de 23.789 liv. formant le montant de 21 ponceaux par eux construits sur la route de Metz à Strasbourg, dans la généralité de Metz, en raison de la malfaçon et de l'état de ruine desdits ponceaux, sur le rapport du sieur Lelorrain de Sivry, ingénieur de la généralité; pour être ladite somme employée, jusqu'à due concurrence, à la reconstruction desdits ponceaux.

<small>Archives du ministère des travaux publics, arrêts relatifs aux ponts et chaussées, 12e registre.</small>

N° 297.

29 janvier 1743.

Arrêt du conseil d'état qui commet le sieur de Sérilly, intendant de la généralité d'Auch, pour instruire et juger en dernier ressort le procès intenté à plusieurs conducteurs et piqueurs préposés à la conduite des corvées sur les routes de ladite généralité, pour « abus dans la manutention desdites corvées, et notamment pour avoir exigé de l'argent et des denrées, tant des communautés que des particuliers, pour être dispensés de fournir leur tâche. »

Archives du ministère des travaux publics, arrêts relatifs aux ponts et chaussées, 12e registre.

N° 298.

26 février 1743.

Arrêt du conseil d'état qui nomme le sieur Bayeux (aîné) inspecteur général des ponts et chaussées.

« Le roi étant informé qu'il convient au service des ponts et chaussées de fixer le nombre des inspecteurs généraux desdits ponts et chaussées à quatre, comme ils ont été précédemment, et que le sieur Bayeux (aîné), actuellement ingénieur à Tours, mérite par ses services de remplir une desdites places; ouï le rapport du sieur Orry, etc. . . . . . Le roi en son conseil a rétabli et rétablit la quatrième place d'inspecteur général des ponts et chaussées, vacante depuis la mort du sieur de la Guépière, et a commis et commet le sieur Bayeux, ingénieur des ponts et chaussées à Tours, pour en faire les fonctions, suivant les ordres et instructions qui lui seront donnés par le sieur contrôleur général des finances, voulant S. M. que ledit sieur Bayeux continue de résider dans la généralité de Tours et y continue les fonctions d'ingénieur jusqu'à ce qu'autrement il en soit ordonné, aux appointements de 6.000 liv. pour chaque année. . . . . . », dont 3.600 liv. pour appointements et 2.400 liv. pour frais de voyages. . . . . . .

Archives du ministère des travaux publics, arrêts relatifs aux ponts et chaussées, 12e registre.

N° 299.

5 Mars 1743.

Arrêt du conseil d'état qui nomme le sieur Pollart inspecteur général des ponts et chaussées en remplacement du sieur Fayolle et qui accordent à celui-ci une pension de 2.000 liv.

« Le roi étant informé que la santé du sieur Fayolle ne lui permet plus de continuer l'exercice de sa commission d'inspecteur des ponts et chaussées du royaume et qu'on ne peut confier ladite commission à personne qui en soit plus digne par sa capacité et par son zèle pour le service du roi que le sieur Pollart, ingénieur des ponts et chaussées dans la généralité d'Auch » (où il avait été nommé le 20 octobre 1731). . . . . commet ledit sieur Pollart à ladite place d'inspecteur des ponts et chaussées du royaume.

Autre arrêt de la même date qui accorde au sieur Fayolle une pension viagère de 2,000 liv. pour reconnaître ses longs services dont S. M. a été très-satisfaite.

Archives du ministère des travaux publics, arrêts relatifs aux ponts et chaussées, 12e registre.

N° 300.

28 mai 1743.

Arrêt du conseil d'état qui réduit à 1.748.292 liv. la somme à employer aux ouvrages des ponts et chaussées de l'année 1742, au lieu de celle de 2.358.292 l., qui (par arrêt du 30 mai 1741) avait été imposée en ladite année 1742, sur les vingt généralités de pays d'élections, pour supplément au fonds ordinaire des ponts et chaussées et aux impositions particulières en vertu d'arrêts du conseil; qui fixe la part de ladite somme à fournir au trésorier général des ponts et chaussées par chaque recette générale; et qui ordonne que le surplus, ou 610.000 liv., sera versé entre les mains du garde du trésor royal.

<small>Archives du ministère des travaux publics, arrêts relatifs aux ponts et chaussées, 12e registre.</small>

N° 301.

25 juin 1743.

Arrêt du conseil d'état qui, sur le rapport du sieur de Clinchamp, ingénieur de la généralité de Châlons, en date du 19 mai 1742, constatant la ruine et les malfaçons du ponceau de la Falouze construit en 1737, sur la route de Joinville à Chaumont, par le sieur Jean Daigney, adjudicataire, condamne ledit adjudicataire à restituer le montant de son adjudication, pour ladite somme, 348 liv. 12 s., être portés en recette en 1743 et être employées aux ouvrages de ladite généralité.

<small>Archives du ministère des travaux publics, arrêts relatifs aux ponts et chaussées, 12e registre.</small>

N° 302.

9 juillet 1743.

Arrêt du conseil d'état qui répartit entre les vingt généralités l'emploi du fonds extraordinaire des ponts et chaussées réduit par l'arrêt du 25 mai précédent.

<small>Archives du ministère des travaux publics, arrêts relatifs aux ponts et chaussées, 12e registre.</small>

N° 303.

25 juillet 1743.

Arrêt du conseil d'état qui confirme l'adjudication faite de la reconstruction du pont de la Boirie sur le Loir près La Flèche, emporté par les grandes eaux de décembre 1740, sur le devis du sieur Bayeux, ingénieur de la généralité de Tours, montant à 28.209 liv.; et qui ordonne l'imposition de cette somme sur les contribuables aux tailles de la ville et de l'élection de La Flèche.

Un autre arrêt du 30 juillet 1748 impose sur les mêmes contribuables la somme de 2.709 liv. 3 s. 7 d. pour ouvrages accessoires et en augmentation du devis primitif.

<small>Archives du ministère des travaux publics, arrêts relatifs aux ponts et chaussées, 12e registre.</small>

N° 304.

20 août 1743.

Arrêt du conseil d'état qui réduit à 1.748.292 liv. l'imposition de 2.358.292 liv. portée par l'arrêt du 19 juin 1742 pour supplément au fonds ordinaire des ponts et chaussées de l'exercice 1743, et qui détermine la part contributive de chaque recette générale dans cette somme; le surplus, ou 610.000 liv., devant être remis au garde du trésor royal.

Archives du ministère des travaux publics, arrêts relatifs aux ponts et chaussées, 12e registre.

N° 305.

31 décembre 1743.

Arrêt identique applicable à l'exercice 1744, en réduction du chiffre porté par arrêt du 4 juin 1743.

Archives du ministère des travaux publics, arrêts relatifs aux ponts et chaussées, 12e registre.

N° 306.

Décembre 1743.

Édit portant suppression des offices de trésoriers provinciaux des ponts et chaussées créés par édit du mois de mars 1703, par le motif que, les fonds destinés aux ponts et chaussées étant devenus beaucoup plus considérables, les finances alors réglées pour lesdits offices sont trop faibles pour répondre du maniement de ces fonds; puis création de nouveaux offices de même nature « dans chacune des provinces et généralités du royaume, à l'exception de la généralité de Paris et des provinces de Bourgogne, Bretagne, Languedoc, Provence et Roussillon, dans lesquelles les payements des ouvrages des ponts et chaussées continueront à être faits, savoir : dans la généralité de Paris, par les trésoriers généraux des ponts et chaussées, et dans les susdites provinces, par leurs trésoriers généraux. . . . . . . »

Archives du ministère des travaux publics, collection Poterlet, imprimé.

N° 307.

7 janvier 1744.

Arrêt du conseil d'état concernant le payement des commis et des frais du bureau des ponts et chaussées.

« Vu au conseil d'état du roi l'arrêt rendu en icelui le 11 mars 1727, par lequel il aurait été ordonné que le sieur de Motes de Montgaillard (trésorier de France à Paris), en sa qualité de premier commis des ponts et chaussées, turcies et levées, serait employé pour 12.000 liv. par an dans les états des ponts et chaussées et pour 1.000 liv. aussi par an dans les états des turcies et levées, tant pour ses appointements que pour ceux des autres commis et frais de bureau; autre arrêt du 4 novembre 1738 par lequel il aurait été ordonné que le sieur de Motes en sadite qualité serait à l'avenir employé pour 17.500 liv. dans les états des ponts et chaussées au lieu des 12.000 liv. qui lui avaient précédemment été accordées; et le dit sieur de Motes s'étant retiré depuis le 1er avril dernier, S. M. a jugé à propos de pourvoir au payement des commis et frais de bureau des ponts et chaussées de la même manière qu'il y est pourvu par rapport aux autres bureaux des sieurs intendants des finances : sur quoi, ouï le rapport du sieur Orry, conseiller d'état ordinaire et au conseil royal, contrôleur général des finances;

Le roi étant en son conseil a ordonné et ordonne qu'à compter du 1er avril de l'année dernière 1743, le fonds de 17.500 liv. fait dans les états des ponts et chaussées sous le nom du sieur de Motes sera supprimé, et qu'à compter dudit jour il sera fait emploi de la somme de 9.000 liv. par an seulement pour le payement des commis et frais de bureau sous le nom du sieur Trudaine, comme aussi qu'à compter dudit jour 1er avril 1743 il sera pareillement fait emploi de la somme de 1.000 liv. par an dans les états des turcies et levées sous le nom dudit sieur Trudaine.. »

Archives du ministère des travaux publics, collection Poterlet, parchemin original.

Par arrêt du même jour le sieur de Motes, qui avait en même temps la direction du pavé de Paris, a été gratifié d'une pension de retraite de 3.000 liv.

N° 308.

7 janvier 1744.

Arrêt du conseil d'état qui alloue au sieur Trudaine, chargé du détail des ponts et chaussées, 8.000 liv. d'appointements.

« Vu au conseil d'état du roi l'arrêt rendu en icelui le 23 octobre 1736 par lequel S. M., en supprimant la commission de directeur général des ponts et chaussées de France, pavé de Paris, turcies et levées, balisage de la rivière de Loire et rivières y affluentes et l'administration des fonds destinés auxdits ouvrages, dont était pourvu le sieur Dubois par brevet du 21 mai 1723, et en réunissant toutes les fonctions de ladite commission à l'administration générale des finances, aurait ordonné que les détails qui en dépendent feraient partie du département de l'un des sieurs intendants des finances comme auparavant la déclaration du 15 septembre 1715 et qu'après le décès dudit feu sieur Dubois la somme de 16.000 liv. d'appointements à lui accordée sa vie durant serait réduite à 8.000 liv. qui serait employée dans l'état des ponts et chaussées au profit du sieur d'Ormesson, conseiller d'état ordinaire et intendant des finances, qui fut alors chargé du détail desdits ponts et chaussées; et S. M. ayant depuis jugé à propos de charger de ce même détail des ponts et chaussées le sieur Trudaine, conseiller d'état, aussi intendant des finances; Et voulant lui donner des preuves de la satisfaction qu'elle a de ses services; ouï le rapport du sieur Orry............................

« Le roi étant en son conseil a accordé et accorde au sieur Trudaine, conseiller d'état, intendant des finances ayant dans son département les détails des ponts et chaussées, pavé de Paris, turcies et levées et balisage de la Loire et rivières y affluentes, les mêmes 8.000 liv. d'appointements dont jouissait avant lui le sieur d'Ormesson, pour en jouir par ledit sieur Trudaine à compter du 1er juillet 1743.
.... »

Archives du ministère des travaux publics, 12e registre d'arrêts sur les ponts et chaussées.

N° 309.

11 février 1744. — 5 juin 1744. — 7 août 1744. — 5 et 26 juin 1745.

Arrêts du conseil d'état qui attribuent aux intendants des généralités la connaissance des contraventions au règlement du 14 novembre 1724 concernant le nombre de chevaux qui peuvent être attelés aux voitures à deux roues « concurremment et par prévention aux officiers auxquels la connaissance en est attribuée par ledit règlement », et qui destinent une partie des amendes encourues aux cavaliers et officiers de la maréchaussée qui veilleront à son exécution, et même aux entrepreneurs des routes, huissiers, sergents, soldats du guet, archers, etc.

Archives du ministère des travaux publics, 12e registre d'arrêts sur les ponts et chaussées.

N° 810.

17 mars 1744.

Arrêts du conseil d'état qui commettent le sieur Barbier, sous-inspecteur des ponts et chaussées de la généralité de Paris, ingénieur de la généralité d'Amiens en remplacement du sieur Leveneur décédé; le sieur Legendre, sous-inspecteur des ponts et chaussées de la généralité de Tours, ingénieur de la généralité de Châlons en remplacement du sieur de Clinchamp démissionnaire; le sieur Loguet, sous-inspecteur des ponts et chaussées, ingénieur de la généralité d'Auch en remplacement du sieur Pollart, nommé inspecteur général.

Archives du ministère des travaux publics, registre n° 12 d'arrêts sur les ponts et chaussées.

N° 811.

17 mars 1744.

Arrêt du conseil d'état qui modère à la somme totale de 38.241 l. 6 s. 8 d. les restitutions à faire par les sieurs Lasalle et Ciron, entrepreneurs des ouvrages des ponts et chaussées de la généralité de Metz de 1731 à 1736, auxquelles ils avaient été condamnés par plusieurs arrêts rendus depuis le 10 juillet 1742, sur les rapports de l'ingénieur des ponts et chaussées de la généralité constatant l'état de ruine des ouvrages par eux exécutés et les malfaçons qui en étaient la cause; lesdites restitutions s'élevant ensemble à la somme de 56.169 l. 10 s. 7 d.

Archives du ministère des travaux publics, registre n° 12 d'arrêts sur les ponts et chaussées.

N° 812.

15 avril 1744.

Arrêt du conseil d'état qui, vu le rapport du sieur Bayeux, inspecteur général et ingénieur de la généralité de Tours, constatant l'état de dépérissement et de ruine imminente des ponts de charpente de la ville de Saumur construits en 1735, puis réparés et élargis en 1737 et en 1738 par Jean Miette, entrepreneur, suivant trois adjudications successives, et moyennant une dépense totale de 152.823 liv.; ledit rapport constatant en outre que le mauvais état de ces ponts est dû à la mauvaise qualité des bois et aux vices de construction contrairement aux règles de l'art et aux prescriptions du devis; condamne ledit Jean Miette à restituer la somme de 14.448 l. 3 s. 3 d. à laquelle sont estimées les réparations à faire auxdits ponts.

Archives du ministère des travaux publics, registre n° 12 d'arrêts sur les ponts et chaussées.

N° 813.

16 mai et 12 juin 1744.

Arrêts du conseil d'état qui commettent :

1° Le sieur Querret, sous-inspecteur des ponts et chaussées en Franche-Comté, ingénieur de ladite généralité en remplacement du sieur de Légouthail, qui se retire à cause de son grand âge et auquel est allouée une pension viagère de 1.000 liv.;

2° Le sieur Lelorrain de Sivry, ingénieur de la généralité de Metz, ingénieur de la généralité de Poitiers en remplacement du sieur Baudouin, démissionnaire;

3° Le sieur de Clinchamp, précédemment ingénieur de la généralité de Châlons, ingénieur de la généralité de Metz en remplacement du sieur Lelorrain de Sivry.

<small>Archives du ministère des travaux publics, registre n° 12 d'arrêts sur les ponts et chaussées.</small>

N° 314.

19 septembre 1744.

Arrêt du conseil d'état qui répartit entre les diverses généralités l'emploi de la somme de 1.748.292 liv. à laquelle a été réduit, par arrêt du 20 août 1743, le fonds extraordinaire des ponts et chaussées pour l'exercice 1743.

<small>Archives du ministère des travaux publics, registre n° 12 d'arrêts sur les ponts et chaussées.</small>

N° 315.

4 mai 1745.

Arrêt du conseil d'état qui condamne le sieur François Careche, adjudicataire de la construction du pont de Dechaux, en Franche-Comté, sur la route de Dôle à Lons-le-Saunier, construction faite en 1739, 1740 et 1741 moyennant 22.442 l. 10 s., à restituer au roi la somme de 13.115 l. 11 s. reconnue nécessaire pour la reconstruction dudit pont, à cause de malfaçons qui en ont causé la ruine, malfaçons constatées le 21 novembre 1744 par le sieur Querret, ingénieur de la généralité.

<small>Archives du ministère des travaux publics, registre n° 12 d'arrêts sur les ponts et chaussées.</small>

N° 316.

19 juin 1745.

Arrêt du conseil d'état qui en rappelle un autre du 30 mai 1744, par lequel une imposition extraordinaire de 200.000 liv. était frappée sur les contribuables aux tailles des généralités de Tours, Orléans, Riom, Bourges et Moulins en sus du fonds ordinaire de 200.000 liv. pour les turcies et levées; et qui établit semblable imposition supplémentaire sur les mêmes généralités en 1746 dans les proportions suivantes :

66.889 l. 10 s., sur la généralité de Tours; 41.473 l. 10 s., sur celle d'Orléans; 44.148 liv., sur celle de Riom; 17.386 l. 10 s., sur celle de Bourges et 30.102 l. 10 s. sur celle de Moulins.

<small>Archives du ministère des travaux publics, collection Poterlet, copie.</small>

N° 317.

1er août 1745.

Arrêt du conseil d'état qui répartit entre les vingt généralités de pays d'élections le fonds supplémentaire pour les dépenses des ponts et chaussées de l'année 1744, réduit à 1.748.292 liv. par arrêt du 31 décembre 1743; dont pour la généralité de Paris 623.279 liv.

<small>Archives du ministère des travaux publics, registre n° 12 d'arrêts sur les ponts et chaussées.</small>

N° 218.

7 août 1745.

Arrêt du conseil d'état qui réduit à 1.748.292 liv. le fonds supplémentaire des ponts et chaussées de l'année 1745, fixé à 2.358.292 liv. par arrêt du 5 juin 1744, ordonnant que le surplus sera versé au trésor royal, et fixant la part à fournir par chaque recette générale.

<small>Archives du ministère des travaux publics, registre n° 12 d'arrêts sur les ponts et chaussées.</small>

N° 219.

13 octobre 1745.

<small>Arrêt du conseil d'état qui nomme directeur des ponts et chaussées d'Alsace, aux appointements de 3.000 liv., le sieur de Clinchamp, ingénieur de la généralité de Metz.</small>

« Le roi étant informé que la direction des ponts et chaussées de la province d'Alsace est vacante par le décès du sieur Noël de Regemorte (1), commis à cette direction par arrêt du conseil du 15 janvier 1718. . . . . »

<small>Archives du ministère des travaux publics, registre n° 12 d'arrêts sur les ponts et chaussées.</small>

N° 220.

8 mars 1746.

<small>Arrêt du conseil d'état concernant les moulins établis sur les ponts.</small>

« Le roi étant informé que plusieurs ponts sont extrêmement dégradés par les moulins qui y ont été construits, dont plusieurs ont été établis sans concession valable ou moyennant de très-modiques redevances, que d'ailleurs les propriétaires desdits moulins et leurs fermiers font souvent au pied desdits ponts des ouvrages pour resserrer le cours de l'eau et lui donner plus de rapidité à l'endroit où sont les roues desdits moulins, ce qui dégrade et affouille les pieds des piles et occasionne la dégradation et souvent la chute desdits ponts. . . . . . . » Ouï le rapport du sieur Machault, contrôleur général des finances. . . . . . , ordonne à tous les propriétaires et possesseurs desdits moulins de produire dans le délai de trois mois leurs titres de propriété, faute de quoi lesdits moulins et les ouvrages en dépendant seront démolis.

<small>Archives du ministère des travaux publics, registre n° 13 d'arrêts sur les ponts et chaussées.</small>

<small>(1) Il y a ici une erreur de prénom. En vertu d'un double arrêt du 8 janvier 1726, Noël de Regemorte, précédemment nommé ingénieur de l'Alsace, y avait été remplacé par Antoine, son frère, et avait remplacé celui-ci aux turcies et levées de la Loire. C'est donc Antoine, et non Noël, qui mourut en Alsace en 1745.
L'ingénieur de Clinchamp fut remplacé à Metz par le sieur Lechat, ingénieur du haut Dauphiné qui fut remplacé par le sieur Bouchet, sous-inspecteur.</small>

N° 321.

8 mars 1746.

Arrêt du conseil d'état qui commet le sieur de Saint-André ingénieur des ponts et chaussées dans le duché de Bourgogne pour les pays de Bresse, Bugey et Gex.

« Le roi étant informé que, pour procurer l'avantage du commerce entre la province de Bourgogne duché et les pays bas, Bresse, Bugey et Gex, qui en dépendent, il aurait été ordonné dès l'année 1740 de faire l'ouverture de plusieurs routes dans ces pays de Bresse, Bugey et Gex; qu'il y en a même déjà quelques-unes de commencées et assez avancées pour que l'on en reconnaisse toute l'utilité; Mais S. M. étant informée qu'on ne pourrait parvenir à faire achever ces routes ni à les faire entretenir, si l'on n'établissait pas dans ce pays le même ordre et la même économie qui s'observent dans l'administration des autres chemins du royaume; pour raison de quoi S. M. aurait cru nécessaire d'établir un ingénieur qui, sous les ordres du sieur intendant et commissaire départi, fût chargé de la direction des travaux de main-d'œuvre et de corvées qui se feront pour la construction et entretien des chemins dans lesdits pays. . . . . »

S. M. commet à ladite place le sieur Jean-Baptiste de Saint-André, à compter du 1er mars courant, aux appointements de 2.400 liv., qui seront imposées annuellement sur lesdits pays de Bresse, Bugey et Gex.

Archives du ministère des travaux publics, 15e registre d'arrêts sur les ponts et chaussées.

N° 322.

4 juin 1746.

Arrêt du conseil d'état qui ordonne la reconstruction du pont d'Orléans et une première imposition de 300.000 liv. à cet effet.

« Le roi étant informé que le pont de la ville d'Orléans sur la rivière de Loire est en ruine, de façon que n'étant pas possible de le réparer, il est indispensable d'en reconstruire un autre; et S. M. voulant pourvoir aux fonds nécessaires pour cette dépense, trop considérable pour être prise sur les fonds destinés aux travaux ordinaires des ponts et chaussées; ouï le rapport du sieur Machault, conseiller ordinaire au conseil royal, contrôleur général des finances;

« Le roi étant en son conseil a ordonné et ordonne que le devis des ouvrages à faire au pont de la ville d'Orléans-sur-Loire sera incessamment dressé par le sieur Pitrou, inspecteur général des ponts et chaussées, et par le sieur Roger, ingénieur desdits ponts et chaussés de la généralité d'Orléans, et l'adjudication d'iceux faite en la manière ordinaire par-devant le sieur intendant et commissaire départi en ladite généralité : Veut S. M. qu'à compte du prix de ladite adjudication, il soit imposé en l'année prochaine 1747, sur tous les contribuables aux tailles des vingt généralités de pays d'élections, et au marc la livre d'icelles, une somme de 300.000 liv. . . . . »

Archives du ministère des travaux publics, 15e registre d'arrêts sur les ponts et chaussées.

PIÈCES JUSTIFICATIVES.

N° 823.

21 juin 1746.

Arrêt du conseil d'état qui ordonne la continuation en 1747 de l'imposition supplémentaire de 200.000 liv. pour les turcies et levées, sur les cinq généralités de Tours, Orléans, Riom, Bourges et Moulins.

<small>Archives du ministère des travaux publics, 13° registre d'arrêts sur les ponts et chaussées.</small>

N° 824.

28 juin 1746.

Arrêt du conseil d'état qui réduit à 1.748.292 liv. le fonds supplémentaire des ponts et chaussées en 1746, imposé par arrêt du 19 juin 1745; qui ordonne que l'excédant de 610,000 liv. sera porté au trésor royal et qui fixe le contingent à fournir par chaque généralité.

<small>Archives du ministère des travaux publics, 15° registre d'arrêts sur les ponts et chaussées.</small>

N° 825.

11 octobre 1746.

Arrêt du conseil d'état qui ordonne la répartition entre les ouvrages des vingt généralités, de la somme de 1.748.292 liv. destinée pour les fonds supplémentaires des ponts et chaussées en 1745 par arrêt du 7 août 1745.

<small>Archives du ministère des travaux publics, 13° registre d'arrêts sur les ponts et chaussées.</small>

N° 826.

11 octobre 1746.

Arrêt qui ordonne le pavage en grès de la route de Paris en Allemagne par Meaux, dans l'étendue de la généralité de Paris, et qui impose à cet effet aux voituriers retournant à vide sur ladite route et passant par Pantin, de charger et transporter à l'endroit qui leur sera indiqué trente pavés par voiture à trois chevaux, vingt pavés par voiture à deux chevaux, et dix pavés par voiture à un cheval, sous peine de 50 liv. d'amende par chaque voiture s'en retournant à vide sans être chargée desdits pavés.

<small>Archives du ministère des travaux publics, 15° registre d'arrêts sur les ponts et chaussées.</small>

N° 827.

14 février 1747.

Arrêt du conseil d'état qui nomme le sieur Perronet directeur du bureau des dessinateurs, etc., suivi de lettres patentes du 10 mars 1747, registrées en la cour des comptes le 27 mars 1747.

« Le roi ayant jugé à propos d'ordonner, depuis trois ans, aux inspecteurs et ingénieurs des ponts et chaussées de travailler et faire travailler sans discontinuation à la levée des plans et cartes de toutes les routes, grands chemins et chemins de communication dans l'étendue des provinces et généralités, chacun pour ce qui le concerne, et d'envoyer lesdits plans ainsi levés au sieur contrôleur général des finances, pour, sur ses ordres et sur ceux du sieur intendant des finances ayant le détail des ponts et chaussées, être mis au net pour en former ensuite des recueils par chaque généralité, auxquels on puisse avoir recours lorsqu'il s'agira de projeter de nouveaux ouvrages pour parvenir de plus en plus à la perfection des grands chemins si avantageux au commerce; et S. M. étant informée qu'il est nécessaire de proposer un sujet capable pour avoir la garde de tous ces plans, les faire mettre au net, en faire faire des copies et suivre tout cet ouvrage, et en même temps former des jeunes gens pour le dessin et les autres sciences qui puissent les mettre en état de remplir par la suite les places d'ingénieurs des ponts et chaussées, elle aurait cru ne pouvoir faire un choix plus convenable que du sieur Perronet, commis depuis dix années en qualité d'ingénieur des ponts et chaussées de la généralité d'Alençon, et qui y a rempli ses fonctions à la satisfaction de S. M.; A quoi voulant pourvoir; ouï le rapport du sieur de Machault, conseiller ordinaire au conseil royal, contrôleur général des finances;

« Le roi étant en son conseil a commis et commet le sieur Louis David (1) Perronet, ingénieur des ponts et chaussées de la généralité d'Alençon, pour, en la même qualité d'ingénieur des ponts et chaussées, avoir, sous les ordres du sieur contrôleur général des finances et sous ceux du sieur intendant des finances chargé du détail desdits ponts et chaussés, la conduite et inspection des géographes et dessinateurs des plans et cartes des routes et grands chemins du royaume et de tous ceux qui seront commis et préposés audit ouvrage, régir tout ce qui concerne la levée desdits plans et cartes, instruire lesdits dessinateurs des sciences et pratiques nécessaires pour parvenir à remplir avec capacité les différents emplois desdits ponts et chaussées, et avoir la garde et le dépôt de tous lesdits plans, cartes et mémoires y relatifs; voulant en outre S. M. que ledit sieur Perronet puisse avoir, en qualité d'ingénieur, la conduite et inspection des travaux et ouvrages des ponts et chaussées, soit dans la généralité de Paris concurremment avec les sieurs inspecteurs généraux desdits ponts et chaussées, soit dans les autres généralités du royaume concurremment avec les ingénieurs d'icelles, dresser ainsi qu'eux les devis et marchés sur lesquels lesdits ouvrages seront publiés et adjugés, délivrer les certificats et procès-verbaux de réception sur lesquels, ainsi que sur ceux desdits inspecteurs et ingénieurs, les mandements des trésoriers de France, pour la généralité de Paris, et les ordonnances des commissaires départis, pour les autres généralités, seront expédiées aux adjudicataires soit à compte ou pour parfait payement de leurs adjudications, le tout suivant les ordres et instructions qui en seront donnés au sieur Perronet par ledit sieur contrôleur général des finances, pour chacun des ouvrages dont l'inspection lui sera confiée : le tout aux appointements de 3.000 liv. dont le fonds sera annuellement fait dans les états des ponts et chaussées au chapitre des charges de la recette générale, et dont ledit sieur Perronet sera payé, sur ses simples quittances en la manière ordinaire, à compter du jour et date du présent arrêt, sur lequel toutes lettres nécessaires seront expédiées. »

Suivent les lettres patentes.

Archives du ministère des travaux publics, collection Poterlet, manuscrit.

---

(1) En marge est écrit : « Le vrai nom de baptême est Jean-Rodolphe, ce qui a été réformé par sentence de M. le lieutenant civil du 21 février 1780. »

N° 328.

14 février 1747.

Arrêt du conseil d'état qui commet le sieur Chollet de Belle-Isle, sous-inspecteur des ponts et chaussées de la généralité de Paris, ingénieur des ponts et chaussées de la généralité d'Alençon, en remplacement du sieur Perronet.

Archives du ministère des travaux publics, 15e registre d'arrêts sur les ponts et chaussées.

N° 329.

28 mars 1747.

Arrêt du conseil d'état qui réduit à 1.748.292 liv. le fonds extraordinaire pour les ponts et chaussées en 1747, porté à 2.358.292 liv. par l'arrêt du 21 juin 1746, et qui fixe la contribution de chaque recette générale dans ledit fonds réduit.

Archives du ministère des travaux publics, 15e registre d'arrêts sur les ponts et chaussées.

N° 330.

2 mai 1747.

Arrêt du conseil d'état qui ordonne une deuxième imposition de 300.000 liv. sur les vingt généralités de pays d'élections, à percevoir en 1748 pour la reconstruction du pont d'Orléans, bien que le devis ordonné par l'arrêt du 4 juin 1746 n'ait pu encore être fait.

Archives du ministère des travaux publics, 15e registre d'arrêts sur les ponts et chaussées.

N° 331.

24 juin 1747.

Arrêt du conseil d'état qui ordonne une imposition annuelle de 12.000 liv. sur la province du Béarn, pour la perfection de ses grandes routes, et qui attribue au sieur intendant de Pau la connaissance de toutes les contestations à naître au sujet des corvées nécessaires pour la réparation desdites routes.

Archives du ministère des travaux publics, 15e registre d'arrêts sur les ponts et chaussées.

N° 332.

22 juillet 1747.

Arrêt du conseil d'état qui porte de 3.000 liv. à 4.000 liv. les appointements du sieur Bayeux, nommé le 24 février 1739 inspecteur du pavé de Paris; attendu le prolongement des banlieues de la ville de Paris et l'augmentation du prix du bail d'entretien, renouvelé le 28 février 1747 et porté à 295.000 liv.

Archives du ministère des travaux publics, 15e registre d'arrêts sur les ponts et chaussées.

N° 333.

19 août 1747.

Arrêt du conseil d'état qui établit sur la généralité de Grenoble en 1748 une imposition extraordinaire de 100.000 liv. pour travaux occasionnés par les débordements des torrents et par le mouvement de la guerre, en sus de la somme de 74.756 liv. qui formera la part d'imposition de cette généralité, ladite année, pour les dépenses tant ordinaires qu'extraordinaires des ponts et chaussées, et de celle de 8.826 liv imposée pour le pont d'Orléans.

<small>Archives du ministère des travaux publics, 13e registre d'arrêts sur les ponts et chaussées.</small>

N° 334.

30 avril 1748.

Arrêt du conseil d'état qui ordonne une nouvelle imposition supplémentaire de 60.000 liv. à percevoir en 1749 sur la généralité de Grenoble, à ajouter à celle de 100.000 liv. établie en 1748 par arrêt du 19 août 1747.

<small>Archives du ministère des travaux publics, 13e registre d'arrêts sur les ponts et chaussées.</small>

N° 335.

30 avril 1748.

Arrêt du conseil d'état pour imposition d'un troisième fonds de 300.000 liv. pour la reconstruction du pont d'Orléans, à percevoir en 1749 sur les vingt généralités de pays d'élections.

<small>Archives du ministère des travaux publics, 13e registre d'arrêts sur les ponts et chaussées.</small>

N° 336.

30 avril 1748.

Arrêt du conseil d'état qui réduit à 1.748.292 liv. l'imposition supplémentaire pour travaux des ponts et chaussées en 1748, portée à 2.358.292 liv. par arrêt du 3 juin 1747, et qui fixe la part contributive de chaque recette générale.

<small>Archives du ministère des travaux publics, 13e registre d'arrêts sur les ponts et chaussées.</small>

N° 337.

25 juin 1748.

Arrêt du conseil d'état pour répartition entre les vingt généralités de pays d'élections du fonds supplémentaire des ponts et chaussées pour 1746, réduit à 1.748.292 liv. par arrêt du 28 juin 1746; dont pour la généralité de Paris 638.892 liv.

<small>Archives du ministère des travaux publics, 13e registre d'arrêts sur les ponts et chaussées.</small>

PIÈCES JUSTIFICATIVES.

No 888.

25 juin 1748.

Arrêt de la chambre des comptes intervenu au jugement du compte de la trésorerie générale des ponts et chaussées de France de l'année 1740, clos le 25 juin 1748,

Suivi d'injonctions prononcées au jugement du compte desdits ponts et chaussées de l'année 1744 et dont il est fait mention sur ceux des années 1745, 1746 et 1747 jugés à la chambre (1).

L'arrêt porte diverses injonctions posant des règles à observer ultérieurement dans la comptabilité des ponts et chaussées, comme :

1° De faire précéder tous les baux et toutes les adjudications d'ouvrages de devis détaillés, rédigés par les ingénieurs, dont copies entières devront être rapportées dans les comptes ;

2° De mentionner dans les devis et dans les réceptions le réemploi ou la cession aux entrepreneurs des matériaux provenant de la démolition d'anciens ouvrages ou d'ouvrages provisoires. . . . .

3° De ne pas comprendre dans les devis et adjudications des charges étrangères aux ouvrages ; ni « d'y employer les appointements des sous-ingénieurs, inspecteurs, sous-inspecteurs, élèves, géographes, dessinateurs, conducteurs, piqueurs et autres préposés. . . . . », s'il n'y a titre suffisant, etc. . . . .

4° De comprendre dans les devis la charge, pour les adjudicataires, de payer à qui de droit les indemnités d'expropriation et de dommages, sur la production des titres en bonne forme ; sauf, dans le cas d'indemnité non prévue dans le devis, d'en faire le fonds dans l'état-du-roi sous le nom de la partie prenante.

5° De donner, dans les certificats de réception des ouvrages, le détail entier desdits ouvrages et des fournitures, en les déclarant conformes aux devis. . . .

Les injonctions qui suivent cet arrêt portent :

« Il est fait mention, au compte précédent de l'année 1744, d'un devis pour la dépense à faire pour la levée des cartes et plans des grandes routes, chemins d'une ville à l'autre, ponts, bois, étangs, prairies et autres natures de biens, desquels plans il a dû être fait un dixième au total en chaque année, à commencer en 1745, le surplus dans les années suivantes : comme aussi pour le payement des appointements et salaires des ingénieurs, géographes et autres employés ; ensemble de la fourniture des instruments, papiers et d'un bureau, de quatre dessinateurs à Paris pendant toute l'année et aux autres conditions exprimées au devis, sans toutefois que le nouvel établissement paraisse autorisé par aucunes lettres de la volonté du roi, dûment registrées, qui l'aient ordonné tant pour Paris que pour les provinces.

« Il est aussi fait mention audit compte précédent de l'adjudication, faite à Jean-Prosper Mariaval, desdits ouvrages et dépenses pour les plans ci-dessus pour six années, à raison de 42.000 liv. par an ; cautionnement d'icelui passé au bureau des finances ; copie du rapport du sieur Pitrou, inspecteur général de l'exécution dudit bail et du payement des employés ; mandement du bureau des finances pour le payement total de cette dépense et arrêts du conseil y rendus ; l'un du 14 février 1747, lettres du 10 mars suivant ; l'autre du 7 juillet 1750 et lettres du 17

---

(1) Ces injonctions, imprimées à la suite de l'arrêt du 25 juin 1748, ne portent point de date. Mais d'après leur texte elles sont au moins de la fin de 1750. Il résulterait même de l'arrêt du 31 mai 1757, n° 420, qu'elles sont de 1756.

août suivant, dûment registrées à la chambre, qui commettent le sieur Perronet, ingénieur des ponts et chaussées, pour avoir la conduite et inspection desdits géographes, dessinateurs, et autres employés à la confection desdits plans et cartes, et lui accordent 3.000 liv. d'appointements.

« Tout considéré, la chambre...... a enjoint aux trésoriers généraux des ponts et chaussées de rapporter, à compter de l'exercice de 1749, lettres de la volonté du roi dûment registrées à la chambre, approbatives du bureau des géographes, dessinateurs des plans et profils des ponts, des grandes routes et chemins du royaume, tant à Paris que dans les provinces, pendant dix années à compter du 1er janvier 1748, pendant lesquelles dix années la levée desdits plans doit être finie. .... »

Archives du ministère des travaux publics, collection Poteriot, imprimé.

N° 339.

2 juillet 1748.

Arrêt du conseil d'état qui nomment :
1° Le sieur Dubois, sous-inspecteur des ponts et chaussées de la généralité de Paris, ingénieur de la généralité de Limoges au lieu et place du sieur Ponchon ;
2° Le sieur Ponchon, ci-devant ingénieur de la généralité de Limoges, ingénieur de la généralité de Caen au lieu et place du sieur Bayeux jeune, qui se retire avec une pension viagère de 600 liv.

Archives du ministère des travaux publics, 13e registre d'arrêts sur les ponts et chaussées.

N° 340.

8 octobre 1748.

Arrêt du conseil d'état qui ordonne de continuer en 1749 l'imposition supplémentaire de 60.000 liv. pour ouvrages des ponts et chaussées du comté de Bourgogne.

Archives de l'empire, arrêts du conseil, E 1249.

N° 341.

8 octobre 1748.

Arrêt du conseil d'état qui révoque la réduction au chiffre de 1.748.292 liv. du fonds extraordinaire des ponts et chaussées de l'exercice 1748, faite par l'arrêt du 30 avril précédent.

« Vu au conseil d'état du roi, S. M. y étant, l'arrêt rendu en icelui le 30 avril de la présente année par lequel, pour les causes y portées, S. M. aurait ordonné que, sur la somme de 2.358.292 liv., imposée en exécution d'autre arrêt du conseil du 3 juin 1747 pour le supplément du fonds destiné aux dépenses des ponts et chaussées pendant la présente année 1748. . . . , il ne serait destiné et employé auxdites dépenses. . . . que la somme de 1.748.292 liv. . . . et que le surplus, montant à 610.000 liv. serait porté au trésor royal pour être. . . . . employé suivant les ordres de S. M. ; et S. M. étant informée que les grands travaux déjà commencés dans les ponts et chaussées, l'entretien de ceux faits et les ouvrages à faire pour la perfection des routes et grands chemins exigent que le fonds de 610.000 liv., que S. M. avait jugé à propos de faire remettre au trésor royal sur les fonds imposés en 1748 pour cet objet, soit appliqué à sa vraie destination. . . . . ;

« Le roi étant en son conseil a ordonné et ordonne que, nonobstant ce qui est ordonné par arrêt du conseil du 30 avril de la présente année 1748, qui demeurera comme nul et non avenu, l'arrêt du conseil du 3 juin 1747 sera exécuté selon sa forme et teneur, en conséquence que la somme de 2.358.292 liv., imposée et levée en la présente année 1748 en exécution dudit arrêt pour le supplément du fonds destiné aux dépenses des ponts et chaussées pendant la même année, sera remise en entier, et sans aucune réduction,. . . . . au trésorier général des ponts et chaussées en exercice. . . . . pour être employée au payement des ouvrages qui seront faits dans lesdites généralités jusqu'à concurrence des sommes auxquelles lesdits ouvrages monteront dans chaque généralité, suivant l'état qui en sera fourni pour être autorisé par S. M. et l'emploi qui en sera fait dans les états des ponts et chaussées. »

Archives de l'empire, arrêts du conseil, registre E 2271.

N° 342.

15 octobre 1748.

Arrêt du conseil d'état qui, vu l'arrêt du 8 mars 1746 ordonnant la suppression des moulins construits ou appuyés sur les ponts et des ouvrages accessoires nuisibles auxdits ponts; vu le procès-verbal du sieur de Montigny, trésorier de France commissaire des ponts et chaussées de la généralité de Paris, constatant la visite faite par le sieur Hupeau, inspecteur des ponts et chaussées de la généralité de Paris, en présence dudit sieur de Montigny, du moulin construit dans la troisième arche, du côté de la ville, du pont de Pont-sur-Yonne, et des ouvrages faits en amont pour soutenir et diriger l'eau vers ce moulin, lesquels repoussent la rivière du côté du faubourg, font affouiller les piles de ce côté, rendent la navigation difficile et menacent de forcer la rivière à passer derrière le faubourg en abandonnant le lit sous ledit pont; ordonne la suppression dudit moulin et des digues et autres ouvrages construits dans la rivière d'Yonne, pour soutenir et diriger les eaux de la manière qui lui est nécessaire, sous réserve d'indemnité à qui de droit.

L'arrêté porte que « cette suppression est d'autant plus indispensable » que le passage des eaux d'inondation est « devenu plus étroit par la construction du chemin neuf de Pont-sur-Yonne à Sens qui, formant une levée, retient l'eau et l'empêche de s'étendre dans la plaine comme par le passé. . . . . »

Archives de l'empire, arrêts du conseil, registre E 2271.

N° 343.

25 avril 1749.

Arrêt du conseil d'état qui augmente le droit de réal perçu au profit du roi sur les vins et eaux-de-vie dans le Roussillon, en l'affectant aux dépenses des ponts et chaussées de cette province, et y affecte également une somme de 15.000 liv. à percevoir en sus et au marc la livre de la capitation.

Archives des travaux publics, collection Poterlet, imprimé.

N° 344.

10 juin 1749.

Arrêt du conseil d'état qui ordonne l'imposition en 1750, sur les vingt généralités de pays d'élections, d'une somme de 300.000 liv. pour le pont d'Orléans.

Archives des travaux publics, catalogue d'arrêts sur les ponts et chaussées.

N° 345.

10 juin 1749.

Arrêt du conseil d'état qui ordonne la répartition entre les vingt généralités de pays d'élections de l'emploi de la somme de 1.748.292 liv. à laquelle a été réduit, par arrêt du 28 mars 1747, le fonds supplémentaire des ponts et chaussées pour 1747; dont pour la généralité de Paris 645.136 liv., etc.

Archives de l'empire, arrêts du conseil, registre E 2288.

N° 346.

24 juin 1749.

Arrêt du conseil d'état qui ordonne l'imposition en 1750 d'une somme de 2.358.292 liv. sur les vingt généralités de pays d'élections pour fonds supplémentaire des ponts et chaussées, et arrête la répartition de cette imposition sur chaque généralité.

Archives de l'empire, arrêts du conseil, registre E 1254, manuscrit.

N° 347.

24 juin 1749.

Arrêt du conseil d'état qui ordonne une imposition supplémentaire de 200.000 l. sur les cinq généralités de Bourges, Orléans, Tours, Riom et Moulins pour les turcies et levées en 1750.

Archives de l'empire, arrêts du conseil, registre E 1254, manuscrit.

N° 348.

24 juin 1749.

Arrêt du conseil d'état qui, vu celui du 4 juin 1746 ordonnant une imposition de 300.000 liv. en 1747 pour la reconstruction du pont d'Orléans, et pour que ladite somme soit effectivement remise au trésorier général des ponts et chaussées en exercice ladite année et figure en recette et en dépense dans l'état des ponts et chaussées, ordonne qu'il sera expédié au nom dudit trésorier général une ordonnance de comptant de 300.000 liv. sur le trésor royal, dont le payement sera assigné sur ladite imposition.

Archives de l'empire, arrêts du conseil, registre E 2288.

N° 849.

24 juin 1749.

Arrêt du conseil d'état qui ordonne la continuation en 1750 de l'imposition supplémentaire de 60.000 liv. établie en 1749 sur la généralité de Grenoble par arrêt du 30 avril 1748, pour réparation des dégâts causés aux ouvrages des ponts et chaussées par les débordements des rivières.

Archives de l'empire, arrêts du conseil, registre E 2288.

N° 850.

22 juillet 1749.

Arrêt du conseil d'état qui ordonne qu'il sera procédé aux publications nécessaires pour parvenir à l'adjudication du pont neuf d'Orléans.
Cet arrêt est suivi de l'affiche pour cette adjudication.

Archives du ministère des travaux publics, catalogue d'arrêts sur les ponts et chaussées.

N° 851.

2 septembre 1749.

Arrêt du conseil d'état qui impose sur le comté de Bourgogne une somme de 60.000 liv. pour les ouvrages des ponts et chaussées en 1750.

Archives de l'empire, arrêts du conseil d'état, E 1257, manuscrit.

N° 852.

2 septembre 1749.

Arrêt du conseil d'état qui, vu la délibération prise par les états de la province de Languedoc le 19 décembre 1748 sur les demandes et propositions à eux faites par le roi au sujet de la construction du chemin de communication du Languedoc avec l'Auvergne, approuvant ladite délibération, ordonne que, moyennant la somme de 500.000 liv. dont il sera fait fonds par les états en huit années consécutives, à commencer en 1749, il ne sera rien demandé à ladite province, tant à raison des ouvrages dudit chemin que des indemnités qui seront dues à cette occasion, etc. . . . .; qu'il n'y sera point travaillé par corvée; que les ouvrages seront adjugés par l'intendant du Languedoc et par les commissaires des états pour les travaux publics, lesquels auront conjointement la direction desdits ouvrages; que, pour parvenir à l'adjudication, il sera fait un ou plusieurs devis par le sieur Pollart, inspecteur général des ponts et chaussées, en présence du sieur Pitot, directeur des ouvrages publics dans la sénéchaussée de Beaucaire et de Nîmes; que les plans et alignements seront approuvés par S. M. . . . .

Archives du ministère des travaux publics, collection Poterlet, imprimé.

N° 353.

30 décembre 1749.

Arrêt du conseil d'état qui accorde au sieur Gendrier, ingénieur des ponts et chaussées, une pension et gratification annuelle de 1,000 liv.

« Le roi étant informé que le sieur Claude Gendrier, ingénieur des ponts et chaussées de la généralité de Bourges, exerce en cette qualité, tant dans la généralité de Poitiers que dans celle de Bourges, depuis le 10 septembre 1726, ce qui fait vingt-trois ans de service, et qu'il continue de remplir les fonctions de sa commission avec tout le zèle et la capacité possibles; et S. M. voulant donner audit sieur Gendrier des marques de sa satisfaction de ses longs et bons services ; ouï le rapport du sieur de Machault, etc. . . . .

« Le roi étant en son conseil a accordé et accorde au sieur Claude Gendrier, actuellement ingénieur des ponts et chaussées de la généralité de Bourges, la somme de 1.000 liv. de pension et gratification annuelle, dont il jouira sa vie durant outre et par-dessus les appointements attachés à sa commission d'ingénieur. »

Archives de l'empire, arrêts du conseil d'état, registre E 2291.

N° 354.

5 février 1750.

Arrêt du conseil d'état qui commet le sieur Perronet à la place d'inspecteur général des ponts et chaussées vacante par le décès du sieur Pitrou.

« Le roi étant informé qu'un des emplois d'inspecteur général des ponts et chaussées du royaume est vacant par le décès du sieur Pitrou et que le sieur Perronet, précédemment ingénieur des ponts et chaussées de la généralité d'Alençon, et actuellement commis en ladite qualité pour avoir la conduite et inspection des géographes et dessinateurs des plans et cartes des routes et grands chemins du royaume, est en état de remplir les fonctions de cet emploi vacant, en conservant toujours la direction et inspection dont il est chargé et dont il s'acquitte à la satisfaction de S. M. . . . .

« Le roi étant en son conseil a commis et commet le sieur Perronet en qualité d'inspecteur général des ponts et chaussées du royaume, pour, au lieu et place du feu sieur Pitrou, exécuter les ordres et instructions qui lui seront donnés par le sieur contrôleur général des finances, aux appointements et frais de voyage de 6.000 liv. . . . . »

Archives de l'empire, arrêts du conseil d'état, registre E 2298.

N° 355.

17 mars 1750.

Arrêt du conseil d'état qui ordonne qu'il sera expédié au nom du trésorier général des ponts et chaussées en exercice l'année 1748 une ordonnance de comptant sur le trésor royal, de la somme de 300.000 liv. pour la construction du pont d'Orléans.

Archives du ministère des travaux publics, catalogue d'arrêts sur les ponts et chaussées.

N° 856.

21 avril 1750.

Arrêt du conseil d'état qui fixe à 15.944 liv. la part de la châtellenie de Cateau-Cambrésis, indépendamment du travail des corvées, dans la construction d'une nouvelle chaussée de Guise à Landrecy, et y impose à cet effet pendant six années un droit sur les boissons.

Archives de l'empire, arrêts du conseil, registre E 2298.

N° 857.

5 mai 1750.

Arrêt du conseil d'état qui ordonne une imposition annuelle de 2.000 liv. sur le pays de Labour pour la route de Bayonne en Espagne.

« Le roi étant informé que la grande route de Bayonne en Espagne par Saint-Jean-de-Luz, qui a été ouverte et en partie faite à l'occasion du passage de madame la dauphine, devient tous les jours impraticable faute d'entretien et que les ponts en bois qui y furent construits provisoirement sont en très-mauvais état et prêts à crouler ; que c'est par cette route que passe la plus grande partie des laines qui viennent d'Espagne, et qu'en général elle est tellement intéressante pour le commerce, qu'il paraît nécessaire de prendre des mesures, non-seulement pour ne pas laisser perdre le fruit des dépenses qui ont déjà été faites pour en faire l'ouverture, mais encore pour la rendre praticable en tout temps en y construisant des ponts et ponceaux en pierres à la place de ceux en bois qui périront, et partout ailleurs où il sera besoin : Et S. M. ayant reconnu que le moyen le plus convenable pour mettre cette route en bon état était d'ordonner l'imposition d'une somme suffisante sur le pays de Labour, pour être employée au payement de la construction desdits ponts et ponceaux. . . . . S. M. ordonne sur ledit pays une imposition annuelle de 2.000 liv., à commencer de la présente année 1750. »

Archives de l'empire, arrêts du conseil, registre E 2300.

N° 858.

5 mai 1750.

Arrêt du conseil d'état qui ordonne une imposition de 300.000 liv. sur les vingt généralités de pays d'élections en 1751, pour la construction du pont d'Orléans, en sus des 1.200.000 liv. déjà imposés en 1747, 1748, 1749 et 1750, en vertu des arrêts du 4 juin 1746, 2 mai 1747, 30 avril 1748 et 10 juin 1749.

Archives de l'empire, arrêts du conseil, registre E 2292.

N° 859.

19 mai 1750.

Arrêt du conseil d'état qui ordonne une imposition extraordinaire de 250.00 liv.

en 1751 sur les généralités de Tours, Orléans, Riom, Bourges et Moulins, pour les turcies et levées.

<small>Archives du ministère des travaux publics, catalogue d'arrêts sur les ponts et chaussées.</small>

N° 360.

2 juin 1750.

Arrêt du conseil d'état qui ordonne une imposition supplémentaire de 60.000 liv. pour les ouvrages publics dans la généralité de Grenoble en 1751.

<small>Archives du ministère des travaux publics, catalogue d'arrêts sur les ponts et chaussées.</small>

N° 361.

30 juin 1750.

Arrêt du conseil d'état qui ordonne une imposition supplémentaire de 2.358.292 liv. en 1751 pour les ouvrages des ponts et chaussées et fixe la part contributive de chaque généralité.

<small>Archives de l'empire, arrêts du conseil, E 1263.</small>

N° 362.

7 juillet 1750.

Arrêt du conseil d'état portant nouveau règlement pour l'établissement du corps des ponts et chaussées.

« Le roi s'étant fait représenter, en son conseil, les arrêts rendus en icelui, les 1er février 1716 et 16 avril 1720 et les lettres patentes, etc. . . . . . ; par lesquels S. M. a établi un inspecteur général, un architecte premier ingénieur, trois inspecteurs et vingt et un ingénieurs des ponts et chaussées de son royaume aux appointements et frais de voyages de 85.900 liv. ; savoir, l'inspecteur général, de 8.000 liv., dont 5.000 l. pour appointements et 3.000 liv. pour frais de voyages, l'architecte premier ingénieur et les trois inspecteurs de 6.000 liv. chacun, dont 3.600 liv. d'appointements et 2.400 liv. de frais de voyages ; l'ingénieur de la généralité de Paris, de 2.800 l. dont 2.000 l. d'appointements et 800 liv. pour frais de voyages ; les ingénieurs des généralités de Soissons, Amiens, Châlons, Orléans, Tours, Bourges, Moulins, Lyon, Riom, Poitiers, Limoges, Bordeaux, la Rochelle, Montauban, Auch, Rouen, Caen, Alençon, Grenoble et comté de Bourgogne, chacun de 2.400 liv. d'appointements, et l'ingénieur de la généralité de Metz de 2.900 liv. d'appointements; autre arrêt du 20 septembre 1723 qui commet le sieur Boffrand en qualité d'ingénieur des ponts et chaussées de la généralité de Paris, aux appointements de 3.200 liv., et qui ordonne qu'au lieu de 3.200 liv., ci-devant imposées sur la généralité de Paris, pour les appointements et frais de voyages desdits inspecteurs des ponts et chaussées, ils seront portés en conséquence à 6.400 liv.; autres arrêts de son conseil des 8 janvier 1743 et lettres patentes expédiées en conséquence les 13 février et 1er avril dudit an, registrées en la chambre des comptes les 8 mars et 5 avril de ladite année, par lesquels S. M. aurait supprimé la place d'inspecteur général, dont elle aurait réuni les fonctions à celles d'architecte premier ingénieur, aux appointements de 8.000 liv.

par an, et établi une quatrième place d'inspecteur desdits ponts et chaussées, aux mêmes appointements de 6.000 liv. ci-dessus attribués aux trois autres inspecteurs; autre arrêt de son conseil du 14 février 1747 et lettres patentes expédiées en conséquence le 10 mars audit an, registrées en la chambre des comptes le 27 desdits mois et an, par lesquels S. M. aurait établi un directeur du bureau des géographes et dessinateurs des plans et cartes des grandes routes et chemins de son royaume, ayant la garde et le dépôt de tous lesdits plans et cartes et des mémoires qui y sont relatifs :

« Et S. M. étant informée que le nombre des vingt et un ingénieurs établis par lesdits arrêts et lettres patentes n'est pas actuellement suffisant pour avoir la conduite et inspection de tous les travaux des ponts et chaussées, considérablement augmentés depuis l'année 1720, ayant été nécessaire d'en établir de nouveaux dans quelques généralités où il n'y en avait point eu par le passé et d'en envoyer deux dans quelques provinces ou généralités où un seul n'était pas suffisant pour la conduite des travaux qui étaient à y faire, il serait à propos d'en établir jusqu'à vingt-cinq; d'autant plus que les fonctions de ces ingénieurs deviennent de jour en jour plus considérables par l'attention que S. M. a portée et porte journellement à perfectionner de plus en plus les grandes routes si nécessaires au commerce de son royaume; que d'ailleurs il résulte des inconvénients de l'usage, introduit en exécution des mêmes arrêts et lettres patentes, de fixer le service de chacun desdits ingénieurs dans une des provinces ou généralités, attendu qu'il est souvent indispensable d'ordonner en même temps, en différents lieux d'une même province ou généralité éloignés les uns des autres, des travaux auxquels un seul ingénieur ne peut surveiller, pendant que, dans le même temps, ceux employés dans aucunes autres provinces ou généralités, où les ouvrages sont peu considérables, ne sont pas suffisamment occupés; que le seul moyen de prévenir ces inconvénients et d'employer avec succès lesdits ingénieurs, suivant leurs talents et les différentes natures d'ouvrages qui exigent leur présence, serait de les faire servir à l'avenir indistinctement dans toutes les provinces ou généralités, en tel nombre qu'il conviendra au bien du service, eu égard au nombre et à la nature des travaux qui seront ordonnés dans chacune province ou généralité;

« A quoi S. M. désirant pourvoir et en même temps fixer pour l'avenir, conformément auxdits arrêts et lettres patentes, les appointements desdits architecte premier ingénieur, inspecteurs généraux, directeur du bureau des géographes et dessinateurs, et desdits vingt-cinq ingénieurs; ouï le rapport du sieur de Machault, conseiller ordinaire au conseil royal, contrôleur général des finances;

« Le roi étant en son conseil a ordonné et ordonne ce qui suit :

« Article 1er. Que, conformément auxdits arrêts et lettres patentes, ... , il continuera d'être établi à l'avenir, pour le service des ponts et chaussées, un architecte premier ingénieur, quatre inspecteurs généraux, un directeur du bureau des géographes et dessinateurs des plans des grandes routes et chemins du royaume ayant la garde et le dépôt desdits plans et cartes et des mémoires qui y sont relatifs, ensemble vingt-cinq ingénieurs des ponts et chaussées.

« 2. Lesdits vingt-cinq ingénieurs serviront à l'avenir indistinctement dans toutes les provinces ou généralités du royaume où il sera nécessaire de les employer, en tel nombre qu'il conviendra pour le bien du service, suivant les différentes natures et l'éloignement des travaux qui seront ordonnés dans chacune desdites provinces ou généralités; y auront la conduite et inspection desdits ouvrages, et en délivreront les certificats et procès-verbaux de réception; le tout suivant les ordres et instructions qui leur seront donnés par le sieur contrôleur général des finances, et en vertu des arrêts du conseil qui les ont commis jusqu'au jour du présent arrêt ou les commettront dans la suite, et des lettres patentes qui ont été ou seront expédiées en conséquence, dûment registrées en la chambre des comptes; nonobstant que lesdits arrêts et lettres eussent fixé la province ou généralité dans laquelle lesdits ingénieurs devaient être employés.

« 3. Lesdits architecte premier ingénieur, inspecteurs généraux, directeur du bureau des géographes et dessinateurs et vingt-cinq ingénieurs continueront à jouir, par chacun an à commencer en la prochaine année 1751 et à l'avenir, des mêmes appointements qui leur ont été fixés, savoir : audit architecte premier ingénieur, 8.000 liv., dont 5.000 liv. pour appointements et 3.000 liv. pour frais de voyages ; aux quatre inspecteurs généraux, chacun la somme de 6.000 l., dont 3.600 l. pour appointements et 2.400 liv. pour frais de voyages; au directeur du bureau des géographes et dessinateurs, 3.000 liv. pour appointements; et aux vingt-cinq ingénieurs, chacun la somme de 2.400 liv., dont 1.800 liv. pour appointements et 600 liv. pour frais de voyages; toutes lesdites dépenses revenant ensemble à celle de 95.000 liv., à l'imposition de laquelle S. M. pourvoira ainsi qu'il sera par elle ordonné.

« 4. Ordonne S. M. que, dans les états des ponts et chaussées qui seront arrêtés à l'avenir à commencer en l'année 1751, il sera fait fonds au chapitre des charges de la généralité de Paris, de ladite somme de 95.000 liv. à laquelle se trouveront monter lesdits appointements et frais de voyages, lesquels seront payés auxdits architecte premier ingénieur, inspecteurs généraux, directeur du bureau des géographes et dessinateurs et auxdits ingénieurs, suivant et ainsi qu'il est ci-devant ordonné, en rapportant, pour la première fois seulement, avec leur quittance, copie collationnée des arrêts du conseil qui les auront commis et lettres patentes expédiées en conséquence dûment registrées en la chambre des comptes; et en outre lesdits ingénieurs, par chacun an, des certificats, savoir : ceux qui auront été employés dans la généralité de Paris, d'un des sieurs présidents-trésoriers de France commissaire des ponts et chaussées; et ceux qui auront été employés dans les autres provinces ou généralités, des sieurs intendants et commissaires départis dans la province ou généralité desquels ils auront servi, portant qu'ils se sont bien acquittés des fonctions de leur commission d'ingénieurs pendant chacune desdites années, en vertu desquels et du présent arrêt lesdits appointements et frais de voyages seront passés et alloués en dépense dans les états et comptes des trésoriers généraux des ponts et chaussées. Et seront sur le présent arrêt toutes lettres nécessaires expédiées. »

Suivent les lettres patentes du 17 août 1750, registrées en la chambre des comptes, le 15 septembre suivant.

Archives du ministère des travaux publics, collection Peigrlet, imprimé.

N° 363.

7 juillet 1750.

Arrêt du conseil d'état qui, vu l'arrêt précédent et pour pourvoir à l'imposition de la somme de 95.000 liv. nécessaire au payement des appointements et frais de voyages des fonctionnaires des ponts et chaussées y dénommés, ordonne l'imposition annuelle: sur la généralité de Paris, de 10.825 liv.; sur celle de Soissons, de 5.662 liv.; d'Amiens, de 5.662 liv.; de Châlons, de 4.625 liv.; de chacune des généralités d'Orléans, Tours, Bourges, Moulins, Lyon, Riom, Poitiers, Li-

\moges, Bordeaux, la Rochelle, Montauban et Grenoble, de 4.143 liv.; d'Auch et de Rouen, de 3.665 liv.; de Caen et Alençon et du comté de Bourgogne, de 3.662 liv.; enfin de Metz, de 4.196 liv.; lesquelles sommes reviennent ensemble à celle de 95.000 liv.

Archives de l'empire, arrêts du conseil d'état, registre E 2299.

N° 364.

15 septembre 1750.

Arrêt du conseil d'état qui impose sur le comté de Bourgogne en 1751 une somme de 60.000 liv. pour les dépenses des ponts et chaussées.

Archives de l'empire, arrêts du conseil d'état, E 1266, manuscrit.

N° 365.

13 octobre 1750.

Arrêt du conseil d'état qui ordonne la répartition, entre les vingt généralités, de l'emploi de l'imposition supplémentaire de 2.358.292 liv. établie en 1759, par arrêt du 25 juin 1748, pour dépenses des ponts et chaussées; dont pour la généralité de Paris, 908.636 liv.

Archives de l'empire, arrêts du conseil d'état, registre E 2299.

N° 366.

14 décembre 1750.

Arrêt du conseil d'état qui ordonne une imposition de 69.000 liv., en trois années 1751, 1752 et 1753, sur la province de Hainaut, pour curage et endiguement de l'Escaut, sur les devis des sieurs d'Auteville et Duvigneau, ingénieurs de S. M.

Archives de l'empire, arrêts du conseil d'état, registre E 2299.

N° 367.

18 mai 1751.

Arrêt du conseil d'état qui ordonne une imposition de 300.000 liv. sur les vingt généralités de pays d'élections en 1752, pour la construction du pont d'Orléans.

Archives du ministère des travaux publics, catalogue d'arrêts sur les ponts et chaussées.

N° 368.

1er juin 1751.

Arrêt du conseil d'état qui nomme ingénieur des ponts et chaussées Jean-Baptiste de Voglie, « ancien sous-inspecteur de la généralité de Paris, qui a rempli ses fonctions avec une distinction qui mérite récompense. »

Archives de l'empire, arrêts du conseil, registre E 2502.

TITRE III, CHAPITRE I.

N° 369.

4 juillet 1751.

Arrêt du conseil d'état qui ordonne qu'il sera expédié, au nom du trésorier général des ponts et chaussées en exercice l'année 1749, une ordonnance de comptant sur le trésor royal, de la somme de 300.000 liv., pour la construction du pont d'Orléans.

Archives du ministère des travaux publics, catalogue d'arrêts sur les ponts et chaussées.

N° 370.

15 juillet 1751.

Arrêt du conseil d'état qui ordonne une imposition supplémentaire de 60.000 liv. sur la généralité de Grenoble, pour ouvrages publics en 1752.

Archives du ministère des travaux publics, catalogue d'arrêts sur les ponts et chaussées.

N° 371.

7 janvier 1752.

Arrêt du conseil d'état qui ordonne qu'il sera expédié, au nom du trésorier général des ponts et chaussées en exercice l'année 1750, une ordonnance de comptant sur le trésor royal, de la somme de 300.000 liv., pour la construction du pont d'Orléans.

Archives du ministère des travaux publics, catalogue d'arrêts sur les ponts et chaussées.

N° 372.

4 mars 1718.

Arrêt du conseil d'état qui ordonne la répartition, au profit de chaque généralité, de la somme de 2.358.292 liv. imposée en 1850, par arrêt du 24 juin 1749, pour fonds supplémentaire des travaux des ponts et chaussées, dont pour la généralité de Paris, 928.136 liv.

Archives de l'empire, arrêts du conseil, registre E 2317.

N° 373.

4 mars 1752.

Arrêt du conseil d'état qui, attendu les infirmités du sieur Bayeux, commis le 24 février 1739 inspecteur du pavé de Paris, lui adjoint dans cette fonction le sieur Claude Guillot Aubry, architecte, aux appointements de 2.000 liv., et désigne le même Aubry pour successeur dudit sieur Bayeux, en cas de retraite ou de décès, aux mêmes appointements de 4.000 liv.

Archives de l'empire, arrêts du conseil, registre E. 2317.

Nº 374.

1er mai 1752.

Arrêt qui ordonne une imposition de 300.000 liv. sur les vingt généralités de pays d'élections en 1752 pour la construction du pont d'Orléans, outre les 1.800.000 liv. déjà imposées dans les années précédentes.

Archives du ministère des travaux publics, collection Poterlet, parchemin.

Nº 375.

1er juin 1752.

Arrêt du conseil d'état qui ordonne une imposition supplémentaire de 60.000 l. en 1753 sur la généralité de Grenoble pour ouvrages des ponts et chaussées, en sus des 74.756 liv. déjà imposées pour fonds ordinaire et extraordinaire desdits ponts et chaussées et des 8.826 liv. pour le pont d'Orléans.

Archives du ministère des travaux publics, collection Poterlet, parchemin.

Nº 376.

4 juillet 1752.

Arrêt du conseil d'état qui ordonne une imposition de 2.338.292 liv. en 1753 sur les vingt généralités de pays d'élections, pour fonds supplémentaire des ponts et chaussées.

Archives du ministère des travaux publics, collection Poterlet, copie.

Nº 377.

22 août 1752.

Arrêt du conseil d'état pour continuation en 1753 de l'imposition de 60.000 liv. sur le comté de Bourgogne, pour les ouvrages des ponts et chaussées de cette province.

Archives du ministère des travaux publics, collection Poterlet, copie.

Nº 378.

12 septembre 1752.

Arrêt du conseil d'état qui ordonne une imposition supplémentaire de 50.000 l. sur le département de Metz, pour ouvrages imprévus et indispensables des ponts et chaussées, en 1752, outre l'imposition ordinaire de 42.809 liv. 9 s.

Archives du ministère des travaux publics, collection Poterlet, copie.

Nº 379.

22 mars 1753.

Arrêt du conseil d'état qui ordonne qu'il sera expédié au nom du trésorier général des ponts et chaussées en exercice l'année 1751, une ordonnance de comptant sur le trésor royal, de la somme de 300.000 liv. pour la construction du pont d'Orléans.

Archives du ministère des travaux publics, catalogue d'arrêts sur les ponts et chaussées.

N° 380.

6 mai 1753.

Arrêt du conseil d'état qui ordonne une imposition de 300.000 liv., pendant l'année 1754, pour la construction du pont d'Orléans.

Archives du ministère des travaux publics, catalogue d'arrêts sur les ponts et chaussées.

N° 381.

6 mai 1753.

Arrêt du conseil d'état qui détermine l'emplacement du pont à construire sur l'Allier, à Moulins, et stipule une convention avec la ville de Moulins, pour l'acquisition des terrains et propriétés nécessaires.

« Le roi s'étant fait représenter en son conseil les différents projets formés par ses ordres pour la construction d'un pont sur la rivière d'Allier à Moulins ou aux environs, S. M. aurait reconnu que l'emplacement le plus avantageux que l'on peut donner à ce pont à plusieurs égards était de le placer à 25 toises au-dessus du pont Mansard, aligné (1) au point de rencontre de la route de Lyon avec celle de Bourgogne, dans ladite ville de Moulins. Comme, au moyen de ces emplacements et pour donner aux eaux un débouché suffisant, il est nécessaire d'élargir très-considérablement le lit de la rivière et de prendre, tant pour cet élargissement que pour l'emplacement des levées aux abords du pont, le terrain sur lequel sont situées la plupart des maisons des faubourgs du Chambon Coulombeau, dit de la Madeleine. . . . . »

(Suit une convention avec la ville de Moulins pour l'acquisition des terrains et une prolongation d'octroi pour le payement des indemnités.)

Archives de l'empire, arrêts du conseil, registre E 2324.

En marge de cet arrêt est écrite la note suivante : « Le plan qui était joint à la minute du présent arrêt a été remis à la section topographique le 8 février 1822. »

N° 382.

17 mai 1853.

Arrêt du conseil d'état qui ordonne la mise en adjudication du pont de Moulins.

« Le roi étant informé des avantages qui résulteraient pour plusieurs provinces de la construction d'un pont sur la rivière d'Allier à Moulins, S. M. aurait ordonné au sieur de Regemorte, ingénieur en chef des turcies et levées des rivières de Loire, Cher, Allier et autres y affluentes, de lui proposer les différents projets qu'il estimerait pouvoir être exécutés pour la construction dudit pont, et de dresser les plans,

---

(1) Un arrêt du 4 mars 1761 prolongea ensuite cet alignement jusqu'à la place d'Allier.

devis et estimation des ouvrages à faire; et sur les différents projets qui lui ont été présentés, S. M. ayant choisi celui qui lui a paru le plus convenable, elle aurait résolu, attendu l'importance de l'ouvrage, de faire en son conseil l'adjudication dudit pont et des ouvrages en dépendant, en observant les formalités ordinaires en pareil cas. A quoi voulant pourvoir, ouï le rapport ; . . . .

« Le roi étant en son conseil a ordonné et ordonne que, sur les devis et plans dressés par le sieur de Regemorte, il sera procédé aux publications nécessaires pour parvenir à l'adjudication de la construction du nouveau pont de pierre à Moulins, conformément à l'affiche annexée à la minute du présent arrêt, contenant les principales clauses et conditions de ladite adjudication, laquelle affiche sera apposée et publiée à Paris, de l'ordre de S. M., dans les lieux accoutumés, et aussi dans les villes de Moulins, Orléans, Lyon et Clermont-Ferrand, de l'ordonnance des intendants et commissaires départis, et ce par trois différents jours, de huitaine en huitaine. Et seront les offres de ceux qui se présenteront pour entreprendre lesdits ouvrages reçues par lesdits sieurs intendants qui en dresseront leurs procès-verbaux qu'ils enverront au conseil, pour y être ensuite procédé à l'adjudication au rabais des ouvrages à faire pour la construction dudit pont en la manière accoutumée. »

Suit l'affiche ainsi conçue :

« De par le roi — Pont de Moulins.

« On fait à savoir à tous à qui il appartiendra qu'en exécution de l'arrêt du conseil du 17 mai 1753, il sera fait adjudication des ouvrages à faire pour la construction d'un pont de pierre à Moulins.

« Le pont . . . . sera placé. . . . .

« Le pont aura de longueur, entre le nud des culées, 154 toises, partagée en treize arches égales de 10 toises d'ouverture chacune, séparées par des piles de 12 pieds d'épaisseur; la largeur entre les têtes sera de 7 toises. . . . .

« Le pont sera fondé sur un massif général de maçonnerie de 5 pieds d'épaisseur, le dessus à 4 pieds au-dessous de l'étiage, terminé d'aval et d'amont par un cours de palplanches recouvertes d'un chapeau. Ce massif occupera en largeur l'espace depuis la pointe des avant-becs jusqu'à celle des arrière-becs ». (Amont et aval de ce massif sera une risberme en maçonnerie au niveau du radier de 15 pieds de largeur et 7 pieds d'épaisseur bordée d'un autre cours de palplanches).

« Les voûtes seront surbaissées du tiers de leur ouverture, leur naissance à 3 pieds au-dessus de l'étiage, la clef de 3 pieds de hauteur. . . . .

« Tous les ouvrages seront en pierres de taille : le massif sera aussi recouvert en pierres de taille.

« D'amont et d'aval le pont seront faites de part et d'autre des levées de 5 toises de largeur. . . . et 21 pieds de hauteur au-dessus de l'étiage. . . . .

« Il sera fourni à tous les entrepreneurs qui se présenteront pour faire leur mise, un devis circonstancié du pont à construire et des ouvrages y adjacents, dont on ne donne ici que les dimensions générales, et un toisé détaillé desdits ouvrages. Et ils pourront prendre communication, par les mains des sieurs intendants des turcies et levées et du sieur de Regemorte, ingénieur, des plans, élévations et profils relatifs aux devis et détails. »

Archives de l'empire, arrêts du conseil, registre E 2524.

TITRE III, CHAPITRE I.

N° 383.

8 juillet 1753.

Arrêt du conseil d'état qui ordonne une imposition supplémentaire de 60.000 liv. sur la généralité de Grenoble pour les ouvrages des ponts et chaussées en 1754.

<small>Archives du ministère des travaux publics, catalogue d'arrêts sur les ponts et chaussées.</small>

N° 384.

24 août 1753.

Arrêts du conseil d'état qui nomment ingénieurs des turcies et levées les sieurs Bochet de Coluel et Lenoir Desvaux.

<small>Archives du ministère des travaux publics, catalogue d'arrêts sur les ponts et chaussées.</small>

N° 385.

18 février 1754.

Arrêt du conseil d'état qui ordonne qu'il sera expédié, au nom du trésorier général des ponts et chaussées en exercice l'année 1752, une ordonnance de comptant sur le trésor royal, de la somme de 300.000 liv. pour le pont d'Orléans.

<small>Archives du ministère des travaux publics, catalogue d'arrêts sur les ponts et chaussées.</small>

N° 386.

29 mars 1754.

Ordonnance du bureau des finances de la généralité de Paris concernant la police générale des chemins dans l'étendue de cette généralité.

Cette ordonnance a été rendue sur les remontrances du procureur du roi près ledit bureau et sur le rapport de M. Mignot de Montigny, l'un des commissaires pour les ponts et chaussées.

L'article 1er ordonne la restitution, dans les trois mois, de la largeur légale des chemins, ainsi énoncée : Pour les grandes routes de province à province et aux villes principales, 60 pieds; pour les chemins de ville à autre, 48 pieds; pour les chemins de traverse, 30 pieds.

L'article 2 prescrit que « tous les chemins, lorsqu'ils seront dressés, seront conduits du plus droit alignement »; qu'ils seront bordés de fossés et plantés d'arbres à 6 pieds en dehors des fossés.

L'article 3 défend toute entreprise des riverains sur les chemins.

L'article 4 défend de construire sur leurs bords sans alignement et permission.

L'article 5 est relatif aux plantations.

L'article 6 enjoint aux riverains de réparer et entretenir les accotements.

L'article 7 défend les dépôts et encombrements sur les chemins.

L'article 8 rappelle l'exécution des règlements des 23 mai 1718, 1er avril et 27 juillet 1723 et 8 juillet 1727 concernant le nombre des chevaux attelés

L'article 9 défend de mettre obstacle aux travaux des chemins et d'enlever les matériaux y destinés.

L'article 10 interdit d'ouvrir des carrières à moins de 30 toises du pied des arbres bordant les chemins.

Les articles 11, 12, 13 et 14 ont pour objet d'assurer l'exécution des dispositions précédentes.

Archives du ministère des travaux publics, collection Poterlet, imprimé.

N° 387.

2 avril 1754.

Arrêt du conseil d'état qui commet à la place d'architecte premier ingénieur des ponts et chaussées, vacante par le décès du sieur Boffrand, le sieur Hupeau, inspecteur général desdits ponts et chaussées depuis le mois de mai 1742, aux appointements de 8.000 liv., dont 3.600 liv. pour appointements, 2.400 liv. pour frais de voyages et 2.000 liv. pour frais de bureau et de dessinateurs.

Archives de l'empire, arrêts du conseil, E 2335.

N° 388.

7 avril 1754.

Arrêt du conseil d'état qui nomme inspecteur général des ponts et chaussées, en remplacement du sieur Hupeau, le sieur Dié Gendrier « qui sert depuis longtemps en qualité d'ingénieur des ponts et chaussées et a tous les talents et l'expérience nécessaires pour bien remplir cette place. »

Archives de l'empire, arrêts du conseil, E 2335.

N° 389.

14 mai 1754.

Arrêt du conseil d'état qui ordonne une imposition de 300.000 liv. en 1755 sur les généralités de Tours, Orléans, Riom, Bourges et Moulins, tant pour le supplément des fonds ordinaires des turcies et levées que pour la construction du pont de Moulins.

Archives du ministère des travaux publics, catalogue d'arrêts sur les ponts et chaussées.

N° 390.

21 mai 1754.

Arrêt du conseil d'état qui ordonne une imposition de 300.000 liv. en 1755 pour la construction du pont d'Orléans.

Archives du ministère des travaux publics, catalogue d'arrêts sur les ponts et chaussées.

N° 891.

4 juin 1754.

Arrêt du conseil d'état qui impose en 1755 sur les vingt généralités d'élections un fonds supplémentaire de 2.358.292 liv. pour les ponts et chaussées.

Archives de l'empire, arrêts du conseil, E 1295.

N° 892.

19 juin 1754.

Arrêt du conseil d'état qui ordonne une imposition supplémentaire de 60.000 liv. en 1755 sur la généralité de Grenoble pour les ouvrages des ponts et chaussées.

Archives de l'empire, arrêts du conseil, E 1295.

N° 893.

30 juillet 1754.

Arrêt du conseil d'état qui confirme l'adjudication faite par l'intendant de Provence d'un nouveau chemin dans la plaine de Montdragon, route de Lyon à Marseille, moyennant la somme de 154.000 liv., payable en sept années à compter de 1755, tant par la communauté de Montdragon, les états de Provence, la ville de Marseille et autres, que par les villes et généralités de Lyon et de Grenoble.

Autres arrêts de même date qui fixent à 35.000 liv. la part contributive de chacune des généralités de Lyon et de Grenoble dans la dépense de ce chemin.

Archives de l'empire, arrêts du conseil, E 1295.

N° 894.

20 août 1754.

Arrêt du conseil d'état qui ordonne la répartition de l'emploi de la somme de 2.358.292 liv. d'imposition supplémentaire des ponts et chaussées en 1752, entre les vingt généralités de pays d'élections, en vertu de l'arrêt du 6 juillet 1751 ; dont pour la généralité de Paris, 1.008.913 liv. . . . .

Archives de l'empire, arrêts du conseil, registre E 2336.

N° 895.

19 janvier 1755.

Arrêt du conseil d'état qui nomme inspecteur général des ponts et chaussées le sieur Guillaume Bayeux, inspecteur du pavé de Paris depuis le 24 février 1739, qui depuis lors avait été souvent employé à l'inspection des travaux des ponts et chaussées (1).

---

(1) Semblable arrêt se trouve au même registre, sous la date du 18 mars 1755. On y déclare que, lors-

Arrêt de même date qui nomme inspecteur du pavé de Paris le sieur Claude-Guillot Aubry, architecte du roi, qui avait été adjoint au sieur Bayeux le 4 mars 1752.

Archives de l'empire, arrêts du conseil, registre E 2345.

N° 396.

19 janvier 1755.

Arrêt du conseil d'état qui nomme ingénieur des ponts et chaussées le sieur Jacques-Henri Trésaguet (l'aîné), sous-inspecteur des ponts et chaussées, qui a rempli ses fonctions avec une distinction qui mérite récompense.

Autre arrêt du 20 du même mois qui nomme ledit sieur Trésaguet ingénieur de la généralité de Bourges, en remplacement du sieur Gendrier, auquel il est accordé une pension de retraite de 1.000 liv.

Archives de l'empire, arrêts du conseil, registre E 2345.

N° 397.

29 janvier 1755.

Arrêt du conseil d'état qui ordonne qu'il sera expédié, au nom du trésorier général des ponts et chaussées en exercice l'année 1753, une ordonnance de comptant sur le trésor royal de la somme de 300.000 liv. pour la construction du pont d'Orléans.

Archives du ministère des travaux publics, collection Poterlet, parchemin original.

N° 398.

3 juin 1755.

Arrêt du conseil d'état qui ordonne une imposition supplémentaire de 100.000 liv. pour les ouvrages des ponts et chaussés dans la généralité de Grenoble en 1756, outre les 74.756 liv. de fonds et de supplément ordinaire des ponts et chaussées dans ladite généralité, et les 8.826 liv. y imposées pour le pont d'Orléans.

Archives de l'empire, arrêts du conseil, registre E 2345.

N° 399.

21 juin 1755.

Arrêt du conseil d'état qui ordonne la répartition au profit de chacune des vingt-quatre généralités de pays d'élections, de la somme de 2.358.292 liv. imposée en 1753, en vertu de l'arrêt du 4 juillet 1752, pour fonds supplémentaire des ponts et chaussées; dont pour la généralité de Paris, 1.023.913 liv. . . . .

Archives de l'empire, arrêts du conseil, E 2345.

---

que le sieur Bayeux quittera la place d'inspecteur général qui lui est accordée, par retraite ou par décès, cette place demeurera supprimée; S. M. n'entendant pas augmenter le nombre des places d'inspecteur général qui reste fixé à quatre, sous réserve de cette exception particulière.

N° 400.

21 juin 1755.

Arrêt du conseil d'état qui ordonne une imposition de 300,000 liv. en 1756 sur les vingt généralités de pays d'élections pour construction du pont d'Orléans.

Archives du ministère des travaux publics, catalogue d'arrêts sur les ponts et chaussées.

N° 401.

21 juin 1755.

Arrêt du conseil d'état qui ordonne une imposition extraordinaire en 1756 de 300.000 liv. sur les cinq généralités de Tours, Orléans, Riom, Bourges et Moulins, tant pour supplément au fonds des turcies et levées que pour la construction du pont de Moulins.

Archives du ministère des travaux publics, catalogue d'arrêts sur les ponts et chaussées.

N° 402.

24 juin 1855.

Arrêt du conseil d'état qui ordonne une imposition extraordinaire de 2.338.292 liv. en 1756 pour les ouvrages des ponts et chaussées sur les vingt généralités de pays d'élections; dont sur la généralité de Paris, 279.777 liv.

Archives de l'empire, arrêts du conseil, E 1304.

N° 403.

8 juillet 1755.

Arrêt du conseil d'état qui ordonne qu'à compter de l'année 1756, et à l'avenir, il sera imposé annuellement une somme de 100.000 liv., par moitié sur les généralités de Soissons et de Châlons, pour l'établissement de routes militaires dans lesdites généralités.

Archives du ministère des travaux publics, catalogue d'arrêts sur les ponts et chaussées.

N° 404.

7 septembre 1755.

Arrêt du conseil d'état concernant l'extraction des matériaux nécessaires aux ouvrages des ponts et chaussées et leur exemption de tous droits de traites, aides et autres.

Article 1er. En exécution des arrêts du conseil des 3 octobre 1667, 3 décembre 1672 et 22 juin 1706, les entrepreneurs du pavé de Paris, des ponts et chaussées du royaume et des turcies et levées pourront prendre les matériaux nécessaires à l'exécution des ouvrages dont ils sont adjudicataires dans tous les lieux non clos qui seront indiqués par les devis et adjudications. A défaut de matériaux convenables ou suffisants, les inspecteurs généraux ou ingénieurs pourront indiquer d'autres lieux par écrit signé.

Art. 2. Les inspecteurs généraux ou ingénieurs indiqueront pour lieux d'extraction ceux où elle causera le moins de dommage. — Formalités pour extraction dans les bois du roi ou des gens de mainmorte.

Art. 3. Les propriétaires des terrains d'extraction seront dédommagés du préjudice ou des dégâts causés, suivant l'estimation de l'ingénieur qui aura fait le devis des ouvrages, ou à dire d'experts.

Art. 4. Tous les matériaux dont est question et les outils et équipages des entrepreneurs seront exempts de tous droits quelconques.

Ravinet, Code des ponts et chaussées.

N° 405.

20 janvier 1756.

Arrêt du conseil d'état pour la reconstruction du pont de Joigny, dont la dépense sera payée par l'adjudicataire général des fermes royales.

« Le roi étant informé que le pont de Joigny a toujours été entretenu et reconstruit par S. M. sur le produit de ses fermes, attendu les droits considérables qui se perçoivent au-dessus et au-dessous dudit pont, et dont jouit l'adjudicataire général desdites fermes; et qu'étant tombé quelques arches en 1725, la reconstruction en fut ordonnée par un arrêt du 26 juin de ladite année, qui ordonna en même temps que le payement en serait fait par l'adjudicataire général des fermes, ce qui a eu lieu pareillement pour les augmentations de dépenses et réparations nouvelles survenues audit pont; et comme les inondations survenues depuis peu ont causé aux anciennes arches qui n'ont pas été reconstruites en 1725 des dégradations considérables, et qu'il est nécessaire de pourvoir à assurer, le plus promptement qu'il est possible, un passage aussi important; ouï le rapport......

« Le roi étant en son conseil a ordonné et ordonne que par le sieur Hupeau, premier ingénieur des ponts et chaussées, il sera fait incessamment un devis des ouvrages à faire, tant pour la réparation ou reconstruction, si besoin est, de la partie ancienne du pont de Joigny, même pour le rallonger, si besoin est, et le mettre en état que toutes les eaux de la rivière puissent y passer, comme aussi pour assurer le passage par le moyen d'un pont provisionnel, pour sur ledit devis lesdits ouvrages être adjugés en la manière accoutumée par le sieur intendant et commissaire départi en la généralité de Paris, et en être le prix payé, à mesure de l'avancement des ouvrages, sur les certificats dudit sieur Hupeau et en vertu des ordonnances dudit sieur intendant, par l'adjudicataire général des fermes, auquel il en sera tenu compte sur le prix de son bail. »

Archives de l'empire, arrêts du conseil, registre E 2354.

N° 406.

10 février 1756.

Arrêt du conseil d'état qui, homologuant les délibérations des élus généraux des états de Bourgogne des 30 août 1754 et 29 novembre 1755 concernant le pont de Cravant sur l'Yonne, vu les plans, devis et détail estimatif des ouvrages à faire pour la construction de ce pont, du 25 avril 1755, montant à 95.942 liv., dressés par le sieur Advyné, sous-inspecteur de la généralité de Paris, lesquels devront être visés par le sieur Hupeau, premier ingénieur, ordonne la mise en adjudication desdits ouvrages, pour les deux tiers en être payés par les états de Bourgogne et l'autre tiers sur le fonds de la généralité de Paris.

Archives de l'empire, arrêts du conseil, registre E 2349.

N° 407.

28 février 1756.

Arrêt du conseil d'état pour expédition d'une ordonnance de comptant sur le trésor royal, en 1754, de 300.000 liv. pour la construction du pont d'Orléans.

Archives du ministère des travaux publics, catalogue d'arrêts sur les ponts et chaussées.

N° 408.

6 avril 1756.

Arrêt du conseil d'état qui ordonne la répartition au profit de chacune des vingt généralités de pays d'élections du fonds supplémentaire des ponts et chaussées, pour 1754, montant à 2.358.292 liv. en vertu de l'arrêt du 12 juin 1753; dont pour la généralité de Paris, 1.023.913 liv. . . . .

Archives de l'empire, arrêts du conseil, registre E 2355.

N° 409.

22 juin 1756.

Arrêt du conseil d'état qui ordonne une imposition supplémentaire de 100.000 liv. en 1757 sur la généralité de Grenoble pour les ouvrages des ponts et chaussées de cette généralité.

Archives du ministère des travaux publics, catalogue d'arrêts sur les ponts et chaussées.

N° 410.

8 juillet 1756.

Arrêt du conseil d'état qui ordonne une imposition annuelle de 10.000 liv., à commencer de 1757, sur la généralité de Bordeaux, pour les ouvrages de la navigation des rivières de cette généralité.

Archives de l'empire, arrêts du conseil, registre E 2358.

N° 411.

12 octobre 1756.

Arrêt du conseil d'état qui ordonne la continuation en 1757 de l'imposition de 60.000 liv. établie annuellement sur le comté de Bourgogne pour les ouvrages des ponts et chaussées de cette province.

Archives des travaux publics, collection Poterlet, imprimé.

N° 412.

25 octobre 1756.

Arrêt du conseil d'état qui approuve l'adjudication de la reconstruction du pont de Voray et des arches de la chaussée y attenante, sur la route de Besançon à Vesoul, moyennant 85.000 liv. sur devis dressé le 1er mars 1754 par le sieur Querret, ingénieur des ponts et chaussées du comté de Bourgogne, et ordonne l'imposition de cette somme en cinq années sur le bailliage de Vesoul.

Archives de l'empire, arrêts du conseil, registre E 2356.

N° 413.

21 décembre 1756.

Arrêt du conseil d'état qui accorde à l'ingénieur de Voglie la somme annuelle de 800 liv. pour frais de logement dans les principales villes de la généralité de Tours.

« Le roi étant informé que les provinces d'Anjou, du Maine et de la Touraine, qui composent la généralité de Tours, se sont déjà ressenties du progrès des soins du sieur de Voglie, ingénieur en chef des ponts et chaussées, soit par la perfection des grandes routes qui facilitent le commerce des villes, soit par son application à employer les moyens de rendre leurs abords praticables, de contribuer à leur décoration, veiller à leurs intérêts et préserver leurs habitants des fléaux d'inondation dont ils ont été menacés depuis quelques années par les crues extraordinaires des rivières du Cher et de la Loire; et S. M. considérant qu'en même temps qu'il est juste de dédommager cet ingénieur des frais de tournée et résidence qu'il est obligé de faire dans les villes où il est appelé pour ces travaux extraordinaires, il est également intéressant pour les villes mêmes d'exciter son zèle par une récompense proportionnée à l'avantage qu'elles en retirent; à quoi voulant pourvoir;

« Le roi étant en son conseil a ordonné et ordonne qu'il sera payé au sieur de Voglie 800 liv. par an pour frais de logement dans les villes principales de la dite généralité, dont 250 liv. par la ville de Tours, 250 liv. par la ville d'Angers, 75 liv. par celle du Mans, 125 liv. par celle de Saumur, et 100 liv. par celle de Laval.

Archives des travaux publics, collection Poterlet, imprimé.

N° 414.

25 janvier 1757.

Arrêt du conseil d'état qui ordonne l'expédition, pour l'exercice 1755, d'une ordonnance de comptant de 300.000 liv. sur le trésor royal pour la construction du pont d'Orléans.

Archives du ministère des travaux publics, catalogue d'arrêts sur les ponts et chaussées.

N° 415.

11 avril 1757.

Arrêt du conseil d'état qui ordonne une imposition de 60.398 liv. en trois années à partir de 1760 sur la généralité de Grenoble et sur les paroisses intéressées pour augmentation des ouvrages de défense contre le Drac.

Archives du ministère des travaux publics, catalogue d'arrêts sur les ponts et chaussées.

N° 416.

3 mai 1757.

Arrêt du conseil d'état qui ordonne la répartition au profit des vingt généralités de pays d'élections de l'imposition supplémentaire de 2.358.292 liv. ordonnée pour les ponts et chaussées en 1755 par arrêt du 4 juin 1754; dont pour la généralité de Paris, 1.017.496 liv. . . . .

Archives de l'empire, arrêts du conseil, registre E 2359.

N° 417.

31 mai 1757.

Arrêt du conseil d'état portant règlement sur certains points des comptes de la trésorerie générale des ponts et chaussées concernant le personnel.

« Le roi ayant été informé qu'au jugement du compte de la trésorerie générale des ponts et chaussées, de l'année 1749, clos le 27 novembre 1756, il a été prononcé par la chambre des comptes plusieurs souffrances pour rapporter lettres de la volonté de S. M., tant sur les dépenses occasionnées par l'établissement fait à Paris d'un bureau d'élèves dessinateurs et géographes, que sur celles faites dans les provinces et généralités pour les appointements des sous-ingénieurs, élèves, piqueurs et conducteurs de corvées, frais de levée de plans, nivellements et autres menues dépenses demeurées à la charge d'aucuns adjudicataires, comme faisant partie de leurs baux, S. M. a jugé à propos de déclarer ses intentions au sujet desdites dépenses. Et comme elles lui ont paru peu susceptibles d'être comprises dans des adjudications, S. M. a résolu de changer la forme qui a été précédemment suivie à ce sujet, et de prescrire des règles uniformes pour compter de ces dépenses tant à Paris que dans les autres provinces et généralités du royaume; sur quoi voulant statuer et en même temps pourvoir à la décharge des souffrances de formalité prononcées sur le compte de la trésorerie générale des ponts et chaussées de ladite année 1749, ensemble de celles qui pourraient être prononcées sur les exercices suivants, jusques et compris celui de l'année 1756 : Ouï le rapport du sieur Peirenc de Moras, conseiller ordinaire au conseil royal, contrôleur général des finances;

« Le roi étant en son conseil a ordonné et ordonne ce qui suit :

« Art. 1er. Les appointements des sous-inspecteurs, sous-ingénieurs, contrôleurs, élèves, dessinateurs et géographes employés tant à Paris que dans les provinces, seront, dorénavant et à commencer de l'exercice 1757, payés sur un état distingué par généralité contenant en détail les noms desdits employés et la quotité des sommes qui leur devront être payées, lequel sera arrêté annuellement par le sieur contrôleur général des finances, et la dépense en sera passée et allouée dans les comptes des trésoriers généraux à commencer de l'exercice 1757, en rapportant ledit état et quittance de chacun desdits employés, des sommes pour lesquelles il y aurait été compris, avec des certificats de service, lesquels seront délivrés dans la généralité de Paris par l'un des inspecteurs généraux, et dans les autres provinces et généralités par les ingénieurs en chef, sans néanmoins que lesdits employés soient tenus de rapporter aucune commission de S. M., dont elle les a dispensés.

« 2. Les gratifications qui pourraient être accordées au premier ingénieur, inspecteurs généraux, ingénieurs, sous-inspecteurs, sous-ingénieurs, élèves et autres employés, ainsi que le remboursement de leurs f..ais extraordinaires de voyages et de tournées, seront pareillement, et à compter dudit jour 1er janvier 1757, payées sur un état particulier, distingué par généralité, contenant en détail la quotité des sommes et le nom de ceux à qui elles devront être payées, lequel sera arrêté par le sieur contrôleur général des finances, et la dépense en sera payée et allouée dans les comptes des trésoriers généraux, à commencer de l'exercice 1757, en rapportant seulement ledit état et quittance de chacun desdits employés des sommes pour lesquelles ils y auront été compris.

« 3. Les dépenses pour la levée des plans, nivellements, sondes, recherches des matériaux, achats d'outils, salaires des conducteurs, piqueurs de corvées et autres employés à leurs journées, ainsi que d'autres menus frais, seront passées et allouées dans les comptes desdits trésoriers généraux, en rapportant sur chacune généralité, l'état détaillé desdites dépenses, certifié dans les provinces par l'ingénieur en chef ayant commission, et arrêté par les sieurs intendants et commissaires départis; et pour la généralité de Paris, certifié par le premier ingénieur ou l'inspecteur général ayant la direction des ouvrages de ladite généralité, et arrêté par l'un des officiers du bureau des finances, commissaire pour les ponts et chaussées.

« 4. Approuve de nouveau S. M. en tant que de besoin est ou serait, l'établissement qui a été fait par ses ordres du bureau des géographes, élèves et dessinateurs des plans et cartes des routes et chemins du royaume; ordonne en conséquence que les deux baux faits à Jean Prosper Marlaval des dépenses y relatives, le premier pour le temps de six années à compter du 1er janvier 1745, à raison de 42.000 liv. par chacun an; le deuxième pour six autres années, à compter du 1er janvier 1751, à raison de 60.000 liv. par chacun an, seront exécutés, ainsi que ceux faits dans les autres provinces et généralités du royaume dans lesquels les appointements et gratifications des différents sous-ingénieurs, élèves, géographes employés aux ouvrages qui s'y font par corvées, et autres, ont été compris comme charges des adjudications desdits ouvrages, et ce jusques et compris l'exercice 1756 seulement.

« Veut S. M. que ce qui est prescrit par les articles 1er, 2 et 3 du présent règlement, n'ait lieu qu'à compter de l'exercice 1757; validant en tant que besoin serait les payements de cette nature qui ont été ou seront faits par les trésoriers généraux des ponts et chaussées, sur les exercices antérieurs à celui de 1757, tant en vertu des baux dudit Prosper Marlaval, que des autres baux et adjudications, dans lesquelles lesdites dépenses auront été comprises.

« Ordonne S. M. que les souffrances prononcées sur lesdites dépenses par la chambre des comptes, au jugement du compte de la trésorerie générale des ponts et chaussées de l'année 1749, seront déchargées en vertu du présent arrêt, et que ces mêmes dépenses seront passées et allouées dans les comptes des trésoriers généraux des années 1750, 1751, 1752, 1753, 1754, 1755 et 1756, en rapportant seulement, savoir : pour la généralité de Paris, l'expédition du bail, cautionnement, réception, mandement du bureau des finances et quittance de l'adjudicataire; et pour les autres provinces et généralités, les adjudications, certificats de service, ordonnances des sieurs commissaires départis et quittances des adjudicataires; dérogeant, pour ce regard seulement, à tous édits, déclarations, ordonnances et règlements à ce contraires. Faisant S. M. très-expresses inhibitions et défenses de comprendre dorénavant dans aucuns baux d'adjudications des ouvrages des ponts et chaussées, les dépenses mentionnées dans les articles 1er, 2 et 3 du présent règlement, voulant qu'ils en soient rejetés à compter dudit exercice 1757 : Et seront sur le présent arrêt toutes lettres nécessaires expédiées. Fait au conseil d'état du roi, S. M. y étant, tenu à Versailles, le 31 mai 1757. »

Pour l'exécution de cet arrêt, une instruction a été rédigée par les soins de M. Trudaine, pour les ingénieurs et les trésoriers des ponts et chaussées, et envoyée aux intendants le 24 décembre 1757. — Cette instruction imprimée se trouve aussi dans la collection Poterlet.

Archives du ministère des travaux publics, collection Poterlet.

N° 418.

21 juin 1757.

Arrêt du conseil d'état qui ordonne une imposition supplémentaire de 100.000 liv. en 1758 sur la généralité de Grenoble pour ouvrages des ponts et chaussées.

Archives du ministère des travaux publics, catalogue d'arrêts sur les ponts et chaussées.

N° 419.

21 juin 1757.

Arrêt du conseil d'état qui ordonne l'adjudication des travaux de réparation de la digue de Saint-Vallier et autres digues de défense contre le Rhône, dégradées par les crues de l'hiver de 1755 à 1756, et l'imposition de la dépense par moitié sur les généralités de Lyon et de Grenoble, ainsi qu'il avait été fait en 1753, ladite dépense estimée 88.207 liv. 14 s. 4 d. par devis du sieur Rolland, ingénieur des ponts et chaussées du Bas-Dauphiné, du 25 mars 1757.

Archives de l'empire, arrêts du conseil, registre E 2361.

N° 420.

4 octobre 1757.

Arrêt du conseil d'état qui déclare les villes de Picardie assujetties aux corvées pour la confection ou l'entretien des routes.

« Sur ce qui a été représenté au roi en son conseil que les habitants des villes de la généralité de Picardie prétendent être exempts de travailler ou faire travailler à la confection et à l'entretien des grandes routes qui traversent ladite généralité, sous prétexte que la plupart desdites villes sont franches ou abonnées pour la taille, qu'elles sont assujetties au logement des troupes qui y passent ou tiennent garnison, et en outre sur le fondement que lesdits habitants n'ont jamais été commandés pour les travaux des routes; et S. M. considérant que l'utilité que l'on retire pour le commerce du rétablissement des grandes routes regarde principalement les habitants des villes en général, que l'exemption ou l'abonnement de la taille est un privilège particulier accordé à quelques villes qui ne peut tirer à conséquence pour les autres charges de l'état auxquelles les habitants desdites villes doivent contribuer concurremment avec les habitants de la campagne, et que la charge du logement des troupes est commun aux habitants des villes avec ceux des bourgs et villages qui, nonobstant cette charge, sont encore assujettis aux travaux des routes; ouï le rapport etc.....

« Le roi étant en son conseil a ordonné et ordonne que les habitants des villes taillables, abonnées ou franches de la généralité de Picardie, seront tenus de travailler ou faire travailler en corvées à la confection et à l'entretien des grandes routes de ladite généralité, suivant la répartition qui en sera faite par le sieur intendant et commissaire départi en ladite province, relativement à la force de chacune desdites villes en hommes et en chevaux. Veut néanmoins S. M. que, dans le cas où les habitants sujets aux travaux de corvées préféreraient de faire faire leurs tâches à prix d'argent, ils puissent, en vertu de la délibération qui sera par eux prise à cet effet, faire faire l'adjudication desdits ouvrages et en faire payer le prix sur leurs deniers patrimoniaux et d'octroi ou autres qui seront à ce destinés, après que le tout aura été autorisé par le dit sieur intendant et commissaire départi, auquel S. M. enjoint de tenir la main à l'exécution du présent arrêt, lui attribuant la connaissance de toutes les demandes qui seront formées et des contestations qui pourront naître à ce sujet, sauf l'appel au conseil. »

Archives de l'empire, arrêts du conseil, registre E. 2365.

N° 431.

6 décembre 1757.

Arrêt du conseil d'état qui ordonne la construction du chemin de Fontainebleau à Melun, ensemble de 730 toises de longueur de pavé, moyennant le prix de 179.304 liv. payables par les receveurs généraux des domaines et bois de la généralité de Paris.

Archives du ministère des travaux publics, catalogue d'arrêts sur les ponts et chaussées.

N° 432.

7 juillet 1759.

Arrêt du conseil d'état qui accorde au sieur Roger, ingénieur en chef de la généralité d'Orléans, une gratification de logement de 600 liv. payables sur les octrois et deniers des principales villes de ladite généralité, savoir : 200 liv. par la ville d'Orléans, 100 liv. par chacune des villes de Chartres et de Blois, 75 liv. par celle de Beaugency et 125 liv. par celle de Meung, à cause des soins par lui donnés pour rendre leurs abords praticables et pour réparer et reconstruire leurs édifices publics.

Archives du ministère des travaux publics, collection Poterlet, manuscrit.

N° 433.

10 juillet 1759.

Arrêt du conseil d'état qui ordonne une imposition de 800.000 liv., en 1760, sur les vingt généralités de pays d'élections, pour les ouvrages des ports maritimes du royaume.

« Le roi s'étant fait représenter en son conseil les arrêts rendus en icelui le 13 juin 1758, par l'un desquels S. M. aurait prorogé pendant la présente année 1759 l'imposition de la somme de 500.000 liv. ordonnée par l'arrêt du 10 août 1728 et autres rendus en chacune des suivantes, pour être employée aux frais du nettoiement du havre de la ville de la Rochelle et aux ouvrages à faire à la barre du port de la ville de Bayonne; et par l'autre S. M. aurait pareillement continué en 1759 l'imposition de 30.000 liv. qui se lève annuellement sur les trois généralités de Normandie pour être employée à l'entretien des ports d'Honfleur, Fécamp, Saint-Valery, Dieppe et Tréport en particulier; Et S. M. étant informée par le succès qu'ont eu jusqu'à présent les ouvrages commencés à ces différents ports et havres, que non-seulement il est nécessaire de les continuer, mais de pourvoir également aux ouvrages qui sont à faire aux autres ports maritimes du royaume, à quoi les anciens fonds de 500.000 liv., d'une part, et 30.000 liv., d'autre, ne pourraient suffire s'il n'était pourvu à cette augmentation de dépense par une augmentation de fonds, qui ne peut être moindre que de 270.000 liv.; A quoi S. M. désirant pourvoir, ouï le rapport du sieur de Silhouette, conseiller ordinaire au conseil royal, contrôleur général des finances;

« S. M. en son conseil a ordonné et ordonne que, par les sieurs intendants et commissaires départis dans les vingt généralités de pays d'élections, il sera imposé, pendant l'année prochaine 1760, une somme de 800.000 liv. sur tous les contribuables aux tailles desdites généralités. . . . .; » dont, sur la généralité de Paris, 76.165 liv.;. . . . de Soissons, 19.509 liv.;. . . . d'Amiens, 19.847 liv.;. . . . de Châlons, 33.612 liv.;. . . . d'Orléans, 45.278 liv.; . . . . de Tours, 68.419 liv.;. . . . de Bourges, 15.843 liv.;. . . . de Moulins, 30.665 liv.;. . . . de Lyon, 28.388 liv.;. . . . de Riom, 57.867 liv.;. . . . de Poitiers, 44.870 liv.;. . . . de Limoges, 36.366 liv.;. . . . de Bordeaux, 53.652 liv.;. . . . de la Rochelle, 22.687 liv.;. . . . de Montauban, 40.579 liv.; . . . . d'Auch, 32.577 liv.;. . . . de Rouen, 63.657 liv.;. . . . de Caen, 46.002 liv.;. . . . d'Alençon, 41.373 liv.;. . . . et de Grenoble,. . . . 22.644 liv.

Archives du ministère des travaux publics, collection Peterlet, manuscrit.

Nota A partir de 1760, le service des ports maritimes de commerce fut réuni au service des ponts et chaussées.

N° 424.

16 décembre 1759.

Arrêt du conseil d'état rendu pour la conservation des haies d'épines et autres, plantées au bord des grands chemins, au haut des remblais formés pour l'adoucissement des montagnes.

Code des ponts et chaussées, Ravinet, t. 1, p. 58.

N° 425.

27 avril 1760.

Arrêts de nomination de plusieurs ingénieurs des ponts et chaussées.

Autres arrêts qui accordent une pension de retraite de 1.000 liv. au sieur Révérend, commis ingénieur le 16 juin 1745, et au sieur Deville, successeur de son père depuis vingt ans dans la généralité de Lyon (1).

Archives de l'empire, arrêts du conseil, registre E 2387 et 2390.

N° 426.

10 juin 1760.

Arrêt du conseil d'état qui continue en 1761 l'imposition de 800.000 liv., ordonnée en 1760, par arrêt du 10 juillet 1759, sur les vingt généralités de pays d'élections, pour les ouvrages des ports maritimes du royaume.

Archives du ministère des travaux publics, collection Poterlet, manuscrit.

N° 427.

28 juin 1760.

Arrêts du conseil d'état qui, pour réduire le nombre des inspecteurs généraux des ponts et chaussées, mettent à la retraite les sieurs Pollart et Guillaume Bayeux (ancien inspecteur du pavé de Paris).

« Le roi ayant ordonné la surséance de la plupart des ouvrages des ponts et chaussées pendant la guerre, S. M. aurait jugé à propos de réduire le nombre des ingénieurs et inspecteurs généraux qui ont été employés dans ce service. Et voulant en même temps donner au sieur Louis-François Pollart, qui est du nombre des réformés, des marques de la satisfaction qu'elle a de ses bons et longs services ; ouï le rapport du sieur Bertin, contrôleur général des finances ; le roi étant en son conseil a accordé et accorde audit sieur Pollart la somme de 2.000 liv. de pension viagère. . . . . Veut en outre S. M. que ledit sieur Pollart ne puisse être imposé sa vie durant qu'aux mêmes charges auxquelles les nobles et privilégiés sont assujettis, à condition toutefois qu'il ne fera aucun commerce ni exploitera par ses mains aucuns fonds que ceux à lui appartenant.. . . . . »

— Arrêt pareil en faveur du sieur Guillaume Bayeux.

Même date.

Autre arrêt qui accorde au sieur Mathieu Bayeux, chevalier de l'ordre royal de Saint-Michel et inspecteur général des ponts et chaussées, sa retraite avec une pension de 2.000 liv.

Archives de l'empire, arrêts du conseil, registre E 2387.

N° 428.

13 juillet 1760.

Arrêt du conseil qui commet le sieur Louis Jahan, en remplacement du sieur de Lestang, commis le 23 janvier 1731, qui ne peut continuer son service à cause de son âge et de ses infirmités, inspecteur des turcies et levées, sous les ordres

---

(1) A la date du 10 août 1760 se trouve un 2ᵉ arrêt en faveur du sieur Deville, qui ajoute qu'il ne sera assujetti qu'aux charges des nobles et privilégiés, etc.

du sieur Rouillé, intendant général desdites turcies et levées, pour visiter les ouvrages en l'absence des ingénieurs et surveiller l'exécution de leurs devis, aux appointements de 1.800 liv.

Archives de l'empire, arrêts du conseil, registre E 2388.

N° 429.

24 août 1760.

Arrêt du conseil qui répartit entre les ouvrages des diverses généralités la somme de 2.658.292 liv., imposée et levée en 1758, pour les travaux des ponts et chaussées, en vertu de l'arrêt du 28 juin 1757; dont, pour la généralité de Paris, 1.189.091 liv. 4 s. 9 d.

Archives de l'empire, arrêts du conseil, registre E 2388.

N° 430.

12 mai 1761.

Arrêt du conseil qui autorise le sieur Lallié, ingénieur en chef de la généralité de Lyon, à diriger les travaux du canal de Givors, avec 2.000 liv. d'appointements.

« Sur la requête présentée au roi en son conseil par le sieur Zacharie, contenant que, par arrêt du conseil du 28 octobre 1760, il lui aurait été permis d'ouvrir à ses frais un canal de navigation depuis Givors jusqu'à Rive-de-Gier; que pour assurer l'exécution de ce projet, il aurait invité le sieur Lallié, ingénieur des ponts et chaussées de la généralité de Lyon, de l'aider de ses conseils; en conséquence ledit sieur Lallié se serait engagé envers le suppliant d'examiner et rectifier, autant que de besoin, le projet dont il s'agit, de vérifier sur le terrain les nivellements, et tracer les écluses et autres opérations nécessaires à l'exécution dudit projet et de veiller à la construction et solidité des ouvrages, moyennant une somme du 2.000 liv. par an que le suppliant lui payera pour ses honoraires. . . . . , . Et comme le sieur Lallié s'est proposé de n'exécuter cet engagement qu'autant qu'il sera approuvé, son intention étant de vaquer à ces ouvrages sans préjudicier au service des ponts et chaussées auquel il est particulièrement attaché; Requérait à ces causes le suppliant qu'il plût à S. M. commettre le sieur Lallié pour suivre, en qualité d'ingénieur en chef, les ouvrages à faire audit canal, aux appointements de 2.000 liv. par an, qui lui seront payées par le suppliant. . . . . »

« Le roi. . . . . . commet le sieur Lallié pour, en qualité d'ingénieur, procéder à la conduite et direction des ouvrages du canal de navigation que le sieur Zacharie est autorisé à faire depuis Givors jusqu'à Rive-de-Gier, aux appointements de 2.000 liv. par an, qui seront payés de six en six mois par le sieur Zacharie et de ses deniers, jusqu'à la réception desdits ouvrages. »

Archives de l'empire, arrêts du conseil, registre E 2398.

N° 431.

26 mai 1761.

Arrêt du conseil d'état qui ordonne l'imposition en 1762, sur les vingt généralités de pays d'élections, de la somme de 2.658.292 liv. pour fonds supplémentaire des ponts et chaussées.

Autre arrêt qui ordonne l'imposition en 1762, sur les cinq généralités de Tours, Orléans, Riom, Bourges et Moulins, de la somme de 300.000 liv. pour supplément au fonds ordinaire des turcies et levées et pour la construction du pont de Moulins.

Autre arrêt qui ordonne la continuation en 1762 de l'imposition de 800.000 liv. sur les vingt généralités de pays d'élections pour les ouvrages des ports maritimes du royaume.

Archives de l'empire, arrêts du conseil, E 1360.

N° 432.

3 juin 1761.

Arrêt du conseil d'état qui, pour les motifs déjà énoncés dans d'autres arrêts anologues, accorde au sieur Lallié, ingénieur en chef de la généralité de Lyon, une gratification ou indemnité annuelle de logement, de 800 liv. payables, savoir : par la ville de Lyon, 550 liv. ; par la ville de Saint-Étienne, 150 liv. ; et par celle de Villefranche, 100 liv.

Archives du ministère des travaux publics, collection Poterlet, manuscrit.

N° 433.

14 octobre 1761.

Arrêt du conseil d'état qui en rappelle un autre du 7 mars 1753, lequel avait imposé sur les pays voisins et intéressés la moitié de la dépense de construction du canal d'Aire à Saint-Omer, et du curage et redressement de la rivière d'Aa, ladite moitié estimée 1 million liv., et qui modère à 499.999 liv. la part contributive de la province d'Artois.

Archives de l'empire, arrêts du conseil, registre E 2397.

N° 434.

24 janvier 1762.

Arrêt du conseil qui répartit entre les diverses généralités l'emploi de l'imposition supplémentaire pour les ponts et chaussées en 1759, fixée à 2.658.292 liv. par arrêt du 13 juin 1758 ; dont, pour la généralité de Paris, 1.492.996 l. 8 s. 9 d.

Archives de l'empire, arrêts du conseil, registre E 2399.

N° 485.

16 mai 1762.

Arrêt du conseil d'état qui établit dans la généralité de Moulins une imposition annuelle de 3.800 liv. pendant six années à partir de 1763, en continuation de pareille imposition établie en 1756, pour les pépinières de ladite généralité et pour les frais de plantation le long de la grande route de Paris à Lyon.

Archives de l'empire, arrêts du conseil, registre E 2402.

N° 486.

30 mai 1762.

Arrêt du conseil qui accorde une pension viagère de 4.000 liv. au sieur Hupeau, à titre de récompense de ses services.

« Le roi étant informé que le sieur Jean Henry Hupeau, architecte de S. M., commis par arrêt du conseil du 2 avril 1754 et lettres patentes expédiées sur icelui en qualité de premier ingénieur des ponts et chaussées, vient de faire exécuter avec succès un pont neuf de maçonnerie sur la rivière de Loire dans la ville d'Orléans, que ce travail, également important au public et à l'état, a exigé de sa part un talent supérieur par les difficultés qu'il y a éprouvées, et qu'il lui a occasionné des soins, des peines et des frais considérables tant en voyages qu'en séjour sur les lieux : S. M. étant aussi informée qu'après avoir servi en qualité d'ingénieur en chef desdits ponts et chaussées des généralités d'Auvergne, de Tours et de Soissons, depuis l'année 1730 jusques en 1742 qu'il a été nommé inspecteur général, il est enfin parvenu à la place de premier ingénieur qu'il exerce à sa satisfaction et que, dans tous ces différents grades, il s'est acquitté de ses fonctions avec autant d'intelligence et de distinction que de probité et de désintéressement : et S. M. désirant lui donner des marques de la satisfaction qu'elle a de ses bons et longs services, l'engager à les lui continuer et le récompenser des peines et soins qu'il a pris pour la construction dudit pont d'Orléans; A quoi voulant pourvoir, ouï le rapport, etc. . . . .

« Le roi étant en son conseil a accordé et accorde audit sieur Hupeau la somme de 4.000 liv. de gratification annuelle, dont il jouira sa vie durant outre et par-dessus les appointements attachés à sa commission de premier ingénieur, même en cas de retraite. . . . . »

Même date.

« Arrêt semblable en faveur de Louis de Regemorte, commis par arrêt du 20 février 1742 en qualité d'ingénieur des turcies et levées pour remplir en chef les fonctions de cette place conjointement avec Noël de Regemorte, son frère, et qui l'exerce seul depuis 1744; . . . . . » et à cause de la construction du pont de Moulins, « entreprise plusieurs fois tentée sans succès et qui, par son importance et les difficultés qui s'y sont rencontrées, exigeait tous les talents, les soins et l'activité que cet ingénieur y a apportés. »

Archives de l'empire, arrêts du conseil, registre E 2399.

N° 437.

16 juillet 1762.

Arrêt du conseil d'état qui ordonne l'étude, par le sieur de Chatillon, ingénieur du roi, et Legendre, inspecteur des ponts et chaussées, d'un canal de jonction de la Meuse à la Seine par le Bar et l'Aisne, sur les demandes de concession de plusieurs compagnies.

Archives de l'empire, arrêts du conseil, registre E 2406.

N° 438.

18 août 1762.

Arrêt du conseil d'état qui ordonne l'imposition de la somme de 16.057 l. 12 s. 3 d. sur la généralité de Grenoble, pendant trois années consécutives à partir de 1763, pour contribuer à la construction du chemin dans la plaine de Montdragon, en sus des 55.000 liv. déjà imposées en sept années sur ladite généralité. — En vertu d'un arrêt du 30 juillet 1754, les dépenses totales de ce chemin devaient s'élever à 224.653 l. 10 s. et être imposées par quart sur la communauté de Montdragon et sur les généralités d'Aix, de Grenoble et de Lyon.

Archives de l'empire, arrêts du conseil, registre E 2405.

N° 439.

14 octobre 1762.

Arrêt du conseil d'état qui réduit à 300.000 liv. les dépenses à faire dans les ports maritimes sur le fonds de 800.000 liv. imposé pour lesdits ports en 1762, par arrêt du 26 mai 1761.

« Le roi s'étant fait représenter en son conseil l'arrêt rendu en icelui le 26 mai de l'année dernière 1761, par lequel S. M. aurait ordonné » l'imposition en 1762 d'une somme de 800.000 liv. pour les ouvrages des ports maritimes. . . . . . .

« Et S. M. étant dans l'intention d'appliquer ladite somme de 800.000 liv. aux dépenses des différents départements qui concernent tant les fortifications militaires que les ports de commerce, elle a résolu de fixer à 300.000 liv. seulement le fonds qu'elle destine, sur les 800.000 liv., aux dépenses à faire dans les ports de commerce. . . . .

« Le roi, etc. . . . ordonne qu'il ne sera remis par les receveurs généraux au trésorier général des ponts et chaussées en exercice en 1762 que la somme de 300.000 liv. pour les ports de commerce, savoir : par le receveur général de la généralité de Paris, etc. . . . .

« Et le surplus de ladite imposition montant à 500.000 liv. sera porté au trésor royal, jusqu'à ce qu'il ait plu à S. M. d'en déterminer l'emploi. . . . . »

Archives de l'empire, arrêts du conseil, registre E 2400.

N° 440.

20 décembre 1762.

Déclaration du roi concernant la comptabilité des trésoriers généraux des ponts et chaussées.

« Louis, etc., . . . salut.

« Pour subvenir aux dépenses de la guerre, nous avons toujours préféré les moyens qui pouvaient nous dispenser de recourir à de nouvelles impositions; dans ces vues, nous nous sommes déterminé à diminuer nos dépenses et à différer celles qui pouvaient être susceptibles de délai, notamment celle concernant les ponts et chaussées. Cependant la nécessité de ne point suspendre entièrement des travaux aussi utiles à nos sujets nous a obligé d'appliquer indistinctement aux dépenses les plus urgentes les fonds qui se sont trouvés ès mains de nos trésoriers généraux. Nous avons même été forcé d'employer depuis longtemps, par anticipation, dans nos états, les dépenses concernant les entretiens et les appointements des employés, comme étant de nature à ne souffrir aucun retardement. Nous en avons usé de même à l'égard des ouvrages qui nous ont paru pressants et nécessaires, pour lesquels nous avons employé dans lesdits états des à-compte, quoique ces mêmes ouvrages ne fussent point encore adjugés. Nous sommes informé que notre chambre des comptes, en procédant au jugement du compte desdits ponts et chaussées de l'année 1750, a cessé d'admettre, non-seulement les emplois de cette nature, mais encore les différentes pièces rapportées en dépense par le trésorier général pour servir à la décharge dudit exercice; qu'en outre notredite chambre des comptes, etc.

« A ces causes. . . . nous avons ordonné et ordonnons. . . . ce qui suit . . . . »

Les deux premiers articles sont relatifs aux recettes :

« 3. Lorsque la nécessité et le bien du service nous porteront à employer en dépense, par anticipation, dans nos états desdits ponts et chaussées, des sommes pour les entretiens et appointements des employés, pour une ou plusieurs années, même des à-compte sur les ouvrages projetés non encore adjugés; voulons que lesdites dépenses soient passées et allouées sans difficulté dans les comptes desdits trésoriers généraux, en rapportant seulement les pièces servant à leur décharge, dans la forme qui sera ci-après prescrite. »

4. Relatif aux revenant-bon.

« 5. Ordonnons à tous nos inspecteurs et ingénieurs en chef des différentes provinces ou généralités de notre royaume, de ne dresser aucuns devis sur les ouvrages des ponts et chaussées, concernant l'exercice 1763 et les suivants, sans spécifier exactement la nature et les dimensions des ouvrages de construction et de pavé et, pour les fournitures, la qualité des matériaux, sur lesquels devis seront faits baux et adjudications au rabais et fourni cautionnements en bonne forme ; et copies entières desdits devis, mentions des publications, baux et adjudications au rabais et cautionnements, signées, pour la généralité de Paris, par le greffier de notre bureau des finances et, pour les autres provinces ou généralités, par nos commissaires départis en chacune d'icelles, seront remises par les adjudicataires aux trésoriers généraux et particuliers des ponts et chaussées, pour être rapportées dans leurs comptes dudit exercice 1763 et des suivants, sur le premier payement seulement, avec certificat de l'ingénieur contenant le détail des ouvrages faits et mention qu'ils sont suffisamment avancés, mandement du bureau des finances pour la généralité de Paris et, pour les autres provinces ou généralités, ordonnances des commissaires départis, et quittance de l'adjudicataire. Et où il adviendrait quelques changements dans l'exécution d'un bail ou adjudication par subrogation d'un entrepreneur au lieu d'un autre, il sera fourni par le nouvel entrepreneur un nouveau cautionnement. Si c'est par augmentation ou diminution sur les ouvrages, il en sera dressé, lors de la réception seulement, procès-verbal par l'ingénieur, qui contiendra en détail la quantité et qualité des ouvrages augmentés ou diminués, dont l'estimation sera faite par les inspecteurs ou ingénieurs, suivant le prix de chaque nature d'ouvrage fixé par la première adjudication.

« 6. Faisons défense auxdits inspecteurs et ingénieurs en chef, sous peine de radiation de leurs appointements, de délivrer aucuns procès-verbaux de réception, pour les parfaits payements qui seront compris dans notre état dudit exercice 1763 et les suivants, qu'ils ne contiennent la consistance et qualité des ouvrages, en spécifiant qu'ils les ont toisés et visités, vus et examinés, qu'ils les ont trouvés conformes aux devis, dont les différents objets et conditions seront pareillement certifiés avoir été entièrement et dûment exécutés ; et lorsque, par la construction d'un pont de pierre ou de charpente, il y aura lieu à l'établissement d'un péage provisoire pendant ladite construction, il sera fait mention, dans ladite réception, de la durée dudit péage et de ce qu'il aura produit ; comme aussi sera spécifié dans lesdites réceptions ce que seront devenus les matériaux provenant des démolitions des édifices et ponts de bois provisionnels ou de la destruction des anciennes chaussées de pavé qui auront été changées d'alignement; si ces matériaux sont rentrés dans les réédifications ou constructions des nouveaux édifices ou chaussées, s'ils ont dû retourner à l'entrepreneur, en déduction du prix de son adjudication, ou s'ils sont ou seront vendus à notre profit.

« 7. Enjoignons à tous nos commissaires départis en chacune province ou généralité de notre royaume et aux officiers de notre bureau des finances à Paris, de ne délivrer aucune ordonnance ou mandement d'à-compte ou de parfait payement, concernant ledit exercice 1763 et les suivants, que sur des devis, adjudications, cautionnements, certificats d'à-compte, procès-verbaux d'augmentations et réceptions, dans la forme prescrite par les articles 5 et 6 de notre présente déclaration. »

L'article 8 est relatif à l'apurement et à la ratification des comptes des années antérieures à 1763.

La présente déclaration fut enregistrée en la chambre des comptes le 21 janvier 1763, sous certaines réserves relatives au payement des indemnités pour expropriations ou pour dommages causées aux propriétés particulières. Mais des instructions furent données (26 février 1763) aux ingénieurs par M. Trudaine, pour éviter l'application de ces réserves.

Archives du ministère des travaux publics, collection Poterlet, imprimé.

N° 441.

11 février 1763.

Arrêt du conseil d'état qui ordonne l'emploi aux ouvrages des ponts et chaussées de l'imposition supplémentaire établie en 1760 sur les vingt généralités de pays d'élections, par arrêt du 10 juillet 1759, montant à 2.658.292 liv. ; dont, pour la généralité de Paris, 1.485.924 l. 13 s. 4 d. . . . .

Archives de l'empire, arrêts du conseil, registre E 2407.

TITRE III, CHAPITRE I.

N° 442.

18 mars 1763.

Arrêt du conseil d'état qui, vu le décès du sieur Hupeau, premier ingénieur des ponts et chaussées, nomme en cette place le sieur Perronet, inspecteur général, aux appointements de 8.000 liv., et lui conserve en même temps l'emploi et les appointements de directeur du bureau des géographes et dessinateurs des plans des grandes routes et chemins du royaume.

Archives du ministère des travaux publics, collection Poterlet, manuscrit.

Un autre arrêt de même date (18 mars 1763) nomme inspecteur général, en remplacement de Perronet, le sieur Legendre, ingénieur de la généralité de Châlons.

N° 443.

24 avril 1763.

Arrêt du conseil d'état qui alloue un supplément de fonds en 1761 pour les ponts et chaussées de la généralité de Paris.

« Le roi étant informé que les fonds destinés aux dépenses des ponts et chaussées de la généralité de Paris pour l'exercice 1761 ont été presque entièrement consommés aux dépenses ordinaires telles que les entretiens, continuations d'ouvrages et appointements des employés, que conséquemment ces fonds sont devenus insuffisants pour subvenir aux ouvrages extraordinaires et indispensables que S. M. a jugé à propos d'ordonner dans ladite généralité pendant l'exercice 1761, et voulant y pourvoir, ouï le rapport. . . . . »

Le roi étant en son conseil a ordonné et ordonne qu'il sera remis par le garde du trésor royal en exercice ladite année 1761, des deniers à ce destinés, au trésorier général des ponts et chaussées, une somme de 19.504 l. 0 s. 4 d.

Archives de l'empire, arrêts du conseil, registre E 2407.

N° 444.

11 octobre 1763.

Arrêt du conseil d'état qui proroge de nouveau pendant neuf ans la levée d'une crue sur le sel dans le pays de Bresse pour l'acquit de l'emprunt de 100.000 liv. contracté par ce pays, en vertu de l'arrêt du 27 octobre 1733, pour la construction des grandes routes, et pour la continuation et l'entretien des ouvrages des ponts et chaussées.

Archives du ministère des travaux publics, collection Poterlet, imprimé.

N° 445.

21 janvier 1764.

Arrêt du conseil d'état qui ordonne l'emploi aux ouvrages des ponts et chaussées de la somme de 2.658.292 liv. imposée en 1761 sur les vingt généralités de pays d'élections par arrêt du 10 juin 1760, et en fixe la répartition; dont, pour la généralité de Paris, 1.510.924 l. 13 s. 4 d.

Archives de l'empire, arrêts du conseil d'état, registre E 2414.

N° 446.

23 janvier 1764.

Arrêt du conseil d'état portant règlement des dépenses du pont d'Orléans.

« Vu par le roi étant en son conseil les arrêts rendus en icelui les 4 juin 1746, 2 mai 1747, 30 avril 1748, 10 juin 1749, 5 mai 1750, 18 mai 1751, 1er mai 1752, 6 mai 1753, 21 mai 1754 et 21 juin 1755, par lesquels S. M. a ordonné une imposition de 300.000 liv. sur les vingt généralités de pays d'élections par chacune des années 1747-1756, pour servir à la construction d'un pont sur la rivière de Loire en la ville d'Orléans; vu aussi les états de la trésorerie générale des ponts et chaussées arrêtés au conseil pour les mêmes années, dans lesquels il a été fait recette de la somme de 300.000 liv. pour chacune desdites dix années formant ensemble la somme de 3 millions de liv., sur laquelle néanmoins il a été porté en revenant-bon la somme de 500.000 liv., savoir : 300.000 liv. sur l'exercice 1753 destinées aux autres ouvrages et dépenses de l'exercice 1755 et 200.000 liv. sur l'exercice 1755 destinées aux autres ouvrages et dépenses de l'exercice 1757, d'où il résulte que les 3 millions de liv. de fonds faits et destinés à la construction dudit pont d'Orléans ont été réduites à la somme de 2.500.000 liv. Et S. M. étant d'ailleurs informée que les ouvrages concernant la construction dudit pont d'Orléans, même ceux qu'elle a ordonné de faire à ses abords, sont entièrement achevés, elle a jugé nécessaire de constater la quotité des dépenses imprévues qu'il a été indispensable de faire pour la solidité dudit pont et par augmentation à l'adjudication qui en a été faite en son conseil le 20 avril 1751; à l'effet de quoi S. M. s'est fait représenter la réception desdits ouvrages faite le 17 octobre 1763 et jours suivants par le sieur Perronet, architecte et premier ingénieur de S. M. pour les ponts et chaussées, contenant le détail des ouvrages compris en ladite adjudication, ensemble celui des ouvrages accessoires faits par augmentation, lesquels se trouvent monter, suivant l'estimation, à la somme de 586.856 l. 13 s. laquelle, jointe à celle de 2.084.000 liv. prix de ladite adjudication, forme celle de 2.670.856 l. 13 s.; qu'ainsi la totalité des dépenses, tant pour la construction dudit pont d'Orléans que des ouvrages que S. M. a jugé à propos d'ordonner à ses abords excèdent de 170.856 l. 13 s. le montant des fonds qui ont été effectivement employés en dépense dans les états des ponts et chaussées au chapitre de la généralité d'Orléans sous le nom de l'adjudicataire desdits ouvrages; au payement de laquelle somme de 170.856 l. 13 s. S. M. désirant pourvoir et voulant confirmer en même temps l'emploi fait de la somme de 500.000 liv. de revenant-bon opéré sur celle de 3 millions imposée pendant lesdites années 1747. . . . 1756; ouï le rapport du sieur de Laverdy, conseiller ordinaire au conseil royal, contrôleur général des finances;

« Le roi étant en son conseil a approuvé et confirmé la réception faite le 17 octobre 1763 et jours suivants par le sieur Perronet, architecte et premier ingénieur de S. M. pour les ponts et chaussées, de tous les ouvrages concernant la construction du pont d'Orléans et ses abords, montant ensemble à 2.670.856 l.

TITRE III, CHAPITRE I.

15 s.; sur laquelle somme l'entrepreneur n'ayant reçu jusqu'à ce jour que 2.500.000 liv. des fonds de 3 millions de liv. imposés et précédemment employés dans les états des ponts et chaussées des années 1747. . . . 1756, ordonne S. M. qu'il sera fait fonds, dans l'état des ponts et chaussées qui sera arrêté au conseil pour l'année 1762, au chapitre de la généralité d'Orléans sous le nom dudit entrepreneur, d'une somme de 170.856 l. 13 s., outre lesdites 2.500.000 liv. par lui reçues, et que les 500.000 liv. de revenant-bon opéré sur lesdits exercices 1753 et 1755 resteront employées, en recette dans les états de 1755 et 1757, et en dépense à leur destination ainsi qu'il a été ordonné par les états desdits exercices 1755 et 1757 arrêtés au conseil pour les ponts et chaussées les 11 octobre 1757 et 17 décembre 1759. Et pour l'exécution du présent arrêt seront toutes lettres nécessaires expédiées. »

Archives de l'empire, arrêts du conseil d'état, registre E 2414.

N° 447.

3 février 1764.

Arrêt du conseil d'état relatif aux chaussées de la ville de Bordeaux supprimées de l'état des ponts et chaussées.

« Le roi ayant donné ses ordres pour faire supprimer des états des ponts et chaussées les entretiens de pavés des chaussées, tant de l'intérieur des villes que jusqu'aux limites de leurs faubourgs, même, à l'égard des villes considérables, jusqu'à l'extrémité de leurs banlieues, comme la dépense devant en être à leur charge, la ville de Bordeaux se trouvant dans le cas de pourvoir à l'entretien de 15.330 toises quarrées supprimées de l'état-du-roi des ponts et chaussées de la généralité de Bordeaux. . . . . »

« . . . . Le roi, pour venir au secours de cette ville, autorise que le fonds de cette dépense soit assigné sur le produit de 2 des 3 sols pour livre qui se perçoivent sur les marchandises entrantes et sortantes par les ports de ladite généralité, d'après les devis et certificats de réception de l'ingénieur des ponts et chaussées. »

Archives de l'empire, arrêts du conseil, registre E 2420.

N° 448.

12 février 1764.

Arrêt du conseil d'état portant établissement pendant douze années d'un octroi de 5 liv. par chaque chai de vin qui passera dans les lieux de la Barthe et de Hèches, pour le produit être employé aux frais de construction des routes de France en Espagne par les Pyrénées.

Archives de l'empire, arrêts du conseil, registre E 2420.

N° 449.

24 février 1764.

Arrêt du conseil qui nomme ingénieur des ponts et chaussées Trésaguet, Pierre Marie Jérôme, ancien sous-inspecteur dans la généralité de Paris.

24 mars 1764.

Arrêt qui nomme ingénieur des ponts et chaussées Bocher de Coluel, commis ingénieur des turcies et levées par arrêt du 24 août 1753.

Archives de l'empire, arrêts du conseil, registre E 2420.

N° 450.

1er mai 1764.

Arrêt du conseil d'état qui augmente le fonds affecté aux frais du bureau des ponts et chaussées en raison de l'adjonction du service des ports maritimes.

« Vu au conseil d'état du roi l'arrêt rendu en icelui le 14 octobre 1762, par lequel S. M. aurait, entre autres choses, ordonné que des 800.000 liv. imposées, par autre arrêt du 26 mai 1761, sur les contribuables aux tailles des vingt généralités de pays d'élections, pendant l'année 1762, pour servir au payement des ouvrages et dépenses des ports maritimes du royaume, il en serait remis au trésorier général des ponts et chaussées en exercice ladite année une somme de 300.000 liv. à laquelle S. M. aurait fixé le fonds destiné pendant la même année au payement desdits ouvrages et dépenses, qui seraient faits et continués dans lesdits ports maritimes sous les ordres du sieur contrôleur général des finances auquel S. M. aurait confié l'administration de ce département pour la même année 1762 et pour l'avenir. Et S. M., étant informée que le détail de cette administration, réunie à celle des ponts et chaussées, occasionne une augmentation de commis et de frais de bureau trop considérable pour que la dépense puisse en être prise sur les 9.000 liv. de fonds accordés au sieur Trudaine, par l'arrêt du conseil du 7 janvier 1744, pour le payement des commis et frais de bureau desdits ponts et chaussées, dont le fonds se fait annuellement dans les états arrêtés au conseil pour les ouvrages et dépenses de ce département, aurait trouvé juste d'augmenter ce fonds relativement à l'augmentation des commis et frais de bureau que l'administration des ouvrages des ports maritimes y occasionne depuis la réunion de ce département à celui des ponts et chaussées ; A quoi voulant pourvoir, ouï le rapport du sieur de Laverdy, conseiller ordinaire au conseil royal et contrôleur général des finances ;

« Le roi étant en son conseil a ordonné et ordonne qu'au lieu des 9.000 liv. dont il a été fait fonds sous le nom du sieur Trudaine dans les états-du-roi des ponts et chaussées, arrêtés au conseil pour l'année 1760 et antérieures, pour être employées au payement d'appointements de commis et frais de bureau des ponts et chaussées en exécution de l'arrêt du 7 janvier 1744, il sera fait emploi sous le nom du sieur Trudaine, dans l'état des ponts et chaussées qui sera arrêté au conseil pour l'exercice 1761 et suivants, d'une somme de 12.000 liv. par an pour le payement des commis et frais de bureau desdits ponts et chaussées et ports maritimes, tant pour l'année 1762 dont le fonds sera fait dans l'état des ponts et chaussées dudit exercice 1761, que pour les années suivantes, laquelle somme de 12.000 liv. sera payée audit sieur Trudaine, par chaque année et à compter du 1er janvier 1762, par les trésoriers généraux desdits ponts et chaussées, sur sa simple quittance, pour être par lui employée aux appointements des commis et frais de bureau ainsi qu'il avisera. »

Archives de l'empire, arrêts du conseil, registre E 2414.

N° 451.

31 mai 1764.

Arrêt du conseil d'état portant contrainte contre les corvéables qui ont refusé de travailler à corvées au passage de la rivière Thibouville, route de Paris en basse Normandie.

Archives de l'empire, arrêts du conseil, registre E 2420.

N° 452.

19 juin 1764.

Arrêt du conseil d'état qui ordonne l'adjudication de la construction d'un pont neuf sur la Loire à Tours.

« Le roi ayant été informé de la nécessité qu'il y a d'assurer, par la construction d'un nouveau pont de pierre sur la rivière de Loire, le grand passage prêt à être interrompu par la ruine de l'ancien pont de la ville de Tours, S. M. aurait ordonné au sieur Bayeux, inspecteur général des ponts et chaussées du royaume, de se transporter sur les lieux pour y dresser les plans et devis du nouveau pont à construire et de faire à cette fin toutes les épreuves préalables et nécessaires pour l'exécution d'un projet si important, lesquels plans et devis ayant été rapportés et examinés au conseil, S. M. aurait résolu de faire en sondit conseil l'adjudication de ce nouveau pont suivant les formalités ordinaires. Sur quoi, ouï le rapport. . . .

« Le roi étant en son conseil a ordonné et ordonne que, sur les devis et plans dressés par ledit sieur Bayeux, il sera procédé aux publications nécessaires pour parvenir à l'adjudication de la construction d'un nouveau pont de pierre de la ville de Tours, conformément à l'affiche annexée à la minute du présent arrêt, contenant les principales clauses et conditions de ladite adjudication, laquelle affiche sera exposée et publiée à Paris, de l'ordre de S. M., dans les lieux accoutumés, et aussi dans les villes de Tours, Orléans, Poitiers, Bourges et Moulins, de l'ordonnance des sieurs intendants et commissaires départis; et ce par trois différents jours de huitaine en huitaine; et seront les offres de ceux qui se présenteront pour entreprendre lesdits ouvrages reçues par lesdits sieurs intendants, qui en dresseront leurs procès-verbaux et les enverront au conseil, pour y être ensuite procédé à l'adjudication au rabais des ouvrages à faire pour la construction dudit pont, en la manière accoutumée. »

Suit le modèle d'affiche en date du même jour, qui annonce que l'adjudication aura lieu au conseil le 3 décembre 1764 et que les offres pourront être reçues par les intendants des généralités désignées jusqu'au 1er novembre. Cette affiche donne les dispositions d'ensemble et les conditions sommaires du projet. — Le pont aura 222 toises 3 pieds de longueur entre les culées, partagée en quinze arches égales de 12 toises 3 pieds d'ouverture, séparées par 14 piles de 2 toises 3 pieds ; la montée des arches sera de 25 pieds au-dessus des naissances qui seront à 1 pied au-dessus des basses eaux; etc. . . . .

Archives du ministère des travaux publics, collection Poterlet, manuscrit authentique sur parchemin.

N° 452.

29 août 1764.

Arrêt du conseil d'état qui, tout en maintenant l'association des marchands fréquentant la rivière de Loire et ses affluents, supprime les droits de boëte et ordonne que les dépenses nécessaires à la navigation seront dorénavant payées sur les fonds des turcies et levées.

« Vu au conseil d'état du roi les différents édits, déclaration et lettres patentes concernant l'établissement de l'association des marchands fréquentant les rivières de Loire et d'Allier et autres y affluentes, par lesquels ils ont été autorisés à veiller à tout ce qui pourrait concourir au bien de la navigation, soit en prévenant les entreprises des riverains et de tous autres, soit en contraignant les propriétaires des péages à faire exécuter les ouvrages dont ils sont tenus, soit en s'opposant aux abus qui pourraient se glisser dans la perception de leurs droits, et en empêchant l'établissement des moulins et autres ouvrages nuisibles à la navigation; vu aussi les arrêts de règlements et tarifs des droits qui se sont perçus et se perçoivent sur les marchandises voiturées par lesdites rivières, appelés *droits de boëte* : Et S. M. s'étant fait rendre un compte exact du produit annuel desdits droits, elle s'est assurée, par l'examen dudit compte, que la totalité desdits produits avait été successivement employée, tant à la construction qu'à l'entretien des ouvrages nécessaires à la navigation desdites rivières. Et ayant reconnu d'une part, qu'il était indispensable de confirmer l'association desdits marchands fréquentant lesdites rivières et de les maintenir dans les fonctions, droits et privilèges qui leur sont attribués, à l'effet de pourvoir à tout ce qui peut intéresser la sûreté et la liberté de ladite navigation, aussi utile qu'intéressante pour le commerce du royaume ; d'une autre part, S. M. a jugé qu'elle ne pouvait rien faire de plus avantageux pour cette même navigation que de l'affranchir de tous droits, autant qu'il serait possible ; à quoi elle se propose de travailler incessamment. Mais, en attendant, elle s'est déterminée à supprimer entièrement les droits de boëte dont elle avait autorisé la perception par différents arrêts et lettres patentes : Et voulant néanmoins pourvoir aux dépenses qui ont été jusqu'à présent assignées sur le produit desdits droits, S. M. a cru devoir ordonner qu'elles seront dorénavant payées par le trésorier général des turcies et levées, des fonds destinés à la construction et à l'entretien desdites turcies et levées, suivant et conformément aux états qui en seront arrêtés en son conseil, conjointement avec les autres dépenses et dans la même forme et manière accoutumées ; ouï le raport etc. . . . .

« Le roi étant en son conseil a ordonné et ordonne ce qui suit :

« 1. L'association des marchands fréquentant les rivières de Loire et d'Allier et autres y affluentes continuera d'avoir lieu, comme par le passé, aux mêmes fonctions, droits et privilèges dont ils ont joui ou dû jouir. . . . .

« 2. Les droits précédemment imposés pour subvenir aux ouvrages et entretien de la navigation et au balisage des rivières de Loire et d'Allier, appelés *droits de boëte*, cesseront d'être perçus, à compter du 13 octobre de la présente année 1764, et demeureront supprimés pour toujours. . . . .

« 3. A l'égard des ouvrages qui seront nécessaires pour le balisage desdites rivières et entretien des ouvrages pour la navigation, veut S. M. que les marchands fréquentant lesdites rivières soient tenus de remettre au contrôleur général des finances l'état desdits ouvrages, pour, sur les devis qui seront faits par les ingénieurs des turcies et levées, être procédé à l'adjudication desdits ouvrages et entretien dans la même forme et manière qui se pratique pour ceux des turcies et levées. Et seront les sommes auxquelles monteront lesdites adjudications payées par le trésorier général des turcies et levées, suivant l'emploi qui en sera fait dans les états arrêtés au conseil de S. M. pour les turcies et levées; dans lesquels états seront pareillement employées toutes les autres dépenses qui seront jugées nécessaires, tant pour le balisage desdites rivières que pour la manutention desdits marchands fréquentant lesdites rivières. »

Archives du ministère des travaux publics, collection Poterlet, imprimé.

N° 454.

29 septembre 1764.

Arrêt du conseil d'état qui commet pour la surveillance de l'entretien du pavé de Paris, en remplacement du sieur De Motes, trésorier de France démissionnaire, le sieur Mignot de Montigny, trésorier de France, ci-devant commissaire pour les ponts et chaussées de la généralité de Paris.

Archives de l'empire, arrêts de conseil, registre E 2415.

N° 455.

18 octobre 1764.

Arrêt du conseil d'état qui nomme ingénieur des ponts et chaussées *sans appointements*, le sieur Pomier qui sert depuis 24 ans comme sous-inspecteur et sous-ingénieur dans les généralités d'Orléans et de Paris et dans la province du Languedoc.

Archives de l'empire, arrêts du conseil, registre E 2414.

N° 456.

24 octobre 1764.

Arrêt du conseil d'état qui, vu l'urgence et l'insuffisance des fonds de la généralité de Soissons, ordonne que le projet du remplacement de trois vieilles arches ruinées du pont de Châteauthierry par une seule arche sera fait par le sieur Perronet, que l'adjudication en sera passée au conseil et que les fonds en seront faits sur l'état des ponts et chaussées de la généralité de Paris.

Archives de l'empire, arrêts du conseil, registre E 2415.

N° 457.

24 décembre 1764.

Arrêt du conseil d'état qui commet l'intendant de la généralité de Poitiers pour informer des actes de rébellion des habitants de la paroisse d'Archigny qui ont refusé de faire les corvées qui leur étaient imposées sur une portion de la route de Chatellerault à Limoges, le 9 septembre 1763, ont repoussé et maltraité les cavaliers de la maréchaussée; et qui ordonne à ces habitants de se livrer aux travaux à eux commandés, faute de quoi ils seront exécutés à prix d'argent, pour ce prix et les frais causés par la rébellion être imposés sur lesdits corvéables.

Archives de l'empire, arrêts du conseil, registre E 2415.

N° 458.

19 janvier 1765.

Arrêts du conseil d'état qui nomment deux inspecteurs généraux des ponts et chaussées.

« Le roi s'étant fait représenter en son conseil l'arrêt et les lettres patentes des 7 juillet et 17 août 1750 portant établissement d'un premier ingénieur, de quatre inspecteurs généraux et de vingt-cinq ingénieurs des ponts et chaussées; et S. M. étant informée que de ces quatre places d'inspecteurs généraux, il en est resté deux vacantes pendant le temps de guerre, attendu que les travaux les plus intéressants ont été suspendus, faute de fonds; mais qu'actuellement ces mêmes travaux devant reprendre leur vigueur ordinaire, il est nécessaire de compléter le nombre desdits inspecteurs généraux prescrit par le susdit arrêt du 7 juillet 1750; » . . . . . Le roi commet le sieur Querret, ingénieur de Franche-comté, inspecteur général, aux appointements de 6.000 liv., en remplacement du sieur Pollart.

Arrêt pareillement motivé qui nomme inspecteur général, en remplacement du sieur Bayeux, le sieur Gatien Bouchet, ingénieur de la généralité de Grenoble.

Archives de l'empire, arrêts du conseil, registre E 2421.

N° 459.

23 février 1765.

Arrêt du conseil d'état qui rappelle et constate la reconstruction à neuf du pont de bois d'Amboise, sur devis de l'ingénieur en chef de la généralité de Tours, au moyen d'une imposition de 15.000 liv. pendant six années sur les élections de Tours, Loches et Amboise, en vertu d'un arrêt du 24 mars 1761, et qui prescrit une autre imposition de pareille somme annuelle pendant quatre ans, sur les mêmes élections, pour la réparation du pont de pierre de la même ville et pour l'alignement de l'île entre les deux ponts, sur les devis de l'ingénieur de Voglie.

Archives de l'empire, arrêts du conseil, registre E 2425.

N° 460.

27 février 1765.

Arrêt du conseil d'état qui interdit à tous autres qu'aux trésoriers de France de donner des alignements le long des routes ou dans la traversée des villes et villages par ces routes.

Ravinet, Code des ponts et chaussées, 1ᵉʳ vol. p. 45.

N° 461.

9 mai 1765.

Arrêt du conseil d'état qui accorde une pension de 1.000 liv. à Jacques-Henri Trésaguet, ingénieur de la généralité de Bourges depuis 1755, qui se retire à cause de ses infirmités.

Archives de l'empire, arrêts du conseil, registre E 2421.

N° 462.

28 mai 1765.

Arrêt du conseil d'état portant homologation et confirmation de la délibération du bureau des marchands fréquentant la rivière de Loire et ses affluents, sur la forme à suivre pour la nomination des membres du bureau, celle des délégués et autres dispositions, par suite de l'arrêt du 29 août 1764 supprimant le droit de boête et maintenant l'association des marchands.

Archives du ministère des travaux publics, collection Poterlet, imprimé.

N° 463.

Mai 1765.

Édit du roi portant suppression des offices de trésoriers particuliers des ponts et chaussées dans les provinces, à l'effet de simplifier le service et de réduire les charges assignées sur les états des ponts et chaussées; augmentation de la finance et des gages, taxations, etc., des deux offices de trésoriers généraux des ponts et chaussées, avec faculté pour ceux-ci d'avoir dans chaque province ou généralité un commis ou préposé ayant « les mêmes priviléges ou exemptions dont avaient droit de jouir les trésoriers particuliers supprimés. »

Archives du ministère des travaux publics, collection Poterlet, imprimé.

N° 464.

13 juin 1765.

Arrêt du conseil d'état qui ordonne l'adjudication des ouvrages à faire pour rendre l'Isle navigable depuis Coutras jusqu'à deux lieues au-dessus de Périgueux, sur un espace de 28 lieues, suivant devis du sieur Tardif, ingénieur de la généralité de Bordeaux, montant à 372.500 liv., et qui impose, pour y subvenir, 60.000 liv. pendant cinq années sur les élections de Bordeaux, Périgueux, Sarlat, Agen et Condom.

Code des ponts et chaussées, Ravinet, 4° vol., p. 120.

N° 465.

17 octobre 1765.

Arrêt du conseil d'état qui ordonne l'emploi aux ouvrages des ponts et chaussées de la somme de 2.658.292 liv. imposée par supplément en 1762 sur les vingt généralités de pays d'élections par arrêt du 26 mai 1761, et qui répartit cette somme entre lesdites généralités; dont, pour la généralité de Paris, 1.510.924 liv. 13 s. 4 d.

Archives de l'empire, arrêts du conseil, registre E 2422.

N° 466.

9 décembre 1765.

Arrêt du conseil d'état qui, sur le procès-verbal de réception du sieur Perronet en date du 15 juillet 1765, arrête à 28.498 liv. 16 s. 9 d. le montant des augmentations faites aux travaux du rétablissement du pont de Joigny et de l'élargissement du quai aux abords, travaux adjugés le 10 mai 1756 moyennant 535.600 liv.

Archives de l'empire, arrêts du conseil, registre E 2422.

N° 467.

11 janvier 1766.

Arrêt du conseil d'état qui autorise le rachat à prix d'argent des corvées à faire sur les routes de la généralité de Limoges par plusieurs paroisses de cette généralité et fixe les sommes à imposer en conséquence, dans l'année 1766, sur chacune desdites paroisses.

« Vu au conseil d'état du roi les délibérations des habitants de plusieurs paroisses des élections de Limoges, d'Angoulême et de la vicomté de Turenne dépendante de l'élection de Brives, généralité de Limoges, (en 1762, 1763, 1764 et 1765), par lesquelles lesdits habitants, en délibérant sur l'option à eux proposée de remplir par corvée la tâche qui leur avait été assignée sur les routes qui traversent ladite généralité ou de les faire faire à prix d'argent, ont préféré de faire faire lesdites tâches à prix d'argent, se soumettant de payer le montant des adjudications qui en seront faites au rabais, lequel serait réparti sur chacun d'eux par un rôle particulier, au marc la livre de leur taille; vu pareillement l'avis du sieur Turgot, intendant et commissaire départi en la généralité de Limoges; ouï le rapport du sieur de Laverdy, conseiller ordinaire au conseil royal, contrôleur général des finances.

« Le roi étant en son conseil, ayant égard auxdites délibérations. . . . que S. M. a autorisées, a ordonné et ordonne que, conformément auxdites délibérations, il sera imposé en la présente année 1766, sur les paroisses de la généralité de Limoges ci-après dénommées, savoir : sur la paroisse de, etc. . . . revenant toutes lesdites sommes à celle de 116.443 liv. 1 s., y compris les frais de recouvrement à raison de 7 deniers pour livre. Ordonne en outre S. M. que l'imposition desdites sommes sera faite au marc la livre de la taille de chacune desdites paroisses, par des rôles particuliers qui seront faits par tels commissaires que le sieur Turgot, intendant, etc., jugera à propos de nommer, lesquels il vérifiera et rendra exécutoires. . . . . »

Archives de l'empire, arrêts du conseil, registre E 2428.

TITRE III, CHAPITRE I.

N° 468.

13 février 1766.

Arrêt du conseil d'état qui approuve quarante-sept plans d'alignements de traverses de bourgs, villes et villages de la généralité de Soissons, dressés par le sieur Advyné, ingénieur en chef de ladite généralité.

Archives de l'empire, arrêts du conseil, registre E 2430.

N° 469.

9 avril 1766.

Arrêt du conseil d'état concernant l'exécution du balisage de la Loire en conséquence de l'arrêt du 29 août 1764 qui supprime les droits de boëte, et les gratifications à allouer aux ingénieurs des turcies et levées, désormais chargés de la direction de ce travail.

« Vu au conseil d'état du roi, S. M. y étant, l'arrêt rendu en icelui le 29 août 1764 et lettres patentes. . . . ordonnant la suppression des droits de boëte. . . . article 3 (voir cet arrêt au n° 453). . . . .

« Et S. M. étant informée qu'il est question de déterminer la forme dans laquelle les dépenses du balisage seront employées dans lesdits états arrêtés au conseil de S. M., ainsi que celle des honoraires et gratifications annuelles que S. M. veut accorder auxdits ingénieurs des turcies et levées, chargés de dresser les plans, devis et détails estimatifs des ouvrages sur lesquels les adjudications seront faites, tant pour ledit balisage que pour l'entretien de la navigation, de veiller à leur bonne et solide construction et d'en donner la réception après leur exécution et perfection. A quoi S. M. voulant pourvoir; ouï le rapport, etc. . . . .

« Le roi étant en son conseil a ordonné et ordonne que par le sieur de Regemorte, architecte de S. M., inspecteur général desdites turcies et levées, et par les deux ingénieurs en chef de ce même département, il sera dressé des devis des ouvrages et dépenses à faire pour ledit balisage, canton par canton; lesquels ouvrages et dépenses seront compris dans les baux d'entretien des ouvrages desdites turcies et levées, pour être lesdits ouvrages, faits par les mêmes entrepreneurs d'entretien, visités, toisés, reçus et payés dans la même forme que ceux des turcies et levées. Veut S. M. que ledit inspecteur général soit payé annuellement pour ses honoraires et par forme de gratification annuelle, d'une somme de 1.800 liv. et les deux ingénieurs dudit département de celle de 600 liv. chacun.... à compter du 1er janvier 1765, par le trésorier général des turcies et levées.... »

Archives de l'empire, arrêts du conseil, registre E 2428.

N° 470.

28 mai 1766.

Arrêt du conseil d'état qui partage entre les fortifications militaires et les ports maritimes de commerce la somme de 800.000 liv. imposée en 1763 par arrêt du 6 juillet 1762 pour lesdits ports, en n'attribuant à ceux-ci que 300.000 liv.; et qui fixe la part contributive de chaque généralité dans cette somme.

Archives de l'empire, arrêts du conseil, registre E 2430.

N° 471.

7 juillet 1766.

Arrêt du conseil d'état qui nomme ingénieur des ponts et chaussées de France, en remplacement du sieur Tardif, décédé, le sieur Jean-Baptiste de Saint-André, ingénieur et directeur des ponts et chaussées des provinces de Bresse, Bugey et Aix.

Archives de l'empire, arrêts du conseil, registre E 2431.

N° 472.

23 août 1766.

Arrêt du conseil d'état qui rétablit et maintient un supplément de traitement de 1.200 liv. à payer à l'ingénieur du comté de Bourgogne par les principales villes de ce comté, tel qu'il avait été fixé en 1721.

Archives de l'empire, arrêts du conseil, registre E 2433.

N° 473.

27 août 1766.

Arrêt du conseil d'état qui, sur les réclamations de la chambre du commerce et de plusieurs négociants de la ville de Marseille, interprétant et modifiant la déclaration du roi, du 6 août 1765, par laquelle il avait modifié pour la Provence celle du 14 novembre 1724, en y limitant à trois en hiver comme en été le nombre des chevaux attelés aux voitures de roulage, par le motif que les chemins n'étant pas pavés sont plus susceptibles d'être rompus et qu'il vaut mieux réduire la charge en hiver que d'accorder un nombre de chevaux permettant d'y traîner la même charge qu'en été, permet l'attelage de quatre chevaux ou mulets en hiver, mais en défendant de charger en ce temps plus de 50 quintaux, poids de table, à peine de 300 liv. d'amende, lequel poids sera constaté par les lettres de voiture.

Archives de l'empire, arrêts du conseil, registre E 2429.

N° 474.

28 août 1766.

Lettres patentes du roi qui approuvent les ouvrages énoncés au devis dressé le 20 janvier 1766 par l'ingénieur en chef de la généralité de Rouen, montant à 418.589 liv. 5 s. 6 d., pour les réparations, constructions et agrandissements du port de la ville de Honfleur; agrée les offres des maire, échevins et habitants de ladite ville d'y contribuer pour moitié de cette somme dans les quatre années 1766 à 1769, et autorise à cet effet un emprunt au nom de ladite ville.

Archives du ministère des travaux publics, collection Potériet, imprimé.

Nº 475.

14 mai 1767.

Arrêt du conseil d'état qui confirme l'imposition, déjà ordonnée en 1766, d'une somme de 27.000 liv., sur la généralité de Montauban en 1767, pour ouvrages relatifs à la navigation des rivières de cette généralité, en sus de la somme annuelle de 3.000 liv. imposée depuis l'arrêt du 7 décembre 1768 pour entretien de la navigation desdites rivières.

Archives de l'empire, arrêts du conseil, registre E 2435.

Nº 476.

2 août 1767.

Arrêt du conseil d'état qui alloue une gratification annuelle et viagère de 4.000 liv. au sieur Mathieu Bayeux pour la construction du pont de Tours.

« Le roi étant informé que le sieur Mathieu Bayeux, chevalier de l'ordre royal de Saint-Michel, commis en qualité d'ingénieur des ponts et chaussées dans la généralité de Caen par arrêt du 4 octobre 1723, dans celle de Tours par autre arrêt du 26 avril 1740, et en qualité d'inspecteur général des ponts et chaussées depuis le 26 février 1743, fait actuellement exécuter avec succès la construction d'un pont neuf de maçonnerie sur la rivière de Loire dans la ville de Tours ; que ce travail, également important au public et à l'état, exige de sa part un talent supérieur pour vaincre les difficultés qu'il éprouve journellement et qui lui occasionnent des soins, des peines et des frais considérables ; que, dans tous les différents grades qu'il a occupés et les différents emplois qu'il a exercés, il s'est acquitté de ses fonctions avec autant d'intelligence et de distinction que de probité et de désintéressement ; Et S. M. désirant lui donner des marques de la satisfaction qu'elle a de ses bons et longs services, l'engager à les continuer et le récompenser des peines et soins qu'il prend pour la construction dudit pont de Tours ; ouï le rapport, etc.................

« Le roi...... accorde audit sieur Bayeux une gratification annuelle et viagère de 4.000 liv., outre et par-dessus les 2.000 liv. de pension viagère dont il jouit en vertu de l'arrêt du conseil du 28 juin 1760..... Ordonne en outre S. M. qu'en cas de décès dudit sieur Bayeux, la dame Anne-Marie-Catherine Piquet, sa femme, jouira de 2.000 liv. de pension annuelle et viagère........ »

Archives de l'empire, arrêts du conseil, registre E 2438.

Nº 477.

14 août 1767.

Arrêt du conseil d'état qui accepte l'offre des fermiers généraux de pa..., outre et par-dessus le prix de leur bail, chacune des six années dudit bail commençant au 1ᵉʳ janvier 1769, la somme de 100.000 liv. au trésorier général des ponts et chaussées, pour être employée à la construction du pont de Neuilly.

Archives de l'empire, arrêts du conseil, registre E 2438.

N° 478.

22 août 1767.

Arrêt du conseil d'état qui ordonne la confection d'un devis pour prolonger et améliorer la navigation de la Charente.

« Sur ce qui a été représenté au roi en son conseil par les habitants de l'Angoumois, du Poitou et de la généralité de la Rochelle, que la rivière de Charente, qui est déjà navigable à Angoulême, porterait à Rochefort un grand nombre de marchandises du crû desdites provinces et particulièrement des blés, des eaux-de-vie, des bois et des fers, si cette rivière était rendue navigable depuis Civray en Poitou et passant par Angoulême jusqu'à Cognac; à quoi désirant pourvoir, ouï le rapport; le roi étant en son conseil a ordonné et ordonne que, par le sieur Trésaguet (Pierre-Marie), ingénieur des ponts et chaussées du Limousin, il sera fait incessamment des devis et estimations des ouvrages à faire, tant pour rendre la rivière de Charente navigable depuis Civray jusqu'à Angoulême que pour les réparations nécessaires à ladite rivière depuis Angoulême jusqu'à Cognac. .... »

Archives du ministère des travaux publics, collection Poterlet, minute sur parchemin.

La même collection possède du même arrêt une copie suivie d'une lettre du contrôleur général à M. Trésaguet, du 23 août 1767, où il est dit que c'est à la demande de Turgot, intendant de Limoges, que cet ingénieur a été commis pour le travail dont il s'agit.

N° 479.

21 décembre 1768.

Arrêt du conseil d'état qui autorise l'imposition en 1768, sur diverses paroisses des élections de Limoges, Angoulême et Brives, de la somme de 149.251 liv. pour rachat, par elles consenti, de leurs travaux de corvée sur les routes.

Archives de l'empire, arrêts du conseil, registre E 2436.

N° 480.

14 janvier 1768.

Arrêt du conseil d'état qui en confirme un autre du 30 août 1766, par lequel le roi avait approuvé la soumission de divers particuliers de fournir 25.500 pieds d'ormes et 8.500 frênes pour servir à la plantation des grandes routes de la généralité de Tours, et avait imposé sur ladite généralité, pour le payement de cette fourniture, la somme de 11.050 liv. en cinq années.

Archives de l'empire, arrêts du conseil, registre E 2442.

N° 481.

6 avril 1768.

Arrêt du conseil d'état qui nomme ingénieur des ponts et chaussées le sieur Lenoir Desvaux, qui avait été commis ingénieur des turcies et levées par arrêt du 24 août 1753.

Archives de l'empire, arrêts du conseil, registre E 2444.

N° 482.

6 juillet 1768.

Arrêt du conseil d'état ayant pour objet de pourvoir au payement des dépenses à faire pour la construction du pont de Neuilly.

« Vu par le roi étant en son conseil les devis dressés par le sieur Perronet, premier ingénieur des ponts et chaussées, tant des ouvrages à faire pour la construction d'un pont de pierres sur la Seine à Neuilly, que de ceux à faire pour les chemins et terrasses aux abords dudit pont; les adjudications passées en conséquence au bureau des finances de la généralité de Paris, le 29 mars dernier, savoir : au nommé François Raimbault pour les ouvrages à faire audit pont, moyennant la somme de 2.371.900 liv., et au nommé Léonard Legrand pour ceux à faire aux chemins et terrasses aux abords dudit pont, moyennant 172.000 liv. ; Et S. M. voulant pourvoir au payement desdits ouvrages et suppléer à l'insuffisance des fonds des ponts et chaussées pour les différentes espèces d'ouvrages à faire dans le royaume ; elle aurait jugé d'autant plus convenable d'employer à cette dépense extraordinaire une partie des fonds destinés annuellement à l'entretien du pavé de Paris et des chemins de la banlieue, qu'une partie des chemins aux abords dudit pont se trouve dans la banlieue de Paris et que ledit pont sera construit sur la rivière de Seine dans un lieu où elle sert de limite à ladite banlieue ; S. M. aurait jugé à propos de destiner quant à présent une somme de 600.000 liv., pour être par le trésorier du pavé de Paris remise successivement au trésorier général des ponts et chaussées et par lui employée au payement des entrepreneurs des ouvrages du pont de Neuilly, ainsi qu'il lui sera ordonné par les états de S. M. Le roi s'étant fait pareillement représenter le procès-verbal de réception des ouvrages du pavé de Paris pour l'année 1767, lesquels ont été réduits aux seules réparations indispensables en conséquence des ordres et conformément aux vues de S. M. pour la construction dudit pont de Neuilly, en sorte que la dépense desdits entretiens pour l'année 1767 ne se trouve monter qu'à la somme de 74.000 l., ainsi qu'il est constaté par ledit procès-verbal de réception en date du 1er juin 1768, dressé par le sieur de Montigny, trésorier de France, commissaire en cette partie. Ouï le rapport. . . . .

« Le roi en son conseil a ordonné et ordonne que par le sieur Perrot de Tournières, trésorier général du pavé de Paris, il sera remis au sieur Borda, trésorier général des ponts et chaussées en exercice pour l'année 1767, la somme de 300.000 liv., de laquelle il sera tenu compte audit sieur de Tournières dans son compte pour ladite année 1767 en rapportant la quittance dudit sieur Borda, et par le sieur Borda sera employée ainsi qu'il lui sera prescrit par les états de S. M. Ordonne pareillement S. M. que, dans l'année présente 1768 et dans les suivantes, il soit déduit des deniers destinés à l'entretien du pavé de Paris et des chemins de la banlieue une somme de 50.000 liv. chaque année, laquelle sera remise au trésorier général des ponts et chaussées en exercice pour être employée à la même destination, et ce jusqu'à concurrence de la somme de 300.000 liv., pour continuer les ouvrages dudit pont de Neuilly, suivant et conformément aux états qui en seront arrêtés chaque année au conseil. »

Archives de l'empire, arrêts du conseil, registre E 2445.

N° 483.

8 juillet 1768.

Lettres patentes sur arrêt du conseil d'état du 6 octobre 1765, données à Versailles le 8 juillet 1768 et enregistrées au parlement de Grenoble le 27 août 1768, portant règlement pour les ouvrages à faire contre les torrents et rivières de la province du Dauphiné.

Ravinet, Code des ponts et chaussées, t. 4, p. 121.

N° 484.

19 juillet 1768.

Arrêt du conseil d'état portant fixation pour 1769 du brevet des impositions accessoires à la taille, lequel comprend une somme totale de 4.708.012 liv. 5 s. 7 d. sur les généralités de pays d'élections pour dépenses supplémentaires des ponts et chaussées, turcies et levées, ports maritimes et autres analogues.

« Aujourd'hui, 19ᵉ jour de juillet 1768, le roi s'étant fait représenter.... » le brevet de l'année précédente...., « S. M. étant en son conseil a résolu et ordonné qu'il sera imposé en l'année prochaine 1769 sur ses sujets contribuables des généralités de pays d'élections, au marc la livre de la taille de ladite année 1769, et dans les autres provinces et départements en ce qui touche les impositions concernant les milices en la forme ordinaire, la somme de 21.149.445 liv. 13 s. 8 d., savoir : celle de 8.452.918 liv. 0 s. 9 d., pour les impositions accessoires à la taille que l'on comprenait ci-devant au brevet et dans les commissions des tailles et autres qui se faisaient en vertu d'arrêts particuliers sur certaines généralités ; celle de 5.456.968 liv. 3 s. 4 d. pour la dépense des quartiers d'hiver ; et celle de 7.239.359 liv. 9 s. 7 d., tant pour partie de la solde et subsistance des soldats de milice que pour partie de l'entretenement, habillement et autres dépenses concernant lesdites milices................. »

Extrait pour ce qui concerne les ponts et chaussées, turcies et levées, ports maritimes, etc., à imputer sur la première des trois sommes ci-dessus énoncées.

Généralité de Paris.

Personnel des ingénieurs et inspecteurs des ponts et chaussées..	10.825 l.	» s.	» d.
Pour le supplément des fonds ordinaires des ponts et chaussées, tant à cause du rétablissement des chemins des généralités de pays d'élections pendant l'année prochaine, qu'à cause de la reconstruction des ponts de Tours, de Cé et autres qui menacent ruine.	327.192	16	11
Pour la réparation et entretien des chemins de traverse de la généralité de Paris.	61.000	»	»
Pour la part de ladite généralité dans le fonds de 800.000 liv. destiné aux ouvrages des ports maritimes.	76.165	»	»

Généralité de Soissons.

Appointements et gratifications des ingénieurs.	3.662	»	»
Supplément au fonds ordinaire des ponts et chaussées, etc.	86.036	6	»
Routes militaires de la généralité.	50.000	»	»
Ports maritimes du royaume.	19.509	»	»

TITRE III, CHAPITRE I.

Généralité d'Amiens.

Appointements des ingénieurs.	3.662	»	»
Supplément au fonds des ponts et chaussées.	89.615	13	7
Ports maritimes.	19.847	»	»

Généralité de Châlons.

Appointements des ingénieurs.	4.623	»	»
Supplément au fonds des ponts et chaussées.	135.228	18	9
Routes militaires de la généralité.	50.000	»	»
Ports maritimes.	38.612	»	»

Généralité d'Orléans.

Appointements des ingénieurs.	4.143	»	»
Supplément au fonds des ponts et chaussées.	154.204	10	9
Ports maritimes.	45.293	»	»
Réparations extraordinaires des turcies et levées et pont de Moulins.	62.208	10	»

Généralité de Tours.

Appointements des ingénieurs.	4.143	»	»
Supplément au fonds des ponts et chaussées.	228.067	18	5
Ports maritimes de commerce.	68.419	»	»
Turcies et levées; imposition spéciale sur cette généralité.	200.000	»	»
Réparations extraordinaires des turcies et levées et pont de Moulins.	98.332	10	»
Quatrième et dernière année des réparations du pont d'Amboise.	8.160	»	»

Généralité de Bourges.

Appointements des ingénieurs.	4.143	»	»
Supplément au fonds des ponts et chaussées.	52.677	16	3
Ports maritimes.	15.843	»	»
Réparations extraordinaires des turcies et levées et pont de Moulins.	28.080	10	»

Généralité de Moulins.

Appointements des ingénieurs.	4.143	»	»
Supplément au fonds des ponts et chaussées.	99.032	16	3
Ports maritimes.	30.665	»	»
Réparations extraordinaires des turcies et levées et pont de Moulins.	45.155	10	»

Généralité de Lyon.

Appointements des ingénieurs.	4.143	»	»
Supplément au fonds ordinaire des ponts et chaussées.	94.614	13	7
Ports maritimes.	28.388	»	»
Quatrième et dernière année de l'imposition pour la rivière d'Azergue.	30.000	»	»

Généralité de Riom.

Appointements des ingénieurs.	4.143	»	»
Supplément au fonds des ponts et chaussées.	189.866	18	9
Ports maritimes.	57.867	»	»
Réparations extraordinaires des turcies et levées et pont de Moulins.	66.222	»	»
Première des trois années d'imposition pour la digue de Pont-du-Château.	8.000	»	»

Généralité de Poitiers.

Appointements des ingénieurs.	4.143	»	»
Supplément au fonds ordinaire des ponts et chaussées.	179.214	15	2

206 PIÈCES JUSTIFICATIVES.

Ports maritimes.................................	44.870	»	»

Généralité de Limoges.

Appointements des ingénieurs.....................	4.143	»	»
Supplément au fonds ordinaire des ponts et chaussées........	115.090	16	5
Ports maritimes.................................	36.366	»	»

Généralité de Bordeaux.

Appointements des ingénieurs.....................	4.143	»	»
Supplément au fonds ordinaire des ponts et chaussées........	172.169	1	10
Navigation des rivières de la généralité............	10.000	»	»
Quatrième année d'imposition pour la navigation de l'Isle.....	60.000	»	»
Ports maritimes.................................	53.652	»	»

Généralité de la Rochelle.

Appointements des ingénieurs.....................	4.143	»	»
Supplément au fonds ordinaire des ponts et chaussées........	89.979	14	2
Ports maritimes.................................	22.687	»	»
Entretien des digues de l'Ile de Rhé................	6.360	»	»
Réparations extraordinaires desdites digues (moitié par les habitants de l'Ile)......................................	19.164	4	7

Généralité de Montauban.

Appointements des ingénieurs.....................	4.143	»	»
Supplément au fonds ordinaire des ponts et chaussées........	134.736	10	»
Deuxième année de quatre d'imposition pour les rivières de la généralité....................................	50.000	»	»
Ports maritimes.................................	40.579	»	»

Généralité d'Auch.

Appointements des ingénieurs.....................	5.950	»	»
Supplément au fonds ordinaire des ponts et chaussées........	115.058	14	7
Entretien des rivières de la généralité.............	9.805	»	»
Ports maritimes.................................	28.727	»	»
Travaux du port de Saint-Jean-de-Luz...............	22.000	»	»

Généralité de Bayonne.

Appointements des ingénieurs.....................	415	»	»
Supplément au fonds ordinaire des ponts et chaussées........	15.577	»	»
Entretien des rivières de la généralité.............	1.195	»	»
Ports maritimes.................................	3.850	»	»
Port de Saint-Jean-de-Luz........................	28.000	»	»

Généralité de Rouen.

Appointements des ingénieurs.....................	5.665	»	»
Supplément au fonds ordinaire des ponts et chaussées........	210.390	2	4
Ports maritimes.................................	65.637	»	»

Généralité de Caen.

Appointements des ingénieurs.....................	5.662	»	»
Supplément au fonds ordinaire des ponts et chaussées........	150.498	15	7
Ports maritimes.................................	46.003	»	»

Généralité d'Alençon.

Appointements des ingénieurs.....................	5.662	»	»
Supplément au fonds ordinaire des ponts et chaussées........	139.625	12	11
Ports maritimes.................................	41.373	»	»

Généralité de Grenoble.

Appointements des ingénieurs.....................	4.143	»	»
Supplément au fonds ordinaire des ponts et chaussées........	84.265	12	11

Digues contre les torrents, quatrième de six années d'imposition. .	60.000	»	»
Ports maritimes.	22.644	»	»
Total.	4.708.012	5	7

Les autres provinces dénommées dans le brevet sont : les Flandres, le Hainaut, les Trois-Évêchés, Bourgogne et Bresse, Bretagne, Provence, Languedoc, Artois. Mais elles n'y sont comprises que pour les dépenses relatives aux milices, et non pour aucune dépense concernant les ponts et chaussées.

Ce brevet est signé Louis;

Et plus bas, de Maupeou, Trudaine, d'Ormesson, Feydeau de Marville, Boullongne, Bertin et de Laverdy.

Archives de l'empire, arrêts du conseil, registre E 2448.

N° 485.

1er août 1768.

Arrêt du conseil d'état qui adjoint le sieur Perronet aux sieurs Cassini et de Montigny pour la direction de l'entreprise de la carte de France, en remplacement du sieur Camus, décédé. (Suivant l'arrêt, la carte était alors aux deux tiers levée et à moitié publiée.)

Archives de l'empire, arrêts du conseil, registre E 2448.

N° 486.

10 août 1768.

Arrêt du conseil d'état qui, en exécution de l'arrêt réglementaire du 27 février 1765, vise 25 feuilles de plans d'alignement de traverses, levés et projetés par l'ingénieur des ponts et chaussées de la généralité de Caen, et en ordonne le dépôt au greffe du bureau des finances de ladite généralité, pour lesdits plans être suivis par les trésoriers de France, commissaires pour les ponts et chaussées.

Archives de l'empire, arrêts du conseil, registre E 2447.

N° 487.

24 février 1769.

Arrêt du conseil d'état qui ordonne le prolongement du canal de Picardie, depuis Saint-Quentin jusqu'au village de Bauthenil, de ce village par la vallée de l'Escaut jusqu'à Bouchain, de Bouchain à Valenciennes par l'Escaut, et à Douai par la Sensée et le canal du Moulinet, la première partie devant être payée sur les fonds du trésor royal, les autres aux frais des pays traversés suivant leur coutume. Le duc de Choiseul continue à être chargé de l'administration de ce canal; il a sous ses ordres le sieur Laurent comme directeur général des travaux, aux appointements de 12.000 liv., et le sieur Forceville de Méricourt comme contrôleur général et trésorier, moyennant remise de 1 1/2 pour 100 sur les dépenses.

Archives de l'empire, arrêts du conseil, registre E 2455.

N° 488.

27 février 1769.

Arrêt du conseil d'état qui porte de 12.000 à 14.600 liv. le fonds pour appointements des commis et frais du bureau des ponts et chaussées et des ports maritimes, en rappelant qu'en 1743 les frais de ce bureau, qui ne comprenait pas les ports maritimes, étaient fixés à 17.500 liv.

Archives de l'empire, arrêts du conseil, registre E 2450.

N° 489.

25 mai 1769.

Arrêt du conseil d'état qui accorde une retraite de 1.000 liv. à un sous-ingénieur ayant quarante-quatre de services, avec le titre d'ingénieur.

Archives de l'empire, arrêts du conseil, registre E 2450.

N° 490.

23 juillet 1769.

Arrêt du conseil d'état qui accorde le titre d'inspecteur général et une retraite de 2.000 liv. au sieur Havez, doyen du corps des ponts et chaussées, ingénieur depuis le 13 octobre 1722.

Archives de l'empire, arrêts du conseil, registre E 2451.

N° 491.

24 juillet 1769.

Arrêt du conseil d'état qui accorde à un sous-ingénieur ayant dix-sept ans de services le grade d'ingénieur des ponts et chaussés sans appointements.

Archives de l'empire, arrêts du conseil, registre E 2451.

N° 492.

31 juillet 1769.

Arrêt du conseil d'état qui commet le sieur Perronet, premier ingénieur, et le sieur de Chezy, ingénieur des ponts et chaussées, pour procéder à la visite du cours de la rivière d'Yvette, à l'effet d'en amener les eaux à Paris.

Archives des travaux publics, collection Poterlet, imprimé.

N° 493.

24 août 1769.

Arrêt du conseil d'état qui autorise l'imposition de 60.000 liv. en 1770 sur la généralité de Grenoble, pour la continuation du pont sur la Drôme, entre Valence et Montélimart, et pour le pont à construire sur l'Isère, au lieu dit la Roche.

Archives de l'empire, arrêts du conseil, registre E 2455.

N° 494.

14 décembre 1769.

Arrêt du conseil d'état qui autorise l'imposition annuelle de 15.500 liv. sur la Lorraine et le Barrois, à partir de 1770, pour contenir la Moselle dans son lit au moyen de bordages et de jetées en pierre le long de ses rives, jusqu'à complet achèvement.

Archives impériales, arrêts du conseil, registre E 2455.

N° 495.

8 et 22 mars 1770.

Arrêt du conseil d'état, et lettres patentes sur icelui, portant établissement de trois ingénieurs pour la généralité de Paris et de cinquante inspecteurs pour le service des provinces.

« Le roi s'étant fait représenter en son conseil les arrêt et lettres patentes des 7 juillet et 17 août 1750, par lesquels S. M. a établi, pour le service des ponts et chaussées, un architecte premier ingénieur, quatre inspecteurs généraux, un directeur du bureau des géographes et dessinateurs, et vingt-cinq ingénieurs en commission, pour les généralités et pays d'élections ; et S. M. étant informée que les ouvrages dudit département des ponts et chaussées sont considérablement augmentés depuis vingt ans, particulièrement ceux de la généralité de Paris dont la conduite et inspection sont actuellement confiées à l'architecte premier ingénieur ; elle a jugé que des travaux aussi importants exigeaient un nombre d'officiers proportionné à leur étendue, et que le service des autres provinces ne permettant pas d'en retirer ceux qui présidaient aux différents travaux, il était indispensable d'établir trois nouveaux ingénieurs destinés à conduire, sous les ordres du premier architecte-ingénieur, les travaux de la généralité de Paris, aux appointements seulement de 2.000 liv. par an ; et S. M. voulant d'ailleurs entretenir le zèle et l'émulation parmi les employés destinés à la suite des différents ouvrages sous la dénomination de sous-inspecteurs, elle a résolu, pour un plus grand ordre, d'en fixer le nombre à cinquante, et néanmoins de leur accorder, par une commission particulière, le titre d'inspecteurs, sans augmenter les appointements dont ils jouissaient en qualité de sous-inspecteurs. A quoi voulant pourvoir, etc. . . . .

« Le roi étant en son conseil a ordonné ce qui suit :

« Article 1er. Outre les vingt-cinq ingénieurs établis pour le service des ponts et chaussées dans les différentes provinces et généralités du royaume par les arrêt et lettres patentes des 7 juillet et 17 août 1750, il sera encore établi trois ingénieurs en commission, pour avoir la conduite des ouvrages de la généralité de Paris sous les ordres de l'architecte premier ingénieur, aux appointements seulement de 2.000 liv. par an . . . .

« 2. Les commissions d'ingénieurs pour les provinces, aux appointements de 2.400 liv. par an, ne seront dorénavant expédiées qu'en faveur d'un des trois nouveaux ingénieurs établis par l'article précédent, comme ayant acquis de plus grandes connaissances par la conduite de travaux toujours importants : Veut en conséquence S. M. que lesdites places servent de grade pour parvenir à celle d'ingénieur des provinces où il est nécessaire de connaître les formes de la comptabilité, sur lesquelles ceux de Paris auront été plus à portée de s'instruire dans le service qu'ils auront fait.

« 3. Il sera expédié à chacun des sous-inspecteurs servant actuellement, tant à Paris que dans les autres provinces ou généralités, un arrêt de commission sous la dénomination d'inspecteur des ponts et chaussées, aux mêmes appointements de 1.800 liv. par an, pour avoir la conduite des ouvrages desdits ponts et chaussées, sous les ordres, soit de l'architecte premier ingénieur, soit des inspecteurs généraux ou des ingénieurs en chef, et servir indistinctement dans les différentes provinces ou généralités, suivant les ordres qu'ils recevront; et le nombre desdites commissions demeurera fixé à cinquante sans que, sous aucun prétexte, il puisse être augmenté. . . . . »

Les lettres patentes sur cet arrêt ont été enregistrées en la chambre des comptes, le 7 avril 1770.

Archives des travaux publics, collection Poterlet, parchemin.

Sous les dates des 11 avril, 13 juin et 2 juillet furent rendus les arrêts qui nommèrent les trois nouveaux ingénieurs de la généralité de Paris et accordèrent cinquante commissions d'inspecteurs ; l'une de ces dernières commissions fut donnée à un sous-ingénieur, le sieur Rolland, « qui avait conduit avec beaucoup d'intelligence et d'activité les travaux des ports maritimes de la généralité de Rouen. »

N° 496.

9 avril 1770.

Arrêt du conseil d'état qui, rappelant que la route de communication du Languedoc avec l'Auvergne s'exécute depuis 1749 au moyen d'une contribution de 500.000 liv. fournie par les états du Languedoc et de pareille somme de 500.000 liv. fournie par le roi, approuve une délibération desdits états du 21 décembre 1769, conforme aux propositions de S. M., en vertu de laquelle les états se chargent de l'achèvement de ladite route moyennant une allocation annuelle de 100.000 liv., à condition que tous les ouvrages seront exécutés sous l'autorité des états, par les soins et sous la conduite du sieur Grangent, directeur des travaux publics de ladite province du Languedoc pour le département traversé par cette route.

Archives impériales, arrêts du conseil, registre E 2458.

N° 497.

1er juillet 1770.

Arrêt du conseil d'état qui ordonne l'ouverture d'un canal de navigation depuis l'ancien canal de Picardie près Saint-Simon jusqu'à Amiens, et le redressement et nettoiement de la Somme depuis Amiens jusqu'à la mer.

Archives des travaux publics, collection Poterlet, imprimé.

N° 498.

9 juillet 1770.

Arrêt du conseil d'état qui accorde à Perronet une gratification viagère de 5.000 liv., dont 2.000 liv. réversibles sur sa veuve.

« Le roi ayant une connaissance personnelle des longs et utiles services du sieur *Louis David* Perronet (1), chevalier de l'ordre royal de Saint-Michel, architecte de S. M., membre des académies royales des sciences et d'architecture, nommé à la place d'ingénieur des ponts et chaussées de la généralité d'Alençon par arrêt du conseil du 3 décembre 1737, à celle de directeur du bureau des plans et des élèves par arrêt du conseil du 14 février 1747, à celle d'inspecteur général par arrêt du 3 février 1750 et à celle de premier ingénieur desdits ponts et chaussées par arrêt du 18 mars 1763; étant d'ailleurs informé que dans tous ces différents grades il a travaillé avec tant de distinction qu'il a mérité que les travaux les plus importants fussent confiés à sa capacité et à ses lumières, et que, pour la conduite de ces mêmes travaux, il a su réunir à son intelligence la probité, l'économie et le désintéressement; S. M. désirant en conséquence lui donner une marque signalée de la justice qu'elle rend à ses rares talents, voulant en même temps lui accorder une récompense due aux peines et soins que ledit sieur Perronet prend dans les nombreux détails dont il est chargé; ouï le rapport; . . . . Le roi, étant en son conseil, a accordé et accorde au sieur Louis-David Perronet, premier ingénieur des ponts et chaussées, la somme de 5.000 liv. de gratification annuelle dont il jouira sa vie durant, . . . Ordonne en outre S. M. qu'en cas du décès dudit sieur Perronet, la dame Antoinette-Charlotte Benoît, sa femme, continuera de jouir, à compter du jour dudit décès seulement, de la somme de 2.000 liv. de pension annuelle. »

Archives impériales, arrêts du conseil, registre E 2461.

N° 499.

23 juillet 1770.

Arrêt du conseil d'état qui nomme le sieur de Voglie, ingénieur des ponts et chaussées à Tours, inspecteur général adjoint au sieur Gendrier, à qui sa santé ne permet plus de faire des tournées aussi longues que par le passé, sans appointements, mais en lui assurant la première vacance qui aura lieu dans l'une des quatre places d'inspecteur général.

Archives impériales, arrêts du conseil, registre E 2461.

22 août 1770.

Autre arrêt qui nomme le sieur de Voglie inspecteur général, aux appointements de 6.000 liv., en remplacement du sieur Legendre, décédé.

Archives impériales, arrêts du conseil, registre E 2461.

---

(1) Les prénoms de Perronet étaient *Jean-Rodolphe*. On ne sait d'où vient cette confusion de noms qui se retrouve dans plusieurs actes officiels.

N° 500.

7 août 1770.

Arrêt du conseil d'état portant fixation pour 1771 du brevet des impositions accessoires à la taille, comprenant pour les travaux des ponts et chaussées dans les généralités de pays d'élections une somme de 4.701.876 l. 3 s. 9 d.

Cette somme se compose des impositions réparties sur chaque généralité conformément au brevet pour 1769, avec les différences suivantes :

Dans la généralité de Paris. — Suppression des réparations des chemins de traverse. . . . . 61.000 liv.
Addition pour chaussée aux abords du pont de Montereau. . . . . . . 3.071 l. 8 s. 9 d.
Dans la généralité de Châlons. — Réduction pour les ports maritimes de. . . . . 5.000 liv.
Addition pour un pont sur la Saule. . . . . 18.750 » »
Dans la généralité de Tours. — Pour le pont d'Amboise au lieu de. . . . . 8.160 liv.   29.523 4 »
Annuité pour réparations au pont de Loches. . . . . 5.843 10 »
Dans la généralité de Lyon. — Suppression d'annuité pour la Zergue. . . . . 30.000 liv.
Dans la généralité de la Rochelle. — Suppression des réparations extraordinaires des digues de l'île de Rhé. . . . . 19.164 l. 4 s. 7 d.
Dans la généralité de Grenoble. — Contribution aux ponts de la Drôme et de l'Isère. . . . . 60.000 » »

Archives impériales, arrêts du conseil, registre E 2464.

N° 501.

29 septembre 1770.

Arrêt du conseil d'état qui réunit l'administration des ponts et chaussées de la Lorraine à celle des ponts et chaussées du royaume et qui ordonne que la somme de 100.000 liv. imposée annuellement sur la Lorraine pour les travaux des ponts et chaussées sera versée entre les mains des trésoriers généraux des ponts et chaussées.

Cet arrêt avait été précédé d'un autre du 22 août, qui avait accordé le grade d'ingénieur des ponts et chaussées de France avec appointements de 2.400 liv. au sieur Richard Mique, ingénieur du duché de Lorraine depuis le 7 février 1763.

Archives impériales, arrêts du conseil, registre E 2464.

N° 502.

4 janvier 1771.

Arrêt du conseil d'état portant concession au sieur Morand, architecte à Lyon, et compagnie, de la construction d'un pont en bois sur le Rhône en face de la rue du puits Gaillot, moyennant péage de 99 ans.

Archives impériales, arrêts du conseil, registre E 2471.

TITRE III, CHAPITRE I.

N° 503.

9 janvier 1771.

Commissions d'ingénieurs de la généralité de Paris aux inspecteurs Firmin et Lefebvre;

Et commission d'ingénieur à 2.400 liv. à l'ingénieur de la généralité de Paris Valframbert, pour servir dans la généralité de Tours en remplacement de l'inspecteur général de Voglie.

Archives impériales, arrêts du conseil, registre E 2468.

N° 504.

25 janvier 1771.

Arrêt du conseil d'état qui impose sur les trois évêchés, en deux années, une somme de 31.467 liv., d'après un devis du sieur Gourdain, ingénieur de la généralité de Metz, pour réparation et défense de la rive gauche du canal de navigation de la Meuse au-dessus de Monzon.

Archives impériales, arrêts du conseil, registre E 2473.

N° 505.

7 avril 1771.

Arrêt du conseil d'état qui renouvelle les prescriptions de la déclaration du 14 novembre 1724, relativement au nombre maximum de chevaux à atteler aux charrettes à deux roues, sous peine, en cas de contravention, de confiscation des chevaux, charrettes et harnais et de 300 liv. d'amende, dont les deux tiers en décharge des impositions de la paroisse où aura eu lieu le délit et un tiers au dénonciateur; et qui permet d'atteler aux chariots à quatre roues tel nombre de chevaux que l'on voudra.

Archives des travaux publics, collection Poterlet.

N° 506.

14 juin 1771.

Arrêt du conseil d'état qui accorde à l'ingénieur Cadet de Limay, successeur de l'inspecteur général de Voglie dans la généralité de Tours, une gratification annuelle de 1.200 liv. pour frais de tournées et de logement, à imputer sur les principales villes de la généralité, — cette gratification étant supérieure à celle accordée en 1756 à l'ingénieur de Voglie, « vu l'enchérissement général des loyers et des denrées dans les villes. »

Archives impériales, arrêts du conseil, registre E 2476.

N° 507.

12 juillet 1771.

Arrêt du conseil d'état qui proroge pour quatre années à compter de 1772 l'imposition de 30.000 liv., établie également pour quatre années par arrêt du 14 mai 1767 sur la généralité de Montauban, pour l'entretien et le rétablissement de la navigation des rivières de cette généralité.

Archives impériales, arrêts du conseil, registre E 2467.

N° 508.

27 juillet 1771.

Arrêt du conseil d'état qui ordonne, sur l'imposition annuelle de 50.000 liv. faite en Champagne pour les routes militaires, un divertissement de 25.000 liv. pour la construction d'un pont provisoire en bois, puis d'un pont en pierres, sur la Marne à Châlons, jusqu'à complet achèvement.

Archives impériales, arrêts du conseil, registre E 2471.

N° 509.

20 août 1771.

Arrêt du conseil d'état portant fixation pour 1772 du brevet des impositions supplémentaires à la taille, comprenant, pour les travaux des ponts et chaussées dans les généralités de pays d'élections, une somme de 4.755.971 liv. 4 s. 4 d.

Cette somme se compose des impositions réparties sur chaque généralité, conformément au brevet pour 1769, avec les différences suivantes :

	1769.	1772.
Dans la généralité de Paris. — Chemins de traverse, contribution de...............	61.000 liv. réduits à	6.000 l. » s. » d.
Pavé de la rampe du pont de Montereau, deuxième de sept annuités................	»	3.971 8 9
Dans la généralité de la Rochelle. — Agrandissement du port de la Rochelle..........	»	50.000 » »
Dans la généralité de Riom. — Digue du Pont du Château...................	8.000	» » »
Dans la généralité de Tours. — Pont d'Amboise..	8.160	» » »
Pont de Loches.................	»	1.047 10 »
Dans la généralité de Châlons. — Ports maritimes, au lieu de..	38.612	33.612 » »
Dans la généralité de Lyon. — Pour la rivière de Zergue...................	30.000	» » »
Dans la généralité de Grenoble. — Ponts sur la Drôme et l'Isère................	»	60.000 » »
Dans la généralité de Rouen. — Indemnités de bâtiments expropriés pour les routes......	»	40.000 » »

Archives impériales, arrêts du conseil, registre E 2469.

N° 510.

16 septembre 1771.

Arrêt du conseil d'état qui, en attendant la réunion du département du pavé de

Paris à celui des ponts et chaussées, nomme inspecteur général du pavé de Paris aux appointements de 4.000 liv., en remplacement du sieur Aubry, décédé, le sieur Chézy, ingénieur des ponts et chaussées.

Archives impériales, arrêts du conseil, registre E 2469.

N° 511.

30 décembre 1771.

Arrêt du conseil d'état qui approuve l'adjudication de la réparation du pont d'Aron et de la construction du grand pont de Loire à Decize, moyennant une somme de 575.000 liv., et qui ordonne que cette somme sera payée sur les revenus et deniers communs de la ville de Decize.

Archives impériales, arrêts du conseil, registre E 2476.

N° 512.

Janvier 1772.

Édit portant :
1° Suppression de l'office de trésorier général des turcies et levées et sa réunion aux deux offices de trésoriers généraux des ponts et chaussées;
2° Suppression des deux offices de contrôleurs généraux des turcies et levées et leur réunion aux quatre offices de contrôleurs généraux des ponts et chaussées;
3° Suppression de l'office d'intendant des turcies et levées et réunion de ses fonctions à celles des trois intendants des généralités de Moulins, Orléans et Tours.
Régistré en parlement le 29 février 1792.

Archives impériales, X 8786.

N° 513.

12 janvier 1773.

Arrêt du conseil d'état qui ordonne que, de même que pour l'année 1769, sur la somme annuelle de 800.000 liv. imposée sur les généralités de pays d'élections pour les ports maritimes du royaume, il en sera versé 500.000 liv. dans la caisse du trésorier général des ponts et chaussées et le surplus au trésor royal, « pour le tout être employé, suivant les ordres de Sa Majesté, au payement des ouvrages qui seront faits ou continués aux différents ports maritimes du royaume. »

Archives impériales, arrêts du conseil, registre E 2482.

N° 514.

24 janvier 1772.

Arrêt du conseil d'état qui impose une nouvelle somme de 225.000 liv. sur les Flandres, Hainaut et Artois, pour achèvement des travaux de la jonction de la Lys à l'Aa entre Aire et Saint-Omer.

Archives impériales, arrêts du conseil, registre E 2486.

N° 515.

8 mars 1772.

Arrêts du conseil d'état qui nomment :

1° Ingénieur en chef des ponts et chaussées un ingénieur de la généralité de Paris, le sieur Desfirmins ;

2° Le sieur Hericey, inspecteur à Montauban, ingénieur de la généralité de Paris ;

3° Et qui accorde une pension de 1.000 liv. de retraite au sieur Bompar, ingénieur en chef de la généralité d'Amiens.

Archives impériales, arrêts du conseil, registre E 2482.

N° 516.

16 mars 1772.

Arrêt du conseil d'état concernant la construction du canal de Bourgogne.

« Le roi s'étant fait rendre compte des moyens de procurer de l'occupation aux mendiants renfermés dans les dépôts établis par ses ordres dans les différentes généralités du royaume, S. M. n'a pu trouver d'emploi plus utile, et en même temps plus commode pour des bras nombreux mais peu industrieux, que l'ouverture du canal de Bourgogne, projeté depuis si longtemps et dont l'importance est si grande, puisqu'il établira une communication des deux mers par le centre du royaume, des ports de la Flandre et de la Normandie jusqu'à ceux de la Provence.

. . . .

« Art. 1ᵉʳ. Il sera ouvert un canal de navigation depuis le confluent de l'Armançon avec la rivière d'Yonne au-dessous de Brienon-l'Archevêque jusqu'au confluent du Muzin avec la Saône à Chauvord au-dessous de Verdun, en passant par Brienon, Saint-Florentin, Tonnerre, Tanlay, Montbard, Flavigny, Viteaux et Dijon. »

2. Règlement des indemnités d'expropriation.

« 3. Tous les ouvrages qui concerneront le canal de Bourgogne seront exécutés sous les ordres du sieur Laurent, chevalier de l'ordre du roi, auquel S. M. confie la direction générale des travaux sur toute l'étendue de cette navigation, ainsi qu'il lui a confié celle des canaux de la Picardie.

« 4. Tous les ouvrages de main-d'œuvre, transports, fouille, déblais et remblais des terres, approche des matériaux et autres de ce genre seront exécutés par les mendiants renfermés dans les dépôts actuellement ou qui y seront renfermés par la suite. Quant aux autres ouvrages, ils seront faits par les mineurs, maçons, charpentiers et autres ouvriers consommés dans leur art, sous la direction dudit sieur Laurent.

« 5. Le payement de tous lesdits ouvrages, ainsi que celui des indemnités de terrains, l'achat des matériaux et autres dépenses relatives à l'exécution de cette entreprise, seront faits sur les fonds de la mendicité, sauf à S. M. à les augmenter par la suite de la manière qu'elle avisera, en telle sorte qu'ils puissent suffire à toutes lesdites dépenses . . . . »

Archives des travaux publics, collection Poterlet, parchemin.

N° 517.

10 mai 1772.

Arrêt du conseil d'état qui ordonne que l'imposition de 12.000 liv., établie par arrêt du 24 juin 1747 sur la province de Béarn pour les travaux de ses routes et ponts, sera remplacée par une autre de 18.000 liv. et en outre par un supplément de 12.000 liv. pendant dix années consécutives; et que les inspecteurs des routes, qui recevaient auparavant des communautés 6 deniers par toise de routes, seront désormais payés en appointements fixes; enfin que les projets seront dorénavant faits par l'ingénieur en chef des généralités d'Auch et de Bayonne, et soumis au conseil d'état.

Archives des travaux publics, collection Poterlet, imprimé.

N° 518.

Mai 1772.

Édit portant suppression de l'office de receveur et payeur général du barrage de Paris et sa réunion aux offices de trésoriers généraux des ponts et chaussées; et en outre nomination d'un ingénieur du pavé de Paris, le sieur Plessis, pour être adjoint au sieur Chézy, inspecteur général dudit pavé.

Bibliothèque de Sainte-Geneviève, collection d'arrêts concernant la voirie.

N° 519.

24 mai 1772.

Arrêt du conseil d'état qui homologue la délibération par laquelle la ville de Dunkerque et la chambre de commerce demandent à emprunter 200.000 liv. pour être employées aux réparations des quais du port de cette ville.

Archives impériales, arrêts du conseil, registre E 2487.

N° 520.

15 juin 1772.

Arrêts qui nomment ingénieur en chef un ingénieur de la généralité de Paris et ingénieur de la généralité de Paris un inspecteur de la généralité de Tours.

Archives impériales, arrêts du conseil, registre E 2482.

N° 521.

18 juin 1772.

Arrêt du conseil d'état concernant l'entretien des chemins ouverts dans la généralité de Paris par les ateliers de charité.

« Le roi s'étant fait rendre compte du succès des travaux de charité que . M., toujours attentive à ce qui peut contribuer au soulagement de ses peuples, a jugé à propos de faire ouvrir dans les différentes élections de la généralité de Paris à la fin de l'année 1770 et qui ont été continués depuis, elle a reconnu que les deux objets qu'elle s'était principalement proposés ont été remplis à sa satisfaction, puisque d'un côté ces travaux ont donné le moyen d'employer les journaliers des villes et les gens de la campagne qui manquaient d'occupation et de les mettre à portée de se procurer des subsistances, et que de l'autre, ces mêmes travaux ayant été dirigés dans la vue de l'utilité publique, il en est résulté l'établissement des communications les plus avantageuses, tant pour le commerce de l'intérieur du royaume en général que pour la facilité du transport des denrées dans les lieux de marché. Mais ces avantages seraient bientôt anéantis, et les travaux qui ont été faits jusqu'à présent deviendraient bientôt inutiles, s'il n'était pris dès à présent des mesures certaines et invariables pour l'entretien de ces chemins de communication; A quoi voulant pourvoir. . . . .

« Le roi, étant en son conseil, a ordonné et ordonne que, sur les ordres des intendants et commissaires départis en la généralité de Paris, il sera fait un état de répartition, sur toutes les paroisses de ladite généralité qui sont à portée desdits chemins de communication et notamment sur celles qui en retireraient un plus grand avantage, de l'entretien d'iceux; après laquelle répartition il sera assigné à chaque paroisse la tâche qu'elle devra remplir annuellement pour le dit entretien, à proportion du nombre des laboureurs et autres habitants taillables dont chacune d'elles se trouvera composée et de sa distance des chemins à entretenir, lesquelles tâches lesdits laboureurs et habitants seront tenus de faire sous telles peines qu'il appartiendra.

Archives impériales, arrêts du conseil, registre E 2482.

N° 522.

10 juillet 1772.

Arrêt du conseil d'état pareil à celui du n° 515 pour 1771.

Archives impériales, arrêts du conseil, registre E 2485.

N° 523.

14 juillet 1772.

Arrêt du conseil d'état qui ordonne et répartit entre les généralités de pays d'élections une imposition de 2.863.692 liv. en 1773 (1) pour pourvoir aux dépenses des ponts et chaussées, laquelle imposition sera comprise dans le brevet supplémentaire à la taille pour ladite année 1773.

Archives impériales, arrêts du conseil, registre E 1480.

N° 524.

28 juillet 1772.

Arrêt du conseil d'état portant fixation, pour 1773, du brevet des impositions

---

(1) Cette somme se compose de l'addition de celles qui, dans le brevet supplémentaire à la taille, figurent au titre de chaque généralité sous la désignation : *Supplément au fonds des ponts et chaussées*. (Voir au n° 534.)

supplémentaires à la taille, comprenant, pour les travaux des ponts et chaussées dans les généralités de pays d'élections, une somme de 4.824.545 l. 14 s. 4 d.

Cette somme se compose des impositions réparties sur chaque généralité conformément au brevet pour 1769, avec les différences suivantes :

	1769.	1773.
Dans la généralité de Paris. — Chemins de traverse; contribution de....	61.000 liv.	6.000 l. » s. » d.
Pavé du pont de Montereau, troisième annuité...	»	3.071 8 9
Dans la généralité de Châlons. — Ports maritimes du royaume....	58.612	33.612 » »
Travaux du pont sur le Saulx....	»	18.750 » »
Travaux du pont sur la Marne près de Châlons...	»	15.000 » »
Dans la généralité de Tours. — Réparations du pont d'Amboise....	8.155	»
Réparations à divers ponts....	»	5.672 » »
Dans la généralité de Lyon. — Travaux de la rivière d'Azergue....	30.000	»
Dans la généralité de Moulins. — Digue du Pont du Château....	8.000	»
Dans la généralité de la Rochelle. — Port de la Rochelle....	»	50.000 » »
Dans la généralité d'Auch. — Port de Lapès....	»	17.610 » »
Dans la généralité de Bayonne. — Port de Lapès....	»	2.390 » »
Dans la généralité de Rouen. — Indemnités d'expropriation pour les routes....	»	80.000 » »
Dans la généralité de Grenoble. — Pont sur la Drôme....	»	50.000 » »

Archives impériales, arrêté du conseil, registre E 2187.

N° 525.

28 juillet 1772.

Arrêt du conseil d'état qui impose une somme de 60.000 liv. en 1773 sur le comté de Bourgogne pour fonds supplémentaire des ponts et chaussées.

Archives impériales, arrêts du conseil, E 1480.

N° 526.

6 septembre 1772.

Arrêt du conseil d'état du roi qui, vu l'inexécution dans beaucoup de généralités, et notamment dans la généralité de Tours, de l'arrêt du 3 mai 1720 concernant la plantation d'arbres par les riverains le long des routes, voulant favoriser cette plantation en arbres d'essences convenables, ordonne :

1° Que les arbres pour la plantation des routes dans la généralité de Tours seront fournis gratis des pépinières royales ;

2° Que faute par les riverains de planter, après avoir été dûment avertis, la plantation sera faite par les seigneurs auxquels les arbres appartiendront ;

3° Que faute par les seigneurs de planter, il y sera pourvu par le roi, auquel les arbres plantés par lui appartiendront ;

4° Que les arbres qui ne seront ni d'essences ni de qualités convenables seront arrachés et remplacés par ceux provenant des pépinières.

Archives impériales, arrêts du conseil, registre E 2480.

N° 587.

29 septembre 1772.

Arrêt du conseil d'état qui attribue un uniforme aux ingénieurs des ponts et chaussées et en détermine les dispositions.

« Le roi étant informé que les ingénieurs des ponts et chaussées sont souvent troublés dans leurs fonctions, soit par des voyageurs imprudents, soit par des seigneurs ou autres propriétaires des terres sur lesquelles ils font tracer des routes et chemins ordonnés par le conseil, parce qu'ils les prennent pour des simples particuliers qui n'en ont pas le droit; qu'il arrive même quelquefois qu'ils ne sont pas connus des ouvriers qui travaillent dans les nombreux ateliers qu'ils ont à diriger, soit pour les ouvrages des ponts et chaussées, soit pour ceux des ports maritimes de commerce que S. M. leur a confiés, et que, lorsque les troupes y sont employées, les ingénieurs des ponts et chaussées n'ont aucune marque distinctive pour en être reconnus, ce qui nuit au service dont ils sont chargés; que plusieurs particuliers se sont, en différentes occasions, ingérés à donner des ordres nuisibles au bien du service en prenant le titre d'ingénieur des ponts et chaussées; S. M. a reconnu la nécessité d'empêcher de pareils abus qui sont très-préjudiciables à l'exécution de ses ordres et à ce service important auquel elle a toujours donné une attention particulière; pour quoi elle a jugé indispensable d'accorder à ses ingénieurs des ponts et chaussées un uniforme qui puisse les faire connaître du public, chacun suivant son grade; ouï sur ce le rapport du sieur abbé Terray......

« Le roi étant en son conseil a ordonné et ordonne ce qui suit :

« Art. 1er. Les ingénieurs de S. M. pour les ponts et chaussées porteront à l'avenir un habit uniforme. Cet habit sera de drap ou baracan gris de fer, les parements, la veste et la culotte de même étoffe et couleur; la doublure de l'habit couleur cramoisi et celle de la veste en blanc; le collet rabattu d'un pouce et demi de large, de couleur pareille à celle de la doublure, les manches en botte et les poches à l'ordinaire. Le bouton sera couvert d'une feuille d'argent, avec bord doré et fleurs de lis semblable au milieu.

« 2. L'habit du premier ingénieur de S. M. pour les ponts et chaussées sera garni d'une broderie d'un pouce de largeur sur un fond d'argent avec bordure de fil d'or et un rang de paillettes d'argent entre deux rangs de paillettes d'or de chaque côté; le tout faisant entrelacs en forme de portes dont les compartiments seront espacés à 27 lignes pour l'habit et 21 lignes pour la veste ainsi que pour les parements de l'habit, qui sera non croisé par derrière. La broderie sera double sur la manche et sur la poche; la doublure sera de soie cramoisie.

« 3. Les inspecteurs généraux auront le même habit que le premier ingénieur, à l'exception de l'un des deux bordés sur la manche et sur la poche qui seront de moitié moins larges et placés au haut de la manche et sous la patte.

« 4. Les ingénieurs auront pareil habit que les inspecteurs généraux, à l'exception de la largeur de la broderie qui ne sera que de 10 lignes, les manches n'auront qu'un bordé semblable à la broderie de l'habit.

« 5. Les inspecteurs porteront un galon or et argent de 8 lignes de largeur, au lieu de broderie. Il sera simple aux manches et double aux poches. La doublure sera en voile de couleur cramoisie.

« 6. Les sous-ingénieurs auront le même habit que les inspecteurs, à l'exception du galon qui sera simple sur les poches.

« 7. Les élèves auront le même habit que les sous-ingénieurs, mais sans galon. Il ne sera point mis de boutons sur la manche ; et les seuls élèves appointés annuellement et les trois premiers de chacune des trois classes de l'école des ponts et chaussées sont les seuls auxquels S. M. permet de porter ledit habit.

« 8. Fait S. M. défenses à tous particuliers, de quelque qualité et condition qu'ils soient, de porter ledit habit, à peine d'être poursuivis par toutes voies de rigueur.

« 9. Pour que ledit uniforme ne puisse varier, il sera annexé à la minute du présent arrêt des échantillons de drap, du baracan, des doublures et des boutons, ainsi que des broderies et des galons, pour y avoir recours en cas de besoin.

« 10. Enjoint S. M. à ses gouverneurs et commandants dans les places et frontières, à ses intendants et commissaires départis et autres officiers qu'il appartiendra à tenir la main à l'exécution du présent arrêt, chacun en ce qui le concerne. »

(Dans le registre, à la suite de cet arrêt, se trouvent les échantillons des étoffes, broderies, galons et boutons.)

Archives impériales, arrêts du conseil, registre E 2484.

N° 528.

13 octobre 1772.

Arrêt du conseil d'état qui ordonne une imposition supplémentaire de 50.000 l. en 1773 sur les Trois Évêchés et localités dépendantes de la généralité de Metz, en sus du fonds ordinaire de 42.809 liv. 0 s. 9 d. pour les ponts et chaussées.

Archives impériales, arrêts du conseil, E 1483.

N° 529.

21 octobre 1772.

Arrêt du conseil d'état qui, attendu la suppression des offices d'intendants et de contrôleurs des turcies et levées prononcé par l'édit de janvier précédent, ordonne que le sieur de Regemorte, premier ingénieur des turcies et levées, les visitera tous les ans et fera la réception des ouvrages, et qui lui alloue une somme annuelle de 2.000 liv. pour frais de tournées.

Archives impériales, arrêts du conseil, registre E 2484.

N° 530.

Décembre 1772.

Édit portant suppression de la compagnie des marchands fréquentant les rivières de Loire, Allier et autres y affluentes, par motifs d'économie, et comme occasionnant des longueurs dans les travaux du balisage et des embarras par les poursuites qu'elle exerce.

Le balissage sera fait par les entrepreneurs des turcies et levées, comme compris dans leurs baux d'entretien, sur les devis et sous la conduite des ingénieurs.

Archives des travaux publics, collection Poterlet, imprimé.

N° 521.

24 avril 1773.

Arrêt du conseil d'état qui, en conséquence de l'édit précédent et de l'édit de janvier 1772 (n° 512), attribue aux intendants des généralités traversées par la Loire et ses affluents la connaissance de tout ce qui intéresse le balisage et nettoiement de ces rivières, les chemins de halage, les péages, etc. . . . sauf l'appel au conseil.

Archives impériales, arrêts du conseil, registre E 2495.

N° 522.

14 juillet 1773.

Arrêt du conseil d'état conforme à celui du n° 513, pour 1772.

Archives impériales, arrêts du conseil, registre E 2496.

N° 523.

27 juillet 1773.

Arrêt du conseil d'état portant fixation, pour 1774, du brevet des impositions supplémentaires à la taille, comprenant, pour les travaux des ponts et chaussées dans les pays d'élections, une somme de 4.768.673 liv. 14 s. 4 d.

Cette somme se compose des impositions réparties sur chaque généralité conformément au brevet pour 1773 (n° 524) avec les différences suivantes :

	1773.	1774.
Dans la généralité de Tours. — Réparations de divers ponts. .	5.672 liv.	» liv.
Dans la généralité de Lyon. — Redressement de l'Azergue. . .	»	30.000
Dans la généralité de Rouen. — Indemnités d'expropriation pour les routes.	80.000	»

Archives impériales, arrêts du conseil, registre E 2499.

N° 524.

7 septembre 1773.

Arrêt du conseil d'état qui ordonne une imposition, au marc la livre de la capitation, sur les généralités de pays d'élections et sur les pays conquis, pour être employée aux ouvrages des canaux de Picardie et de Bourgogne.

« Le roi s'étant fait rendre compte des travaux entrepris pour la confection du canal de Picardie, destiné à former la jonction de l'Escaut à la Somme et à l'Oise, S. M. n'a pu voir qu'avec la plus entière satisfaction le progrès d'un ouvrage aussi important pour le bien de son royaume, et former le désir si naturel à son cœur de faire jouir ses peuples le plus promptement qu'il sera possible des avantages qu'ils doivent attendre de sa perfection. S. M. a porté plus loin encore ses regards paternels : elle a pensé qu'il était temps de commencer le canal de Bourgogne, dont l'objet est de réunir l'Yonne à la Saône; d'établir, à l'aide de ces deux canaux, une navigation sûre et facile à travers le royaume entier, du nord au midi, et d'assurer à l'agriculture le transport peu dispendieux de ses productions et de faciliter au commerce ses échanges et ses opérations. Les fonds que S. M. a assignés jusqu'à présent pour le canal de Picardie seraient insuffisants pour remplir ce double objet, et elle ne pourrait les augmenter sans déranger l'ordre établi dans les finances. D'ailleurs rien n'est plus conforme aux principes de la justice et d'une sage administration que de faire contribuer les différentes provinces et tous les ordres de l'état à une dépense aussi essentielle pour la prospérité du royaume entier : S. M. s'est déterminée en conséquence à ordonner pendant dix années une imposition annuelle de 400.000 liv. sur les généralités de pays d'élections et pays conquis. Elle a choisi dans le moment actuel et provisoirement la base de la capitation pour régler la contribution de chacune d'elles. S. M. s'est réservé de s'expliquer dans la suite à l'égard des autres provinces et des autres corps qui s'empresseront sûrement de témoigner à l'envi leur zèle pour l'exécution d'une entreprise aussi digne du nom français et aussi intéressante pour le bonheur des peuples. »

Suit le texte de l'arrêt qui porte l'imposition à 419.873 l. 8 s. 5. d., y compris les taxations, et qui répartit cette imposition entre vingt-cinq généralités et pays conquis.

Archives des travaux publics, collection Poterlet, imprimé.

N° 535.

17 janvier 1774.

Arrêt du conseil d'état qui nomme directeur général des travaux du canal de Picardie le sieur Laurent de Lionne, neveu et élève du sieur Laurent, décédé.

Archives des travaux publics, collection Poterlet, imprimé.

N° 536.

8 juin 1774.

Arrêt du conseil d'état qui nomme premier ingénieur des turcies et levées le sieur Gatien Bocchet, inspecteur général des ponts et chaussées, en remplacement du sieur Louis de Regemorte, décédé, aux appointements de 6.000 liv., augmentés de 2.000 liv. pour frais de tournées et de 1.800 liv. pour le balisage.

Archives impériales, arrêts du conseil, registre E 2505.

N° 537.

8 juin 1774.

Arrêt conforme à celui du n° 532 pour 1773.

Archives impériales, arrêts du conseil, registre E 2505.

PIÈCES JUSTIFICATIVES.

N° 538.

9 août 1774.

Arrêt du conseil d'état portant fixation, pour 1775, du brevet des impositions supplémentaires à la taille, comprenant, pour les travaux des ponts et chaussées dans les pays d'élections, une somme de 4.768.673 l. 14 s. 4 d.

Cette somme se compose des impositions réparties sur chaque généralité, conformément au brevet pour 1774.

Archives impériales, arrêts du conseil, registre E 2509.

N° 539.

9 août 1774.

Arrêt de répartition, pour 1775, de l'imposition annuelle ordonnée par l'arrêt du 7 septembre 1773 pour les travaux des canaux de Picardie et de Bourgogne.

Archives des travaux publics, collection Poterlet, imprimé.

N° 540.

27 octobre 1774.

Arrêt du conseil d'état qui fixe les appointements du sieur Normand, nommé le 31 mars 1774 ingénieur des turcies et levées, à 2.400 liv., plus 600 liv. pour frais de tournées et 600 liv. pour le balisage.

Archives impériales, arrêts du conseil, registre E 2506.

N° 541.

15 décembre 1774.

Arrêts du conseil d'état qui nomment inspecteurs généraux des ponts et chaussées en remplacement du sieur Bouchet, nommé premier ingénieur des turcies et levées, et du sieur Dié Gendrier, mis à la retraite avec 2.000 liv. de pension, Hue, Mathieu René, ingénieur à la Rochelle, et Dubois, Pierre-Alexandre, ingénieur à Rouen.

Archives impériales, arrêts du conseil, registre E 2506.

N° 542.

15 décembre 1774.

Arrêt du conseil d'état qui rétablit à 17.500 liv., comme en 1727, les frais de commis et de bureau des ponts et chaussées, attendu l'augmentation du travail occasionnée par l'adjonction des ports maritimes, du pavé de Paris, des pépinières, etc., et y réunit 1.300 liv. pour les frais du bureau des canaux et de la navigation des rivières, le tout pour être porté sur les états qui s'arrêtent au conseil pour les appointements des sous-ingénieurs, élèves et autres employés des ponts et chaussées, et non plus employé sous le nom du sieur Trudaine.

Archives impériales, arrêts du conseil, registre E 2506.

TITRE III, CHAPITRE I.

N° 543.

19 mars 1775.

Arrêt du conseil d'état qui ordonne le curement et le redressement de la Lys entre Aire et Merville, suivant devis montant à 800.000 liv., dont 200.000 liv. seront fournies par le trésor royal et 600.000 liv. imposées en cinq années sur l'Artois, les Flandres, etc.

Archives impériales, arrêts du conseil, registre E 2517.

N° 544.

12 juillet 1775.

Arrêt du conseil d'état qui, vu l'achèvement du canal de jonction de la Lys à l'Aa, établit la liberté de la navigation de Dunkerque à Lille et à Douay, en passant par ledit canal et les rivières de l'Escaut, la Scarpe, la Lys, l'Aa et la haute et basse Deule.

Archives impériales, arrêts du conseil, registre E 2518.

N° 545.

1er août 1775.

Arrêt du conseil d'état qui ordonne une imposition annuelle, à compter de 1776, de 800.000 liv. sur les vingt généralités de pays d'élections et sur les pays conquis, savoir : les Flandres, le Hainaut, le département de Metz, l'Alsace, le comté de Bourgogne, les duchés de Lorraine et de Bar et le Roussillon, pour les travaux du canal de Picardie, du canal de Bourgogne, de la navigation de la Charente et autres ouvrages de cette nature.

Archives des travaux publics, collection Poterlet, imprimé.

N° 546.

15 août 1775.

Arrêt du conseil d'état portant fixation, pour 1776, du brevet des impositions supplémentaires à la taille, comprenant, pour les travaux des ponts et chaussées dans les pays d'élections, une somme de 5.530.578 liv. 14 s. 4 d.

Cette somme se compose des impositions réparties sur chaque généralité, conformément au brevet pour 1775 (n° 538) avec les différences suivantes :

1° Suppression de la généralité de Bayonne et sa réunion à la généralité de Bordeaux, d'où résulte que les 50.000 liv. pour le port de Saint-Jean-de-Luz sont réparties comme il suit :

　　　　Généralité d'Auch. . . . . . .　25.500 liv.
　　　　Généralité de Bordeaux. . . . .　24.500 »

En outre, un nouveau crédit est ouvert sur cette généralité, pour les chaussées pavées, de 40.000 liv.

2° Nouvelles impositions de 721.905 liv. pour la part des généralités de pays d'élections dans l'imposition pour les travaux de navigation, celle des pays conquis étant de 78.095 liv.

Archives impériales, arrêts du conseil, registre E 2512.

N° 547.

20 septembre 1775.

Arrêt du conseil d'état qui approuve les plans, devis et détails estimatifs dressés, pour l'amélioration de la navigation de la Charente de Civray à Angoulême et d'Angoulême à Cognac, par le sieur Trésaguet, inspecteur général des ponts et chaussées et ingénieur en chef de la généralité de Limoges, commis à cet effet par arrêt dudit conseil du 2 août 1767; qui ordonne leur mise à exécution sous la conduite dudit Trésaguet, autorise l'adjudication et le payement des dépenses, puis celui des indemnités pour expropriation ou dommage aux propriétés.

Archives impériales, arrêts du conseil, registre E 2513.

N° 548.

6 février 1776.

Arrêt du conseil d'état concernant la largeur des routes.

« Le roi s'étant fait représenter l'arrêt du conseil du 3 mai 1720 qui fixe à 60 pieds la largeur des chemins royaux, S. M. a reconnu que, si la vue de procurer un accès facile aux denrées nécessaires pour la consommation de la capitale et d'ouvrir des débouchés suffisants aux villes d'un grand commerce avait pu engager à prescrire une largeur aussi considérable aux grandes routes, cette largeur, nécessaire seulement auprès de ces villes, ne faisait dans le reste du royaume qu'ôter des terrains à l'agriculture, sans qu'il en résultât aucun avantage pour le commerce; elle a cru qu'après avoir, par la suppression des corvées et celle des convois militaires, rendu aux hommes qui s'occupent de la culture des terres la libre disposition de leurs bras et de leur temps sans qu'aucune contrainte puisse désormais les enlever à leurs travaux, il était de sa justice et de sa bonté pour les peuples de laisser à l'industrie des cultivateurs, devenue libre, et à la reproduction des denrées tout ce qu'il ne serait pas absolument nécessaire de destiner aux chemins pour faciliter le commerce. Elle s'est déterminée, en conséquence, à fixer aux grandes routes une largeur moindre que celle qui leur était précédemment assignée, en réglant celle des différentes routes suivant l'ordre de leur importance pour le commerce général du royaume, pour le commerce particulier des provinces entre elles, enfin pour la simple communication d'une ville à une autre ville. A quoi voulant pourvoir :

« Article 1er. Toutes les routes construites à l'avenir, par ordre du roi, pour servir de communication entre les provinces et les villes ou bourgs, seront distinguées en quatre classes ou ordres différents :

« La première classe comprendra les grandes routes qui traversent la totalité du royaume, ou qui conduisent de la capitale dans les principales villes, ports ou entrepôts de commerce ;

« La deuxième, les routes par lesquelles les provinces et les principales villes du royaume communiquent entre elles, ou qui conduisent de Paris à des villes considérables, mais moins importantes que celles désignées ci-dessus ;

« La troisième, de celles qui ont pour objet la communication entre les villes principales d'une même province ou de provinces voisines;

« Enfin, les chemins particuliers destinés à la communication des petites villes ou bourgs seront rangés dans la quatrième.

« 2. Les grandes routes du premier ordre seront désormais ouvertes sur la largeur de 42 pieds; les routes du deuxième ordre seront fixées à la largeur de 36 pieds; celles du troisième ordre à 30 pieds; et à l'égard des chemins particuliers, leur largeur sera de 24 pieds.

« 3. Ne seront compris dans les largeurs ci-dessus spécifiées les fossés, ni les empatements des talus ou glacis.

« 4. S. M. se réserve et à son conseil de déterminer, sur le compte qui lui sera rendu de l'importance des différentes routes, dans quelle classe chacune de ces routes doit être rangée, et quelle doit en être la largeur, en conséquence des règles ci-dessus prescrites.

« 5. Entend néanmoins S. M. que l'article 3 du titre des chemins royaux de l'ordonnance des eaux et forêts, qui, pour la sûreté des voyageurs, a prescrit une ouverture de 60 pieds pour les chemins dirigés à travers les bois, continue d'être exécuté selon sa forme et teneur.

« 6. Entend pareillement S. M. que, dans les pays de montagnes et dans les endroits où la construction des chemins présente des difficultés extraordinaires et entraîne des dépenses très-fortes, la largeur des chemins puisse être moindre que celle ci-dessus prescrite, en prenant d'ailleurs les précautions nécessaires pour prévenir tous les accidents; et sera, dans ce cas, ladite largeur fixée d'après le compte rendu au conseil par les sieurs intendants de ce que les circonstances locales pourront exiger.

« 7. La grande affluence des voitures aux abords de la capitale et de quelques autres villes d'un grand commerce pouvant occasionner divers embarras ou accidents qu'il serait difficile de prévenir si l'on ne donnait aux routes que la largeur ci-dessus fixée de 42 pieds, S. M. se réserve d'augmenter cette largeur aux abords desdites villes par des arrêts particuliers, après en avoir fait constater la nécessité, sans néanmoins que ladite largeur puisse être, en aucun cas, portée au delà de 60 pieds.

« 8. Seront lesdites routes bordées de fossés, dans les cas seulement où lesdits fossés auront été jugés nécessaires pour les garantir de l'empiétement des riverains ou pour l'écoulement des eaux; et les motifs qui doivent déterminer à en ordonner l'ouverture seront énoncés dans les projets des différentes parties de routes envoyés au conseil pour être approuvés.

« 9. Les bords des routes seront plantés d'arbres propres au terrain, dans les cas où ladite plantation sera jugée convenable, eu égard à la situation et disposition desdites routes; et il sera pareillement fait mention, dans les projets envoyés au conseil pour chaque partie de route, des motifs qui doivent déterminer à ordonner que lesdites plantations aient ou n'aient pas lieu.

« 10. Il ne sera fait, quant à présent, aucun changement aux routes précédemment construites et terminées, encore que la largeur en excédât celle ci-dessus fixée; suspendant à cet égard S. M. l'effet du présent arrêt, sauf à pourvoir par la suite, et d'après le compte qu'elle s'en fera rendre, aux réductions qu'elle pourra juger convenable d'ordonner.

« 11. Sera au surplus l'arrêt du 3 mai 1720 exécuté selon sa forme et teneur, en tout ce à quoi il n'a point été dérogé par le présent arrêt. »

Archives des travaux publics, collection Poterlet, imprimé.

N° 549.

17 avril 1776.

Arrêt du conseil d'état qui fixe à un an le délai accordé aux propriétaires riverains pour planter sur leurs terrains, le long des routes, et permet aux seigneurs voyers de faire lesdites plantations, à défaut par les propriétaires de les avoir faites dans ledit délai.

Archives des travaux publics, collection Poterlet, imprimé.

N° 550.

5 mai 1776.

Arrêt du conseil d'état qui maintient le transport des pavés et du sable pour l'entretien et les réparations de la route d'Orléans, par les voituriers revenant de Paris à vide.

« Le roi s'étant fait représenter en son conseil les arrêts rendus en icelui les 8 juillet 1727, 51 juillet 1736 et 20 octobre 1739, S. M. aurait reconnu que l'obligation imposée par ces arrêts à tous voituriers et rouliers revenant à vide de la ville de Paris en celle d'Orléans, de charger aux dépôts d'Étréchy et d'Étampes du pavé ou du sable pour l'entretien et réparation de la grande chaussée, était d'autant plus essentielle à maintenir, qu'il en avait résulté jusqu'à présent une économie considérable sur le prix des baux d'entretien de ladite chaussée, sans qu'elle fût d'ailleurs préjudiciable aux rouliers et voituriers, puisqu'elle ne leur occasionnait absolument aucuns frais ni perte de temps; par cette raison, cette obligation de leur part n'aurait jamais dû être assimilée aux corvées des grands chemins, dont la suppression a été ordonnée par l'édit du mois de février dernier. Néanmoins S. M. aurait été informée que, sur le fondement de l'article 1er de cet édit, plusieurs voituriers fréquentant la grande route de Paris à Orléans, et revenant à vide, auraient refusé de charger, comme ci-devant, aux dépôts d'Étréchy et d'Étampes la quantité de pavé ou de sable prescrite par l'arrêt du 8 juillet 1727, ce qui suspend les ouvrages de la route;

« Et étant nécessaire d'y pourvoir. . . . . »

Le roi en son conseil confirme les arrêts susdits et ordonne la continuation de leur exécution.

Archives impériales, arrêts du conseil, registre E 2524.

N° 551.

23 juillet 1776.

Arrêt du conseil d'état portant fixation, pour 1777, du brevet des impositions supplémentaires à la taille, comprenant, pour les travaux des ponts et chaussées et de la navigation dans les pays d'élections, une somme de 5.564.966 liv. 12 s. 10 d.

Cette somme se compose des impositions réparties sur chaque généralité conformément au brevet pour 1776 (n° 546), avec les différences suivantes:

Dans la généralité de Châlons, augmentation pour solde des travaux du pont sur le Saulx. . . . . 4.387 liv. 18 s. 6 d.

Dans la généralité de Rouen, pour une digue contre les irruptions de la mer près du Havre. . . . . 30 000 liv.

Archives impériales, arrêts du conseil, registre E 2527.

N° 552.

13 avril 1777.

Arrêt du conseil d'état qui accorde au sieur de Voglie, inspecteur général des ponts et chaussées, en récompense de ses longs et bons services, une pension viagère de 3.000 liv., avec une réversibilité de 2.000 liv. sur sa veuve.

Archives impériales, arrêts du conseil, registre E 2533.

N° 553.

24 juin 1777.

Arrêt du conseil d'état qui, pour réprimer les entraves mises à la navigation des rivières, rappelle et confirme les ordonnances de 1669 et de 1672, et « déclare tous les ponts, chaussées, pertuis, digues, hollandages, pieux, balises et autres ouvrages publics qui sont ou seront construits, pour la sûreté et facilité de la navigation et du halage, sur et le long des rivières et canaux navigables et flottables, faire partie des ouvrages royaux, et les prend en conséquence sous sa protection et sauvegarde royale. »

Archives des travaux publics, collection Poterlet, imprimé.

N° 554.

22 juillet 1777.

Arrêt du conseil d'état portant fixation, pour 1778, du brevet des impositions supplémentaires à la taille, comprenant pour les travaux des ponts et chaussées, des ports de mer et de la navigation dans les pays d'élections, une somme de 5.552.757 l. 5 s. 7 d.

Cette somme se compose des impositions réparties sur chaque généralité, conformément au brevet pour 1777 (n° 551), avec les différences suivantes :

Dans la généralité de Paris, suppression de la rampe du pont de Montereau. . . . . 3.071 l. 8 s. 9 d.

Dans la généralité de Châlons, suppression des dépenses pour le pont sur le Saulx. . . . . 23.137 l. 18 s. 6 d.

Dans la généralité de Caen, imposition pour digues contre la mer. 14.000 liv.

Archives impériales, arrêts du conseil, registre E 2530.

N° 555.

12 juillet 1778.

Arrêt du conseil d'état qui institue une administration provinciale dans la province de Berry, pour répartir les impositions dans ladite province, en faire faire la levée, *diriger la confection des grands chemins et les ateliers de charité*, etc.

Archives des travaux publics, collection Poterlet, imprimé.

N° 556.

7 septembre 1778.

Arrêt du conseil d'état qui ordonne sur les duchés de Lorraine et de Bar, une imposition de 83.039 l. 3 d. pour dépenses ordinaires des ponts et chaussées.

4 décembre 1778.

Autre arrêt qui ordonne sur les mêmes duchés une imposition de 1.200 liv. pour indemnité de logement à l'ingénieur en chef.

Archives impériales, arrêts du conseil, registre E 2549.

N° 557.

Février 1779.

Édit qui, par des motifs d'économie, réduit à un seul office les deux offices de trésorier général des ponts et chaussées, turcies et levées, canaux et navigation des rivières, barrage et pavé de Paris.

Archives des travaux publics, collection Poterlet, imprimé.

N° 558.

27 avril 1779.

Arrêt du conseil d'état portant établissement d'une administration provinciale dans le Dauphiné.

Archives des travaux publics, collection Poterlet, imprimé.

N° 559.

30 mai 1779.

Arrêt du conseil d'état qui autorise l'établissement projeté par les états du Mâconnais, de douze manœuvres stationnaires destinés à l'entretien de la grande route de poste de Lyon à Paris, traversant le pays et le comté de Mâconnais, sur la longueur de 25.476 toises. Cette longueur est partagée en six stations, desservies chacune par deux manœuvres; les appointements sont de 20 sols par jour de travail, ou 216 liv. par an; il y aura en outre trois prix par an de 36, 24 et 12 liv., chacun pour deux desdits manœuvres; au bout de vingt ans, ils auront droit à une retraite de moitié de leurs gages. Le règlement est en vingt-huit articles et mérite d'être consulté.

Archives des travaux publics, collection Poterlet, imprimé.

N° 560.

11 juillet 1779.

Arrêt du conseil d'état portant établissement d'une administration provinciale dans la généralité de Montauban.

Archives des travaux publics, collection Poterlet, imprimé.

N° 561.

20 juillet 1779.

Arrêt du conseil d'état qui ordonne l'imposition pendant dix ans, sur tous les habitants de la généralité de Tours, de 41.000 liv. pour le payement des indemnités dues aux propriétaires des bâtiments et terrains pris pour l'alignement des routes, et montant à 410,000 liv. Ces indemnités seront partagées en dix classes en raison de la date des prises de possession.

Archives des travaux publics, collection Poterlet, imprimé.

N° 562.

27 juillet 1779.

Arrêt du conseil d'état portant fixation du brevet supplémentaire à la taille pour les travaux des ponts et chaussées, etc., en 1780, conforme à celui de 1778 (n° 554).

Archives impériales, arrêts du conseil, registre E 2560.

N° 563.

15 août 1779.

Arrêt du conseil d'état ordonnant une enquête sur la situation des péages établis sur les grandes routes et les rivières navigables, afin de parvenir au rachat de tous ceux qui ne sont pas « établis sur les canaux ou sur les rivières qui ne sont navigables que par le moyen d'écluses ou d'autres ouvrages d'art et qui exigent un entretien et un service journalier. »

Archives des travaux publics, collection Poterlet, imprimé.

N° 564.

30 octobre 1779.

Arrêt du conseil d'état qui ordonne la confection des plans et devis du canal de Bourgogne dans la partie comprise entre la Saône et Dijon, par un ingénieur du roi nommé à cet effet, conjointement avec les commissaires et ingénieurs qui seront choisis par les élus généraux des états de Bourgogne; pour être exécutés sous la direction desdits élus généraux en y employant les fonds déjà faits depuis 1763 et en outre au moins 30.000 liv. par année jusqu'à entier achèvement, S. M. se réservant la faculté d'accorder toutes facilités à l'administration de la province pour les acquisitions de terrains et la solution de toutes contestations qui pourront s'élever.

Archives impériales, arrêts du conseil, registre E 2554.

N° 565.

12 décembre 1779.

Arrêt du conseil d'état portant autorisation au sieur Laure, concessionnaire du privilége de la navigation sur toutes les rivières navigables suivant les arrêts du 11 septembre 1775 et du 17 août 1776, d'établir une navigation régulière sur la Loire, de Roanne à Nantes, pour les voyageurs et pour les marchandises.

Archives des travaux publics, collection Poterlet, imprimé.

N° 566.

2 février 1780.

Arrêt du conseil d'état qui nomme inspecteur général des ponts et chaussées, en place du sieur Hue, décédé, le sieur Cadet de Limay, ingénieur en chef à Tours.

20 mars 1760.

Autre arrêt qui nomme ingénieur en chef, en place du sieur Cadet de Limay, le sieur Lamandé, ingénieur de la généralité de Paris.

Archives impériales, arrêts du conseil, registre E 2565.

N° 567.

13 février 1780.

Déclaration du roi qui établit qu'à compter de 1781 il ne sera fait qu'un seul brevet général pour la taille, la capitation et leurs suppléments ou accessoires; que ce brevet général restera fixé au chiffre de l'année 1780; qu'il n'y sera fait ni augmentations, ni changements, qu'en vertu de lettres patentes enregistrées dans les cours; qu'il ne pourra être ordonné autrement aucune nouvelle imposition, si ce n'est pour des dépenses locales précédées des délibérations des communautés.

Archives des travaux publics, collection Poterlet, imprimé.

N° 568.

2 juillet 1780.

Arrêt du conseil d'état qui homologue le projet de redressement du cours du Drac et de l'Isère au-dessous de Grenoble, ordonne l'exécution de l'adjudication passée le 17 février 1780, des digues à faire contre lesdites rivières au long des territoires de Sassenage et de Noyarey; enfin ordonne que la moitié de la dépense sera prise sur les fonds de l'imposition faite sur la province en vertu des lettres patentes du 8 juillet 1768, et l'autre moitié aux frais des intéressés.

Archives des travaux publics, collection Poterlet, imprimé.

N° 569.

11 novembre 1780.

Arrêt du conseil d'état qui en rappelle un autre du 5 juin 1779 ordonnant l'emploi d'une somme de 500.000 liv. en dix ans pour endiguement du Têt, travaux aux abords du pont de Perpignan, ouverture, construction et réparation des chemins, ponts et chaussées de Perpignan vers l'Espagne, le Languedoc et Port-Vendre, et ordonnant à cet effet une allocation annuelle de 25.000 liv. sur les fonds des ponts et chaussées et une imposition de pareille somme sur le Roussillon.

Archives impériales, arrêts du conseil, registre E 2569.

N° 570.

13 avril 1781.

Arrêt de règlement pour les ponts et chaussées de la province de Berry, en conformité des délibérations de son assemblée provinciale.

Archives des travaux publics, collection Poterlet.

N° 571.

30 avril 1781.

Arrêt du conseil d'état qui approuve les plans et devis dressés pour la partie du canal de Bourgogne comprise entre la Saône et Dijon, en exécution de l'arrêt du 30 octobre 1779, ainsi que le règlement pour l'exécution dressé par les soins des élus des états de Bourgogne. — L'article 16 de ce règlement permet de faire travailler auxdits ouvrages, soit par adjudications partielles ou totales, « soit même par corvées, notamment en ce qui concerne les voitures des matériaux, sans cependant surcharger les corvéables d'un plus grand nombre de corvées que celles qui sont réglées et d'usage. »

Archives impériales, arrêts du conseil, registre E 2571.

N° 572.

18 novembre 1781.

Arrêt du conseil d'état qui ordonne que les rues, chemins, communications des villes, bourgs et villages, qui ne font pas partie des grandes routes, cesseront d'être entretenus aux frais du roi.

« Le roi s'étant fait représenter en son conseil les baux d'entretien des différentes routes qui sont à la charge du département des ponts et chaussées dans les différentes généralités ; et S. M. ayant reconnu qu'on y avait compris des communications particulières, et même des rues situées dans l'intérieur des villes, bourgs et villages, qui ne font pas partie des grandes routes ; qu'il en était résulté des conflits de juridiction entre les trésoriers de France et les juges des seigneurs, et une dépense superflue qui nuisait à l'avancement et perfection des routes principales. . . . .

« Le roi.... a ordonné et ordonne qu'à compter du jour de la publication du présent arrêt, les rues, chemins et communications particulières des villes, bourgs et villages du royaume, même dans la banlieue de Paris, qui ne font pas partie des grandes routes et chemins royaux, seront retirés des baux d'entretien des ponts et chaussées et pavé de Paris, et qu'en conséquence les seigneurs haut-justiciers des lieux, ayant titre et possession valables, pourront seuls faire exercer la voirie sur lesdites rues, chemins et communications particulières, sans que néanmoins lesdits seigneurs haut-justiciers, leurs officiers, ainsi que les officiers municipaux des villes et bourgs puissent permettre aucune construction sur les grandes routes et chemins royaux ou sur les rues des villes, bourgs et villages qui en font partie, encore que les chaussées soient entretenues à leurs frais, ou à ceux desdites villes, bourgs et villages. Ordonne S. M. que les trésoriers de France, commissaires des ponts et chaussées et du pavé de Paris, continueront de donner sans frais lesdits alignements et autres permissions relatives à la police et voirie des grandes routes et chemins royaux..................... »

Archives des travaux publics, collection Poterlet, imprimé.

N° 573.

17 juillet 1782.

Arrêt du conseil d'état portant règlement pour les travaux relatifs à la navigation de la Garonne.

L'article 3 porte qu'il y sera employé chaque année, tant que le lit de la rivière n'aura pas la largeur et la profondeur requises, une somme de 120.000 liv., dont moitié sera fournie par le roi et moitié par les états du Languedoc.

Ravinet, *Code des ponts et chaussées*, vol. Ier, p. 57.

N° 574.

Juillet 1782.

Lettres patentes qui prorogent pour six années, à compter du 4 septembre 1782, l'effet et exécution des lettres patentes du 24 juin 1776, qui avaient concédé au comte de la Marche, depuis prince de Conti, et ses ayants cause, la faculté de faire construire à ses frais et dépens un canal de navigation depuis Semuy jusqu'à Pont-Bar, entre la Seine et la Meuse, pour joindre les rivières d'Aisne et de Bar, et d'ouvrir la communication de la Meuse à la Moselle ; « à la charge et sous les conditions que les ingénieurs des ponts et chaussées pourront, dans tous les temps et dans tous les cas, inspecter tous les ouvrages de la construction dudit canal, ainsi que les réparations et entretiens après la perfection dudit canal, afin d'en constater la solidité et sûreté. »

Archives des travaux publics, collection Poterlet, imprimé.

N° 575.

31 août 1782.

Délibération des élus généraux des états de Bourgogne par laquelle ils acceptent la proposition à eux faite au nom du roi, par le contrôleur général des finances, de prendre la concession du canal du Charolais, suivant les plans et devis rédigés par le sieur Gauthey, ingénieur en chef de la province; en faisant une pension viagère aux sieurs Raguet-Brancion frères, auteurs des nouvelles études de ce canal.

Archives des travaux publics, collection Poterlet, imprimé.

N° 576.

25 septembre 1782.

Arrêt du conseil d'état qui commet le sieur de Chézy, ingénieur des ponts et chaussées et inspecteur général du pavé de Paris, adjoint au sieur Perronet, tant comme directeur de l'école des ponts et chaussées et du dépôt des plans, que comme inspecteur de tous les grands ouvrages des ponts et chaussées, ports maritimes, canaux et navigation, avec 3.000 liv. d'appointements; maintenant d'ailleurs au sieur Perronet, sa vie durant, les appointements attachés à ces fonctions.

Archives des travaux publics, collection Poterlet, manuscrit.

N° 577.

Janvier 1783.

Édit du roi par lequel S. M. permet aux états de Bourgogne d'ouvrir un canal de navigation dans le Charolais, et de communication des deux mers par la Saône et la Loire, depuis Châlons jusqu'à Digoin, en suivant le cours des rivières de Talie, de Dheune et de Bourbince; et autorise lesdits états à percevoir à perpétuité un droit de 6 deniers, par lieue de 3.000 toises, pour chaque quintal, poids de marc, de tout ce qui sera voituré par ledit canal; avec faculté aux états de diminuer ce droit, ainsi qu'ils le jugeront convenable pour le bien du commerce.

Archives des travaux publics, collection Poterlet, imprimé.

N° 578.

4 janvier 1783.

Arrêt du conseil d'état concernant les ingénieurs des ponts et chaussées.

« Le roi s'étant fait représenter les arrêts du conseil des 7 juillet 1750 et 8 mars 1770, par lesquels, entre autres dispositions, S. M. aurait établi quatre inspecteurs généraux des ponts et chaussées et trois ingénieurs pour la généralité de Paris, lesquels devaient passer successivement aux places d'ingénieurs vacantes dans les provinces; S. M. a reconnu que les ouvrages du département des ponts et chaussées étant considérablement augmentés, le nombre de quatre inspecteurs généraux était insuffisant; S. M. a pareillement reconnu que l'étendue et l'importance des routes de la généralité de Paris et la nécessité d'apporter la plus grande attention à leur entretien exigeaient que les ingénieurs chargés de les surveiller fussent fixés à l'avenir dans leurs départements; elle a résolu d'établir une cinquième place d'inspecteur général des ponts et chaussées et d'assimiler les ingénieurs de la généralité de Paris à ceux des autres provinces; A quoi voulant pourvoir, etc. . . . .

« Art. 1ᵉʳ. Le nombre des places d'inspecteurs généraux des ponts et chaussées, fixé à quatre par l'art. 1ᵉʳ de l'arrêt du 7 juillet 1750, sera porté à cinq.

« 2. Le nombre des ingénieurs de la généralité de Paris demeurera fixé à trois conformément à l'art. 1ᵉʳ de l'arrêt du 8 mars 1770 : entend S. M. que lesdites places ne servent plus à l'avenir de grade pour parvenir à celles d'ingénieurs dans les provinces, dérogeant à cet effet à l'art. 2 dudit arrêt du 8 mars 1770.

« 3. Seront lesdits ingénieurs de la généralité de Paris entièrement assimilés à ceux qui servent dans les provinces et jouiront en conséquence, à commencer du 1ᵉʳ janvier de la présente année, du même traitement de 2.400 liv., savoir : 1.800 liv. pour appointements et 600 liv. pour frais de voyages. »

Archives des travaux publics, collection Poterlet, imprimé

N° 579.

4 janvier 1783.

Arrêt du conseil qui nomme inspecteur général, en remplacement du sieur Lenoir Desvaux, décédé, le sieur de Cessart, ingénieur depuis 1767.

26 janvier 1783.

Arrêt qui nomme à la cinquième place d'inspecteur général le sieur Bochet de Coluel, ingénieur en chef de la Champagne.

Archives impériales, arrêts du conseil, registre E 2595.

N° 580.

9 avril 1783.

Instruction en forme de règlement pour les ingénieurs en chef et sous-ingénieurs des ponts et chaussées de la généralité de Paris.

Art. 1ᵉʳ. Les ponts et chaussées de cette généralité restent placés sous la direction du premier ingénieur.

2. La généralité est divisée en trois départements ayant chacun un ingénieur en chef.

3. Il y aura dans chaque département autant de sous-ingénieurs qu'il sera nécessaire, chacun d'eux ayant un arrondissement particulier.

4 et 5. Les ingénieurs et les sous-ingénieurs correspondront avec l'intendant des ponts et chaussées du royaume et le premier ingénieur, et aussi avec l'intendant de la généralité et ses subdélégués pour les corvées relatives aux grandes routes et ouvrages des ponts et chaussées.

6 et 7. Les ingénieurs en chef seront aussi chargés du service des chemins vicinaux et des ateliers de charité et y seront secondés par les sous-ingénieurs.

« 8. A l'égard des objets concernant les pépinières, casernes, prisons, juridictions, presbytères et autres, les sous-ingénieurs exécuteront les ordres de M. l'intendant, en se concertant avec leurs ingénieurs en chef pour que le service des ponts et chaussées n'en souffre point. Lesdits ingénieurs en chef y coopéreront eux-mêmes pour les objets les plus importants dont M. l'intendant voudra les charger. »

9 et 10. Les sous-ingénieurs feront annuellement cinq tournées de quinze jours au moins; ils se concerteront avec les subdélégués.

11 et 12. L'ingénieur en chef fera au moins deux tournées par an, accompagné du sous-ingénieur de l'arrondissement. Dans la seconde tournée, il accompagnera l'intendant de la généralité, lors du département des tailles.—Il se transportera d'ailleurs extraordinairement partout où sa présence sera nécessaire.—Il rendra compte, pour les ponts et chaussées et ateliers de charité, à l'intendant des ponts et chaussées et au premier ingénieur; et à l'intendant de la généralité de Paris, pour les objets de son administration.

Archives des travaux publics, collection Poterlet, imprimé.

N° 581.

20 avril 1783.

Arrêt du conseil d'état concernant la police du roulage, en modification de la déclaration de 1724.

Défense d'atteler plus de trois chevaux aux voitures à deux roues et plus de six par couples ou quatre en file aux voitures à quatre roues. — Permission de quatre chevaux et de huit chevaux, si les roues ont des jantes de 6 pouces de largeur, et de plus grand nombre si les deux trains des voitures à quatre roues sont de voies inégales. — Exception en faveur des voitures de l'agriculture. — Prohibition des clous à tête pointue pour les jantes. — Obligation d'attacher aux voitures des plaques portant les noms des propriétaires.

Cet arrêt fut suivi, à la date du 15 juillet, d'une instruction détaillée pour son exécution.

Archives des travaux publics, collection Poterlet, imprimé.

N° 582.

20 avril 1783.

Arrêt du conseil d'état concernant l'ouverture de nouvelles routes et les formalités qui devront à l'avenir précéder la confection des routes.

Archives des travaux publics, collection Poterlet, imprimé.

N° 583.

23 juillet 1783.

Arrêt du conseil d'état portant règlement général pour la navigation de la Loire et de ses affluents.

Ravinet, Code des ponts et chaussées, t. 1er, p. 69.

N° 584.

11 août 1783.

Arrêt du conseil d'état qui, en dérogation de l'arrêt du 20 avril sur le roulage, maintient, pour la route de Paris à Orléans, les prescriptions des arrêts spéciaux des 8 juillet 1727; 22 mai 1736 et 20 octobre 1739; en ajoutant la faculté de charger dix poinçons de vin ou 5,000 liv. pesant sur les charrettes ayant des jantes de 6 pouces de largeur et le double sur les chariots à quatre roues, ou même au delà si les deux trains ont des voies inégales.

Archives impériales, arrêts du conseil, registre E 2591.

N° 585.

25 septembre 1783.

Arrêt du conseil d'état qui autorise l'exécution de la première partie d'un canal, dit de Franche-Comté, qui devra joindre la Saône au Doubs et le Doubs au Rhin.

« Art. 1er. Il sera ouvert et construit un canal de navigation qui sera appelé canal de Franche-Comté, dont les eaux seront tirées de la rivière du Doubs, un peu au-dessous de Dôle, et dont l'embouchure sera dans la Saône près du village de Saint-Symphorien au-dessus de la ville de Saint-Jean-de-Losne, conformément aux plans et devis dressés par le sieur Bertrand, ingénieur en chef des ponts et chaussées de Franche-Comté, et le sieur Gauthey, ingénieur des états de Bourgogne, et approuvés par S. M., sauf néanmoins les corrections et changements qui pourraient être jugés nécessaires par la suite. »

2. La partie sur le duché de Bourgogne sera construite aux frais et par les soins des états.

3. La partie sur le comté de Bourgogne sera acquittée des fonds qui seront à ce destinés par S. M.

Archives des travaux publics, collection Poterlet.

N° 586.

28 décembre 1783.

Arrêt du conseil d'état qui modifie celui du 20 avril concernant la police du roulage.

Ravinet, Code des ponts et chaussées, t. IV, p. 183.

N° 587.

21 février 1784.

Arrêt du conseil d'état qui porte à vingt-six le nombre des ingénieurs en chef des ponts et chaussées fixé à vingt-cinq par arrêt du 7 juillet 1750, à cause de la division de la généralité d'Auch en celles de Pau et de Bayonne.

Archives impériales, arrêts du conseil, registre E 2599.

N° 588.

31 décembre 1784.

Arrêt du conseil d'état qui approuve le devis des ouvrages à faire pour la construction des nouveaux quais et ports de la ville de Saumur, dressé le 1er février

1784 par le sieur Soyer, ingénieur en chef des turcies et levées, visé par le sieur Bouchet, premier ingénieur, et approuvé par l'intendant de la généralité de Tours; et qui homologue l'adjudication de ces ouvrages moyennant 606.700 liv., dont un tiers sera payé par la ville de Saumur et deux tiers seront pris sur les fonds des turcies et levées.

Archives impériales, arrêts du conseil, registre E 2601.

N° 589.

20 août 1785.

Arrêt du conseil d'état qui ordonne la continuation, pendant six années à partir de 1785, d'une imposition de 150.000 liv. sur tous les propriétaires et possédants fonds, ecclésiastiques, nobles, privilégiés et non privilégiés, exempts et non exempts de la généralité de Caen, dont 100.000 liv. pour le redressement de la rivière d'Orne de Caen à la mer, et 50.000 liv. pour le payement des indemnités dues pour les terrains pris pour la confection des routes.

Archives impériales, arrêts du conseil, registre E 2616.

N° 590.

30 juin 1786.

Lettres patentes sur arrêt du conseil d'état, qui prescrivent diverses mesures pour l'exécution des travaux contre les torrents et rivières du Dauphiné, et qui portent à 120.000 liv. pendant dix ans à compter du 1er janvier 1787, l'imposition de 60.000 liv. établie sur ladite province pour ces travaux par lettres patentes du 8 juillet 1783, pour être employées conjointement avec les contributions particulières des communautés intéressées et avec les fonds extraordinaires qui seront alloués sur le trésor royal.

Archives des travaux publics, collection Poterlet.

N° 591.

Septembre 1786.

Édit du roi qui ordonne la démolition des maisons construites sur les ponts de la ville de Paris, sur les quais et rues de Gèvres, de la Pelleterie et autres adjacentes des deux côtés de la rivière, conformément au projet arrêté en 1769, la construction d'un pont en face de la place Louis XV. . . . ; le parachèvement du quai d'Orsai. . . ; autorise à cet effet les prévôts des marchands et échevins de la ville de Paris à contracter un emprunt de 30 millions, en constituant 1.200.000 liv. de rente perpétuelle à 4 pour 100, avec un tirage de primes de dix mille lots.

Archives des travaux publics, collection Poterlet, imprimé.

N° 592.

7 décembre 1786.

Arrêt du conseil d'état qui nomme inspecteur général des ponts et chaussées, en remplacement du sieur Marmillod, nommé le 28 avril 1785, le sieur Bertrand, ingénieur depuis le 29 septembre 1769.

Archives impériales, arrêts du conseil, registre E 2624.

N° 593.

7 décembre 1786.

Arrêt du conseil d'état qui porte de cinquante à soixante le nombre des inspecteurs des ponts et chaussées, attendu l'augmentation des ouvrages de ce département. — Cet arrêt fut suivi immédiatement de dix commissions d'inspecteurs accordées à des sous-ingénieurs.

Archives impériales, arrêts du conseil, registre E 2621.

N° 594.

20 août 1787.

Arrêt du conseil d'état qui autorise une appropriation et location de bâtiments pour l'école des ponts et chaussées, rue Saint-Lazare.

« Vu par le roi étant en son conseil l'arrêt rendu en icelui le 14 septembre dernier, par lequel S. M., pour les causes et raisons y contenues, aurait autorisé l'acquisition, pour et au nom de sadite Majesté, de toutes maisons, terres, marais et héritages situés rue Saint-Lazare, à l'effet d'être employés à l'établissement de l'école, intendance et bureaux des ponts et chaussées; vu aussi la soumission faite le 16 août 1787 par le sieur de Sainte-Croix, propriétaire de terrains et maisons situés susdite rue Saint-Lazare, de faire faire à ses frais et de ses deniers sur lesdits terrains les constructions et bâtiments nécessaires pour former l'établissement projeté, et de louer ensuite à S. M. lesdits bâtiments et dépendances pour le terme et espace de dix-huit années, à l'effet de quoi ledit sieur de Sainte-Croix aurait fait dresser les plans et devis joints à la soumission, laquelle contient les conditions par lui proposées pour la location desdits terrains et bâtiments; S. M. aurait jugé devoir agréer de préférence les soumissions et offres dudit sieur de Sainte-Croix; A quoi voulant pourvoir. . . . .

« Le roi étant en son conseil a autorisé et autorise le sieur Lenoir, conseiller d'état, qu'elle a nommé commissaire à cet effet, à prendre à titre de loyer, pour et au nom de S. M., par deux baux consécutifs chacun de neuf années, les hôtel, école, bureaux et bâtiments que le sieur de Sainte-Croix s'engage à faire élever pour l'établissement de l'école, intendance et bureaux des ponts et chaussées, conformément aux plans et devis présentés par ledit sieur de Sainte-Croix, lesquels seront annexés au présent arrêt; autorise ledit sieur commissaire à traiter avec ledit sieur de Sainte-Croix suivant et conformément aux conditions de la soumission que S. M. a agréée et dont un double sera joint à la minute des baux. Veut au surplus S. M. que ledit arrêt de son conseil du 14 septembre dernier demeure comme non avenu. »

Archives impériales, arrêts du conseil, registre E 2657.

N° 595.

3 novembre 1787.

Arrêt du conseil d'état qui agrée les offres faites par le sieur de Fer d'entreprendre, à ses risques, périls et fortune et à ceux des personnes qu'il voudra s'associer, l'exécution, sous les formes et directions par lui indiquées, du projet proposé en 1762 par le sieur de Parcieux et perfectionné en 1769 par les sieurs Perronet et de Chezy, à l'effet d'amener vers l'observatoire, à la hauteur de 7 pieds au-dessus du bouillon des eaux d'Arcueil, les eaux des rivières d'Yvette et de Bièvre et des ruisseaux de Coubertin, de Port-Royal, de Gif, de Goute-d'Or, de Bure, de Vaubaillan, des Mathurins, de la Butte des Godets, de Chatenai, de la Fontaine des Moulins et tous autres y affluents, conformément au projet présenté par ledit sieur de Fer, et approuvés par les commissaires nommés par S. M. par l'arrêt de son conseil du 21 mai 1786.

Archives des travaux publics, collection Poteriet, imprimé.

N° 596.

30 novembre 1787.

Arrêt du conseil d'état qui nomme inspecteur général des ponts et chaussées le sieur Lallié, ingénieur en chef de la généralité de Lyon, ayant quarante-cinq ans de services.

Autre qui nomme le sieur Aubry, ingénieur en chef de Bresse et Bugey, inspecteur général des turcies et levées en remplacement du sieur Gatien Bouchet, décédé.

Archives impériales, arrêts du conseil, registre E 2655.

N° 597.

24 février 1788.

Arrêt du conseil d'état qui ordonne la plantation de haies vives sur le sommet des talus des turcies et levées.

Ravinet, Code des ponts et chaussées, t. IV, p. 204.

N° 598.

7 mars 1788.

Arrêt du conseil d'état qui nomme le sieur Gardeur-Lebrun inspecteur général des ponts et chaussées, en remplacement du sieur Bochet de Coluel, admis à la retraite.

Archives impériales, arrêts du conseil, registre E 2645.

N° 599.

Mai 1788.

Édit portant suppression des tribunaux d'exception, parmi lesquels furent comprie les bureaux des finances des généralités, composés des trésoriers généraux de France et autres officiers.

Archives des travaux publics, collection Poterlet, imprimé.

N° 660.

13 juin 1788.

Arrêt du conseil d'état qui maintient provisoirement dans leurs fonctions pour la direction du pavé de la ville, faubourgs et banlieue de Paris et pour celle des ponts et chaussées de ladite généralité, ainsi que pour la police de la voirie et autres attributions sur les routes des différentes généralités, les trésoriers de France, commissaires du conseil à cet effet.

Archives des travaux publics, collection Poterlet, imprimé.

N° 661.

13 septembre 1788.

Arrêt du conseil d'état qui autorise l'ouverture d'un canal dit *canal royal de Paris*, lequel partant de Lizy, sur l'Ourcq, viendra se partager entre la Chapelle-Saint-Denis et la Villette pour, d'un côté, se jeter dans la Seine, au bastion de l'arsenal à Paris; et de l'autre regagner cette rivière à son point de jonction avec celle d'Oise, à Conflans Sainte-Honorine.

Archives des travaux publics, collection Poterlet, imprimé.

CHAPITRE II.

DOCUMENTS DIVERS.

§ 1. Extraits de l'almanach royal (1).

Almanach pour 1700.
« M. Chamillart, contrôleur général des finances, son département comprend :

....

« 14. Ponts et chaussées ;
« 15. Turcies et levées ;
« 16. Barrage et pavé de Paris. »

....

Sous le contrôleur général, quatre intendants des finances.
Almanach pour 1701. — Idem.
Almanach pour 1702.
« Départements de MM. les contrôleur général, directeurs et intendants des finances :
« M. Chamillart, contrôleur général ;

....

« 15. Ponts et chaussées ;
« 16. Turcies et levées ;
« 17. Barrage et pavé de Paris.
« M. d'Armenonville (Fleuriau), directeur des finances ;

....

« Le détail des ponts et chaussées ;
« Turcies et levées ;
« Le barrage et pavé de Paris ;

....

« M. Rouillé, directeur des finances ; »

....

Ensuite trois intendants des finances.
Almanach pour 1703.
Comme l'année précédente pour le contrôleur général des finances. En outre MM. d'Armenonville et Rouillé, directeurs des finances, sont désignés comme membres du conseil des finances et y « rapportant, de même que M. le contrôleur général, les matières qu'on doit examiner dans ce conseil. »

---

(1) La fondation de cette publication annuelle date de quelques années avant 1700 : ce n'est qu'en 1700 qu'elle prit le titre d'*Almanach royal*.

Almanach pour 1704.

Idem. — M. Desmaretz est directeur des finances à la place de M. Rouillé.

Almanach pour 1705.

Idem.

Liste des trésoriers de France, généraux des finances et grands voyers en la généralité de Paris ; six présidents, vingt-neuf conseillers.

Almanach pour 1706. — Idem.

Almanach pour 1707.

Idem.

Liste générale des routes de poste de France.

« 1. De Paris à Lyon, par Montargis, La Charité, Nevers, Moulins, Roanne, Tarare.
« 2. De Lyon à Marseille.
« 3. De Marseille à Toulon.
« 4. D'Aix à Toulon.
« 5. D'Aix à Nice.
« 6. De Lyon à Genève.
« 7. De Lyon au pont de Beauvoisin et à Grenoble.
« 8. De Bourgoin à Grenoble.
« 9. Autre route de Paris à Lyon par Dijon (Auxerre, Noyers, Montbard, Val-de-Suzon, etc.)
« 10. De Lyon à Limoges, passant à Clermont.
« 11. De Paris à Bourges, par La Charité.
« 12. De Paris en Auvergne, par Moulins.
« 13. Du Pont-Saint-Esprit à Montpellier et à Narbonne.
« 14. De Narbonne à Perpignan et à Montlouis.
« 15. De Toulouse à Montlouis jusqu'à Carcassonne.
« 16. De Paris à Toulouse, par Orléans, Châteauroux, Limoges, Brives, Montauban.
« 17. De Toulouse à Narbonne.
« 18. De Bourdeaux à Toulouse.
« 19. De Bourdeaux à Limoges.
« 20. De Limoges à Tulle ; de là à Aurillac et à Clermont.
« 21. De Paris à Bourdeaux, par Orléans, Blois, Amboise, Poitiers, Châteauneuf, Barbezieux, Cubsac.
« 22. De Bourdeaux à Bayonne.
« 23. De Lesperon à Orthez.
« 24. De Paris à la Rochelle, par Poitiers.
« 25. De Paris à Tours et à Nantes, par Amboise.
« 26. De Paris à Angers, par Chartres.
« 27. De Paris à Besançon, par Dijon.
« 28. De Belfort à Besançon.
« 29. De Paris à Langres, puis à Strasbourg.
« 30. Traverse de Langres à Dijon.
« 31. De Langres à Belfort.
« 32. De Paris à Strasbourg, par Châlons et Metz.
« 33. De Châlons à Saint-Dizier.
« 34. Communication de Saint-Dizier à Langres.
« 35. De Saint-Dizier à Toul.
« 36. De Châlons à Verdun.
« 37. Postes de communication de Verdun à Longwy.
« 38. De Verdun à Metz.
« 39. De Metz à Sarrelouis.
« 40. De Metz à Thionville.
« 41. De Metz à Nancy.
« 42. De Metz à Saverne.
« 43. De Saverne à Strasbourg.
« 44. De Saverne à Landau.
« 45. De Haguenau à Strasbourg.
« 46. Du fort Louis à Strasbourg.
« 47. De Strasbourg à Belfort.
« 48. Autre par Huningue.
« 49. De Paris à Sedan, par Soissons et Reims.
« 50. Communication de Reims à Châlons.
« 51. Communication de Reims à Laon.
« 52. De Laon à Soissons.
« 53. De Verdun à Sedan.
« 54. De Paris à Lille, par Péronne.
« 55. Communication d'Amiens à Montdidier.
« 56. De Péronne à Valenciennes.
« 57. De Paris au Quesnoy, par Senlis.
« 58. Postes de communication en Flandre, Haynault et Artois ; routes variées.
« 59. De Paris à Dunkerque, par Amiens et Calais.

« 60. De Paris à Rouen.
« 61. De Rouen à Dieppe.
« 62. De Rouen au Havre.
« 63. De Rouen à Valognes, par Caen.
« 64. De Caen à Pontorson.
« 65. Autre de Caen à Pontorson.
« 66. De Rouen à Alençon.
« 67. Communication de Séez à Condé-sur-Néreau.
« 68. De Rouen à l'Aigle.
« 69. De Paris à Rennes, par Alençon.

Almanach pour 1708.

Idem. . . . .
1 Trésorier-général des ponts et chaussées.
1 Contrôleur général   id.
A la liste des routes de poste, se trouvent ajoutées :
« 22 *bis*. De Bayonne à Madrid.
« 54 *bis*. Communication de Roye à Amiens.
« 58 *bis*. De Noyon à Laon.

Almanach pour 1709.

« M. Desmaretz, contrôleur général des finances.
. . . .
« 15 Ponts et chaussées ;
« 16 Turcies et levées ;
« 17 Barrage et pavé de Paris ;
. . . .
Point de directeurs des finances ; 4 intendants.
1 Trésorier et un contrôleur général des ponts et chaussées.

Almanach pour 1710.

Idem.
Parmi les architectes experts bourgeois jurés du roi, on voit figurer M. *Boffrand, dans l'arsenal*, sans qualification. (Voir l'almanach pour 1720.)

Almanach pour 1711. — Idem.

Almanach pour 1712.

Comme les précédents ; sinon en plus :
M. de Bercy, intendant des finances.
. . . .
Les ponts et chaussées.

Almanachs pour 1713 et 1714. — Idem.

Almanach pour 1715. — Idem.

31 Trésorier au bureau des finances de Paris.

Almanach pour 1716.

Nouveaux conseils pour les affaires du royaume :
Conseil de régence ;
— de conscience ;
— des affaires étrangères ;
— de la guerre ;
— des finances ;

Dans ce conseil, M. Rouillé du Coudray, directeur des finances et du contrôle général ; huit conseillers ; deux secrétaires ;
Parmi les conseillers, M. de Baudry a . . . . . , les ponts et chaussés, les turcies et levées, le barrage et pavé de Paris, *en ce qui concerne les finances*.
. . . .
Conseil du dedans du royaume ; huit conseillers et un secrétaire.

Départements :

M. le marquis de Béringhen aura soin des ponts et chaussées, turcies et levées et pavé de Paris.

....

2 Trésoriers généraux des ponts et chaussées ; 1 contrôleur général.

Almanach pour 1717. — Idem.

Almanach pour 1718.

Idem, si ce n'est : un trésorier général et un contrôleur général des ponts et chaussées.

....

« Architectes de l'académie royale qui se tient au Louvre :
« MM. de Cotte, premier architecte et directeur ;
« Gabriel ; . . . ; Bruand ; Boffrand ; de Cotte le fils ; . . . ; Beausire ; . . .

Almanach pour 1719.

Idem, si ce n'est : deux trésoriers généraux des ponts et chaussées.

Almanach pour 1720.

....

Architectes experts bourgeois jurés du roi : « Ces soixante architectes experts jurés du roi, créés par édits des mois de mai et décembre 1690 et déclaration du mois d'août 1691, pour faire seuls, à l'exclusion de tous autres, tant dans la ville, prévôté et vicomté de Paris, qu'en toutes les autres villes et lieux du royaume, toutes les visites, prisées et estimations, tant à l'amiable que par justice en toutes matières, pour raison de partage, licitations, servitudes, alignements et périls imminents de tous ouvrages de maçonnerie, charpenterie, couverture, menuiserie, serrurerie, sculpture, dorure, peinture, visites de carrières, jardinages, moulins à vent et à eau, arpentage, mesurage de terres, bois, prés, vignes, îles, puits et estimation d'iceux, et généralement tout ce qui concerne le fait d'expérience, avec défenses à toutes personnes d'entreprendre sur leurs fonctions. »

M. Boffrand, l'un deux.

Almanach pour 1721.

M. le Peletier de la Houssaye, contrôleur général des finances.

....

M. d'Ormesson, commissaire des finances.

....

Les détails des ponts et chaussées ; turcies et levées ; barrage et pavé de Paris.

....

Parmi les commissaires du conseil pour les commissions ordinaires des finances figure *M. Trudain.*, conseiller d'état ordinaire.

Le reste comme en 1720.

Almanach pour 1722.

Idem, si ce n'est M. Trudaine qui n'y figure plus.

Almanach pour 1723.

M. Dodun, contrôleur général des finances.

Boffrand, de l'académie d'architecture, et Boffrand, des experts jurés du roi, sont désignés avec des demeures différentes. (Était-ce le même, ou non ?)

....

2 Trésoriers des turcies et levées ;
1 Trésorier du barrage et payeur de l'entretenement du pavé de Paris ;
2 Trésoriers généraux des ponts et chaussées.

Inspecteur général des ponts et chaussées de France.
M. de la Hire (1) ;
Premier ingénieur des ponts et chaussées.
M. Gabriel.
Autres inspecteurs des ponts et chaussées.
MM. de Fayolle ;
Gautier ;
de la Guépière.
Le reste comme précédemment.

Almanach pour 1724. — Idem.
Almanach pour 1725. — Idem.
Almanach pour 1726. — Idem.
Almanach pour 1727.

M. le Peletier des Forts, contrôleur général des finances.
M. d'Ormesson, intendant des finances.
Les détails des ponts et chaussées.
. . . .
Un inspecteur général des ponts et chaussées,
M. de la Hire ;
Un premier ingénieur, M. Gabriel ;
Autres inspecteurs ; MM. de Fayolle, Gautier, de la Guépière, Boffrand, le frère Romain.

Almanach pour 1728. — Idem.

Almanach pour 1729. . . idem, si ce n'est qu'au titre : *Bâtiments du roi et ponts et chaussées*, on trouve, après trésorier du barrage et du pavé de Paris ;
Surintendant des ponts et chaussées de France, M. Dubois.
Le reste comme précédemment.

Almanach pour 1730. — Idem.
Almanach pour 1731.

M. Orry, conseiller au conseil royal, contrôleur général des finances.
. . . .
M. d'Ormesson, les détails des ponts et chaussées.
Le reste comme précédemment.

Almanach pour 1732. — Idem.
Almanach pour 1733.

Idem. — Si ce n'est que M. Dubois figure avec le titre de directeur général des ponts et chaussées de France.

Almanach pour 1734.

Idem. . . . . Boffrand et de la Guépière, inspecteurs des ponts et chaussées, figurent parmi les membres de l'académie d'architecture.

Almanach pour 1735.

Trudaine figure parmi les intendants des finances et les conseillers d'état, commissaires pour les commissions ordinaires des finances.
La Guépière manque parmi les inspecteurs des ponts et chaussées.

Almanach pour 1736.

Idem ; mais il n'y a plus que trois inspecteurs des ponts et chaussées ; de Fayolle, Gautier, Boffrand.

---

(1) L'arrêt du 4 février 1716 porte . *De la Hitte* ; cet ingénieur signait Lahite.

Almanach pour 1737.

Après *Bâtiments du roi*, se trouve :

« Directeur général des ponts et chaussées de France, M. Orry, contrôleur général des finances ;
« Le détail, M. d'Ormesson, intendant des finances ;
« 2 Trésoriers généraux des turcies et levées ;
« 1 Trésorier général du barrage, pavé de Paris, etc.
« 2 Trésoriers généraux des ponts et chaussées ;
« Inspecteur général, de la Hitte ;
« Premier ingénieur, Gabriel ;
« Inspecteurs, de Fayolle, Gautier, Boffrand, ... »

Almanach pour 1738. — Idem.
Almanach pour 1739.

Idem, sinon les trois inspecteurs des ponts et chaussées ; de Fayolle, Boffrand, Pitrou.

Almanach pour 1740. — Idem.
Almanach pour 1741. — Idem.
Almanach pour 1742.

Idem, sinon ce qui suit pour les ponts et chaussées.

« Directeur général des ponts et chaussées, du barrage et entretenement du pavé de Paris et des turcies et levées ;
« M. Orry, contrôleur général des finances.
« Le détail, M. d'Ormesson, intendant des finances ;
« M. Gabriel, premier architecte des ponts et chaussées de France ;
« De la Hitte, inspecteur général ;
« Inspecteurs, de Fayolle, Boffrand, Pitrou ;
« 1 Trésorier général des ponts et chaussées ;
« 4 contrôleurs généraux   id. ;
« 1 Trésorier général du barrage, pavé de Paris, etc. ;
« 1 Contrôleur général   id. ;
« M. de Regemorte, ingénieur des turcies et levées :
« 1 Trésorier général des turcies et levées ;
« 1 Contrôleur   id. ;
« Bureau général des ponts et chaussées de France, turcies et levées, barrage et entretenement du pavé de Paris ; chez M. Demotte, trésorier de France ;
« Inspecteur du pavé de Paris, M. Bayeux. »

Almanach pour 1743.

Au titre du bureau des finances de la généralité de Paris, on mentionne parmi les trésoriers de France :

1 Commissaire pour le pavé de Paris ;
3 Commissaires pour les ponts et chaussées ;
4 Commissaires pour la voirie.

. . . .

Directeur général des ponts et chaussées, etc.
M. Orry, contrôleur général ;
Le détail, M. Trudaine, intendant des finances ;
Premier ingénieur, M. Boffrand ;
Inspecteurs généraux, MM. de Fayolle, Pitrou, Hupeau ;
2 Trésoriers généraux des ponts et chaussées ;
Le reste comme en 1742.

Almanach pour 1744.

Comme en 1743, excepté ce qui suit :
Inspecteurs généraux, MM. Pitrou, Hupeau, Pollart, Bayeux à Tours.

Almanach pour 1745.

Comme en 1744.

Almanach pour 1746.

M. de Machault, contrôleur général et directeur général des ponts et chaussées ; le reste comme en 1745.

Almanach pour 1747.

Le bureau général des ponts et chaussées n'y est pas mentionné.

Almanach pour 1748.

Comme en 1747.

Almanach pour 1749.

Un cinquième inspecteur des ponts et chaussées ;
« Perronet, inspecteur et directeur du bureau des plans et des élèves pour les emplois d'ingénieurs de ce département. »
. . . .
Bureau de M. Trudaine pour le détail des ponts et chaussées, chez M. de la Roche, premier commis.
3 Trésoriers généraux des ponts et chaussées.

Almanachs pour 1750, 1751, 1752, 1753 et 1754.

Rien de changé pour les ponts et chaussées, sinon que depuis 1751, M. Pitrou ne figure plus parmi les inspecteurs.

Almanach pour 1755.

M. Moreau de Séchelles, contrôleur général et directeur général des ponts et chaussées. . . . .
Premier ingénieur, M. Hupeau ;
Inspecteurs, MM. Pollart, Bayeux aîné, Perronet, Gendrier.
Deux inspecteurs du pavé de Paris, MM. Bayeux jeune et Aubry.

Almanach pour 1756.

Comme au précédent, si ce n'est Bayeux le jeune, cinquième inspecteur général.

Almanach pour 1757.

M. de Moras, contrôleur général et directeur général des ponts et chaussées.
M. Guillot Aubry, inspecteur général du pavé de Paris.

Almanach pour 1858.

M. de Boullongne, contrôleur général et directeur général des ponts et chaussées.

Almanach pour 1759.

Comme au précédent.

Almanach pour 1760.

M. Bertin, contrôleur général des finances.—Parmi les six intendants des finances,
M. Trudaine, et M. Trudaine de Montigny adjoint ; . . . . les détails des ponts et chaussées, les mines et minières de France.
Ponts et chaussées de France.
Comme aux années précédentes, si ce n'est M. Bertin, directeur général.

Almanach pour 1761.

A la deuxième classe de l'académie d'architecture figurent Hupeau et Perronet, comme nommés en 1757.
2 Inspecteurs seulement pour les ponts et chaussées, Perronet et Gendrier.
Le reste comme précédemment.

Almanach pour 1762.

Comme en 1761.

Almanach pour 1763.

Hupeau fait partie de la première classe de l'académie d'architecture;

Trois ingénieurs des turcies et levées; de Regemorte, premier ingénieur; Coluel, à Tours; Lenoir Desvaux, à Moulins.

Almanach pour 1764.

M. de l'Averdy, contrôleur général des finances.

Les attributions de Trudaine sont ainsi énoncées : . . . .

Détail des ponts et chaussées, turcies et levées, pavé de Paris, pépinières royales et ports maritimes de commerce.

Premier ingénieur des ponts et chaussées, Perronet.

Inspecteurs : Gendrier, Legendre.

Ingénieurs des ponts et chaussées employés dans les diverses provinces du royaume.
(c'est la première fois que l'almanach comprend cette liste).

Soissons,	MM.	Advyné.	Montauban,	MM.	Bœsnier.
Amiens,		Bompar.	Auch,		Picault.
Châlons,		»	Rouen,		Dubois.
Orléans,		Roger.	Caen,		Loguet.
Tours,		De Voglie	Alençon,		De Bellisle.
Bourges,		Trésaguet L.	Grenoble,		Bouchet.
Moulins,		Leclerc.	Metz,		Gourdain.
Lyon,		Lallié.	Franche-Comté,		Querret.
Riom,		Dijon.	Hainault,		Havez.
Poitiers,		Duchesne.	Roussillon,		Lescure.
Limoges,		Marmillod.	Bresse, Bugey et Gex,		Saint-André.
Bordeaux,		Tardif.	Alsace,		De Clinchamp.
La Rochelle,		Hue.	Lorraine,		Micque.

Ingénieurs en commission sans généralités :
Soyer, Pollin, Fortin, Simon.

Almanach pour 1765.

Comme l'année précédente avec les changements suivants dans la liste des ingénieurs :

Châlons, Coluel; Poitiers, Barbier; Limoges, Trésaguet jeune.

Ingénieurs en commission sans généralités : Fortin, Chezy.

Almanach pour 1766.

Académie d'architecture : Regemorte, nommé en 1765.

Ponts et chaussées :

Premier ingénieur, Perronet, avec le titre de chevalier de l'ordre du roi.

Inspecteurs généraux :

Gendrier, Legendre, Querret, Bouchet.

Changements dans le service des ingénieurs :

Bourges, Cadet de Limay; Caen, ...; Grenoble, ...; Franche-Comté, Trignet.

Ingénieurs en commission : Fortin, Chezy, Pomier.

Almanach pour 1767.

Comme en 1766, excepté dans la liste des ingénieurs des provinces : à Bordeaux, Saint-André; Caen, Viallet; Grenoble, de Lomet; Bresse, Gex et Bugey, Aubry.

Almanach pour 1768.

Comme précédemment, si ce n'est:

TITRE III, CHAPITRE II, § 1.

Ingénieurs du roi pour les ponts et chaussées et ports maritimes, employés dans les provinces.
(*liste par ordre d'ancienneté, suivant les années de leur réception*).

1722. Havez,	Valenciennes.	1760. Lallié,	Lyon.
1732. Picault,	Auch.	1763. Chezy,	Paris.
1739. Dijon,	Clermont.	1764. Vallée,	Pont de Tours.
1744. Barbier,	Poitiers.	1764. Pomier,	Alais.
1745. De Clinchamp,	Strasbourg.	1764. Bochet de Coluel,	Châlons.
1745. Roger,	Orléans.	1764. Micque,	Lunéville.
1746. Saint-André,	Bordeaux.	1764. Trésaguet,	Limoges.
1748. Dubois,	Rouen.	1765. Frignet,	Besançon.
1749. Leclerc,	Moulins.	1765. Cadet de Limay,	Bourges.
1750. Gourdain,	Metz.	1765. Viallet,	Caen.
1751. De Voglie,	Tours.	1766. Aubry,	{ Dijon.
1753. Bœsnier,	Montauban.		{ Bresse et Bugey.
1754. Hue,	La Rochelle.	1766. Lomet,	Grenoble.
1758. Fortin,	Lodève.	1767. Kolly de Montgazon.	Perpignan.
1759. Bompar,	Amiens.	1767. De Cessart,	Alençon.
1760. Advyné,	Soissons.		

Almanach pour 1769.

M. Maynon d'Invau, contrôleur général des finances.
Perronet, 1re classe de l'académie d'architecture.
Ingénieur des turcies et levées :
Gaulier, à Moulins.
Ingénieurs des provinces :
1748 Lenoir Desvaux, à Moulins.
1765 Lebrun, à Versailles.
Le reste comme précédemment.

Almanach pour 1770.

L'abbé Terray, contrôleur général ;
Trudaine, chargé du détail des ponts et chaussées ;
Cadet de Chambine, premier commis.
Trésoriers généraux de la généralité de Paris ;
Mignot de Montigny, commissaire pour le pavé de Paris ;

Commissaires pour les ponts et chaussées :
Durand, pour le département de Compiègne, qui comprend les routes de :

Flandres,	{ par Senlis et Compiègne ;
	{ par Pont-Saint-Maxence.
Picardie,	{ par Chantilly et Creil ;
	{ par Beaumont et Beauvais.
Allemagne,	{ par Meaux, la Ferté-sous-Jouare ;
	{ par Lagny, Coulommiers, la Ferté-Gaucher ;
	{ par Tournon, Rosoy.

Soissons, par Dammartin ; — et les embranchements de ces routes.

Lambert, pour le département de Versailles, qui comprend les routes de :

Bretagne, par Versailles et Dreux.

Normandie,	{ par Pontoise, le Bordeau-de-Vigny ;
	{ par Saint-Germain, Poissy, Mantes.

Orléans, par Étampes ; — et les embranchements d'icelles.

Lecouteulx de Vertron, pour le département de Fontainebleau, qui comprend les routes de :

    Lyon, par Fontainebleau, Nemours.

    Bourgogne, { par Melun et Montereau ; par Moret, Sens et Joigny ; par Saint-Florentin et Tonnerre.

    Champagne, par Provins et Nogent-sur-Seine ; — et les embranchements d'icelles.

Ponts et chaussées, ingénieurs des provinces.

1732. Picault,	Auch.	1763. Chézy,	Paris.
1744. Barbier,	Poitiers.	1764. Vallée,	Pont de Tours.
1745. De Clinchamp,	Strasbourg.	1764. Pomier,	Alais.
1745. Roger,	Orléans.	1764. Bochet de Coluel,	Châlons.
1746. Saint-André,	Bordeaux.	1764. Micque,	Lunéville.
1747. De Belle-Isle,	Valenciennes.	1764. Trésaguet,	Limoges.
1748. Dubois,	Rouen.	1765. Frignet,	Besançon.
1748. Lenoir-Desvaux,	Moulins.	1765. Cadet de Limay.	Bourges.
1750. Gourdain,	Metz.	1765. Viallet,	Caen.
1751. De Voglie,	Tours.	1765. Lebrun,	Versailles.
1753. Bœsnier,	Montauban.	1766. Aubry,	Dijon.
1754. Hüe,	La Rochelle.	1766. Lomet,	Grenoble.
1758. Fortin,	Lodève.	1767. Kolly de Montgazon.	Perpignan.
1759. Bompar,	Amiens.	1767. De Cessart.	Alençon.
1760. Advyné,	Soissons.	1769. Bertrand,	Clermont.
1760. Lallié,	Lyon.	1769. De Chassé,	Rennes.

Almanach pour 1771.

Ponts et chaussées, comme au précédent, sinon :

Inspecteurs généraux des ponts et chaussées, Gendrier, Querret, Bouchet, de Voglie.

Changements parmi les ingénieurs en chef :

1765, de Limay, Tours ; 1765, Frignet, Rennes ; 1769, Bertrand, Besançon ; 1770, Mauricet, Clermont ; 1770, Valframbert, Bourges.

Almanach pour 1772.

Comme au précédent, sinon :

1771, de Chezy, inspecteur général du pavé de Paris ; 1771, Plessis, ingénieur du pavé de Paris.

Almanach pour 1773.

Comme au précédent, sinon :

Dubois, nouvel inspecteur général ;

Ingénieurs : 1771, Marie, à Trévoux ; 1772, Desfirmins, à Amiens ; 1772, Lefèvre, à Caen.

Almanach pour 1774.

Comme au précédent, sinon :

1764, Paulmier de la Tour, ingénieur à Grenoble.

Almanach pour 1775.

M. Turgot, contrôleur général des finances.

Bouchet, inspecteur général des ponts et chaussées, premier ingénieur des turcies et levées ;

Soyer, à Orléans, ingénieur id.

Normand, à Nevers, id.

Almanach pour 1776.

Bouvart de Fourqueux, adjoint à Trudaine de Montigny, pour les ponts et chaussées.

TITRE III, CHAPITRE II, § 1.

Sous le titre *Ponts et chaussées*, on trouve : « Directeur général des ponts et « chaussées de France, du barrage et entretenement de Paris, des turcies et le-« vées, pépinières royales et ports de commerce, des canaux et navigation des ri-« vières dans l'intérieur du royaume. »

Inspecteurs généraux des ponts et chaussées.

De Voglie,   Dubois,   Hüe,   Trésaguet.

Ingénieurs dans les provinces.

1732. Picault,	Auch.	1766. Lomet,	Grenoble.
1744. Barbier,	Poitiers.	1767. Kolly de Montgazon,	Perpignan.
1745. De Clinchamp,	Strasbourg.	1767. De Cessart,	Rouen.
1745. Roger,	Orléans.	1769. Bertrand,	Besançon.
1747. De Belle-Isle,	Valenciennes.	1770. Mauricet,	Clermont.
1750. Gourdain,	Metz.	1770. Valframbert,	Bordeaux.
1753. Bœsnier,	Alençon.	1771. Marie,	Trévoux.
1753. Lenoir-Desvaux,	Moulins.	1772. Desfirmins,	Montauban.
1758. Fortin,	Lodève.	1772. Lefèvre,	Caen.
1760. Advyné,	Soissons.	1774. Paulmier de la Tour,	Grenoble.
1760. Lallié,	Lyon.	1774. De la Touche,	Amiens.
1763. De Chézy,	Paris.	1775. De Montrocher,	Bourges.
1764. Bochet de Coluel,	Châlons.	1775. Duchesne,	La Rochelle.
1764. Trésaguet,	Limoges.	1775. Lecreulx,	Nancy.
1765. Frignet,	Rennes.	1775. Lebrun,	Versailles.
1765. Lebrun,	Versailles.	1775. Cadié,	Fontainebleau.
1765. De Limay,	Tours.	1775. Du Perron,	Compiègne.
1766. Aubry,	Dijon, Bresse et Bugey.	1775. De la Veyne,	Canal de Bourgogne.

Almanach pour 1777.

M. Taboureau des Réaulx, contrôleur général.

Ingénieurs des provinces : Picault, remplacé par Desfirmins, à Auch; Cadié, à Montauban.

Ingénieurs de la généralité de Paris : Lebrun, à Versailles; 1776, Marmillod, à Fontainebleau ; 1776, Gallot, à Compiègne.

Almanach pour 1778.

M. Necker, directeur général des finances et directeur général des ponts et chaussées, etc.; de Cotte, chargé des ponts et chaussées, turcies et levées et pavé de Paris; Cadet de Chambine, premier commis.

Premier ingénieur, Perronet; inspecteurs généraux, Dubois, Hüe, Trésaguet, Lenoir Desvaux, de Limay.

Changements d'ingénieurs :

1776, Gallot, à Orléans; 1776, Marmillod, à Grenoble; 1777, Caron, à Fontainebleau; 1777, Lejollivet, à Compiègne.

Almanach pour 1779, comme au précédent.

Almanach pour 1780.

Changements parmi les ingénieurs : Lomet, à Clermont; Mauricet, à Moulins; Desfirmins, à Auch; du Perron, à Montauban; Cadié, à Limoges; Marmillod, à Grenoble; Gallot, à Orléans.

Almanach pour 1781.

Changements parmi les ingénieurs :

Hüe a disparu des inspecteurs généraux ;

Kolly de Montgazon, à Valenciennes ; Paulmier de la Tour, à Perpignan ; de Montrocher, à Tours ; Charpentier en survivance, à Strasbourg ; le Jollivet, à Bourges, du Perron, à Soissons ; 1780, Lamandé, à Montauban ; 1780, Pitot, à Fontainebleau ; 1780, Rolland, à Compiègne.

Almanach pour 1782.

M. Joly de Fleury, contrôleur général des finances et directeur général des ponts et chaussées ;

Chaumont de la Millière, intendant.

Changements d'ingénieurs : Pitot, à Clermont-Ferrand, Badon de Conches, à Fontainebleau.

Almanach pour 1783.

De Chézy, directeur adjoint du bureau des plans et des élèves.

Trois inspecteurs généraux seulement : Dubois, Trésaguet, Cadet de Limay.

Duchemin, ingénieur du pavé de Paris.

Almanach pour 1784.

M. De Calonne, contrôleur général des finances et directeur général des ponts et chaussées.

Deux inspecteurs généraux de plus : de Cessart et Bochet de Coluel.

Changements parmi les ingénieurs :

1783, Dumoustier, à Compiègne ; Vorle, à Bourges ; La Peyre, à Poitiers.

Almanach pour 1785.

Changements parmi les ingénieurs : 1784, Béguier, à Auch ; Brémontier, à Bordeaux ; Levet, à Perpignan.

Almanach pour 1786.

Marmillod, inspecteur général en remplacement de Trésaguet, retraité.

De Marie, ingénieur des turcies et levées, à Tours.

1784, Derguy, ingénieur à Limoges ; 1785, Gaillon, à Perpignan.

Almanach pour 1787.

1786, Savouré, ingénieur à Lodève.

Almanach pour 1788.

M. Lambert, contrôleur général des finances et directeur général des ponts et chaussées.

Bertrand, inspecteur général en remplacement de Marmillod.

Bouchet, 3e ingénieur des turcies et levées, à Orléans.

Trente-cinq ingénieurs en chef.

1745. De Chaschamp,	Strasbourg.	1775. Duchesne,	La Rochelle.
Charpentier, en survivance.		1775. Lecreulx,	Nancy.
		1775. Du Perron,	Soissons.
1755. Bosnier,	Alençon.	1775. De la Veyne,	Saint-Florentin.
1760. Lallié,	Lyon.	1777. Gallot,	Orléans.
1763. Chézy,	Paris.	1777. Le Jollivet,	Châlons.
1765. Lebrun,	Versailles.	1780. Lamandé,	Rouen.
1766. Aubry,	Bourg-en-Bresse.	1780. Rolland,	Grenoble.
1767. Kolly de Montgazon,	Valenciennes.	1781. Pitot,	Clermont-Ferrand.
1770. Mauricet,	Moulins.		
1772. Lefèvre,	Caen.	1781. Badon de Conches,	Fontainebleau.
1774. De la Touche,	Amiens.	1785. Dumoustier,	Paris.
1775. Montrocher,	Tours.	1785. Vorle,	Bourges.

1783. La Peyre,	Poitiers.	1786. Dumont,	Limoges.
1784. Béguier,	Auch.	1787. Munier,	Compiègne.
1784. Brémontier,	Bordeaux.	1787. Remillat,	Lodève.
1784. Cevet,	Montauban.	1787. Duclos,	Dunkerque.
1784. Dergny,	Besançon.	1787. Saget,	Metz.
1785. Gaillon,	Perpignan.		

Almanach pour 1789.

M. Necker, directeur général des finances et des ponts et chaussées.

Lebrun, inspecteur général, en remplacement de Bochet de Coluel.

Aubry, inspecteur général des turcies et levées; 1788, Vallée, ingénieur à Bourg; Céard, à Vérénix; Dausse, à Paris; Lesage, à l'école des ponts et chaussées.

---

§ 2. Extraits d'états financiers.

1° *Extraits des Recherches et considérations sur les finances de France, par Forbonnais.*

Du tableau des dépenses générales du roi, de 1700 à 1707, tome 2, p. 171, on déduit :

Année 1701.

Dépense totale.	146.366.578 liv.
Ponts et chaussées.	444.136
Pavé de Paris.	14.247

Année 1702.

Dépense totale.	160.415.760
Ponts et chaussées.	437.729
Pavé de Paris.	14.247

Année 1703.

Dépense totale.	174.199.260
Ponts et chaussées.	457.876
Pavé de Paris.	29.809

Année 1704.

Dépense totale.	161.568.367
Ponts et chaussées.	454.415
Pavé de Paris.	26.697

Année 1705.

Dépense totale.	218.642.287
Ponts et chaussées.	426.607
Pavé de Paris.	29.602

Année 1706.

Dépense totale.	226.955.944
Ponts et chaussées.	375.164
Pavé de Paris.	29.602

Année 1707.

Dépense totale.	258.230.567
Ponts et chaussées.	356.153
Pavé de Paris.	29.602

Dans le même ouvrage, tome 2, p. 352, se trouve l'état des dépenses de 1715, qui comprend les articles suivants :

« Ponts et chaussées. — Par ordonnance de supplément, outre le fonds fait dans les états des finances, monte par comparaison aux années précédentes à.   120.000 l. » s. » d.
« Pavé de Paris. — Pour les dépenses ordinaires. . . . .   154.600   »   »
La dépense totale, dans cet état, est de. 146.823.581 13   5

Aucun chiffre n'est donné pour les ponts et chaussées et le pavé de Paris de 1708 à 1714.

Au même tome 2, p. 451, on trouve :

Comparaison des dépenses de 1715 et 1716 (1).

	1715.	1716.
Dépense totale.	146.830.178 liv.	80.794.569 liv.
Ponts et chaussées. . . .	120.000	1.040.000
Pavé de Paris.	154.600	154.600

Mais, après cet état comparatif, s'en trouve un autre, ayant pour titre : *Récapitulation des dépenses du trésor royal en* 1716, qui donne pour cette année :

Dépense totale.	83.819.649 liv.
Ponts et chaussées.	787.821
Pavé de Paris.	275.918

On peut croire que ces chiffres sont ceux de la dépense effective ou de *l'état au vrai*, tandis que les précédents seraient tirés de l'état en projet.

A la page 498, est un autre tableau donnant *les dépenses du trésor royal en* 1717; d'où l'on tire :

Dépense totale.	61.368.468 liv.
Ponts et chaussées.	416.855
Pavé de Paris.	222.600

Ce tableau est précédé de la mention suivante :

« Pour diminuer l'état des dépenses, on réimposa sur les provinces la dépense des ponts et chaussées, parce que ces objets, très-considérables pour l'état dans la position fâcheuse où il se trouvait encore, formaient un objet médiocre pour les particuliers. »

Un dernier tableau, page 504, donne le projet des dépenses pour l'année 1718. Le total est de 78.601.345 liv., dans lequel les ponts et chaussées entrent pour 1.040.000 liv. Il n'y est pas question du pavé de Paris.

2° *Registres et dossiers de finances.* — (*Archives de l'empire*).

Aux archives de l'empire existent des registres cotés KK, ayant pour titre : *Trésorerie générale des ponts et chaussées*. Les six suivants nous ont été communiqués : tome 341, année 1699; tome 342, année 1709; tome 343, année 1716; tome 344, année 1736; tome 360; tome 498, année 1740.

Ces registres paraissent être des livres-journaux d'inscription des divers payements faits par le trésorier général des ponts et chaussées, avec mention des objets de ces payements. Ils ne peuvent fournir aucune lumière, ni sur les dépenses to-

---

(1) Un carton des archives de l'empire, coté K 889, contient un portefeuille où se trouve un état de comparaison des dépenses de 1716 à celles de 1715. On y voit, 7e chapitre, les mêmes chiffres qu'ici, pour les ponts et chaussées et le pavé de Paris.

tales de chaque année, ni sur le montant total afférent à chaque nature d'ouvrage. Ils n'ont dû donner lieu de notre part qu'aux observations suivantes :

Les mentions des causes de payement constatent que les ordonnances de payement d'à-compte sont signées seulement de l'intendant de la généralité, tandis que celles de parfait payement sont signées en outre du trésorier de France commissaire pour les ponts et chaussées, et sont délivrées en vertu du procès-verbal de la réception faite par ledit trésorier commissaire, assisté de l'ingénieur.

Le tome 344 porte, fº 1336 : « Appointements de l'ingénieur de la généralité d'Auch — au sieur Louis Pollart, ingénieur du roi, inspecteur des ponts et chaussées de la généralité d'Auch, commis par arrêt du conseil du 9 octobre 1731, 2.400 liv. pour ses appointements en 1737, conformément à l'arrêt du conseil du 16 avril 1720. »

Le même, fº 1408 : « Appointements de l'ingénieur de la généralité de Rouen — au sieur Martinet, ingénieur commis par arrêt du 4 février 1716, 2.400 liv. »

Le même, fº 1486 : au sieur Bayeux, ingénieur de la généralité de Caen, commis par arrêt du 4 octobre 1723, « 1.500 liv. de gratification pour ses peines et soins pendant l'année 1736 pour conduite des travaux de la digue de Saint-Vaast et Rouen, et pour remboursement de frais de voyages extraordinaires pour lever des plans et cartes des chemins de Balleroy à Cerisy et de Caen à Falaise, et pour l'établissement des corvées sur cette route en 1737. » — Au même, 2.400 liv. d'appointements en 1737.

Enfin le même porte, fº 1536 : Appointements de l'ingénieur de la généralité d'Alençon ;

Au sieur Guéroult, commis par arrêt du 4 février 1716, appointements du 1er janvier au 3 décembre 1737, jour de son décès.	2.213 l. 6 s. 8 d.
Au sieur Perronet, commis à la place dudit sieur Guéroult par arrêt du 3 décembre 1737.	186 13 4
Ensemble.	2.400 » »

Le tome 498 a pour titre : « État-du-roi de la recette et dépense générale des finances de Lorraine et Barrois pour l'année 1740. »

La dépense pour les ponts et chaussées est de 100.000 liv. Cet article de dépense est libellé comme il suit :

« Aux inspecteurs, employés et entrepreneurs des ouvrages à faire pendant l'année du présent état, pour l'entretien, réparation et parachèvement des ponts, ponceaux et autres ouvrages sur les routes actuellement établies, la somme de 100.000 liv. suivant les ordonnances expédiées à ce sujet. »

Archives de l'empire, carton K. 908.

Dans ce carton se trouve un cahier intitulé : *Affaires générales des finances du royaume de France en l'année 1752.*

La première partie donne le détail des revenus du roi qui se résume ainsi :

Revenus ordinaires.		220.730.000 liv.
Revenus royaux, en sus des revenus ordinaires, pour frais de recouvrement.	38.982.000 liv.	189.232.000
Revenus destinés pour temps limité.	150.250.000	
Autres droits, impôts et taxes, non au roi ni royales, mais en faveur de la cour de Rome.		37.000.000
Total de tous les droits, taxes et impôts levés en France en 1752. . . .		446.962.000

La deuxième partie donne le détail des dépenses :

L'article 23, *Ouvrages publics*, porte :

« Ponts et chaussées, entretiens, dépenses dans les vingt généralités de pays d'élections (car dans les pays d'états ils sont pour leur compte). . . . . 3.600.000 liv.

« Turcies et levées tout le long de la rivière de Loire, dans une distance d'environ 160 lieues, eu égard à ce que ladite rivière est sujette à de fréquentes inondations, lesquelles dépenses ont monté cette année à. . . . 600.000

« Fonds annuels ordonnés par le roi, pour la construction de nouveaux canaux et entretien de ceux nouvellement construits. 1.200.000

« Total des ouvrages publics. 5.400.000

« Dans cette somme, il y a 5.100.000 liv. d'ouvrages et 300.000 liv. d'appointements du directeur général, du premier commis, frais de bureau, architectes, etc. »

A l'article des pensions assignées sur le trésor royal à des princes et seigneurs étrangers qui ont quitté leur pays pour le service du roi, et à plusieurs officiers militaires en retraite, on remarque :

« Pensions assignées sur les ponts et chaussées. . . 40.000 liv. »

« Le total des dépenses ou emploi des revenus ordinaires du roi en 1752 est porté à. . . . . 253.380.000 liv.

« Lesdits revenus sont de. 220.750.000

« Partant le roi redoit. 12.650.000

« laquelle somme sera payée sur les premiers deniers des revenus de 1753.

« En 1753, le roi redevait 16 millions qui ont été payés sur les deniers des vingtièmes de l'année 1754.

« A la fin de 1754, on assure que le roi redevra environ 20 millions. »

Ibidem. Carton K. 889.

Un dossier de ce carton contient un *état général des recettes et dépenses à faire en* 1783 (1).

L'état de dépenses comprend :

« 8. Ponts et chaussées. . . . . 4.130.000 liv.
« 46. Dessèchement des marais de Rochefort. 700.000
« 47. Travaux en 1783 au port du Havre. 400.000
« Le total de l'état de dépense est de. 575.184.250
« Celui de l'état de recettes est de. 609.920.000

mais cet état de recettes comprend plus de 104 millions que l'on convient n'être qu'en partie réalisables.

3° *Extrait de l'inventaire et analyse de la collection sur les finances, par* Génée *de Brochot* — (Bibliothèque impériale, manuscrits).

Page 130. État des dépenses du roi des années 1712, 1722, 1734, 1739 et 1740.

	1712. liv.	1722. liv.	1734. liv.	1739. liv.	1740. liv.
« 18. Ponts et chaussées. . . .	1.285.000	2.000.000	1.800.000	3.200.000	4.400.000
« 19. Turcies et levées. . . .	400.000	640.000	500.000	600.000	500.000

---

(1) Cet état paraît avoir été rédigé pour être signé par le contrôleur général.

A la suite se trouve :

« Explication des articles des dépenses du roi comprises dans la carte ci-devant.

. . . .

« 18. Ponts et chaussées.

« Cette dépense est ordonnée par le roi annuellement pour l'entretien des grands chemins, des ponts de pierre et de bois sur les rivières ; construction d'ouvrages neufs ; gages ou appointements du directeur général et premier commis des ponts et chaussées, des ingénieurs et architectes, et les gages des trésoriers généraux (1) et particuliers et leurs contrôleurs.

« 19. Turcies et levées.

« Cette dépense est aussi annuellement ordonnée, mais pour ce qui concerne seulement la route sur les bords de la rivière de Loire où l'on a été obligé de lever les chaussées d'une hauteur prodigieuse, qu'il faut entretenir journellement pour garantir le pays des inondations, ladite rivière étant sujette à des crues d'eau. »

Plus loin on trouve un état détaillé des impositions et dépenses figurant dans les états-du-roi pour 1729. On y voit, dans un tableau intitulé : *Charges des recettes générales de l'année* 1729 :

GÉNÉRALITÉS.	PONTS et chaussées. liv.	TURCIES et levées. liv.	GÉNÉRALITÉS.	PONTS et chaussées. liv.	TURCIES et levées. liv.
Paris.	453.714	»	Châlons.	135.193	»
Soissons.	85.506	»	Orléans.	226.027	41.474
Amiens.	89.205	»	Tours.	274.799	266.889
Bourges.	70.660	17.386	Montauban.	167.620	»
Moulins.	126.542	50.105	Auch.	125.842	»
Lyon.	116.558	»	Rouen.	199.511	»
Riom.	252.456	44.148	Caen.	148.012	»
Poitiers.	175.331	»	Alençon.	154.768	»
Limoges.	146.037	»	Grenoble.	95.349	»
Bordeaux.	212.968	»	Franche-Comté.	65.852	»
La Rochelle.	90.753	»	Metz et Alsace.	67.256	»

4° *Extrait de l'état-du-roi des ponts et chaussées, pour l'exercice* 1786. (*Archives impériales*, E 2630 *bis.*)

« Le roi voulant régler les recettes et dépenses du fonds destiné aux ouvrages et réparations des ponts, chemins et chaussées, ports maritimes de commerce et navigation des rivières, gages et taxations du trésorier général, appointements et frais de voyages des inspecteurs et ingénieurs et autres dépenses pendant l'année 1786, S. M. étant en son conseil a fait arrêter le présent état pour être exécuté par les commissaires députés et trésoriers de France, gardé et observé de point en point selon sa forme et teneur, à peine par lesdits trésoriers de France d'en répondre en leurs propres et privés noms ; et pour cet effet S. M. leur ordonne de délivrer toutes expéditions nécessaires à M° François Thoynet, trésorier général des ponts et chaussées en exercice, l'année 1786.

---

(1) Ce ne sont point les trésoriers généraux des finances formant les bureaux des finances, dont les gages figurent à part.

Premièrement. — Recette.

Première recette, pour les fonds ordinaires des ponts et chaussées de 1786..	3.569.501 l.	» s.	9 d.
Autre, à cause des fonds ordinaires pour les ports maritimes et les canaux et navigations..	1.510.000	»	»
Autre, à cause d'un fonds de supplément accordé, tant pour les ponts et chaussées que pour les ports maritimes et les canaux et navigations..	2.281.500	»	»
Autre, à cause d'une rente annuelle de 900 liv. donnée par le sieur Borda à l'école des ponts et chaussées........................	900	»	»
(Laquelle somme ordonnée être portée en recette chaque année dans les états-du-roi par arrêt du conseil du 20 février 1775 et lettres patentes sur icelui.)			
Autres menues recettes..	2.115	5	»
Autre, à cause d'une imposition sur la généralité de la Rochelle pour le port de ladite ville...	50.000	»	»
Autre, à cause d'une imposition sur les généralités de Bordeaux et d'Auch pour les ouvrages à faire au port de Saint-Jean-de-Luz..	50.000	»	»
Autre, à cause d'un fonds extraordinaire pour les ouvrages à faire au port du Havre..	613.155	»	»
Autre, à cause d'avances par les négociants et de contribution par la ville du Havre pour le port...	104.500	»	»
Autre, à cause d'une somme imposée sur la généralité de Grenoble pour les ponts de la Drôme et de l'Isère........................	30.000	»	»
Autre, à cause d'un fonds extraordinaire pour le port de Dunkerque.	600.000	»	»
Autre, à cause de droits sur les bières du Hainaut... 57.000 liv. Et d'imposition sur ladite province et sur celle des trois évêchés et de Lorraine et de Bar....... 45.352	102.352	»	»
Autre, à cause de fonds extraordinaires accordés pour les chemins du Hainaut...	50.000	»	»
Autre, à cause d'impositions sur les provinces du Roussillon, Conflant et Cerdagne, par arrêts des 25 février et 22 juillet 1749, pour impositions extraordinaires sur lesdites provinces et pour restes de 1785..	125.258	15	2
Autre, à cause des fonds accordés pour les ponts et chaussées de la Lorraine et du Barrois par arrêt du 29 novembre 1770.......	100.000	»	»
Autres, à cause de diverses allocations et recouvrements........	126.442	»	»
Autres, à cause de sommes accordées pour couvrir des avances d'entrepreneurs..	103.508	16	5
Autres, à cause de produits divers, droits de péage, etc........	48.431	11	11
Somme totale de la recette du présent état........	**9.445.644**	**9**	**5**

Dépense.

A cause des appointements de l'intendant des ponts et chaussées...	26.000 l.	» s.	» d.

A cause des appointements et frais de voyage tant des architectes, premier ingénieur, inspecteurs généraux, directeur du bureau des géographes et dessinateurs des plans, que des ingénieurs et inspecteurs des ponts et chaussées suivant l'arrêt du conseil et lettres patentes des 7 juillet et 17 août 1750, registrées en la chambre des comptes le 15 septembre suivant et l'arrêt du 11 avril 1770 et les lettres patentes expédiées en conséquence :

Au sieur Perronet, chevalier de l'ordre royal de Saint-Michel, architecte du roi, premier ingénieur de S. M. pour les ponts et chaussées commis en cette généralité par arrêt du 18 mars 1763 et lettres de

	liv.	s.	d.
commission expédiées en conséquence, la somme de 7.604 liv. pour le net de ses appointements pendant l'année 1787 montant à 8.000 l., à cause de la retenue de 396 liv. pour les 2/20 et les 2 sols pour livre du 10ᵉ qui lui sera faite sur 3.600 liv. seulement d'appointements qui y sont sujets, le surplus montant à 4.400 liv. en étant exempt comme frais de voyage et de bureau............	7.604	»	»
Au sieur Pierre-Alexandre Dubois, inspecteur général commis par arrêt du 15 septembre 1774, la somme de 5.604 liv. pour le net de ses appointements montant à 6.000 liv. pour l'année 1787, à cause de la retenue de 396 liv. pour les 2/20 et les 2 sols pour livre du 10ᵉ qui lui sera faite sur 3.600 liv. seulement réputés appointements y sujets, le surplus en étant exempt pour frais de voyages......	5.604	»	»
Au sieur Jean-Cadet de Limay, id.............	5.604	»	»
Au sieur Louis-Alexandre de Cessart, id.............	5.604	»	»
Au sieur Jean-Joseph Bochet de Coluel, id.............	5.604	»	»
Au sieur Philippe Bertrand, id.............	5.604	»	»
Au sieur Perronet, directeur du bureau des géographes et dessinateurs des plans des grandes routes et chemins du royaume, commis par arrêt du 14 février 1747, pour ses appointements pendant l'année 1787.............	3.000	»	»
Au sieur Bernard-Joseph Duperron, ingénieur, à cause de la retenue de 198 liv. sur 1.800 liv. réputés appointements, le surplus, etc.	2.202	»	»
Au sieur Pierre Founeau de la Touche, ingénieur.............	2.202	»	»
Au sieur Henri-Georges Lejolivet.............	2.202	»	»
Au sieur Louis Gallot.............	2.202	»	»
Au sieur Louis Montrocher.............	2.202	»	»
Au sieur François Vorle.............	2.202	»	»
Au sieur Félicité-Pierre Mauricet.............	2.202	»	»
Au sieur Jean-François Lallié, jusqu'au 1ᵉʳ décembre.............	2.018	10	»
Au sieur Louis-Benoît de Varaigne, mois de décembre.............	183	10	»
Au sieur Joseph Pitot.............	2.202	»	»
Au sieur Augustin Lapeyre.............	2.202	»	»
Au sieur Charles Dumont.............	2.202	»	»
Au sieur Nicolas-Thomas Brémontier.............	2.202	»	»
Au sieur Jacques-Bertrand Duchesne.............	2.202	»	»
Au sieur René Cevet.............	2.202	»	»
Au sieur Pierre Baguier.............	2.202	»	»
Au sieur Jean-François Desfirmins, décédé au 26 août.............	1.412	19	»
Au sieur François Lamandé.............	2.202	»	»
Au sieur Armand-Bernard Lefebvre.............	2.202	»	»
Au sieur Jean-Baptiste Bæsnier.............	2.202	»	»
Au sieur Jacques Rolland.............	2.202	»	»
Au sieur Charles Gourdain, six premiers mois.............	1.101	»	»
Au sieur Léopold Saget, six derniers mois.............	1.101	»	»
Au sieur Xavier Dergny.............	2.202	»	»
Au sieur Antoine Chézy.............	2.202	»	»
Au sieur Pierre Gardeur Lebrun.............	2.202	»	»
Au sieur Léonard-Pierre De la Veyne.............	2.202	»	»
Au sieur Pierre Badon.............	2.202	»	»
Au sieur Étienne Munier.............	2.202	»	»
Pour soixante-cinq inspecteurs des ponts et chaussées à 1.800 liv. d'appointements sans retenue (plusieurs n'ayant pas servi l'année entière), la somme de.............	108.700	»	»

Au sieur Gilles Metoyer, sous-brigadier des gardes de la prévôté de l'hotel, attaché au département des ponts et chaussées, pour gages de 1787, 270 liv., à cause de retenue de 50 liv., et 292 journées em-

PIÈCES JUSTIFICATIVES.

	liv.	s.	d.
ployées à visiter les carrières où se fabriquent les matériaux et les ateliers des ouvrages des ponts et chaussées et du pavé de Paris, à raison de 6 liv. par jour.	2.022	»	»
	206.860	19	»
A cause des gages, taxations fixes et droits d'exercice du trésorier général des ponts et chaussées.	115.520	»	»
A cause des taxations et appointements attribués sur les fonds des ponts et chaussées aux présidents trésoriers de France au bureau des finances de la généralité de Paris pour l'année 1787.	9.745	10	»
A cause des bourses et jetons d'argent, épices à la chambre des comptes ; façon et reliage du compte qui sera rendu à la chambre des comptes de Paris du présent exercice (3.000 liv., conformément à l'arrêt du 18 décembre 1731).	7.483	11	3
A cause d'une somme de 900 liv. pour la pension de deux élèves des ponts et chaussées, ci-devant portée en recette et provenant de pareille somme de rente donnée et transportée par le sieur de Haran Borda, ancien trésorier général des ponts et chaussées, par arrêt du 20 février 1775.	900	»	»
Somme des charges de la recette.	366.509	»	3

Généralité de Paris. — Aux entrepreneurs des ouvrages et réparations faites ou à faire aux ponts, chemins et chaussées de la généralité de Paris, la somme de. 1.783.020 l. 2 s. 4 d. qui sera employée, savoir :

Entretiens pour 1787.	338.375 l.	» s.	» d.
Parfaits payements.	14.879	»	»
Continuations d'ouvrages.	959.735	17	8
Nouveaux ouvrages.	59.000	»	»

Appointements. — Aux ingénieurs, contrôleurs d'entretiens, élèves, géographes et dessinateurs employés à la conduite des travaux des ponts et chaussées, pour leurs appointements, ensemble pour ceux des commis et frais de bureau de la direction générale desdits ponts et chaussées pendant l'année 1787, en exécution de l'arrêt du conseil du 31 mai 1757 et de celui du 15 décembre 1774, la somme de. 44.045 » »

Frais de voyages extraordinaires et gratifications aux inspecteurs généraux, ingénieurs et autres employés des ponts et chaussées. 70.098 9 8

Pour frais de levées de plans, nivellements, sondes, recherches de matériaux, dessins de cartes, calculs de devis et projets faits au bureau des ponts et chaussées, tant pour la généralité de Paris que pour les provinces, et pour les salaires des conducteurs, piqueurs et autres dépenses pendant l'année 1787, suivant état certifié par l'inspecteur général et l'un des trésoriers de France commissaires des ponts et chaussées, conformément à l'arrêt du 31 mai 1757. 79.160 18 »

Somme des ponts et chaussées. 1.555.292 5 4

Navigations. — Continuations d'ouvrages.

Canal de Bourgogne.	180.000 l.	» s.	» d.
Canal de Picardie.	47.727	17	»
Généralité de Soissons.			159.094 6 »
Entretiens.	40.035	»	»
Parfaits payements.	10.580	3	2
Continuations d'ouvrages.	53.031	2	5
Nouveaux ouvrages.	2.066	15	5
Appointements aux ingénieurs.	3.000	»	»
Gratifications à l'ingénieur en chef, inspecteurs et sous-ingénieurs.	4.400	»	»

TITRE III, CHAPITRE II, § 2.

	liv.	s.	d.
Salaires de conducteurs, piqueurs et employés à la conduite des ouvrages de corvées et menus frais............ 13.181 5 »			
Généralité d'Amiens.................	132.084	2	7
Aux entrepreneurs des ouvrages et réparations faites et à faire aux ponts, chemins, chaussées, ports maritimes et navigations de ladite généralité :			
Entretiens........... 38.680 6 9			
Parfaits payements...... 4.312 2 1			
Continuations d'ouvrages.... 5.680 11 3			
Nouveaux ouvrages....... 14.708 5 »			
Appointements........ 6.000 » »			
Gratifications........ 4.900 » »			
Salaires........... 17.802 17 6			
Ports maritimes, continuation d'ouvrages... 26.350 » »			
Appointements d'un sous-ingénieur..... 1.500 » »			
Gratifications........ 2.150 » »			
Navigation (canal de la Somme)... 10.000 » »			
Généralité de Châlons................	174.774	10	3
Entretiens........... 10.038 » »			
Parfaits payements....... 13.116 8 4			
Continuations d'ouvrages..... 97.500 » »			
Nouveaux ouvrages....... 17.526 1 11			
Appointements........ 7.000 » »			
Gratifications........ 4.100 » »			
Salaires et levés de plans, etc..... 25.494 » »			
Généralité d'Orléans................	192.229	10	9
Entretiens pour 1787...... 84.726 » »			
Parfaits payements...... 40.487 7 2			
Continuations d'ouvrages.... 30.000 » »			
Nouveaux ouvrages....... 3.000 » »			
Appointements........ 6.525 » »			
Gratifications........ 5.900 » »			
Salaires, etc......... 21.591 3 7			
Généralité de Tours.................	220.497	18	5
Entretiens........... 4.100 » »			
Parfaits payements....... 17.921 1 »			
Continuations d'ouvrages.... 130.000 » »			
Nouveaux ouvrages....... 20.000 » »			
Ouvrages imprévus....... 8.546 12 5			
Appointements........ 12.703 6 8			
Gratifications........ 8.150 » »			
Salaires, etc......... 19.076 18 6			
Généralité de Bourges...............	52.055	16	3
Entretiens........... 8.985 19 2			
Parfaits payements....... 3.994 18 2			
Continuations d'ouvrages.... 14.000 » »			
Appointements........ 3.600 » »			
Gratifications........ 5.400 » »			
Salaires, etc......... 16.074 18 11			
Généralité de Moulins...............	95.871	16	3
Entretiens........... 16.115 1 2			
Parfaits payements....... 17.478 9 1			
Continuations d'ouvrages.... 27.525 14 »			
Nouveaux ouvrages....... 3.200 » »			
Appointements........ 9.800 » »			

PIÈCES JUSTIFICATIVES.

			liv.	s.	d
Gratifications.	5.100	» »			
Salaires, etc.	16.652	12 »			
Généralité de Lyon.			617.969	15	7
Entretiens.	22.789	14 2			
Parfaits payements.	5.994	» 4			
Continuations d'ouvrages	532.014	7 10			
Y compris :					
Travaux de Porrache. . 200.000 » »					
Pont de la Mulatière . . 200.000 » »					
Pont de Roanne. 114.794 13 3					
Nouveaux ouvrages	12.000	» »			
Appointements.	5.950	» »			
Gratifications.	4.675	» »			
Salaires, etc.	11.154	11 3			
Navigation.	12.000	» »			
Péage de l'Ile Barbe, route de Paris en Provence.	11.392	» »			
Généralité de Riom.			176.401	18	9
Entretiens pour 1787.	4.620	» »			
Parfaits payements.	23.875	8 5			
Continuations d'ouvrages	767	» »			
Nouveaux ouvrages.	126.621	11 4			
Appointements.	6.020	» »			
Gratifications.	5.700	» »			
Salaires, etc.	8.797	19 »			
Généralité de Poitiers.			225.778	12	2
Ponts et chaussées :					
Entretiens.	893	» »			
Parfaits payements.	52.964	7 6			
Continuations d'ouvrages	90.471	4 8			
Appointements.	12.090	» »			
Gratifications.	6.450	» »			
Salaires, etc.	17.910	» »			
Ports maritimes :					
Parfait payement.	25.577	4 3			
(Port des Sables-d'Olonne, solde de 1.520.638 l. 17 s. depuis 1773.)					
Nouveaux ouvrages.	25.297	15 9			
Appointements.	1.525	» »			
Gratifications.	6.800	» »			
Généralité de Limoges.			193.892	6	9
Ponts et chaussées :					
Entretiens	14.546	4 6			
Continuations d'ouvrages	41.976	8 1			
Nouveaux ouvrages.	17.360	12 »			
Appointements.	5.970	» »			
Gratifications.	4.500	» »			
Salaires, etc.	9.539	2 2			
Navigation :					
Continuation d'ouvrages (sur la Charente). .	100.000	» »			
Généralité de Bordeaux.			190.067	1	10
Ponts et chaussées :					
Entretiens.	12.200	» »			
Parfaits payements.	30.073	19 7			
Continuations d'ouvrages	42.000	» »			
Nouveaux ouvrages.	54.418	9 9			

Appointements.	11.300 » »		liv. s. d.
Gratifications.	4.500 » »		
Salaires, etc.	14.574 12 6		
Navigation :			
Parfaits payements.	624 » »		
Continuations d'ouvrages	13.570 » 6		
Gratifications.	1.500 » »		
Salaires, etc.	600 » »		
Visites du conservateur.	1.243 9 6		
Appointements au conservateur et au syndic.	3.062 10 »		
Gratifications.	400 » »		
Généralité de la Rochelle.		274.052 1 2	
Ponts et chaussées :			
Entretiens.	15.654 » »		
Parfaits payements.	14.900 3 4		
Continuations d'ouvrages	59.198 » »		
Nouveaux ouvrages.	29.400 » »		
Appointements.	6.600 » »		
Gratifications.	5.100 » »		
Salaires, etc.	8.999 17 10		
Ports maritimes (Port de la Rochelle) :			
Parfaits payements.	16.070 » »		
Continuations d'ouvrages	85.500 » »		
Nouveaux ouvrages.	24.000 » »		
Appointements.	1.680 » »		
Gratifications.	5.950 » »		
Généralité de Montauban.		165.955 5 6	
Ponts et chaussées :			
Parfaits payements.	6.350 5 6		
Continuations d'ouvrages.	61.579 4 6		
Nouveaux ouvrages.	34.032 13 10		
Appointements.	7.500 » »		
Gratifications.	5.500 » »		
Salaires, etc.	14.965 6 2		
Navigation :			
Continuation d'ouvrages sur le Lot.	26.300 » »		
Gratifications.	1.600 » »		
Appointements.	2.100 » »		
Gages d'éclusier.	150 » »		
Navigation de la Garonne.	5.847 15 6		
Généralité d'Auch.		138.052 14 7	
Ponts et chaussées :			
Parfaits payements.	7.505 10 4		
Continuations d'ouvrages	57.592 2 10		
Appointements.	6.900 » »		
Gratifications.	6.300 » »		
Salaires, etc.	22.757 1 5		
Navigation.	37.000 » »		
Généralité de Pau et Bayonne.		237.058 » »	
Ponts et chaussées :			
Continuations d'ouvrages.	16.390 » »		
Nouveaux ouvrages.	5.000 » »		
Appointements.	2.700 » »		
Gratifications.	4.150 » »		
Salaires, etc.	5.500 » »		
Navigation et flottaison.	6.118 » »		

			liv.	s.	d.
Port de Saint-Jean-de-Luz.........	197.200	» »			
Généralité de Rouen................			1.842.123	16	10
Ponts et chaussées :					
Entretiens................	27.240	» »			
Parfaits payements.............	53.756	12 5			
Continuations d'ouvrages..........	29.757	» 8			
Anciens ouvrages............	20.000	» »			
Nouveaux ouvrages.............	27.258	» »			
Appointements...............	13.145	» »			
Gratifications...............	6.100	» »			
Salaires, etc....	25.712	3 9			
Ports maritimes :					
Parfaits payements.............	185.466	7 4			
Continuations d'ouvrages..........	457.793	12 8			
Nouveaux ouvrages.............	185.790	» »			
Appointements, gratifications, salaires....	16.950	» »			
Port du Havre...............	713.155	» »			
Navigation................	80.000	» »			
Généralité de Caen.................			266.861	18	1
Ponts et chaussées :					
Parfaits payements..............	7.135	18 3			
Continuations d'ouvrages...........	10.100	» »			
Nouveaux ouvrages.............	98.059	4 4			
Appointements...............	8.625	» »			
Gratifications...............	4.700	» »			
Salaires, etc................	20.041	15 6			
Ports de commerce et navigation, le surplus.	118.200	» »			
Généralité d'Alençon................			134.987	19	11
Parfaits payements.............	21.273	14 11			
Continuations d'ouvrages..........	39.000	» »			
Nouveaux ouvrages.............	38.560	9 »			
Appointements...............	4.500	» »			
Gratifications...............	5.300	» »			
Salaires, etc...............	26.353	16 »			
Généralité de Grenoble...............			414.873	11	1
Entretiens.................	44.500	» »			
Parfaits payements.............	34.165	3 1			
Continuations d'ouvrages..........	285.300	» »			
Nouveaux ouvrages.............	17.358	19 »			
Appointements...............	10.000	» »			
Gratifications...............	9.050	» »			
Salaires, etc................	15.599	9 »			
Gages du garde...............	900	» »			
Généralité de Metz.................			213.024	»	9
Ponts et chaussées :					
Parfaits payements.............	12.235	5 4			
Continuations d'ouvrages..........	43.630	5 5			
Nouveaux ouvrages.............	6.933	10 »			
Appointements...............	4.425	» »			
Gratifications...............	3.800	» »			
Salaires.................	12.000	» »			
Navigation................	130.000	» »			
Province de Franche-Comté............			152.601	»	»
Ponts et chaussées :					
Continuations d'ouvrages...........	15.303	» »			
Nouveaux ouvrages.............	19.587	10 »			

Appointements.	7.500	»	»	liv.	s.	d.
Gratifications.	6.100	»	»			
Salaires, etc.	4.110	10	»			
Navigation (canal du Doubs à la Saône).	100.000	»	»			

Province du Hainault.............................. 152.552 » »
- Entretiens.................... 32.500 » »
- Continuations d'ouvrages........... 63.561 » »
- Nouveaux ouvrages............. 18.000 » »
- Appointements................ 5.000 » »
- Gratifications................. 3.250 » »
- Salaires, etc.................. 9.839 » »
- Appointements de l'ingénieur en chef..... 2.202 » »

Province du Roussillon............................ 184.232 15 2
- Ponts et chaussées :
- Continuations d'ouvrages (digue de la Tet et pont du Tech)............ 130.516 8 2
- Nouveaux ouvrages............. 34.633 » »
- Appointements................ 3.000 » »
- Gratifications................. 4.600 » »
- Salaires, etc.................. 9.281 7 »
- Appointements de l'ingénieur (le sieur Gaillon). 2.202 » »

Lorraine et Barrois............................... 136.000 » »
- Ponts et chaussées :
- Parfaits payements............. 5.646 9 4
- Continuations d'ouvrages........... 73.465 2 8
- Nouveaux ouvrages............. 9.500 » »
- Appointements................ 9.720 » »
- Gratifications................. 4.250 » »
- Salaires, etc.................. 25.216 8 »
- Appointements de l'ingénieur (le sieur Le Creulx)................... 2.202 » »
- Navigation................... 6.000 » »

Province de Flandre.............................. 600.000 » »
- Port de Dunkerque............. 568.675 » »
- Appointements................ 5.175 » »
- Gratifications................. 7.950 » »
- Salaires, etc.................. 18.200 » »

Province de Languedoc............................
- Navigation. — A cause des appointements du conservateur général et autres employés à la navigation de la Garonne, ensemble pour frais de balisage et halage de la rivière........... 3.262 10 »

Somme totale des ouvrages contenus au présent état............ 9.079.135 9 »
Et les charges de l'état montent à................. 366.509 » 3

Partant la somme totale de la dépense du présent état monte à..... 9.445.644 9 3
pareil à la recette.

Fait au conseil royal des finances tenu à Paris le vingtième jour de décembre 1789.

Signé Louis.

Et plus bas, Lambert.

3° *État-du-roi des turcies et levées*, pour l'*exercice* 1787.

« État contenant la recette et la dépense pour les ouvrages ordonnés être faits et délivrés sur l'exercice 1787 seulement, par M. Randon de la Tour, administrateur du palais royal ayant le département des ponts et chaussées et turcies et levées, auquel S. M. fait de très-expresses inhibitions et défenses de faire aucun payement que conformément audit état, à peine de payer deux fois.

« *Recette.* — Du garde du trésor royal la somme de. . . . . 301.768 l. 18 s. » d.

« *Dépense.* — A cause du traitement accordé à la dame veuve Bouchet. 2.666 13 4
« Autre dépense; aux entrepreneurs des ouvrages et des réparations des turcies et levées et du balisage, la somme de. 299.102 4 8

« Total de la dépense. . . . . . . 301.768 18 »

Le second article de dépense est pour l'exécution du bail commencé en 1784 et finissant en 1789. On en donne le détail sous les titres suivants :

Généralités de Moulins, de Bourges, d'Orléans et de Tours :

Somme des entretiens. . . . . 138.904 l. 17 s. 7 d.
Parfaits payements; généralités de Bourges et d'Orléans. 6.445 4 5
Continuations d'ouvrages; dans les quatre généralités, somme. . . . 109.052 3 3
Balisage, dans les quatre généralités. 44.719 19 5

Archives impériales, arrêts du conseil, registre E 2641.

§ 3. Pièces administratives; dépêches, instructions, rapports, etc.

N° 1.

Mai 1720.

Instruction aux inspecteurs et ingénieurs des ponts et chaussées pour l'exécution de l'arrêt du conseil d'état du 3 mai 1720, qui ordonne l'élargissement des grands chemins et la plantation d'arbres sur les héritages qui les bordent.

Voir aux documents officiels, n° 139.

N° 2.

1723.

Devis des chaussées d'Orléans.

Art. 1er. « Les petites chaussées d'Orléans consistent, savoir : sur la route de Paris, depuis l'Orme d'Assas près Artenay jusqu'à la porte Bannier de ladite ville d'Orléans, en 10.510 toises courantes, dont 1.918 toises à 3 toises et le surplus à 15 pieds de largeur; sur la route d'Orléans à Blois passant par Saint-Mesmin, depuis le portereau vis-à-vis la rue Neuve jusqu'au delà du bourg de Saint-Mesmin, en 3.804 toises courantes de 15 pieds de largeur ; sur la route d'Orléans à Lyon, depuis la porte de Bourgogne jusque près le pont aux Moines, en 5.071 toises courantes de 9, 12 et 15 pieds de largeur ; sur la route d'Orléans à Blois passant par Meun et Beaugency depuis la porte Madeleine, en 3.332 toises courantes de 15 pieds de large; sur la route d'Orléans à Chartres depuis la chapelle Notre-Dame-des-Aides, en 3.218 toises courantes de 15 pieds en la meilleure partie et 12 pieds au surplus de largeur ; sur la route d'Orléans à Chateaudun depuis la porte de Saint-Jean, en 8.190 toises courantes, dont la meilleure partie est à 15 pieds et le reste à 12 pieds de largeur; sur toute la route d'Orléans à Bourges depuis le portereau de Saint-Marceau vis-à-vis l'enseigne de la Truie qui file, en 2.181 toises courantes de 15 pieds de largeur; sur la route d'Orléans à Sully, appelée le chemin des Cassines, depuis le pont d'Orléans, en 2.490 toises courantes de 15 pieds de largeur; sur la route d'Orléans à Fontainebleau depuis la croix de Saint-Loup, en 2.625 toises courantes de 15 pieds de largeur; et sur la route d'Orléans à Paris, par le vieux chemin passant par Neuville, depuis la porte Saint-Vincent, en 4.248 toises courantes de 15 pieds de largeur; à quoi sont à ajouter les anciennes places publiques de ladite ville d'Orléans, consistant en 5.328 toises quarrées de pavé; toutes lesquelles longueurs et largeurs composent les petites chaussées d'Orléans. »

« 2. Sera fait par l'adjudicataire, en chacune des 12 années, sur la route de Paris à Orléans, 716 toises courantes de pavé neuf de 3 toises de largeur en une seule pièce de ligne droite, ainsi qu'il sera réglé par l'ingénieur des ponts et chaussées en la généralité d'Orléans. . . ». Suivent les qualités et dimensions du pavé, l'indication du sable et de sa provenance, les détails de la construction.

« 3. Sera relevée à bout, par chacune desdites 12 années, la 12e partie de 9.794 toises courantes qui restent tant en pavé de grès que de cailloux, dans la même route depuis la porte Bannier jusqu'à l'Orme d'Assas. » Puis la 12e partie des chaussées désignées à l'article 1er. Les chaussées seront mises à 15 pieds au moins de largeur. . . . . Conditions de réemploi des vieux pavés; indication des carrières pour les pavés et le sable.

4. L'adjudicataire sera tenu de faire les accotements dans toute la longueur des chaussées neuves ou relevées à bout, de 3 toises 1/2 de largeur pour la chaussée de Paris à Orléans entre la porte Bannier et l'Orme d'Assas et de 9 pieds sur les autres routes, etc.

5. Seront faits des fossés de 6 pieds de chaque côté des accotements, dans toute la longueur de la chaussée de l'Orme d'Assas à Orléans.

6. L'entrepreneur entretiendra chaque année en bon état toutes les parties de chaussées qui ne seront pas faites à neuf ou relevées à bout; il les débarrassera de tout encombrement, sauf son action devant l'intendant contre ceux qui auraient fait ces encombrements, etc.

7. On rélargira ou on reconstruira les ponceaux suivant les nouveaux alignements, en en plaçant les têtes sur la ligne des fossés, le tout suivant les conditions du devis qui sera fait par l'ingénieur . . . .

Archives des travaux publics, collection Poterlet, copie manuscrite.

N° 3.

30 mars 1727.

Instruction du conseiller du roi, directeur général des ponts et chaussées, pour les ingénieurs et les trésoriers des ponts et chaussées servant près de MM. les intendants des provinces du royaume, pour l'exécution du règlement du conseil d'état du 11 mars 1727 relatif à la comptabilité et aux travaux desdits ponts et chaussées.

Voir aux documents officiels, n° 187.

N° 4.

1731. — « Canal de Picardie.

« Devis des ouvrages nécessaires à faire pour la construction du nouveau canal projeté le long de la rivière de Somme depuis le village de Saint-Simon jusqu'à Ham, Péronne, Bray, Corbie et Amiens, dressé pendant les mois d'août, septembre et octobre 1731.

« Le canal commencera à la pointe de terre au-dessous du village de Saint-Simon, entre les marais de Somme et d'Aulnois, en soutenant le même niveau d'eau de la jonction de la rivière de Somme à celle d'Oise prise à Pons à l'extrémité de la chaussée de Thugny.

« Ce canal aura, dans toute son étendue, 51.260 toises de longueur depuis le village de Saint-Simon jusqu'au-dessous d'Amiens, dont 28.300 toises dans un canal nouveau et 22.960 toises sur la rivière. Il aura 6 toises de largeur dans le fond, 8 toises 1 pied 6 pouces à la superficie de l'eau, et 9 toises 3 pieds à la superficie du couronnement des digues sur 4 pieds 1/2 de hauteur d'eau : il aura, depuis le fond jusqu'au-dessus des digues, 7 pieds de hauteur.

« Les digues auront 18 pieds de largeur au sommet, le talus intérieur aura pied et demi sur pied et l'extérieur aura un talus naturel pied pour pied. »

Suit le devis détaillé de tous les ouvrages, puis les conditions auxquelles devra se conformer l'entrepreneur, puis enfin une estimation détaillée dont le montant total est de 2.500.000 liv., y compris une somme à valoir de 345.517 liv. 6 s. 6 d. pour épuisements et ouvrages imprévus.

Le tout se termine par cette mention :

« Le présent devis a été fait et arrêté le 25 novembre 1731 par MM. de Charbise et Prefontene, ingénieurs du roi, nommés par MM. les directeurs du canal de Picardie, conjointement avec MM. Oudart et Baligand, inspecteurs des travaux dudit canal. »

Archives des travaux publics, collection Poterlot, imprimé.

Ce devis ne fut pas exécuté.

N° 5.

11 décembre 1747.

Instruction du contrôleur général des finances concernant les employés subalternes des ponts et chaussées et le bureau des dessinateurs.

« L'intention de M. le contrôleur général étant de fixer le nombre, les fonctions et les appointements et émoluments des employés subalternes des ponts et chaussées, et d'entretenir entre eux l'amour du travail et l'émulation nécessaires pour y former de bons sujets qui puissent remplir ensuite les emplois supérieurs, il a fait dresser la présente instruction et l'a fait remettre au sieur Perronet qu'il a chargé de la direction générale desdits employés subalternes, soit dans la généralité de Paris, soit dans les provinces ; comme aussi de ceux qui travaillent dans le bureau des dessinateurs, en attendant qu'ils soient placés en qualité de sous-inspecteurs, sous-ingénieurs, élèves, géographes, dessinateurs, et tous autres desquels on exige quelque science ; en cette qualité, de tenir la main à l'exécution de tout ce qui est porté par la présente instruction, et de lui en rendre un compte suivi et détaillé.

« Art. 1er. Il sera arrêté au plus tôt un état exact de tous les employés, avec la note du temps depuis lequel ils servent, de ce qu'ils ont fait jusqu'à présent, de leurs mœurs et de leurs talents, et de ce qu'ils ont d'appointements ou autres émoluments.

« 2. Lesdits employés seront distingués en trois classes, suivant leurs talents et leur capacité.

« La première classe sera composée des sous-inspecteurs ou sous-ingénieurs : on n'y admettra que ceux qui sauront bien la géométrie théorique et pratique, ainsi que les calculs et les autres connaissances mentionnées aux articles suivants, et que doivent avoir ceux des autres classes ; sauront bien le trait ou la coupe des pierres, auront des commencements considérables d'architecture et seront en état de commencer à faire des projets et devis de ponts en bois et en pierre, et des autres ouvrages publics, comme chaussées pavées, levées de terre avec les profils des déblais et remblais, digues, écluses et autres.

« 3. Ceux qui seront jugés avoir les talents ci-dessus expliqués seront mis dans la classe des sous-inspecteurs, quoiqu'ils ne soient pas encore placés : mais lorsqu'il viendra à vaquer des places dans les généralités, elles seront données par préférence à ceux d'entre eux qui seront jugés les plus forts : et au contraire ceux qui auraient été placés en qualité de sous-inspecteurs, et qui ne se trouveraient pas avoir les connaissances requises, seront remis dans des classes inférieures ; ce qui sera pratiqué de même pour les classes ci-après.

« 4. La seconde classe sera composée de ceux qu'on appelle élèves, qui sauront bien les éléments de géométrie théorique et pratique, la mécanique, l'hydraulique, le nivellement, les toisés et calculs des surfaces et des solides, et commenceront à apprendre l'appareil et l'architecture pour se mettre en état, après l'avoir mieux appris, de passer dans la classe des sous-inspecteurs.

« 5. Seront pareillement compris dans l'état de cette classe tous ceux qui pourront être employés en qualité d'élèves dans les différents départements ou qui, n'étant point employés, resteront à Paris pour y travailler au bureau du sieur Perronet, ainsi qu'il va être expliqué.

« 6. La troisième classe sera composée de ceux qui ne sachant encore que les éléments de géométrie, la trigonométrie et l'arpentage avec le dessin, seront en état de bien lever toutes sortes de plans et travailleront pour acquérir les connaissances qui leur sont nécessaires pour devenir successivement élèves et sous-inspecteurs.

« On ne prendra pour entrer dans cette troisième classe que des jeunes gens non mariés, dont l'éducation et les mœurs seront bien connues, qui auront déjà acquis les connaissances mentionnées en l'article 6 et qui auront les talents nécessaires pour passer successivement par tous les grades ; à l'effet de quoi ils viendront pendant six mois au moins au bureau, pour faire connaître ce qu'ils savent ; et ne pourront rien prétendre pendant ledit temps et jusqu'à ce qu'ils aient été employés dans le rôle de la troisième classe. Et si dans le cours de deux ans ces jeunes gens, ou par inaptitude, ou par dissipation, ne se mettaient pas en état de monter dans la classe supérieure, ils seront renvoyés comme ne se trouvant pas propres à l'état qu'ils auraient entrepris.

« 8. Le sieur Perronet dressera tous les trois mois des états desdites trois classes des employés qui fréquenteront son bureau, qu'il remettra à M. le contrôleur général : il y comprendra dans un chapitre séparé les employés dans les provinces ou à Paris, que leurs emplois empêchent de venir à son bureau. Et à l'égard des autres qui fréquenteront son bureau, il marquera en tête de chaque classe celui qu'il juge capable d'être le premier, et ensuite tous les autres, en les plaçant dans l'ordre qu'il croira qu'ils méritent suivant leur capacité et leur travail, afin que M. le contrôleur général puisse les avancer en connaissance de cause et suivant cet ordre.

« 9. Lorsqu'il vaquera quelque place dans la première ou dans la seconde classe, on prendra le sujet le plus capable de la classe suivante ; et si le sieur Perronet avait quelque doute sur la capacité de différents contendants, soit pour les faire passer d'une classe à l'autre, soit pour les nommer premier de leur classe, il pourra les admettre à composer quelque ouvrage à leur portée, et celui qui aura le mieux réussi, suivant l'avis de l'assemblée des inspecteurs généraux, sera préféré.

« 10. Tous les employés des trois classes ci-dessus, qui n'auront pas d'emplois qui les occupent dans la généralité de Paris ou dans les provinces, viendront au bureau chez le sieur Perronet, tous les jours, excepté les fêtes et dimanches, depuis huit heures du matin jusqu'à midi, et depuis deux heures après midi jusqu'à huit : à l'exception néanmoins de ceux qui peuvent en être dispensés par le sieur Perronet, pour quelque travail particulier dont il aura connaissance.

« 11. On s'occupera principalement, surtout dans les deux dernières classes, à dessiner et mettre au net les plans des chemins du royaume et ceux des ponts, dans la forme qui a été prescrite ; chaque employé sera tenu de faire quatre de ces cartes réduites ou non réduites par quartier, qui feront six lieues ou environ, ou bien huit feuilles de ponts, observant que chacun fasse les ponts des routes qu'il aura dessinées.

« Il leur sera donné vingt-cinq livres de gratification pour chaque carte de plan de chemin, et des autres à proportion.

« 12. Ceux de la première classe, outre les cartes que l'on leur donnera aussi à dessiner lorsqu'ils n'auront point d'autre ouvrage, seront employés par préférence à lire et examiner les devis et détails qui viennent de province et qui leur seront remis : ils en feront des extraits exacts, dont ils rendront compte au sieur Perronet, en vérifieront exactement tous les calculs, et en proposeront leur avis au sieur Perronet. M. le contrôleur général donnera tous les trois mois, à ceux de la première classe qui auront été employés à ces sortes d'ouvrages, des gratifications proportionnées à leur travail.

« 13. Il sera donné en outre six cents livres de gratification par année au premier de la première classe, et deux cents livres à chacun des deux suivants ; cinq cents livres au premier de la seconde classe et cent cinquante livres à chacun des deux suivants. Au moyen desdites gratifications, les trois premiers de chaque classe suivront les cours des professeurs de mathématiques et d'architecture qui leur seront indiqués par le sieur Perronet, et prendront des cahiers qu'ils liront et expliqueront à ceux de leur classe. Ils couperont du trait et feront des modèles, tant en plâtre qu'en bois, de différents ouvrages, le premier par préférence aux deux suivants. Et lesdites explications et études se feront principalement depuis six heures du soir jusqu'à huit en été, et en hiver depuis la nuit jusqu'à pareille heure de huit heures du soir.

« 14. Pendant l'été, et lorsque la saison sera favorable aux travaux de la campagne, on distribuera les employés du bureau, soit sur les principaux ouvrages qui se feront à portée, soit pour lever des cartes et des plans : et M. le contrôleur général les dédommagera, par des gratifications extraordinaires, des frais de voyages et autres qu'ils feront.

« 15. Il sera fait tous les ans, au mois d'avril de chaque année, un recensement général de tous les employés, tant dans la généralité de Paris que dans les provinces; MM. les intendants et les ingénieurs seront consultés sur la capacité et le travail de chacun d'eux et sur leurs mœurs, et ceux qui seront jugés ne pas convenir au service des ponts et chaussées seront réformés.

« 16. Il sera distribué tous les ans, au mois d'avril, deux prix, l'un de valeur de 400 liv., l'autre de valeur de 300 liv., en livres et instruments de mathématiques, à ceux qui seront jugés les avoir mieux mérités en traitant les sujets qui seront donnés trois mois auparavant par les inspecteurs généraux, et suivant l'avis des inspecteurs généraux.

« Fait et arrêté à Versailles, le 11 décembre 1747. Signé, Machault. »

Archives du ministère des travaux publics, collection Poterlet, imprimé.

N° 6.

24 mars 1749.

Instruction donnée par M. le contrôleur général à chacun des élèves par lui nommés pour être contrôleurs des entretiens des routes de la généralité de Paris.

« Art. 1er. Aussitôt que les contrôleurs seront nommés, ils iront trouver l'inspecteur général dans le département duquel se trouve la route pour laquelle ils sont commis, et prendront ses instructions et ses ordres sur l'exécution de leurs commissions; l'intention de M. le contrôleur général étant qu'ils demeurent entièrement subordonnés auxdits inspecteurs généraux, chacun dans leur département.

« Ils se feront aussi connaître à M. le trésorier de France commissaire de la route, pour être à portée de recevoir ses ordres et d'exécuter ce qu'il jugera à propos de leur ordonner.

« 2. Il sera fourni à chacun desdits contrôleurs un imprimé du bail d'entretien au contrôle duquel il sera commis; il en prendra une lecture réfléchie, afin de bien connaître toutes les obligations contractées par l'entrepreneur et de tenir la main à ce qu'il les remplisse. »

Les articles 3, 4 et 5 stipulent que les contrôleurs feront une première visite des routes en avril, pour constater leur état et les ouvrages à y faire, tant aux chaussées pavées et d'empierrement qu'aux accotements, fossés et ouvrages d'art; qu'ils visiteront les carrières de pavé et de sable, constateront la situation et la qualité des matériaux et la force des ateliers; qu'ils rendront compte de cette tournée à la direction générale, au commissaire et à l'inspecteur général; qu'ils les accompagneront dans leur tournée du printemps et prendront note du règlement des ateliers fixé par eux.

Les articles 6, 7, 8, 9, 10, 11 et 12 concernent la surveillance des ateliers de relevé à bout et de réparation des chaussées pavées, du mode d'exécution des travaux, de l'emploi et des quantités et qualités des matériaux.

L'article 13 prescrit les mêmes soins pour les chaussées de blocage et celles d'empierrement, pour la maçonnerie et pour les terrassements. « On veillera à ce que les cailloutis soient bien entretenus, ce qui consiste à prendre le temps où les chaussées sont bien humectées par la pluie pour enlever jusqu'au vif toutes les matières grasses qui s'y sont amassées, les recharger ensuite de petites pierres de bonne qualité, point fondantes, en cassant à la main celles qui seraient trop grosses, et remplissant exactement les rouages, de façon qu'il n'en reste aucun vestige. »

« 14. Au surplus, les contrôleurs feront exécuter exactement tout ce qui est prescrit par les baux d'entretien et les ordres qui leur seront donnés, tant par le commissaire de la route que par l'inspecteur général; et s'il se trouve quelque changement utile à faire ou quelque obstacle à lever, ils auront soin d'en informer aussitôt l'inspecteur général, et ils enverront tous les deux mois à la direction un état de la situation des ouvrages.

« 15. On remettra à chacun des contrôleurs les minutes des plans des routes dont ils feront le contrôle; ils les vérifieront exactement, marqueront tous les toisés qu'ils feront, et feront mention des fautes qu'auront pu faire ceux qui les ont levés et des changements survenus depuis.

« Fait et arrêté à Versailles, le 24 mars 1749. Signé, Machault. »

Archives du ministère des travaux publics, collection Poterlet, imprimé.

N° 7.

13 mai 1754.

Instruction du garde des sceaux, contrôleur général, qui détermine les fonctions du premier ingénieur et des inspecteurs généraux des ponts et chaussées (mentionnée dans plusieurs arrêts).

En regard de ce titre, inscrit au catalogue de la collection Poterlet (archives du ministère des travaux publics), se trouve le mot *manque* (1).

Nous n'avons pu découvrir nulle part cette pièce importante. Mais les archives du ministère des travaux publics en possèdent une qui peut jusqu'à un certain point en tenir lieu, comme on va en juger. Cette pièce, sans date ni signature, porte pour titre :

« Mémoire sur les projets et la conduite des travaux des ponts et chaussées fait suivant les nouvelles vues de M. Trudaine. »

En marge est écrit :

« Remis le lundi 25 mars 1754 à M. Trudaine. Le 4e avril, M. Trudaine a dit au sieur Perronet que Mgr. le garde des sceaux avait approuvé ce projet le lundi précédent, 1er dudit mois. »

Ce mémoire a donc fourni la matière de l'instruction du 13 mai 1754. En voici le texte :

« Les travaux des ponts et chaussées sont actuellement dirigés par un ingé-

---

(1) Voici ce que l'on trouve au sujet de cette instruction dans le journal des séances de l'assemblée des ponts et chaussées, tenue par Perronet (voir ci-après n° 16), après le compte rendu de la séance du 12 mai 1754 :

« Le 13 mai, M. le garde des sceaux a signé un nouveau règlement suivant lequel chaque inspecteur
« général aura le quart des provinces et généralités du royaume à visiter et inspecter, savoir :

« M. Bayeux, le département de Tours, avec les généralités de Tours, Rouen, Caen, Alençon, Orléans
« et Poitiers ;

« M. Pollart, le département de Bordeaux, avec les généralités de Bordeaux, la Rochelle, Limoges,
« Montauban, Auch et Roussillon ;

« M. Perronet, le département de Paris, qui comprendra le Hainault et les généralités des Soissons,
« Amiens, Châlons, Metz et Paris ;

« M. Gendrier aura le département de Lyon, qui comprendra la Bresse et autres pays dépendants de
« l'intendance de Dijon, le comté de Bourgogne, les généralités de Moulins, Bourges, Lyon, Riom et Grenoble (la généralité de Bourges néanmoins ne sera pas inspectée tant que M. Gendrier l'aîné en sera
« l'ingénieur) ;

« M. Hupeau, premier ingénieur, aura l'inspection et quelquefois le détail des ouvrages de 300.000 liv.
« et au-dessus. »

nieur en chef (ou premier ingénieur), quatre inspecteurs généraux, vingt-huit ingénieurs, cent trois sous-ingénieurs, et quarante-quatre élèves ou conducteurs principaux.

« Premier ingénieur; résidence à Paris :

« Doit être chargé de l'examen des projets des ingénieurs; sinon projeter, conduire ou visiter quelques-uns des plus grands travaux du royaume.

« Inspecteurs généraux;

« Premier département; résidence à Paris :

« Les projets, devis et détails de la généralité de Paris en entier. (En marge : 1.129 lieues quarrées, 2.103 paroisses.)

« L'inspecteur sera aidé de trois bons ingénieurs, dont chacun sera placé dans l'un des trois départements, tels qu'ils sont actuellement divisés. »

(En marge : « Il conviendra que chaque ingénieur soit obligé d'avoir un cheval. »)

« Chaque ingénieur visitera successivement tous les travaux de son département. Il restera plus sédentairement sur les principaux, et fera les projets, devis et détails des ouvrages ordinaires, lesquels seront remis à l'inspecteur général qui les signera après avoir fait les changements et corrections qu'il trouvera convenables.

« Il y aura dans chaque département le nombre de sous-ingénieurs, contrôleurs et élèves suffisants pour la conduite des travaux, lesquels seront subordonnés à leur ingénieur qui rendra compte de leur service et conduite.

« MM. les commissaires s'adresseront directement aux ingénieurs pour les alignements et les affaires de police. Mais ceux-ci, avant de remettre leurs rapports, les communiqueront à l'inspecteur général qui en rendra compte à la direction lorsque le cas le requerra.

« L'inspecteur aura aussi dans son département les généralités d'Amiens, Soissons et Châlons, la province du Hainault et les Trois-Évêchés, pour l'inspection générale seulement dont on expliquera ci-après la fonction. »

(En marge est écrit :)

Lieues quarrées.	Généralités.	Paroisses.
1.129	Paris.	2.103
483	Amiens.	1.204
480	Soissons.	1.109
1.314	Châlons.	2.252
150	Hainault.	252
500	Pays Messin.	238
	Évêché de Metz.	351
	— Toul.	58
	— Verdun.	146
4.056		7.703

« Deuxième département; résidence à Lyon :

		Lieues quarrées.	Paroisses.
« La Franche-Comté.		977	2.399
« La Bresse, le Bugey et pays de Gex.		245	439
« Les généralités de Lyon.		534	739
—	Grenoble.	1.251	990
—	Moulins.	889	1.218
—	Riom.	776	942
		4.672	6.727

« Les nouveaux chemins du bas Languedoc.

« Troisième département; résidence à Auch ou Pau :

	Lieues quarrées.	Paroisses.
« Les généralités de Auch..........	1.920	1.746
— Montauban.....	874	1.004
— Roussillon.....	250	317 vigueries.
— Limoges.......	678	907
— Bordeaux......	1.198	2.094
	4.900	6.068

« Quatrième département; résidence à Tours :

	Lieues quarrées.	Paroisses.
« Les généralités de Tours..........	1.402	1.576
— Poitiers........	1.173	1.008
— La Rochelle....	479	728
— Bourges.......	764	723
— Orléans........	1.178	1.153
	4.996	5.188

« Cet inspecteur fera les projets, devis et détails de la Touraine; il ne sera chargé pour le surplus que de l'inspection générale.

« Cinquième département à créer; résidence à Paris :

	Lieues quarrées.	Paroisses.
« Les généralités de Rouen........	670	1.865
— Caen.........	561	1.736
— Alençon.......	576	1.292
	1.807	4.893

« Les inspecteurs généraux feront des tournées fréquentes dans les différentes provinces de leur département; ils concerteront avec les ingénieurs de ces provinces les principaux projets, les dirigeront et veilleront quelquefois à leur construction; ils feront aussi les projets, devis et détails qui pourront leur être demandés par la direction pour les travaux les plus importants.

« Les projets des ingénieurs seront envoyés par la direction aux inspecteurs généraux pour avoir leur avis. Lorsqu'ils auront ensuite été approuvés de la direction et adjugés, les ingénieurs enverront deux expéditions des dessins, devis, détails et adjudications, dont l'une restera à la direction, et l'autre sera envoyée à l'inspecteur général de chaque département pour qu'il puisse veiller à l'exécution des devis.

« Lorsque les travaux seront achevés, les ingénieurs enverront pareillement deux copies de chaque réception, dont il sera fait même usage que ci-dessus.

« Les inspecteurs généraux rendront compte à la direction des remarques qu'ils auront faites dans leurs tournées : ils proposeront les moyens qu'ils croiront les plus convenables pour la perfection des projets, la solidité des travaux, l'économie des fonds et le soulagement des corvéables : ce dernier article méritera de leur part une attention particulière.

« Ceux des inspecteurs qui ne feront pas leur résidence à Paris seront tenus d'y venir passer les mois de janvier et février de chaque année; temps auquel les principaux projets seront examinés et discutés à l'assemblée des ponts et chaussées en présence des ingénieurs qui pourront se trouver pour lors à Paris.

« Ce voyage annuel et les tournées fréquentes des inspecteurs les constitueront en frais extraordinaires auxquels on aura égard chaque année par des gratifications proportionnées.

« L'inspecteur de la Normandie ayant le plus petit département sera chargé de l'examen des projets, tant de son département que de ceux que la direction jugera à propos de lui renvoyer; à quoi l'inspecteur du département de Paris pourra aussi quelquefois être occupé.

« Indépendamment de la fixation de l'étendue de chaque département, les inspecteurs généraux pourront cependant exercer mutuellement leurs fonctions dans les différents départements, lorsque la direction le jugera convenable au bien du service ou soulagement des inspecteurs qui pourraient être malades ou qui se trouveraient moins à portée des travaux que l'on serait obligé de faire visiter ou projeter.

« *Récapitulation.*

	Lieues quarrées.	Nombre des paroisses.
« 1er département.	4.056	7.703
« 2e —	4.672	6.727
« 3e —	4.900	6.068
« 4e —	4.996	5.188
« 5e —	1.807	4.893
« Totaux.	20.431	30.579

« *Nota.* — C'est de la lieue moyenne de France, dont les 25 font le degré de 57.060 toises, que l'on s'est servi pour calculer les superficies des provinces.

« Le nombre des paroisses a été pris dans le dénombrement de la France par M. Doisy. »

N° 8.

16 décembre 1754.

Instruction qui détermine les grades, fonctions et appointements des employés subalternes des ponts et chaussées.

« Les emplois dans le corps des ingénieurs destinés au service des ponts et chaussées sont de deux espèces, les supérieurs et les subalternes. Les supérieurs sont : le premier ingénieur, les quatre inspecteurs généraux et les ingénieurs en chef des provinces et généralités du royaume. M. le garde des sceaux a déterminé par son instruction du 13 mai 1754 quelles sont les fonctions du premier ingénieur et des inspecteurs généraux : l'arrêt du conseil du 17 août 1750 (1) a fixé le nombre des ingénieurs en chef et la manière dont leur service doit se faire.

« Il reste à déterminer les grades, fonctions et appointements des employés subalternes : ils seront dorénavant divisés en trois classes bien distinctes, dont voici l'énumération en remontant des grades inférieurs aux supérieurs.

« 1° Les élèves admis à travailler au bureau des élèves des ponts et chaussées, conformément à l'instruction du 11 décembre 1747, à laquelle on continuera de se conformer dans tous ses points.

« Lorsque le bien du service exigera que l'on détache quelques-uns de ces élèves pour suivre quelque ouvrage particulier, ou pour lever des plans, soit dans la généralité de Paris, soit dans les provinces, lesdits élèves seront payés à raison de 80 liv. par mois. Ils ne pourront partir qu'en vertu d'une lettre de M. le contrô-

---

(1) L'arrêt cité ici est du 7 juillet 1750, ce sont les lettres patentes rendues sur cet arrêt qui sont du 17 août et enregistrées en la chambre des comptes le 15 septembre.

leur général ou de M. Trudaine, qui marquera l'époque de laquelle commencera à courir l'indemnité qui leur est accordée par mois pour payer leurs dépenses.

« 2° Les sous-ingénieurs. Leur destination est d'être subordonnés aux ingénieurs en chef employés dans les provinces et généralités et d'y conduire, sous lesdits ingénieurs, les ouvrages dont ils seront chargés par les ordres de MM. les intendants.

« Ils auront des commissions de M. le contrôleur général, et ne pourront être payés de leurs appointements que du jour de la date de ces commissions.

« Leurs appointements seront de 1.200 liv. les uns et de 1.500 liv. les autres, suivant les circonstances des lieux où ils seront employés et leur avancement, sans préjudice des gratifications extraordinaires qui pourraient leur être accordées en considération de leur travail; lesquelles gratifications ne pourront, sous aucun prétexte, devenir annuelles et ordinaires.

« 3° Les sous-inspecteurs, dont la fonction est d'être subordonnés aux seuls premier ingénieur et inspecteurs généraux. Ils auront aussi commission de M. le contrôleur général, et leurs appointements courront sur le pied de 1.800 liv. par an, à compter du jour de leur commission.

« Il y en aura neuf destinés au service de la généralité de Paris, sous l'inspection de celui des inspecteurs généraux dans le département duquel sera ladite généralité.

« Lesdits sous-inspecteurs suivront exactement tous les ouvrages, tant d'entretien qu'autres de leur département; tiendront le compte des entrepreneurs desdits ouvrages, donneront tous les mois l'état de ce que l'on peut payer à chaque entrepreneur, suivant le progrès de ses ouvrages et en le laissant en avance suffisante.

« Ils donneront aussi, le 1er janvier et le 1er juillet de chaque année, des états de la situation des ouvrages de leur département, formés sur des toisés exacts de tout ce qui aura été fait dans les six mois précédents ou antérieurement, en distinguant ce qui aura été fait en conformité du devis des ouvrages faits par augmentation, et faisant mention de ceux prescrits par le devis qui auraient depuis été supprimés comme superflus; desquels états, qui seront par eux adressés à la direction, ils remettront des doubles à l'inspecteur général du département.

« Il sera en outre tous les ans employé autant d'élèves qu'il y a de baux d'entretien dans la généralité de Paris, pour suivre lesdits entretiens et en faire le contrôle conformément à l'instruction générale du 24 mars 1749 et aux instructions particulières qui leur seront données sur ce sujet.

« Lorsque le premier ingénieur ou les inspecteurs généraux seront chargés directement de quelque ouvrage, conformément à ce qui est porté par l'instruction du 13 mai 1754, ils auront à leurs ordres des sous-inspecteurs pour suivre lesdits ouvrages, ou des sous-ingénieurs et des élèves, ainsi qu'il sera jugé plus convenable; lesquels sous-inspecteurs et sous-ingénieurs donneront tous les mois et tous les six mois les états ci-dessus prescrits des ouvrages dont ils auront fait l'inspection.

« Fait et arrêté à Paris le 16 décembre 1754.

« Signé, de Sechelles. »

Archives du ministère des travaux publics, collection Poterlet, imprimé.

N° 9.

3 juin 1755.

Instruction pour le sieur   , sous-inspecteur des ponts et chaussées de la généralité de Paris, concernant les travaux qu'il aura à conduire ou à projeter.

Cette formule d'instruction, signée du contrôleur général de Séchelles et imprimée, était remise à chaque sous-inspecteur de la généralité de Paris. On y voit que le sous-inspecteur était secondé, pour les entretiens, par un contrôleur nommé en vertu de l'instruction du 24 mars 1749 (n° 6). Le sous-inspecteur fera chaque année un état de la situation des routes dont il est chargé et des travaux à y faire l'année suivante, qu'il remettra à l'inspecteur général, sous les ordres duquel il est, avant le 1er janvier. Cet état, signé de l'inspecteur général, sera remis avant le 1er février au trésorier commissaire du département qui l'examinera, le visera et en remettra un double à l'entrepreneur et un autre au sous-inspecteur. Le sous-inspecteur fera aussi un état estimatif des plantations à faire sur les parties de routes alignées et le remettra au 1er octobre.

« Le toisé et état général des ouvrages faits pendant la campagne, que le contrôleur doit remettre conformément à son instruction du 24 mars 1749, sera vérifié et visé par le sous-inspecteur; et M. le trésorier de France commissaire fera, au printemps suivant, la vérification dudit toisé et état général, pour être la réception expédiée en conformité.

« Autres ouvrages.

« Le sous-inspecteur tracera lui-même, et en personne, les alignements nouveaux des chemins, réglera les pentes, tracera le plan des ponts sur le lieu, examinera et réformera, s'il est besoin, les épures, fera les toisés et prendra les attachements nécessaires pour former les états de situation avec la plus grande exactitude. Il suivra assidûment les travaux, veillera à ce qu'ils soient bien et solidement faits suivant l'art et conformément aux devis et adjudications. Il ne fera faire aucune augmentation ni nouveaux ouvrages, sans ordres par écrit de la direction ou de l'inspecteur général.

« Il fera les projets, devis et détail des ouvrages mentionnés ci-après et les autres qui pourront lui être demandés par la direction ou l'inspecteur général dans le reste de l'année; ils seront examinés et réformés, s'il est besoin, par ledit inspecteur. (Blanc pour la désignation des projets à faire).

« Il accompagnera M. le commissaire dans sa tournée sur les travaux du département et lui donnera tous les éclaircissements nécessaires et relatifs auxdits travaux. »

En cas de maladie ou d'empêchement il serait remplacé par le contrôleur.

« Le sous-inspecteur et le contrôleur tiendront exactement la main, ainsi que les entrepreneurs, à l'exécution de l'ordonnance du bureau des finances en date du 29 mars 1754, concernant la police générale des chemins. »

Ledit sous-inspecteur remettra au 1er janvier, avec l'état d'indication des ouvrages d'entretien mentionné ci-devant, un état général des corvées qu'il sera nécessaire de demander à M. l'intendant, pour les travaux prévus à faire dans ladite année. Cet état sera fait par subdélégation; l'on y marquera les quantités et natures des ouvrages à faire, etc.

Le sous-inspecteur fera tenir par les piqueurs, qui seront commis à cet effet, les rôles exacts du travail de corvée, et il remettra au subdélégué les états des délinquants à mesure qu'il y en aura.

Il rendra un compte sommaire, à la fin de chaque mois, à la direction et à l'inspecteur général, de la situation et du progrès des ouvrages de son département, tant à prix d'argent que par corvée, et y joindra l'état de ce qu'il conviendra de payer à chaque entrepreneur.

« Il donnera, le 1er janvier et le 1er juillet, un état exact de la situation des travaux et des dépenses faites conformément à l'instruction du 18 décembre 1754. »

On retiendra aux entrepreneurs un dixième de garantie en sus de leur dixième de bénéfice. Lors de la vérification de l'état du 1ᵉʳ janvier, l'inspecteur général se fera représenter toutes les pièces comptables à l'appui.

« Les payements proposés ne peuvent excéder les fonds faits dans les états-du-roi, si ce n'est que le sous-inspecteur y ait été expressément autorisé par la direction, et jusqu'à la concurrence seulement de la somme qui aura été accordée pour cet effet.

« Il fera aussi, conformément à la lettre du 6 février 1755, les rapports qui lui seront demandés pour le bureau des finances, par M. le commissaire de son département, en prenant le temps convenable pour que cela ne le détourne pas de son service.

« Fait à Versailles le 3 juin 1755.

« Signé, de Séchelles. »

Archives du ministère des travaux publics, collection Poterlet, imprimé.

N° 10.

28 février 1758.

Circulaire de M. Trudaine aux ingénieurs des généralités (manuscrite).

« Voici le temps, monsieur, auquel vous devez m'envoyer l'état particulier que je vous ai demandé pour chaque année sur la conduite, les talents et l'emploi du temps des sous-ingénieurs et élèves qui servent dans votre département.

« Le progrès des travaux et leur bonne construction dépendent essentiellement de l'intelligence et de l'activité employées à leur conduite. Il m'est revenu des plaintes sur le compte de plusieurs sous-ingénieurs et élèves qui ne suivent pas assez par eux-mêmes les travaux qui leur sont confiés et s'en rapportent à des piqueurs et gens en sous-ordre qui tolèrent les abus et souvent les font naître. Plusieurs d'entre eux sont, dit-on aussi, peu dociles et exacts à exécuter les ordres de leurs supérieurs. D'autres mangent avec les entrepreneurs et contractent avec eux des habitudes très-familières, ce qui a été défendu, sous peine de révocation, par la lettre écrite par M. le contrôleur général aux ingénieurs le 12 décembre 1751.

« Il est essentiel que vous teniez la main à réformer de tels abus, s'ils avaient lieu dans votre département. Ne me les laissez point ignorer, je vous prie, ni rien de ce qui pourra me faire connaître ces sous-ingénieurs et élèves, tant pour leurs bonnes que mauvaises qualités : et soyez sûr que vous ne serez point compromis.

« Je suis, etc.. . . . . »

Archives de l'école des ponts et chaussées, dossier L² des mémoires relatifs à la construction en général. Les dossiers L à L³ et L¹⁴ contiennent des comptes rendus des ingénieurs des généralités en exécution de cette circulaire, et une volumineuse correspondance sur les sous-ingénieurs et autres employés placés sous leurs ordres.

N° 11.

15 mai 1758.

Lettre de M. Trudaine à M. Hupeau, premier ingénieur.

« Voici le temps, monsieur, d'envoyer les élèves sur les principaux travaux pour leur instruction, comme cela s'est pratiqué les années précédentes.

« J'ai destiné au pont d'Orléans les sieurs Boudin et Caillau, pour les mois de juin et juillet, lesquels seront relevés, pour le reste de la campagne, par les sieurs Rolland et Bonnefoy. Les sieurs Hubert et Béguier seront envoyés dans le même temps au pont de Trilport ; ils seront pareillement relevés le 1er août par les sieurs Boizot et Meunier.

« Les appointements de ces jeunes gens seront de 80 liv. par mois. Je vous prie de les leur faire payer sur ce pied à compter du 1er juin et de les recommander à MM. Soyer et Chezy, tant pour leur instruction que pour les employer utilement sur les travaux.

« Vous me ferez aussi plaisir de me mander comment ces élèves se seront comportés sur les travaux et si l'on en aura été content, désirant fort de bien les connaître avant de les faire passer au grade de sous-ingénieur. — Je suis, etc.. . . . »

Archives de l'école des ponts et chaussées, carton blanc, n° 24.

— Dans le même carton se trouve la note suivante :

« Élèves qu'il convient d'envoyer sur différents travaux pour leur instruction :

« Avec M. Lomet (au pont de Château-Thierry), pour mai, juin et juillet, Boizot et Meunier ; en août, septembre et octobre, Hubert et Boudin ;

« Pont de Trilport : juin, juillet, Hubert et Béguier ; août, septembre et octobre, Boizot et Meunier ;

« Pont d'Orléans : juin et juillet, Boudin et Caillou ; août, septembre et octobre, Rolland et Bonnefoy ;

« Pont de Moulins, pour toute la campagne, La Peyre et Desfontaines ;

« Généralité de Rouen : Savouré et Jorieu, en qualité de conducteurs principaux à 60 liv. par mois.

« Ce 4 mai 1758. »

Au bas est écrit de la main de Trudaine : « Bon, — écrire toutes les lettres en conformité, — 7 mai. »

— Le même carton contient un état des élèves *pensionnaires* chez M. Blondel (1), du 17 février 1758. Ces élèves sont au nombre de quatre.

Le roi donnait 1.600 liv. à partager annuellement entre ces quatre élèves, choisis parmi ceux de M. Blondel, pour se destiner aux ponts et chaussées. Ordinairement, au mois d'avril de chaque année, deux de ces élèves pensionnaires étaient admis à l'école des ponts et chaussées.

— Enfin le même carton contient encore :

Un état des élèves du bureau des ponts et chaussées, au deuxième quartier de 1748, lesquels sont au nombre de vingt-sept ;

Un état des dépenses du même bureau en 1748 ; cet état se résume ainsi :

Frais de bureau.	2.788 l.	1 s.	» d.
Appointements de Perronet.	3.000	»	»
Gratification au même.	1.000	»	»
Gratifications aux dessinateurs (au nombre de vingt-trois).	10.380	3	4
Un commis aux écritures.	360	»	»

En outre trois ingénieurs géographes et un sous-inspecteur ont été occupés au lever des plans des routes et ont coûté, en appointements de

---

(1) Ce Blondel était neveu de François Blondel, célèbre architecte de Paris sous Louis XIV, auteur de la porte Saint-Denis et de beaucoup d'autres monuments. Il fonda à Paris, vers 1744, une école publique d'architecture qui acquit une grande célébrité et forma un nombre considérable d'élèves.

deux d'entre eux. . . . . 1.491 13 »
Et en frais d'opérations. . . . . 1.893 6 »

« Ensemble. 20.913 3 4

Les matières de mathématiques sur lesquelles on a examiné les élèves en 1748, sont :

La géométrie suivant Euclide, par le père Dechales; l'analyse et le calcul; la trigonométrie; la mécanique, l'hydraulique et le nivellement.

— Deux autres cartons numérotés 25 et 28 et cinq liasses cotées L contiennent les « états trimestriels des talents et capacités des élèves du bureau des ponts et chaussées et des ouvrages qu'ils ont faits. . . , pour parvenir à fixer les gratifications qu'ils y ont méritées. »

Ces états, qui vont de 1747 à 1786, sont établis, à partir de 1748, sur des formules imprimées. On y voit cette mention : « Le tout conformément au règlement de M. le contrôleur général en date du 11 décembre 1747 », puis plus tard : « et à celui de M. Turgot du 19 février 1775. »

Un état, antérieur à cette série et de 1746, établit que le bureau des dessinateurs commença à exister en 1744, année où il en entra trois, dont le premier est un sieur Mariaval, qui figura longtemps en tête des listes comme principal dessinateur, aux appointements de 1.200 liv.; quatre autres entrèrent en 1745 et six en 1746.

Voici les principaux renseignements fournis par ces états :

De 1748 à 1776, le nombre des élèves, divisés en trois classes, a varié de 28 à 46, sans compter plusieurs aspirants travaillant chez l'architecte Blondel, dont le nombre s'éleva jusqu'à vingt-neuf : quatre seulement étaient pensionnés par le roi, comme on l'a dit. Dans cette même période, on travailla activement à la confection des cartes des routes et des dessins des ponts. On dessinait à la fois les cartes à grande échelle qui devaient rester en dépôt sous la garde de Perronet, et les cartes réduites destinées au roi.

A partir de 1776, le nombre des élèves n'est plus inférieur à soixante, toujours divisés en trois classes en nombre à peu près égal dans chaque classe; il s'élève en 1786 jusqu'à soixante-quinze. Il y a en outre des surnuméraires, en nombre très-variable, qui s'élèvent jusqu'à cinquante au premier trimestre de 1786. Les pensionnaires de Blondel ont été remplacés par deux pensionnaires chez M. Daubenton et deux chez M. Dumont.

Sur l'état de 1779 figurent, pour la première fois, deux élèves pensionnés de 450 liv. par an, en vertu d'une donation faite à l'école par le savant Borda.

Il n'est plus question des cartes des routes au nombre des travaux des élèves. Mais en 1784 on voit que les élèves dessinent des plans des ports de mer et des plans d'alignements de traverses.

Outre les gratifications accordées aux trois premiers élèves de chaque classe, en exécution de l'art. 13 du règlement du 11 décembre 1747, il en était alloué, suivant un tarif, pour les cartes des routes et autres dessins ordonnés, pour la vérification des calculs des projets envoyés par les ingénieurs des provinces, pour les services rendus hors du bureau, pour les prix des divers concours, puis plus tard, aux élèves gradués que l'on chargea de faire des leçons à leurs camarades.

Les dépenses de ce bureau, consignées sur les mêmes états et que nous avons pu relever pour les années 1752 à 1755 et 1776 à 1786, ont varié entre les chiffres 13.722 liv. 7 s. 4 d. en 1779, et 28.421 liv. 6 s. en 1785. Les différences d'une année à l'autre ne suivent aucune loi apparente : l'ordre des années en partant du chiffre le moindre pour arriver au plus élevé est le suivant, en y comprenant l'année 1748, dont la dépense détaillée est donnée plus haut : 1779, 1777, 1776, 1780, 1781, 1785, 1782, 1784, 1752, 1755, 1753, 1778, 1748, 1754, 1785 et 1786.

La dépense moyenne des seize années est de : 19.409 liv. 8 s. 9 d.

N° 12.

Sous ce numéro, nous donnons la copie ou l'analyse de plusieurs pièces, trouvées aux archives de l'école des ponts et chaussées dans un carton blanc portant le n° 24, qui font connaître l'esprit de corps qui animait les élèves de l'ancienne école des ponts et chaussées dès l'origine de son existence.

A. Les élèves des ponts et chaussées à M. Perronet.

« Monsieur Perronet, directeur de l'école des ponts et chaussées, est supplié très-humblement par les élèves soussignés, qui sont les plus convaincus des intentions où il est de n'admettre dans l'école que des sujets également capables de remplir par leurs talents les devoirs de leur état et de l'honorer par une éducation nécessaire à tous les membres d'un corps que l'attention de ses supérieurs fait prétendre à quelque distinction, de vouloir bien ne point recevoir parmi eux les sieurs F. et D. qui leur paraissent les moins propres à remplir de telles vues. Cette prière est au nom de toute l'école qui se soumet cependant, monsieur, à tout ce qu'il vous plaira en ordonner.

« A Paris, ce 24 février 1758. »

Suivent les signatures de vingt-six élèves.

B. A M. Perronet, ingénieur et inspecteur général des ponts et chaussées, directeur de l'école et architecte du roi.

« Monsieur, le corps des élèves est rempli de reconnaissance pour vos bontés et d'ardeur à en mériter de nouvelles. Ces deux motifs animent également les sujets qui le composent. Chacun d'eux en particulier s'est efforcé de vous en donner des preuves qu'ils n'ont pas cru suffisantes : vos faveurs étaient générales ; le zèle et la reconnaissance devaient l'être. Réunis par le même intérêt, nous avons jugé que le témoignage public de nos sentiments devait être une démarche digne de l'école qui est votre ouvrage : nous croyons que celle-ci remplira vos vues. Elle a pour but de vous représenter quelques abus qui intéressent l'honneur du corps et que vos yeux, partagés entre mille objets importants, n'ont pas dû apercevoir.

« Depuis longtemps nous voyons la gloire de nos chefs rejaillir sur nous. Jaloux de la mériter aux yeux du public, nous avons vu avec douleur quelques-uns d'entre nous s'en rendre indignes par la bassesse de leurs sentiments et de leur éducation, suite presque ordinaire d'une basse naissance. Ces défauts, suffisants pour leur interdire l'entrée de toute société où règnent la délicatesse et l'honneur, nous ont paru devoir les exclure d'un corps où la conduite de chaque membre influe sur la réputation des autres.

« Chacun de nous doit renfermer en lui le germe qui produit le savant et l'homme du monde. L'éducation surtout est notre partie la plus essentielle, puisque, pour l'ordinaire, les sentiments en dépendent. D'ailleurs ce défaut ne saurait être voilé : il paraît dans chaque action ; il indispose à chaque instant ; il attire le mépris. Le public, injuste quelquefois, l'étend sur tous ceux qui sont destinés à remplir les mêmes places. De là naissent des suites dont nous avons plus d'un exemple, auxquelles il est impossible de remédier si l'on n'en ôte 'a cause.

« Le défaut de naissance, quoiqu'un préjugé, suppose presque toujours une éducation négligée. Nous osons dire plus : les inconvénients qu'il entraîne sont d'une conséquence infinie. Des hommes qui pourraient en soutenir l'honneur craignent de se compromettre, jugeant d'un corps par la partie qui le ternit.

« Le besoin de sujets l'emporte quelquefois sur cette considération; mais le corps, décoré par les distinctions flatteuses que ses supérieurs lui ont accordées e composé d'un nombre suffisant de sujets choisis, aura besoin moins que jamais de cette indulgence, qui d'ailleurs doit être méritée par des talents supérieurs et une éducation sans reproche.

« Telles sont les réflexions que nous avons formées unanimement.

« Nous avons pensé que l'intérêt d'un corps était celui des chefs, puisque l'honneur en était également le premier mobile.

« Nous nous réunissons pour vous représenter que les sieurs H..., S..., T..., B..., et L... sont dans le cas d'exclusion par les raisons que nous venons d'apporter.

« Le sieur H... est fils d'un boucher de Paris, universellement reconnu. Si ses talents et son éducation corrigeaient le défaut de sa naissance, le corps respecterait en lui l'appui dont ses protecteurs l'honorent. Nous sommes convaincus que rien ne le dédommage de ce côté-là. Vous serez persuadé, monsieur, en le soumettant à un examen impartial.

« Le sieur S... est entièrement sans éducation, sans sentiments d'honneur, d'une basse naissance; de plus convaincu d'avoir frayé avec ses chefs d'atelier et de n'avoir vu à Compiègne que des gens de bas aloi. Ses talents ne sont point d'une nature à effacer en lui des défauts si considérables.

« Les sieurs T... et B... sont également sans éducation et ne peuvent faire honneur à un corps qui s'efforce de mériter l'attention de ses supérieurs.

« Le sieur L... s'en est montré indigne en frayant avec des cochers et autres gens de pareille espèce.

« Le défaut d'éducation dont ils sont tous convaincus n'est point de ces vices dont on puisse rapporter des faits. Les détails où il faudrait entrer et qui sont infinis deviendraient minutieux et par là indignes de votre attention.

« Nous sommes persuadés, monsieur, que nous remplissons le but que nous nous sommes proposé de vous donner le témoignage le moins équivoque de notre reconnaissance. Pourrions-nous en donner une plus forte preuve, qu'en vous faisant voir que le corps, guidé par l'honneur, est attentif à ne laisser aucun membre dont les sentiments dérogeraient à ceux de son chef.

« Le 23 mars 1758.

C. A M. Perronet, etc.

« Monsieur, l'alarme universelle que le retour du sieur H... a répandue parmi nous nous oblige à vous représenter les conséquences dangereuses qui vont en résulter..
Les raisons sur lesquelles nous avons fondé son exclusion sont légitimes, puisque nos chefs les ont approuvées.................................
Nous croyons qu'il faut une naissance honnête, de l'éducation et des talents pour former un ingénieur..............................

« Nous nous flattons, monsieur, que la prudence avec laquelle nous avons agi jusqu'à ce jour a mérité votre approbation. Nous ne désirons rien tant que de vous en donner des preuves, tant qu'elles pourront se concilier avec l'honneur, qui est notre premier mobile, et le respect qui est dû à l'exécution de vos ordres. »

Suivent les signatures de dix-sept élèves.

D. Pièces concernant l'expulsion d'un élève.

« Monsieur, l'union du corps est votre ouvrage : votre sagesse dans le choix des sujets le rend respectable dans toutes les provinces, et cette prévention favorable fait l'éloge de ceux à qui vous déférez des places. L'honneur qui les anime justifie l'opinion commune et donne une leçon à ceux à qui l'éducation n'en a pas fait une. Que ceux qui se trouvent dans ce dernier cas soient donc expulsés. Aussi nous flattons-nous, monsieur, que vous autoriserez notre présente démarche au sujet de M. X..., dont la conduite nous paraît trop irrégulière pour l'y laisser persister. Nous avons pris le parti d'écrire la lettre ci-jointe par ménagement pour sa famille. Le corps, qui cherche à remplir vos vues, vous demande toujours la continuation de vos bontés.

« Nous sommes avec un profond respect, monsieur, vos très-humbles et très-obéissants serviteurs, les élèves des ponts et chaussées réunis en corps. »

Lettre au père du sieur X... où les élèves lui exposent sommairement les griefs allégués contre son fils et qui se termine ainsi :

« Ne négligez point cet avis et ayez soin de le retirer dans trois semaines au plus tard, sous quelques prétextes qui parent le coup; sans quoi n'imputez qu'à vous seul les suites fâcheuses et infaillibles qui en résulteront, puisque le corps entier les demande. »

Lettre de M. Gendrier à M. Perronet, du 29 mars 1758, où il demande que le sieur X... soit mis en présence de ses accusateurs. . . . . « Je vous demande en particulier cette grâce. . . . . J'abandonne M. X... le premier s'il a tort : mais s'il ne l'a que dans le caprice de ses accusateurs, je me reprocherais la faiblesse de l'abandonner. Je compte sur votre équité après que vous aurez entendu les deux parties. . . . . »

Réponse de M. Perronet.

« L'affaire de M. X..., monsieur et cher camarade, a été discutée ce matin en sa présence par ses camarades. Les faits rapportés contre lui étaient forts; il s'est bien défendu, et comme, en matière d'honneur, l'on ne saurait prononcer légèrement et sans les preuves les plus évidentes, on n'a point conclu l'affirmatif contre lui; il n'en reste que des suspicions.

« Ces messieurs avaient écrit à la famille de M. X... pour lui éviter un mauvais compliment; parce qu'ils prétendent qu'il est d'un caractère vain et orgueilleux, qu'il ne peut leur convenir, ni au corps. Ils ont été ensuite fâchés de cette démarche, qui m'a paru trop précipitée et déplacée. La lettre au surplus n'était point signée; ainsi elle ne pourra lui causer de préjudice, surtout après l'explication qui vient d'être faite à ce sujet.

« Quoiqu'il n'y ait pas de raison pour renvoyer M. X..., cette aventure est toujours très-fâcheuse pour lui et je prévois qu'il n'aura jamais d'agrément avec ses camarades. . . . .

« Le zèle qui anime messieurs les élèves n'est au surplus que très-louable, et

M. X... y a applaudi lui-même. Leur proscription est tombée depuis quelques jours sur sept sujets qui ne méritent pas de rester avec eux : ils en sont tous d'accord. Il est à désirer que cet esprit se maintienne parmi eux ; l'on sera sûr qu'il ne passera par la suite au grade de sous-ingénieur que des gens qui puissent faire honneur au corps des ponts et chaussées par leurs sentiments, mœurs et talents, ce qui est notre objet commun et celui de notre respectable ministre.

« J'ai l'honneur d'être, etc. »

Suit le mémoire des griefs articulés contre M. X... qui fut lu, en sa présence, à l'école des ponts et chaussées le 31 mars 1758.

Ces griefs étaient sa conduite déplacée à l'égard des femmes, ses propos inconvenants en leur présence ou sur leur compte, et en particulier le fait suivant qui lui était imputé :

Ayant poursuivi de ses assiduités la femme d'un entrepreneur, celui-ci lui interdit l'entrée de sa maison. Il n'en tint compte. Le mari le mit dehors publiquement, avec insultes et en lui proposant un cartel qu'il refusa. Peu après, il subit en silence d'autres affronts publics. Plus tard il témoigna une joie indécente de la mort du même entrepreneur.

Le mémoire se termine ainsi :

« Votre déshonneur est public et avoué ; d'ailleurs quelques faits passés sous nos yeux ont confirmé votre pusillanimité. Le corps ne peut en douter et, l'honneur étant son premier mobile, il ne peut désormais vous regarder comme un de ses membres. »

N° 12.

26 septembre 1759.

Lettre de M. d'Ormesson (un des intendants entre lesquels était partagée l'administration des finances) à M. Trudaine, concernant les ouvrages des ports maritimes du royaume.

« Monsieur, j'ai reçu la lettre que vous m'avez fait l'honneur de m'écrire le 19 de ce mois, par laquelle, après m'avoir informé des différents arrangements pris entre les trois ministres de la guerre, de la marine et de la finance, au sujet des ouvrages à faire aux ports maritimes du royaume, vous me marquez que ceux qui concernent l'utilité et l'avantage du commerce et de la navigation étant le lot du département de M. le contrôleur général, il se propose de réunir cette administration à celle des ponts et chaussées, et de faire remettre aux trésoriers généraux de cette partie les fonds qui seront destinés pour ces ouvrages ; en conséquence de quoi vous me demandez des copies des arrêts qui ordonnent des impositions pour les ports et ouvrages maritimes, principalement ceux qui concernent la barre de Bayonne et le port de la Rochelle, et vous désirez savoir en même temps à qui jusques à présent les receveurs généraux des finances ont remis le montant de ces impositions, et quel est l'emploi qui en a été fait. Je n'ai pas connaissance qu'il se soit fait jusqu'ici d'autre imposition pour le genre de dépense dont il s'agit que celle de 500.000 liv. sur les vingt généralités de pays d'élections sous le motif du nettoiement du havre de la Rochelle et l'enlèvement de la barre du port de Bayonne, et une autre de 30.000 liv. sur les trois généralités de Normandie seulement qui avait pour cause la continuation des ouvrages à faire aux ports d'Honfleur, Fécamp, Saint-Valery, Dieppe et Tréport. L'imposition de 500.000 liv. a eu lieu pour la première fois en 1729. Quant à celle de 30.000 liv., je ne puis vous en fixer précisément l'époque, attendu que les arrêts qui se rendent tous les ans à cet effet s'expédiaient avant 1743 au bureau des fortifications sous la direction de M. d'Asfeld. Ce n'a été qu'à commencer de 1743 qu'ils se sont expédiés dans mes bureaux. Au surplus, j'ignore de quelle manière on pourvoit à la dépense des objets qui servent de motifs à l'imposition. Mais quant au fonds de ces deux impositions, pour lesquelles on expédiait ci-devant tous les ans deux arrêts en vertu desquels on les comprenait dans les brevets et commissions des tailles, ce fonds est porté par les receveurs généraux des finances au trésor royal.

« Aujourd'hui et à commencer pour la présente année seulement, ce fonds a été augmenté de 270.000 liv., en sorte que les deux impositions, de 500.000 liv. d'une part et 30.000 liv. d'autre, sont portées à 800.000 liv. Pour raison de quoi M. le contrôleur général a jugé suffisant d'expédier un seul arrêt, dont je joins ici copie (1), sous le titre général de *dépense des ouvrages à faire aux différents ports maritimes du royaume*.

« Il paraît résulter de l'arrangement dont vous me faites part, que ce fonds de 800.000 liv. doit être à l'avenir versé dans la caisse des ponts et chaussées, et je crois qu'au moyen des éclaircissements que je viens de vous donner, vous êtes en état de prendre les ordres de M. le contrôleur général pour, en ajoutant cette somme au fonds des ponts et chaussées, la faire comprendre pour cette destination dans l'état de distribution qui se fait tous les mois des fonds des recettes générales.

« Je suis avec respect, monsieur, votre très-humble et très-obéissant serviteur. Signé, d'Ormesson. »

Archives de l'école des ponts et chaussées, expédition avec signature autographe.

N° 14.

Documents concernant les plans des grandes routes et chemins du royaume, dessinés au bureau des dessinateurs et des élèves des ponts et chaussées et conservés au dépôt desdits ponts et chaussées, sous la direction et garde de Perronet.

1° Note sur les « *plans des grandes routes du royaume pour le roi* (2). »

Du 5 janvier 1762.

« Au commencement de 1761, M. Trudaine a remis au roi en un volume :

« 1° Le plan de la route de Paris à Lille par Senlis, Roye, Péronne, et seulement jusqu'à la limite de la généralité d'Amiens et de la province d'Artois, qui se trouve peu au delà du château de Sailly à près de 32 lieues de Paris. On y compte par la poste 35 lieues ; le tout en 23 cartes.

« Et 2° la route de Paris allant à Valenciennes depuis Senlis, par Compiègne et Saint-Quentin, jusqu'à la limite de la généralité d'Amiens et du Cambrésis, située à environ 1 lieue au delà du Catelet et à près de 35 de Paris. On compte jusqu'au Catelet 38 lieues de poste ; le tout en 18 cartes.

« Pour continuer la première route sur la traverse de l'Artois par Arras et Lens, et quelques lieues au delà de l'Artois jusqu'à Lille, il y aurait à lever. . . 19 lieues.

« Si l'on voulait pareillement achever le plan de la route de Valenciennes jusqu'à Condé, limite du Hainaut français, traversant le Cambrésis et ledit Hainaut, il y aurait à lever. 18

« Total à lever. . . . . 37 lieues.

---

(1) Arrêt du 10 juillet 1759. Voir au titre 5, chap. 1er des présentes pièces justificatives, n° 425.
(2) En marge est écrit : « Cet état avait été fait pour M. le duc de Chaulnes. Il ne lui pas été remis. »

« Ces 37 lieues seraient comprises sur 30 cartes qui pourraient, avec les 43 cartes du commencement de ces deux routes, être reliées dans le même volume à remettre au roi par l'échange de celui qu'a présentement S. M.

« Dépense.

« Ces plans doivent être levés jusqu'à 600 toises de chaque côté du chemin et rapportés sur une échelle de 5 lignes par 100 toises avec tous les détails topographiques.

« On lève aussi géographiquement les objets les plus intéressants qui peuvent s'apercevoir du chemin et qui se trouvent situés au delà de la distance à détailler topographiquement.

« Suivant l'expérience que l'on a pour la levée de pareils plans, il a été reconnu que la lieue de longueur, compris les frais de porte-chaînes, le dessin de la première minute et toutes choses, doit revenir à environ 200 liv.; ce qui produirait pour les 19 lieues de la première partie. . . . .   3.800 liv.

« Le dessin de 16 cartes, étant fait à l'école des ponts et chaussées, reviendra, pour un seul exemplaire relié pour le roi, à. . . .   260
                                                                                    4.060

« La continuation du plan de la seconde route reviendra, sur le même pied, avec le dessin d'un seul exemplaire, à. 3.830
                                                                                    7.890 (1).

2° « *Instruction pour les plans des principales routes et chemins de la province d'Artois qui doivent être levés pour le roi* (2). »

15 mars 1762.

« Les chemins dont les plans doivent être levés seront indiqués aux ingénieurs géographes.

« Ce qui peut intéresser davantage le roi, ce sont les plans des grandes routes pavées ou caillontées qui conduisent de la capitale au bout du royaume.

« On se bornera, dans le présent mémoire, à expliquer la façon dont ces plans doivent être levés, pour être conformes à ceux qui ont déjà été remis à S. M. de plusieurs principales routes.

« Les routes doivent être levées topographiquement, dans le plus grand détail, jusqu'à 600 toises de chaque côté de ces routes. On doit les rapporter en première minute au trait à l'encre, sur une échelle de 5 lignes pour 100 toises, et les écrire avec soin.

« Les ingénieurs doivent commencer par. . . . .
(Suivent des instructions pour le mode et les détails du levé et du rapport de ces plans). . . . .

« La minute de chaque route doit être envoyée, à mesure qu'elle aura été levée, à M. Trudaine, directement par la poste; lequel a consenti que ceux de ces plans qui seront destinés pour le roi soient dessinés à l'école des ponts et chaussées dans

---

(1) Le volume dont on parle au commencement de cette note se trouve compris dans une collection des plans de plusieurs routes en 21 volumes reliés in-quarto oblongs, qui se trouvent dans les manuscrits de la bibliothèque de l'école des ponts et chaussées, et dont il sera parlé plus loin. — D'après l'estimation ci-dessus, on peut évaluer la dépense pour confection de ce volume, non compris la reliure, à 15.816 liv.

(2) En marge est écrit : « M. Perronet a envoyé l'original de cette instruction, le 18 mars 1762, à « MM. les députés de la province d'Artois étant pour lors à Paris. »

la forme usitée ; à l'effet de quoi il sera nécessaire d'indiquer sur ces minutes, par écrit, les différentes natures de terrains, pour que l'on puisse les exprimer par des couleurs différentes en les dessinant au net.

« On joint ici un modèle de la façon dont ces plans doivent être faits et dessinés pour être remis au roi.

« Ce 15 mars 1762.   Signé, Perronet. »

Cette pièce, ainsi que la précédente, se trouvent dans les archives dépendantes de la bibliothèque de l'école des ponts et chaussées, carton n° 1, suivant « l'inventaire des mémoires et papiers renfermés dans les chemises cartonnées placées sous la première fenêtre dans la salle des archives. »

3° *Extrait du catalogue des manuscrits existants à la bibliothèque de l'école des ponts et chaussées.*

« M.S. 97. — Plans des routes de Paris à Huningue, Maubeuge, Gravelines, Dieppe, Caen et Cherbourg (1), Strasbourg, le Havre, Amboise, Espagne, Toulouse, Lyon, Bretagne, Lille.

« 21 volumes reliés, in-4° oblong. »

Onze de ces volumes, parmi lesquels se trouve celui du plan de la route de Paris à Lille remis au roi par Trudaine en 1761 (suivant la note 1° ci-dessus), sont reliés en veau maroquiné bleu, richement ornés d'arabesques en creux dorés, fleurs de lis aux angles, écusson des armes de France au milieu, dos à nervures avec fleurs de lis. Ils étaient évidemment de ceux qui avaient été faits pour le roi et proviennent sans doute de son cabinet. Les autres sont généralement des doubles moins bien reliés et moins soignés. Les plans sont dessinés, lavés et coloriés avec le plus grand soin, à l'échelle de 3 lignes pour 100 toises.

Les titres sont encadrés de vignettes délicates dans lesquelles on voit quelques dates, telles que : 1753, 1754, 1755, 1761, 1762, 1766, 1769, 1771.

On sait donc, par les deux pièces qui précèdent, de quelle collection ces volumes sont les précieux débris. Ils sont l'œuvre des élèves, jeunes ingénieurs et dessinateurs, placés depuis 1747 sous la direction de Perronet, et qui ont formé le noyau de l'école des ponts et chaussées.

4° *Registre concernant les plans des grandes routes, et les dessins des ponts qui en dépendent.*

Parmi les manuscrits de la bibliothèque de l'École des ponts et chaussées figure, sous la cote M.S. 73, un registre relié en basane verte, de 303 pages, donnant pour chaque généralité « l'état des principaux chemins et des parties qui s'en trouvent levées et dessinées au net le. . . . . ; ainsi que des ponts qui en dépendent. »

Les feuilles de ce registre sont formées de tableaux imprimés où l'on inscrivait les numéros des plans, les noms des chemins, leurs longueurs et celles des parties levées, les noms des géographes et dessinateurs, puis des observations.

Les vingt-deux généralités y figurent dans l'ordre alphabétique, comme il suit : Alençon, Amiens, Auch, Bordeaux, Bourges, Caen, Châlons, Grenoble, Hainaut, la Rochelle, Limoges, Lyon, Metz, Moulins, Montauban, Orléans, Paris, Poitiers, Rouen, Riom, Soissons et Tours.

Ce registre paraissait préparé pour recevoir des enregistrements successifs donnant à jour la situation des plans des routes levés et dessinés par le corps et

---

(1) Sur un état des plans des routes, etc., mentionné ci-après au n° 3°, se trouve la note suivante : « On a dessiné pour le roi le plan de la grande route de Paris à Cherbourg en 33 feuilles, sur une échelle « de 3 lignes pour 100 toises, lequel plan a été remis à Sa Majesté à la fin de 1765. »

l'école des ponts et chaussées. Mais, quoiqu'il soit bien loin d'être rempli, l'état d'aucune des généralités n'y porte à son titre une date postérieure au 11 septembre 1751. La date la plus ancienne est du 12 juillet 1749. Cependant on trouve dans les colonnes quelques mentions postérieures et qui vont jusqu'à 1755. On y voit que quelques plans ont été levés dès 1733 et 1739, le plus grand nombre à partir de 1743, et notamment que, dans la généralité d'Alençon, des plans ont été levés depuis avant 1743 jusqu'en 1746, par Perronet et d'autres ingénieurs connus, tels que de Voglie, Lallié.

5° « *État des plans des grandes routes et chemins du royaume, de ceux des ponts et mémoires relatifs qui se sont trouvés au dépôt des ponts et chaussées au 1er janvier 1776, sous la garde du sieur Perronet, à laquelle il a été commis par arrêt du 14 février 1747.*

« Ces plans sont déposés dans la galerie du sieur Perronet chez lequel se tient (sic) les écoles des ponts et chaussées. »

Tel est le titre d'un état écrit en entier de la main de Perronet, donnant pour chaque généralité les noms des routes, leurs longueurs, le nombre des cartes de plans, le nombre des feuilles de ponts, puis des observations.

Cet état se termine ainsi :

« Total au 1er janvier 1776 : 3.135 lieues de routes; 2.090 1/4 feuilles de plans; 757 5/12 feuilles de ponts. »

« Nous soussigné premier ingénieur des ponts et chaussées, directeur du bureau des géographes et dessinateurs des plans des grandes routes et chemins du royaume (1), ayant la garde et le dépôt desdits plans, cartes et mémoires, certifions à nosseigneurs de la chambre des comptes, avoir entre nos mains les dessins des routes énoncées au présent état.

« A Paris, ce 6 avril 1776.   Signé, P. »

Cette minute, au moyen de surcharges successives et d'indications intercalées dans le titre et dans la tête du tableau, a servi pour les expéditions dudit état qui ont été produites de 1775 à 1787.

La dernière surcharge porte :

« Total au 1er janvier 1786 : 3.134 1/2 lieues de routes; 2.170 13/24 feuilles de plans ; 803 11/12 feuilles de ponts. »

Nous donnons ce dernier total, tel que nous le trouvons, sans chercher à expliquer le résultat de sa comparaison avec celui du 1er janvier 1776.

(Cette pièce se trouve aux archives de la bibliothèque de l'école des ponts et chaussées, parmi des papiers renfermés dans des cartons au-dessus de la porte d'entrée. Elle figure dans l'inventaire de ces papiers, sous la notation N^{10}.)

6° *Collection des plans des routes et grands chemins de la France, dont le lever par généralités fut ordonné en 1744, sur la proposition de Daniel Trudaine, et dont l'exécution, la collection et la conservation furent le principal motif de l'arrêt du conseil d'état du 14 février 1747, qui institua le dépôt des plans et l'école des ponts et chaussées, sous la direction de Perronet.*

En 1853, lorsque je fus nommé directeur du dépôt des cartes et plans des travaux publics, se trouvait à l'écart dans ce service un amas de liasses de grand format, qui, faute d'examen, était considéré comme une masse encombrante dont il paraissait convenable de se débarrasser. Avant de prendre un parti de ce genre,

---

(1) A partir de 1785 se trouve ajouté ici et au titre : « Et Antoine Chezy, son adjoint pour la même « fonction par arrêt du conseil du 25 septembre 1782. » Et la signature de Chezy est ajoutée à celle de Perronet.

que je jugeai d'abord très-hasardé, je voulus voir ce qu'était cet amas. J'y reconnus bientôt les éléments de ces recueils des plans des routes et grands chemins de chaque généralité que voulait former Daniel Trudaine, auxquels il avait fait commencer de travailler sur le terrain dès 1744 par les ingénieurs des provinces, et pour la mise au net, la réunion et la conservation desquels il fit instituer, par l'arrêt du 14 février 1747, le *bureau des dessinateurs et des élèves pour les places d'ingénieurs des ponts et chaussées*, dont il fit confier la direction à Perronet, alors ingénieur de la généralité d'Alençon.

De semblables documents, œuvre du corps des ponts et chaussées d'alors, premier objet de l'institution du dépôt des plans et de l'école des ponts et chaussées, ont une valeur historique et spéciale qui mérite que leur conservation soit assurée. Je les ai donc fait trier et classer par généralités, et j'en ai formé trente-quatre liasses répertoriées qui devront être reliées en autant de volumes, ainsi qu'il a été approuvé en principe, sur ma proposition, par décision de M. le ministre de l'agriculture, du commerce et des travaux publics, en date du 8 septembre 1853.

Les feuilles de plans de routes sont au nombre de 2.188
Celles de dessins d'ouvrages d'art au nombre de 396

En tout 2.584

Elles étaient distribuées par généralités en dossiers séparés et numérotés depuis 1 jusqu'à 417.

La généralité de Paris	comprenait les numéros	1 à 101.
— d'Amiens	—	105 à 112.
— de Soissons	—	113 à 137.
— de Hainaut	—	141 à 151.
— de Châlons	—	152 à 175.
— de Metz	—	176 à 220.
— de Rouen	—	222 à 227.
— de Caen	—	233 à 253.
— d'Alençon	—	254 à 264.
— de Tours	—	265 à 288.
— d'Orléans	—	289 à 301.
— de Bourges	—	302 à 331.
— de Moulins	—	332 à 343.
— de Poitiers	—	344 à 350.
— de Limoges	—	351 à 355.
— de Grenoble	—	357 à 364.
— de Lyon	—	365 à 370.
— de Riom	—	371 à 378.
— de la Rochelle	—	379 à 383.
— de Bordeaux	—	384 à 393.
— d'Auch	—	394 à 405.
— de Montauban	—	406 à 417.

On n'y voit point de cartes des routes de la Franche-Comté, du Roussillon, de la Lorraine, ni de l'Alsace, bien que les ingénieurs de ces provinces fissent partie du corps des ponts et chaussées de France centralisé à Paris. En outre, il manque un assez grand nombre des numéros ci-dessus, savoir : 28, 35 à 40, 66 à 70, 89, 99, 111 et 112, 173 à 175, 241 à 253, 259 à 264, 283 à 288, 298 à 301, 325 à 331, 337 à 343, 350, 363 et 364, 369 et 370, 378, 383, 392 et 393, 401 à 405, 414 à 417; en tout 81 numéros. Néanmoins, dans son état actuel, cette collection peut être considérée comme nous étant parvenue intégralement, telle qu'elle se trouvait au moment de la suppression de l'ancienne école des ponts et chaussées. C'est ce dont on ne peut guère douter, en rapprochant les indications qui précèdent de l'état, ou inventaire, de cette collection qui fait l'objet de l'article précédent.

Tous ces plans, dessinés, topographiés et coloriés avec soin, sont à l'échelle de 10 lignes pour 100 toises, ou 1 à 8.610.

N° 15.

« Devis et détails et états de situation du pont de Moulins.

1752 à 1765. »

Tel est le titre d'un manuscrit in-folio relié, appartenant à la bibliothèque de l'école des ponts et chaussées, où il est inventorié sous la notation : M. S. 108.

De ce volume on a extrait ce qui suit :

D'abord se trouve le devis, sous la date du 26 novembre 1752, signé Regemorte, ingénieur des turcies et levées.

En second lieu, le détail estimatif, signé Regemorte, en date du 18 janvier 1754, montant à, savoir :

Pour travaux métrés.	1.408.017 l. 16 s. 7 d.
Profit de l'entrepreneur.	81.000 » »
Somme à valoir.	200.000 » »
Total général.	1.689.017 16 7

Au bas est la soumission des entrepreneurs, ainsi conçue :

« Nous soussignés, Michel Hullin, François Hullin et Claude Mausant, nous soumettons, sous le bon plaisir de M. Trudaine, de nous rendre adjudicataires des ouvrages à faire pour la construction du pont de pierre de la ville de Moulins, sur la rivière d'Allier; de faire et parfaire tous les ouvrages énoncés au devis de M. Regemorte, ingénieur des turcies et levées, du 26 novembre 1752, suivant les prix énoncés au présent détail estimatif, et, en outre, aux charges, clauses et conditions portées par le susdit devis; le tout en conformité des plans et dessins de M. de Regemorte, et suivant les ordres et instructions qui nous seront par lui donnés et de sa part, par les ingénieurs et sous-ingénieurs préposés à la conduite dudit pont.

« Fait à Moulins, le 25e jour de janvier 1754. Signé, F. Hullin, Mausant, M. Hullin. »

Viennent à la suite les états de situation annuels jusqu'à l'achèvement définitif qui eut lieu en 1763.

L'état général et dernier de la dépense a été remis par M. de Regemorte dans l'hiver de 1765. Cet état général se termine par la récapitulation suivante :

	Montant du détail.	Augmentation.	Dépense totale.
	l. s. d.	l. s. d.	l. s. d.
Terres.	483.504 4 7	26.224 17 6	509.729 2 1
Batardeaux.	67.262 19 1	»	27.142 10 »
Draguage.	26.445 14 9	74.564 11 2	101.008 5 11
Battage des palplanches.	117.965 15 6	92.799 7 6	210.765 1 »
Régalement, versement des terres glaises, etc.	3.281 5 »	46.361 10 5	49.642 15 5
Maçonneries, tant du pont que des aqueducs.	549.710 15 2	245.675 » 3	795.385 15 5
Battis et crèches.	73.461 17 8	31.786 4 1	105.248 1 9
Perrés.	49.367 19 8	26.149 7 8	75.517 7 4
Pavés.	37.018 19 4	904 17 4	37.923 16 8

Faux frais.	361.303	8	»	60.871	7	5	422.174	15	5
Bénéfice de l'entrepreneur.	81.000	»	»	50.880	14	3	131.880	14	3
Total.	1.850.320	16	9	656.217	17	7	2.466.418	5	3
En déduisant pour ce que les vieux matériaux ont fourni (1).	161.303	8	»	»			161.303	8	»
Reste.	1.689.017	8	9	»			2.305.114	17	3
En déduisant des augmentations la diminution qu'il y a sur le batardeau, ci.				40.120	9	1			
Reste pour augmentation réelle.				616.097	8	6			

On trouve au rapport justificatif les observations suivantes :

« Il a été impossible de suivre les ouvrages en entreprise : le genre de travail était tout neuf; on ne pouvait aller, pour ainsi dire, qu'en tâtonnant pour chaque manœuvre. Pour obvier à tout abus, toutes les payes ont été faites en présence des employés : ils ont tenu les attachements des livraisons. On a reconnu en 1755 qu'il y avait plusieurs parties trop peu estimées; en 1756 il était démontré que le battage excédait de beaucoup. Dès ce moment on a pris le parti de faire tout payer, comme si l'ouvrage était en régie; de tenir en conséquence des attachements de toutes les entrées et sorties. . . . .

« La dépense a de beaucoup excédé l'estimation. La différence provient, en premier lieu, sur les dépenses qui devaient être à la charge du roi », (c'est-à-dire les épuisements, les sondes et expériences diverses, les tracés et nivellements, les frais de bureau, le logement des employés, les faux frais causés par les crues, la garde de l'atelier, les frais d'adjudication, accessoires divers, les frais d'hôpital (22.630 liv. 15 s. 8 d.), les gratifications et les appointements); « sur l'augmentation de la quantité de battis et crèches; sur la cinquième rangée de palplanches battues d'aval dans toute la longueur du pont; sur le prix de la voiture du moellon qui a presque doublé; sur la main-d'œuvre de la maçonnerie à cause de l'éloignement forcé des dépôts; sur la pierre de taille qui est d'un plus grand appareil; sur l'aqueduc qu'on a été obligé de voûter en entier. . . . . »

On employa des troupes dont les frais de baraquement se sont élevés à 21.607 liv. 16 s. 9 d.

Les payements et gratifications aux officiers et aux sergents se sont élevés à 28.204 liv. 17 s. 0 d.

Les gratifications aux ingénieurs et commis :

M. de Regemorte.	20.000 l.	» s.	» d.
M. Colluel.	4.000	»	»
M. Desvaux.	5.400	»	»
M. Gaulier.	3.600	»	»
M. Mauricet.	600	»	»
M. Béguin.	700	»	»
M. de Limay.	300	»	»
M. Lartigues.	150	»	»
M. Pitrou.	150	»	»
Aux commis.	1.128	»	»
Pourboire à différents ouvriers.	119	4	»
	36.147	4	»

---

(1) Mais il a été dépensé pour frais de démolition des anciens ouvrages et des maisons des faubourgs et pour prix des matériaux de démolition de ces maisons. . . . . 55.541 l. 14 s. 1 d.

Appointements des employés :

A M. de Regemorte pour les années 1752-1762............	44.000 l.	» s. » d.
Au sieur Moret, chargé du payement des ouvrages faits avant l'adjudication............	747	8 »

Appointements payés avant l'adjudication :

Au sieur Laplace............	5.000 liv.		
Au sieur Dugué............	1.200	4.800	» »
A eux pour nivellement de la rivière d'Aron.......	600		
Au vicaire de la Madeleine, pour messes et dédommagement du casuel qu'il perdait à cause de la démolition du faubourg jusques y compris 1760............		2.175	» »
Au sieur Béguin............		11.800	» »
Au sieur Sirejolles............		10.800	» »
Au sieur Dugué............		3.600	» »
Au sieur Laplace............		1.200	» »
A M. Mauricet............		10.125	» »
A M. Lartigues............		5.400	» »
Au sieur Benoist............		250	» »
Au sieur Desfontaines............		640	» »
Au sieur Lepaire............		640	» »
Au sieur Letellier............		680	» »
Au sieur Dumoustier............		3.680	» »
A M. de Limay............		4.500	» »
A M. Pitrou............		2.750	» »
Total............		107.787	8 »

Dans la récapitulation générale, ces appointements et gratifications font partie des faux frais.

N° 16.

17 mai 1767.

Circulaire (de M. Trudaine) à MM. les intendants au sujet du logement des ingénieurs.

« Monsieur, il a été accordé un logement en argent à plusieurs des ingénieurs des ponts et chaussées, à prendre sur les revenus des villes ou sur les excédants de la capitation. Plusieurs de ces logements ont été autorisés par des arrêts du conseil, tels que celui rendu l'année dernière en faveur de l'ingénieur de Besançon, et dont je vous envoie un imprimé; d'autres l'ont été sur de simples lettres de M. le contrôleur général. Les ingénieurs qui n'ont pas encore de logement demandent qu'il leur soit accordé la même faveur qu'à leurs confrères, en considération de la modicité de leurs appointements et des frais de voyages qu'exige leur service. Il est vrai que leur traitement est en général peu avantageux pour eux et que je vois avec plaisir les occasions qui peuvent rendre leur sort meilleur, lorsque cela peut se faire autrement que sur les fonds des ponts et chaussées qui suffisent à peine aux travaux les plus nécessaires.

« Pour me mettre en état de proposer un arrangement à ce sujet, je vous prie de me mander comment on en use à l'égard de l'ingénieur qui sert près de vous; s'il a un logement, je désirerais savoir quelles sont les villes qui peuvent y contribuer et pour combien chacune d'elles se trouve imposée, ou sur quel autre fonds ce logement est payé.

« Si cet ingénieur n'a point de logement, je vous prie de me dire si vous croyez qu'il soit juste de lui en accorder un, à combien vous estimerez qu'il doive monter en égard aux frais extraordinaires dans lesquels son service peut le constituer, sur quels fonds il pourra être assigné, et si vous pensez que l'on puisse les prendre sur les revenus des villes, en considération des services que les ingénieurs sont quelquefois à portée de leur rendre, comme cela se pratique déjà dans plusieurs généralités ; je vous prie de m'indiquer le nom de ces villes et à combien chacune d'elles pourra être imposée. Je suis, etc. »

Archives du ministère des travaux publics, documents administratifs.

N° 17.

« Itinéraire général de l'Orléanais, contenant toutes les grandes routes, les routes particulières, les grands chemins et chemins détachés de cette province, tant ouverts qu'à ouvrir ; — les quantités de pavés, cailloutis, plantations, ponts et arches, tant à la charge du roi qu'à celle des communautés et seigneurs ; — et la situation de toutes ces routes et chemins.

« Au 1ᵉʳ janvier 1767. »

Tel est le titre d'un in-folio manuscrit relié qui se trouve parmi les manuscrits de la bibliothèque des ponts et chaussées, sous la notation M. S. 18.

Cet itinéraire contient la situation détaillée de toutes les routes et de tous les chemins publics de la généralité d'Orléans, placés sous la surveillance de l'ingénieur, avec tous les ouvrages qui en dépendent. En tête se trouve un tableau récapitulatif de tous les chemins pavés ou empierrés, à la charge du roi ou des seigneurs, à l'entretien, en exécution ou encore en terrain naturel, des ponts et arches, puis les noms des sous-ingénieurs qui en sont chargés.

On y voit qu'en résumé, à cette époque, il y avait dans cette généralité :

386.496 toises de routes à l'entretien ;

dont, en pavé : 110.799 t. à la charge du roi ;

47.915 t. à la charge des communautés ou seigneurs ;

en cailloutis : 215.190 t. à la charge du roi ;

12.592 t. à celle des communautés ou seigneurs ;

35.309 t. de routes en exécution ;

827.551 t. en terrain non travaillé.

Le nombre des ponts et arches était de 393 à la charge du roi, ou de 130 à la charge des seigneurs.

Il existait des plantations sur 61.761 toises de longueur, dont 19.506 toises en arbres appartenant au roi, et 42.255 toises en arbres appartenant aux seigneurs.

N° 18.

Janvier 1767.

Rapport de la situation des finances, par M. de Laverdy, contrôleur général.

Extraits. « Sire, lorsque Votre Majesté m'a ordonné, au mois de décembre 1763, de prendre, sous ses ordres, l'administration des finances, elle eut la bonté de me dire devant toute sa cour que ses affaires étaient mauvaises. Si j'eusse connu l'état effrayant et presque désespéré dans lequel elles étaient effectivement, quel que fût mon zèle et mon obéissance pour tout ce qui intéresse la gloire et le service de Votre Majesté, j'avoue naturellement qu'ils eussent été anéantis par les difficultés insurmontables qui se seraient présentées à mon esprit, dans un moment surtout où, absolument neuf sur cette matière, je n'avais que trop à redouter les fautes de mon impéritie sur des objets étrangers à ceux auxquels je m'étais appliqué depuis ma naissance. »

. . . .

« Au 13 décembre 1763, rien n'était arrangé pour le service de l'année suivante; tout était en feu dans le royaume. . . . . Les arrêts (des parlements) de défense de percevoir pleuvaient de tous côtés; et la finance, épuisée par la guerre, effrayée par les déclamations, surchargée de dettes, d'arriérements et d'anticipations, était prête à expirer. Le ministre qui venait de la conduire dans des temps très-difficiles me dit lui-même que le tronc en était pourri et qu'il n'y avait point de ressources possibles. . . . .

« Les charges de l'année déduites, il ne restait pas 40 millions de libres pour l'année suivante. . . . .

« Les ponts et chaussées ont été arriérés pendant la guerre et pendant les premières années de la paix. On a commencé à payer à cette partie essentielle au commerce et à l'agriculture 1 million par an en 1767 jusqu'au solde définitif, afin de rendre à cette partie importante ce qui lui revient de l'imposition faite exprès pour elle et dont les dernières circonstances de la guerre avaient forcé de détourner une partie. »

Évaluation sur les revenus du roi en 1767. . . . .   303.401.696 liv.

Suit le chapitre des déductions sur ces revenus dont la deuxième partie intitulée : *Arriérés à payer en* 1767, comprend :

13° Ponts et chaussées.	3.376.424 liv.
14° Routes militaires.	100.000
15° Ports maritimes.	300.000
16° Turcies et levées.	500.000

L'ensemble des déductions s'élève à 165.804.675 liv. où les arriérés entrent pour 55.589.988 liv.

Au chapitre des motifs de ces déductions on trouve :

« Les ponts et chaussées, les routes, les turcies et levées, les ports maritimes font par an 4.276.424 liv. C'est avec ces dépenses, pour lesquelles l'imposition est nommément établie, que l'on est parvenu à percer la France de routes qui ont mis, par le débouché et l'augmentation des denrées, les sujets du roi à portée de supporter leurs charges et de rétablir l'agriculture et le commerce. Il y a aussi dans cette partie des portions de rentes pour suppressions d'offices, dont on n'a pas encore pu connaître le montant, ainsi que celui des gages des offices des ponts et chaussées. »

Le projet de fonds pour 1768 monte à.	165.745.596 liv.
Le projet de dépenses id. à.	201.307.312
Dans ce projet sont compris :	
16° Ponts et chaussées.	3.000.000
17° Ponts et chaussées, remplacement de partie de l'arriéré. .	1.000.000
18° Ponts et chaussées pour les ports maritimes (sic).	400.000
19° Ponts et chaussées pour les turcies et levées (sic). . . .	500.000

Il semble résulter de la suite du rapport que, cette année 1768, les dépenses prévues pour les ponts et chaussées ont été effectivement faites et comprises dans l'état définitif.

Archives de l'empire, carton K 886.

N° 19.

Journal des séances de l'assemblée des ponts et chaussées tenues chez M. Trudaine, depuis 1747 jusqu'à 1774, par Perronet, et écrit de sa main.

Tel est le titre moderne d'un manuscrit de la bibliothèque de l'école des ponts et chaussées, formant un volume in-folio, récemment relié en maroquin rouge.

Les cahiers composant ce journal ont été mal réunis, de sorte qu'il y a plusieurs transpositions. Il commence par l'année 1748, mais sans titre en tête. Une feuille portant le titre de cette année 1748 se trouve au tiers environ du volume ; ce titre est ainsi conçu : « *Remarques faites à l'assemblée des ponts et chaussées tenue tous les dimanches chez M. Trudaine et en sa présence, à commencer de l'année 1748.* »

Malgré cette indication, on trouve après ce titre l'année 1747, dont le journal commence au dimanche 14 mai.

J'ai fait, pour le dépôt des plans des travaux publics, un extrait de ce journal en 43 pages. Je ne consignerai ici que ce qui m'a paru se rapporter plus spécialement au point de vue historique. Les citations textuelles seront accompagnées de guillemets.

1747.

Étaient présents à la première séance du 14 mai 1747 : M. Trudaine, MM. Boffrand, Pitrou, Hupeau, premier ingénieur et inspecteurs généraux; Mignot de Montigny père et Maigret, trésoriers de France du bureau des finances de la généralité de Paris, commissaires pour les ponts et chaussées; Mignot de Montigny fils, membre de l'académie des sciences, adjoint à son père; Bayeux (de Paris); Pollart, Roger, Pitot et Perronet, ingénieurs en chef.

« M. Trudaine a déclaré que les observations en général faites à l'assemblée sur les devis et détails ne devaient point être regardées de la part des ingénieurs comme des décisions, mais des instructions qui devaient tendre à les instruire et à se rectifier eux-mêmes pour le bien du service (*sic*). »

« Il a aussi déclaré à MM. les inspecteurs qu'on ne parviendrait aux emplois d'élèves et sous-ingénieurs ou sous-inspecteurs qu'après avoir passé dans le bureau du dessin. »

Jusqu'à la fin de cette année le nombre des séances a été de vingt-sept, parmi lesquelles huit sont indiquées comme s'étant passées sans travailler : mais on conversait sur des questions d'art. Lorsque M. Trudaine s'absente, il n'y a point d'assemblée.

1748.

M. Le Camus, membre de l'académie des sciences, trésorier de France, assiste aux assemblées; on y voit aussi paraître M. Louis de Regemorte.

Neuf séances jusqu'au 24 mars, dont six sans travailler.

Le 24 mars, « on a apporté les projets d'architecture faits par les élèves du bureau pour concourir aux deux prix des premiers quartiers, et l'on a renvoyé à décider sur les deux meilleurs de ces projets au dimanche suivant, chez M. Boffrand, où doivent se trouver MM. les inspecteurs. »

Le 31 mars, « l'on a examiné chez M. Boffrand les projets d'architecture mentionnés ci-devant et ensuite chez M. Trudaine. Le premier prix a été jugé au sieur ..., etc. »

Jusqu'au 9 juin, sept séances dont deux où l'on n'a pas travaillé; on a discuté un projet de pont en bois pour Moulins. MM. Querret et Ponchon, ingénieurs en chef, assistent le 19 mai.

Le 9 juin, « M. Querret a apporté la carte de la Franche-Comté qu'il a levée et fait graver en 4 feuilles. Elle a été trouvée bien gravée. » Elle coûte 3.000 liv. plus 500 liv. de gratification. Le graveur y a travaillé deux ans sans discontinuer. (Cette carte est au dépôt des travaux publics.)

Jusqu'à la fin de cette année, vingt séances, dont onze où on n'a point travaillé.

Le 29 décembre, « on a exposé cinq projets de ponts faits par des élèves, et l'on a renvoyé le jugement des deux prix à la huitaine, pour que ces messieurs pussent examiner ces projets pendant ce temps. »

1749.

5 janvier, jugement des deux prix de ponts; exposition d'autres projets de ponts en bois des élèves. Mémoires de M. Boffrand et de M. Perronet sur la coupe des voussoirs, remis par M. Trudaine à M. de Montigny fils pour en donner son avis.

Le 12 janvier, jugement du prix des ponts en bois.

Le 23 février, « on a décerné aux sieurs Loyer et Colluel les deux prix, *ex œquo*, pour le concours des sous-inspecteurs pendant l'année dernière, chacun de la valeur de 350 liv. »

Dans cette année, quarante-deux séances, dont dix-neuf où l'on n'a point travaillé.

Le 18 mai, M. Pitrou a présenté un projet pour le pont d'Orléans en onze arches de 12 à 17 toises d'ouverture, très-surbaissées. Il surhausse les cintres de 6 pouces à 1 pied pour tenir compte du tassement. Il dit que la grande arche du pont de Blois a tassé de 8 pouces 10 lignes au décintrement; elle avait 15 toises de diamètre et était surbaissée au tiers. On a consacré quatre séances à la lecture du devis de ce pont et à la discussion : on y a fait assister les sous-inspecteurs.

1750.

Trente-quatre réunions, dont huit où l'on n'a pas travaillé.

Le 18 janvier, mention du décès de M. Pitrou, arrivé le 13, à soixante-six ans. M. Boffrand, qui a eu une attaque d'apoplexie le 2 septembre précédent est resté paralysé du côté gauche : cependant il revient assister aux séances à partir du 22 février.

Le 22 mars, M. Hupeau a présenté pour le pont d'Orléans un projet en remplacement de celui de M. Pitrou, auquel il a été préféré.

Le 26 avril, M. de Regemorte a apporté un premier projet pour le pont de Moulins; il devait coûter environ 3 millions de liv. Un projet différent et sur un autre emplacement a été demandé.

Le 13 décembre, on a décerné les prix aux sous-inspecteurs pour un pont en charpente; 1er prix, M. Soyer; 2e M. Marie; gratification de 200 liv. à M. Colluel pour son projet et le mémoire de mathématiques qui l'accompagnait.

Le 27, M. Perronet a présenté des dessins et un modèle du moyen qu'il propose pour fonder les ponts sur pilotis à 2 pieds sous les basses eaux, sans batardeaux ni épuisements. Ce système a été approuvé. M. Trudaine a proposé à M. Pollart de l'employer au pont de Mantes.

1751.

Trente-cinq séances, dont neuf où l'on n'a pas travaillé.

Le 24 janvier, M. Hupeau présente les projets définitifs du pont d'Orléans. Ils sont soumis à l'examen de M. Boffrand qui les rapporte le 7 février avec un avis approbatif et quelques conseils pour l'exécution.

On a présenté et jugé les concours de pont en bois et d'architecture des élèves, en février et mars.

Le 28 mars, M. de Regemorte a présenté deux nouveaux projets pour le pont de Moulins, l'un avec rampes de chaque culée vers le milieu, l'autre horizontal avec arches et piles égales. Ce dernier a été préféré : c'est celui qui a été exécuté.

On a appris la mort de M. Fayolle, inspecteur général retiré à Grenoble, qui a eu lieu le 22 août. Cet inspecteur prétendait avoir un secret pour faire des mortiers et bétons durcissant sous l'eau. Mais on en cite qu'il a faits en plusieurs endroits et qui n'ont pas durci.

1752.

Trente-cinq séances, dont seize où l'on n'a pas travaillé.

Le 20 février, l'intendant et l'ingénieur de la généralité de Grenoble assistent à la séance. On approuve la substitution de gros blocs de pierre à des pièces de bois pour les digues du Drac.

Le 26 mars, M. de Regemorte a présenté les dessins de détail du nouveau pont de Moulins, estimé 2 millions de liv., plus 150.000 liv. pour indemnités de maisons à démolir.

Le 23 avril, on a jugé le concours d'architecture des élèves.

Le 11 juin, discussion sur la confection des chaussées d'empierrement et sur les bordures.

Le 10 décembre, discussion et avis divergents sur une machine proposée par M. Perronet pour les épuisements à la tâche. — Le même jour on a proposé une variante pour l'emplacement du pont de Moulins. M. Trudaine a maintenu le dernier projet de M. de Regemorte.

1753.

Trente-trois séances, dont treize où l'on n'a pas travaillé.

Le 28 janvier et le 4 février, M. de Regemorte a lu le devis du pont de Moulins. — Il a indiqué un moyen de barrer les rivières à fond mobile au moyen d'une série d'épis transversaux successivement longs et courts partant de chaque rive, de manière à laisser entre eux un chenal en zigzag.

Le 11 mars, sur la discussion de projets présentés par M. de Voglie, MM. Bayeux, Hupeau, Pollart et de Regemorte ont été d'avis que, pour défendre les fondations des vieux ponts, il était préférable, au lieu d'en encrêcher les piles, de battre une file de pieux et palplanches en aval parallèlement à la tête et de faire un radier général.

M. Hupeau a présenté la machine à draguer qu'il employait avec succès au pont d'Orléans ; elle a été approuvée.

Le 18 mars, assistaient à la séance, M. Trudaine ; MM. Boffrand, premier ingénieur ; Hupeau, Pollart, Perronet, Bayeux, inspecteurs généraux ; de Regemorte, premier ingénieur des turcies et levées ; Aubry, Pollin, Picault, Révérend, Querret, de Voglie, ingénieurs en chef ; de Montigny père, Denizet, Mérault, trésoriers de France ; de Montigny fils et Le Camus, membres de l'académie des sciences.

On a examiné divers projets de ponts à Saumur, à Périgueux, à Dôle, à Châtre.

Le 29 avril, on a jugé le concours des élèves, pour le trait.

Le 20 mai, M. Bayeux aîné a présenté un premier projet pour le pont de Tours, en deux parties séparées par une île.

Le 8 juillet, « M. Mérault a lu un projet d'arrêt pour la fixation de la charge des voitures, déjà fixée par celui de 1724. L'on a trouvé trop de difficulté, soit pour fixer le poids, soit pour fixer le nombre des chevaux, tant par rapport à la nature des chemins, aux saisons, qu'à la force des chevaux. M. Trudaine préférerait à une loi générale des règlements particuliers pour chaque province, peut-être même pour certaines routes particulières, telles que celles de Champagne, dont les chaussées sont de matériaux tendres et où les voitures chargent beaucoup trop de pièces de vin. L'on a aussi observé que les coches et autres voitures publiques portent des poids de 8 à 10 milliers, compris la voiture qui seule pèse environ 4 milliers. M. Chauvelin en ayant fait peser une, elle s'est trouvée passer les 4 milliers. »

Le 9, le 16, le 23 et le 30 décembre, « M. Mérault a lu un projet d'ordonnance du bureau des finances (de la généralité de Paris) qui doit servir de règlement pour les ponts et chaussées, en se conformant néanmoins aux anciens règlements et arrêts. »

Sur la question des plantations, « M. Trudaine pense que l'on pourrait se dispenser de planter les chemins pour éviter le dommage que cause l'ombre des arbres sur les terres. Il croit que l'on doit aussi laisser la liberté de les planter à différentes distances sur la longueur du chemin, depuis 3 jusqu'à 5 toises, et planter différentes espèces d'arbres suivant la nature du terrain, mais pour de grandes parties de suite, observant que les parties symétriques soient de même espèce. »

« M. Trudaine et l'assemblée ont désapprouvé que les fossés fussent curés par les riverains, quoiqu'ils y soient assujettis par les arrêts de 1705 et 1720, à cause de la difficulté d'exécution et aussi de l'injustice de cette charge. Il vaut mieux que les entrepreneurs en soient chargés verbalement sur les fonds faits dans les baux pour les terrasses. » — Faut-il laisser labourer jusqu'au fossé ou prescrire de laisser 1 pied 1/2 environ non labouré sur le bord? — Question laissée indécise.

Le 16 décembre, il y a eu discussion sur le tassement des arches des ponts après le décintrement et sur les moyens de prévenir la déformation qui en résulte.

1754.

Vingt-neuf séances, dont douze où l'on n'a pas travaillé.

Le 27 janvier, M. Perronet a présenté le projet du pont de Trilport, qui a été approuvé sauf des modifications sans importance.

Le 3 février, « M. Mérault a achevé la lecture du projet de règlement. M. Trudaine en a paru content, du moins de la plus grande partie, et a demandé des réformes sur plusieurs articles. » Ce projet est devenu l'ordonnance du bureau des finances du 29 mars 1754, dont M. Mérault a remis des exemplaires à l'assemblée le 5 mai.

Le 10 février, on a jugé un concours des sous-ingénieurs et décerné le prix à M. Colluel.

Le 17 mars, discussion sur l'emploi des corvéables à la main-d'œuvre des chaussées d'empierrement. On préfère l'exécution a prix d'argent.

« M. Trudaine a été du même avis. *Il a ajouté que c'était toujours contre son gré que l'on employait les corvées; qu'il voudrait trouver un expédient pour que tous les travaux des ponts et chaussées fussent payés.* »

Le 24 mars. « M. Boffrand est mort le 19 de ce mois », à 87 ans, « M. Hupeau a sa place. »

Après le 7 avril on trouve a mention suivante :

« M. Gendrier vient d'être nommé inspecteur général à la place de M. Hupeau. Il est parti le 10 avril pour aller examiner les projets que M. Pollart a faits pour les chemins du bas Languedoc, à l'occasion desquels il est survenu des difficultés. »

« Le 13 mai, M. le garde des sceaux a signé un nouveau règlement, etc. (Voir au présent chapitre des Pièces justificatives, n° 7).

Le 19 mai, présentation de projets d'alignements de traverses.

« L'on a décidé que, lorsque les maisons seraient plus éloignées que les nouveaux alignements ne le demanderaient, l'on tâcherait par voie excitative d'engager les propriétaires à bâtir sur ces alignements, lorsqu'ils auraient à reconstruire ; mais que l'on ne les y contraindrait pas et qu'ils seraient libres de rebâtir sur les anciens fondements, quoiqu'il en dût résulter de l'irrégularité. »

Le 7 juillet, « M. Trudaine a chargé M. Hupeau de lui faire un mémoire sur la construction des chaussées de cailloutis et d'empierrement. »

Le 29 décembre, M. Hupeau a lu ce mémoire qui a donné lieu à plusieurs discussions, mais sans décision uniforme.

1755.

Vingt-sept séances, dont huit où l'on n'a pas travaillé.

Le 5 janvier, « M. Mérault a lu un projet d'arrêt sur l'extraction des matériaux pour les ponts et chaussées... M. Trudaine a trouvé plusieurs articles essentiels à réformer. »

Le 12, « M. Trudaine a remis à M. Bayeux le mémoire de M. Hupeau sur la construction des chaussées d'empierrement. Il passera ensuite aux inspecteurs pour donner leur avis. »

Le 19, « M. Trudaine a prévenu MM. Hupeau, Bayeux et Gendrier que, lorsqu'ils auraient des calculs de projets à vérifier, ils pourraient demander des élèves pour y travailler chez eux. »

Le 23 février, « M. Bayeux l'aîné a apporté le projet de M. de Voglie, devis et détail, pour le chemin du Château du Loir au Mans. »

« La main-d'œuvre à prix d'argent pour le broiement de la grosse pierre a été désapprouvée. Ces messieurs pensent que l'on doit la faire faire par corvée en fournissant des masses aux corvoyeurs, ainsi que cela se pratique ailleurs dans la même province. M. de Voglie a dit que M. de Magnanville croyait avoir de bonnes raisons pour proposer de payer cette main-d'œuvre dans la Touraine, qu'il devait en remettre un mémoire à M. Trudaine. M. Trudaine a dit à ce sujet qu'il fallait travailler avec uniformité, cette main-d'œuvre dût-elle occasionner une année de plus de travail aux corvéables, et *qu'ayant l'attention de ne les faire travailler que dix ou douze jours par an à la tâche, cela ne leur serait pas trop onéreux.* »

Discussion sur les bordures des empierrements, sur les pierres posées de champ, sur le cassage.

Le 2 mars, « M. Bayeux a lu le mémoire qu'il a fait sur les corvées et l'a remis à M. Trudaine.

« M. Trudaine veut que ce soit à MM. les subdélégués que les ingénieurs et sous-ingénieurs s'adressent pour faire punir les délinquants, et que les ingénieurs ne se mêlent que des projets et conduite des travaux. Il a chargé les inspecteurs généraux de le publier chacun dans leur département.

« M. Bayeux l'aîné a représenté qu'il y avait de l'abus à laisser ainsi la police dans la main de MM. les subdélégués ; qu'ils ne se servaient souvent de l'autorité que pour multiplier les exceptions, favoriser leurs amis et retarder les travaux...

« J'ai observé que plusieurs de MM. les intendants avaient autorisé les ingénieurs et sous-ingénieurs à punir les délinquants et à commander les maréchaussées, dans l'absence de MM. les subdélégués ; que cette autorité étant confiée à des gens sages, il n'en pouvait résulter qu'un bien et de la célérité pour le service ; que cependant il était de bon ordre que MM. les subdélégués fussent chargés de cette police qui, étant faite par les ingénieurs, ne pouvait que les fatiguer et les faire même haïr du peuple.

« Le mémoire a été en général applaudi ; il est principalement fait sur celui de M. Trudaine... »

Le 4 mai, M. Bayeux a apporté le projet du pont de Saumur, en 12 arches de 10 toises et de niveau, par M. de Voglie. — Discussion sur les ponts de niveau ou à double rampe. On préfère les ponts de niveau.

Le 7 décembre, M. Hupeau a proposé de réduire à 34 toises l'ouverture des trois arches du pont de Trilport, au lieu de 49 toises, suivant le projet; discussion ; la question est restée indécise................................ »

Le 21, « M. Hupeau a apporté son projet du pont de Mantes en trois arches de 18 et 20 toises, lequel a été trouvé bien fait. »

1756.

Vingt-sept séances, dont neuf où l'on n'a pas travaillé ; plus quelques-unes en l'absence de M. Perronet, du 26 août au 20 septembre, mais où l'on n'a pas travaillé.

Le 22 février, présentation d'un projet d'arche de 33 toises d'ouverture sur l'Hérault par M. Fortin, surbaissée de 6 pieds au-dessous du tiers. On a prescrit de ne pas surbaisser au-dessous du tiers.

Le 9 mai, jugement du concours des élèves pour le trait.

M. Perronet a présenté un assez grand nombre de projets d'alignement de traverses.

Le 19 décembre, M. Bayeux a présenté un nouveau projet du pont de Tours en seize arches de 13 toises d'ouverture, en supprimant l'île. Le 26, ce projet a été approuvé.

1757.

Vingt-neuf séances, dont treize où l'on n'a pas travaillé, plus quelques-unes en l'absence de M. Perronet, du 4 juillet au 13 novembre, où l'on n'a pas travaillé.

Le 20 et le 27 février et le 20 mars, on a lu « un mémoire sur la distribution, conduite et police des travaux de corvées, fait par M. Trudaine dès 1745, et cela dans la vue de rendre ce travail uniforme dans les différentes généralités, après qu'il aura été discuté et que l'on aura consulté les ingénieurs des provinces. »

Le 27 février, « il a été question d'une proposition faite par M. de Fontette, intendant de Caen, à l'imitation de la Bretagne, pour imposer les travaux en nature au prorata de la taille et sur le pied de 10 sols pour livre dans sa province, en sorte qu'un journalier qui paye 3 liv. n'aurait que 30 sols d'ouvrage à faire par an. Il serait occupé par les fermiers et autres gens taillables, ce qui lui procurerait un secours essentiel au lieu de la charge qui lui est imposée par la tâche personnelle et par tête. MM. Bayeux l'aîné et le cadet ont trouvé beaucoup d'inconvénients à cette façon d'imposer les corvées. M. Trudaine est du même avis. Il craint qu'une imposition de moitié de la taille ne devienne trop forte et ne tire à conséquence dans l'opinion du peuple, qui aurait une mesure exacte de son imposition dont l'objet, quoique aussi considérable présentement, est cependant moins facile à apprécier et moins connu. »

Le 1ᵉʳ mai, « M. Blondel a présenté des projets d'architecture de trois de ses élèves qui vont entrer à l'école des ponts et chaussées. Ils ont été trouvés bien en général et bien dessinés.... M. Trudaine a reçu trois jeunes gens à leur place pour les pensions vacantes chez M. Blondel (1). Les pièces de trait pour le concours des élèves des ponts et chaussées ont été jugées, c'est le sieur Lamandé qui a eu le premier prix. »

Le 15 mai, « l'on a parlé de l'article du mot *corvée* fait par M. Boulanger (ingénieur des ponts et chaussées) (2) dans le Dictionnaire encyclopédique. M. Bayeux a dit que le mémoire ne lui en avait pas été communiqué, qu'il le désapprouve : et M. Trudaine le trouve fait contre ses principes. »

1758.

Vingt-cinq séances, dont douze où l'on n'a pas travaillé ; de plus, quelques séances, où l'on n'a pas travaillé, pendant une « tournée générale dans les provinces » faite par M. Perronet, du 9 juillet au 27 septembre.

On a présenté et approuvé un assez grand nombre de projets d'alignement de traverses.

Le 22 janvier, « M. de Regemorte a présenté les dessins des expédients qu'il a employés à la fondation d'une partie du radier du pont de Moulins, lesquels ont été applaudis. »

Le 19 février, « M. de Voglie a apporté les modèles de la façon dont il a fondé, l'année dernière, l'une des piles du pont de Saumur à 6 pieds sous l'étiage, au moyen du caisson de M. La Bélye, sans bâtardeau ni épuisement, comme je l'ai proposé par le mémoire que M. Bélidor a imprimé dans l'architecture hydraulique. »

« Le modèle de la scie qu'a employée M. de Voglie, de son invention, pour receper bien exactement de niveau les pilotis sous l'eau, a été approuvée et trouvée fort ingénieuse. » (*Sic*).

Le 26, M. Bayeux a présenté un dernier projet du pont de Tours, lequel a été approuvé.

1759.

Vingt-deux séances, dont onze où l'on n'a pas travaillé.

Du 9 septembre au 9 janvier 1760, Trudaine père a eu son fils malade de la petite vérole, puis a été malade lui-même et a passé presque tout ce temps à Montigny. Il n'y a pas eu, comme d'habitude, d'assemblée en son absence.

Des projets d'architecture de deux élèves de M. Blondel ont été soumis à l'assemblée qui les a approuvés.

Le 4 mars, l'assemblée a été composée de M. Trudaine ; M. Hupeau, premier ingénieur ; MM. Bayeux, Pollart, Perronet, Gendrier, inspecteurs généraux ; M. de Regemorte, premier ingénieur des turcies et levées ; MM. Gourdain, de Voglie, Coluel, Fomblanche, ingénieurs ; MM. de Montigny père et fils, Denizet et Mérault, trésoriers de France. — M. Hupeau fait un rapport sur le projet du pont de Tours, par M. Bayeux, et propose des modifications qui sont combattues par MM. de Regemorte et de Voglie

---

(1) Blondel, né en 1705, mourut en 1774. Il était neveu de Blondel, célèbre architecte sous Louis XIV, auteur de la porte Saint-Denis. En 1739, il ouvrit à Paris une école publique d'architecture et fut nommé membre de l'académie en 1755. Quatre pensions étaient accordées par l'état, dans son école, à des élèves qui se destinaient à l'école des ponts et chaussées.

2) Adepte de l'école philosophique d'alors, Boulanger est auteur de l'*Antiquité dévoilée* et de plusieurs articles de l'*Encyclopédie*.

et qui ne sont pas approuvées. Le projet de M. Bayeux est adopté, en 15 arches de 12 t. 3 p. d'ouverture. Il est estimé 2.900.000 liv.

Le 25 mars, « M. Trudaine a engagé M. Bayeux l'aîné, qui avait demandé sa retraite le 4 mars, à rester; à quoi il a consenti au moyen de ce que l'on retirera le Poitou et le Berry, au moyen de quoi il ne restera plus sous son inspection que la généralité de Tours et celle d'Orléans. C'est M. Pollart qui sera chargé du Poitou, et M. Gendrier du Berry. »

Le 8 avril, on a jugé le concours du dessin de la carte par les élèves et on a décerné les prix, de 50 liv., 30 liv. et 20 liv.

Le 20 mai, on a jugé le concours du trait et décerné trois prix de même valeur que les précédents.

Le 27 mai, discussion sur les mortiers. « L'on a dit que les matières les plus brûlées étaient propres à faire le meilleur ciment, motif pour lequel les tuiles, les pots à beurre, etc., valaient mieux que la brique peu cuite. M. de Montigny a dit à ce sujet qu'il avait remarqué que le sable de pouzzolane, si renommé en Italie pour faire de bon mortier, lui avait paru composé de débris de pierre ponce. C'est peut-être pour cette raison que les cendres en général, et surtout celles de Tournay, Boulogne, etc., qui proviennent de la houille, ont tant de réputation pour les mortiers. Leurs sels peuvent aussi y contribuer beaucoup. »

Absence de M. Perronet du 10 juin au 15 août. — « L'on n'a point travaillé pendant mon absence, à ce que l'on m'a dit, à aucune chose importante. »

1760.

Trente-deux séances, dont vingt-quatre où l'on n'a pas travaillé.

Le 16 mars, « M. Bayeux l'aîné a apporté le projet de M. de Voglie pour le nouveau chemin du Mans à Alençon, de 10 lieues, avec devis, détail et dessins des ponts; le tout doit revenir à 595.000 liv., dont environ un tiers à prix d'argent, le reste par corvée. Il y a aussi un tiers à peu près des terrasses faites à corvée. .... L'on a proposé de faire voiturer tous les matériaux des ponts à prix d'argent, ce qui a été approuvé par M. Trudaine. »

Mention placée après le 13 avril :

« M. de Regemorte vient d'obtenir un bon de M. Bertin, contrôleur général, sur son mémoire pour solliciter auprès du roi que les 4.000 liv. qu'il a pour le pont de Moulins soient converties en pension après la construction de ce pont. Il n'a que 6.000 liv. pour les turcies et levées, depuis qu'il a été adjoint à M. son frère au bureau de la guerre, et ce au lieu de 8.000 liv. Les 2.000 liv. excédantes pour frais de voyages lui ayant été retranchées parce qu'au moyen de cette place il ne se trouvait plus dans le cas de faire les mêmes tournées. Cette suppression lui a servi de moyen pour obtenir la grâce ci-dessus mentionnée. »

Le 4 mai, « M. Bayeux l'aîné a demandé sa retraite à M. Trudaine : il l'avait déjà demandée l'année dernière. Elle lui a été accordée, et à M. son frère, M. Pollart et M. Gendrier. Ces messieurs auront chacun 2.000 liv. de pension.

« M. Mignot de Montigny est mort le 24 octobre 1760. C'est M. son fils, de l'Académie, qui a ses places. »

Le 22 décembre, approbation du pont de Pont-du-Château en sept arches de 10 à 11 toises d'ouverture, par M. Dijon.

1761.

Vingt-quatre séances, dont quatorze où l'on n'a pas travaillé.

Présentation de projets des quatre élèves pensionnés de M. Blondel. — Jugement des pièces de trait des élèves.

Le 18 janvier, M. Turgot, maître des requêtes, ayant dîné chez M. Trudaine, assiste à la séance.

Le 3 février, discussion d'un nouveau projet de règlement sur les plantations des routes : ce projet n'a pas eu de suite.

Le 22, « M. de Regemorte a remis les états de situation du pont de Moulins. Il s'y est trouvé beaucoup d'augmentations..... M. de Regemorte a dit que, pour un aussi grand travail, il n'y avait pas eu moyen de se conformer aux prix ni aux quantités du devis, et que l'adjudication ne devait être regardée que comme de forme, tous les ouvrages ayant été faits en régie. . . . . »

1762.

Vingt-cinq séances, dont vingt où l'on n'a pas travaillé.

Le 28 mars, « MM. Hupeau, Gendrier et moi nous avons sollicité M. Trudaine pour qu'il accorde une pension de 600 liv., sur les fonds du pavé de Paris, à Mme la veuve Bayeux qui s'est retirée à Argentan. Mme Bayeux a obtenu cette pension le 31 du même mois de mars. »

Le 16 mai, projets d'alignement de traverses. — « M. de Regemorte nous a dit que M. Trudaine, pour récompense des soins qu'il s'est donnés à la construction du nouveau pont de Moulins qui sera achevé la présente année, venait de lui accorder 20.000 liv. de gratification et 4.000 liv. de pension. »

Du 8 juin au 7 juillet. — « Il y a eu quelques assemblées à Châtillon pendant mon absence. »

Le 11 juillet, « assemblée tenue à Châtillon. On n'a point travaillé sur le bureau, mais seulement chacun en particulier avec M. Trudaine. »

Mention placée après le 26 décembre.

« M. Simon vient d'être reçu ingénieur des ponts et chaussées des états de Bretagne. Ses appointements sont de 6.000 liv. Il a 2.000 liv. de frais de bureau et espère qu'on lui donnera des gratifications pour ses frais de voyages. »

1763.

Vingt-quatre séances, dont quinze où l'on n'a pas travaillé. Vacance du 22 mai au 4 décembre.

« M. Hupeau est mort le 10 mars au matin. J'ai été nommé à sa place. On me conserve de plus la généralité de Paris et *mon école*. »

« M. Polin a été enterré aujourd'hui 13. Il est mort hier matin. »

Présents à la séance du 13 mars : MM. Denizet, de Montigny, Le Camus; MM. Perronet, Gendrier, Legendet, Dubois, Havez, Soyer, Coluel, Simon, de Regemorte.

Le 20 mars, présentation de la grue de Vaucanson, « pour relever des canons et autres fardeaux des vaisseaux sur les quais des rivières et ports de mer et en donner le poids. . . . .

« Cette machine a été trouvée autant ingénieuse que simple et utile pour l'usage auquel elle est destinée. »

— Présentation de plusieurs projets d'alignement de traverses.

Id. des conditions proposées par M. Perronet pour les nouveaux baux d'entretien des routes de la généralité de Paris.

1764.

Dix-neuf séances, dont huit où l'on n'a pas travaillé.

II.

Le 18 mars, M. Perronet a présenté le modèle des cintres retroussés pour les trois arches du pont de Nantes, de 20 toises d'ouverture, surbaissées de 4 pieds au-dessous du tiers; ils ont été approuvés après discussion.

Le 20 avril, présentation de projets de M. Picault pour le port de Saint-Jean-de-Luz.

Le 22, « M. Legendre a apporté les projets de M. Loguet pour le rétablissement de l'écluse et des jetées du port de Cherbourg qui ont été détruits par les Anglais dans la dernière guerre. M. Trudaine trouve ce port peu utile et ne paraît pas disposé à y faire beaucoup travailler. Cependant il paraît nécessaire de rétablir tout au moins l'écluse..... »

Le 3 juin, à Châtillon, lecture par M. Perronet du devis du dernier projet du pont de Tours..... « M. Bayeux a été autorisé verbalement par M. Trudaine à exécuter le pont suivant son projet. » M. de Regemorte avait proposé un radier général. Il « a été regardé comme inutile, les pieux pouvant être battus jusque dans le tuf. »

A partir du 10 décembre, « on s'est assemblé les dimanches à l'ordinaire jusqu'à la fin de l'année.......... Il n'y a point eu de travail d'assemblée, chacun a fait son travail particulier dans le cabinet avec M. Trudaine. »

Lacune de 1764 à 1772.

« Après l'année 1764, se trouve sur le registre la mention suivante, de la main de M. Lesage, inspecteur de l'école des ponts et chaussées :

« Lesage a donné en communication au citoyen Lamblardie, directeur de l'école des ponts et chaussées, le cahier du journal des assemblées qui comprend les années depuis le 10 juin 1764 jusqu'au 8 décembre 1772 exclusivement. Ce cahier ne s'est point trouvé dans les papiers du citoyen Lamblardie après son décès arrivé le 6 frimaire an 6.

« Paris le 22 frimaire an 6. Signé, Lesage. »

Ensuite vient un cahier portant pour titre :

« Suite du journal des assemblées des ponts et chaussées tenues chez M. Trudaine, recommencé au retour de la campagne de M. Trudaine, le 8 décembre 1772. »

Daniel Trudaine était mort en 1769 et avait été remplacé par son fils, Trudaine de Montigny.

1772.

Les assemblées ont dorénavant lieu le mardi. Deux réunions ont lieu le 8 et le 15 décembre.

1773.

Dix-neuf séances, dont quatre où l'on n'a point travaillé. Vacance du 15 juin au 7 décembre.

Présents à la séance du 23 mars : MM. de Montigny, Mérault, Lambert et de Hauteclair, trésoriers de France, commissaires pour les ponts et chaussées de la généralité de Paris; Perronet, Gendrier, Querret, Bouchet, Dubois, de Chézy, d'Héricey, Latouche, Trésaguet, Lefèvre, Moricet, de Limay, Lomet, Coluel, Advyné, Roger ; M. de Regemorte.

Le 2 mars, « ces messieurs ont été consultés sur le petit uniforme, lequel a été décidé, comme on peut le voir par l'état qui doit être envoyé incessamment aux ingénieurs. »

Plusieurs projets de ponts présentés, et autres de routes et d'alignements de traverses.

Le 8 juin, « on a jugé les prix sur les différents projets des élèves des ponts et chaussées, chez M. le contrôleur général (abbé Terray), qui a ensuite donné à diner aux ingénieurs des ponts et chaussées. »

Le 14 décembre, M. Querret a présenté un tracé de canal entre la Meuse et la Moselle, près d'Épinal.

« M. Trudaine a commencé, dudit jour 14 décembre 1773, à faire tenir un registre de l'assemblée par M. de Chambine, qui sera remplacé par M. Arnoult (ou Arnaud), l'un des commis de son bureau; au moyen de quoi le présent journal n'aura plus pour objet que ce qui concerne la généralité de Paris. »

Le registre se termine au 28 décembre.

Les procès-verbaux des séances postérieures, à partir du 14 décembre 1773, se trouvent au secrétariat du conseil général des ponts et chaussées.

N° 20.

« Mémoire présenté au contrôleur général des finances à l'effet de régulariser la comptabilité du trésorier général des ponts et chaussées.

« 29 octobre 1782.

« Il s'impose annuellement sur les pays d'élections pour les ponts et chaussées, ports maritimes, canaux et navigation, et turcies et levées, savoir :

	liv.	s.	d.
« Pour les ponts et chaussées.	3.569.501	»	9
« Pour les ports maritimes.	800.000	»	»
« Pour les canaux.	710.000	»	»
« Pour les turcies et levées.	500.000	»	»
« Total.	5.579.501	»	9

« Cette imposition se perçoit par les receveurs généraux des finances.

« Les besoins de l'état n'ont point permis depuis longtemps aux ministres de la finance de remettre au département des ponts et chaussées la totalité de ces fonds.

« Il est résulté de là un arriérement très-considérable de la part du trésor royal vis-à-vis de ce département, et cet arriérement jette dans la comptabilité un désordre tel qu'on ne peut se dispenser de supplier le ministre d'y remédier.

« Tel est le but qu'on se propose par ce mémoire.

« Avant de mettre sous ses yeux les moyens de rétablir l'ordre si nécessaire dans la comptabilité, on va lui en démontrer la nécessité.

« Les receveurs généraux des finances sont forcés pour leurs décharges de verser la totalité des fonds imposées au trésorier général des ponts et chaussées; pour mettre ce dernier en état de recevoir la totalité de ces fonds, on est obligé de former la recette de l'état-du-roi des 5.579.501 liv. 9 d. montant des impositions.

« Le trésorier général doit justifier à la chambre de l'emploi de cette somme, d'après la quittance comptable qu'il en donne aux receveurs généraux des finances.

« Par conséquent l'état-du-roi qui s'arrête au conseil royal des finances doit comprendre une dépense de 5.579.501 liv. 9 d. conformément à la recette.

« La dépense devant balancer la recette, on fait pour chaque généralité des fonds dans cet état-du-roi jusqu'à concurrence de cette même somme de 5.579.501 liv. 9 d.

« On est conséquemment obligé, pour former cette balance, de faire des fonds pour des ouvrages qui deviennent fictifs, ainsi qu'on va le voir ci-après.

« Les fonds de l'état-du-roi sont de 5.579.501 liv. 9 d. Au lieu de remettre cette somme, on n'a distribué pendant certaines années que 3.600.000 liv., 4 millions et 5 millions, et aujourd'hui en 1782, 3.430.000 liv.

« Le trésorier royal s'est donc trouvé arriéré chaque année d'une somme très-considérable; c'est ce qui fait qu'aujourd'hui, on ne commence de remettre que les impositions de l'année 1779, pour les ponts et chaussées; celles de 1778, pour la navigation; celles de 1781, pour les ports maritimes de commerce, et celles de 1780, pour les turcies et levées.

« On en joint ici le tableau, duquel il résulte que le trésor royal est arriéré vis-à-vis des ponts et chaussées, turcies et levées, ports maritimes, canaux et navigations d'une somme de. . . .	15.229.406 l. 10 s. » d.
« Ajoutez à cette dette celle provenant de la faillite du sieur Prévost, qui monte à.	2.162.716 » »(1)
« Il en résulte une créance à exercer par le département sur le trésor royal de.	17.392.122 10 »

« Ces fonds n'ayant point été remis au département, il n'a pas été possible de faire faire les ouvrages, pour lesquels on a été obligé (afin de balancer la dépense avec la recette) de faire des fonds dans les exercices 1779, 1780, 1781 et antérieurs.

« Ces fonds étant faits dans ces états-du-roi, le trésorier général doit en compter à la chambre : mais comment le peut-il, puisque les ouvrages ne sont pas faits, ni les fonds reçus, et qu'on ne peut lui procurer de quittances, ni d'acquits d'aucune espèce?

« Il se trouve donc hors d'état d'apurer ses comptes pour une somme de 17.392.122 liv. 10 s., « ainsi que ceux du sieur Prévost qui a reçu des sommes du trésor royal pour acquitter les fonds faits dans les états-du-roi de ses exercices et auquel il en reste à acquitter jusqu'à concurrence du montant de sa faillite.

« Il résulte de ces inconvénients que le trésorier général est obligé d'avoir une infinité de comptes ouverts sur tous ses exercices et sur ceux du sieur Prévost depuis 1770 jusques et compris 1782, qu'il se trouve hors d'état de les apurer, et d'en rendre aucuns à la chambre; la fortune même de ce trésorier se trouve exposée pour des sommes considérables relativement aux payements qu'il a faits avec les fonds de ses exercices pour solder partie de ceux dudit sieur Prévost.

« Telles sont les raisons qui déterminent à proposer au ministre les moyens de rétablir l'ordre dans cette comptabilité.

« Ils sont simples et très-avantageux au trésor royal; voici en quoi ils consistent :

« Les ouvrages pour lesquels il y a eu des fonds faits dans les états-du-roi arrêtés au conseil des années 1770 et suivantes jusques et compris 1780 ne devant point avoir d'exécution par rapport au retard de la rentrée des différentes sommes

---

(1) On porte dans le débet du trésor royal les 2.162.716 liv. provenant de la faillite du sieur Prévost, parce que le trésor royal s'est emparé de l'actif de ce trésorier, qui aurait dû être versé dans la caisse des ponts et chaussées, à laquelle cette somme est réellement due, puisque c'est aux ponts et chaussées que le sieur Prévost a emporté les fonds qu'il a reçus, jusqu'à concurrence de cette même somme.

dues par le trésor royal au département, et les circonstances ne permettant pas d'espérer que jamais le trésor royal rende ces sommes à la caisse des ponts et chaussées, il est intéressant de simplifier la comptabilité.

« Pour cet effet, on propose au ministre de faire porter au trésor royal tous les fonds faits dans les états-du-roi des exercices 1770 et suivants jusques et compris 1780, dont on lui remettra le tableau sous les yeux, et sur lesquels il n'a été fait aucun payement. Le trésor royal se trouvera d'autant quitte envers les ponts et chaussées de cette somme.

« Le trésorier général sera en état de liquider promptement ses comptes et n'aura à fournir pour acquit à la chambre que la quittance comptable de cette même somme qui lui sera donnée par le garde du trésor royal.

« Cette opération faite, on proposera au ministre, à partir de l'exercice 1781, de composer la recette de l'état-du-roi, non pas des 5.579.501 liv. 9 d. qui s'imposent annuellement pour le département, mais seulement de la somme que le ministre de la finance fera remettre dans le courant de chaque campagne, et de ne porter en dépense que celle nécessaire pour les ouvrages qui s'exécuteront réellement dans le courant de cette même campagne, de manière que tous les ans, le trésorier général puisse retirer les acquits des dépenses qui auront été faites dans le cours de l'année, et qu'il soit chaque année en état de rendre son compte à la chambre.

« Par exemple, le ministre n'a accordé pour cette campagne que 3.430.000 liv. : au lieu de porter la recette de l'état-du-roi de 1781 à 5.579.501 liv. 9 d. qui s'imposent annuellement pour les ponts et chaussées, on ne formera la recette que de 3.430.000 liv.

« Et on ne portera dans la dépense que les ouvrages qui pourront s'exécuter dans l'année et jusqu'à concurrence de 3.430.000 liv.

« Le surplus du montant des impositions que le trésorier général ne recevra pas, ne sera porté, ni en recette, ni en dépense.

« La comptabilité ainsi établie deviendra simple et facile, remédiera à l'inconvénient d'avoir des comptes arriérés et mettra l'administrateur à portée de la surveiller avec beaucoup plus de précision.

« Pour parvenir à cette opération, que l'on regarde comme très-importante au bien du service, on a fait rédiger des états qui constatent :

« 1° Les fonds portés dans chaque article des états-du-roi, les ouvrages commencés et qui ne sont pas terminés, les payements faits à compte et ceux restant à faire qui sont dans le cas d'être actuellement portés en revenants-bons ;

« 2° Les ouvrages faits, mais sur lesquels il reste des payements à faire, ce qui compose les avances des entrepreneurs.

« On a aussi fait rédiger un avant-projet d'état-du-roi pour l'exercice 1781, qui contiendra :

« 1° Deux chapitres de recette ;

« Le premier, composé des revenants-bons à porter au trésor royal et dont la réunion les portera à plusieurs millions.

« Le deuxième, des sommes qui doivent former le montant des 3.430.000 liv. que le ministre a accordées cette année ;

« 2° Deux chapitres de dépenses qui contiendront, l'un les revenants-bons ci-dessus portés au trésor royal, et le second, les ouvrages qui doivent s'exécuter dans le courant de cette campagne et les dépenses ordinaires.

« Lorsque tous ces états seront en règle, on rédigera un tableau général qui fera connaître au ministre en détail les sacrifices que le département des ponts et chaussées s'est vu forcé de faire depuis longtemps pour les besoins de l'état.

« Ces revenants-bons s'opéreront en vertu de lettres patentes enregistrées à la chambre des comptes, qui ne fera sûrement aucune difficulté à ce sujet.

« Approuvé l'opération proposée pour l'exercice de 1779 et années antérieures.

« A compter de 1780 l'état-du-roi des ponts et chaussées ne contiendra plus que le montant net des dépenses réelles qui auront été faites sur chaque exercice, et qui seront balancées avec les fonds qui auront été destinés par la finance sur le trésor royal conformément à la déclaration de 1779, et ainsi pour les années suivantes.

« Faire l'état exact des fonds manquants sur chaque exercice antérieur à 1780, pour les balancer avec les recettes fictives comprises dans les états-du-roi. Il sera ensuite, et pour ordre, expédié des ordonnances sur l'ordinaire du trésor royal au nom du trésorier des ponts et chaussées, pour compléter ce qui manque sur chaque année ; et ce complément lui sera payé en une quittance du garde du trésor royal libellée du fonds à lui remis par le trésorier des ponts et chaussées et non employé par lui sur ses exercices. — Signé, Joly de Fleury. »

Archives des travaux publics, documents relatifs à l'administration des ponts et chaussées, n° 10.

---

§ 4. Extraits de mémoires particuliers, de notices, de publications diverses, etc.

A.

Mémoire pour perfectionner la police sur les chemins, par l'abbé de Saint-Pierre. 6 septembre 1715 (1).

EXTRAITS.

« *Préface. — Occasion de cet ouvrage.*

« Les incommodités que l'on souffre dans les mauvais chemins obligent quelques voyageurs à penser aux moyens de faire cesser cette misère commune ; mais les peines du voyageur étant passées, d'autres objets viennent occuper l'esprit, et l'affaire du public demeure négligée. Comme d'un côté cette incommodité ne se fait presque jamais sentir ni au roi, ni à ses ministres qui seuls peuvent y donner ordre, et que de l'autre, personne ne leur a jusqu'ici suffisamment montré de quelle utilité seraient à l'état des chemins commodes, je ne suis pas surpris que nous ayons en France un si grand nombre de chemins impraticables durant la plus grande partie de l'année.

« Je ne songeais, comme tout le monde, qu'à éviter les voyages d'hiver, lorsque des affaires de famille m'obligèrent, en novembre 1706, à sortir de Paris et à me mettre en chemin, malgré moi, pour aller à Saint-Pierre-Église, en basse Normandie. Je versai, ma chaise rompit ; un autre jour, mes chevaux embourbés, il fallut rester dans les boues et à la pluie jusque bien avant dans la nuit. Tout cela me confirma plus que jamais dans la résolution de ne plus voyager pendant cette saison. . . . .

---

(1) Brochure imprimée. Elle ne se trouve point à la bibliothèque impériale ; c'est du moins la réponse qui m'a été faite, sur ma demande, en 1855. Elle existe aux archives de la préfecture du Tarn, d'où l'on a bien voulu me la communiquer en 1856.

« Cette résolution me fit faire une réflexion qui est devenue la principale cause de cet ouvrage; je pensai que ce qui se passait alors dans mon esprit se passait à peu près et en proportion dans l'esprit de la plupart des autres Français, et que prenant tous de semblables résolutions, il se devait faire annuellement dans l'état une perte prodigieuse à cause du nombre prodigieux des perdants; qu'ainsi le roi pouvait peut-être regarder cette affaire, non pas seulement comme une grande peine dont il pouvait délivrer ses sujets, mais encore comme un dommage immense qu'il pourrait leur épargner.

. . . .

« . . . . . Je me mis à examiner. . . . . si c'était une chose réellement impossible de voir en France des chemins commodes et praticables en hiver; si ce qu'il en coûterait à chaque généralité pour les ponts et pour les chaussées, et à chaque particulier pour réparer chacun en droit soi, n'était point une avance trop considérable, et si la dépense n'était point plus forte que le profit. . . . .

« Je fis donc travailler aux chemins de mon voisinage à mes dépens et aux dépens de quelques riverains ou bordiers des chemins, et j'appris en quoi consiste la dépense de ces réparations; j'en eus diverses conférences avec les meilleurs esprits du pays qui avaient fait travailler; j'écrivis sur cela diverses observations; je les ai peu à peu augmentées; j'ai tiré plusieurs lumières de la lecture des ordonnances et des auteurs qui ont traité de cette matière; j'ai fait imprimer soixante copies d'un mémoire in-quarto, que j'ai envoyé à plusieurs intendants et à plusieurs personnes habiles; et c'est après avoir profité de leurs lumières que je donne cet ouvrage au public, afin d'exciter ceux qui ont de bonnes vues sur ce sujet à les proposer publiquement.

. . . .

« PREMIÈRE PARTIE.

« Importance de la réparation des chemins. »

L'auteur compte trois sources principales de profit qui résulteraient de la réparation des chemins :

1° Il se ferait un tiers plus de voyages utiles, dont le profit s'élèverait à 10 millions.

2° Il se ferait un tiers plus de marchés ou d'échanges. L'auteur admet qu'en Normandie il se fait annuellement, outre 35 millions de revenus en fonds de terre, 50 millions de profits par le commerce et les manufactures; qu'il y aurait au moins un vingtième d'augmentation de commerce et de profit, si les chemins étaient à peu près aussi commodes en hiver qu'en été. « Or ce vingtième monte à plus de 2.500.000 liv., et comme la Normandie fait la dixième partie de la France, ce serait, de ce seul article, au moins 25 millions de liv. de profit par an pour tout le royaume.

« J'ajoute en preuve un fait notoire. Dans ma province, il y a tous les ans une foire célèbre à Caen, quinze jours après Pâques, qu'on appelle la *foire franche*. Avant que M. Foucaut, intendant de Caen, eût fait réparer le chemin de Caen à Lizieux, les marchands de Paris ne chargeaient leurs fourgons qu'à mi-charge, à cause de ce chemin, et ils avaient bien de la peine à s'en tirer, au lieu qu'à présent ils viennent avec leur charge complète et n'ont aucune peine. Mais aussi il faut rendre cette justice à cet intendant : il lui a fallu surmonter bien des difficultés, il a eu besoin d'une longue et constante application pour faire un ouvrage si utile à la province. »

3° Il se ferait un sixième moins de dépense pour les voitures.

Par des calculs beaucoup trop longs à rapporter ici, basés d'ailleurs sur des données impossibles à contrôler, l'auteur établit que cette troisième source de profit serait d'au moins 39 millions de liv. pour tout le royaume, en faisant 9 millions de dépense; de sorte qu'en total la réparation des chemins, moyennant une dépense annuelle de 9 millions produirait à tout le royaume un profit de plus de 74 millions.

Dans ce chapitre, l'auteur émet aussi quelques vues sur les avantages du développement de la navigation intérieure.

« SECONDE PARTIE.

« Considérations générales sur les moyens. »

L'auteur admet que « la plupart des chemins qui passent par des terres non closes, ou sont bons, ou seraient bons, si les bordiers ne labouraient point trop près du chemin », si ce n'est dans les endroits marécageux où il faut des chaussées pavées, dépense qui regarde l'élection ou même la généralité. Il en conclut que les bordiers de ces chemins en terrain ouvert ne doivent rien pour les rendre bons, si ce n'est « de laisser au voyageur toute liberté dans leur héritage, ou plus à droite, ou plus à gauche, comme il lui plaira. »

. . . .

« La plupart des mauvais chemins de France passent sur des terres closes à droite ou à gauche, soit par des fossés plantés, soit par des murailles, et les propriétaires bordiers de ces chemins sont toujours tenus seuls ou de réparer ou d'entretenir ces chemins aussi bons qu'ils seraient, si eux ou leurs prédécesseurs, dont ils représentent le droit, n'avaient fait aucune clôture ni à droite ni à gauche, ou bien d'ôter ces clôtures. C'est le droit public envers les particuliers. »

Dans le chapitre suivant, l'auteur prétend démontrer que ce que doivent les bordiers suffira souvent, et ils s'en acquitteront sans grande peine. » . . . . . .

« Je n'ai pas tort, dit-il, quand je soutiens que, si dans chaque élection de cent quatre-vingts paroisses les particuliers faisaient, chacun en droit soi, pour la valeur d'environ 10.000 liv. comptant de travail aux chemins, avec les autres 10.000 liv. du fonds public de l'élection, cela suffirait pour les rendre bons. »

Suivant lui, en trois ans les plus mauvais chemins de la France seront réparés pour longtemps, et ensuite les réparations annuelles seront très-légères.

Puis il dit quelques mots des travaux qui ne peuvent être à la charge des bordiers, tels que ponts, chaussées, pavés, routes ou montagnes. Alors l'élection ou la généralité doivent en faire la dépense. Le roi peut y employer les troupes en temps de paix.

L'auteur passe ensuite à un autre chapitre qu'il intitule : « Les règlements sur les chemins sont insuffisants. » Après un exposé historique à ce sujet, incomplet et peu exact, il en conclut que le seul remède est dans « un bon règlement qui ne laisse rien ou presque rien d'important à décider, afin que chacun sache ce qu'il doit au public. Il faut un nombre suffisant d'officiers subalternes et proportionné au besoin. . . . . . »

Ce règlement, que l'auteur présente sous forme de projet d'édit, fait la matière de la troisième partie du mémoire.

Nous n'y avons trouvé aucun article qui ait donné lieu à une application quelconque. Il n'y est guère question que de mesures de police, et, à l'exception des ouvrages d'art, tout le travail d'entretien est mis à la charge des bordiers. Aussi n'avons-nous jugé à propos d'en rien extraire. Nous remarquons seulement que l'auteur tient beaucoup à l'expédient de faire ouvrir des brèches aux haies et murailles des héritages bordant les parties de chemin en mauvais état, afin de livrer au public le passage par là. Il crut néanmoins avoir le premier éveillé l'attention du gouvernement sur l'importance d'une bonne viabilité publique et sur les mesures à prendre pour l'obtenir ; car il se flatte, dans la dernière phrase de son mémoire, que ce fut « sur sa première ébauche » que le conseil d'état créa « un inspecteur dans chaque généralité ». Cette prétention accuse à la fois une vanité naïve et une singulière ignorance des faits publics concernant la matière même sur laquelle il écrivait.

B.

Analyse d'un tableau des chemins des villes de France qui se trouve en tête de l'ouvrage intitulé *Nouvelle description de la France*, etc., par Piganiol de la Force. — 1718 (1).

Chemins de Bretagne.

	Lieues.
De Paris à Alençon, par Houdan, Dreux, Mortagne.	38
D'Alençon à Vitré, première ville de Bretagne.	24
De Paris à Rennes, par Dreux, Verneuil, Argentan, Domfront, Fougères.	72
De Rennes à Guingamp, par Dinan et Saint-Brieuc.	27
De Guingamp à Morlaix.	9
De Rennes à Saint-Malo, par Dinan.	15
De Rennes à Vitré.	9
De Rennes à Angers, par Chateaubriand.	25
D'Angers à Nantes, par Ancenis.	15
De Nantes à Vannes, par la Roche-Bernard.	15
De Nantes à Brest, par Redon, Pontivy, Perchais, Landerneau.	46
De Nantes à Saint-Pol, par Perchais.	42
De Nantes à Quimper-Corentin, par Vannes, Hennebon, Quimperlé.	38

Chemins de Normandie.

De Paris à Caen, par Dreux, l'Aigle, Hiesme.	46
De Caen à Coutances, par Saint-Lô.	16
De Caen à Cherbourg, par Bayeux, Isigny, Valognes.	24
De Caen à Honfleur.	12
De Paris à Falaise, par Hiesme.	44
De Falaise à Vire.	9
De Vire à Mortain.	5
De Paris à Avranches, par Falaise, Pont-d'Ouilly, Tinchebray, Pain-d'Avoine.	72
De Paris à Séez, par Dreux, Chénebrun, Tillières.	56
De Paris à Rouen, par Pontoise, Magny, Escouy.	27
De Rouen à Honfleur, par Pont-Audemer.	17
De Rouen au Havre-de-Grâce, par Caudebec et Harfleur.	18
De Rouen à Dieppe, par Tostes et Saint-Aubin.	14

Chemins de Picardie.

De Paris à Amiens, par Beaumont, Beauvais, Crèvecœur.	31
— par Luzarche, Clermont, le Quesnoy.	29
D'Amiens à Abbeville.	10
D'Amiens à Térouanne, par Montreuil.	25
D'Amiens à Calais, par Montreuil et Boulogne-sur-Mer.	31
D'Amiens à Arras, par Pont-d'Anthie.	14

---

(1) On renvoie à cet ouvrage, qui se trouve à la bibliothèque impériale, les lecteurs qui voudraient connaître les détails des directions de ces routes.

	Lieues.
D'Amiens à Béthune.	12
De Paris à Soissons, par Dammartin et Villers-Coterets.	20
De Soissons à Guise, par Laon.	17
De Soissons à la Fère, en Picardie.	8
De Paris à Compiègne, par Senlis.	17
De Senlis à Guise, par Noyon et Mouy.	30
De Senlis à Saint-Quentin, par Ham.	25
De Senlis à Cambrai, par Roye et Péronne.	26
— par Ham.	28

Chemins de Champagne.

De Paris à Reims, par Claye, le Gué-de-Tresme, Fère-en-Tartenois.	32
De Paris à Châlons, par Meaux, Château-Thierry, Épernay.	58
De Châlons à Vitry-le-Français.	7
De Châlons à Nancy, par Bar-le-Duc, Vaucouleurs, Toul.	30
De Paris à Metz, par Meaux, Châlons, Saint-Dizier, Toul, Pont-à-Mousson.	69
De Paris à Troyes, par Brie, Provins, Nogent-sur-Seine.	35
De Troyes à Langres, par Bar-sur-Seine et Donsevoy.	25
De Troyes à Bar-sur-Aube.	11
De Paris à Melun.	9

Chemins de Bourgogne.

De Troyes à Dijon, par Bar-sur-Seine, Châtillon-sur-Seine, Bagneux-les-Juifs, Saint-Seine.	32
De Dijon à Auxonne.	7
De Dijon à Saint-Jean-de-Losne.	7
De Dijon à Lyon, par Beaune, Châlons-sur-Saône, Mâcon, Villefranche.	40
De Paris à Sens, par Melun, Moret, Villeneuve-la-Guyard.	26
Autre de Paris à Sens, par Brie-Comte-Robert, Montereau, Villeneuve-la-Guyard.	31
Autre, par Essonne, Fontainebleau, Villeneuve-la-Guyard.	26
De Sens à Auxerre par Joigny.	13
De Paris à Nevers, par Essonne, Milly-en-Gâtinais, Montargis, Bonny, Cosne, La Charité.	55
De Nevers à Lyon, par Saint-Pierre-le-Moutier, Moulins, Roanne, Tarare.	44

Chemins de Beauce, Touraine, Anjou, Sologne, Berry et Bourbonnais.

De Paris à Chartres, par Palaiseau, Rochefort.	19
De Chartres à Vendôme, par Châteaudun.	19
De Chartres à Bellesme, par les Forges.	16
De Chartres au Mans, par Nogent-le-Rotrou.	28
De Paris à Orléans, par Montlhéry, Étampes, Tourny.	32
D'Orléans à Tours, par Blois et Amboise.	35
De Tours à Nantes, par la Chapelle-Blanche, la Croix-Verte, Angers, Ancenis.	45
D'Orléans à Bourges, par Pierrefitte.	22
De Bourges à Moulins, par Pont-Chargy.	25
De Bourges à Varennes, par Ainay, Cosne-en-Bourbonnais.	29
De Bourges à Tours, par Vierzon, Pont-de-Saudre, Montrichard, Chenonceaux.	31

Chemins de Guyenne.

De Tours à Talmont, par Chinon, Loudun, Thouars, Saint-Mesmin, Saint-Florent.	34
De Tours à Poitiers, par le Port-de-Pile, Châtellerault.	20
De Paris à Poitiers, par Orléans, Amboise, Blercy-sur-Cher, le Port-de-Pile.	75
De Poitiers à la Rochelle, par Lusignan, Niort.	21
De Poitiers à Bordeaux, par Brion, Saintes, Saint-Aubin, Blaye.	40
De Poitiers à la Rochefoucault, par Ruffec et Angoulême.	25
De Bordeaux à Bayonne, par Muret, Castels.	34
D'Orléans à Limoges, par Romorantin, Châteauroux, Arnac.	54

	Lieues.
De Limoges à Agen, par Saint-Yriex, Montpensier.............	30
De Poitiers à Coignac, par Vivonne, Aigres.	24

Chemins de Languedoc, Auvergne, Provence, Dauphiné.

De Paris à Toulouse, par Orléans, Bourges, la Châtre, Jarnage, la Rochebrou, Rabastens...	126
De Bourges à Clermont, par Cosne-en-Bourbonnais, Gannat, Riom.......	40
De Lyon à Toulouse, par Saint-Bonnet, Saint-Flour, Rodez, Rabastens.....	64
« Aucuns tiennent le chemin de Nismes, Montpellier, Béziers et Carcassonne. »	
De Lyon à Avignon, par Vienne, Valence, Montélimart, Montdragon......	47
D'Avignon à Aix, par le Mas-de-Brou.................	15
Autre, par Cavaillon, Mallemort....................	15
D'Avignon à Marseille, par Cavaillon, Saint-Éloi de Crau, les Cabanes-de-Berre. .	61
De Lyon à Montpellier, par Montélimart, le Pont-Saint-Esprit, Nîmes, Lunel. . .	54
De Lyon à Narbonne, par Montpellier, Luprat, Béziers...........	67
De Narbonne à Toulouse, par Carcassonne et Castelnaudary..........	21
De Montpellier à Toulouse, par Pézenas, Béziers, Carcassonne..........	27
De Toulouse à Saint-Jean-Pied-de-Port, par Montesquiou et Orthez......	39
D'Avignon à Arles, par Saint-Éloi de Crau................	13
D'Avignon à Nice, par Saint-Éloi de Crau, Brignolles, Fréjus, Antibes.......	34
De Lyon à Grenoble, par Campierre et Moyrans..............	15
Autre, par Saint-Laurent, Bourgoing et Moyrans..............	15 1/2
De Lyon à Romans, par Artais, la Côte-Saint-André, Saint-Antoine de Viennois..	16
De Grenoble à Suze, par Bourg-d'Oysans, Grave, Briançon..........	42
De Lyon à Chambéry, par Bourgoing et le Pont de Beauvoisin.........	16

C.

Extrait de pièces manuscrites contenues dans un portefeuille, coté 1606. A, de la bibliothèque Mazarine.

1er extrait.

Vingt-sept pièces concernant l'étude d'un projet de canal de l'Oise à la Somme, par le père Sébastien, carme, de 1716 à 1720 (1).

Pièce n° 1.

« Inventaire général des papiers, cartes et mémoires qui ont été faits pour rendre compte S. A. R. Mgr le duc d'Orléans, régent, de ce qu'il est possible de faire pour joindre la rivière d'Oise à celle de la Somme, et pour rendre cette dernière rivière navigable depuis la ville de Ham jusqu'à la mer.

« Le premier papier, marqué 1 et A (2), est l'ordre qui a été envoyé au père Sébastien, religieux carme, par Mgr le duc d'Antin, chef du conseil du dedans du royaume, par ordre de S. A. R. Mgr le duc d'Orléans, qui enjoint audit père d'aller en Picardie pour examiner ce qu'il y aura à faire pour joindre les susdites rivières de Somme et d'Oise et pour rendre navigable ce qui ne l'est pas dans la rivière de Somme, avec plusieurs cartes du pays.

....

« La 9e, marquée I (3), est le devis des étangs, des chaussées, des empellements, des bondes, des déchargeoirs et des rigoles particulières qu'il faudra faire en différents endroits pour amener les eaux au point de partage.

....

---

(1) Sébastien Truchet, savant hydraulicien, membre de l'académie des sciences, directeur de la construction du canal d'Orléans. Les pièces que nous analysons ici paraissent être des minutes de sa main.
(2) Cette pièce manque.
(3) Cette pièce manque.

« La 10ᵉ, marquée K (1), est un devis pour un pont de pierre, pour les grands chemins qui doivent traverser le canal.

....

« La 11ᵉ, marquée L (2), est le devis d'un pont de bois pour les endroits des villages qui demanderont la communication d'un bord à l'autre du canal. »

....

Les autres pièces désignées dans cet inventaire sont les suivantes :

Pièce 2. B.

« Journal du voyage que nous avons fait en Picardie par ordre de S. A. R. régente. »

Parti de Paris le 7 octobre 1716, l'auteur arriva le même jour à Chaulnes et y séjourna le 8 et le 9 pour conférer avec M. le duc de Chaulnes et prendre ses instructions. Le 10, il part pour Saint-Quentin, y examine les cartes du pays et les projets qui y avaient été faits pour joindre la rivière de Somme à celle d'Oise; il y trouve des difficultés qu'il croit insurmontables et part le 12 pour la ville de Ham, dont il visite les environs.

Le 13, s'étant informé auprès du sieur Meusnier, hôte du Grand-Cerf, de gens connaissant bien le pays de Ham à Noyon, il réunit les sieurs Clément père et fils, Riquié, Masson et autres, la plupart entrepreneurs des ponts, chaussées, grands chemins, etc., lesquels ont assisté à des alignements et toisés faits sur les lieux qu'il veut visiter, soit il y a quatre ou cinq ans, soit même il y a quarante ans. Il visite avec eux le ruisseau de Golancourt, Verneil, Bonneuil, la Fontaine-qui-bout, donne quelques coups de niveau et reste incertain sur le moyen d'amener une quantité d'eau suffisante au point de partage.

Retourné à Ham, il va le 15 à Noyon et, accompagné des sieurs Merlu, gantier à Noyon, il va à pied à Pont-l'Évêque, « où la rivière d'Oise est navigable en tout temps jusqu'à Paris ». Il pousse jusqu'à Sempigny, puis remonte la petite rivière qui passe à Pont-l'Évêque et à Noyon, jusqu'à Guiscard où sont deux étangs. Le 16, le 17 et le 18 il séjourne à Guiscard et, pendant ce temps, il visite l'étang de Maxoury et les environs qui lui envoient leurs eaux; il donne quelques coups de niveau, établit un aperçu sommaire des distances et des pentes et confère avec MM. le comte de Guiscard et le duc de Chaulnes.

Le 19, il reprend son nivellement à partir de l'étang et remonte au sommet de la montagne où pourrait être le point de partage entre Rouvrel et Flavy, et trouve ce sommet de 150 pieds plus haut que l'étang. Il estime qu'au point de partage il faudra creuser « aux environs de 36 pieds afin que l'on puisse faire des étangs et des réservoirs supérieurs au canal dans différentes noues de la montagne pour ramener les sources, les eaux de pluie et celles des ravines, tant pour nous en servir au besoin que pour empescher que ces dernières ne gastent les travaux faits pour la navigation ». Dans ces explorations, il était accompagné du sieur François Dautel, de Tierlancourt, et du sieur Alexis de Somme, de Flavy. Puis il descend à Ham.

Le 29, il repart de Ham, avec les entrepreneurs qui l'avaient déjà accompagné; il remonte le ruisseau qui tombe dans la Somme à Canisy en le nivelant *par estime* jusqu'à Epville, où le seigneur lui donne à dîner et, montant à cheval, le conduit à la Fontaine-qui-bout. De là il remonte jusqu'au point de partage entre

---

(1) Cette pièce manque.
(2) Cette pièce manque.

Flavy et Rouvrel. De ses nivellements et estimes il conclut que de ce point il y a 94 pieds de pente jusqu'à la Somme et 184 pieds jusqu'à l'Oise; il évalue la distance à 1.200 toises.

Le 21, pluie continuelle qui le force à rester à Ham; il y met en ordre ses mémoires et observations.

Le 22, il monte à cheval, lui septième, va visiter des endroits du côté de Benne et de Frémiché, où on promet de lui montrer des eaux qu'on pourra amener au point de partage. Il craint qu'une grande partie de ces eaux ne soit pas pérenne et ne vienne de la pluie de la veille : cependant il reconnaît qu'on pourra amener les eaux de l'étang de Benne et autres au canal creusé de 36 pieds au point de partage.

Le 23, il quitte Ham pour descendre la Somme; il la suit en observant les chutes des moulins, traversant d'un bord à l'autre, à cause des obstacles que lui opposent les marais, et arrive enfin à Saint-Chry, d'où il se rend à Chaulnes pour conférer avec le duc de Chaulnes.

Le 24, il va en poste de Chaulnes à Péronne, y voit M. de Bernage, intendant, lui rend compte de ses observations et retourne à Chaulnes, où il séjourne le dimanche 25.

Le 26, il retourne à Saint-Chry et continue à descendre la Somme jusqu'à Péronne.

Le 27 et le 28, il descend la Somme, tantôt sur une rive, tantôt sur l'autre, jusqu'à Amiens, obligé plusieurs fois de prendre la route à cause des difficultés insurmontables pour suivre les bords de la rivière.

Le 29 et le 30, il attend M. l'intendant à Amiens. Du 1er au 4 novembre il lui lit son journal et lui rend compte de toutes ses opérations. Le 4, il part pour Paris, où il arrive le 6.

Pièce 3. C.

« Prix des matériaux aux environs des villes de Noyon et de Ham.

« Pierre de taille de Salancy, 10 s. le pied. — La toise cube avec un parement, 1 pied 1/2 de ciment, 1 rang 1/2 de briques par derrière à chaux et ciment, le reste avec moellons durs, chaux et sable, coûtera toute façonnée, environ 100 liv.

« Ouvrage en graisserie, même prix.

« Le millier de briques à pied d'œuvre, 10 liv. — Il en faut 4.000 pour une toise cube.

« La chaux, au muid de 8 septiers du pays, 5 liv. — 4 muids font 1 toise cube, avec environ 2 liv. de sable, et pour la façon 6 liv.

« Ainsi, la toise cube de briques, faite en mortier de chaux et sable pourra coûter environ 68 liv.

Le septier de ciment coûte 10 s.; il en faut 50 pour faire 1 toise cube de briques, qui reviendra ainsi à 91 liv.

« 1 muid de chaux doit faire 25 pieds cubes de chaux éteinte et rassise. Il faut 20 pieds cubes de chaux éteinte pour faire 1 toise cube de limosinerie, et 60 pieds cubes de sable.

« Du bois de charpente.

« La charpente se fait au grand cent, c'est-à-dire, 400 pieds cubes par cent; elle coûtera, toute façonnée, 400 liv. le cent ou environ.

« Le fer.

« Le fer, employé en grosses et menues ouvrages, coûtera environ 25 liv. le cent.

« Les conrois reviendront à environ 10 liv. la toise quarrée, de 2 pieds d'épaisseur, y compris les fouilles. »

Pièce 4. D.

« Réflexions générales sur la possibilité de joindre les rivières de l'Oise et de la Somme et de rendre navigable dans ces rivières ce qui ne l'est pas encore. »

Sous ce titre, se trouve un très-court résumé des recherches et travaux de l'auteur sur le terrain, à quoi il ajoute qu'il fait mettre au net trois cartes du terrain visité, avec diverses indications, une coupe du même terrain, des plans, profils et coupes de quelques points particuliers; des estimations de la valeur des terres et des dépenses des divers ouvrages ; enfin, un état général de la dépense et « le temps approchant qu'il faudra employer pour finir tous les travaux, ayant fixé un certain nombre d'ouvriers. »

Pièce 5. E.

« Évaluation des terres qu'il faudra acheter pour faire le canal de la jonction des rivières de Somme et d'Oise, depuis Pont-l'Évêque jusqu'à Ham.

« Aux environs de Noyon et de Ham, on mesure les terres par septier. Le septier contient 80 perches carrées et la perche a 22 pieds.

« Depuis Pont-l'Évêque jusqu'à Ham, on estime qu'il y a environ 1.200 toises de long. On compte qu'il faut 30 toises de large, pour faire le canal, les deux francsbords et les deux emplacements ou déblayement des terres ; ce qui fait une superficie de 360.000 toises quarrées, lesquelles étant réduites en septiers font 327 1/2 septiers ou arpents du pays.

« Le septier des meilleures terres se vend environ 100 liv. ou 110 liv. au plus. La plus grande partie du canal passera dans des marais ou communes, que l'on n'estime pas dans le pays et dont on ne fait aucun usage. Ce qui restera de ces marais deviendra excellent pour des prairies, parce que nous détournons les eaux qui les gâtent pour nous en servir dans le canal.

« Cependant s'il fallait acheter tous les terrains ou payer les dédommagements de tout le terrain que l'on suppose prendre, il ne pourra monter au plus qu'à 32.750 liv. »

Pièce 6. F.

« Mémoire de la fouille des terres qu'il faudra creuser pour faire le canal de jonction des deux rivières de la Somme et de l'Oise, non compris la fouille des terres des écluses, ni celle qu'il faudra faire dans la montagne de Flavy, parce qu'elles ont été comprises dans des mémoires particuliers.

« On a supputé que les canaux qu'il faudra faire d'une écluse à l'autre étant estimés être joints ensemble, feront une longueur d'environ 10.624 toises sur une largeur qui aura depuis 6 jusqu'à 8 toises, on prend 7 pour une mesure commune, et 9 pieds de profondeur, le fort portant le faible, ce qui produit 79.680 toises cubes que l'on estime valoir 50 sols la toise, ce qui fait la somme de 199.200 liv. »

Pièce 7. G.

Devis d'une des écluses, etc.

« Nous donnons à chaque écluse 24 toises de long, savoir : 20 toises entre les deux portes, 2 toises au-dessus et au-dessous des portes, sur 3 toises de large dans œuvre, et nous faisons les murs d'une toise d'épaisseur. »

« Pour la fouille des terres, 420 toises à 3 liv. font. . . . . 1.260 liv.

« La fouille étant faite, si le terrain est solide, il ne faudra point de pilotis, mais seulement un sous-gravier en bois de chêne, etc.

TITRE III, CHAPITRE II, § 4. 319

8 longrines et 50 traverses en bois de 8 à 9 pouces. . . . 442 pièces.
Pour les portes (l'auteur en donne le détail). 208

En tout. . . . . 650 pièces,
qui font 1.950 pieds cubes à 20 sols, font 1.950 liv., soit. . . . . 2.000 liv.
Pour la maçonnerie, 180 toises cubes à 100 liv., font. 18.000
Pour le fer, 2.500 qui, à raison de 25 liv. le 100, font. 625
Pour scellement en plomb des crampons des pierres de taille, 2 milliers de plomb à 25 liv. le 100. 500
Pour tringler et calfater. 600
Ce qui fait la somme de 22.985 liv., soit. 23.000

Pièce 8. H.
Calcul des fouilles de terres qu'il faudra faire dans la montagne de Flavy.

Le résumé donne 31.415 toises cubes, coûtant 135.325 liv.
(A cette pièce sont jointes six coupes différentes du canal dans la montagne de Flavy pour faciliter le calcul des fouilles de terres).

Pièce 12. M.
« Devis d'un quay dans les endroits où le canal n'a pas les bords assez élevés pour y pouvoir faire un pont. »

(Il n'y a rien après ce titre).

Pièce 13. N.
« Devis des ouvrages qu'il faudra faire pour rendre la rivière de la Somme navigable depuis Ham jusqu'à Amiens. »

Ce devis, divisé en 18 articles, comprend des terrassements et 18 écluses, dont 3 avec pont.

Les terrassements se montent à 310.800 toises cubes coûtant. . . . . 946.800 liv.
15 écluses sans pont, à 25.000 liv. l'une, font. 375.000
3 écluses avec pont, à 30.000 l'une, font. 90.000
Total. 1.411.800

Pièce 14. O.
« Estimation du nombre de journées que l'on croit devoir être employées à joindre la rivière de l'Oise à celle de la Somme et à rendre navigable la Somme. »

Le résumé de cette pièce donne les résultats suivants :

459.555 toises cubes de terrassements. . . . . 879.070 journées.
1.260 toises cubes de maçonnerie de pierres de taille, toutes natures d'ouvriers. . . . . 12.600 »
6.300 toises cubes de grosse maçonnerie; limousins. . . . . 25.000 »
27.300 pièces de bois ; charpentiers. . . . . 6.825 »
21.200 toises de tringlage ; tringleurs. . . . . 4.200 »
105.000 liv. de fer ; serruriers. . . . . 1.050 »
Pour les étangs, rigoles et chaussées, environ. . . . . 71 055 »
Ainsi, autant qu'il est possible de prévoir, tout l'ouvrage pourra se faire avec . . . . 1.000.000 journées.

Du 1er mars au 1er novembre on aurait 200 jours de travail, et dans ce temps on pourrait terminer avec 5.000 ouvriers.

« Il faut compter qu'il s'emploiera quelques mois à assembler les travailleurs, à tracer l'ouvrage, à faire faire les pioches, pelles, brouettes, camions et autres instruments; à faire charrier les matériaux comme les pierres, les briques, la chaux, etc., les bois de charpente et autres choses nécessaires. »

Pièce 15. P.

« Extrait général des sommes portées en chaque mémoire pour savoir approchant à combien cette entreprise pourra monter.

« Pour la valeur des terres qu'il faudra acheter pour faire le canal de jonction, le mémoire monte à la somme de............................	32.750 liv.
« Pour la fouille de ce canal depuis Pont-l'Évêque jusqu'à Ham, le mémoire monte à................................	199.200
« Pour 42 écluses, que l'on met l'une portant l'autre à 25.000 liv. chacune, ce qui fait...............................	1.050.000
« Pour la fouille extraordinaire de la montagne de Flavy; elle se trouve monter à.................................	135.325
« Pour la navigation de la rivière de Somme, non compris les 18 écluses qui l'ont été ci-dessus, il reste.......................	961.800
« Somme totale................	2.379.075
« A laquelle il faut ajouter pour le terrain qu'il faudra peut-être acheter le long de la Somme............................	140.900
« Ce qui fait en tout............	2.519.975

A la suite de ces pièces se trouvent :

N° 14. Le devis d'une maison pour un éclusier contrôleur ou commis, avec plan et élévation, estimée........................... 5.000 liv.

N° 15. Le devis d'une maison d'éclusier simple, id. 500

N° 16. Évaluation des terres à acheter le long de la Somme, environ 1.409 septiers à 100 liv. 140.900

N° 17. Note sur les terrassements et les écluses.

N° 18. « Mesure de la distance qu'il y a d'un lieu à un autre et de la pente qui s'est trouvée de la rivière d'Oise jusques au point de partage, que l'on estime devoir être entre le village de Rouvrel et celui de Flavy-le-Mardeux ; autre depuis le point de partage jusques à la rivière de Somme.

	Distances.	Pentes.
« Depuis l'Oise jusqu'au moulin de Pont-l'Évêque.......	400 toises.	7 pieds.
« Depuis le moulin de Pont-l'Évêque jusqu'à celui d'Endeu....	600	8
« Jusque hors Noyon, environ au moulin de Douay........	1.000	5
« Du moulin de Douay à celui de Chastelin............	1.200	7
« Du moulin de Chastelin à celui de Janvry............	800	6
« Du moulin de Janvry à celui de Bussy..............	600	4
« Du moulin de Bussy à celui de Cloy...............	500	7
« Du moulin de Cloy à l'étang de Maxoury............	500	10
« De l'étang de Maxoury au village de Tierlancourt.......	600	54
« De Tierlancourt à Flavy entre Rouvrel.............	360	78
	6.560	186

	Distances.	Pentes.
« Depuis la Somme jusqu'au susdit point de partage :		
« Depuis la Somme jusqu'au pont d'Allemagne, environ.....	800 toises.	12 pieds.
« Depuis ce pont jusqu'à la fontaine-qui-bout..........	2.000	18
« Depuis la fontaine jusqu'à Flavy................	1.200	36
« Depuis Flavy jusqu'au susdit point de partage.........	300	24
	4.300	90

La pièce n° 19 est un double de la précédente.

Les pièces 20 à 23 sont des notes et brouillons.

Pièce n° 24. Lettre à Monseigneur le duc d'Antin :

Amiens, 1ᵉʳ novembre 1716.

« Il y a deux jours que je suis ici pour joindre M. l'intendant. J'ay tasché de remplir le mieux que j'ay pu les ordres de S. A. R. Mgr le régent, que vous m'avez fait l'honneur de m'envoyer, pour visiter les rivières de Somme et d'Oise; j'auray celui de vous en rendre compte aussitost que je seray arrivé. J'espère de partir le 3 de ce mois. Je suis, etc. »

La pièce n° 25 est une lettre adressée « au révérend père Sébastien au couvent des Carmes de la place Maubert », écrite par un personnage qui avait commandé les armées dans les pays entre la Somme, l'Oise et l'Escaut. La rédaction en est étrange et ce qu'elle exprime est loin d'être clair, si ce n'est la curiosité de voir le père Sébastien et de connaître ses plans, à ce qu'il paraît, pour s'assurer s'il a combiné les questions de navigation avec celle de la défense militaire.

(La pièce n° 27 paraît être une réponse à cette lettre qui, alors, émanerait de M. le marquis de Sailly.)

Pièce n° 26.

« Sur ce que j'ay sçu, mon révérend père, du dessein de joindre la Somme à l'Escaut par un canal, j'auray l'honneur de vous dire que M. Delacour, ingénieur, fut envoyé du vivant de M. de Louvois pour examiner les lieux par lesquels on pourrait joindre la Meuse à la Sambre, la Sambre à l'Oise, l'Oise à la Somme et la Somme à l'Escaut. Il y retourna depuis la mort de ce ministre avec ordre d'observer les petites rivières et ruisseaux qu'il pourrait y joindre. Les mémoires et les plans en doivent être dans ceux de MM. de Barbezieux ou Chaulais. J'ay à Saucourt un petit plan fait à la main qui pourrait être de l'homme qui travaillait sous M. Delacour. . . . .

. . . . . Puis je partiray et auray dans le cours de votre examen l'honneur de vous accompagner, si je puis vous y être bon à quelque chose, et ay celuy d'estre, mon révérend père, avec respect, votre très-humble et très-obéissant serviteur.

« Ce 2 mars 1720. Signé Saucourt. »

Ce sieur Saucourt, d'après la fin de la lettre, paraissait être un ingénieur ou un officier qui avait rendu des services au régent et en attendait de la reconnaissance.

La subscription est : « Au très-révérend père Sébastien, docteur et très-docte, aux Carmes de la place Maubert, à Paris. »

Pièce n° 27.

(C'est sans doute une réponse à la lettre n° 25, toutes les deux sans date.)

« Le P. Sébastien R. C. a l'honneur de répondre à M. le marquis de Sailly;

« Qu'il a eu ordre du roi de visiter la rivière de Somme et de travailler pour la rendre navigable, qu'il a eu l'honneur de faire voir ses projets à S. A. R. Mgr le duc d'Orléans, en présence de Mgr le duc de Chaulnes, à qui on a remis les papiers.

« On a traité ce projet en ingénieur (militaire) et non pas en navigateur seulement (termes de la lettre de M. de Sailly), en faisant tout ce qu'il faut faire du côté de France et laissant tous les marais et étangs de l'autre bord, et ne laissant aucun gué ou passage que ceux que la cour trouvera à propos.

« Il a eu ordre aussi de visiter l'Escaut et d'examiner ce qu'il y aurait de mieux à faire pour le joindre avec la Somme. Il a touché même 1.000 écus, en billets de banque, pour faire son voyage et les examens nécessaires. Mais un contre-ordre le retint à Chelles et, quand il a eu fini, les 1.000 écus qu'il avait reçus pour les frais du voyage se sont trouvés de nulle valeur; il les a encore en trois billets de monnaie, et l'ordre du roi.

« Il a fait aussi des plans pour la jonction de la Somme à l'Oise.

« Mais depuis quelque temps on a fait un autre projet de jonction; j'en ai vu les cartes, mais non pas le terrain, de sorte que je n'en puis rien dire (1). »

Ces pièces sont accompagnées d'une carte du pays entre Somme et Oise et d'autres dessins grossièrement faits, qu'il serait sans intérêt de reproduire. Il suffit de savoir que, d'après la carte, l'avant-projet du P. Sébastien empruntait le lit d'un affluent de l'Oise qui passe par Noyon et Guiscard, puis, quittant cet affluent à l'étang de Guiscard, se dirigeait sur Rouvrel et Flavy, entre lesquels aurait été le bief de partage, passait entre Villette et Bonneuil et suivait un affluent de la Somme jusque vers Épeville, d'où il tombait dans cette rivière au-dessous de Ham.

Deuxième extrait.

Quatre pièces concernant l'étude d'un autre projet de jonction de l'Oise à la Somme, présenté par un sieur de Marcy, doyen des conseillers du bailliage de Saint-Quentin, auquel l'exécution en fut concédée par édit de septembre 1724.

Ces pièces sont :

Pièce 28.

« Copie d'une lettre écrite par M. le contrôleur général à M. Chauvelin » (intendant de Picardie).

Le 12 avril 1720.

« Monsieur, je vous envoie un mémoire avec le plan proposé pour la jonction de la rivière de Somme avec celle d'Oise. Je vous prie de conférer sur cela avec l'ingénieur en chef de ce département et de m'envoyer votre avis et le sien sur la possibilité de l'ouvrage et sur l'utilité que l'on en pourra retirer.

« Je suis, etc.   Signé, LAW. »

Pièce 29.

Lettre autographe de M. Chauvelin à M. Demus, brigadier des armées du roi et directeur des fortifications des places de Picardie, à Amiens, pour envoi de la copie ci-dessus de la lettre du contrôleur général, et invitation d'examiner le mémoire qui l'accompagnait et de le lui renvoyer avec son avis.—Amiens, le 19 avril 1720.

Pièce 30.

Lettre autographe, en date, à Saint-Quentin, du 3 avril 1721, du sieur Demus au directeur général des fortifications pour lui donner communication du mémoire qu'il a rédigé, en conséquence des lettres précédentes, sur la question de la navigation de la Somme et de la jonction avec l'Oise. Il dit savoir que M. de Marcy, l'auteur du projet, en a de nouveau sollicité la concession à M. le contrôleur général, « ne demandant point d'argent au roi pour son exécution ».

Pièce 31.

« Projet pour continuer la navigation de la rivière de Somme depuis Amiens jusqu'à Saint-Quentin, et la joindre ensuite à la rivière d'Oise par un canal nouveau depuis ledit Saint-Quentin jusqu'à Lafère, où elle commence d'être navigable, au moyen de laquelle navigation on pourrait communiquer la basse Flandre, le bas Artois, le Pontieux, la Picardie, le Santerre, et l'Ile-de-France à Paris, sans passer sur les terres étrangères. »

Tel est le titre du mémoire de M. Demus, qui accompagnait la lettre précédente.

---

(1) Il s'agit sans doute du projet de M. de Marcy, présenté en 1720.

L'auteur examine d'abord l'amélioration de la navigation de la Somme entre Amiens et Saint-Quentin, puis il continue ainsi :

« Jonction de la Somme à l'Oise ;

« Par un canal nouveau depuis Saint-Quentin jusqu'à Lafère, proposé à M. Law par le sieur de Marcy le 15 janvier 1720, selon le canal BB lavé de jaune sur la petite carte qui est jointe au mémoire présenté par ledit de Marcy, qui accompagne celui que nous n'avons fait qu'à la réquisition de M. Chauvelin, intendant de Picardie et Artois, en conséquence de la lettre que M. le contrôleur général lui a écrite à ce sujet le 12 avril 1720.

« Ce canal commencerait à la Somme à Saint-Quentin, allant à Harly, Homblières, au bas de Marcy, à Regny et à Sissy, où il joindrait la rivière d'Oise, et ensuite continuer jusqu'à Lafère par un canal fait au milieu des prairies pour éviter le dédommagement considérable de plusieurs moulins qu'il faudrait supprimer si on suivait le cours d'un des deux bras collatéraux de la rivière.

« Par les mesures et nivellements que ledit sieur de Marcy a fait prendre, ce canal aurait 8 lieues de longueur de 2.500 toises chacune, et 35 à 40 pieds de pente depuis Sissy jusqu'à Lafère, la Somme et l'Oise se trouvant à peu près de niveau à Saint-Quentin et Sissy. »

L'auteur ajoute son avis favorable, puis passe à l'amélioration de la navigation de l'Oise jusqu'à Paris.

Il donne ensuite les estimations suivantes :

1° Pour améliorer l'ancienne navigation de la Somme depuis Abbeville jusqu'à Amiens. . . . . 170.000 liv.
2° Nouvelle navigation, suivant le sieur de Marcy, depuis Amiens jusqu'à Saint-Quentin ; 20 écluses. 3.300.400
3° Canal pour la jonction de la Somme à l'Oise, de Saint-Quentin à la Fère, ayant 20.000 toises de longueur, sur 15 toises de profil réduit par toise courante, 7 écluses, 6 ponts tournants. 1.116.000
4° Ancienne navigation de l'Oise jusqu'à Compiègne. 200.000

Total général. 4.786.400

L'auteur examine ensuite les avantages de ce projet, sous le rapport militaire et sous le rapport commercial, et conclut à son adoption.

« Fait et rédigé par nous soussigné, chevalier de Saint-Louis, brigadier des armées du roi, ingénieur-directeur des fortifications des places du Soissonnais et de partie de celles de Picardie.

« A Saint-Quentin, le 31 mars 1721.   Signé, Demus. »

Ces pièces, originales et inédites, contiennent, sur les études qui ont préparé la concession de la jonction navigable de l'Oise à la Somme et sur les dépenses alors prévues de cette entreprise, des renseignements qui nous ont paru n'être pas dénués d'intérêt. Ceux d'entre nos lecteurs qui s'occupent des questions d'art et de finances relatives aux travaux publics, pourront y trouver matière à des rapprochements curieux pour l'histoire de ces questions. Tel est le motif qui nous a déterminé à en donner ici les extraits et les analyses qui précèdent.

D.

Extraits de la collection du Mercure de France. (Bibliothèque impériale.)

Numéro de décembre 1725, page 2493.

« Du 3 juillet 1725.

« Lettres patentes pour la construction d'un pont sur la Seine aux environs de la rue de Bourgogne, en point de vue du pont tournant du jardin des Tuileries.

. . . .

« Nous ordonnons par ces présentes signées de notre main que, conformément aux plan, profil et devis ci-attachés sous le contre-scel de notre chancellerie, les prévôt des marchands et échevins de notre bonne ville de Paris feront construire aux dépens de ladite ville un pont de bois sur la rivière de Seine aux environs de la rue de Bourgogne, nouveau quartier Saint-Germain, en point de vue du pont tournant du jardin des Tuileries, pour la communication dudit quartier à ceux de Saint-Honoré, etc., avec une machine pour élever de l'eau et en fournir aux fontaines publiques par nous ordonnées ; le tout suivant les alignements qui en seront donnés par le maître général des bâtiments de ladite ville. . . . .

Page 2959. « M. Boffrand, architecte du roi et inspecteur des ponts et chaussées du royaume, a fait en sa maison, à Cachant, près d'Arcueil, une machine qui, par l'opération du feu, élève une très-grande quantité d'eau. »

Suit la description, qui est celle d'une machine à vapeur à condensation.

Numéro d'août 1733, page 1850.

« Le 19 juin dernier, le roi alla visiter le pont de Compiègne sur l'Oise. Il se compose de trois arches surbaissées, celle du milieu ayant 12 toises d'ouverture et les deux autres 11 toises. La première pierre fut posée en 1730. Cet ouvrage, conduit par le sieur de la Hitte, inspecteur général, et sous les ordres de M. Dubois, directeur général des ponts et chaussées de France, fut achevé en mai 1733. »

E.

Extrait des mémoires du marquis d'Argenson, édition de Firmin Didot, 1846.

Page 306.

« État de la France vers la fin du ministère du cardinal (Fleury). Février 1739.

« Au moment où j'écris, en pleine paix, avec les apparences d'une récolte, sinon abondante, du moins passable, les hommes meurent tout autour de nous dru comme mouches, de pauvreté et broutant l'herbe. Les provinces du Maine, Angoumois, Touraine, Haut-Poitou, Périgord, Orléanais, Berry sont les plus maltraitées ; cela gagne les environs de Versailles. On commence à le reconnaître, quoique l'impression ne soit que momentanée.

« Enfin se sont élevées quelques voix, celles des principaux magistrats, même des plus politiques : M. Turgot (prévôt des marchands), à qui cette opposition a fait honneur ; M. de Harlay (intendant de Paris), qui a fait suspendre la réparation des chemins par corvées. . . . .

« Cependant M. Orry vante l'aisance où se trouve le royaume, la régularité des payements, l'abondance de l'argent dans Paris ; ce qui assure, selon lui, le crédit royal. . . . .

« D'après les conseils d'un conseiller d'état, on va faire travailler aux routes, non plus par corvées, mais moyennant salaire ; et nos ministres et satrapes y trouvent, en attendant, leur compte, faisant faire de belles avenues pour arriver à leurs châteaux. . . . .

« Le cardinal est convenu que le royaume avait diminué d'un sixième depuis un an. . . . .

« Il est positif qu'il est mort plus de Français de misère depuis deux ans, que n'en ont tué toutes les guerres de Louis XIV. »

F.

Extraits de notes historiques sur la ville de Sens, écrites en 1742, à la suite d'un manuscrit en parchemin de 1572, connu sous le nom de *manuscrit de Taveau*, qui se trouve à la bibliothèque de cette ville.

« L'an 1731, a été rétabli le chemin de Sens à Villeneuve-le-Roi, qui était auparavant presque impraticable ; il a été pavé à neuf jusqu'à moitié chemin de Rosoy, et le surplus ferré en cailloux et sable. Tous les ponts, depuis et y compris celui qui est à l'entrée du faubourg de Saint-Pregts, ont été construits à neuf jusqu'à Villeneuve-le-Roi, notamment celui appelé le *pont Bruand*, qui reçoit les eaux de la rivière neuve tirée de celle de Vanne en 1701 ; lequel était si élevé qu'on ne pouvait le traverser sans peine et sans danger.

. . . .

« L'an 1739, le pont situé du côté et proche la porte d'Yonne, ci-devant composé de six arches en pierres de taille, a été détruit et reconstruit à neuf sur trois arches en grès dur tiré des carrières de Marsangis et Malay-le-Roi.

« Le pont provisionnel de bois, que l'on a été obligé de faire pour conserver la voie publique pendant la construction de celui de pierre, a été commencé le lundi 8 juin 1739 et fini le 15 août audit an. Pendant cette construction, l'on a détruit l'ancien pont, après quoi l'on a commencé à battre les pieux de fondation du pont de pierre, le vendredi 28 août 1739. On a continué l'édifice jusqu'au 15 octobre 1740, jour auquel on a mis, à la troisième assise de la pile qui est du côté de la ville, dans les deux pierres qui sont au centre de l'avant et de l'arrière-bec et où sont agrafés les tirants de fer qui retiennent les crèches à la pile, une pièce de toutes les espèces de monnaie qui avaient cours alors, savoir : un demi-louis d'or valant 12 liv., un écu d'argent de 6 liv., un écu de 3 liv., une pièce de 24 sols, une de 12, une de 6, une pièce de 2 sols de billon, une de 18 deniers, une de 1 sol, une de 2 liards et 1 liard. On a ensuite élevé les arches en 1741, et le tout a été fini en 1742, présente année. »

1723.

Mémoires concernant MM. les intendants départis dans les différentes provinces et généralités du royaume, fait par M. d'Aube (1), maître des requêtes, en l'année 1738.

Manuscrit de la bibliothèque impériale. Sérilly. 422.

Ce mémoire avait pour objet d'exposer en détail quelles étaient les attributions et les fonctions des intendants ou commissaires du conseil départis dans les pro-

---

(1) Richer d'Aube, neveu de Fontenelle à la mode de Bretagne, né en 1686, fut d'abord conseiller au parlement de Normandie, puis maître des requêtes, puis intendant dans la généralité de Caen, où il était en 1726 (d'après une pièce signée de lui et datée du 25 avril 1726 qui se trouve aux archives de la préfecture du Calvados). Il succéda ensuite, en la même qualité, dans la généralité de Soissons, à Orry qui passa dans la généralité de Valenciennes, puis qui fut nommé contrôleur général des finances en mars 1730. D'Aube quitta peu après les intendances et revint à Paris exercer sa charge de maître des requêtes. Il fit paraître en 1743 un *Essai sur les principes du droit et de la morale*, diversement jugé. Il mourut en 1752.

vinces, fonctions et attributions qui embrassaient toute la sphère administrative et touchaient en plusieurs points au pouvoir judiciaire ; de développer les principes qui, dans les matières variées auxquelles elles s'appliquaient, devaient diriger l'exercice de ces fonctions ; d'indiquer les divers genres d'aptitude que cet exercice exigeait de ceux à qui il était confié ; de proposer un noviciat pour les jeunes magistrats qui se destinaient à ce service, et les autres améliorations dont, suivant l'auteur, il était susceptible. Œuvre d'un esprit indépendant, consciencieux et éclairé, quoique morose et frondeur, d'un administrateur qui parlait de ce qu'il avait pratiqué lui-même avec distinction, c'est, avec la collection des mémoires des intendants de la fin du XVII siècle, le document le plus complet qui existe sur l'administration des généralités des pays d'élections, et peut-être le plus digne d'être consulté. Nous nous bornerons à en extraire ou analyser les passages qui concernent les voies de communication.

Après des considérations étendues sur l'étude à faire par les intendants des moyens d'encourager et de développer l'agriculture, le commerce et l'industrie, l'auteur traite des communications intérieures et extérieures. Il s'occupe d'abord des communications maritimes, des ports de mer sous les rapports divers du commerce et de la défense, des droits d'entrée et de sortie des marchandises, enfin de la contrebande.

Il passe ensuite à l'examen des communications par les rivières et par les canaux. Il pose d'abord le principe que l'utilité publique doit seule déterminer l'exécution des travaux, et motiver avec justice les expropriations et les dommages aux propriétés. Il réclame des enquêtes préalables, et examine divers cas d'indemnités. Il donne les motifs et les règles de la concession des travaux, moyennant droits de péage pour la rémunération des dépenses d'exécution et de celles d'entretien permanent des ouvrages.

Suivant l'auteur, des trois systèmes de communications, par mer, par rivières et canaux, ou par terre, ce dernier est le plus important. Il se propose d'en développer les principes, et examine les chemins sous trois points de vue ; leur tracé, leurs largeurs, leur construction et entretien.

Il se livre à une longue discussion sur le tracé des chemins plus ou moins rapproché de la ligne droite. Il établit que l'importance du raccourcissement des

---

Fontenelle demeurait chez lui depuis 1730. Suivant l'abbé Trublet, « il était haut, dur, colère, contredisant, pédant, bon homme neanmoins, officieux et même généreux. »

Dans son discours sur les disputes, Rulhières a fait sur lui ces deux vers :

Auriez-vous par hasard connu feu monsieur d'Aube,
Qu'une ardeur de dispute éveillait avant l'aube ?

Voltaire le nomme quelque part « le contradicteur d'Aube. » Le marquis d'Argenson en parle comme il suit dans ses mémoires :

Extrait des mémoires du marquis d'Argenson.

« L'intendant d'Aube vient d'être révoqué, ou plutôt s'est fait révoquer lui-même et exprès. C'est un « homme intraitable et entier, d'une probité solide et autres vertus de tempérament. Fier desdites vertus « qui sont rares, il est grand travailleur, habile à se faire servir et esprit systématique. Il ne lui faudrait « proprement ni supérieurs, ni inférieurs. . . . . Cependant une besogne lui étant une fois taillée, et lui « s'y étant soumis, il l'exécute mieux qu'un autre. . . . .
« On n'en put faire aucun usage dans l'intendance de Caen, parce qu'il s'y fit lapider d'abord. . . . .
« Il voulut faire le prompt réformateur en détails particuliers, sans considérer qu'un intendant n'était pas « assez grand seigneur pour cela. . . . . On le crut mauvais intendant, parce qu'il était trop bon. A « Soissons, il fit presque même chose. . . . . Et le voilà brouillé sans ressource avec la cour.
« Et cependant, si j'étais premier ministre, je voudrais avoir une trentaine d'intendants de ce moule ; je « ferais faire de bonne besogne par de tels agents désintéressés et actifs, etc. . . . . »

chemins est proportionnée à l'importance des transports qu'ils doivent desservir, et des localités entre lesquelles ils sont établis. Il repousse en général l'abandon des anciens chemins et le système de création de nouveaux chemins en ligne droite, soutenant que l'utilité est rarement proportionnée au dommage et aux frais que la création de nouveaux tracés occasionne, par l'expropriation, par les terrassements, par l'établissement de chaussées neuves, par la construction de nouveaux ponts. Il dit ensuite quelques mots de la question des pentes.

En ce qui concerne l'élargissement des chemins, notre auteur, au moyen d'une certaine théorie sur l'origine de leur établissement, et sur la nature de la servitude qui en découle pour les propriétés riveraines, et en admettant que « les lois municipales ou la jurisprudence » de chaque province en ont déterminé les largeurs suivant leurs espèces, prétend établir que ces largeurs ainsi déterminées sont dues au public, qu'elles n'ont pu être réduites que par les anticipations des riverains, que par conséquent c'est aux dépens de ces riverains qu'elles doivent être reprises, soit à droite, soit à gauche, soit des deux côtés, suivant celui par lequel ils s'écartent le plus de la ligne droite qui a dû être la règle de leur tracé. Quant à de plus grands élargissements jugés ultérieurement nécessaires, ils ne doivent être faits qu'en dédommageant entièrement les riverains. Vient ensuite l'examen des divers motifs d'élargissement, des moyens de l'opérer et de l'influence que doit avoir la considération de la dépense. L'auteur admet, pour les grands chemins, qu'il faut au milieu une chaussée solide permettant le croisement facile de deux voitures, puis le passage d'une voiture en dehors de la chaussée de chaque côté. Il trouve suffisante pour la chaussée la largeur de 15 pieds, *qu'on n'a songé*, dit-il, *que depuis fort peu de temps à porter à* 18. En résumé il adopte pour largeur maxima des grands chemins 40 pieds, sauf exception pour la traversée des forêts où la largeur doit être plus grande.

Les questions de la construction et de l'entretien sont ensuite traitées avec de longs développements.

« De ce que les chemins sont des servitudes réelles » (ainsi que l'auteur l'avait établi précédemment), « il suit, dit-il, que ce qui a dû supporter ces servitudes doit fournir tout ce qui est nécessaire pour en faire valoir commodément le droit au profit de ceux à qui il appartient. Ce ne peut être que sur ce fondement que, suivant l'ancienne jurisprudence générale de ce royaume, les propriétaires et possesseurs des terrains bordant chaque chemin avaient toujours été assujettis à le réparer et entretenir à leurs frais. On a apporté cependant à cette règle générale quelques exceptions successives et bien fondées. » D'abord pour la construction et l'entretien des chaussées aux abords des ponts, qui ont donné lieu, comme la construction et l'entretien des ponts eux-mêmes, à des concessions de péages; puis, à mesure de l'accroissement de la circulation, pour l'établissement de chaussées dans les parties défoncées des chemins, qui, trop onéreux pour les riverains, a dû avoir lieu aux dépens du public, au moyen de subsides qui ont formé ce qu'on appelle *le fonds des ponts et chaussées*. La circulation et, par suite, les dégradations du reste des chemins continuant à s'accroître, le gouvernement a reconnu la nécessité de pourvoir à la réparation de toutes leurs parties par les mêmes subsides généraux, qui ont été portés à 5 millions par an.

Le but de ces dépenses étant de rendre les chemins solides, comment y parvient-on? D'abord en facilitant l'écoulement des eaux, ce qui s'obtient par le bombement, par les ponceaux et les cassis; puis en évitant l'ombrage, au moins pour les chemins fréquentés; enfin par la construction des chaussées. Ces chaussées sont en pav , ou en cailloux et autres petites pierres dures. *A dépense égale et même un* peu plus forte, on doit préférer ces dernières, parce que l'entretien et la réparation en seront aisés et coûteront peu.

Pour construire les chaussées en empierrement, on creusera une forme plus ou moins profonde en raison inverse de la consistance du sol, puis on la remplira de pierres, arrangées à la main si elles ne sont pas trop petites, en ayant soin de mettre les plus grosses en bordures. On serrera bien cet empierrement et on le recouvrira d'un pouce au moins de sable. On fera cette chaussée bombée et les accotements inclinés vers les fossés qui seront pris sur les fonds riverains. Comme ces fossés formeront la clôture de ces fonds, il sera juste de les faire exécuter et entretenir par les propriétaires. L'entretien de ces chemins sera facile; il suffira de maintenir le bombement des chaussées en les rechargeant au besoin de petites pierres ou cailloux; « et je mets en fait, dit l'auteur, qu'il ne faudra pas pour cela, année commune, plus d'une bannelée de pierre ou de cailloux pour 40 toises courantes d'une chaussée de 15 pieds de large. » Quant aux accotements, leur entretien n'exigera par an, pour la même longueur de 40 toises, qu'une journée d'homme au plus, et quelques bannelées de terre tous les trois ou quatre ans.

« Dans les pays » où les cailloux ou pierres seraient trop rares, « il faut bien faire des chaussées pavées. » Ici se trouve exposé le mode de construction, d'entretien et de réparation des chaussées pavées, le même qui se pratique encore de nos jours.

L'auteur dit ensuite quelques mots de la construction des ponts, de la largeur à leur donner; puis entre dans quelques considérations sur l'économie à apporter dans toutes ces dépenses. Mais quelle que soit cette économie, « il faudrait encore un bien grand nombre d'années pour rendre suffisamment solides tous les grands chemins, en dépensant 3 millions par an », somme d'imposition qu'on ne peut songer à augmenter.

Corvées. — « Il est naturel que ces justes conséquences aient conduit à rechercher les moyens de faire faire chaque année, en ne dépensant que 3 millions, plus d'ouvrage qu'on n'en a fait précédemment. . . . . Il paraît qu'on a pensé qu'on pouvait exiger des communautés de faire des travaux par corvées. Je crois qu'il est d'une extrême conséquence de discuter si cela est convenable, si cela ne blesse point la justice; en tous cas, jusqu'à quel point on peut porter l'exécution de ce projet sans la blesser et sans que cela entraine après soi de trop grands maux. »

L'auteur commence par établir que les communautés voisines des grands chemins ou dont ceux-ci traversent le territoire ont assez d'intérêt à leur bon état pour qu'il soit juste de leur demander un certain travail en sus de leur part au subside commun. Il dit ensuite qu'il n'y aura rien d'onéreux ni de nuisible à l'exploitation des terres, de demander aux hommes et aux voitures de ces communautés *trois jours* entre la semaille des menus grains et la récolte des foins et *trois jours* entre la fin de la moisson et la semaille des blés.

« Mais, continue-t-il, que feront en si peu de temps ces communautés travaillant ainsi par corvée, et à quoi servira ce travail pour la décharge des fonds publics? Je réponds à cela par une expérience que je puis attester, puisque je l'ai faite. Lesdites communautés feront l'élargissement, l'aplanissement des chemins, la forme bombée des chaussées pavées et leurs accotements, ainsi que les voitures du pavé et du sable sur lequel il faudra placer le pavé et dont il faudra le couvrir; en sorte qu'il ne faut plus prendre sur la caisse des ponts et chaussées que la dépense du cassage et du posage du pavé, et de modiques frais pour les inspecteurs des corvées et pour porter les ordres de l'intendant aux communautés. *Cela a été exécuté*

dans toute la généralité de Soissons pendant tout le temps que j'y ai été. »....
.... Pour ces corvées on n'a fait venir les communautés que d'une lieue et demie à deux lieues, trois lieues par exception.

« Au moyen de cela, la dépense de la construction des grands chemins n'a coûté au roi que 6 liv. 5 s. par toise courante, les chaussées ayant 15 pieds de largeur, et le cassage et posage du pavé portant 8 à 9 pouces de cube n'ayant été adjugé, par tous actes authentiques qui subsistent, que sur le pied partout uniforme de 50 sols pour chaque toise carrée de chaussée. » D'où il suit que la dépense de chaque lieue de grand chemin pavé n'a été que de 13.750 liv., soit 14.000 liv., en ajoutant 250 liv. pour faire avertir les communautés et pour un ou deux inspecteurs par lieue, payés 25 sols par jour pendant deux mois et demi ou trois mois.

« Comme je suis bien éloigné de penser que je sois plus habile qu'un autre, je crois que ce que j'ai fait uniformément dans tous les endroits d'une généralité où il s'est agi d'opérer, tout autre le peut faire. . . . . . . C'est avec grand plaisir que je rends ici le témoignage de ce que c'est à M. le contrôleur général (Orry), qui a été intendant de Soissons immédiatement avant moi, à qui je dois les principales idées de cet arrangement et qui ne m'a laissé sur cela que quelques choses à perfectionner. »

Si une telle lieue de grand chemin ne coûte que 14.000 liv., en consacrant aux grands chemins du royaume 1.400.000 liv. sur les 3 millions de fonds annuel des ponts et chaussées, on en construira 100 lieues par an. Malgré les différentes circonstances locales qui pourront se rencontrer dans différentes généralités, et que discute l'auteur, on peut, suivant lui, considérer ce résultat comme, à peu de chose près, moyen pour tout le royaume.

On ne devra pas exiger davantage des communautés qui auront à travailler sur des grands chemins dont les chaussées seront en empierrement. Là le travail qui excéderait les six jours par an devra être payé sur le fonds des ponts et chaussées, en choisissant ce qui peut être le moins bien fait par les corvéables. L'auteur réfute les motifs qu'on pourrait donner pour faire faire par les corvées la totalité des chemins empierrés, quand même on se bornerait à suivre et à élargir les anciens chemins, à plus forte raison si l'on veut les remplacer par des tracés nouveaux.

« Cependant il paraît qu'on a persuadé au gouvernement qu'on pouvait entreprendre de faire tirer en lignes droites tous les grands chemins auxquels il serait à propos de travailler, faire faire des chaussées de cailloux et autres petites pierres dures partout où il serait possible d'en trouver, et charger les communautés de faire par corvées tous les travaux nécessaires pour parvenir à la construction de ces chemins, à la réserve des ponts et ponceaux, dont cependant tous les matériaux seraient apportés aussi par corvées. Je connais trop bien le zèle des ministres du roi qui ont adopté ce système et leur amour pour le bien public, pour pouvoir douter un moment qu'ils ne croient sincèrement que ledit système n'entraîne point tant d'inconvénients et ne produira aucun mal véritable ; et c'est par cette raison que je me propose de leur remettre particulièrement le morceau qui, dans ce grand mémoire, regarde la communication de lieux et de pays à autres par terre, et par conséquent les chemins.

« Voyons ce qui arrive quand il s'agit d'opérer suivant ce système. Un des intendants du royaume, qui paraît l'avoir le plus à cœur et qui a entrepris d'en faire de grands essais, à l'occasion desquels je lui rendrai justice ici avec plaisir en disant qu'il travaille infatigablement pour ce qui regarde cette partie de son administration et qu'avec de la capacité il a grande volonté de bien faire, m'a dit dans le cours de cette année-ci, comme il l'a dit à bien d'autres, que, pour les chemins auxquels il faisait travailler, il occupait 51.000 hommes, avec un nombre proportionné de bêtes de somme et de bêtes de tirage pour les transports nécessaires de terres et de matériaux dont il est besoin pour la construction des chaussées cailloutées ; que tous ces hommes et bêtes servent toujours par corvée trois jours en deux semaines, à la réserve du temps qu'il donne pour faire la semence des menus grains et pour les différentes récoltes et les semences des blés, pendant lequel temps tout ce travail des corvées cesse ; et que, si cela coûte beaucoup aux communautés, du moins il a la consolation de les en dédommager par la diminution qu'il leur accorde sur leurs impositions. Il n'y a pas moyen de douter sur les deux premiers points, puisque c'est lui-même qui les annonce et qu'il dit avoir les états qui les prouvent : à l'égard du troisième, honnête homme comme il l'est, je suis persuadé qu'il croit de bonne foi tout ce qu'il dit. C'est sur ces fondements que je vais raisonner. »

L'auteur, sachant que, de ces 51.000 hommes, 16.000 ont déjà été employés pendant deux ans, à six mois chaque année et trois jours par deux semaines dans ces six mois ou trente-neuf jours par an, pour 8 lieues d'une route ouverte en abandonnant l'ancien chemin, lesquelles 8 lieues ne sont pas encore terminées ; admettant que la journée d'homme vaut au moins 10 sols, que 5.000 chevaux ou bœufs ont été employés dans le même temps, et n'évaluant aussi qu'à 10 sols la journée de bœuf ou cheval, en conclut, pour 1 lieue non terminée, la dépense de cent cinquante-six mille journées d'hommes ou 78,000 liv. et de quarante-huit mille sept cent cinquante journées de bêtes ou 24.375 liv. Si l'on admet qu'il faudra encore une année de même travail pour terminer ces 8 lieues, ce sera, par lieue, 153.562 liv. 10 s. ; sans compter la dépense pour les ponts et ponceaux « dont il n'y a rien de fait », dont on fera encore apporter les matériaux par les communautés.

« J'ai pris pour exemple, ajoute l'auteur, et pour fondement de mes raisonnements, cette route de 8 lieues de longueur, parce que je la connais par moi-même, qu'elle ne traverse aucun terrain marécageux, qu'elle traverse au contraire dans la plus grande partie de sa longueur des plaines campagnes à blé, qu'il y a par conséquent moins de haut et de bas dans l'alignement de ce chemin que dans la plupart des autres de pareille longueur, et que de tout cela on doit conclure nécessairement qu'il y a donc moins de dépense indispensable pour le rendre praticable et solide que pour la plupart des autres également longs. » Il pourra y en avoir d'autres qui exigeraient deux ou trois fois plus de travail par corvées.

Pour travailler ainsi, il faut en outre faire venir des corvéables de communautés fort éloignées de la route ; ainsi on en a fait venir de 4 lieues et quelquefois plus. De là de grandes pertes de temps, des découragements, des voies de contrainte et des surcharges extrêmes pour certaines communautés.

Ces communautés qui ont supporté une si lourde charge, ont-elles pu être dégrevées de leurs contributions d'une façon proportionnée ? Évidemment non, car, à 51.000 hommes employés en une année, comme on l'a dit, avec leurs bêtes de somme et de trait, au taux où l'on a évalué leurs journées, elles ont perdu, en journées de travail seulement, une valeur de 1.305.281 liv. 5 s. Est-il possible qu'on les ait dégrevés de 1.300.000 liv. ? Il s'en faut de beaucoup, puisque la totalité de leurs impositions ne monte pas à cette somme, à beaucoup près.

« 51.000 hommes ont donc travaillé depuis un an dans une seule généralité pendant six mois, qui font vingt-six semaines, à raison de trois jours en deux semaines. Il s'ensuit que chaque homme a dû travailler aux grands chemins pendant trente-neuf jours en cette même année seulement. Par conséquent voilà, dans une seule généralité, un million neuf cent quatre-vingt-neuf mille journées d'hommes qui auraient pu être employées à la culture et à la fertilisation des terres et à mettre à profit leurs productions, et ne l'ont pas été. Ne conçoit-on pas aisément que cela doit produire une perte immense pour ladite généralité? » On en dira autant de la quantité de bêtes de somme et de trait employées.

Si l'on objecte qu'on obtiendra un bien meilleur résultat en faisant travailler les corvéables à la tâche, l'auteur répond par la difficulté de la distribution équitable des tâches, surtout en tirant les chemins en ligne droite et les faisant à neuf, à cause de la succession des déblais et des remblais ; puis aussi par l'impossibilité où serait chacun de faire toute sa tâche indépendamment du travail des autres.

Enfin cet emploi excessif de corvées, pour tracer de nouvelles routes en ligne droite, entraînera nécessairement une dépense considérable à imputer sur les fonds des ponts et chaussées. Il faudra multiplier les ingénieurs et les inspecteurs, payer des dédommagements considérables pour les propriétés traversées, construire un grand nombre de ponts et de ponceaux.

L'auteur, ayant épuisé la question de la construction, se demande s'il ne sera pas juste et convenable de charger les communautés de faire par corvées la totalité de l'entretien et des réparations des grands chemins empierrés une fois mis en état de suffisante solidité. Il résout affirmativement cette question, se fondant sur ce que le travail sera très-modique et ne pourra entrer en comparaison avec l'utilité que ces communautés en retireront. « Ce n'est pas, dit-il, qu'on ne pût penser qu'il ne fût à la rigueur encore plus juste d'en charger les propriétaires bordiers seulement, suivant l'ancienne jurisprudence générale du royaume. Mais ce qui me fait préférer le sentiment que je propose, c'est la plus grande facilité que les inspecteurs chargés de veiller à ces entretiens et réparations trouveront à faire faire par les communautés lesdits entretiens et réparations dont la charge ne sera quasi rien pour elles, au lieu qu'elle serait plus pesante pour les propriétaires bordiers, que lesdits inspecteurs auraient souvent grande peine à déterrer et à faire contraindre à remplir ces obligations d'une façon convenable. » De même on pourra faire faire par les communautés la réparation des accotements des chaussées pavées et l'apport des matériaux pour la réparation de ces chaussées.

M. d'Aube s'occupe ensuite des plantations le long des routes. « J'en ai vu naître l'idée, dit-il, pendant que j'avais l'honneur d'être intendant. » On cherchait en cela la décoration, puis on voulait multiplier les grandes espèces d'arbres qu'on craignait voir manquer dans le royaume à cause des « grands abatis de bois » faits surtout depuis vingt-cinq ans. « Pour parvenir à faire ces plantations, on a ordonné qu'il serait fait, aux dépens du roi et de l'état, des pépinières dans toutes les élections du royaume. » Mais ces plantations seraient nuisibles aux routes, à moins qu'elles ne fussent faites sur les terres riveraines, pour lesquelles elles seraient alors une servitude trop onéreuse. Repoussant donc les plantations le long des routes, il propose d'utiliser les pépinières pour le peuplement des landes, bruyères et terrains incultes.

Après avoir traité d'autres matières du ressort des intendants, l'auteur dit quelques mots des adjudications dont les bases doivent toujours être d'exactes estimations. — Le reste du mémoire est étranger à l'objet spécial des travaux publics (1).

---

(1) A l'expression des idées personnelles de l'auteur se joint, dans ce mémoire, un exposé assez fidèle des opinions qui avaient cours alors dans les régions administratives au sujet de l'établissement et de l'entretien des grands chemins, en même temps que l'énoncé curieux des limites extrêmes de l'application qui y fut faite de la corvée. C'est ce qui nous a déterminé à en donner ici cette analyse.

H.

Il existe à la bibliothèque Mazarine, sous le n° 2607, un manuscrit intitulé : *Voyage dans l'Orléanais, le Blaisois, la Touraine, l'Anjou et la Bretagne, fait en 1752, depuis le 9 septembre jusqu'au 23 octobre, par de Montigny, de l'Académie des sciences*. L'auteur y a consigné d'intéressantes observations sur les travaux publics, le commerce, les manufactures, les produits minéraux et les ports du pays qu'il a parcouru. Nous avons extrait de ce mémoire, pour le dépôt des travaux publics, ce qui concerne les ponts et chaussées. Voici un court résumé de ces extraits.

On construisait alors le pont d'Orléans ; la culée du côté de la ville et la première pile étaient achevées de l'année précédente ; on travaillait à la deuxième, troisième et quatrième piles. L'auteur décrit les principales dispositions du projet et donne le résultat de ses observations sur les travaux en cours d'exécution, particulièrement le dragage, le pilotage, les épuisements ; il énumère les machines qui y sont employées et en apprécie les effets.

Il dit ensuite quelques mots des bateaux de la Loire et des difficultés de la navigation sur cette rivière.

Arrivé à Blois, il décrit le pont et le quai construits par Gabriel ; il critique la trop grande élévation de l'arche du milieu du pont.

Il est frappé de la beauté de l'entrée de la ville de Tours, et admire la chaussée de Grammont qui traverse la vallée et la rivière du Cher sur un beau pont de sept arches, récemment construit. Parlant de la route de Bordeaux qui se prolonge à la suite jusqu'au port de Piles, sur 11 à 12 lieues, il dit : « Je n'ai encore rien vu d'aussi beau ni d'aussi complet en fait de ponts et chaussées. » Il signale aussi le pont de Montbazon, sur l'Indre, formé de trois arches, et le pont du Port de Piles sur la Vienne, qu'on est en train de construire.

Il donne sur la confection et l'état de cette route les détails qui suivent :

« Toute cette partie de chemin est en empierrement depuis Tours jusqu'au Port de Piles. Je ne connais pas d'empierrements plus beaux, plus doux et moins coûteux. Ils sont roulants dès le commencement de la seconde année. Ils sont faits d'un gros caillou semblable au gravier de la Loire. On range les plus gros et les plus forts au fond des encaissements ; ils diminuent de grosseur de couche en couche ; les dernières sont faites de petits cailloux ou éclats de pierres gros comme des noisettes ou des noix au plus, qu'on répand à la pelle sur la surface de l'encaissement jusqu'à l'épaisseur de 4 à 5 pouces. On les prépare exprès au bord du chemin sur les accotements ; on y brise les cailloux à coups de masse sur des pierres carrées que l'on transporte par charrois de proche en proche à mesure que le chemin s'avance. De ces matières brisées on fait au long de la route des tas en pyramides tout préparés, soit pour la construction, soit pour les rechargements. Ces chemins, faits avec plus de soin que les empierrements ordinaires, sont cependant à très-bon marché. La toise courante, sur 3 toises de largeur, revient à 30 sols, quand la matière n'est pas éloignée ; et quand il faut l'apporter d'une lieue ou d'une lieue et demie, la toise courante de chemin, sur 3 toises de large, revient à 40 sols au plus. . . . . »

A l'arrivée du voyageur à Saumur, on réparait un des six ponts construits sur les bras de la Loire, celui du côté de la ville (1). Il remarque les difficultés qu'on éprouve à fonder les nouvelles piles à travers les débris des anciennes. Il pense

---

(1) Il est probable qu'il y a erreur dans cette désignation et que l'auteur a voulu dire : *du côté du faubourg*. Car c'est le pont des sept voies qu'on réparait alors. Le grand pont du côté de la ville a été reconstruit à neuf sur un nouvel emplacement à partir de 1756. (Voir le journal des séances de l'assemblée des ponts et chaussées, année 1755, et un mémoire de M. de Voglie sur la fondation du grand pont, de 1757.)

qu'il aurait mieux valu changer l'emplacement et arrêter un projet général pour la reconstruction successive de tous ces ponts. Il note des observations sur la manœuvre des chapelets et parle du compteur inventé par Perronet pour mesurer le travail des hommes appliqués à ces machines. . . . .
. . . .

On employait à ces travaux une chaux hydraulique dont M. de Montigny rapporte ce qui suit :

« Parmi les fossiles de Douai (Doué, maintenant chef-lieu d'un canton de Maine-et-Loire), qu'on m'a fait voir à Saumur, celui qui paraît mériter le plus d'attention est une pierre à chaux d'une qualité toute particulière. La chaux qu'elle donne est d'un gris foncé. J'en ai vu éteindre à Saumur. Elle est longtemps à s'échauffer et ne foisonne pas du tout, mais elle prend beaucoup de chaleur en s'éteignant. Elle a beaucoup de peine à s'éteindre à l'air et se conserve par conséquent beaucoup mieux que la chaux de pierre blanche ; mais ce qu'elle a de plus singulier et ce qui la rend fort utile, c'est qu'en la couvrant d'eau lorsqu'elle est éteinte, elle se durcit en vingt-quatre heures de façon à n'y pouvoir pas faire entrer le couteau. Ce fait m'a été attesté par M. de Voglie et par le sieur Caillot, entrepreneur du pont de Saumur, qui l'emploie journellement pour les constructions dans l'eau. Il semble que cette chaux devrait être d'un usage plus étendu et plus général (1). »
. . . .

Après avoir dit quelques mots des levées de la Loire sur lesquelles est établie la route sur 70 lieues de longueur entre Saint-Dié et le pont de Sorges, l'auteur décrit ce pont, construit par Regemorte, et muni de portes en bois formant barrage pour empêcher les crues de la Loire d'envahir la vallée de l'Authion. Il signale un écho produit par ce pont qui répète la voix un nombre de fois égal au nombre des arches. . . . .

« Les chemins deviennent désagréables et difficiles au delà d'Angers. . . . . . .

« Les états de Bretagne ont fait travailler dans beaucoup d'endroits sur la route d'Ingrande à Nantes. Mais les empierrements ne sont point encaissés : ce sont des couches de grosses pierres étalées sur la surface du chemin. On ne casse point ces pierres à la masse ; elles se présentent par la pointe et rendent le chemin impraticable. Aussi n'a-t-on garde de s'engager sur ces pierres ; elles sont presque partout couvertes d'herbes et d'épines, et les accotements des deux côtés sont en ruine. Il en est de même de la plupart des autres routes de Bretagne, excepté celle de Rennes à Saint-Malo et celle de Rennes à Brest jusqu'à Morlaix, qui sont toutes deux un peu mieux faites. Tous les autres chemins de la province ont coûté beaucoup de dépenses et de travaux en pure perte. Tout se fait à la corvée sur ces routes, excepté les ponts. »
. . . .

Un mot sur les ponts de Nantes termine les remarques de l'auteur concernant les ponts et chaussées.

I.

Note sur quelques documents concernant le mode de fondation employé au pont de Saumur, sans batardeaux ni épuisements, de 1757 à 1765.

Le pont de Saumur, sur le grand bras de la Loire qui baigne les murs de cette

---

(1) Cette chaux provient d'un gisement du calcaire argileux du Lias qui existe entre Doué et Montreuil-Bellay. C'est une chaux hydraulique de qualité supérieure, employée en grand et avec succès sous le nom de chaux hydraulique de Doué, quoique M. Vicat l'ait signalée sous le nom de Baugé dans ses tableaux statistiques. (Renseignements donnés en 1860 par M. l'ingénieur en chef du département de Maine-et-Loire).

ville, a été construit de 1756 à 1765 par de Voglie, alors ingénieur en chef de la généralité de Tours. Cet ingénieur avait présenté, d'abord en 1753 puis définitivement en 1755, le projet de ce pont à l'assemblée des ponts et chaussées ; il en commença l'exécution en 1756 par la fondation de la culée de la première pile du côté du faubourg. Cette fondation fut faite au moyen de batardeaux et par épuisement. Elle présenta des difficultés telles que l'ingénieur résolut d'employer un autre système pour les fondations qui lui restaient à faire. Il songea à y appliquer la méthode des caissons, inventée quelques années auparavant par La Bélye pour le pont de Westminster. Mais le caisson de La Bélye avait été échoué sur le fond même du lit de la rivière convenablement nivelé. La profondeur d'eau dans la Loire à Saumur ne permettait pas d'opérer de même : d'ailleurs, les tassements qui avaient eu lieu au pont de Westminster étaient plus à craindre encore sur le fonds mobile de la Loire. Il fallait donc conserver le système des pilotis : mais il fallait que les têtes des pieux de chaque pile ou culée fussent arrasées, à une profondeur sous l'eau proportionnée à la profondeur même du sol, suivant un même plan horizontal qui servît d'assiette au caisson. Là était la difficulté. La suite de cette note indique comment elle fut résolue.

Les essais faits et l'heureux résultat obtenu au pont de Saumur avaient été remarqués du public. Le 15 octobre 1761, un sieur La Racine en rendit compte au *Journal encyclopédique* par une lettre datée de Saumur, qui fut insérée dans le numéro du 15 décembre 1761 de ce recueil. L'auteur de cette lettre rappelle la méthode pratiquée au pont de Westminster par La Bélye, expose comment il fallait combiner l'emploi du caisson inventé par cet ingénieur avec le système des pilotis, ce qui exigeait le recepage sous l'eau de ces pilotis suivant un plan horizontal. Perronet avait donné le premier la description d'une scie à receper sous l'eau ; mais elle n'avait pas été exécutée. L'ingénieur du pont de Saumur imagina et fit exécuter une scie avec laquelle il recepa les pilotis de chaque pile dans un même plan horizontal, jusqu'à des profondeurs sous l'eau de 7 à 12 pieds. Bayeux, Perronet, Regemorte virent fonctionner cette machine et l'approuvèrent sans réserve. Sur le compte favorable qu'ils en rendirent, Trudaine « ordonna que l'on en ferait à l'avenir usage dans tous les cas possibles. » La lettre se termine en rendant hommage à de Voglie comme inventeur du nouveau procédé, et à de Cessart, comme son collaborateur. Suit un post-scriptum où le sieur La Racine fait mention d'un mémoire lu à la société littéraire de Châlons-sur-Marne par un sieur Viallet, sous-ingénieur des ponts et chaussées, qui y donne la description d'une scie imaginée par lui et qu'il prétend avoir des avantages sur la précédente. Le sieur La Racine repousse cette prétention : il ajoute au surplus que l'ingénieur de la généralité de Bordeaux, Tardif, a indiqué quelques années auparavant une méthode de fondation différente, mais qu'il ne croit pas avoir été appliquée ; que le sieur Saint-André, ingénieur de la Bresse, fonda une arche en 1756, sans épuisements, en sciant les pilots avec une scie à bras à peu de profondeur sous l'eau (1).

Le sieur Viallet crut devoir faire à ce post-scriptum une réponse qui parut

---

(1) Nous ajouterons, d'après le journal des séances de l'assemblée des ponts et chaussées, par Perronet, que le 27 décembre 1750, cet ingénieur y présenta son moyen de fonder sur pilotis, sans batardeaux ni épuisements, à 2 pieds sous les basses eaux ; que Gendrier, ingénieur à Bourges, proposa aussi un système pour le même objet, qui y fut présenté le 21 janvier 1753, mais fut regardé comme inexécutable ; que le 27 janvier 1754, une autre proposition de l'ingénieur Tardif fut également rejetée ; que le 5 janvier 1755, Gendrier proposa une scie à receper sous l'eau à une grande profondeur, qui fut trouvée ingénieuse et dont l'essai fut autorisé, mais ne paraît pas avoir été fait. C'est le 19 février 1758 que de Voglie rendit compte à la même assemblée du succès obtenu au pont de Saumur.

dans le numéro du 1er mars 1762 du même journal. Il s'y défend d'avoir voulu s'approprier la découverte de Perronet et de Voglie, en faisant observer que les machines à receper sous l'eau n'étaient pas l'objet direct de son mémoire. Il termine en disant que Perronet est l'inventeur des machines à receper sous l'eau, que de Voglie et de Cessart en ont perfectionné et appliqué une avec succès; que, quant à lui, il a « trouvé ensuite un principe neuf et fécond qu'il a appliqué assez heureusement au recepage des pilots. »

De Voglie ayant lu ces articles, voulut rétablir l'entière exactitude des faits en ce qui le concernait. Il le fit dans une lettre à Perronet, du 14 mars 1762, dont la minute originale existe aux archives de l'école des ponts et chaussées, sous la cote C^t, suivie d'une copie de la réponse qu'y fit Perronet le 2 avril.

Voici ces deux lettres :

De Voglie à Perronet. « Tours, le 14 mars 1762.

« Monsieur, les lettres que MM. La Racine et Viallet ont récemment fait insérer dans le journal encyclopédique au sujet de la nouvelle manière de fonder les ponts sans épuisements ni batardeaux, vous intéressent trop et moi aussi pour que je ne rompe pas le silence, jaloux de rendre un hommage authentique à la vérité. Permettez donc, monsieur, que j'entre ici dans des détails propres à justifier ma façon de penser. L'amour du vrai et la reconnaissance sont les seuls principes de la démarche que je fais en ce jour.

« En 1752, les ponts de Saumur, situés sur la rivière de Loire, étant en très-mauvais état, le ministre m'ordonna de travailler aux projets de la reconstruction de ces ponts. J'exécutai ses ordres. Ces projets furent présentés en 1753 à l'assemblée des ingénieurs des ponts et chaussées; on les approuva, vous le savez. Il fut décidé qu'on construirait d'abord le pont de pierres situé sur le principal bras de la rivière, composé de douze arches de 60 pieds d'ouverture chacune. Le roi accorda des fonds en conséquence; on fit les approvisionnements nécessaires, et dans le courant de 1756, j'entamai cet ouvrage par la culée et la première pile du côté du faubourg.

« Les difficultés incroyables que firent naître ces ouvrages, et les grandes pluies continuelles réduisirent mon travail à la fondation de la première pile. J'échouai, malgré tous mes efforts, dans celle de la culée; il fallut la remettre à la campagne suivante.

« Dès cet instant je connus toute l'insuffisance des batardeaux et des épuisements usités en pareil cas; je communiquai à M. de Cessart mes inquiétudes sur les opérations subséquentes. Je sentais la nécessité de recourir à des moyens plus simples, plus sûrs et moins dispendieux. Je cherchai donc à connaître tout ce qui avait été fait et dit jusqu'alors sur les différentes manières de fonder. Je formai divers projets : un seul me flatta plus que les autres; j'y donnai la préférence. Il s'agissait de receper sous l'eau les pieux des fondations par le moyen de la première scie que vous avez imaginée, qui est rapportée dans l'architecture hydraulique de M. Bélidor, et qui fait le partie essentielle du nouveau moyen que vous avez proposé pour fonder les ponts sans batardeaux ni épuisements. Je devais ensuite, par le secours de plusieurs vis solidement établies, descendre un grillage chargé de maçonnerie sur ces pilots recepés de niveau.

« Plein de ces idées, je me rendis à Saumur au mois d'avril 1757. Gamory, dit l'Angoumois, serrurier de cette ville, que j'avais jusqu'alors employé dans les ouvrages du roi, me fit voir, en présence de M. de Cessart et des entrepreneurs du pont de Saumur, le modèle d'une scie propre à receper les pieux sous l'eau. Ce modèle, tout imparfait, tout mauvais qu'il était, fixa mon attention. J'y découvris le moyen très-simple d'allier le mouvement latéral de la scie avec celui de chasse et de rappel à mesure qu'elle travaille, et de fixer par des grappins la machine sur chaque pieu, au lieu d'en scier plusieurs à la fois. J'en conçus une espérance bien fondée, et sur-le-champ ayant rassemblé chez moi le sous-ingénieur, les entrepreneurs et tous les ouvriers intelligents en différents genres, nous travaillâmes de concert à former des plans et mémoires détaillés de toutes les manœuvres et constructions qui furent reconnues les meilleures. La scie fut imaginée et réduite à des mesures fixes : les vis dont j'ai parlé furent rebutées et le caisson de Westminster jugé préférable.

« Je pris dès cet instant toutes les précautions convenables pour assurer l'entreprise que j'allais faire. Je chargeai M. de Cessart de suivre l'exécution de la nouvelle scie, qui fut confiée à Gamory (1) : les entrepreneurs reçurent les ordres nécessaires pour tout le travail et le sieur Quincé, charpentier intelligent, fut commis à la construction des caissons : *facile est inventis addere*. J'exigeai pour lors le secret de toutes les personnes employées à cette nouvelle manœuvre : il fut fidèlement observé. J'entamai la campagne par le battage des pieux de la deuxième pile et la reprise de la culée avec batardeaux et épuisements. Je vous rendis compte alors, monsieur, ainsi qu'au ministre, de mes projets et de mes dispositions (2). Vous voulûtes bien m'aider de vos conseils. La fondation de la culée fut entièrement terminée à 4 pieds sous l'étiage le 10 août suivant, et sur-le-champ j'entrepris celle de la deuxième pile par la nouvelle méthode.

« M. Bayeux, inspecteur général du département, se rendit à Saumur ; il n'abandonna point l'ouvrage jusqu'à sa fin ; il lui donna son approbation. Les pieux furent recepés à 7 pieds 1 pouce sous les plus basses eaux, et le 21 septembre 1757, le caisson chargé de la maçonnerie de la pile, faite à 200 toises de son emplacement, échoua sur les pieux avec la précision et le niveau désirables. Tous ces faits sont consignés dans les journaux du pont de Saumur.

« Telle est l'exacte vérité, dont je conclus authentiquement que c'est à vous, monsieur, qu'est dû le mérite de l'invention de scier les pieux de niveau sous l'eau et de la première machine qui ait paru dans ce genre. Vos talents supérieurs, l'avantage particulier que j'ai eu de recevoir de vous les premiers principes de l'état auquel je me suis voué et l'hommage que je dois à la vérité exigeaient de moi tous ces détails. Je serais encore plus satisfait si le public pouvait ne pas les ignorer dans toute leur étendue. Votre modestie peu commune est le seul motif qui m'empêche de les exposer à ses yeux. Veuillez rendre justice à la pureté de mes sentiments, à la droiture de mes procédés et au respectueux attachement avec lequel j'ai l'honneur d'être, etc.

« Signé de Voglie. »

Réponse de Perronet. « 2 avril 1762.

« Je n'ai pas plus approuvé, mon cher ami, que vous le faites, les articles nouvellement imprimés sur la suppression des batardeaux et des épuisements dans la fondation des ponts. J'ai cependant vu avec plaisir dans ceux donnés sous le nom du sieur La Racine, la justice qui est rendue au succès des travaux de Sau-

---

(1) Le mémoire sur cette scie existe aux archives de l'école des ponts et chaussées, dans une liasse relative au pont de Saumur, parmi les documents renfermés dans les cartons verts. On en trouve aussi la description détaillée dans l'ouvrage de Cessart, intitulé : *Description des travaux hydrauliques*.

(2) Ces projets et dispositions sont consignés dans un mémoire du 17 avril 1757, qui se trouve aussi aux archives de l'école des ponts et chaussées, cote C.

mur et à votre ingénieuse scie pour le recepage des pilotis sous l'eau, dont je vous dirai, par parenthèse, que l'on attribue, dans un almanach de l'année, l'invention à Lucot, le serrurier que M. Hupeau avait chargé d'en faire une d'après votre modèle.

« La scie qui est décrite dans Bélidor est insuffisante pour une certaine profondeur ; aussi ne l'avais-je proposée que pour l'une des deux méthodes qui y sont décrites, laquelle n'exige pas de descendre à plus de 3 à 4 pieds sous l'eau, tel que M. de Saint-André l'a exécuté au pont de Chazay, en réduisant sa longueur pour ne scier qu'un seul pieu à la fois.

« Je me suis occupé depuis à chercher d'autres moyens pour receper les pilotis à une plus grande profondeur sous l'eau. Les différentes idées sur chaque objet ne peuvent que tendre au bien ; et le désir que vous savez que j'ai depuis bien des années de simplifier et diminuer la dépense des travaux des ponts et chaussées, et principalement de ceux à fonder dans l'eau, m'a fait chercher, dans de certains moments de loisir, différents expédients dont on tirera le parti que l'on pourra, s'ils méritent que l'on y fasse attention :

« On doit le succès des travaux de Saumur à toute l'intelligence et à la sagacité que vous y avez employées. Il a fallu aussi de la résolution et du courage pour surmonter les contradictions auxquelles les nouvelles opérations sont exposées, et vous en aurez toujours beaucoup d'honneur. »

. . . .

Signé : Perronet.

Nous avons pensé que le lecteur trouverait avec plaisir, dans ce qui précède, le détail des circonstances précises de l'invention d'une méthode de fondation qui eut de nombreuses et heureuses applications jusqu'à la découverte et à l'emploi des bétons hydrauliques, en même temps qu'un témoignage de la simplicité d'actions et de la délicatesse de sentiments des principaux ingénieurs des ponts et chaussées de cette époque.

En 1765, après l'achèvement des fondations du pont de Saumur, de Voglie rédigea un mémoire ayant pour objet la comparaison des dépenses du système de fondations par caisson sur pilotis et du système par bâtardeaux et épuisements. Il compare d'abord les dépenses de fondation de la culée de droite et de la première pile du pont de Saumur, exécutées dans l'ancien système, avec celles de la culée gauche et de la onzième pile, exécutées par caissons et il établit que les premières s'étant élevées à 180.789 liv. 9 s. 9 d., les secondes ne furent que de 96.550 liv. 10 s. 3 d., d'où une économie de 84.238 liv. 19 s. 6 d. ou des trois septièmes.

Il compare ensuite les dépenses des fondations du pont de Saumur, supposées faites en entier par caissons, aux dépenses effectives des fondations du pont d'Orléans ; et enfin, à ces dernières, les dépenses effectives des fondations du pont de Saumur. Les résultats sont tous à l'avantage du nouveau système, quoique les fondations du pont de Saumur soient plus profondes et qu'il se soit trouvé d'autres désavantages dans leur exécution. Mais il y a dans ce travail des erreurs de reproduction de chiffres qui ne nous permettent pas d'admettre l'exactitude complète des résultats.

Nous noterons seulement que les dépenses effectives des fondations du pont d'Orléans se sont élevées à 660.707 liv. 16 s. 8 d., déduction faite de 24.776 liv. 10 s. 10 d. de taxations au profit du trésorier général des ponts et chaussées.

J.

Extraits d'un manuscrit de la bibliothèque Mazarine intitulé : « Mémoires ou recueil d'observations sur
« le comté de Bourgogne, par M. Hornot, secrétaire de la commission pour l'examen des haras de cette
« province, année 1759. »

L'auteur expose comment il fut invité à s'adjoindre à M. le comte de Lubersac, commis par le roi pour examiner la situation des haras de la Franche-Comté, puis il ajoute :

« C'est dans le cours de ces tournées dans toutes les parties de la province du comté de Bourgogne, que j'ai mis à profit le peu de loisir que j'ai pu avoir pour examiner par moi-même tout ce que j'ai ramassé dans ce recueil, ou pour recueillir des observations sur ce que je n'ai pas été à portée d'approfondir.

. . . .

« Routes et ponts. — Comme les routes sont un des moyens essentiels pour faciliter et assurer le commerce, il semble qu'on ne peut donner d'idée du commerce de la Franche-Comté qu'en montrant les facilités qu'on s'est procurées pour les traites par la confection des grands chemins et leur entretien.

« Avant 1700, les routes de cette province n'étaient encore que tracées, pour ainsi dire, et les chemins y étaient détestables. Actuellement toute la province se ressent du bénéfice de la confection des routes; car il y en a de tous côtés et aussi solides qu'il est possible d'en faire. De sorte qu'avec très-peu d'entretien, on est sûr actuellement de pouvoir voyager et commercer avec toutes sortes de facilités dans les pays les plus difficiles de cette province. La pierre et le bois qui s'y trouvent en abondance ont donné de grandes facilités pour les rendre solides. Elles n'ont besoin actuellement que d'être un peu soignées pour être constamment bonnes.

« Ce que je remarque seulement par rapport aux routes de cette province, c'est que, quoiqu'elles semblent n'avoir eu que les facilités des traites pour objet, et par conséquent le plus grand bien de la province, des considérations particulières ont déterminé le plus grand nombre des embranchements, et que dans une province de 35 à 40 lieues de longueur sur 20 à 30 de largeur, il y a 400 lieues de routes pour le moins; ce qui a multiplié les corvées sans autre objet, la plupart du temps, que celui d'obliger certains particuliers en faisant passer les routes par chez eux ou à leur portée.

« La ville de Besançon, capitale du comté de Bourgogne, est précisément le centre de la province; toutes les routes y aboutissent par leurs divers embranchements, et comme elle est aussi le centre de tout le grand commerce, elles semblent se distribuer de cette ville comme les branches d'un tronc. »

Suit la nomenclature détaillée de toutes ces routes; puis l'indication des ponts situés sur les rivières les plus considérables.

Le mémoire se termine par des renseignements étendus sur l'agriculture, l'industrie, les richesses minérales et le commerce de la Franche-Comté, entremêlés de dissertations et de sévères critiques sur les actes des administrateurs de l'époque. Ainsi il accuse l'intendant d'abuser, « dans un intérêt de monopole et même de concussion », du droit qu'a le roi d'empêcher l'exportation des produits agricoles suivant les circonstances.

K.

Extrait d'une note sur le pont de Nevers, rédigée en 1859, sur les documents existant au bureau des ponts et chaussées et aux archives du département de la Nièvre, par M. Gustave Boucaumont, ingénieur en chef de ce département.

Le pont de Nevers, tel qu'il existe actuellement, est composé de quatorze arches de 60 pieds d'ouverture chacune, surbaissées au tiers. Par le mode de sa fondation, ses dispositions et son appareil, ce pont est la reproduction presque identique du pont de Moulins. On y a même employé, comme à celui-ci, le grès des carrières de Coulandon, voisines de Moulins.

Il a été construit en deux parties, à deux époques très-éloignées l'une de l'autre.

La première partie est celle qui est la plus éloignée de la ville et se rattache à la rive gauche de la Loire. La construction en a été adjugée, en 1767, à un sieur Béguin, aïeul de M. Béguin, ingénieur en chef des ponts et chaussées, récemment décédé à Boulogne-sur-Mer. Le devis et l'avant-métré en avaient été faits par Desvaux, ingénieur des turcies et levées ; la construction en a été conduite par deux autres ingénieurs des turcies et levées, Normand et Martin ; le tout sous la direction de Louis de Regemorte, constructeur du pont de Moulins et alors premier ingénieur des turcies et levées. La réception définitive eut lieu en 1778. Le procès verbal de cette réception et le décompte, signés par les deux ingénieurs nommés ci-dessus, ont été visés par Bouchet, inspecteur général des ponts et chaussées, qui avait succédé pour les turcies et levées à Regemorte, décédé en 1774.

Les sept arches qui composent cette première partie ont coûté, faux frais de toute nature compris, 808,632 liv. (1).

Il restait, du côté de la ville, douze arches de l'ancien pont en maçonnerie, qui furent assez bien raccordées avec la nouvelle construction. Ces douze arches s'écroulèrent en 1790 et furent alors remplacées, à titre provisoire, par un pont en bois qui a duré jusqu'en 1832.

La seconde partie du pont actuel se compose de sept arches pareilles et symétriques à celles de la première partie, accompagnées en outre d'une arche de balage. Il en fut fait, en 1816, un premier projet, qui reçut un commencement d'exécution, pour les fondations, de 1817 à 1824. Interrompue alors, la construction fut reprise en 1827 et terminée en 1832, sur les projets et sous la conduite de M. Boucaumont, alors ingénieur ordinaire des ponts et chaussées, MM. d'Hostel, puis Mossé, étant ingénieurs en chef du département.

La dépense de ces derniers travaux s'est élevée à. . . .	1.094.522 fr. 55 c.
Celle faite de 1817 à 1824 a été environ de.	250.000 00
Celle de la première partie, de 1767 à 1776, de 808.632 liv., soit	824.804 64
Ce qui produit un total de.	2.169.327 fr. 19 c.

Nota. On a conservé aux archives de la préfecture du département de la Nièvre : 1° le compte final du pont de Nevers, première partie, dressé le 1er janvier 1777 ; 2° sept plans de situations annuelles des ouvrages de ce pont, de 1768 à 1774.

---

(1) Environ 824.804 fr. 64 d'après le taux de l'argent à cette époque.

L.

Extraits d'un état statistique manuscrit, concernant les ponts et chaussées, la navigation des rivières et les ports maritimes de la généralité de Bordeaux, établi à la date du 31 décembre 1768. 1 vol. format petit in-12, relié en veau rouge, appartenant à l'école des ponts et chaussées.

1768, 1770, 1774.

Le personnel du corps des ponts et chaussées dans la généralité de Bordeaux, en 1768, était composé d'un ingénieur en chef, de Saint-André; de deux sous-inspecteurs, quatre sous-ingénieurs et trois élèves. Lesage, auquel appartenait ce manuscrit et qui en fut peut-être l'auteur, était un des élèves. De Saint-André était en même temps inspecteur général de la navigation des rivières.

Vient ensuite le tableau des fonds imposés sur cette généralité, en 1765 et 1766, comme il suit :

	1765.	1766.
« Appointements et gratifications, supplément d'appointements et frais des ponts et chaussées. . . .	4.143 l. » s. » d.	4.143 l. » s. » d.
« Suppléments et fonds ordinaires des ponts et chaussées.	166.031 13 4	178.201 15 7
« Entretiens des travaux pour la navigation des rivières.	10.000 » »	10.000 » »
« Ouvrages à faire aux différents ports maritimes. .	53.652 » »	53.652 » »
Totaux.	233.826 13 4	245.995 15 7

Suit le toisé général et particulier des routes de la généralité, dont le total est de 944.217 toises.

Ces routes sont ensuite subdivisées par départements de sous-inspecteurs et de sous-ingénieurs.

Un tableau donne pour chacune les renseignements relatifs aux corvées, dont nous présentons ci-après la récapitulation totale :

Nombre des communautés qui y sont employées.	1.717
— des corvoyeurs journaliers.	109.666
— des paires de bœufs.	34.380
— des paires de vaches.	24.742
— des chevaux de trait.	90
— des bêtes de somme.	3.292
— des conducteurs et piqueurs.	201

Les longueurs de différentes natures de chaussées sont les suivantes :

Chaussées de pavé, à la charge du roi. . . . . 18.023 toises } 42.252 toises.
— à la charge des communes ou seigneurs. 24.229
Chaussées de cailloutis, grave { à la charge du roi. . . . . »
ou empierrement. — des communes ou seigneurs. . 853.985
Le nombre total des ponts, arches ou aqueducs à la charge du roi est de. 610
— à la charge des communautés. . . 2
Les longueurs faites et à l'entretien sont de. . . . . 303.207 toises.
— commencées et au moins au 1/4 faites. 190.233
— en terrain non travaillé. 445.246
Le montant des dépenses restant à faire est évalué. . . . . 8.792.005 l. 4 s. 9 d.

Les rivières navigables sont : la Garonne, la Dordogne, le Lot, la Bayse, la Vezère et l'Isle, ayant les longueurs respectives de 85.542, 84.065, 34.325, 12.222, 38.021 et 58.909 toises.

Après ces renseignements statistiques relatifs à l'année 1768, on trouve le document suivant, concernant la corvée, que nous copions textuellement.

Corvée. « Ponts et chaussées. Juillet 1774.

« Extrait du mémoire dressé relativement à la lettre de M. de Chambine du 17 juin 1774, par laquelle M. Trudaine désire qu'on lui fasse connaître tous les ouvrages faits à prix d'argent et ceux faits par corvée depuis 1743, que monsieur son père a eu le détail des ponts et chaussées, jusqu'en 1774.

« L'administration des ponts et chaussées, dans la généralité de Bordeaux, a été confiée aux soins de plusieurs intendants, depuis 1744 jusqu'en 1770, que M. Esmangart fut nommé intendant. Malgré toutes les recherches faites dans les bureaux, on n'a pu parvenir à découvrir les états des ouvrages faits par corvée sous les intendances de MM. de Tourny, depuis 1743 jusqu'en 1759, lesquels, dans l'ouverture des routes consultaient rarement M. Vimard, ingénieur. Alors les subdélégués et quelques conducteurs et piqueurs étaient chargés de la direction des routes, et on n'a pu parvenir à fixer l'ouvrage fait alors que relativement aux forces.

La généralité de Bordeaux contient 5 grandes routes qui la traversent et 46 routes ou embranchements particuliers nécessaires à l'exploitation des différentes provinces qui la composent et qui aboutissent sur ces grandes routes. »

Les 5 grandes routes ont les longueurs suivantes :

```
A l'entretien..........  150.041 toises ⎫
Ébauchées.............   46.657         ⎬  265.238 toises en total.
En terrain naturel......  68.540         ⎭
```

Les 46 embranchements ont celles :

```
A l'entretien..........  155.810 t. 3 p. ⎫
Ébauchées.............   138.406   3     ⎬  680.978    —
En turcies naturel......  386.761   »    ⎭
                                         ─────────────
            Ensemble............. 946.216 toises.
```

« En conséquence des ordonnances rendues pendant les premières années de l'administration de M. de Tourny qui fixent à trois et à six jours le travail des corvées et eu égard aux années de misère telles que celle de 1748, et suivant son ordonnance de 1749 qui fixe à douze jours le travail des corvées, pour prendre la moyenne proportionnelle, on les déterminera seulement à huit jours de travail qu'on multipliera par le prix qu'on était censé leur accorder, mais qui ne sera pas aussi fort que celui qu'on accorde aujourd'hui, parce que les vivres et les denrées n'étaient pas à beaucoup près aussi chers, particulièrement dans le Périgord, le Condommois et l'Agenois, où les manœuvres n'ont encore aujourd'hui que depuis 8 jusqu'à 12 et 13 s.

« Le démembrement des communautés est composé, savoir : de

«   1.965 paroisses ou communautés employées sur les routes;

« 117.676 journaliers ou corvéables;

« 35,278 paires de bœufs;

« 26.754 paires de vaches;

«   650 chevaux;

«   3,292 bêtes de somme.

PIÈCES JUSTIFICATIVES.

« *Résultat.*

« 117.676 journaliers employés aux travaux de corvée pendant 8 jours à 6 s. produiront 55.502 l. 16 s., et pour les 8 jours.	282.422 l. 8 s.
« Les 35.278 paires de bœufs produiront à 20 s.	282.224 »
« Les 28.754 paires de vaches produiront à 15 s.	160.484 »
« Les 650 chevaux de trait produiront à 12 s.	3.120 »
« Les 5.292 bêtes de somme produiront à 10 s.	13.168 »
« Appréciation des ouvrages de l'année 1745.	741.414 8
« On a statué sur cette somme pour les années suivantes jusqu'en 1759, qui font 15 années, qui produiront.	11.121.216 »
« Total.	11.862.630 8
« Sur les 11.862.630 liv., on a déduit les frais de piqueurs, d'outils, etc., qui peuvent s'évaluer à 24.000 liv. par année, ci. . . .	284.000 »
« Reste pour ouvrage apprécié de 1745 à 1759.	11.578.630 8

Ouvrages faits par corvée depuis 1759 jusqu'au 1er janvier 1774, d'après le relevé des états.

ANNÉES.	MONTANT de l'ouvrage fait.	DÉDUCTION des frais de piqueurs.	BÉNÉFICE pour le roi.
	liv. s. d.	liv. s. d.	liv. s. d.
1759	437.166 19 10	12.579 3 6	424.587 16 4
1760	483.519 8 »	11.762 9 5	471.756 18 7
1761	524.027 5 4	11.762 9 5	512.264 15 11
1762	556.377 17 11	22.531 4 3	533.846 13 8
1763	416.232 19 3	27.357 7 7	388.875 11 8
1764	352.551 6 8	15.923 17 7	336.627 9 1
1765	562.563 14 7	21.599 13 »	540.964 1 7
1766	306.847 13 4	10.385 19 6	296.461 13 10
1767	104.635 19 2	9.835 12 »	94.800 7 2
1768	187.033 11 8	13.129 10 »	173.904 1 8
1769	273.582 1 7	21.166 17 4	252.415 4 7
1770	127.470 4 3	7.064 17 4	120.405 8 11
1771	286.703 16 11	13.189 1 4	273.514 15 7
1772	395.453 9 11	12.197 9 2	383.256 » 9
1773	218.838 10 »	16.981 18 10	201.856 11 2
			4.505.817 8 6
A déduire pour les travaux de charité faits en 1771 et 1772.		275.000 » »
Reste.			4.230.817 8 6
Il a été construit 512 ponts, dont le transport des matériaux a été fait par corvée, estimés à 2 et 3.000 liv., ce qui produit.			770.000 » »
Total des ouvrages faits.			5.000.817 8 6

État des ouvrages faits à prix d'argent depuis 1745 jusques et compris 1773.

ANNÉES.	MONTANT par chaque année des différentes natures d'ouvrages sur les		ANNÉES.	MONTANT par chaque année des différentes natures d'ouvrages sur les	
	ponts et chaussées.	rivières.		ponts et chaussées.	rivières.
	liv. s. d.	liv. s. d.		liv. s. d.	liv. s. d.
1743	28.554 » »	5.919 » »	1758	23.186 4 5	10.000 » »
1744	65.916 » 5	5.885 » »	1759	23.186 4 5	10.000 » »
1745	27.444 » »	27.856 8 10	1760	23.186 4 5	10.000 » »
1746	82.549 11 7	3.275 8 »	1761	27.804 15 9	10.000 » »
1747	43.645 5 4	5.095 » »	1762	15.971 19 5	10.000 » »
1748	64.528 19 11	5.095 » »	1763	37.140 17 5	10.000 » »
1749	54.846 15 5	5.095 » »	1764	9.187 5 2	10.000 » »
1750	28.147 7 5	5.095 » »	1765	9.187 5 2	10.000 » »
1751	50.447 7 5	5.095 » »	1766	17.245 5 11	10.000 » »
1752	54.557 7 5	4.155 » »	1767	9.187 5 2	10.000 » »
1753	47.960 8 7	5.095 » »	1768	89.790 6 2	10.000 » »
1754	75.477 19 10	4.915 » »	1769	15.401 15 8	10.000 » »
1755	75.601 7 5	4.915 » »	1770	8.865 15 10	10.000 » »
1756	40.417 9 11	4.915 » »	1771	8.865 15 10	10.000 » »
1757	55.624 15 9	10.000 » »	1772	11.627 15 10	10.000 » »
			Totaux..........	1.088.780 12 5	154.286 2 10

Et pour les ports maritimes :

1762	10.000 » »		1766	6.440 » »	
1763	12.953 8 7			»	
1764	55.859 2 »		1769	53.508 9 6	
1765	50.417 » »		1772	16.511 » »	
			Total..........	165.689 » 1	

« *Résultat.*

« Les ouvrages ci-dessus faits depuis l'exercice 1743 jusqu'en 1773 pour les ponts et chaussées se montent à................................... 1.088.280 l. 12 s. 3 d.
« Pour les rivières à....................... 254.286　2　10
« Pour les ports maritimes.................. 165.689　»　1
　　　　　　　　　　　　　　　　　　　　　　　　　　　 1.508.255　15　2

« Les ouvrages commencés suivant qu'il est détaillé dans la récapitulation de l'état de situation du 31 décembre 1773, y compris le pont de Montignac de trois arches, savoir :

« Ouvrages commencés suivant les adjudications pour les ponts et chaussées montant à................. 222.549 l. 18 s. 5 d.
« Ouvrages d'augmentation.............. 23.719　11　4
　　　　　　　　　　　　　　　　　　　　　246.269　9　9 } 265.982　8　11
« Les ouvrages des rivières montent à....... 19.712　19　2 }

« Total des ouvrages à prix d'argent.................. 1.774.138　4　1
« Les ouvrages appréciés jusqu'en 1759 montent à. 11.578.630 l. 8 s. » d. } 16.578.147　16　6
« Les ouvrages faits de 1759 à 1773........ 5.009.517　16　6　 }

« Total des ouvrages faits par corvée et par argent............. 18.352.286　»　7

Sur le même volume, mais à l'envers et en commençant par la fin, sont consignés d'autres renseignements dont nous extrayons les suivants :

1° Un état du corps des ponts et chaussées, en mai 1771, conforme pour les inspecteurs généraux et les ingénieurs à celui qui se trouve sur l'Almanach royal de la même année, mais comprenant en outre les noms et résidences des inspecteurs et des sous-ingénieurs.

On y compte : 1 premier ingénieur, 4 inspecteurs généraux, 32 ingénieurs des provinces, 51 inspecteurs brevetés à 1.800 liv. d'appointements et 72 sous-ingénieurs de 12 à 1500 liv.

2° Relevé des articles contenus dans les brevets de la taille (pour la généralité de Bordeaux) concernant les ponts et chaussées et les rivières depuis 1750 jusqu'à 1770.

(*Voir à la page suivante.*)

ANNÉES.	TOTAL de l'imposition faite chaque année.	FONDS accordés chaque année par les états-du-roi.	EXCÉDANT de ladite imposition.
	liv. s. d.	liv.	liv. s. d.
1750	205.537 13 4	80.000	125.537 13 4
1751	205.803 13 4	80.000	125.803 13 4
1752	205.803 13 4	70.000	135.803 13 4
1753	205.803 13 4	70.000	135.803 13 4
1754	205.803 13 4	70.000	135.803 13 4
1755	205.803 13 4	70.000	135.803 13 4
1756	205.803 13 4	70.000	135.803 13 4
1757	214.803 13 4	70.000	144.803 13 4
1758	214.803 13 4	60.000	154.803 13 4
1759	214.803 13 4	60.000	154.803 13 4
1760	235.616 13 4	60.000	175.616 13 4
1761	235.616 13 4	60.000	175.616 13 4
1762	235.616 13 4	100.000	135.616 13 4
1763	234.273 » 10	100.000	134.273 » 10
1764	234.273 » 10	120.000	114.273 » 10
1765	235.826 13 4	110.000	125.826 13 4
1766	245.996 15 7	110.000	135.996 15 7
1767	239.964 1 10	110.000	129.964 1 10
1768	239.964 1 10	80 000	159.964 1 10
1769	239.964 1 10	»	»
1770	239.964 1 10	»	»

M

État des routes perfectionnées au 1er janvier 1784 et des chaussées faites à neuf pendant l'année 1783, relevé d'après les états de situation au 31 décembre 1783. (La généralité de Paris n'y figure pas.)

NOMS des généralités.	CHAUSSÉES perfectionnées au 31 décembre 1783, en lieues de 2.400 toises.	faites à neuf en 1783 en lieues de 2.400 toises.
	Lieues. Toises.	Lieues. Toises.
Soissons.	185 » 185	5 3/4 548
Amiens.	145 3/4 585	» 3/4 493
Châlons.	219 » 303	10 1/2 242
Orléans.	244 3/4 259	14 » 265
Tours.	522 1/2 389	7 3/4 485
Bourges.	115 1/2 346	4 1/4 43
Moulins.	121 3/4 255	1 1/2 269
Lyon.	54 1/4 362	1 1/4 429
Riom.	177 1/2 547	0 1/4 173
Poitiers.	149 1/4 575	3 1/2 680
Limoges.	151 » 82	5 » 499
Bordeaux.	147 1/2 297	4 » 79
La Rochelle.	118 1/4 555	10 » 36
Montauban.	95 1/4 377	2 3/4 409
Auch.	512 1/2 231	38 3/4 382
Rouen.	220 1/2 446	8 1/4 475
Caen.	186 » »	4 » »
Alençon.	163 3/4 113	5 3/4 258
Grenoble.	221 » »	1 » 458
Metz.	224 1/2 144	1 » 481
Franche-Comté.	518 1/4 545	» » »
Hainaut.	70 3/4 438	» » »
Roussillon.	19 » 957	» » »
Bresse et Bugey.	75 1/3 »	» » »
Lorraine.	581 » 967	5 1/2 397
	5.021 1/4 296	152 1/4 161

Ce qui fait de construction neuve annuellement, pour la réduite par généralité, 5 lieues 702 toises.

TABLE DES MATIÈRES.

LIVRE II. — DIX-HUITIÈME SIÈCLE.

Pages.

CHAPITRE PREMIER. — Fin du règne de Louis XIV; 1701 a 1715...... 1

§ 1. — *Mesures administratives concernant les voies publiques sous les contrôleurs généraux Chamillart et Desmaretz.*.................. 1

La France poursuit l'entreprise de l'amélioration de ses voies publiques, à travers les vicissitudes politiques et les calamités des premières années du xviiie siècle. — Chamillart, contrôleur général des finances, nomme deux directeurs des finances, dont le premier est chargé du service des ponts et chaussées; Desmaretz, son successeur, après suppression en 1708 de ces deux directeurs, attribue les ponts et chaussées à un commissaire du conseil, intendant des finances. — Divers arrêts antérieurs à 1708, les uns concernant le personnel des ingénieurs et celui des trésoriers de France commissaires pour les ponts et chaussées; les autres ordonnant des impositions locales pour les travaux. — Arrêt du 26 mai 1705 pour le tracé des chaussées pavées; son extension ultérieure. — Dispositions du même arrêt concernant les fossés et les plantations le long des routes; ordonnances postérieures dans la généralité de Paris pour les fossés; arrêt du 22 juin 1706 pour l'extraction des matériaux nécessaires aux routes.

§ 2. — *Mesures financières sous les mêmes contrôleurs généraux.*.......... 4

Desmaretz est nommé contrôleur général des finances le 20 février 1708. — Édits de mars 1708, pour suppression et création d'offices vénaux; édit de décembre 1715 qui constate la séparation du service financier et de la surveillance des travaux. — Déclaration du 29 décembre 1708, qui ordonne le doublement des droits de péage; déclaration interprétative du 30 avril 1709; misère publique; prorogation du doublement. — Les fonds des ponts et chaussées sont détournés pour subvenir aux besoins de la guerre; conséquences relatives à la viabilité des grands chemins.....

§ 3. — *Essais successifs d'organisation du personnel des ingénieurs des ponts et chaussées.* 7

Jusqu'en 1712 on pourvoit aux vacances du personnel des ingénieurs; puis on impute le payement de leurs appointements sur les généralités, par impositions spéciales, sans changer les taux anciens et divers de ces appointements. — A partir du 15 novembre 1712, arrêts successifs qui portent à 2.400 liv. les traitements d'ingénieurs inférieurs à ce taux, et qui finissent par établir un ingénieur dans chaque généralité; arrêt du 28 novembre 1715, qui crée onze inspecteurs généraux des ponts et chaussées. — Arrêt du 1er février 1716, qui révoque les onze inspecteurs nommés le 28 novembre 1715; arrêt du 4 août 1716 qui pourvoit au payement de leurs appointements arriérés. — Historique des travaux de ces onze inspecteurs, d'après l'arrêt du 4 août 1716.

§ 4. — *Des dépenses relatives aux ponts et chaussées; du pont de Moulins.* 11

Dépenses pour les ouvrages des ponts et chaussées de 1701 à 1715; documents incomplets ou peu exacts; extraits de Forbonnais; dépenses ordinaires par impositions, d'après quelques arrêts; impositions extraordinaires; conjectures sur le chiffre total annuel. — Pont de Moulins; projets et travaux de reconstruction; dépenses; architecte et ingénieurs; nouvelle chûte le 10 novembre 1710.

§ 5. — *Ouvrages concernant la navigation; turcies et levées de la Loire.* 14

Diverses entreprises pour la navigation; concession pour rendre la Loire navigable entre Roanne et Saint-Rambert ou Monistrol; conditions de cette concession. — Projet de jonction de l'Eure au Loir; concession à madame de Maintenon de la navigation de l'Eure entre Chartres et Pont-de-l'Arche. — Concession de la navigation du Clain de Châtellerault à Poitiers et de Poitiers à Vivonne; enquête ordonnée par le parlement de Paris; ingénieurs consultés. — Projets de canalisation de bras du Rhône à son embouchure; dépenses d'exécution imputées par tiers sur le trésor royal, sur le Languedoc, et sur le Dauphiné et la Provence. — Navigation de la Loire; prorogation de la levée des droits de boëte; règlement imité de l'ordonnance de décembre 1672 rendue pour la Seine; arrêts du 4 avr. 1702 et du 12 juin 1703 pour la réforme des péages abusifs. — Turcies et levées; désastres de 1709 à 1712. — Projets et construction des digues de Pinay et de la Roche, au-dessus de Roanne. — Entretien des turcies et levées; arrêts en faveur des plantations faites à leurs pieds; interdiction des plantations sur les îles et grèves dans le lit du fleuve.

§ 6. — *Situation des routes à la fin du règne de Louis XIV.* 19

Documents pour la statistique des routes à la fin du règne de Louis XIV; liste générale des routes de poste dans l'almanach royal de 1707; tableau des chemins des villes de France dans la nouvelle description de la France par Piganiol de la Force, 1718; arrêt du 20 février 1714 concernant les chemins de la généralité de Paris. — De la viabilité des grands chemins à la même époque; même arrêt du 20 février 1714; mémoire de l'abbé de Saint-Pierre; mauvais état des chemins; ses causes.

CHAPITRE II. — DIRECTION GÉNÉRALE DES PONTS ET CHAUSSÉES, DU 1er OCTOBRE 1715 AU 25 OCTOBRE 1736. 22

§ 7. — *Établissement d'une administration spéciale des ponts et chaussées; Béringhen et Dubois.* 22

Régence du duc d'Orléans, création de sept conseils de gouvernement; attribution au conseil du dedans du royaume des ponts et chaussées, turcies et levées et pavé de Paris, d'une part, des propositions de nouveaux canaux et autres ouvrages, de l'autre; le marquis de Béringhen, le conseiller Roujault; la partie financière attribuée au conseil des finances. — Fonctions du directeur général des ponts et chaussées; le service des ponts et chaussées reste néanmoins dépendant du contrôle général des finances. — Intérêt que portait le régent aux communications intérieures; impulsion nouvelle donnée aux travaux. — Mort du marquis de Béringhen en 1723; il est remplacé, comme directeur général des ponts et chaussées, par Dubois, frère du cardinal; motifs d'appréciation des services de Dubois. — Suppression de la direction générale lors de la retraite de Dubois en 1736; le détail des ponts et chaussées est rendu à l'intendant des finances ayant le département des recettes générales.

§ 8. — *Organisation du corps des ponts et chaussées et vicissitudes qu'elle éprouve.* . . . 26

Arrêt du 1er février 1716; motifs d'économie; réduction des appointements des ingénieurs. — 4 février 1716, arrêts de nomination et de commission des nouveaux ingénieurs; nominations supplémentaires. — Prestation de serment et enregistrement des commissions des ingénieurs en la chambre des comptes de Paris. — Impositions sur les généralités pour le payement des appointements des ingénieurs. — Plaintes des ingénieurs au sujet de la modicité de ces appointements; arrêt du 16 avril 1720, qui les rétablit à l'ancien taux. — Refus d'enregistrement par la chambre des comptes des lettres patentes sur cet arrêt; refus de payement des appointements par les trésoriers des ponts et chaussées; nouvel arrêt du 2 juin 1735 et lettres patentes du 27 juillet suivant; leur enregistrement le 16 novembre; texte des réclamations des ingénieurs. — Solution définitive de la question.

§ 9. — *Détails historiques sur les ingénieurs des ponts et chaussées à cette époque*. . . . 31

Remplacements d'ingénieurs; ingénieurs dans le Roussillon et dans le Hainaut. — Ingénieurs attachés à des ouvrages spéciaux; au pont de Moulins, au pont de Blois; les quatre Regemorte, ingénieurs de l'Alsace et des turcies et levées; leur histoire et leurs travaux. — Les ouvrages spéciaux servent d'école pour les aspirants au grade d'ingénieur des ponts et chaussées d'une généralité; exemples. — Pitrou; Gendrier. — Le frère Romain; réduction de son service; son remplacement définitif par Boffrand. — Pensions de retraite accordées aux ingénieurs.

§ 10. — *Des trésoriers de France dans leurs rapports avec les ponts et chaussées*. . . . 38

Trésoriers de France commissaires pour les ponts et chaussées; amoindrissements successifs de leurs attributions par suite de l'institution d'un corps d'ingénieurs. — Exception pour la généralité de Paris; trois commissaires pour les travaux extraordinaires, autres pour les entretiens; le roi nomme définitivement quatre commissaires pour les travaux extraordinaires et les entretiens.

§ 11. — *Agents financiers du service des ponts et chaussées; comptabilité*. 40

Rappel de la distinction à faire entre les trésoriers généraux de France et les trésoriers comptables; suppressions et créations d'offices de trésoriers des ponts et chaussées; motifs de fiscalité. — Désordre de la comptabilité des ponts et chaussées; arrêt réglementaire du 11 mars 1727 et instruction du directeur général du 30 mars. — Autres vices de cette comptabilité; réforme partielle.

§ 12. — *Arrêts du 3 mai 1720 et du 17 juin 1721*. 44

Arrêt du 3 mai 1720; plantations le long des routes; formation de pépinières royales. — Même arrêt au point de vue de la rectification et de l'élargissement des routes. — Son interprétation et son extension par l'instruction du directeur général aux ingénieurs, mai 1720; les intendants décident quels sont les *grands chemins royaux*. — Difficultés d'exécution de l'arrêt du 3 mai 1720; arrêt du 17 juin 1721; il ne mentionne encore que les routes avec chaussées pavées; tergiversations sur la question des largeurs des routes.

§ 13. — *Mesures concernant la police du roulage*. 47

Augmentation du chargement des voitures de roulage; mesures restrictives prises sur la route de Paris à Orléans; arrêt du 23 mai 1718. — Déclaration royale du 14 novembre 1724; limitation du nombre des chevaux attelés aux charrettes à deux roues.

§ 14. — *Faits divers relatifs aux voies publiques*. 48

Ces faits se résument en un fait général déjà signalé, l'impulsion donnée par le gouvernement de la régence aux travaux des grands chemins. — Impositions supplémentaires frappées, à la fin de 1715, sur la plupart des généralités, pour travaux extraordinaires des ponts et chaussées. — Impositions semblables établies en 1716; remarque sur leurs différences d'une généralité à l'autre; devis et baux d'entretien. — A partir de 1717, les arrêts particuliers pour impositions supplémentaires sont remplacés par un arrêt général annuel, excepté pour les provinces frontières ou pays mixtes. — Cas particulier de la généralité de Metz; corvées dans cette province. — Corvées en Alsace. — Corvées en Champagne. — Transport des pavés et du sable par corvée sur la route d'Orléans. — Impositions spéciales dans le comté de Bourgogne; le Hainaut. — De même dans le Calaisis et le Boulonnais; puis dans les pays de Marsan, Tursan et Gabourdan. — Réforme d'abus, solution de difficultés locales; poursuite de malversations dans la généralité de Soissons. — Retour à l'ancienne route de Poitiers à Bordeaux; rectification de la route de Bordeaux à Bayonne. — Réparation des routes de la généralité de Paris par les riverains. — Petites chaussées d'Orléans. — Etude comparative des tracés d'une route de Clermont à Montpellier par Le Puy ou par Mende. — Juridiction attribuée à l'intendant du Languedoc sur les contestations relatives à l'exécution des travaux des routes de cette province. — Solution concernant les enclaves de territoires entre le duché de Bourgogne et les généralités de Paris, Châlons, Moulins et Lyon, pour les routes de Paris à Dijon par Troyes et par Auxerre, et de Paris à Lyon par Moulins. — Arrêt du 27 octobre 1733 sur les routes de la Bresse; leur entretien par corvée. — Défense, dans la généralité de Paris, de fabriquer du pavé de grès pour les particuliers.

§ 15. — *Travaux exécutés aux ponts des principales rivières*. 59

Situation fâcheuse d'un grand nombre de ponts à la fin du règne de Louis XIV; causes principales de leurs ruines; réparations insuffisantes; leur reconstruction fut un des principaux ouvrages du nouveau corps des ponts et chaussées. — Devis et entreprises pour les ponts de Charenton, de Saint-Maur et de Château-Thierry. — Ruines successives de la plupart des ponts de la Loire de 1709 à 1733. — Remplacement provisoire du pont de Moulins par un bac, puis par un pont en bois; projets par Gabriel. — L'ancien pont de Blois; sa ruine en 1716; devis de sa reconstruction et adjudication; ingénieurs qui concoururent à cet ouvrage; impositions pour y subvenir; montant des dépenses. — Description sommaire du nouveau pont; détails historiques de son exécution. — Ruines du pont de Baugency; sa reconstruction partielle en bois et restauration. — Le pont de Pirmil à Nantes; sa reconstruction aux frais des états de Bretagne. — Ruines et réparations successives du pont de Jargeau. — Pont de Saumur; reconstruction partielle; pont en bois. — Reconstruction des arches écroulées du pont de la Charité; Pitrou et Gendrier. — Pont de Gien; travaux par Desroches; dépenses. — Ponts de Toulouse et de Cazeras; ruine du pont de Pont-Sainte-Maxence; bac provisoire. — Le pont de la Guillotière sur le Rhône; dépenses; avances par le prévôt et les échevins de Lyon; nouvelles avaries. — Pont de Bray sur Seine; reconstruction partielle et restauration. — Ponts sur l'Yonne; ponts de Montereau; — Reconstruction de trois arches du pont de Joigny par Boffrand. — Vieux pont de Villeneuve-le-Roi; ses ruines et ses reconstructions successives; les trois arches de Boffrand; arche marinière de 1851. — Pont de Compiègne; sa reconstruction à neuf, sur devis de Lahite, dirigée par Hupeau. — Pont de Beaumont-sur-Oise; reconstruction partielle. — Projets de Gabriel pour les ponts de Brives, de Savine sur la Durance, de Tournus sur la Saône. — Projet d'un pont sur la Seine, à Paris, entre la rue de Bourgogne et le pont tournant des Tuileries.

§ 16. — *Régime financier du service des ponts et chaussées*. 72

Dépenses des travaux des ponts et chaussées, ou plutôt impositions ordonnées à cet effet; valeur des documents recueillis. — Le fonds ordinaire des ponts et chaussées dans la généralité de Paris et dans les autres généralités. — Dépense totale de 1716, composée de ce fonds ordinaire et des suppléments sur le trésor royal et par impositions spéciales. — Dépense totale de 1717, composée de même. — Dépense totale de 1718; l'allocation sur le trésor royal est supprimée et remplacée par une imposition générale extraordinaire. — Dépenses de 1719; contributions des autres généralités de pays d'élections aux dépenses de la généralité de Paris. — Dépenses pour les années 1720 à 1732. — Dépenses en 1733 et 1734; détournement d'une partie des fonds imposés, au profit du trésor royal. — Motif de ce détournement; sa cassation en 1735; réduction de l'imposition. — Dépenses de 1735 et 1736. — Dépense moyenne annuelle; progression de 1718 à 1732, puis nouvelle progression. — Dépenses pour l'entretien du pavé de Paris; leur imputation sur le produit des fermes générales à partir de 1720.

§ 17. — *Des turcies et levées et de la navigation de la Loire; mesures relatives aux débordements.* 83

Turcies et levées; crue de la Loire en 1716; coupure d'une levée près Amboise; arrêt du conseil du 19 mai 1716 pour les cas d'inondation. — Devis pour exhaussement et renforcissement des levées; adjudication; dépenses; impositions ordinaires et extraordinaires sur les cinq généralités du bassin de la Loire.—Crue de mai 1733; ses ravages; imposition extraordinaire sur les vingt généralités de pays d'élections. — Disposition d'ensemble des levées de la Loire; absence de système; on décide la confection d'une carte générale. — L'unité du service des turcies et levées succède à sa division en deux départements d'ingénieurs indépendants l'un de l'autre; de cette réunion doit dater l'entreprise de la carte. — Exemples antérieurs d'opérations d'ensemble; arrêts pour la destruction des plantations dans le lit de la Loire, après visites générales de tout son cours. — Continuation des droits de boëte pour les dépenses de la navigation. — Diverses mesures relatives aux débordements d'autres rivières; l'Adour, le Têt, le Rhône et les torrents du Dauphiné; pourquoi il n'est pas question de la Durance, non plus que des cours d'eau du bassin de la Garonne.

§ 18. — *De la navigation des rivières et des canaux de jonction.* 89

Décisions concernant la navigation et la jonction des rivières. — Tentatives pour prolonger la navigation de l'Aube. — Visites de plusieurs rivières de la généralité de Tours.—Concession relative aux rivières des deux Sèvres, de la Vendée et du Thoué. — Règlement pour les rivières de la généralité d'Auch. — Canaux artificiels; concessions; sociétés d'actionnaires. — Concession d'un double canal de dérivation de la Durance; création d'actions; inexécution. — Concession du canal du Loing; Regemorte, ingénieur; exécution. — Canal de jonction de la Somme à l'Oise; projet du père Sébastien. — Projet de Caignart de Marcy; Concession; association avec Crozat; nouveau tracé; rachat de la concession par Crozat, qui crée une société d'actionnaires et donne son nom au canal terminé en 1738; il reste à faire le canal de la Somme. — Canal de Bourgogne; deux directions mises en concurrence, par Sombernon et par Pouilly; l'ingénieur Thomassin persiste à proposer de préférence le canal du Charolais. — Intervention des états de Bourgogne; projet d'Abeille par Pouilly, vérifié et soutenu par Gabriel. — Intrigues de Merchand d'Espinassy; il prévient et supplante Abeille; puis il obtient la concession par lettres patentes de mai 1729; il ne peut réussir à former une compagnie et l'affaire est ajournée.

CHAPITRE III. — DE LA SUPPRESSION DE LA DIRECTION GÉNÉRALE DES PONTS ET CHAUSSÉES, OCTOBRE 1736, A LA MORT DE DANIEL TRUDAINE, JANVIER 1769. . . . 97

§ 19. — *Établissement de la corvée; Daniel Trudaine; lever et dessin des plans des routes; Perronet; assemblée des ponts et chaussées; réorganisation du corps des ingénieurs.* . 97

Cette période est caractérisée et illustrée par les noms de Trudaine et de Perronet. — La direction générale des ponts et chaussées rentre, en octobre 1736, dans les attributions d'un intendant des finances, dit *chargé du détail*, sous l'autorité du contrôleur général. — Etablissement de la corvée royale pour les grands chemins par le contrôleur général Orry; mémoire imprimé sur ce sujet en 1737; instruction du 15 juin 1738. — Remarques sur ces deux documents; instructions aux ingénieurs pour le tracé des routes; division des voies publiques en cinq classes; leurs largeurs légales. — La corvée accroît l'importance du service des ponts et chaussées; Daniel Trudaine est *chargé du détail* de ce service par arrêt du 1ᵉʳ avril 1743; suppression du premier commis; appointements et frais de bureau de Trudaine.—Lever et dessin des plans des routes; institution en 1744 d'un bureau de dessinateurs *ad hoc*; devis et bail pour cet ouvrage. — Insuffisance de ces dispositions; pénurie de sujets pour seconder les ingénieurs ; le bureau des dessinateurs est organisé pour former en même temps une école de jeunes ingénieurs ; Perronet, ingénieur de la généralité d'Alençon, est nommé le 14 février 1747 directeur de cet établissement; ses antécédents, ses attributions et son traitement.— Institution de l'assemblée des ponts et chaussées, sa composition ; réunions hebdomadaires ; matières soumises à son examen ; sa compétence ; journal des séances par Perronet, jusqu'au 14 décembre 1773, où commença à être tenu un registre officiel.— Modifications dans le personnel du corps des ponts et chaussées ; suppression du grade d'inspecteur général et sa réunion à celui de premier ingénieur ; les inspecteurs prennent le titre d'inspecteurs généraux, et leur nombre est porté de trois à quatre.— Réorganisation du corps ; arrêt du 7 juillet 1750 et instructions des 13 mai et 16 décembre 1754 ; le service des turcies et levées est en dehors de cette organisation. — Appointements des divers grades ; arrêt du 7 juillet 1750 qui en répartit l'imposition sur les généralités.—Attributions du premier ingénieur et des quatre inspecteurs généraux ; le royaume est divisé en quatre départements d'inspections ; l'inspecteur du département de Paris fait fonctions d'ingénieur en chef de la généralité de Paris.—Sous-inspecteurs et sous-ingénieurs ; conducteurs et piqueurs.

§ 20. — *École des ponts et chaussées.* 104

Étendue des attributions confiées à Perronet ; sa direction embrasse tout le personnel subalterne du corps des ponts et chaussées, qui forme une grande école répandue dans toutes les généralités ; division de ce personnel subalterne en trois classes ; conditions d'admission au titre d'élève ; pensionnaires à l'école d'architecture de Blondel. — Conditions d'admission successive dans les différentes classes ; concours jugé par l'assemblée des ponts et chaussées ; on peut redescendre d'une classe supérieure dans une inférieure. — Concours et prix dans chaque classe ; gratifications aux trois premiers élèves de chaque classe, qui doivent les employer à suivre des cours dont ils font la répétition à leurs camarades. — Dessins des plans des routes faits par les élèves ; rapports sur les devis des projets des ingénieurs par les élèves de la première classe.— Missions annuelles sur les grands ouvrages d'art, ou pour le lever des plans des routes, ou pour la surveillance des travaux des routes de la généralité de Paris.—Grand concours annuel avec prix spéciaux ; recensements annuels de tous les employés subalternes des ponts et chaussées et comptes rendus sur leur aptitude et leur conduite. — Conséquences de cette large et forte organisation ; considération publique acquise aux ingénieurs des ponts et chaussées ; esprit de corps ; expulsion de sujets indignes provoquée par les élèves eux-mêmes ; approbation explicite de leurs motifs par Perronet.

§ 21. — *Bureau des dessinateurs des plans des routes.* 108

Des employés du bureau placé sous la direction de Perronet continuent à s'occuper exclusivement du dessin des plans des routes, ayant pour chef Mariaval, avec lequel fut passé en 1751 un nouveau bail pour cet ouvrage ; ces plans furent à peu près achevés en 1776, tels qu'ils sont conservés au dépôt des travaux publics. — Composition, mode d'exécution et conservation de ces plans, accompagnés de dessins des ponts et ponceaux ; état annuel de leur situation dressé par Perronet ; ils comprennent environ 5.135 lieues de routes. — Extrait et réduction de ces plans pour le cabinet du roi ; formation d'atlas habilement dessinés et richement reliés ; ce qui en reste. — Carte routière de la France, à l'échelle de 1 ligne pour 1.000 toises, manuscrite et coloriée, que l'on suppose avoir aussi été exécutée à l'ancienne école des ponts et chaussées.

§ 22. — *Modifications successives dans le personnel des ingénieurs.* 111

Variations dans le personnel supérieur du corps des ponts et chaussées ; Perronet nommé inspecteur général le 3 février 1750, en conservant la direction du bureau des dessinateurs et des élèves ; le 19 mars 1754, Hupeau succède à Boffrand comme premier ingénieur, et Dié Gendrier est nommé inspecteur général.— Suppression de l'office d'inspecteur général du pavé de Paris, et remplacement de cet office par une commission donnée à Guillaume Bayeux ; contrôleurs remplacés par des sous-inspecteurs ;

augmentation des appointements de l'inspecteur et création d'un inspecteur adjoint; Guillaume Bayeux est nommé inspecteur général des ponts et chaussées hors cadre; les inspecteurs du pavé de Paris rattachés au corps des ponts et chaussées.—En 1760, à cause de la guerre de sept ans, ralentissement des travaux des ponts et chaussées et mise à la retraite de trois inspecteurs généraux, y compris Guillaume Bayeux; sa mort en 1762, pension accordée à sa veuve.—Le 23 mars 1763, Perronet est nommé premier ingénieur, en conservant la généralité de Paris et *son école*; Legendre nommé inspecteur général; lettres de noblesse accordées à Perronet; sa nomination à l'académie des sciences. — Après le traité de Paris, le nombre des inspecteurs généraux est rétabli à quatre; Querret et Gatien Bouchet. — Diverses dérogations aux arrêts réglementaires du 7 juillet 1750; Havez, ingénieur du Hainault; Clinchamp, directeur des ponts et chaussées d'Alsace; Saint-André, ingénieur de la Bresse; ingénieurs du Roussillon et de la Lorraine; ingénieurs commissionnés et sans appointements.— Nombre indéterminé des sous-inspecteurs et des sous-ingénieurs; leur correspondance avec les trois classes actuelles d'ingénieurs ordinaires. — Chiffre normal des appointements des ingénieurs en chef; suppléments accordés dans plusieurs généralités, à la charge des principales villes; tentative de généralisation de cette mesure en 1767.

§ 23. — *Réformes dans la comptabilité des travaux.* 117

Édits de suppression et de création d'offices de trésoriers des ponts et chaussées; ces édits n'ont qu'un objet fiscal, sans influence réelle sur la comptabilité.—Contrôle utile de la chambre des comptes; son arrêt du 25 juin 1748; arrêt du conseil du 31 mai 1757; déclaration royale du 20 décembre 1762. — Soin apporté par les ingénieurs dans la réception des ouvrages; arrêts du conseil condamnant des entrepreneurs à restitution pour malfaçons; exemples dans la généralité de Metz.

§ 24. — *Développements donnés à l'ensemble du service des ponts et chaussées; mesures qui y concourent.* 119

Développement considérable donné aux travaux des routes, à partir de l'application générale de la corvée à ces travaux; difficulté d'apprécier le poids et l'étendue des charges publiques y relatives; comment tout avait été successivement disposé pour ce grand accroissement d'ouvrages; organisation du corps des ingénieurs; perfectionnement de la comptabilité; arrêts de 1705, 1720 et 1721, développés dans la pratique; concours au même but de divers actes de l'administration de Trudaine. — Le plus complet de ces actes est l'ordonnance du bureau des finances de la généralité de Paris, du 29 mars 1754; sa lecture dans l'assemblée des ponts et chaussées; ses dispositions. — Arrêt du conseil, du 7 septembre 1755, concernant l'extraction des matériaux pour les travaux publics.— Arrêt du 16 décembre 1759 en faveur des plantations le long des routes. — Question des alignements sur les routes; le droit de les donner est réservé aux trésoriers de France, commissaires des ponts et chaussées; arrêt du conseil du 27 février 1765; plans d'alignements, levés et tracés par les ingénieurs, soumis à l'assemblée des ponts et chaussées et approuvés par arrêts du conseil. — Police du roulage; arrêts du conseil de 1744 et 1745 pour assurer la répression des contraventions; modifications à la déclaration du 14 novembre 1724, pour la Provence.

§ 25. — *Travaux des grands ponts.* 123

Urgence de la reconstruction des grands ponts; cette œuvre a été inaugurée par la reconstruction des ponts de Blois et de Compiègne; ses difficultés, enfance de l'art. — Reconstruction successive de parties des ponts de la rivière d'Yonne par Boffrand; deux grandes arches du pont de Pont-sur-Yonne.— Reconstruction du pont de Sens, de 1759 à 1763; détails et dessins d'exécution. — Pont de Vouvray, sur la Cisse; pont de Charmes, sur la Moselle.—Pont de Port-de-Piles, sur la Creuse, par Bayeux; faible tassement après le décintrement — Ces ouvrages et quelques autres, parmi lesquels le pont de Gray, précédèrent l'institution de l'assemblée des ponts et chaussées. — Principales questions d'art relatives à la construction des ponts traitées dans cette assemblée dès son origine; un grand progrès en cette matière est alors accompli.

— Le pont d'Orléans, sur la Loire ; premier projet de Pitrou en 1749 ; Pitrou étant mort, nouveau projet par Hupeau en 1751 ; son approbation ; vicissitudes de l'exécution de cet ouvrage ; sa réception par Perronet en 1763 ; sa dépense ; Soyer, collaborateur de Hupeau ; missions d'élèves ; pension de 4.000 liv. accordée à Hupeau. — Reconstruction du pont de Moulins ; premier projet en deux parties, par Louis de Regemorte : dernier projet, en un seul pont, approuvé en 1753 ; ses dispositions principales ; suppression du faubourg de la Madeleine ; abords, adjudication le 25 janvier 1754 ; exécution en régie ; dépenses, par qui payées ; collaborateurs de Louis de Regemorte ; frais de personnel ; gratification de 20.000 liv. et pension de 4.000 liv. à Regemorte ; publication de la description de ce pont en 1771. — Ponts de Saumur ; réparations partielles ; entreprise de la reconstruction totale, commencée par le pont du grand bras ; projet présenté par de Voglie et adopté le 4 avril 1756 ; difficultés éprouvées pour les fondations en 1756 ; de Voglie songe à s'affranchir des épuisements ; détails de l'invention des fondations par caissons sur pilotis ; scie à receper les pilots sous l'eau ; fondation de la deuxième pile, en 1757, par ce système, puis successivement des autres piles ; intérêt qu'y prennent les chefs du corps des ponts et chaussées ; collaboration de Cessart ; sa part dans l'invention ; dépenses comparatives. — Fait intéressant constaté en 1752 dans la réparation des vieux ponts de Saumur ; découverte des chaux hydrauliques, incomprise et avortée. — Construction d'un nouveau pont sur la Loire à Tours, pour la route de Paris à Bordeaux ; premier projet de Bayeux en deux ponts, présenté en 1753 ; autre projet d'un pont unique, à la demande de l'assemblée des ponts et chaussées, présenté et approuvé en décembre 1755 ; inexécution ; projet définitif en 1764 ; mode de fondations ; Regemorte propose un radier général qui n'est pas approuvé ; adjudication le 7 mai 1765 ; fondations, partie par épuisement, partie par caissons, terminées en 1771 ; leur dépense ; enfoncement de la huitième pile le 28 août 1777 ; réparation de cet accident l'année suivante ; renversement de trois piles voisines de la rive droite, le 25 janvier 1789 ; la réparation n'aura lieu que dans le XIXe siècle ; dépense totale de ce pont avant la chute de 1789 ; l'inspecteur Vallée, collaborateur de Bayeux ; pension de 4.000 liv. à Bayeux. — Constructions de ponts autres que ceux de la Loire. — Pont de Saintes, sur le Cher ; caractères qui lui sont communs avec la plupart des ponts de cette époque. — Reconstruction de la partie gauche du pont de Joigny ; devis par Hupeau, réception par Perronet, le 15 juillet 1765 ; dépense payée par l'adjudicataire des fermes du roi. — Autres ponts construits sous la direction de Hupeau ; le pont de Cravant et celui de Montereau sur la Seine. — Pont de Mantes ; portée et surbaissement de ses arches ; défaut de simultanéité dans leur exécution ; glissement d'une pile ; son retour partiel lors de l'achèvement de l'arche du milieu ; réception par Perronet en 1765 ; Chézy avait dirigé la construction. — Le pont de Trilport, sur la Marne, dernier pont dû à Hupeau, sur les dessins duquel il fut construit par Chézy ; sa direction biaise ; sa ruine, lors de l'invasion étrangère en 1814. — Mention de quatre autres ponts importants de la même époque ; le pont de Dôle, sur le Doubs, par Querret ; le pont d'Angoulême, sur la Charente, par Kolly de Montgazon ; le pont de Pont-du-Château, sur l'Allier, et le pont d'Ambert, sur la Dore, par Dijon. — Le pont de Trilport est le seul pont pour lequel Perronet ait présenté un projet avant 1763 ; l'exécution n'eut pas lieu d'après ce projet. — Le pont de Château-Thierry est le premier qui ait été adjugé sur devis de Perronet ; deux adjudications ; achèvement en 1787 seulement. — Pont Saint-Edme à Nogent-sur-Seine ; anse de panier de 90 pieds d'ouverture, tracée à onze centres ; son décintrement trois jours seulement après sa fermeture ; premier tassement observé pendant quarante-cinq jours ; dernière constatation au bout d'un an. — Étude du projet du pont de Neuilly, dans la direction de l'avenue des Champs-Élysées et de Neuilly ; premier projet en deux parties ; projet définitif en un seul pont, du 30 juillet 1767 ; son exécution appartient à la période suivante, de même que la reconstruction d'une partie du pont de Nevers. — Ces grands ouvrages sont véritablement l'œuvre collective du corps des ponts et chaussées ; caractères généraux et progressifs qui s'y révèlent, sous l'influence des discussions de l'assemblée des ponts et

TABLE DES MATIÈRES.

Pages.

chaussées ; deux seuls progrès à réaliser ultérieurement ; avant et arrière-becs circulaires, arches en arc de cercle ; le pont de Neuilly fut une transition de l'anse de panier à l'arc de cercle.— Ponts horizontaux à arches égales et ponts à arches décroissantes du milieu vers les rives ; deux innovations heureuses dues à l'assemblée des ponts et chaussées, savoir : 1° le redressement des rivières et la réunion des eaux en un seul bras aux abords des nouveaux ponts ; 2° l'ouverture de larges voies à travers les villes et d'avenues plantées dans la campagne en prolongement de leurs alignements.

§ 26. — *Impositions et dépenses pour les ponts et chaussées*.............. 144

Impositions pour les ponts et chaussées, de 1737 à 1769, dans les vingt généralités de pays d'élections et quelques autres provinces ; tableau synoptique. — Explication des variations qui se remarquent dans la colonne 2.—Permanence du chiffre de la colonne 3. — Éléments des chiffres de la colonne 4 ; impositions accidentelles ou permanentes ; imposition pour la reconstruction du pont d'Orléans ; autre pour celle du pont de Moulins, qui fut ensuite appliquée au pont de Nevers ; impositions particulières à quelques généralités.—Variations dans l'imposition supplémentaire annuelle, suivant la colonne 5 ; détournements de fonds pour la guerre ; dettes contractées par le trésor royal envers les ponts et chaussées, les ports maritimes et les turcies et levées ; établissement, après 1769, d'un brevet détaillé comprenant toutes les impositions pour les ponts et chaussées, les turcies et levées et les ports maritimes. — Formation de la colonne 6 ; surcroît considérable ajouté à ces impositions par l'application générale de la corvée aux travaux des routes. — Évaluation du montant de la corvée.

§ 27. — *Turcies et levées*........................... 150

Turcies et levées de la Loire ; nouvelle organisation de ce service ; un premier ingénieur et deux ingénieurs ; Regemorte, Devaux et Coluel. — Vicissitudes de la gestion administrative et contentieuse ; un ou deux intendants ; inspecteur adjoint. — Balisage et entretien de la navigation ; délégu... des marchands ; abus du droit de boëte ; sa suppression ; il est remplacé par un crédit annuel sur les fonds des turcies et levées ; le balisage est définitivement confié aux ingénieurs ; l'association des marchands est maintenue pour la défense des intérêts de la navigation. — Dépenses des turcies et levées ; impositions ordinaire et extraordinaire ; prélèvements pour d'autres ouvrages ; réserve annuelle de 20.000 liv., accumulée sans emploi et finalement absorbée par le trésor royal. — Inondations de la Loire en 1733, 1754, 1755 et 1768.

§ 28. — *Ouvrages concernant les rivières et les canaux de jonction*...... 155

Ouvrages contre les débordements des rivières ou pour l'amélioration de la navigation ; endiguements de l'Isère et du Drac ; arrêt réglementaire du 6 octobre 1765 ; concours des localités et des propriétaires intéressés. — Rivières de la Guienne ; amélioration et prolongation de la navigation du Tarn et de la Vère ; concessions renouvelées sans résultats définitifs ; amélioration de la navigation de l'Isle ; ouvrages incomplets, ultérieurement détruits. — Navigation de l'Escaut entre Valenciennes et Cambrai. — Navigation de la Charente ; projet de la prolonger jusqu'à Civray ; études par Trésaguet ; écluses entre Cognac et Angoulême et entre Angoulême et Montignac ; ces derniers ouvrages devenus inutiles. — Continuation d'études pour jonction des rivières par des canaux artificiels ; ouverture d'un fonds annuel de 1.200.000 liv. pour cet objet, à partir de 1740 ; ces travaux restent en dehors des attributions ordinaires des ingénieurs des ponts et chaussées. — Jonction de la Lys et de l'Aa par le canal de Neuffossé ; ouvrage dirigé par le génie militaire ; emploi des troupes ; dépenses. — Projet de continuation du canal du Languedoc par un canal latéral à la Garonne jusqu'au Tarn. — Projet de jonction de la Loire au Rhône par Saint Étienne ; concession d'une partie qui fut le canal de Givors ; prorogations successives ; achèvement imparfait en 1780 ; dépenses ; concession perpétuelle en 1788, avec création d'un réservoir. — Vérification et approbation, par Perronet et Chézy, du tracé du canal de Bourgogne par Abeille.—Tentatives renouvelées pour la jonction de la Seine à la Meuse par le canal de Champagne ou des Ardennes; concession du 24 juin 1776 en faveur du prince de Conti; travaux interrompus par la révolution. — Canal de Berry; compagnie formée en 1765, sans résultat.

§ 29. — *Ports maritimes de commerce*. 159

Ports maritimes de commerce; la question de leur défense contre l'étranger les avait fait placer dans les attributions du ministère de la guerre; ils passent dans celles du ministère de la marine en 1743; en 1761, sur la proposition du ministre de la marine, ils sont confiés au contrôleur général des finances, qui les réunit au département des ponts et chaussées; toutefois, par exception, plusieurs ports restèrent dans les attributions du génie militaire. — Augmentation, en 1761, du fonds du bureau des ponts et chaussées pour cet objet. — Imposition de 500.000 liv. établie en 1729 pour travaux aux ports de la Rochelle et de Bayonne; détournement partiel pour travaux de fortification ou même autres dépenses; imposition de 30.000 liv. pour les ports de Normandie; par arrêt du 10 juillet 1759, ces deux impositions sont réunies et portées à 800.000 liv.; détournement de 500.000 liv. pour les fortifications en 1762 et 1763; le nouveau brevet de 1769 pour les ponts et chaussées contient ce chiffre de 800.000 liv., même un peu augmenté. — Lettres patentes du 28 août 1766, approbatives d'un devis pour le port d'Honfleur dressé par un ingénieur des ponts et chaussées; contribution de la ville d'Honfleur.

CHAPITRE IV. — DE LA MORT DE DANIEL TRUDAINE EN JANVIER 1769, AUX LETTRES PATENTES DE JANVIER 1790 DÉCRÉTANT UNE NOUVELLE DIVISION TERRITORIALE ET UNE NOUVELLE ORGANISATION ADMINISTRATIVE DU ROYAUME. 165

§ 30. — *Trudaine de Montigny, de Cotte et Chaumont de la Millière se succèdent à la tête du service des ponts et chaussées, mesures administratives diverses*. 165

Légers changements dans l'administration des ponts et chaussées; réduction des offices de trésoriers à un seul. — Augmentation du personnel des ingénieurs; trois ingénieurs pour la généralité de Paris; commissions de cinquante inspecteurs. — Les trois ingénieurs de la généralité de Paris sont assimilés aux autres ingénieurs en chef; création d'une cinquième place d'inspecteur général; le nombre des inspecteurs est porté à soixante; sous-ingénieurs; ingénieurs en chef en sus de ceux qui étaient payés par le trésor royal. — Uniforme donné au corps des ingénieurs, en 1772. — Récompenses accordées à plusieurs ingénieurs. — Brusque retraite de Trudaine de Montigny; sa lettre du 4 juillet 1777 à Perronet; sa mort. — De Cotte chargé du détail des ponts et chaussées; pendant son administration, institution des premières assemblées provinciales; enquête sur les péages; ouvrages d'intérêt local confiés aux ingénieurs. Chaumont de la Millière est nommé intendant des ponts et chaussées en 1781; aperçu sur son administration; estime de Louis XVI, qui lui proposa le poste de contrôleur général. — Nouvelle instruction réglementaire pour l'école des ponts et chaussées; ses principales dispositions; mission annuelle d'un élève en Italie; contrôle des élèves entre eux; règlement pour les inspecteurs, les sous-ingénieurs et les élèves appointés. — Projet de réunion en un seul local des services dépendant de l'intendant des ponts et chaussées; emplacements divers proposés; bail d'un bâtiment, rue Saint-Lazare, moyennant 19.600 liv. — Suppression des bureaux des trésoriers de France; maintien des trésoriers remplissant les fonctions de commissaires des ponts et chaussées.

§ 31. — *Essais de réforme, puis suppression de la corvée; progrès dans l'art de construire et d'entretenir les routes; réformes diverses*. 172

Premières réformes de la corvée; Orceau de Fontette dans la généralité de Caen; Turgot dans celle de Limoges. — Suspension de la corvée en 1775, par Turgot devenu contrôleur général; édit de février 1776, remontrances des parlements, chute de Turgot; déclaration du 11 août 1776; essai de conversion de la corvée par arrêt du 6 novembre 1786; abolition définitive en 1787. — Difficultés du service des ingénieurs, témoignage de leur honorabilité. — Progrès de l'art de construire et d'entre-

TABLE DES MATIÈRES.

Pages.

tenir les routes en empierrement; route de Bordeaux dans la généralité de Tours; routes de Franche-Comté; mauvaise confection des routes par la corvée. — Pierre Trésaguet dans la généralité de Limoges; profit qu'il tire de la réforme de Turgot pour la construction et l'entretien des routes; son mémoire sur ce sujet.—Discussions sur ce mémoire; approbation de l'assemblée des ponts et chaussées. — Pourquoi les bons principes, déjà connus pour la construction et l'entretien, n'étaient pas mis en pratique; obstacle opposé par la corvée; vicissitudes du changement de système; événements politiques. — Proposition du rouleau compresseur par de Cessart en 1780. — Mesures diverses concernant la police du roulage. — Plantations le long des routes; tergiversations. — Contributions locales pour subvenir aux travaux des routes.—Remise à la charge des villes de leurs rues et des avenues de leur banlieue; arrêt du 18 novembre 1781. — Réduction des largeurs des routes des diverses classes; arrêt du 6 février 1776; son exécution est négligée. — Indemnités pour expropriations; arrêt du 20 avril 1783; délai entre le tracé des routes et leur exécution; appel aux intéressés.

§ 32. — *Travaux des ponts.* 184

Remplacement d'une partie des vieux ponts de Nevers par un pont calqué sur celui de Moulins; complément dans le xixe siècle. — Pont de Neuilly; sa description; décintrement solennel en présence du roi. — Montant de l'adjudication. — Excès du débouché de ce pont; sa situation actuelle.—Pont de Pont-Sainte-Maxence; trois arches en arc de cercle; évidement des piles; montant de son adjudication; décintrement. — Pont Louis XVI; sa composition; critique de ses piles. — Autres ponts moins importants, construits par Perronet et par d'autres ingénieurs.

§ 33. — *Turcies et levées; inondations.* 190

Simplifications successives du service des turcies et levées. — Balisage de la Loire; suppression de la compagnie des marchands; arrêt du 24 avril 1773. — Arrêt du conseil du 25 juillet 1783, portant règlement général pour la Loire et ses affluents.—Travaux des digues; désastres causés par diverses inondations; défenses du couronnement de ces digues servant de routes. — Personnel des ingénieurs des turcies et levées. — Inondations du bassin du Rhône; torrents du Dauphiné.

§ 34. — *Ouvrages concernant la navigation.* 194

Travaux de canalisation; améliorations de rivières; arrêt du 24 juin 1777, qui place sous la protection royale tous les ouvrages intéressant la navigation. — Canal de Picardie; jonction de l'Oise à l'Escaut, ordonnée par arrêt du 24 février 1769; ralentissement, puis suspension des travaux à la fin de 1775. — Canal de la Somme; interruption par la révolution. — Jonction de la Lys à l'Aa; navigation des rivières du Nord.—Triple entreprise des canaux de Bourgogne, du Charolais et de Franche-Comté. — Reprise du projet d'Abeille pour le canal de Bourgogne; travaux du côté de l'Yonne à partir de 1775; nouvelles indécisions à cause de la reprise des études du canal du Charolais; les élus des états de Bourgogne demandent l'exécution des deux canaux simultanément; entreprise de la partie comprise entre Dijon et la Saône; son achèvement en 1791.— Canal du Charolais, décidé sur les projets de Gauthey; la concession en est faite aux états de Bourgogne en 1783; Gauthey pousse activement les travaux; ils sont presque terminés en 1789; mise en navigation en 1793; dépenses. — Canal de Franche-Comté, faisant partie du projet de la jonction du Rhône au Rhin; dérivation du Doubs vers la Saône, à partir de Dôle; exécution autorisée en 1783; commencement immédiat des travaux que suspendit la révolution. — Médaille commémorative de l'entreprise de ces trois canaux; pose de la première pierre de la première écluse de chacun d'eux. — Deux autres entreprises de navigation à la même époque; canaux de Bretagne et canal royal de Paris. — Projet de dérivation de l'Yvette pour amener de l'eau à Paris; Deparcieux, Chézy et Perronet; projet réduit concédé à Defer; les travaux sont bientôt suspendus.

§ 55. — *Ports maritimes de commerce*. 201

Accroissement des travaux des ports; sommes qui y sont affectées. — Principaux ports auxquels on travaille. — Fermeture de la rade de Cherbourg. — Projet de de Cessart; mise à exécution; système des cônes en charpente; le roi assiste à l'échouage d'un cône; dépenses jusqu'en 1790.

§ 56. — *Situations financières annuelles du service des ponts et chaussées*. 205

Dépenses pour les ponts et chaussées; brevets annuels des impositions accessoires à la taille; discussion des divers documents. — Brevet de 1769; comment il ne contredit pas l'évaluation portée au tableau synoptique de la page 157; montant annulé des impositions de 1769 pour les ponts et chaussées, etc. — Evaluations successives pour les années 1770 à 1780. — Détournements des fonds imposés pour les ponts et chaussées de 1770 à 1781; états-du-roi falsifiés. — Déclaration du 13 février 1780, qui réunit en un seul les brevets ordinaire et et supplémentaire. — *État-du-roi* des recettes et dépenses faites par le trésorier général des ponts et chaussées, turcies et levées, etc., en 1786. — Discussion du montant total de cet état-du-roi. — Etat-du-roi des turcies et levées pour 1787. — Tableau général des dépenses du service des ponts et chaussées, etc., présenté par Chaumont de la Millière dans son mémoire de 1790. — Remarques sur ce tableau et sur l'état-du-roi de 1786. — Comment on peut, d'après les documents que nous avons produits à chaque époque, se rendre compte des vicissitudes financières de l'administration des travaux publics des voies de communication depuis Colbert.

PIÈCES JUSTIFICATIVES.

TITRE III. — DIX-HUITIÈME SIÈCLE.

CHAPITRE Ier. — *Actes officiels*. 1
CHAPITRE II. — *Documents divers*. 243
§ 1er. — *Extraits de l'Almanach royal*. 245
§ 2. — *Extraits d'états financiers*. 255
§ 3. — *Pièces administratives, dépêches, instructions, rapports, séances de l'assemblée des ponts et chaussées*. 268
§ 4. — *Extraits de mémoires particuliers, de notices, etc.* 510

FIN DE LA TABLE.

Paris. — Imprimé par E. Thunot et Cᵉ, rue Racine, 26.

www.ingramcontent.com/pod-product-compliance
Lightning Source LLC
Chambersburg PA
CBHW060511230426
43665CB00013B/1477